SV

Umgang mit der Schweiz

Nichtschweizer über die Schweiz
und ihre Erfahrungen mit ihr

Herausgegeben und mit einem
Nachwort versehen
von Charles Linsmayer

Suhrkamp Verlag

Zweite Auflage 1990

Quellennachweise am Schluß des Bandes
Druck: Friedrich Pustet, Regensburg
Printed in Germany

Umgang mit der Schweiz

Inhalt

* Die Jahreszahlen datieren nicht das Erscheinungsjahr eines Buches, sondern womöglich den Zeitpunkt des geschilderten Umgangs mit der Schweiz.

Gian Francesco Poggio Bracciolini
»Der Ort eines glückseligen Lebens ...«
Baden, 17. Mai 1416. An Niccolò Niccoli

Es freut mich, wenn es dir gut geht, mir jedenfalls geht es gut. Durch einen Kollegen ließ ich dir einen Brief zukommen aus Konstanz, um den 20. Februar, wie ich meine; wenn du ihn erhalten hast, hat er dich gewiß lachen gemacht. Er war nämlich ziemlich ausführlich, vollgestopft mit Scherzen und Witzen. Ich berichtete darin viel über die hebräische Sprache, mit der ich mich gerade abmühte; ich machte mich ordentlich lustig insbesondere über meinen Lehrer, da ich entdecken mußte, daß er einer von den Konvertiten aus dem Judentum zum Christentum ist, ein geistiges Leichtgewicht, ein geistloser und unbeständiger Mann. Die Sprache also und seine Lehrmethode, weil roh, ungebildet und wild, bedachte ich mit allerlei sanftem Spott.

Nun muß ich allerdings annehmen, daß jener Brief und ebenso ein zweiter, den ich an Leonardo schrieb, nicht in eure Hand gelangt sind. Denn, weiß Gott, bei deiner Pünktlichkeit im Briefeschreiben hättest du nach einer Weile geantwortet und dich vielleicht sogar mit mir gefreut über meinen neuen Anlauf in einem neuen Lehrgegenstand; du hast mich ja öfter aufgefordert, gründlich Hebräisch zu lernen. Selbst wenn ich nun gewahr werde, daß es für meine philosophische Bildung von keinerlei Nutzen ist, so trägt es doch zu meinen humanistischen Studien etwas bei, sei es auch vor allem darum, daß ich die Übersetzungstechnik des Hieronymus kennengelernt habe.

Diesen Brief aber schreibe ich dir unmittelbar aus dem Bade; nachdem ich mich dahin begeben habe, um meine Handgelenke zu kurieren, lohnt es sich, glaube ich, dir Lage und Anmut des Ortes, zugleich auch das Benehmen der Leute hier zu schildern, und die Badebräuche dazu.

Viel Aufhebens machen die antiken Schriftsteller von den Bädern in Puteoli, wohin, um sich zu vergnügen, fast das ganze römische Volk strömte: Doch in keiner Weise, glaube ich, konnten es die Bäder von Puteoli mit den hiesigen in der Annehmlichkeit aufnehmen, und man darf sie überhaupt nicht mit unserm Bade hier vergleichen. Denn zum angenehmen Aufenthalt in Puteoli trug mehr die Lieblichkeit der Gegend und der Bauten Pracht bei als die frohe Laune der Menschen oder der eigentliche Badebetrieb. Während hier jedoch die Gegend Geist und Gemüt keine oder nur geringe Entspannung gewährt, bietet alles andere unendliches Wohlbefinden, so daß ich oftmals meine, Venus sei aus Cypern mit allem, was es auf der Welt an Lustbarkeiten gibt, hierher zu diesem Bade gepilgert: So hingegeben widmet man sich hier ihrem Dienst, so präzis nehmen sie es hier mit ihrem Kult in Ernst und Ausgelassenheit, daß mir scheint, die Leute seien, wiewohl sie gewiß nicht bei Heliogabal in die Schule gegangen sind, von der Natur selber hinreichend zu diesem Tun gebildet, hinreichend von ihr gelehrt.

Doch da ich eben im Begriffe bin, dir dies Bad hier zu beschreiben, möchte ich nicht unterlassen, dir den Weg, auf dem man von Konstanz hierher gelangt, zu nennen, damit du daraus schließen kannst, in welchem Teile Galliens es gelegen sei. Am ersten Tag gelangten wir im Boot auf dem Rhein zur Stadt Schaffhausen, 24 Meilen weit; danach mußten wir, weil der Fluß in einem riesigen Wasserfall zwischen abschüssigen Bergen über schroffe Felsen rauscht, zehn Meilen weit zu Fuß gehen. Wir machten Station bei einem Schloß, das über dem Rhein gelegen ist, mit Namen Kaiserstuhl; das bedeutet in einheimischer Zunge des Kaisers Wohnsitz. Daß dieser Ort einst ein Römerlager gewesen, schließe ich aus dem Namen wie aus seiner günstigen Lage, das heißt: er liegt auf einem markanten Hügel hoch über dem Fluß; eine kleine Brücke stellt die Verbindung zwischen Gallien und Germanien her.

Auf unserm Weg sahen wir also den Rheinfall, wie er zwischen vorstehenden Felsen von hohem Berg sich stürzt, unter großem Krachen und Getöse, daß man glauben könnte, er selber beklage und bejammere den eignen Fall. Da kam mir in den Sinn, was man von dem reißenden Nilkatarakt erzählt, und es wundert mich nun gar nicht, daß man die Anwohner dort ringsum wegen seines auffallenden Tosens und Krachens für taub hält, da man schon von unserm Fluß, den man angesichts des Nils für einen bloßen Bergbach halten kann, im Umkreis von etwa drei Stadien das Tosen zu hören vermag.

Darauf kommt dann Baden, eine ziemlich reiche Stadt – in der Sprache der Alemannen nach dem Bade so benannt –, gelegen in einem Talkessel, den rings hohe Berge umragen, an einem großen, reißenden Fluße, der in den Rhein mündet sechs Meilen unterhalb der Stadt. In der Nähe der Stadt, vier Stadien weit, ist über dem Fluß ein herrlicher Gebäudekomplex erbaut, um die Quellen zu nutzen. In der Mitte dieses Komplexes ist ein sehr weiter Platz, und ringsum liegen prächtige Gasthäuser, die eine Menge Leute beherbergen können. Die einzelnen Gebäude haben ihre eigenen Bäder im Innern, in welchen diejenigen für sich baden, die dort abgestiegen sind. Bäder im ganzen, gemeine wie private, sind es ungefähr dreißig: Gemeine gibt es zwei in aller Öffentlichkeit auf beiden Seiten des Platzes, die Badebassins der Menge und des niedern Volkes, in welche Frauen und Männer, Jünglinge und unverheiratete Mädchen und der Abschaum des Volkes, das von überall herzudrängt, hinabsteigen. In diesen Bassins scheidet ein durchbrochener Verschlag, wie er jedenfalls nur Friedfertigen Respekt einflößt, die Männer von den Frauen. Es macht Spaß zuzusehen, wie abgetakelte Weibsbilder zusammen mit jüngeren nackt vor den Augen der Männer ins Wasser steigen und ihre Scham und ihre Hinterbacken den Leuten zur Schau stellen. Gelacht hab' ich öfter über dieses so herrliche Schauspiel, während vor mein inneres Auge die Spiele des Florafestes traten, und bei mir selber bewunderte ich die Einfalt dieser Leute, die auf das alles nicht besonders aufmerken noch irgend etwas argwöhnen oder es mit spitzer Zunge glossieren.

Die Bäder jedoch, die in den Privathäusern sind, sind überaus fein, und auch sie werden von Männern und Frauen gemeinsam benutzt. Eine Art Bretterverschlag scheidet sie in zwei Hälften, und darein sind sehr viele Fensterchen eingelassen, durch welche sie miteinander trinken und schwatzen, von der einen nach der andern Seite sich sehen und miteinander anbändeln können, wie das bei ihnen gang und gäbe ist. Über den Bassins laufen rundum Estraden, auf welchen die Leute sich einfinden, um zuzuschauen und miteinander zu plaudern. Denn jedermann darf besucheshalber, zu einem Gespräch, um eines scherzhaften und entspannenden Vergnügens willen die Bäder des andern aufsuchen und sich dort aufhalten, so daß man die Frauen beim Aussteigen aus dem Wasser und beim Hineinsteigen betrachten kann, wie sie am größeren Teil des Körpers nackt sind. Keine Türhüter überwachen die Zugänge, keine Türen stehen einem im Weg, keiner argwöhnt Unanständiges. An mehreren Orten benützen gar Männer und Frauen denselben Eingang ins Bad, so daß es sehr oft vorkommt, daß ein Mann einer nackten Frau, eine Frau einem nackten Mann begegnet. Die Männer tragen lediglich einen Lendenschurz, die Frauen aber ziehn sich beinlange Leinengewänder über, die freilich an der Seite ganz offen sind, so daß sie weder Hals noch Brust noch Ober- und Unterarme bedecken.

Öfter speisen sie geradewegs im Wasser auf gemeinsame Kosten, wobei ein auf dem Wasser schwimmender Tisch gedeckt wird; auch Männer pflegen bei diesen Gastereien dabeizusein. Sogar ich ward in dem Haus, in dem ich badete, einmal zu einer solchen Veranstaltung eingeladen; selbstverständlich zahlte ich meinen Beitrag, dabeisein wollte ich nicht, mochte man mich auch noch und noch bitten. Nicht, daß ich Hemmungen gehabt hätte – das gilt als hinterwäldlerisch und unfein –, sondern meine Unkenntnis der Sprache hielt mich ab. Blöd käme ich mir vor als Italiener, der ihre Sprache nicht kennt, zusammen mit den Damen im Wasser zu sitzen, stumm und sprachlos, wo ich mir den ganzen Tag schlürfend und nippend hätte vertreiben müssen. Zwei meiner Freunde jedoch gingen ins Bad und befanden sich sehr wohl dabei, waren mit ihnen zusammen, flirteten, tranken und aßen mit ihnen, machten Konversation, wenn auch mittels eines Dolmetschers; von Zeit zu Zeit fächelten sie den Damen Kühlung zu: Es fehlte nur noch jenes Bild, auf welchem dargestellt ist, wie Jupiter Danaë durch das Dach als goldener Regen sich genaht, und so weiter. Die beiden allerdings waren mit dem leinernen Frauengewand bekleidet, wie es Brauch ist für Männer, wenn sie ins Frauenbad gehen. Ich aber schaute von der Estrade aus alles mit an: ihre Umgangsformen, ihre Geselligkeit, die Anmut ihrer Lebensform, Freiheit und Ungebundenheit ihres Lebens bezog ich in meine Betrachtungen ein. Ganz wunderbar ist zu sehen, in welcher Einfachheit sie leben, in welcher Vertrauensseligkeit. Seelenruhig und ohne mit der Wimper zu zucken, sahen Männer zu, wie Fremde mit ihren Frauen flirteten; allem gewinnen sie eine positive Seite ab. Nichts ist so schwierig, daß sie es nicht durch ihre Lebensart leicht machten. Sie hätten geradezu in den Staat Platons gepaßt, weil ja dort alles gemeinsam war; selbst Leute also, denen seine Lehre so fremd als nur möglich ist, lassen sich in des Meisters Gefolgschaft finden. In einigen Bädern halten sich Männer und Frauen gemischt auf, wenn sie verwandtschaftlich oder freundschaftlich miteinander verbunden sind.

Pro Tag drei oder vier Mal betritt man das Bad, bringt darin den größeren Teil des Tages zu, teils mit Singen, teils mit Trinken, teils mit Reigentänzen; sie machen nämlich auch im Wasser Musik, wenn sie sich dort ein wenig niederlassen. Bei alledem am reizendsten anzuschauen sind die Mädchen: schon dem Manne erblüht, schon voll im heiratsfähigen Alter, mit strahlendem und freiem Antlitz, Göttinnen gleich in Gestalt und Gehaben; beim Musizieren und Singen nämlich ziehen sie ihre Gewänder ein wenig nach rückwärts und lassen sie auf dem Wasser hin und her wallen, so daß du glauben könntest, du habest eine geflügelte Venus vor dir. Die Frauen haben die Gewohnheit – wenn die Männer über ihnen auf sie herabschauen – scherzend um eine Spende zu bitten. Also wirft man ihnen kleine Münzen zu – den schöneren gewiß –, welche sie teils mit den Hän-

den auffangen, teils, indem sie ihre Leinengewänder aufspannen, wobei die eine die andere zur Seite drängt; bei diesem Spiel werden auch verborgenere Teile des Körpers enthüllt. Man wirft ihnen außerdem auch Kränze von allerlei Blumen zu, mit welchen sie ihr Haupt schmücken, während sie sich im Bade tummeln.
Ich fühlte mich durch diese ausgelassene, lebensbejahende und scherzfreudige Fröhlichkeit angezogen, und, da ich nur zweimal am Tag badete, verbrachte ich die übrige Zeit damit, die Bäder der andern zu besuchen, immer und immer wieder Münzen zu werfen und Kränze, genau wie die andern. Denn es war auch nicht die rechte Zeit, etwas zu lesen oder über etwas nachzudenken, da ständig Musik – Flöten, Zither und Gesang – einen von allen Seiten umtönte. Ja, schon allein die Absicht, sich hier als einziger geistig betätigen zu wollen, wäre höchster Wahnsinn gewesen, besonders für einen, der nicht so ist wie der allbekannte Selbstquäler Menedemus im Heautontimorumenos, vielmehr ein Mensch, den nichts fremd dünkt, was menschlich ist. Zum höchsten Vergnügen fehlte der sprachliche Kontakt, der bei allem doch das Wichtigste ist. Deshalb blieb mir nichts anderes als meine Augen an den Damen zu weiden, ihnen nachzugehen, sie in die Musikstunde zu begleiten und wieder heimzuführen: Um sie zu werben, war überdies Gelegenheit, und dies in der beschriebenen so großen Freiheit, daß ich das Gesetz gegen unrechtmäßige Bewerbung nicht zu fürchten brauchte.
Außer diesen vielfachen Annehmlichkeiten gibt es noch eine weitere, und keine geringe: Eine große Matte liegt hinter dem Bäderquartier in der Nähe des Flusses, von vielen Bäumen überdacht; dort treffen sich nach dem Essen von überall her die Gäste: Da gibt es dann allerlei Unterhaltung. Einige führen Tänze auf, einige singen; die meisten spielen Ball, freilich nicht auf unsere Art, sondern Männer und Frauen werfen einen Ball voller Schellen einer dem andern zu, natürlich einem bevorzugten Partner. Dann läuft man von allen Seiten herzu, ihn aufzufangen; wer ihn erwischt, gilt als Sieger, und der wirft nun seinerseits den Ball nach einer Person, die ihm sympathisch ist, während viele nach ihm haschen mit ausgestreckten Händen. Doch er selbst täuscht sie und tut bald so, als ob er ihn diesem, bald so, als ob er ihn jener zuwerfen wolle. – Vielerlei Kurzweil gibt es noch außerdem, die zu beschreiben zu weit führen würde. Darüber aber habe ich ausführlicher berichtet, damit du aus dem wenigen ersehest, was für ein bedeutender Ableger der epikureischen Schule sich hier befindet. Und ich glaube gar, daß unser Ort

der ist, wo der erste Mensch erschaffen wurde; Gan Eden nennen ihn die Juden, das heißt Garten der Lust. Denn wenn Lust ein glückseliges Leben herbeiführen kann, so sehe ich nicht, was diesem Orte fehlte zur vollendeten und nach jeder Seite vollkommenen Lust.

Wenn du aber fragst, wie die Heilkraft des Wassers sei, so muß ich antworten: verschiedenartig und vielfach, ganz besonders eine Wirkung aber ist wunderbar und beinah göttlich: Ich behaupte, daß es nirgends auf der Welt ein Bad gibt, das für die Fruchtbarkeit der Frauen förderlicher wäre. Da also recht viele wegen ihrer Unfruchtbarkeit herkommen, erfahren sie die wunderbare Kraft dieses Bades; denn sie befolgen sorgfältig die Vorschriften, nach welchen die Heilmittel bei den Frauen angewandt werden, die nicht empfängnisfähig sind.

Neben anderem aber ist folgendes erwähnenswert: die unzählbare Menge von vornehmen und gleichermaßen von gewöhnlichen Leuten, die 200 Meilen weit hierher kommen, nicht so sehr um der Gesundheit als um des Vergnügens willen; alle, die verliebt sind, alle, die auf Freiersfüßen gehen, alle, für die das Leben im Genuß sich gründet, eilen hierher, um zu genießen, was sie sich erwünschen. Viele körperliche Leiden täuschen sie vor, während sie sich innerlich bedrängt fühlen. So siehst du hier zahllose sehr schöne Frauen ohne ihre Männer, ohne Verwandte, mit zwei Zofen und einem Knecht oder irgendeinem alten Mütterchen aus der weitläufigen Verwandtschaft, das man geschwinder hinters Licht führen als satt machen kann: Eine um die andere jedoch kommt – je nach Vermögen – mit Roben, Gold, Silber und Edelsteinen angetan daher, daß du ausrufen möchtest, sie sei nicht zur Badekur, sondern zu einer hochherrschaftlichen Hochzeit hergereist. Auch vestalische Jungfrauen oder – um eher die Wahrheit zu sagen – Florapriesterinnen, auch Äbte, Mönche, Ordensbrüder, Priester leben hier in größerer Freiheit als die übrigen, und zumal, wenn sie mit den Frauen zusammen im Bad sind und auch ihr Haar mit Kränzen schmücken, sind alle ihre religiösen Skrupel verflogen. Allen steht der Sinn nur darnach, der Traurigkeit zu entfliehen und die Fröhlichkeit zu gewinnen, an nichts Gedanken zu verschwenden außer, wie sie heiter dahinleben, wie sie die Freuden genießen können. Es geht dabei nicht darum, die allgemeine Freude zu verzetteln, sondern alle teilhaben zu lassen an den Freuden des einzelnen.

Es ist ganz wunderbar, daß in einer so großen Menge – es sind nämlich ungefähr tausend Menschen –, bei so verschiedenem Herkommen, in einer so trunkenen Schar, kein Streit aufkommt, kein Zwist, keine Entzweiung, kein Mißton, kein böses Wort. Männer schauen zu, wie man mit ihren Frauen anbändelt, schauen zu, wie sie sich mit Fremden unterhalten, sogar in ganz vertraulichem Umgang; überhaupt nicht lassen sie sich dadurch aus der Ruhe bringen, über nichts wundern sie sich: Alles, glauben sie, geschehe in gutem und freundschaftlichem Geiste. Deshalb hat bei ihnen der Ausdruck »eifersüchtig«, der doch bei uns sozusagen alle Ehemänner unter Druck hält, keinen Raum; unbekannt ist ihnen dieses Wort, nie gehört: Sie kennen diese Art von Krankheit nicht; einen Ausdruck, womit sie dieses Leiden bezeichnen könnten, haben sie nicht. Und kein Wunder, daß es für diese Sache bei ihnen keinen Ausdruck gibt, da die Sache selber ja gar nicht existiert! In der Tat hat man nämlich bis heute keinen unter ihnen finden können, der eifersüchtig wäre.

Oh, wie verschieden von der unsern ist doch ihre Lebensart! Allem geben wir immer eine negative Auslegung, immerfort haben wir an Verleumdungen unsere Freude und an kleinlicher Kritik, und dies in solchem Maße, daß wir, sowie wir eine Geringfügigkeit auch nur vermutungsweise entdecken, sogleich beteuern, wir seien einem handgreiflichen Skandal auf der Spur. Gar manches Mal beneide ich diese Leute um die Ruhe ihres Gemüts, und ich verfluche die Verkehrtheiten in uns selber, die wir immer etwas zu gewinnen suchen, immer auf etwas aus sind, die wir Himmel, Erde und Meer um und um kehren, um Geld aus ihnen herauszuklauben, doch mit keinem Erwerb zufrieden, von keinem Gewinn gesättigt sind. Während wir erschaudern vor künftigen Katastrophen, stellen wir uns in unserem fortwährenden Unglück und unseren Ängsten zur Schau, und im Bemühen, nicht ins Unglück zu fallen, hören wir nie auf, unglücklich zu sein: Auf materielle Güter immerzu versessen, widmen wir uns niemals unserem Gemüte, nie unserem Körper. Doch diese Leute leben, mit wenig zufrieden, in den Tag hinein, machen, wie es ihnen beliebt, den Tag zum Festtag, ohne auf Reichtümer aus zu sein, die ihnen gar nicht nützen, freuen sich an dem, was sie haben, beben nicht nur vor der Zukunft; wenn ihnen etwas Widriges widerfährt, tragen sie es mit Gelassenheit. So werden sie reich allein nach der Sentenz: »Solang er lebte, hat er wohl gelebt«.

Doch lassen wir das Thema; es ist nämlich nicht meine Absicht, auf die Leute hier eine Lobrede zu halten und auf uns eine Schelte. Ich will vielmehr, daß mein Brief von Anfang bis Ende von Fröhlich-

keit voll sei, damit von dem Lustgefühl, welches ich hier in den Bädern in machtvoller Gegenwart erfahren habe, auch du daheim durch meinen Brief einen kleinen Hauch verspüren könntest.
Lebe wohl, mein liebster Niccolò; laß bitte unsern Leonardo – da unter Freunden ja alles gemeinsam ist – teilhaben an diesem Brief. Laßt in meinem Namen Nicola und Lorenzo grüßen und sagt auch Cosimo einen Gruß.

Enea S. Piccolomini
Was mir von Basel erzählenswert scheint
1434

Es heißt, ein heftiges Erdbeben habe vor nunmehr achtzig Jahren Basel gänzlich zerstört, so daß nicht hundert Häuser übriggeblieben wären; und das sieht man der Stadt auch an, denn sie ist wie aus einem Guß geformt, allenthalben neu, kein einziges Gebäude erzählt von der alten Zeit. Denn die damals vom Erdbeben übriggelassen waren, wurden auch nicht erhalten, so daß man heute kein altes baufälliges Haus sieht. Die Stadt liegt im Elsaß, an der Grenze zweier Länder, an den Ufern des berühmten Rheinstroms. Der Rhein entspringt in den Alpen, die Italien von Deutschland trennen, aber noch weit oberhalb von Rheineck, von wo er nach Konstanz gelangt, der Stadt, in der Papst Martin der Fünfte, einer der herrlichsten Kirchenfürsten unserer Zeit, gewählt worden ist. Dort bildet er einen See, dessen Umfang zweimal hunderttausend Schritte sein soll, und ist schiffbar bis zu der Burg Schaffhausen. Von hier muß man wegen des großartigen Wasserfalls, der sich über Felstrümmer wälzt, den Weg etwa zehntausend Schritt zu Fuß zurücklegen, bis zu der über dem Rhein gelegenen Festung Kaiserstuhl, die einmal, wie manche meinen, wegen ihrer glänzenden Lage eine römische Befestigung gewesen sein soll. Denn sie liegt auf einer beträchtlichen, den Fluß beherrschenden Anhöhe, und hier verbindet eine schmale Brücke Gallien mit Deutschland. Hier stürzt der Rhein hoch herab über die Klippen, mit großem Getöse, als wollte er in diesem Sturz sein Ende suchen. Von dem gewaltigen Nilfall wird erzählt, daß von seinem Brausen und Getöse die umwohnenden Menschen taub sein sollen. Da ist es gar nicht zu wundern, wenn das Rauschen dieses Flusses, dessen Wucht an jenem Orte der des Nils wohl an die Seite gesetzt werden kann, etwa drei Stadien weit zu hören ist. Von da fließt er nach Basel, einen Teil der Stadt abtrennend, strömt fernerhin durch sehr viele Staaten Deutschlands und legt einen weiten Weg bis zum Meere zurück. Er ist so reißend, daß von Straßburg an die kleineren Schiffe nicht gegen den Strom fahren können, und so verkauft man sie zu Köln oder Mainz. Die Breite des Rheins ist in der Stadt zweihundertfünfzig Schritt, und dort verbindet eine Holzbrücke den kleineren Stadtteil mit dem größeren. Wenn es sehr heiß ist im Sommer, kommt es vor, daß er die Stadt überschwemmt und die Brücke wegreißt, so daß jede Verbindung zwischen den Stadtteilen abgeschnitten ist: das rührt davon her, daß die Wärme in den Alpen den Schnee geschmolzen hat. An Fischen jeder Art haben sie Überfluß, namentlich der Lachs wird wegen seines Wohlgeschmacks allen andern vorgezogen. Doch genug vom Rhein.

Der Stadtteil jenseits des Rheins liegt gegen den Breisgau zu, eine fruchtbare und weinreiche Gegend. Vielfache Wässerchen durchströmen ihn, er liegt eben und hat hübsche Gebäude. Die geistliche Oberhoheit hat der Bischof von Konstanz. Der andere Teil der Stadt, schöner und prächtiger, liegt auf zwei Anhöhen, die ein Tal trennt, ist aber so kunstvoll und geschickt angelegt, daß einem beim Gehen der Weg immer eben vorkommt. Die Kirchen sind reich ausgestaltet und von keinem schlechten Stein erbaut, obschon sie keinen Marmor haben, und die Bevölkerung sucht sie sehr fleißig auf. In den Kirchen gibt es Zellen aus Holz, wo sich einzelne Frauen mit ihren Dienerinnen zum Gebet einschließen. Die haben sie sich einrichten lassen, um gemäß ihrer Würde und hohen Stellung vor dem niederen Volk etwas vorauszuhaben. Daher sind die einen nie sichtbar, von den andern nur der Kopf, und wieder andere sieht man bis zum Gürtel, wenn sie sich nach römischer Sitte beim Evangelium erheben. In jenen Zellen gibt es mehrere Fensterchen, durch die sie der Feier des Meßopfers zusehen können. Ich glaube, sie wurden durch die große Kälte im Winter zu dieser Einrichtung bewogen. In den Kirchen werden viele ehrwürdige Reliquien in hoher Verehrung gehalten, Altarschmuck und Priestergewänder aber sind weniger hervorragend, auch fehlt die Zierde der Malereien, wie sie die italienischen Kirchen haben, noch ahmen irgend Denkmäler die heidnischen Bildnisse nach, weil dies wohl die Heiligenbilder beeinträchtigen würde. Die Grabsteine der Vornehmen und die Gräber des Volkes entbehren nicht der Ausschmückung. Auch sind die Wappenschilder der bedeutendsten Männer an den Wänden aufgehängt, doch bleibt dies dem Adel vorbehalten, und sie werden je nach der Zahl der Gestorbenen angebracht. Das Dach mancher Kirchen strahlt von verschiedenfarbig zusammengesetztem Glas; wenn die Sonne daraufscheint, gibt das einen wunderbaren Glanz. An vielen Privathäusern findet sich etwas Ähnliches, so daß einer, der von der Höhe auf die Stadt herabsieht, einen herrlichen Anblick der verzierten Dächer haben muß. Sie sind übrigens sehr steil, um nicht etwa durch allzu großes Gewicht aufgehäufter Schneemassen gefährdet zu werden. Hoch auf den Giebeln aber haben sich Störche festgesetzt, dort nisten sie und ziehen ihre Jungen auf, und hier ist ihre liebste Heimat. Niemand fügt ihnen ein Leides zu, sie können frei kommen und gehen, denn bei den Baslern heißt es, wenn man den Störchen ihre Jungen wegnimmt, so werfen sie Feuer in das Haus, und in dieser Furcht lassen sie die Vögel unbehelligt. Die Häuser der Vornehmen sind sehr geschickt eingeteilt und so schön gehalten und fein, wie es in Florenz nicht besser ist. Sie sind alle getüncht, vielfach auch bemalt, die einzelnen Häuser haben Gärten, Brunnen und Höfe. Warm und trocken sind ihre Eß-, Wohn- und Schlafzimmer, mit Glasfenstern; Wände, Decken und Böden mit Fichtenholz getäfelt. Und dort singen viele Vögel, durch die Wärme vor Winter und Kälte geschützt; sie zwitschern zu hören, macht einen lieblichen Eindruck. Viel Aufwand treiben sie mit Teppichen und Gobelins. Die Tische schmücken sie mit viel Silberzeug, im übrigen Gedeck sind ihnen die Italiener über. Die Häuser der Edelleute erkennt man am Hausflur; nichts, was diesen Palästen abginge, und wenn diese schön sind, kann die ganze Stadt nicht häßlich sein. Die Gassen sind weder zu eng noch zu breit, die Wagen, die einander begegnen, kommen ganz gut aneinander vorbei, und die eisernen Räder der Lastwagen fahren die Straßen auch nicht aus; wohin immer man kommt, der Anblick der Straßen ist immer gefällig. Auch die Regengüsse, so häufig sie in dieser Stadt vorkommen, richten nicht allzuviel Schaden an. Es gibt sehr ansehnliche Plätze, wo die Bürgerschaft zusammenkommt, wo man Hausrat kauft und alle möglichen andern Waren, Tauschgeschäfte eingeht und sonstige Abmachungen trifft. Die Brunnen auf den Marktplätzen sind ergiebig, geben reines und wohlschmeckendes Wasser, außerdem gibt es viele in den Häusern, nicht einmal Viterbo in der Toskana hat so viele; denn wer die Anzahl der Brunnen in Basel wissen will, der wird die Häuser abzählen müssen. Die Ringmauern und Vorwerke der Stadt würden aber kaum die harten Belagerungen und Kämpfe der italienischen Kriege aushalten, denn sie sind weder hoch, noch sind die Mauern stark genug. Freilich meinen sie, die Stärke der Stadt liege in der Eintracht ihrer Bewohner. Denn eine einträchtige Bürgerschaft

wäre durch keine feindliche Macht zu überwinden; wo sie aber nicht einig sind, ist es ein geringes, sie zu besiegen. Es gibt nämlich manches Heikle in der Gesinnung der Bürger gegeneinander, und in diesen Dingen nun liegt ihre Stärke. Sie kennen keine Zwietracht in der Regierung. Niemand klagt über das Regiment, und lieber wollen sie für die Freiheit sterben, als sich ergeben. Die innere Stadt ist immerhin mit einer stärkeren Ringmauer umgeben und mit einem Graben versehen, der mit Steinen ausgemauert ist, welche einmal jüdische Grabstätten bezeichneten, sie sind nämlich mit hebräischen Inschriften bedeckt, und das beweist, daß in dieser Stadt, wie wir es ja auch in Italien beobachten, früher viele Juden gewesen sind; nach ihrer Vertreibung verwendete man die Grabsteine zu diesem Bau. In den Vororten gibt es zahlreiche Wiesen, mit grünen Bäumen und Gras bewachsen, und Eichbäume und Ulmen zieht man zu solcher Ausbreitung ihrer Äste, daß sie möglichst viel Schatten spenden, damit es recht erquicklich wäre, zur heißen Zeit, obschon ja der Sommer nicht lang ist, sich hierher zurückzuziehen und den Strahlen der Sonne zu entfliehen. Und hier kommt auch die Jugend zusammen, wenn sich irgendeine festliche Gelegenheit ergibt, um zu tollen und zu spielen: da laufen sie um die Wette, ringen, schießen mit dem Bogen, reiten und springen. Andere üben sich im Schleudern, etliche erweisen ihre Kraft im Steinwurf. Und viele spielen Ball, aber nicht auf italienische Weise, sondern sie stecken an irgendeinem Platz einen eisernen Ring auf und suchen dann jeder um die Wette, den Ball durchzuwerfen, wobei sie ihn aber nicht mit der Hand, sondern mit einem Schläger absenden. Die übrige Menge singt, flicht den Spielenden Kränze, und solche Versammlungen kommen in der Stadt oft vor. Auf solchen Festwiesen kommen auch die Frauen zusammen und führen Reigentänze auf und dergleichen, wovon an andrer Stelle mehr. Fragt ein Italiener nach der Größe der Stadt, so mag er an Ferrara am Po denken, nur macht Basel einen angenehmeren und prächtigeren Eindruck.
Basel war früher auch in weltlichen Dingen seinem Bischof unterworfen, denn er hatte den Blutbann. Nachher jedoch, ich weiß nicht aus welchem Anlaß, verlor er diese Herrschaft, aber es gibt noch eine Anerkennung seiner ehemaligen Obergewalt, indem ihm jedes Haus jährlich vier Denare Abgabe leistet. Die Basler haben sich die Freiheit errungen, obwohl sie den Kaiser als ihren Herrn anerkennen. Die Stadt wird vom Volke regiert; sie hat zwei beratende Körperschaften: die eine, der Große Rat, zählt etwa zweihundert Mitglieder, die andere, der Rat der Alten, zwölf. In beiden sind Edle

und Gemeine; doch den dritten Teil der Regierungsämter besetzt der Adel. Es gibt zahlreiche verschiedene Ämter in der Verwaltung, das höchste hat der Bürgermeister inne, und das kann nur ein Ritter werden. Zur Ritterschaft gelangen nur die Adeligen, oder allenfalls ein paar aus dem Volke, die sich durch große Vorzüge, durch verdienstvolle Taten auszeichnen. Die Ritterwürde zu erhalten, ist bei ihnen aber nicht leicht, weder für die Edlen noch für die Gemeinen, außer als Lohn für hervorragende Leistungen im Kriege; dann freilich steht der Weg zu den höchsten Ämtern offen. Der Schultheiß ferner, der in Strafsachen urteilt, genießt hohes Ansehen, seine Obliegenheit ist es, die Stadt von allen bösen Elementen freizuhalten und die Vergehen zu bestrafen. Jedes Handwerk (man nennt sie hier Zünfte) setzt sich selbst einen Meister, der nicht geringe Gewalt hat. Die Zeitdauer seines Amtes ist nicht bestimmt, sondern jeder verbleibt darin nach seinen Verdiensten. Sie haben bei den Rats- und Gerichtsverhandlungen einen Sitz; sowie die geschlossen sind, gehen sie nach Hause; auf Staatskosten aber wird keiner erhalten. Die Basler leben nicht nach bestimmten Gesetzen, sie richten sich mehr nach dem Herkommen als nach geschriebenem Recht; ohne Rechtsgelehrte, ohne Kenntnis des römischen Rechts. Kommt ein neuer Fall vor oder ein bisher unerhörtes Verbrechen, so gibt ein jeder nach seinem Bedünken seinen Spruch ab. Wie es ihnen gut scheint, eine solche Strafe messen sie dem Verbrechen zu. Sie sind aber streng und hart und lieben die Gerechtigkeit, und wer bestraft werden soll, dem hilft sein Geld nichts noch Bitten noch die Menge seiner Angehörigen und Freunde noch seine Macht im Staate: jedes Vergehen erheischt seine Strafe. Wer aus der Stadt verbannt ist, dem ist die Hoffnung auf Rückkehr auf immer genommen; außer er kommt vielleicht in Begleitung eines Kardinals wieder, dann wird ihm verziehen, wenn sein Verbrechen nicht zu schwer war. Furchtbar sind die Qualen, mit denen sie die Schuldigen strafen. Die einen werden aufs Rad geflochten und sterben mit zerbrochenen Gliedern, die andern werden im Rhein ertränkt; manche verbrennen, manche verstümmeln sie; andere wieder werden in den Kerker geworfen und erhalten nur wenig Wasser und Brot, bis sie vor Hunger und Durst zugrunde gegangen sind. Zur Erpressung von Geständnissen wenden sie alle Arten grausamer Martern an; sterben ist besser, als sie erdulden müssen. Dennoch gibt es welche, die lieber alles das ertragen wollen, als daß sie die Verbrechen eingeständen, die sie getan haben oder die ihnen bloß zur Last gelegt werden.

Der Religion sind sie anhänglich, erweisen den Priestern hohe Ehren, die heilige Messe hören sie immer insgesamt, nicht bloß an den Festtagen, sondern auch an den übrigen. Hohe Verehrung genießen auch die Heiligenbilder. Für die Wissenschaften und schönen Künste haben sie nichts übrig, niemals haben sie den Namen Ciceros oder eines andern Redners nennen hören. Die Werke von Poeten verlangen sie sich gar nicht; sie geben sich höchstens mit Grammatik und Dialektik ab. Aus der Umgebung der Stadt kommen viele Schüler hierher, die von Almosen leben, diesen wird auf Kosten der Gemeinde ein Lehrer gegeben, der sie in Grammatik, Logik und Musik unterweist. Das sind dann jene fahrenden Schüler, welche wir mit Verwunderung in Italien betteln sehen, von denen dann viele an der römischen Kurie den Prälaten dienen, bis sie eine Pfründe bekommen, von der sie schließlich in der Heimat leben können.

Die Edelleute haben zwei Stuben, die eine für den Sommer, die andere für den Winter, in denen sie zusammenkommen und ihre Zechgelage halten. Außerdem haben sie eine weite Festhalle erbaut, wo sie öfters Reigentänze abhalten und dazu die schönsten Frauen einladen, und die erscheinen dann in möglichst schönen gold-, silber- und edelsteinbeladenen Kleidern, als ob sie zu einem Hochzeitsfest kämen. Sie kleiden sich vornehm und pompös, uns kommt es ein wenig fremdartig vor. Das gemeine Volk hat hierzu keinen Zutritt, außer es ist einer davon in hohem Amt oder in hohem Ansehen, und den ganz reichen Leuten wird dann der Eintritt auch nicht verwehrt.

Die Männer sind zumeist von hohem Wuchs und von umgänglichen Manieren; nicht gerade prächtig gekleidet, aber immerhin fein. Wenige, vielleicht aus der Ritterschaft, bedienen sich der Purpurfarben, die Ersten in der Stadt, die sehr reich sind und über allen Hausrat verfügen, kleiden sich schwarz. Sonst ist die Menge verwahrlost, zerfetzt und unsauber, zumeist in schlechten Zwilch gekleidet. Wie überall auf der Welt trifft man auch hier auf verschiedenartige Sitten. Man ist genußsüchtig, lebt zu Hause sehr gut, bringt einen großen Teil seiner Zeit beim Essen zu. Die Buben laufen bloßfüßig umher, die Frauen tragen schwarze oder weiße Schuhe. Alle Frauen ziehen sich nach der gleichen guten und bescheidenen Tracht an, so daß man auch die Dirnen für anständige Frauen halten kann. Lasterhaft sind diese Menschen nicht, wenn sie nicht vielleicht zu sehr dem Vater Bacchus und der Frau Venus huldigen, aber das halten sie für verzeihlich. Ihr Wort pflegen sie zu halten, was sie versprochen haben, das tun sie dann auch. Lieber wollen sie brave Männer sein,

als es bloß scheinen. Das Ihre bewahren sie, nach dem Fremden fragen sie nicht viel, und wer zu Hause nicht allzuviel Plackerei hat, der ist mit seinem Schicksal zufrieden.
Basel liegt in einer fruchtbaren Gegend, auf gutem Boden, Wein und Getreide hat es im Überfluß, so daß man auf dem Markt die Geschenke der Ceres und des Bacchus nicht teuer erstehen muß. Sehr viel Obst gibt es, die Feigen und Kastanien aber fehlen. Um die Stadt herum liegen liebliche Anhöhen und schattige Waldungen. Das Land ist an Wasser sehr reich, aber auch der Himmel, und der Nordwind ist so kalt, daß einen großen Teil des Winters alles weiß von Schnee liegt.

Hans Jacob Christoffel von Grimmelshausen
Wie Simplicius ein Pilger wird und mit dem Hertzbruder wallen gehet
1640

Nachdem Hertzbruder wieder allerdings erstärckt, und an seinen Wunden geheilet war, vertrauete er mir, daß er in den höchsten Nöthen eine Wallfahrt nach Einsidlen zuthun gelobt; Weil er dan jetzt ohn das so nahe am Schweitzerland wäre, so wolte er solche verrichten, und solte er auch dahin bettlen! Das war mir sehr angenehm zuhören, derhalben bot ich ihm Geld und meine Gesellschafft an, ja ich wolte gleich zween Klepper kauffen, auff selbigen die Reise zuverrichten; nicht zwar der Ursache, daß mich die Andacht darzu getrieben, sondern die Aydgnoßschafft, als das einzige Land, darin der liebe Friede noch grünete, zubesehen: So freuete mich auch nicht wenig, daß ich die Gelegenheit hatte, Hertzbrudern auff solcher Räise zudienen, massen ich ihn fast höher als mich selbst liebete; Er aber schlug beydes meine Hülffe und meine Gesellschafft ab, mit Vorwand, seine Wallfahrt müste zufuß, und darzu auff Erbsen geschehen; Solte ich nun in seiner Gesellschafft seyn, so würde ich ihn nicht allein an seiner Andacht verhindern, sondern auch mir selbst wegen seines langsamen mühseeligen Gangs grosse Ungelegenheit auffladen. Das redete er aber mich von ihm zu schieben, weil er sich ein Gewissen machte, auff einer so heiligen Räise von demjenigen Geld zuzehren, das mit Morden und Rauben erobert worden; über das wolte er mich auch nicht in allzugrosse Unkosten bringen, und sagte unverholen, daß ich bereits mehr bey ihm gethan, weder ich schuldig gewesen, und er zuerwidern getraue, hierüber geriethen

wir in ein freundlich Gezäncke, das war so lieblich, daß ich dergleichen noch niemals habe hören hadern, dan wir brachten nichts anders vor, als daß jeder sagte, er hätte gegen dem andern noch nicht gethan, was ein Freund dem andern thun solte, ja bey weitem die Gutthaten, so er vom andern empfangen, noch nit wett gemachet. Solches alles aber wolte ihn noch nit bewegen, mich vor einen Räisgeferten zugedulden, biß ich endlich merckte, daß er beydes an Oliviers Geld und meinem gottlosen Leben ein Ekel hatte, derhalben behalff ich mich mit Lügen, und überredete ihn, daß mich mein Bekehrungs-Vorsatz nach Einsidlen triebe, solte er mich nun von einem so guten Werck abhalten, und ich darüber sterben, so würde ers schwerlich verantworten können. Hierdurch persuadirte ich ihn, daß er zuließ, den heiligen Ort mit ihm zubesuchen, sonderlich weil ich (wiewol alles erlogen war) eine grosse Reue über mein böses Leben von mir scheinen ließ, als ich ihn dan auch überredete, daß ich mir selbst zur Buße auffgelegt hätte, sowol als er auff Erbsen nach Einsidlen zugehen.
Dieser Zanck war kaum vorbey, da geriethen wir schon in einen andern, dan Hertzbruder war gar zu gewissenhafft; er wolte kaum zugeben, daß ich einen Paß vom Commandanten nam, der nach meinem Regiment lautete: Was, (sagte er) haben wir nit im Sinn, unser Leben zubessern, und nach Einsidlen zugehen? und nun sihe um Gottes willen, du wilst den Anfang mit Betrug machen, und den Leuten mit Falschheit die Augen verkleiben, wer mich vor der Welt verläugnet, den will ich auch vor meinem himlischen Vater verläugnen, saget Christus! Was seynd wir vor verzagte Maulaffen? Wan alle Märtyrer und Bekenner Christi so gethan hätten, so wären wenig Heilige im Himmel! Laß uns in Gottes Namen und Schutzempfehlung gehen wohin uns unser heiliger Vorsatz und Begierden hintreiben, und im übrigen GOtt walten, so wird uns GOtt schon hinführen wo unsere Seelen Ruhe finden; Als ich ihm aber vorhielt, man müste GOtt nicht versuchen, sondern sich in die Zeit schicken, und die Mittel gebrauchen, deren wir nicht entbehren könten, vornemlich weil das Wallfahrten gehen bey der Soldatesca ein ungewöhnlich Ding sey, und wan wir unser Vorhaben entdeckten, eher vor Außreisser als Pilger gehalten würden, das uns dan grosse Ungelegenheit und Gefahr bringen könte, zumalen auch der heilige Apostel Paulus, dem wir noch bey weitem nicht zuvergleichen, sich wunderlich in die Zeit und Gebräuche dieser Welt geschicket; Ließ er endlich zu, daß ich einen Paß bekam, nach meinem Regiment zugehen, mit demselben gingen wir bey Beschliessung deß Thors

samt einem getreuen Wegweiser auß der Stat, als wolten wir nach Rotweil, wandten uns aber kurtz durch Neben-Wege, und kamen noch dieselbige Nacht über die Schweitzerische Grentze, und den folgenden Morgen in ein Dorff, allda wir uns mit schwartzen langen Röcken, Pilgerstäben und Rosenkräntzen mondirten, und den Boten mit guter Bezahlung wieder zurück schickten.

Das Land kam mir so fremd vor gegen andern Teutschen Ländern, als wan ich in Brasilia oder in China gewesen wäre, da sahe ich die Leute in dem Frieden handlen und wandlen, die Ställe stunden voll Viehe, die Baurn-Höfe lieffen voll Hüner, Gäns und Enten, die Strassen wurden sicher von den Räisenden gebrauchet, die Wirthshäuser sassen voll Leute die sich lustig machten, da war gantz keine Forcht vor dem Feind, keine Sorge vor der Plünderung, und keine Angst, sein Gut, Leib noch Leben zuverlieren, einjeder lebte sicher unter seinem Weinstock und Feigenbaum, und zwar gegen andern Teutschen Ländern zurechnen, in lauter Wollust und Freude, also, daß ich dieses Land vor ein irdisch Paradis hielt, wiewoln es von Art rauh genug zusein schiene. Das machte, daß ich auff dem gantzen Weg nur hin und her gaffte, wan hingegen Hertzbruder an seinem Rosenkrantz betete, deßwegen ich manchen Filtz bekam, dan er wolte haben, ich solte, wie er, an einem Stück beten, welches ich aber nicht gewohnen konte.

Zu Zürch kam er mir recht hinter die Briefe, und dahero sagte er mir die Warheit auch am tröcknesten herauß, dan als wir zu Schafhausen (allwo mir die Füsse von den Erbsen sehr weh thäten) die vorige Nacht geherberget, und ich mich den künfftigen Tag wieder auff den Erbsen zugehen förchtete, ließ ich sie kochen, und thät sie wieder in die Schuhe, deßwegen ich dan wol zufuß nach Zürch gelangte, er aber gehub sich gar übel, und sagte zu mir: Bruder, du hast grosse Gnade von Gott, daß du unangesen der Erbsen in den Schuhen, dannoch so wol fortkommen kanst; Ja, sagte ich, liebster Hertzbruder, ich habe sie gekocht, sonst hätte ich so weit nicht drauff gehen können; Ach daß Gott erbarme, antwortete er, was hastu gethan? du hättest sie lieber gar auß den Schuhen gelassen, wan du nur dein Gespötte damit treiben wilt, ich muß sorgen, daß Gott dich und mich zugleich straffe; halt mir nichts vor ungut Bruder, wan ich dir auß brüderlicher Liebe Teutsch herauß sage, wie mirs ums Hertz ist, nemlich diß, daß ich besorge, wofern du dich nicht anderst gegen Gott schickest, es stehe deine Seeligkeit in höchster gefahr, ich versichere dich, daß ich keinen Menschen mehr liebe, als eben dich, läugne aber auch nit, daß, wofern du dich nit bessern

würdest, ich mir ein Gewissen machen muß, solche Liebe zu continuiren. Ich verstumte vor Schröcken, daß ich mich schier nit wieder erholen konte, zuletzt bekante ich ihm frey, daß ich die Erbsen nit auß Andacht, sondern allein ihm zu gefallen in die Schuhe gethan, damit er mich mit ihm auff die Räise genommen hätte. Ach Bruder, antwortete er, ich sehe, daß du weit vom Weg der Seeligkeit bist, wangleich die Erbsen nit wären, GOtt verleihe dir Besserung, dan ohn dieselbe kan unsre Freundschafft nicht bestehen.
Von dieser Zeit an, folgte ich ihm traurig nach, als einer den man zum Galgen führet, mein Gewissen fing an mich zudrücken, und indem ich allerley Gedancken machte, stelleten sich alle meine Bubenstücke vor Augen, die ich mein Lebtag je begangen, da beklagte ich erst die verlorne Unschuld, die ich auß dem Wald gebracht, und in der Welt so vielfältig verschertzt hatte, und was meinen Jammer vermehrete, war dieses, daß Hertzbruder nicht vielmehr mit mir redete, und mich nur mit Seufftzen anschauete, welches mir nicht anders vorkam, als hätte er meine Verdamnus gewust, und an mir bejammert.

Friedrich Gottlieb Klopstock
Zürich, 21. November 1750
An Johann Adolf Schlegel

Liebster Schlegel,
Ihre kleine Reise, da hätte ich mögen dabey seyn. Ich kann mir vorstellen, was Sie für Tage in Braunschweig gelebt haben, da ich die unvergleichliche Gärtnerinn u. Ihre Schwester kenne. Wir waren recht gute Kinder zusammen, da ich dort war. Ich muß Sie auch wieder sehn, so bald ich zurück komme. Giseke wird nach Braunschweig kommen. (Ich Sünder! An den lieben Gieseken habe ich so lange nicht geschrieben!) Da sind denn drey in Braunschweig. Cramer in Quedl. Gleim in Halberstadt. Nun, die können einander recht oft sehn. Und Sie, vielleicht kommen Sie auch näher, u. nicht in die Pforte. Und ich, izt in der Schweiz; u. dann in Coppenhagen. Das ist ziemlich weit. Ich merke, es ist mir eine grosse Erfindung vorbehalten, irgend eine Kunst zu fliegen. Wunder müssen gleichwol bisweilen auch vorgehen. Und wenn ich nun dennoch am oftesten bey unsern Freunden wäre, wäre das nicht ein ganz artiges Wunder?
Ich habe auch eine kleine Reise gemacht, die in Ansehn meines

Begleiters zwar auch freundschaftlich war, sonst aber nur lustig. Sie gieng den größten Theil des Zürichsees hinauf, von da über ein bösen Schweizer Berg, dann auf den Zugersee, wieder über ein kleinen Hügel, dann auf den Lucernersee bis in die Stadt Lucern. In Zug logirten wir bey dem angesehensten Mann des Cantons, der vor kurzen die grosse u. sehr sehr weinreiche Landvogtey im Rheinthale gehabt hatte. Er war Landvogt u. Gastwirth zu gleich. Vor einem grossen grossen Camine u. auf einem ungeheuer altväterischen Saale machte der Landvogt, ein pantomimischer wichtiger Mann, diesen artigen Schluß: Sie sind kein Schweizer u. daher der Verfasser des *Messias*. Ich that fremd. Da ich mich gar nicht ergeben wollte, zog er mit einer vielbedeutenden triumphirenden Mine meine beiden gedruckten Oden aus der Tasche: Kennen Sie? (u. legte dann einen Finger an seine siegreich gerümpfte Nase) Kennen Sie diese Oden, mein Herr? Ich mußte mich ergeben. Ich erfuhr hierauf, daß auf eben dem grossen Saale Voltärens *Octavia* (Sie kennen doch einen gewissen Hr. Camerer) von jungen Zugern wäre gespielt worden. Sehen Sie, so gar in dem katholischen Zug, wo man vor zehn Jahren noch Hexen verbrannt hat, die verschiedne Ungewitter erregt hatten, bemüht man sich, die schönen Wissenschaften kennen zu lernen. Ich muß noch einen verdrießlichen Brief an den Verleger schreiben, sonst würde ich Ihnen viel von einem witzigen Schifmanne erzählen, der uns über den Lucernersee führte u. uns viel von Wilhelm Tell erzählte, der auch, wie er sagte, ein guter Schifmann gewesen wäre. Überhaupt giebts viel Originale in der Schweiz besonders auch unter den geringen Leuten.
Schreiben Sie bald wieder an mich. Ich bin

Ihr Klopstock

Giacomo Casanova
Bekehrung in Maria Einsiedeln
1760

Traumversunken wanderte ich ungefähr eine Stunde dahin und befand mich plötzlich in einer Felsschlucht zwischen hohen Bergen. Ich hätte mich sicher verirrt geglaubt, wenn ich nicht ständig Bauern begegnet wäre, die mich überzeugten, daß mein Weg zu irgendeiner bewohnten Stätte führen müßte. So ging ich langsam sechs Stunden lang und befand mich auf einmal in einem großen, von Bergen umgebenen Tal. Links in der Ferne bemerkte ich eine prachtvolle große

Kirche, die an ein stattliches Gebäude von regelmäßiger Anlage stößt. Beim Näherkommen sehe ich, daß es ein Kloster sein muß, und ich freue mich, in einem katholischen Kanton zu sein. Ich finde die Kirchentüre offen, trete ein und stehe voller Staunen vor der reichen Marmorpracht und dem Schmuck der Altäre. Andächtig wohne ich der letzten Messe bei und gehe dann in die Sakristei, wo ich eine Menge Benediktiner treffe. Einer von ihnen, den ich an dem Kreuz auf seiner Brust als den Abt erkenne, tritt auf mich zu und fragt mich, ob ich die Sehenswürdigkeiten der Kirche und des Klosters zu besichtigen wünsche. Da ich es bejahe, erbietet er sich selbst, mich mit zwei Mönchen zu führen. Ich bewundere die reichen Meßgewänder, die mit Gold und Perlen bestickt waren, Monstranzen, die reichen Schmuck an Diamanten und anderen kostbaren Steinen aufwiesen.

Da ich nur sehr schlecht Deutsch und kein Wort Schweizerdeutsch verstand, das in der deutschen Sprache etwa dem Genuesischen in der italienischen entspricht, so fragte ich den Abt lateinisch, ob die Kirche sehr alt sei. Nun begann der würdige Herr mir sehr weitläufig ihre Geschichte zu erzählen, und ich bereute beinahe meine Neugierde, als er mir sagte, es sei die einzige Kirche der Welt, die durch Christus persönlich geweiht worden wäre. Er bemerkte mein Erstaunen, und um mich zu überzeugen, daß er die Wahrheit spräche, führte er mich in die Kirche zurück und zeigte mir auf einer Steinfliese des Bodens den Fußabdruck, den der Herr bei der Einweihung zurückgelassen hatte, damit die Ungläubigen an dem Wunder nicht zweifeln konnten und dem Abt die Mühe erspart blieb, den Bischof der Diözese zur Einweihung kommen zu lassen. Der Abt hatte dieses Wunder durch eine göttliche Eingebung im Traume erfahren. Zum Beweis der Wahrheit, sagte ihm die Stimme, werde er an einer bestimmten Stelle den Eindruck des göttlichen Fußes finden. Er begab sich in die Kirche, fand ihn und dankte dem Herrn.

Die überzeugte Miene, mit der mir der Abt diese Anekdote erzählte, hätte mich zum Lachen gereizt, aber die Heiligkeit des Ortes und die Pflicht der Höflichkeit zwangen mich, ernst zu bleiben, wenn es mir auch sehr schwer fiel. Jedenfalls hörte ich ihm so ehrerbietig zu, daß mich der würdige Herr entzückt fragte, wo ich wohne. »Nirgends«, antwortete ich, »denn da ich zu Fuß von Zürich hergewandert bin, galt mein erster Besuch der Kirche.« Da erhob der Abt die Augen und die gefalteten Hände zum Himmel, wie um Gott zu danken, daß er mein Herz gerührt und einen wallfahrenden Büßer

aus mir gemacht habe, um die Last meiner Sünden hier abzulegen. Die Sache schien mir ganz natürlich, denn ich muß gestehen, daß ich immer noch das Aussehen eines großen Sünders hatte.
Da es gerade Mittag war, fragte mich der Abt, ob ich ihm die Ehre erweisen würde, mit ihm zu speisen. Ich nahm mit Vergnügen an, denn ich war nicht nur nüchtern, sondern es war mir auch bekannt, daß man im Kloster stets gut speist. Noch wußte ich nicht, wo ich mich befand, und fragen wollte ich nicht, um den Glauben an meine reuige Bußfahrt nicht zu zerstören. Unterwegs sagte mir der hochwürdige Herr, seine Mönche fasteten zwar, aber wir würden Fleisch erhalten, denn er besitze einen Dispens Benedikts XIV., der ihm erlaube, mit zwei Gästen das ganze Jahr hindurch Fleisch zu sich zu nehmen. Ich entgegnete ihm, daß ich an seinem Vorrecht um so lieber teilhabe, als der Heilige Vater mir dieselbe Gnade erwiesen habe. Das machte ihn auf meine Person neugierig. In seinem Zimmer, das durchaus nicht nach einer Büßerzelle aussah, zeigte er mir das »Breve«, das in einem schönen Rahmen unter Glas dem Eßtisch gegenüber an der Wand hing, damit die Neugierigen und Bedenklichen Kenntnis davon nehmen konnten. Da der Tisch nur ein Gedeck für zwei Personen trug, legte ein Diener in großer Livree ein drittes auf. Den zweiten Gast stellte mir der Abt gleich darauf als seinen Kanzler vor. »Denn«, fügte er hinzu, »ich muß eine Kanzlei halten, weil ich als Abt des Klosters Maria Einsiedeln zugleich Fürst des Heiligen Römischen Reiches bin.«
Ich atmete auf, denn nun wußte ich endlich, wo ich mich befand, und ich war darüber sehr erfreut, denn ich hatte schon viel vom Kloster Maria Einsiedeln gehört und kam nun bei der Unterhaltung nicht mehr in Gefahr, die Rolle des Unwissenden zu spielen. Das Kloster war das Loreto diesseits der Alpen und durch zahlreiche Pilgerfahrten berühmt. Bei Tische fragte mich der Fürstabt, ob ich verheiratet sei, aus welchem Lande ich stamme und ob ich alle schönen Orte der Schweiz zu besuchen gedächte. Gleichzeitig bot er mir Empfehlungsbriefe für alle Orte an, die ich etwa aufsuchen wollte. Ich antwortete ihm, ich sei Venezianer und Junggeselle und nehme die so freundlich angebotenen Empfehlungsbriefe dankbar an. Zuvor aber bäte ich ihn um eine Unterredung unter vier Augen, um ihm alles anzuvertrauen, was mein Gewissen bedrückte.
So verpflichtete ich mich in einer seltsamen Laune, dem Abt zu beichten, ohne daß ich vorher auch nur daran gedacht hätte. Das war meine Narrheit. Es war mir in diesem Augenblick, als folgte ich Gottes Willen, wenn ich den unbedachten, wie vom Himmel gefal-

lenen Gedanken ausführte. Mein auf diese Weise erkorener Beichtvater hielt mir nun eine salbungsvolle Rede, deren Langweiligkeit bei einer ausgezeichneten Mahlzeit – denn es gab sogar Schnepfen – wohl zu ertragen war.

»Wie ist es möglich«, fragte ich, nachdem er geendet hatte, »in dieser Jahreszeit so prächtiges Wild zu haben?«

»Das ist ein Geheimnis«, erwiderte er mit befriedigtem Lächeln, »das ich Ihnen mit Vergnügen verraten will!«

Dieser Fürstabt war ein Feinschmecker erster Sorte und außerdem ein großer Weinkenner. Obgleich er den Enthaltsamen spielte, verfügte er über die feinsten Weine und vorzüglichsten Gerichte. Während wir so plauderten, blickte mich der Abt prüfend an, und da meine Kleidung ihm Sicherheit gab, daß ich nichts von ihm verlangen würde, so nahm er kein Blatt vor den Mund und wurde sogar sehr offen.

Nach der Mahlzeit entließ der Abt seinen Kanzler und führte mich dann im ganzen Kloster herum. Schließlich kamen wir auch in die Bibliothek, wo sich ein Bild des Kurfürsten von Köln in vollem Ornat befand. Ich äußerte nun, daß dieser zwar ähnlich, in Wirklichkeit jedoch schöner sei, zog die Tabakdose aus der Tasche, die mir der Kurfürst geschenkt hatte, und zeigte sie ihm mit dem Hinweis, daß dieses Bild sprechend ähnlich sei. Er besah es sich mit Vergnügen und lobte den Einfall des Kurfürsten, sich als Großmeister des Deutschen Ordens malen zu lassen. Jedenfalls sah ich, daß die Schönheit der Dose dem Abt keine schlechte Meinung von mir beibrachte, und ich bemerkte nicht ohne Genugtuung, wie seine Achtung vor meiner Person ständig wuchs. Die Bibliothek übrigens würde mich erschreckt haben, wenn ich allein gewesen wäre. Sie bestand aus lauter Foliobänden, deren neueste über hundert Jahre alt waren, und alle diese dicken Bände handelten ausschließlich von Religion und religiösen Streitigkeiten; da waren Bibeln, Kommentare, Kirchenväter, mehrere deutsche Juristen, Jahrbücher und das große Wörterbuch von Hoffmann. »Sicherlich, Ehrwürden«, bemerkte ich, »haben Ihre Mönche in ihren Zellen auch Bücher über Physik, Geschichte und Reisen.« »Nein«, entgegnete er, »meine Mönche sind brave Männer, die nur ihre Pflicht tun und in holder Unwissenheit in Frieden leben.«

Ich weiß nicht, was mir in diesem Augenblick durch den Kopf ging, aber ich bekam nun wirklich Lust, Mönch zu werden. Ich sagte dem Abt zunächst nichts davon, bat ihn jedoch, ihn auf sein Zimmer begleiten zu dürfen. »Ich habe den Wunsch, Ehrwürden«, sagte ich,

»Ihnen eine Generalbeichte abzulegen, damit ich morgen, meiner Sünden ledig, das Heilige Abendmahl nehmen kann.« Ohne mir zu antworten, führte er mich in einen hübschen Pavillon, erlaubte jedoch nicht, daß ich niederkniete, sondern ließ mich ihm gegenüber Platz nehmen. Drei Stunden lang erzählte ich ihm eine Menge skandalöser Geschichten, jedoch ohne jede Ausschmückung, denn ich befand mich in einer asketischen Stimmung und mußte einen zerknirschten Ton anschlagen, obwohl ich bei dem Bericht über meine Streiche gar keine Reue verspürte, denn ich war weit entfernt, die Erinnerung daran unangenehm zu finden. Der Abt zweifelte indes nicht an meiner Bußfertigkeit, denn er sagte zu mir, wenn ich durch einen sittlichen Lebenswandel die Gnade wiedererlangt habe, werde die wahre Zerknirschung folgen. Nachdem er die Formel gesprochen hatte, der die Kraft innewohnt, das Menschengeschlecht zu entsündigen, riet er mir, mich in ein Zimmer zurückzuziehen, das er mir anwies, wo ich den Rest des Tages im Gebet zubringen und mich nach dem Abendessen, falls ich ein solches einzunehmen gewohnt sei, früh zur Ruhe begeben solle. Am nächsten Morgen bei der ersten Messe sollte ich kommunizieren. Damit trennten wir uns. Es kam mir gar nicht zum Bewußtsein, wie gefügig ich ihm gehorchte, und später habe ich es nie begriffen. Als ich allein in meinem Zimmer war, das ich nicht einmal besichtigte, überließ ich mich den Gedanken, die ich vor meiner Beichte gehabt hatte. Ich glaubte wirklich, daß der Zufall oder mein guter Geist mich an den Ort geführt hätte, wo das Glück meiner harrte und wo ich bis an mein Ende vor den Tücken des Schicksals geborgen sein würde. Es hängt nur von mir ab, sagte ich mir, hier zu bleiben, denn ich bin gewiß, daß der Abt mir die Aufnahme in seinen Orden nicht verweigern wird, zumal wenn ich ihm ein Kapital von 10 000 Franken als Leibrente für mich aushändige.

Es schien mir, daß zu meinem Glück nichts fehlte als eine Bibliothek nach meinem Geschmack, und ich zweifelte nicht, daß der Abt mir gestatten würde, eine nach eigener Wahl anzuschaffen, wenn ich versprach, sie nach meinem Tode dem Kloster zu überlassen. Und was die Gesellschaft der Mönche betraf, so glaubte ich vor dem Neid, der Zwietracht und den klösterlichen Klatschereien sicher zu sein, denn ich verlangte ja nichts und hatte keinen Ehrgeiz, der ihre Eifersucht erregen konnte. Ich sah zwar voraus, daß ich trotz meiner frommen Anwandlung einmal meinen Entschluß bereuen könnte, und davor schauderte mir, aber ich wiegte mich in der Hoffnung, dann einen Ausweg zu finden. Wenn ich um das Benediktiner-Ordenskleid bitte, sagte ich mir, werde ich ein zehnjähriges Noviziat verlangen. Kommt mir in diesen zehn Jahren die Reue nicht, so ist es unwahrscheinlich, daß sie sich später zeigt. Außerdem wollte ich feierlich erklären, nach keinem Amt und keiner Würde im Orden zu streben. Ich wünschte nur meinen Frieden und so viel Freiheit, daß ich meinen neuen Neigungen leben konnte, ohne Ärgernis zu geben. Die Schwierigkeit eines so langen Noviziats hoffte ich dadurch zu beheben, daß ich im Falle eines Sinneswechsels auf die vorausbezahlten 10000 Franken verzichtete. Ich schrieb diesen schönen Plan nieder, und am folgenden Tage, als ich nach der Kommunion noch gleichen Sinnes war, überreichte ich ihn dem Abt, der mich in seinem Zimmer erwartete, um eine Tasse Schokolade bei ihm einzunehmen. Er las meine Eingabe gleich durch, ohne ein Wort dazu zu sagen. Nach dem Frühstück überlas er sie nochmals, wobei er auf und ab ging, und sagte schließlich, er würde mir nach Tisch antworten.

Ich war neugierig wie ein Kind, dem man zum Geburtstag ein Spielzeug versprochen hat, und wartete mit Spannung auf die Mittagsstunde. So schnell vermag törichte Voreingenommenheit einen Menschen zu ändern, indem sie seinem Geist sofort eine neue Richtung gibt. Wir speisten ebensogut wie tags zuvor, und als wir die Mahlzeit beendet hatten, erklärte mir der liebenswürdige Abt:

»Mein Wagen erwartet Sie am Tor, um Sie nach Zürich zurückzubringen. Fahren Sie ab und geben Sie mir vierzehn Tage Frist zur Antwort. Ich werde sie Ihnen selbst überbringen. Hier sind einstweilen zwei versiegelte Briefe, die Sie persönlich überbringen wollen.« Ich verspach, es ausführen zu wollen, dankte ehrfurchtsvoll für die gütige Aufnahme und küßte dem Abt beim Abschied die Hand.

Als mein spanischer Diener mich bei meiner Rückkehr nach Zürich erblickte, lachte er laut auf. Seine Gedanken erratend, fragte ich ihn: »Worüber lachst du?«

»Ich lache«, antwortete er, »weil Sie, kaum in der Schweiz angekommen, sich zwei Tage lang zu amüsieren wissen, ohne nach Hause zu kommen.«

»Schon gut. Sage dem Wirt, ich brauchte einen guten Wagen für vierzehn Tage und einen Lohndiener, für den er einstehen kann.«

Mein Wirt, namens Ott, war Hauptmann gewesen und stand in Zürich in hohem Ansehen. Er erschien bei mir und teilte mir mit, daß es in der ganzen Gegend nur offene Wagen gebe. Aus Mangel an Besserem war ich damit zufrieden. Auf den Lohndiener, erklärte er, könne ich mich verlassen.

Am folgenden Tage gab ich meine Briefe eigenhändig an ihre Adressen ab. Der eine war an einen Herrn Orelli, der andere an einen Herrn Pestalozzi gerichtet. Beide Herren waren nicht zu Hause, aber sie besuchten mich am Nachmittag und luden mich zum Essen ein, jeder an einem anderen Tage. Dann baten sie mich, sie am selben Abend ins städtische Konzert zu begleiten, das einzige Vergnügen, das es in Zürich gab. Zugelassen waren nur Mitglieder der Gesellschaft und Fremde, die dafür einen Taler Eintrittsgeld bezahlten, obwohl sie die Ehre hatten, durch ein Mitglied eingeführt zu werden. Beide Herren wetteiferten miteinander im Lobe des Abts von Einsiedeln.

Ich fand das Konzert unglaublich schlecht und langweilte mich schrecklich. Alle Männer saßen auf der einen Seite des Saales und die Frauen auf der anderen. Das allein verdroß mich, denn trotz meiner neuen Bekehrung fielen mir drei oder vier hübsche Damen auf, die mir gefielen, und da sie sich nach mir umsahen, hätte ich ihnen gern einige Artigkeiten gesagt, gewissermaßen zum Abschied von meinem bisherigen Leben. Als das Konzert zu Ende war, stellten mich die beiden Herren ihren Frauen und Töchtern vor, die zweifellos die liebenswürdigsten Damen der Stadt waren. Dieser Höflichkeitsakt und die Unterhaltung auf der Straße waren indes sehr kurz. So kehrte ich denn ins Hotel Schwert zurück, nachdem ich den beiden Herren für ihre Liebenswürdigkeit gedankt hatte.

Tags darauf speiste ich bei Herrn Orelli und fand dabei Gelegenheit, der Schönheit seiner Tochter zu huldigen, ohne daß sie merkte, welchen Eindruck sie auf mich gemacht hatte. Am nächsten Tag spielte ich die gleiche Rolle bei Herrn Pestalozzi, obgleich die entzückende Tochter des Hauses meine galanten Gefühle fast noch stärker reizte. Aber zu meinem großen Erstaunen war ich sehr sittsam, und binnen vier Tagen genoß ich dieses Rufes in der ganzen Stadt. Auf den Promenaden konnte ich bemerken, daß man mich mit einer Achtung betrachtete, an die ich nicht gewöhnt war. Aber in der frommen Stimmung, in der ich mich glaubte, redete ich mir immer mehr ein, daß mein Plan, Mönch zu werden, eine Eingebung des Himmels sei. Ich langweilte mich freilich, aber das schien mir bei einer so einschneidenden Änderung meiner Lebensweise unvermeidlich, und ich hoffte, daß dieses Gefühl vorübergehen würde, wenn ich einmal erst an die Tugend gewöhnt wäre.

Christian Cay Lorenz Hirschfeld
Die Wirtshäuser, die Luft, die Sprache
1765

Die Wirtshäuser in der Schweiz sind so gut, als man sie in keinem Lande findet. Sie haben, wenn sich nicht gerade eine ungewöhnliche Anzahl von Fremden anhäuft, alle Bequemlichkeiten von Zimmern und Betten, worauf überhaupt der Schweitzer viel hält. Und Reinlichkeit kann man fast als einen Theil des Nationalcharacters ansehen. Auch das Betragen der Wirthe, sowohl auf den Dörfern, als auch in ansehnlichen Städten, ist ebenso weit von gemeiner Plumpheit als von schlauer Schalkheit entfernt. Man trifft hier Leute nicht bloß von Familie, sondern auch von Einsicht und Ansehen an, die sich mit diesem Geschäfte befassen. Der Wirth im rothen Hause zu Solothurn war lange ein ansehnliches Glied der Regierung und ward sogar als der Abgeordnete seines Freystaats nach Frankreich geschickt. Ein Beyspiel, das ganz der Republick des Plato entgegensteht. Man findet unter dieser Klasse Männer von den trefflichsten Kenntnissen des Landes, von einem unterhaltenden Geiste und einer edlen Gefälligkeit gegen Reisende; und diese Vortheile sind wohl von einem noch größern Werth als die Bequemlichkeiten des Hauses. Selbst auf den Dörfern trifft man aufgeklärte Leute an, wie schon von so vielen Reisenden bemerkt ist. Fast alle haben einen gewissen republikanischen Geist, der sich sehr warm für öffentliche Angelegenheiten interessirt, der die Einrichtung und Verhältnisse der Republick kennt, ihren Vortheilen und ihren Fehlern nachsucht, frey nach seiner Einsicht urtheilt, ohne die sclavische Zurückhaltung mancher Diener kleiner Fürsten, und der selbst gegen die entfernten Begebenheiten in Europa nicht gleichgültig ist. Dies ist überhaupt der Charakter der aufgeklärten Einwohner in den Dörfern der Schweitz. Man erstaunt oft, hier Unterredungen über die neuesten Weltbegebenheiten mit einer Theilnehmung zu hören, als wenn es die Angelegenheiten der Familie beträfe. Bey diesem sich aus seinem gewöhnlichen Bezirk ausdehnenden Geist, der immer eine edle Anlage oder höhere Emporstrebung der Kräfte ankündigt, läßt sich leicht mehr Unterhaltung erwarten als bey Menschenkindern in den Handelsstädten, die sich nicht weiter um die Welt bekümmern, als um die Preise von Fischen, Fleisch und Wein. Allein, auch von dieser Seite kann der Reisende alle Befriedigung, die er sucht, hier erwarten. Es ist bekannt, daß der Schweitzer gut ißt und nicht weniger gut trinkt. Die Tafeln sind wohl für manchen Reisen-

den zu reich besezt, und die Speisen zu stark. Man speiset überall an öffentlichen Tafeln, und etwas theurer auf den Zimmern. Unter den einheimischen Weinen befinden sich einige vortreffliche Arten; ausländische kann man auch fast überall haben; von den schädlichen Künsten der Verfälschung scheint man hier noch nichts zu verstehen, auch bedarf man es nicht, sie zu lernen. – Sogar auf den Dörfern, wo die Wirthshäuser an äusserer Bauart und innerer Bequemlichkeit manche Gasthöfe in ansehnlichen Städten von Deutschland übertreffen, werden einem Reisenden, der gegen Mittag ankommt, oft in kurzer Zeit 6 bis 7 Schüsseln aufgetragen, und des Abends nicht viel weniger. Was von ihnen übrig bleibt, giebt oft Veranlassung zu einem größern Hausfest, indem der ländliche Wirth gern mit den Seinigen den Ueberrest fröhlich verzehrt. Das Trinkwasser ist in einem so bergigten Lande ganz vortrefflich; nur das Brodt gemeiniglich schlecht. Auf den Dörfern findet man fast allezeit verschiedenes Confect zum Nachtisch, und dabey die Früchte der Jahreszeit; Käse wird immer aufgesezt, doch ohne Butter. Kurz: die Tafel ist, den Wein nicht zu vergessen, hier so gut, daß selbst ein Dohmherr davon zufrieden aufsteht.
Zu allen diesen Vortheilen und Annehmlichkeiten einer Reise in der Schweitz kommt noch die gesunde Luft, die der Reisende hier genießt. Es ist bekannt, wie viele Vorzüge eine reine Bergluft vor der Luft des flachen Landes hat und wie sehr sie den Körper stärkt und den Geist erheitert. Indem man von Basel aus die bergigte Schweitz zu besteigen anfängt, fühlt man auch gleich diese reinen belebenden Einflüsse der Luft, die zugleich mit den süssen Wohlgerüchen angefüllt ist, die so mannigfaltige Kräuter auf den Bergen und die Menge von Wiesen, die an allen bewohnten Plätzen liegen, aushauchen. Die hohe Lage des Landes und die Alpen, woher reinigende Winde sich erheben, machen die Luft so gesund, als sie nur in einer Gegend des Erdbodens seyn kann. Die beständige Bewegung der Luft durch Winde und Gewitter bewahrt sie vor aller Fäulnis. Manche Ausländer haben hier in einigen Wochen ihre Gesundheit ohne den Gebrauch einer andern Arzeney als Bewegung und vergnügten Umgang wieder hergestellt. Alle gesunde Reisende bemerken hier auch eine stärkere Eßlust, als ihnen sonst gewöhnlich ist.
Die Grade der Wärme und der Kälte sind in der Schweitz sehr verschieden. Im Pays de Vaud ist die Wärme so stark, daß Italiens edlere Früchte hier reifen, wovon die Bäume in andern Gegenden den Winter nicht im Freyen aushalten. In Basel, dessen Klima für die nordamericanischen Sträucher fast schon zu warm ist, kommen die

vortrefflichsten Kirschen zuweilen vier Wochen früher zur Reife als in Bern. Die Verschiedenheit des Klima in Gegenden, die unter einem Grad liegen, hat ohne Zweifel ihren Grund sowohl in der besondern Lage jedes Orts als auch in der größern oder geringern Entfernung von den Eisbergen, deren beständige Kälte sich durch die Winde mittheilt. Wenn man von Bern nach Lausanne reiset, so bemerket man schon nach sechs Stunden eine wärmere Luft. In den Thälern herrscht im spätern Herbst zuweilen noch eine Hitze, als man im mittlern Deutschland selten in den Hundestagen wahrnimmt. Der Winter ist in der Schweitz nicht wenig streng, doch ebenfalls mit Unterschied. Wir haben in Bern vier Monate hindurch einen beständig anhaltenden Frost bemerkt, und dieses ist nichts ungewöhnliches. Besonders ist hier die schnelle Abänderung des Wetters merkwürdig. In einer Stunde hatten wir das angenehmste Wetter; und gleich darauf Regen und Donner. Oft wechselt die Witterung eines Tages so ab, daß sie sich in die Stunden zu theilen scheint und in der einen die Luft mit Blitz und Donner füllt, in der andern mit einer milden Stille wieder erheitert. Eine der erhabensten Scenen ist es, zu sehen, wie die Blitze zwischen fernen dunkeln Gebürgen sich schlängeln, oder den Donner in vielfach wiederholten Echos nachhallen zu hören. Sehr oft sind die Wetterwolken niedriger als die Berge, und es ist ein überaus prächtiges Schauspiel, das Gewitter unter seinem Fuß zu sehen. Manchmal ist ein entsetzliches Donnern und Blitzen auf den Bergen, da die angränzenden Thäler in heitrer Ruhe liegen; manchmal aber kracht alles in den Ebenen, und die umliegenden Berge lächeln in einem stillen Sonnenschein.

Fast ein jeder Kanton unterscheidet sich von den andern durch die Sprache, wie durch seine Kleidung. In den meisten wird das Deutsche geredet, das aber ein mehr oder minder roher und schlechter Dialect ist. Dieses Deutsch wird etwas besser geschrieben, und in den öffentlichen Angelegenheiten der Eidgenossenschaft gebraucht. Die Zusammenfügungen der Wörter, die Menge von Provinzialismen, die man in Deutschland gar nicht hört, und die rauhe Aussprache machen, daß ein Fremder Jahre braucht, ehe er einen Schweitzer vom Lande verstehen lernt. Eben so wenig ist oft ein Deutscher, der seine Sprache gut spricht, den Schweitzern verständlich, und zuweilen erhielt ich bey einer deutschen Anrede, deren völliger Sprachrichtigkeit ich mir bewußt war, zur Antwort: »Bi Gott! Herr, i verstah nüt Welsch.« Welsch bedeutet hier Französisch. Besonders liebt man in dem Deutsch der Schweitzer die Diminutiva, als Brünli,

Hügli, Rößli, Fraueli, Knäbli und tausend dergleichen; allein, sie werden mehr anstatt der gewöhnlichen männlichen Wörter, als aus Spott, oder Zärtlichkeit und Delikatesse gebraucht. Bey der Aussprache läßt sich die rauhe Gurgel besonders hören, und die harten oft ganz unverständlichen Wörter, die aus ihr hervorgeorgelt werden, fallen einem Ohr, das an das Sanfte der niedersächsischen Mundart gewöhnt ist, überaus empfindlich. Manche Schweitzer, besonders die Berner, reden nicht gern mit einem Deutschen deutsch, ausser beym längern Umgang oder genauern Bekanntschaft; sie bedienen sich fast immer gegen einen Fremden der französischen Sprache, die in den Städten überall gebräuchlich ist. Sie wird aber in den deutschen Kantons meistens nur von dem Frauenzimmer mit einer gewissen Feinheit und zartem Ausdruck gesprochen. Gegen Basel zu, in Zürich, Schafhausen und auf andern Seiten nach Deutschland wird die schweitzer Sprache verständlicher als tiefer im Lande und in den entlegenen Gebürgen. Man könnte leicht die deutsche Sprache verbessern. Allein man hängt zu sehr an dem Vorurtheil des Alterthums und bleibt bey der gewöhnlichen Aussprache; die Lehrer des Deutschen sind Schweitzer, die sich selten in Deutschland aufgehalten; und ausserdem gränzt die Schweitz an solche Provinzen, wo das Deutsche schon viel von der Reinigkeit und Schönheit verlohren hat, obgleich der Elsässer angenehmer spricht als der Schwabe. Indessen trug vormals die vor mehrern Jahren in Bern blühende typographische Buchhandlung, die nun fast ganz eingegangen, und der gute Geschmack einiger Familien, besonders der Hallerschen, Tscharnerschen und Sinnerschen, viel zur Ausbreitung der deutschen Litteratur und Sprache bey. Das vornehmste Verdienst aber bleibt doch den bekannten Bemühungen der Zürcher; man findet in dieser Stadt, die man das Athen der Schweitz nennen kann, überhaupt wohl den meisten gebildeten Geschmack, und die Namen eines Bodmer, Breitinger, Geßner, Hirzel, Sulzer, Lavater und andrer werden ohne Untergang in der Geschichte unsrer mit der Schweitz vereinigten schönen Litteratur glänzen. – In einigen Gegenden ist allein die französische Sprache im Gebrauch, als in und um Neuenburg, im Pays de Vaud, in Genf, in einem Theil des Freyburger Gebiets. Das gemeine Volk aber spricht ein hartes, unangenehmes und selbst für einen Kenner des Französischen zuweilen ganz unverständliches Patois. Auf der Seite nach Italien zu, als im Veltlin und verschiednen Landvogteien, herrscht die italienische Sprache, bald mehr, bald minder rein; noch hört man in diesen Gegenden das Churwelsche oder Romanische, einen aus dem Italienischen und Lateinischen zusammengesetzten verdorbenen Dialect. In Wallis hört man in einigen Dorfschaften ein ziemlich verständlich Latein.

Carlo Antonio Pilati di Tassulo
Die patrizische Schweiz
Bern, den 13. Dezember 1774

Nach meiner Abreise aus Chur habe ich mehrere Kantone der Schweiz besucht, um dort die Bekanntschaften zu erneuern, die ich auf meiner ersten Reise gemacht hatte. Das Vergnügen, meine Freunde wiederzusehen, hat mich für die Mühen entschädigt, denen ich mich unterziehen mußte. Die Schweiz ist ein fürchterliches Land für die Fremden, die im Winter reisen. Ich habe allerdings in Schaffhausen eine Dame von preußischer Nationalität, Witwe eines dänischen Adligen, kennengelernt, die vor den Monarchien einen solchen Abscheu hatte, daß sie Dänemark gleich nach dem Tode ihres Gatten verließ und trotz der strengen Jahreszeit geraden Wegs in die Schweiz kam; sie hat auf dem Wege nicht einmal in Berlin haltgemacht, obwohl es ihre Geburtsstadt ist und dort auch ihre Eltern wohnen. Sie sagte mir, sie gehe nach Lausanne, weil sie den festen Vorsatz habe, ihre alten Tage in einem freien Land zu verbringen. Herr M ..., dem sie in Potsdam begegnet war, hatte ihr nachdrücklich empfohlen, sich im Staate Venedig zu etablieren; aber sie hat keine gute Meinung von der venezianischen Regierung und glaubt, daß die Untertanen dort nicht freier sind als in einer Monarchie. Sie hat recht, insofern es ihr nur um die Freiheit geht; würde sie suchen, was Frauen sonst im allgemeinen suchen, so wäre sie in Venedig sehr viel besser zu Hause als in der Schweiz. Vor allem, wenn sie Kinder hätte, müßte sie wohl ihren Abscheu gegen die Monarchien dem Wohlergehen ihrer Familie opfern: Ein Ausländer, der Kinder hat, sollte nämlich nicht daran denken, in der Schweiz ansässig zu werden, es sei denn, er wolle Handel treiben, eine Fabrik eröffnen oder sich der Landwirtschaft widmen. Andernfalls würden seine Nachkommen, auch wenn er der reichste Mann geworden wäre, bald ins Elend versinken, weil sie keine Anstellung fänden und weil Reichtümer, sei es wegen der Fehler ihrer Besitzer, durch Erbteilung und tausend andere Möglichkeiten mehr, immer verfallen. Die Nachkommen könnten keine militärischen Stellungen in den Regimentern erringen, die die Schweiz den fremden Mächten zur Verfügung

stellt, weil darin Fremde nicht zugelassen sind. Aber nicht nur das: Um bei den Schweizern Stellen und Ämter zu erringen, muß man Bürger irgendeines Kantons sein, und dies ist nach den überall eingeführten neuen Regelungen kaum noch möglich.
In allen Schweizer Kantonen mußten die wohlhabenden Adligen Vorkehrungen gegen die Armut treffen. In den demokratischen Kantonen verheiraten sich die reichsten Familien untereinander, etwa indem ein armer Adelssohn ein reiches Mädchen aus derselben Familie zur Frau nimmt. In den aristokratischen Kantonen treiben die Familien Handel wie in Zürich, oder sie verdienen ihren Unterhalt durch Ämter wie in Bern und in Luzern. Bern ist der größte Kanton der Schweiz, er macht beinahe die Hälfte des Landes aus; der Kanton hat so viele Pachtämter und andere Stellen zu vergeben, daß eine Person von aristokratischer Abstammung sicher ist, früher oder später eine Anstellung zu finden, mit der sie reichlich verdienen kann. Aber das gewöhnlichste Mittel für alle Schweizer von adliger Geburt ist es, bei den Mächten in Dienst zu gehen, die fremde Truppen brauchen und ihnen aus diesem Grunde sogar günstigere Bedingungen anbieten als den eigenen Regimentern. Die Familien, deren Söhne als Offiziere in die Armee eintreten, ersparen sich alle Aufwendungen für deren Unterhalt; und wenn die Söhne erst einmal ihre eigene Kompanie befehligen, können sie sogar leicht selbst noch Ersparnisse zurücklegen und beträchtliche Summen nach Hause bringen. Die guten Bürger der verschiedenen Kantone entrüsten sich gegen den seit ehedem herrschenden Mißbrauch, fremden Mächten Truppen zu stellen; sie sagen, daß dadurch die Dörfer entvölkert, die Zahl der Arbeitskräfte vermindert, die Manufakturbetriebe geschwächt und die Sitten verdorben werden. Andererseits gibt dieser Brauch der Schweiz eine große Zahl Soldaten, die sie nicht zu ernähren braucht, im Bedarfsfall jedoch für ihre eigenen Zwecke einsetzen kann. Das Söldnerwesen bringt nicht zuletzt große Geldsummen ins Land, nicht nur den Sold der Soldaten und Offiziere, sondern auch die Pensionen, die speziell Frankreich den Schweizern gewährt. Vorteile wie diese werden für Personen eines gewissen Standes immer schwerer wiegen als alle anderen Überlegungen, und so werden die Schweizer auch weiterhin an alle Potentaten Truppen liefern, die solche verlangen.
Im Augenblick befinden Sie sich in einem Land, in dem Sie über alles, was ich Ihnen über die Schweizer erzählen kann, sicher nur gähnen können. Sie werden finden, daß all dies nur Bagatellen seien im Vergleich zu dem, was Sie in Holland sehen. Ich wage es darum

nicht, vom Handel und von der Industrie der Genfer oder Zürcher zu erzählen; ebensowenig berichte ich von den schönen Landschaften im Kanton Zürich, die ich auf meiner ersten Schweizer Rundreise gesehen habe; auch nicht von den ausgezeichneten Weidegebieten in den Bergen von Appenzell, Bern und Freiburg oder von den sehr reichen Bauern, denen das Vieh und der Käse einen Gewinn von über viertausend Livres im Jahr einbringen, nicht von den ungeheuren Summen, welche die Genfer Uhren, das Tuch aus Appenzell, Zürich und Sankt Gallen in die Schweiz bringen, noch davon, daß die Zürcher beträchtliches Einkommen aus ihren Seiden-, Musselin- und Baumwollfabriken ziehen. Ja, ich behaupte nicht einmal, daß die Schweiz ein glückliches Land ist, in dem alles im Überfluß vorhanden ist, was man zum Leben braucht – außer Salz, Getreide und Wein, die ein wenig knapp sind; aber auch diese Waren beschafft man sich hier leicht mit den Überschüssen und mit dem Geld, das die Industrie einbringt [...]

Wenn es stimmt, was man mir erzählt hat, dann stehen die Schweizer Kantone tatsächlich weit weniger glänzend da als Holland, bloß daß ihr Zustand sehr viel stabiler und auf viel längere Zeit gesichert ist. Auf Grund ihrer Lage und der Beschaffenheit ihrer Böden können sich die Schweizer Kantone nie über jenen Zustand der Mittelmäßigkeit erheben, der im übrigen ihren verschiedenen Regierungsformen, speziell der republikanischen, bestens entspricht. Auch wenn es kleine demokratische Kantone gibt, die durch politische Cliquenwirtschaft und Anarchie gefährdet sind, so haben die aristokratischen Kantone doch immer genügend Macht, um die Ordnung wiederherzustellen und einen fremden Fürsten aufzuhalten, der aus den unglücklichen Umständen Vorteil zu ziehen trachtet. Bern wird immer reicher und mächtiger; dabei ist nicht zu befürchten, daß seine Regierung den Reichtum oder die Macht zu etwas anderem nutzt als zur Erhaltung der Konföderation und um den Ausländern Respekt einzuflößen. Die Geschichte der vergangenen Zeiten und neuere Ereignisse haben alle Republiken genugsam darüber belehrt, daß sie nur ihren Ruin beschleunigen, wenn sie Eroberungen und Ausweitung ihrer Territorien unternehmen.

Die Berge, der Landhandel, die auf Rohstoffe aus dem Ausland angewiesenen Manufakturen, die bürgerlichen Ämter, der Militärdienst für fremde Mächte – mit einem Wort, die Quellen, aus denen die Schweizer hauptsächlich ihre Subsistenz ziehen, erlauben es nicht, übermäßige Reichtümer anzuhäufen; deshalb können Luxus, Ehrgeiz und zügelloser Lebenswandel in der Schweiz nie so tiefe

Wurzeln schlagen, daß daraus große öffentliche Unruhen resultieren könnten. Die jungen Leute, die in Frankreich in Dienst gehen, werden bisweilen von den dort herrschenden Lastern angesteckt; aber kaum haben sie wieder in ihrer Heimat Wohnung bezogen, so sitzt ihr Kopf schon wieder an der richtigen Stelle; und sobald sie Familienväter sind, machen ihr eigener maßvoller Reichtum und das Beispiel ihrer Umgebung sie so brav wie alle anderen.
In allen Kantonen gibt es Männer von gesunder republikanischer Tugend. Die Schweizer sind das einzige von allen modernen Völkern, das jene Tugend kennt und praktiziert, die man Vaterlandsliebe nennt und von der sich die anderen *keine* Vorstellung machen. Vor allem in Zürich, Bern und Basel trifft man solche Bürger in großer Zahl. Es gibt Gesellschaften, deren ausschließliches Ziel es ist, darüber nachzudenken, wie man die Mitbürger glücklich machen und die verschiedenen Staaten der Föderation aufblühen lassen kann. Die größte von allen ist die *Schinznacher* Gesellschaft, nach dem Namen des Ortes, wo sie zusammentritt. Einmal im Jahr trifft sich dort eine große Zahl von verdienten Bürgern aus allen Kantonen und mit der Schweiz verbündeten Ländern zum Gedankenaustausch über die Förderung der Landwirtschaft, der Manufakturen, der Fabriken, des Handels, der angewandten Wissenschaften, kurz: von allem, was dem generellen Wohlergehen aller Kantone und Bürgerklassen dienen kann. Die Bauern werden hier ebenso angehört wie die höchsten Adligen und die bekanntesten Handelsleute, denn diese weisen Republikaner kennen nur das Verdienst und suchen die Verdienste bis hinunter zur letzten Klasse der Gesellschaft. Für sie sind die Ratschläge eines Bauern ebensoviel wert, wie die eines Staatsbeamten.

William Coxe
Besuch bei einem Emmentaler Bergarzt
1776

Vielleicht haben Sie schon von dem berühmten Schweitzerarzt, Michel Schuppach, gehört, von dessen Scharfsinn in Entdeckung des Sitzes der Krankheiten und Anwendung wirksamer Mittel dagegen die Reisenden Wunder erzählt haben und woraus, wie Virgils Undulation der Fama, nach meiner Meynung immer mehr Abentheuer geworden ist, je weiter die Sache von der Scene selbst verbreitet wurde. Ich bin nun im Hause dieses berüchtigten Aeskulaps einquartirt. Es liegt oberhalb dem Dorf Langnau, auf dem Abhang eines steilen Berges; und daher ist er überhaupt unter dem Namen des Bergarztes bekannt.

Bey unsrer Ankunft fanden wir denselben in seinem Gemache, umringt von einer Menge Bauern, die sich bey ihm wegen ihrem verschiednen Anliegen beratheten. Jeder hatte ein kleines Glas mit etwas von seinem Wasser bey sich, denn dieses medicinische Orakel will den Zustand des Kranken wesentlich im Urin finden. Er ist sehr fett, hat durchdringende Augen und äussert den beßten Humor, den ich gesehn habe. Er setzt sich der Person, welche ihn konsultirt, gegenüber, besichtigt einen Augenblick das Wasser, und einen Augenblick den Kranken, fährt fort, das eine und das andre wechselsweise zu beschauen, und pfeift immer dazwischen, bis er dann endlich den Zustand eröffnet, dem Konsulenten die Beschaffenheit seiner Beschwerde vorlegt und öfters das Glück hat, die Sache auf dem rechten Punkt zu treffen. Kurz, seine Geschicklichkeit, aus dem Urin die Krankheiten zu entdecken, hat ihm ein so blindes Zutrauen auf seine Wissenschaft zugezogen, daß man vor einem eifrigen Katholiken nicht weniger an der Unfehlbarkeit des Pabstes als dieses Arztes in Gegenwart seiner Patienten zweifeln darf. Er hat wirklich einige grosse Kuren gemacht; und der Ruf davon zog ihm Patienten aus allen Gegenden von Europa zu. Gerade izt befinden sich in seinem Hause und im Dorf verschiedne Personen aus England und Frankreich, nebst vielen Schweitzern, die, sich bey ihm Raths zu erholen, hieher gekommen sind.

Der Doktor war, wie es scheint, ehedem Dorfarzt, weiß sein Bißgen Anatomie und soll es in der Botanik und Chemie ziemlich weit gebracht haben. Als Mediciner ist er schon seit einigen Jahren bekannt. Alles, was Theorie heißt, mag ihm ziemlich fremd seyn. Seine Kenntnisse sind also meistentheils nur auf seiner ausgebreiteten Praxis gebaut, ob er schon nie über hundert Schritte von seiner Wohnung kömmt; denn er nähme sich die Mühe nicht, auch nur nach Bern zu reisen, wenn selbst der König von Frankreich in eigner hoher Person kommen sollte.

Es ist mehr als wahrscheinlich, daß dieser sonderbare Mann dem guten Glauben seiner Patienten, der wohlthätigen Veränderung des Klima, welche dieselben machen, der heilsamen Bergluft und dem Vergnügen der beständigen Abwechslung verschiedner Gesellschaft, die hier zusammenkömmt, um bey ihm Hülfe zu suchen, sein Glück zu verdanken hat. Was aber auch die Ursache seines grossen Ruhms seyn mag, so ist doch nach allen Berichten gewiß, daß er ihm ungesucht zugeflogen ist. Und immer hat er wirklich seine vortrefliche Eigenschaften. Er ist die Menschenfreundlichkeit und Liebe selbst; er giebt den dürftigen Landleuthen, die zu ihm kommen, nicht nur umsonst Medicin, sondern noch ein Stück Geld dazu, und von seinem ganzen Gewinn hat er den Armen in seiner Pfarrey einen gewissen Theil bestimmt. Sein Weib und seine Enkelinnen gehn in der gemeinen Bauerntracht; und er hat dadurch seinen Verstand geäußert, daß er den letztern nur eine gemeine Erziehung gegeben hat. Die älteste gab er einem seiner Handlanger in ihrem funfzehnten Jahr zur Frau mit einem Heyrathsgut von 13 000 Gulden, welches hier zu Land eine hübsche Summe ist. Wie er sagt, so hat er sich so frühe um einen Mann für sie umgesehen, damit sie nicht von den jungen Herrchens verderbt würde, welche ihr sagten, sie sey schön, und sie zur Ehrsucht hätten verführen können, über ihren Stand heyrathen zu wollen.

Wenn es um häusliche Eintracht und die vollkommenste Simplicität in den Sitten was Schönes ist, so würden Sie im Schooß dieser Familie viel Vergnügen finden. Die Frau ist ein merkwürdiges arbeitsames Weib und besorgt nicht nur alles, was zur Haushaltung gehört, mit ausserordentlichem Geschicke, sondern thut auch viel mit eigner Hand. Sie hilft daneben ihrem Mann seine Medicinen machen und dient ihm zugleich zum Dolmetscher, weil er ausser seinem Schweitzerdeutsch keine Sprache redet. Zum Beweis, wieviel Zutrauen er auf ihre Führung seiner Wirthschaft hat, dient, daß sie seine Seckelmeisterin ist und seine Gefälle kaßirt, welche sich das Jahr durch auf eine ansehnliche Summe belaufen. Er fodert zwar nie mehr, als was seine Medicinen kosten; aber es kömmt doch keine Person von Stand und Range zu ihm, ohne noch was Beliebiges beyzulegen. Die Frau hat auch schon von Leuthen, welche sich auf die Verschreibungen ihres Gemahls hin besser befanden, besondre Geschenke bekommen, wovon verschiedne in Schmuck von ansehnlichem Werth bestehn und womit sie sich auf die Festtäge, übrigens in ihrer einfachen Landtracht, sehr vortheilhaft herauszuputzen weiß.

Die Familie sitzt regelmäßig um zwölf Uhr zu Tische; und allezeit sind einige Freunde zu Gaste dabey. Nicht nur Leuthe, die der Doktor unter der Kur hat, sondern auch Reisende, wie wir, welche die blosse Neugierde herbeygeführt. Ist das Wetter schön und es sind mehrere Gäste da als gewöhnlich, so wird vor der Thür in einer offnen Gallerie gespeist, wo man auf einer Seite das Gebürge mit der umliegenden Gegend und in der Ferne die Gletscher über dem Thu-

ner-See im Gesicht hat. Gestern waren einige Bauern, die der Arzt zu Gaste bat, von der Gesellschaft. Nach dem Mittagessen gab er denen, die zunächst bey ihm sassen, selber etwas Geldes und befahl seinen Enkelinnen, den übrigen seine Wohlthaten auszutheilen. Die Gutherzigkeit des Alten, sein stets aufgeräumtes Wesen, das Wohlbehagen seiner Familie, die Dankbarkeit der armen Bauern, die Schönheit der Aussicht und das herrliche Wetter machten zusammen eine der angenehmsten und wonnigsten Scenen, die ich je gesehen und gefühlt; und in meinem ganzen Leben hab' ich nicht mit soviel Empfindung und innigem Vergnügen Mahlzeit gehalten.
Dieser ausserordentliche Mann ist sehr oft von acht Uhr Morgens bis sechs Uhr Abends beschäftigt, Medicin zu verschreiben, und hat keine Ruhe als die Zeit, wo er bey Tische sitzt. Seine Arztneywaaren sind von der beßten Art, denn er sammelt die Simplicien und distillirt sie selbst. Sein Haus ist wie ein gemeines Bauernhaus, von Holz gebaut und, so voll es auch immerfort von Landvolke ist, doch allezeit ausserordentlich rein und niedlich. Kurz, alles um ihn her hat das Gepränge der alten Simplicität.
Bald hätt' ich vergessen, Ihnen zu sagen, daß ich ihn selbst diesen Morgen konsultirt und wahrhaftig alle Ursache habe, mit seinem Orakel äusserst zufrieden zu seyn, denn er sagte mir, ich befände mich so wohl, daß er mir keinen andern Rath geben könnte, als brav zu essen und zu trinken, zu tanzen, lustig zu seyn und mir mäßige Bewegung zu machen.
Es ist jetzt Langnauer Jahrmarkt, und das Dorf wimmelt von Bauern aus der Nachbarschaft. Viele Männer haben lange Bärte und sehr breite Weiberhüte von Stroh auf dem Kopf, womit sie eine sehr seltsame Figur machen. Ihre Kleidung besteht meist in einem engen, braunen tuchenen Wamms ohne Aermel, mit weiten leinenen Pumphosen. Die Weibsleuthe tragen das Haar rückwärts in Zöpfe geflochten mit einem Band, das bis auf den Unterleib fällt; einen glatten flachen Strohhut, der ganz leicht sitzt; eine braune oder rothe Jacke von Tuche ohne Aermel; einen schwarzen oder blauen Rock mit Roth verbrämt, der selten über die Knie herunter geht; rothe Strümpfe mit schwarzen Zwickeln und keine Absätze an den Schuhen. Ihre Hemden sind um den Hals herum mit einem schwarzen, roth ausgezierten Halsband zusammengezogen. Die Reichern haben zwischen den Schultern eine Silberkette, die unter den Aermen durchgeht, unter dem Busen schließt und wovon die Ende mit einigen Zierrathen herunterhangen.
Ich bin von der Lage dieses Orts, von dem Sonderbaren und Mun-

tern dieser Landfamilie und von dem ausserordentlichen Charakter des menschenfreundlichen Doktors so eingenommen, daß ich mit Vergnügen noch einige Tage länger hier bleiben wollte; aber die Zeit ist kurz, und ich habe eine lange Reise vor mir.

Johann Wolfgang von Goethe
Leukerbad, den 9. November 1779,
am Fuße des Gemmiberges

In einem kleinen bretternen Haus, wo wir von sehr braven Leuten gar freundlich aufgenommen worden, sitzen wir in einer schmalen und niedrigen Stube, und ich will sehen, wieviel von unserer heutigen sehr interessanten Tour durch Worte mitzuteilen ist. Von Sierre stiegen wir heute früh drei Stunden lang einen Berg herauf, nachdem wir vorher große Verwüstungen der Bergwasser unterwegs angetroffen hatten. Es reißt ein solcher schnell entstehender Strom auf Stunden weit alles zusammen, überführt mit Steinen und Kies Felder, Wiesen und Gärten, die denn nach und nach kümmerlich, wenn es allenfalls noch möglich ist, von den Leuten wieder hergestellt und nach ein paar Generationen vielleicht wieder verschüttet werden. Wir hatten einen grauen Tag mit abwechselnden Sonnenblicken. Es ist nicht zu beschreiben, wie mannigfaltig auch hier das Wallis wieder wird; mit jedem Augenblick biegt und verändert sich die Landschaft. Es scheint alles sehr nah beisammen zu liegen, und man ist doch durch große Schluchten und Berge getrennt. Wir hatten bisher noch meist das offene Wallistal rechts neben uns gehabt, als sich auf einmal ein schöner Anblick ins Gebirg vor uns auftat.
Ich muß, um anschaulicher zu machen was ich beschreiben will, etwas von der geographischen Lage der Gegend, wo wir uns befinden, sagen. Wir waren nun schon drei Stunden aufwärts in das ungeheure Gebirg gestiegen, das Wallis von Bern trennet. Es ist eben der Stock von Bergen, der in einem fort vom Genfersee bis auf den Gotthard läuft, und auf dem sich in dem Berner Gebiet die großen Eis- und Schneemassen eingenistet haben. Hier sind oben und unten relative Worte des Augenblicks. Ich sage, unter mir auf einer Fläche liegt ein Dorf, und eben diese Fläche liegt vielleicht wieder an einem Abgrund, der viel höher ist als mein Verhältnis zu ihr.
Wir sahen, als wir um eine Ecke herumkamen und bei einem Heiligenstock ausruhten, unter uns am Ende einer schönen grünen

Matte, die an einem ungeheuren Felsschlund herging, das Dorf Inden mit einer weißen Kirche ganz am Hange des Felsens in der Mitte von der Landschaft liegen. Über der Schlucht drüben gingen wieder Matten und Tannenwälder aufwärts, gleich hinter dem Dorfe stieg eine große Kluft von Felsen in die Höhe, die Berge von der linken Seite schlossen sich bis zu uns an, die von der rechten setzten auch ihre Rücken weiter fort, so daß das Dörfchen mit seiner weißen Kirche gleichsam wie im Brennpunkt von so viel zusammenlaufenden Felsen und Klüften dastand. Der Weg nach Inden ist in die steile Felswand gehauen, die dieses Amphitheater von der linken Seite, im Hingehen gerechnet, einschließt. Es ist dieses kein gefährlicher aber doch sehr fürchterlich aussehender Weg. Er geht auf den Lagen einer schroffen Felswand hinunter, an der rechten Seite mit einer geringen Planke von dem Abgrunde gesondert. Ein Kerl, der mit einem Maulesel neben uns hinab stieg, faßte sein Tier, wenn es an gefährliche Stellen kam, beim Schweife, um ihm einige Hülfe zu geben, wenn es gar zu steil vor sich hinunter in den Felsen hinein mußte. Endlich kamen wir in Inden an, und da unser Bote wohl bekannt war, so fiel es uns leicht, von einer willigen Frau ein gut Glas roten Wein und Brot zu erhalten, da sie eigentlich in dieser Gegend keine Wirtshäuser haben. Nun ging es die hohe Schlucht hinter Inden hinauf, wo wir denn bald den so schrecklich beschriebenen Gemmiberg vor uns sahen, und das Leukerbad an seinem Fuß, zwischen andern hohen, unwegsamen und mit Schnee bedeckten Gebirgen, gleichsam wie in einer hohlen Hand liegen fanden. Es war gegen drei als wir ankamen; unser Führer schaffte uns bald Quartier. Es ist zwar kein Gasthof hier, aber alle Leute sind so ziemlich, wegen der vielen Badegäste, die hieher kommen, eingerichtet. Unsere Wirtin liegt seit gestern in den Wochen, und ihr Mann macht mit einer alten Mutter und der Magd ganz artig die Ehre des Hauses. Wir bestellten etwas zu essen und ließen uns die warmen Quellen zeigen, die an verschiedenen Orten sehr stark aus der Erde hervorkommen und reinlich eingefaßt sind. Außer dem Dorfe, gegen das Gebirg zu, sollen noch einige stärkere sein. Es hat dieses Wasser nicht den mindesten schwefelichten Geruch, setzt, wo es quillt und wo es durchfließt nicht den mindesten Ocker noch sonst irgend etwas Mineralisches oder Irdisches an, sondern läßt wie ein anderes reines Wasser keine Spur zurück. Es ist, wenn es aus der Erde kommt, sehr heiß und wegen seiner guten Kräfte berühmt. Wir hatten noch Zeit zu einem Spaziergang gegen den Fuß des Gemmi, der uns ganz nah zu liegen schien. Ich muß hier wieder bemerken, was schon so oft vorgekommen, daß, wenn man mit Gebirgen umschlossen ist, einem alle Gegenstände so außerordentlich nahe scheinen. Wir hatten eine starke Stunde über herunter gestürzte Felsstücke und dazwischen geschwemmten Kies hinauf zu steigen, bis wir uns an dem Fuß des ungeheuren Gemmibergs, wo der Weg an steilen Klippen aufwärts gehet, befanden. Es ist dies der Übergang ins Berner Gebiet, wo alle Kranken sich müssen in Sänften herunter tragen lassen. Hieß uns die Jahrszeit nicht eilen, so würde wahrscheinlicherweise morgen ein Versuch gemacht werden, diesen so merkwürdigen Berg zu besteigen: so aber werden wir uns mit der bloßen Ansicht für diesmal begnügen müssen. Wie wir zurückgingen, sahen wir dem Gebräude der Wolken zu, das in der jetzigen Jahrszeit in diesen Gegenden äußerst interessant ist. Über das schöne Wetter haben wir bisher ganz vergessen, daß wir im November leben; es ist auch, wie man uns im Bernischen voraussagte, hier der Herbst sehr gefällig. Die frühen Abende und Schnee verkündende Wolken erinnern uns aber doch manchmal, daß wir tief in der Jahrszeit sind. Das wunderbare Wehen, das sie heute abend verführten, war außerordentlich schön. Als wir vom Fuße des Gemmiberges zurückkamen, sahen wir, aus der Schlucht von Inden herauf, leichte Nebelwolken sich mit großer Schnelligkeit bewegen. Sie wechselten bald rückwärts bald vorwärts, und kamen endlich aufsteigend dem Leukerbad so nah, daß wir wohl sahen, wir mußten unsere Schritte verdoppeln, um bei hereinbrechender Nacht nicht in Wolken eingewickelt zu werden. Wir kamen auch glücklich zu Hause an, und während ich dieses hinschreibe, legen sich wirklich die Wolken ganz ernstlich in einen kleinen artigen Schnee auseinander. Es ist dieser der erste, den wir haben, und, wenn wir auf unsere gestrige warme Reise von Martigny nach Sion, auf die noch ziemlich belaubten Rebengeländer zurückdenken, eine sehr schnelle Abwechslung. Ich bin in die Türe getreten, ich habe dem Wesen der Wolken eine Weile zugesehen, das über alle Beschreibung schön ist. Eigentlich ist es noch nicht Nacht, aber sie verhüllen abwechselnd den Himmel und machen dunkel. Aus den tiefen Felsschluchten steigen sie herauf, bis sie an die höchsten Gipfel der Berge reichen; von diesen angezogen, scheinen sie sich zu verdicken und von der Kälte gepackt in Gestalt des Schnees niederzufallen. Es ist eine unaussprechliche Einsamkeit hier oben, in so großer Höhe doch noch wie in einem Brunnen zu sein, wo man nur vorwärts durch die Abgründe einen Fußpfad hinaus vermutet. Die Wolken, die sich hier in diesem Sacke stoßen, die ungeheuren Felsen bald zudecken und in eine undurchdringliche öde Dämmerung verschlingen, bald Teile davon wieder als Gespenster sehen lassen, geben dem Zustand ein trauriges Leben. Man ist voller Ahnung bei diesen Wirkungen der Natur. Die Wolken, eine dem Menschen von Jugend auf so merkwürdige Lufterscheinung, ist man in dem platten Lande doch nur als etwas Fremdes, Überirdisches anzusehen gewohnt. Man betrachtet sie nur als Gäste, als Streichvögel, die, unter einem andern Himmel geboren, von dieser oder jener Gegend bei uns augenblicklich vorbeigezogen kommen; als prächtige Teppiche, womit die Götter ihre Herrlichkeit vor unsern Augen verschließen. Hier aber ist man von ihnen selbst wie sie sich erzeugen eingehüllt, und die ewige innerliche Kraft der Natur fühlt man sich ahnungsvoll durch jede Nerve bewegen.

Auf die Nebel, die bei uns eben diese Wirkungen hervorbringen, gibt man weniger acht; auch weil sie uns weniger vors Auge gedrängt sind, ist ihre Wirtschaft schwerer zu beobachten. Bei allen diesen Gegenständen wünscht man nur länger sich verweilen und an solchen Orten mehrere Tage zubringen zu können; ja ist man ein Liebhaber von dergleichen Betrachtungen, so wird der Wunsch immer lebhafter, wenn man bedenkt, daß jede Jahrszeit, Tagszeit und Witterung neue Erscheinungen, die man gar nicht erwartet, hervorbringen muß. Und wie in jedem Menschen, auch selbst dem gemeinen, sonderbare Spuren übrig bleiben, wenn er bei großen ungewöhnlichen Handlungen etwa einmal gegenwärtig gewesen ist; wie er sich von diesem einen Flecke gleichsam größer fühlt, unermüdlich eben dasselbe erzählend wiederholt, und so, auf jene Weise, einen Schatz für sein ganzes Leben gewonnen hat: so ist es auch dem Menschen, der solche große Gegenstände der Natur gesehen und mit ihnen vertraut geworden ist. Er hat, wenn er diese Eindrücke zu bewahren, sie mit andern Empfindungen und Gedanken, die in ihm entstehen, zu verbinden weiß, gewiß einen Vorrat von Gewürz, womit er den unschmackhaften Teil des Lebens verbessern und seinem ganzen Wesen einen durchziehenden guten Geschmack geben kann.

Ich bemerke, daß ich in meinem Schreiben der Menschen wenig erwähne; sie sind auch unter diesen großen Gegenständen der Natur, besonders im Vorbeigehen, minder merkwürdig. Ich zweifle nicht, daß man bei längerm Aufenthalt gar interessante und gute Leute finden würde. Eins glaub' ich überall zu bemerken: je weiter man von der Landstraße und dem größern Gewerbe der Menschen abkommt, je mehr in den Gebirgen die Menschen beschränkt, abgeschnitten und auf die allerersten Bedürfnisse des Lebens zurückgewiesen sind, je mehr sie sich von einem einfachen, langsamen, unveränderlichen Erwerbe nähren; desto besser, willfähriger, freundlicher, uneigennütziger, gastfreier bei ihrer Armut hab' ich sie gefunden.

Karoline von Wolzogen
Der Besuch des Rheinfalls bei Schaffhausen
1783

Den 10. Mai 1783 betrat ich zuerst den geliebten, langersehnten Schweizerboden. Alles erschien mir schöner und herrlicher, wie vom Hauch der Freiheit angeweht, das Grün der Wiesen frischer, die Bäche klarer; die blühenden Bäume hoben ihr Haupt freier in die Luft. In dem ersten Schweizerdorfe, Jechingen, schienen mir schon die Physiognomien der Bewohner ein Gepräge von Würde und ein Gefühl ihrer glücklichen Existenz zu tragen. Der Weg bis Schaffhausen geht an waldigen Hügeln durch Wiesen hin, die im Schmuck des Frühlings prangten, nahe bei der Stadt durch Weinberge, die den Reichthum der Schaffhauser ausmachen. Die Stadt liegt in einem engen Thale. Es freute mich sehr, daß man so frei, ohne alles Examen in das Thor eingelassen ward; schon ein Zug schweizerischer, zutraulicher Sitte, die meinem Herzen nach dem langweiligen Ausfragen in Stuttgart doppelt wohl that.
Der 11. Mai wird mir unvergeßlich sein; ich sah das größte Schauspiel der Natur, das je mein Auge erblickte, den Rheinfall. Unmöglich ist es, ihn zu beschreiben, so treu, so lebhaft, so in seiner ganzen Würde, daß das Bild in eines Menschen Einbildungskraft sich darstellte und sein Herz mit der seligen Empfindung erfüllte, die sein Anschauen erregt. Unmöglich ist dies ganz zu erreichen bei jedem Schauspiel der Natur, aber hier wird selbst der Gedanke Verwegenheit. Der Rhein fließt dicht an der südlichen Seite von Schaffhausen hin; sein Wasser hat eine schöne grünliche Farbe. Wir gingen zu Fuß nach dem Rheinfall. Nicht weit von der Stadt gehen schon die Felsen an, der Weg geht zwischen Wiesen und Feldern hin, die Aussicht ist durch eine Kette von Bergen, die schon zu Zürich gehören, eingeschränkt. Der erste Anblick des Falles ist groß und herrlich, doch erregte er das Staunen, das ich erwartet hatte, nicht in meiner Seele. Je mehr man sich aber nähert, desto mehr schmilzt jede Kraft der Seele in Bewunderung zusammen. Ich war so trunken von dem

herrlichen Anblick, daß ich, als ich eine Viertelstunde von demselben weg war, kein deutliches Bild mehr davon in meiner Einbildungskraft hatte. Nach und nach erwachten einzelne Züge, und als ich nach Haus kam und ein Gemälde des Falles sah, da stand er wieder in aller seiner Größe vor meiner Seele. Nur für die, die ihn selbst sahen, kann ein Gemälde von ihm unterhaltend sein; sonst kann man sich schwerlich durch ein solches einen Begriff von der Erhabenheit des Schauspiels machen. Zwischen zwei Hügeln stürzen sich die gewaltigen Schaumwogen hinunter. Der an der Zürcher Seite ist hoch und steil; auf ihm steht das Schloß Lauffen, und gegenüber, ganz dicht am Fall, ist eine Drathzieherei. Gegen drei majestätische Felsen, die der Wuth der Wellen zu trotzen scheinen und deren graue Scheitel ein Kranz von Laub umzieht, brechen sich die Wellen. Wir sollten die Drathzieherei sehen. So gern ich sonst alle Erfindungen der menschlichen Industrie betrachte, so sehr es mich freut, daß Menschen, meine Brüder, den ganzen Reichthum der Natur zu ihrem Nutzen anwenden, selbst den Metallen Leben einzuhauchen scheinen, so klein kam mir in diesem Augenblick alles Andre vor; ein Gebäude der Würmer gegen ein Werk des Ewigen. – Wir gingen um die Krümmung herum, die der Fluß nach dem Falle macht. Gerade diesem gegenüber steht ein Thürmchen, in welchem ein Fischer wohnt; die Gegend ist romantisch, feierlich, über allen Ausdruck. Die hohen Berge, zwischen denen der Rhein herkommt, ziehen sich zusammen; man sieht nur einen Kessel von Bergen, in der Mitte die Schaumwogen, aus denen die grauen Felsen hervorragen. Der ganze Ort ist ein Tempel, den der Urheber der Natur sich selbst erschuf, in dessen Heiligthum es mehr als irgendwo dem Menschen gegeben ward, seine Unendlichkeit empfinden zu können. Wir ließen uns nun an die Zürcher Seite übersetzen; in einem kleinen Kahne wiegten uns die grünlichen Wogen. Größere, seligere Empfindungen strömten ein aus deinem Anschauen, Natur, du Schöpferin der reinsten Freude, in mein Herz. Wir landeten an dem steilen Felsen, auf dem Lauffen gebaut ist, gingen auf einem schmalen Fußsteige, der sich um den Fuß desselben windet, hin, und betraten einen kleinen, bretternen Vorsprung. Hier, gerade am Fall, trunken, betäubt vom Getöse, wo die Wogen uns mit fortzureißen drohen, empfindet man die Gewalt und erhabene Schönheit des Schauspiels in all' ihrer Größe. O selige Minuten meines Lebens! Noch manche Stunden soll mich die Erinnerung an sie beseligen. Wir stiegen zum Schloß hinan, um aus einem kleinen Häuschen noch einmal den Rheinfall zu sehn. Es ist schön; aber das Erstaunen ist hier nicht so lebhaft; man sieht die Ursache des Schauspiels, am Fuße des Hügels die Wirkung. Dies ist der Platz für den, der betrachten will, jener für das Empfinden.

Sophie von La Roche
Beim eidgenössischen Militär
1784

Morgenthal, im Berner Gebieth.

Heut', meine Kinder, ist eurer Mutter etwas Artiges begegnet. Wir reisten um 5 Uhr, nachdem ich der liebenswerthen Mademoiselle de Saussure noch ein Billet geschrieben, von Luzern ab, und kamen auf dem schönsten Weg, durch vortreffliche Landschaften, nach Sursee, wo noch alle Offiziere wegen dem Jahrtag der Sempacher Schlacht versammelt waren und das letzte Mittagmahl halten wollten. Auf einmal erblickt uns Herr von Meiß von Zürich, lauft uns nach. Wir rufen Halt, um den so schätzbaren Mann noch zu sprechen. Da kamen eine Menge seiner Freunde, unter andern auch der Herr General von Steiner, und wir mußten bey ihnen speisen. Da wurde ich von einem französischen Marschall de Camp am Arm auf das Rathhaus geführt und speiste mit etlich und vierzig der edelsten Schweitzersöhne zu Mittag. Jede Höflichkeit, die möglich ist, wurde mir bewiesen. Ich mußte lachen, daß, da ich mit so viel Sorgfalt vermied, nach Olten zu gehen, während die Helvetische gelehrte Gesellschaft da war, indem ich mich scheute, bey so viel Männern zu erscheinen, mich jetzt auf einmal in der Militärversammlung sah. Doch freute es mich, den offenen freundlichen Brudersinn unter allen den Männern zu sehen und überzeugt zu seyn, daß Schweitzerbund kein leeres Wort ist. Es waren schon viele des Morgens abgereist, doch unter denen, die wir sahen, waren noch von den meisten Kantons Männer von etlich siebenzig bis zu zwanzig Jahren da. Offene freymüthige Bildung, männliches Bezeugen, wahre Freundlichkeit. Männer, die viele Feldzüge gemacht hatten, die neben ihrem Militärgeist eine Menge Kenntnisse besitzen und auf ihren Reisen grosse und feine Beobachtungen gemacht hatten. Gerne wäre ich, weil mich doch der Zufall hieherführte, dabey gewesen, als die Basler Wein von dem St. Jakobskirchhof mitbrachten, auf welchem auch eine Schlacht vorgefallen und sechshundert tapfere Männer sich bis auf den letzten Hauch vertheidigt hatten. Bey dem Eingiessen des Weins wurde ihre Geschichte wiederholet und

ihr Andenken mit Thränen und Umarmungen gefeyert. Denn sie versprachen sich alle, den nemlichen Muth zu Vertheidigung der von ihren Voreltern erfochtenen Freyheit und Wohlstands zu bezeugen. So wenig unsere Reichsstädte gegen diese Republicken bedeuten, so fühlte ich doch, daß selbst der kleine Traum von Freyheit bey uns mich fähig machte, dieses Patriotenfest mitzufeyern, und diesen Herren mit Eifer zu sagen, es ja immer zu halten und ihre nachwachsenden Söhne alle zwey Jahre mitzunehmen, damit auch diese den Ausdruck des Vergnügens über die Eidgenossenschaft in ihren Physiognomien lesen und dadurch die Begierde bekommen möchten, diese Vereinigung auf weitere Jahrhunderte zu befestigen. – Ich war sehr verwirrt, als der General auf meine Gesundheit anzustoßen anfieng und alle die Männer aufstunden und mit einem »Vive Madame de La Roche« den Saal wiederhallen machten. – Alle waren mit eurem Bruder so freundlich, daß ich ihnen dafür danken mußte. Endlich gieng ich, vom General geführt, an meine Kutsche, alle Offiziere nach, und wir fuhren von fünf Kutschen begleitet, mit viel reitenden Offizieren um uns, nach Zofingen, wo wir sie liessen und noch zwey Stund weiter nach Morgenthal reißten, uns über den Zufall freuten und wünschten, daß die gelehrte Gesellschaft in Olten die gemeinsame aufgeklärte Eintracht und die in Sursee den dauernden Heldenmuth der Schweitzer erhalten möchten. – Ich hatte in Zürich das Verzeichnis gesehen, welches ich euch beyfüge, da es gewiss ruhmvoll ist, daß so viele Militär-Ehrenstellen bey auswärtigen Mächten von Schweitzern erhalten wurden. – Ich hatte an der Tafel einen französischen General von Steiner an der Seite, einen Obristlieutenant von Castelar mir gegenüber. Es waren Obristen und Hauptleute da. In dem Bezeugen und der Physiognomie der Jüngern sah ich den edlen Ehrgeitz, auch Ordensbänder und Obriststellen zu erwerben, so daß mir diese Gesellschaft auch deswegen interessant war.
Die vortreffliche Landschaft, welche wir unter den Gesprächen über diese nützliche Stiftungen durchreisten, glänzte in der Abendsonne noch herrlicher in unser Aug, und wir freuten uns, den auserlesenen Fleck von Gottes Erde von freyen Händen angebaut und von freyem Muth beseelt zu sehen. – Ueber das Wort Freyheit fällt mir noch eine kleine Geschichte bey, welche in Sursee über die Begriffe der Freyheit bey den Landleuten erzählt wurde. Zwey Bauren hatten sich in einem Streit so geschlagen, daß der eine darüber in wenigen Tagen starb. Der Pfarrer, so ihn zum Tod bereitete, sagte, er müsse seinem Feind und Mörder vergeben. »Das thu ich nicht«,

antwortete der Kranke. »So kommt ihr nicht in den Himmel«, erwidert der Geistliche. – »Das thut nichts ich verzeih ihm nicht.« – »Wollt ihr denn in die Hölle?« fragt der Seelsorger. Der Sterbende rafft alle Kräfte zusammen, richtet sich auf und schlägt an seine Brust: »Ich bin ein freyer Landmann, ich kann hin, wo ich will!« Und stirbt einige Augenblicke hernach.

Christoph Meiners
Appenzell
1788

Appenzell, und zwar besonders Appenzell Außer-Rhoden, hat das einzige Glück, daß die übrigen Schweizer es für das gelobte Land in Helvetien halten, auf welches alle als auf den Wohnsitz der Freyheit, des Friedens, des Ueberflusses und zugleich der alten Einfalt und Unschuld mit Wohlgefallen hinblicken, und auf welches sie mit einem frohen Stolze hinweisen, wenn sie besonders Fremden die gesegneten Wirkungen einer unbeschränkten Freyheit darthun wollen. Und eben so sind die Appenzeller die Lieblinge der ganzen übrigen Schweiz, die allenthalben bewundert, aber nicht beneidet und von den vaterländischen Schriftstellern wetteifernd als das freyste, glücklichste und geistreichste Hirtenvolk gepriesen werden. Wenn Ausländer von den Appenzellern nicht so günstig urtheilen, als gewöhnlich geschieht, so nimmt man sich ihrer mit ebenso großer und fast noch größerer Wärme als seiner eigenen Mitbürger an.

In der That zweifle ich auch, ob es in ganz Europa ein anderes Land gebe, wo man auf den ersten Blick die süßesten Phantasieen einer schwärmerischen Jugend und die reizenden Ideale einer glücklichen Unschuldswelt in einem solchen Grade realisirt findet als in Appenzell Außer-Rhoden. Das ganze Appenzeller-Land, soweit es sich zur reformirten Religion bekennt, ist eine zauberische Verkettung von kleinen Hügeln und Thälern, die nirgends durch stundenlange Waldungen verfinstert oder durch schroffe, unersteigliche Felsen verödet oder durch verpestende Sümpfe verunstaltet werden. Allenthalben ist Leben und Weben, ohne städtisches Gedränge oder betäubendes Getümmel. Von allen Höhen und aus allen Gründen tönt dem Wanderer das Gemurmel der Bäche, das Geblöck der Heerden, das Rufen der Hirten und besonders als Geklingel der großen Schellen entgegen, womit Stiere, Kühe, und Kälber behängt sind. Dieser Arkadischen Musik hörte ich gestern Abend gegen Untergang der Sonne in einiger Entfernung von Gaiß eine Stunde zu, und dies Gewühl arkadischer Töne weckte aus der Tiefe meines Herzens und meiner Einbildungskraft Wünsche und Bilder auf, die schon lange, sehr lange geschlummert hatten und von welchen ich nie geglaubt hätte, daß sie bis zu einem solchen Grade jugendlicher Begeisterung wieder belebt werden könnten. Wohin man blickt, sieht man Haufen von friedlichen und bescheidenen Hütten, so kunstlos und reinlich, wie man sich in frohen Träumen die Wohnungen glücklicher Schäfer denkt, unter welchen man sein Leben zubringen möchte. Wenn man Herisau ausnimmt, so sind die Hütten der Appenzeller nicht nach städtischer Art in dichte Reihen zusammengedrängt, sondern über Thal und Hügel zerstreut; und eben diese Zerstreutheit, verbunden mit ihrer Einfachheit (denn sie sind ganz aus Holz erbaut), begünstigt die Täuschung, daß man in dem Arkadien der Dichter wandle. Jede Hütte liegt in der Mitte der Besitzungen ihres Bewohners, der also sein kleines Gebiet beständig übersehen und in jedem müßigen Augenblick bearbeiten und verbessern kann. Wenn man nahe an den Hütten der Appenzeller vorbeygeht, so hört man das Geräusch des Weberstuhls, der dem Appenzeller Garten, Ackerfeld und Weinberg ist und ihm alles verschafft, was die fruchtbarsten Länder Süßes und Schönes hervorbringen. Viele Hütten haben Wäldchen hinter sich, die nicht nur ihre mahlerische Lage verschönern, sondern auch das Holz liefern, was der Besitzer zur Feurung und zur Ausbesserung seiner Wohnung braucht. In ganz Appenzell ist kein ungetheiltes Gut, keine gemeine Wälder oder Alpen und Weiden. Wenn auch gewisse Alpen mehrern Eigenthümern gehören, so kann doch jeder Mitbesitzer seinen Antheil verkaufen oder verpachten, wie er will. Männer endlich, Weiber und Kinder sind, wenn sie sich auch nicht durch vorzügliche Schönheit und hohen Wuchs auszeichnen, reinlich und gut gekleidet und haben einen Ausdruck von Munterkeit und Zuversicht, wie ihn nur glückliche und freye Menschen haben können, die stets von dem Gefühl durchdrungen sind, daß sie keine andere Gesetze und Obrigkeiten haben, als die sie selbst gegeben und gewählt haben.

Das Appenzeller-Land liegt schon zu hoch, als daß es mächtiges und schönes Laubholz tragen könnte, und noch weniger würden an den meisten Orten Obstbäume gedeihen: doch zweifle ich nicht, daß die Kirschbäume, die den Bernischen Oberländern so nützlich sind, auch im Appenzeller-Lande fortkommen würden. Wenn nicht alle

Berge und Gründe mit zahllosen Hütten übersäet wären, so würde das Appenzeller-Land ohne Laubwälder und Obstbäume, ohne Weinberge, Gärten und Fluren ein äußerst einförmiges und nacktes Land seyn. Die Wiesen und Weiden der Appenzeller werden allerdings gedüngt, allein der Anbau von Futterkräutern ist dem Anscheine nach nicht so allgemein, als er seyn könnte, und es würde unstreitig vorteilhafter seyn, wenn man, anstatt die Kühe in eingeschlossenen Bezirken nahe an den Häusern weiden zu lassen, diese Weiden mit den besten Kleearten besäete und das Vieh beständig im Stall fütterte.

Die Appenzeller suchen eine Ehre darin, für kraftvolle Männer gehalten zu werden, und manche treiben auch noch die Leibesübungen, die Stärke und Gewandtheit geben können. Man rühmte uns einen Schmid als einen außerordentlich starken Mann, den wir deßwegen mit einem großen Gefolge von neugierigen und müßigen Männern und Buben besuchten. Das Hauptkunststück dieses Mannes bestand darin, daß er eine zentnerschwere eiserne Kugel von der Erde hob, daß er diese durch Handgriffe, deren freylich nur ein starker Mann fähig ist, bis an die Schulter, dann von einer Schulter auf die andere brachte und endlich einige Schritte weit von sich wegwarf. Viel schöner und seltener als dies Probstück von Stärke war der Arm dieses Appenzellers, an welchem, wenn er gebogen und die Finger zusammengedrückt waren, der Muskel über dem innern Armgelenke fast so dick hervortrat, als mein Arm unmittelbar über der Hand ist.

Wir ließen einigen der Appenzeller, die ihre Kräfte vor uns versucht hatten, in unserm Gasthofe einige Maaß Wein geben, und diese machten sie so bereitwillig, daß sie uns nun auch ihre übrigen Künste zeigten. Unter diesen setzte mich keine andere in ein solches verwunderungsvolles Schrecken als das Anerbieten des Schmides, sich von jedem mit geballter Faust, so stark man wolle, auf den Kopf schlagen zu lassen. Es blieb auch nicht bloß beym Anerbieten, sondern einer der Appenzeller schlug auf den eisernen Schädel seines Landsmanns so ernstlich los, daß ich davonging aus Furcht, den Schmid unter irgend einem unglücklichen Schlage hinsinken zu sehen.

In Herisau und Trogen sind mehrere Handelshäuser, die in Ansehung des Reichthums und der Weitläufigkeit ihrer Geschäffte mit den ersten in St. Gallen wetteifern können. In diesen wie in den übrigen Gemeinden wohnen viele Vorkäufer oder Kaufleute vom zweyten Range, die den Spinnern und Webern Baumwolle und

Garn verkaufen und die verfertigten Waaren wieder abnehmen und sie mit Vortheil an die im Großen handelnden Kaufleute in St. Gallen oder in Herisau und Trogen absetzen. Auch unter diesen sind manche sehr reich, und man erkennt sie gleich an den neuen, großen, oft von Steinen erbauten Häusern, in denen sie wohnen. Die aus dem Handel und den Fabriken entstehende Wohlhabenheit steigt noch um einen Grad tiefer, nämlich zu den Webern hinab, die zwar selbst arbeiten, aber doch zugleich Vermögen genug besitzen, um 12, 20 bis 24 andern Webern und Spinnern Flachs, Baumwolle oder Garn austheilen zu können und den Arbeitern den festgesetzten Lohn zu bezahlen. Die meisten Spinner und Weber, die weder weitläuftige Alpen noch Wiesen besitzen, unterscheiden sich von ihren Vorfahren durch bessere Kleider und leckerhaftere Speisen; allein diese nehmen auch, wie anderswo, den ganzen Ueberschuß weg, den sie vor ihren Vorfahren erwerben, ohne etwas für Weib und Kinder oder für Zeiten der Noth erübrigen zu können.
Die Bewunderer der alten Appenzellischen Unschuld würden erstaunen, wenn sie hörten, daß die Appenzellischen Bauernmädchen sich schon schminken und nicht bloß mit gekauftem, sondern mit gemietetem Putz prangen, indem es Leute gibt, die modisches Flitterwerk aufkaufen, um es an eitle Mädchen und Weiber vermiethen zu können.
Zuverlässige Männer, die eine vollkommne Kenntniß des Landes besitzen, versichern allgemein, daß zwar die Sitten beider Geschlechter nicht mehr so lauter als vormals, aber doch lange nicht so verdorben als in Appenzell Inner-Rhoden seyen. Lange vor der Einführung der Baumwollen-Spinnerey und -Weberey herrschte in Appenzell, wie in vielen andern Gegenden der Schweiz, ein vertraulicher Umgang zwischen jungen Personen von beiderley Geschlecht, der auch hier etwas Eigenthümliches hat und gleich den Probenächten, dem Kilt- und Fenster-Gehen in andern Gegenden der Schweiz und des benachbarten Teutschlandes für etwas ganz Unschuldiges gehalten wird. In Appenzell feiert man alle drey Monate ein Fest, welches der Reis-Sonntag genannt wird. An diesem Sonntage versammeln sich die jungen Leute vor dem Gottesdienst, um über einander eine gegenseitige Musterung oder Schau zu halten und sich vorläufig zusammen zu paaren. Wenn jeder Jüngling eine Geliebte, jedes Mädchen einen Liebhaber gefunden oder wiedergefunden hat, so gehen die Mädchen in die Kirche, um sich katechisiren zu lassen. Sobald die gottesdienstliche Handlung geendigt ist, so eilen die Mädchen, denen man in der Kirche keine große Andacht

aus siebenundzwanzig Männern besteht sowie den sechszehn, welche aus den Zünften jährlich in den großen Rath genommen werden, die Mitglieder dieses großen Raths ernennen, so bleiben sie mehrentheils im Zirkel der schon herrschenden Familien. Der gesammte große Rath, dessen Ausschuß der kleine ist, verbindet alle Macht, aber in verschiednen Kollegien. Dem kleinen Rath ist die vollziehende Gewalt anvertraut; die gesetzgebende Macht dem gesammten Rath. Der kleine Rath versammelt sich alle Tage, ausgenommen den Sonntag. Alle Sachen, welche vor den großen Rath gelangen, kommen erst an jenen. So auch besorgt der kleine Rath die laufenden Geschäfte, Besetzung der mehresten geistlichen Stellen und der geringen weltlichen; er spricht das Endurtheil in Criminalfällen, ausgenommen über Bürger von Bern.

Sehr sorgfältig combinirt ist die Art, auf welche die Mitglieder des kleinen Raths ernennet werden. Sobald einer abgegangen ist, versammeln sich die sechsundzwanzig übrigen. Man thut in eine Büchse sechsundzwanzig Kugeln, deren drei von Gold sind. Jeder der sechsundzwanzig zieht eine Kugel. Diejenigen, welche die drei goldenen gezogen haben, ernennen drei Erwähler unter ihren Genossen. Der große Rath ernennet sieben andere Erwähler. Diese zehn Erwähler nennen eine Zahl von Candidaten, welche nicht höher als von zehn, nicht geringer als von sechs seyn darf. Dann giebt der gesammte Rath seine Stimmen. Die vier, welche die meisten Stimmen für sich bekommen, ziehen vier Kugeln, deren zwei von Gold, zwei silbern sind. Zwischen den beiden, welche die goldenen Kugeln gezogen haben, entscheiden die Stimmen des gesammten Raths.

Johann Gottfried Ebel
Für wen ist die Schweiz merkwürdig?
1793

Es gibt zuverlässig kein Land, keinen Teil unseres Erdbodens, der in so vielen Rücksichten merkwürdig und interessant wäre als die Schweiz. Der Mensch und der Philosoph in dem weitesten Sinn dieser Wörter finden nirgends so viel Reichtum des Stoffes zu Untersuchungen, zu Betrachtungen und zu reinem Lebensgenuß als hier. – Wer irgend ein Fach der Naturhistorie kultiviert, dem steht hier ein weites, noch lange nicht genug durchsuchtes und gekanntes Feld offen. – Wer Geschmack an dem Studium der Geologie hat, der zutrauen kann, in die Wirthshäuser, wohin sie von ihren Liebhabern bestellt worden sind. Hier sitzen die Junggesellen in dichten, geschlossenen Gliedern hinter dem Tisch und bitten ein jeder seine Schöne zu sich, ohne im geringsten Platz für sie zu machen. Durch diese Kriegslist lassen sich die muthigen Mädchen nicht abschrekken, sondern sie ersteigen Bänke und Tische wie Festungswerke, um in die Schlachtordnung der Jünglinge einzubrechen. Die Amazonen mögen sich aber anstrengen, soviel sie wollen, so gewinnt doch eine jede weiter nichts als einen kleinen Raum zwischen ihrem Liebhaber und dessen Nachbar, wo sie sich mit genauer Noth auf die Schulter, den Arm und Schenkel des erstern niederlassen kann. In dieser Lage, die für die Träger und Getragenen gleich peinlich wäre, wenn nicht die Liebe die größten Lasten und Beschwerden leicht und angenehm machte, bleiben die Jünglinge und Mädchen bis an den späten Abend sitzen und vertändeln die flüchtigen Stunden in Gesang und Scherzen, in Neckereyen und Liebkosungen, die durch starke Züge aus einem vielfassenden Freudenbecher befeuert werden. Wenn alle diese süßen Vorspiele der Liebe die Herzen der Mädchen und Jünglinge bis zum heissesten Verlangen entflammt haben, so geht die Gesellschaft der Liebenden auseinander, und jeder Jüngling begleitet sein Mädchen bis in ihr Kämmerlein, wo der schmachtende Schäfer den Lohn der Minne empfängt. Nach Verlauf von zween Monaten fragen die glücklich gewordenen Jünglinge ihre Mädchen, ob sie keine ungewöhnlichen Veränderungen an sich wahrnähmen? Wenn diese Frage mit nein beantwortet wird, so hat der Jüngling die Freyheit, seine angefangene Liebe fortzusetzen oder abzubrechen. Im entgegengesetzten Falle aber bleibt ihm weiter nichts übrig, als die Nothwendigkeit, die Ehre seines schwangern Mädchens durch eine baldige Hochzeit zu retten. Weil es in Appenzell ebenso häufig als in andern Gegenden der Schweiz geschieht, daß Bauernmädchen erst nach dem Verluste des jungfräulichen Cranzes Hochzeit machen, so ist deßwegen verordnet, daß die Pfarrer jede Braut bey einem Gelübde fragen müssen, ob sie mit gutem Gewissen ihr Hochzeitfest am Dienstage feiern könne, welcher Tag allen den Bräuten bestimmt ist, die sich bewußt sind, daß ihre Ansprüche auf Jungfrauschaft wenigstens nicht durch eine zu frühe Niederkunft werden widerlegt werden. Hat eine Verlobte die Unverschämtheit, sich gegen ihren Beichtvater für etwas auszugeben, was sie nicht ist, und wird dann in der Folge durch die zu frühe Erscheinung der Erstgeburt beschämt, so wird sie für ihre Lüge sehr hart gestraft. Diejenigen hingegen, die bescheiden oder aufrichtig genug sind, etwas nicht

scheinen zu wollen, was sie nicht mehr sind, erfahren keine andere Züchtigung, als daß sie sich am Mittwoch, dem Tage verunglückter Jungfrauen, trauen lassen müssen.
Fröhlichkeit und Witz sind den Appenzellern angebohren, und der letztere wird schon von der frühen Jugend an geübt und geschärft. Fast nie ist eine Gesellschaft von Appenzellern beysammen, ohne daß nicht die witzigen Köpfe auf einander Jagd machten und gleichsam einen Wettkampf des Witzes eingingen, in welchem keiner seinem Widersacher irgend etwas übelnehmen darf. Diese beständigen Gefechte von witzigen Köpfen bringen einen auffallenden Hang zum Lachen und eine Geneigtheit hervor, alles von der lächerlichen Seite anzusehen, und besonders solche, die sich an ihnen reiben wollen, durch unerwartete trockene, aber treffende Repartieen niederzuschlagen. Von dieser Fröhlichkeit und diesem Muthwillen der Appenzeller in den Außer-Rhoden trifft man in denen der Inner-Rhoden keine Spur an. Diese letztern haben vielmehr das Ansehen von düstern, verschlossenen, argwöhnischen, reizbaren und eben deßwegen gefährlichen Menschen, die einen lustigen Einfall leicht anders als durch einen andern lustigen Einfall erwidern könnten.
Die Regierungsform der Appenzeller, über die ich in den letzten Tagen viel gesprochen und gehört habe, ist eine vollkommene Demokratie. Sie wird in und außer der Schweiz für die vollkommenste unter allen demokratischen Verfassungen Helvetiens gehalten, und zwar vorzüglich deßwegen, weil wegen der zahlreichen Landesgemeinden, die gegen 10 000 Männer enthält, keine Bestechungen bey Besetzungen von Ehrenämtern stattfinden und weil selbst die einträglichen Aemter, nämlich die Landvogteyen, nicht wie in andern demokratischen Cantonen an die Meistbietenden verkauft werden. Wenn es wahr ist, daß keiner über wichtige Sachen entscheiden sollte, die er nicht beurtheilen kann, so ist es ebenso richtig, daß die Landesgemeinden in den demokratischen Cantonen auf die Ausübung der gesetzgebenden Gewalt in sehr vielen Fällen keine natürliche oder hinlängliche Ansprüche haben. Allein, der Bauer mag einen gethanen Vorschlag verstehen oder nicht verstehen, er mag darüber nachgedacht oder nicht nachgedacht haben, so stimmt er ebenso keck und vollgültig als der wohlmeynende und einsichtsvolle Patriot, der das allgemeine Beste erkennt und gerne befördern möchte. Es geschieht daher in Appenzell wie in andern Bauern-Herrschaften nicht selten, daß die heilsamsten Gesetze und Verträge verworfen werden, weil der große Haufe zu unwissend

und träge ist, als daß er das, wovon die Rede ist, gehörig fassen oder untersuchen sollte.

François Robert
Die allgemeine Eidgenossenschaft der Schweizer und Graubündner
1789

Kein Land, Italien kaum ausgenommen, ist mehr werth bereiset zu werden; keins befriedigt mehr als die Schweiz, die in vielen Stücken jenes noch übertrifft. Wo sieht man sonst das herrliche Schauspiel der hohen Alpen und die Wunder der Natur, die jeden Fußtritt bezeichnen? Wo sonst die überraschenden Bilder jener feyerlichen majestätischen Felsen, die über die Wolken hinausragen und mit ewigem Eise gekrönt in ihren kolossalischen Massen, alt wie die Welt, die großen Katastrophen des Erdballs erfuhren und überstanden? Wo sonst den tiefen, unauslöschlichen Eindruck, den sie in der Seele des Reisenden zurück lassen? – Wie weit ist Helvetien über Frankreich erhaben! Im Bilde öffentlicher Glückseligkeit, weiser Verfassung, guter Gesetze, die nackte Felsen mit Menschen und Wohnungen besetzen, die Geschäftigkeit und Fleiß in unfruchtbare Gegenden rufen, die Ueberfluß und Reichthum in Himmelsstrichen hervorgehen heißen, die die Natur zu Wüsten und Einöden verdammte.
Wie viel erhabner ist Helvetien als Italien! Im rührenden Gemälde des Charakters seines Volkes, das den geheiligten Stempel der Natur nicht in einer lügenhaften widersprechenden Verfassung zerbricht; das noch in seinen Sitten die Spur jener uralten Einfachheit aufbewahrt, die von der übrigen Erde längst verschwunden ist – das noch die Würde des Menschen auf heitern Stirnen trägt.
Wo ist ein Land auf dem Erdboden, das in dieser Hinsicht mehr als die Schweiz werth ist, den Blick des Weisen auf sich zu heften?
Er freut sich, einmal ein Land zu betreten, dessen Nation von ihren hohen Felsen auf die Gährungen des übrigen Europa, auf das Wanken, die Ungewitter, ausgebrütet durch die ehrsüchtige Politik seiner Höfe, zerstreut oder vernichtet durch Intrigue und Schwerdt, frey, herzhaft, stolz, ohne sie zu fürchten, herabsieht?
Die Schweiz hat ausgezeichnete Städte – Bern, eine der schönsten in Europa, wetteifert mit den ersten und prächtigsten Italiens. Die Schweiz besitzt Alterthümer, sie ist einzig in ihrer Art für die Na-

turgeschichte. Ihre Seen gewähren ein prächtiges Schauspiel; diese großen Wasserbehälter bedecken oft Flächen von zwanzig Hektaren. Noch feyerlicher sind ihre Gletscher, diese Eisgebürge mit ewigem Schnee auf den Gipfeln im heißesten Sommer. Kein Land hat reizendere Gegenden. Seine mannichfaltigen Regierungsformen, alle abgezweckt zum Glück der Völker, sind in ihren Abweichungen Muster in der schweren Kunst, politische Gesellschaften zu verwalten. Die großen blutigen Thaten der Helden Helvetiens, die es, getheilt mit keinem Zeitalter, mit keinem Volke der Erde, verewigen, leben auf in den Örtern, die sie bezeugen.
Die Schweiz ist eine große, mächtige Republik, gelegen mitten inne zwischen Frankreich, Deutschland und der Lombardey. Man begreift unter diesem allgemeinen Namen die eigentliche Schweiz oder die 13 Cantone, die Graubündner, das Walliserland und andre Bundesgenossen. Der eigentliche Staatskörper besteht aus den 13 Cantonen, die in Verbindung mit den Bundesgenossen die sogenannte allgemeine Eidgenossenschaft der Schweizer und Graubündner bilden.
Ihre politische Verfassung ist ihr eigenthümlich vor allen Völkern Europens. Mit jener der Vereinigten Niederlande hat sie, dem ersten Anblicke nach, eine scheinbare Ähnlichkeit – so zum Beyspiel in der engen Verbindung der 13 Cantone zu allgemeiner Vertheidigung, im Verfahren auf ihren allgemeinen Landtägen oder Tagsatzungen als Glieder eines Körpers in ihren Bündnissen mit fremden Mächten. Aber näher beleuchtet, sieht man bald, daß alle Cantone soviel wie besondre Republiken ausmachen: unabhängig von einander, durch keinen öffentlichen Traktat unter sich vereiniget, durch keine wechselseitige Verpflichtung so verbunden, daß sie alle zusammen nur ein Ganzes, einen Staat, eine Souverainität bilden würden. In seinen Gränzen ist jeder Canton Selbstherrscher; jeder hat seine Miliz, seine Münze, seinen öffentlichen Schatz. Es giebt keine unmittelbare, direkte Allianz, die einen Canton insbesondere mit den andern verbände. Ein Jeder ist ein selbständiger unabhängiger Staat, der sich durch eigne Gesetze beherrscht und Gesandtschaften annimmt oder absendet.
Die Tagsatzungen der Eidgenossenschaft üben, weder über alle Cantone zusammengenommen, noch über einen oder den andern insbesondere, Souverainitätsrechte aus. Sie beschließen weder Krieg noch Frieden. Sie haben weder gesetzgebende noch ausübende Macht. Sie können keine Auflagen bestimmen. Sie sind kein Gerichtshof, dessen Aussprüche gesetzmäßige Kraft hätten. Täglich

verruft nach seinem Wohlgefallen ein Canton die Münze des andern oder verbietet die Aus- und Einfuhr seiner Produkte und Waaren. Keiner hängt von den Beschlüssen der Mehrheit ab. Diese Tagsatzungen sind nur gewissermaßen ein Vereinigungspunkt, wo alle Berathschlagungen zur Erhaltung des guten Vernehmens zwischen den Cantonen und zu den besten Maaßregeln der Sicherheit und des Wohls der Eidgenossenschaft zusammentreffen. So giebt es keinen allgemeinen Mittelpunkt der Autorität, keine ausübende Macht, keinen allgemeinen Schatz, kein der ganzen Schweiz eigenthümliches Wappenschild. Bloß auf das allgemeine einige Interesse, auf den beschwornen Bund, sich beyzustehen, gründet sich ihre Unzertrennlichkeit. Wechselseitige Hülfe, Vertheidigung und Schutz gegen alle Gefahren von außen sind der Hauptgegenstand, zugleich das sicherste Band der Eidgenossenschaft. Würde ein Canton angegriffen, die zwölf übrigen müßten gleich ihm zur Hülfe ins Feld, und zwar, nach der allgemeinsten Meinung, nicht so sehr wegen seines direkten Bündnisses mit allen als vielmehr wegen desjenigen, so er mit einem oder mehreren von ihnen hat, und so von Nachbar zu Nachbar fort, bis zur versammelten ganzen Eidgenossenschaft.

Vermöge der Verträge der acht alten Cantone können diese mit fremden Mächten unterhandeln, jedoch ohnbeschadet ihrer ältern Verpflichtungen. Den neuen Cantonen aber ist es auferlegt worden, keine fremde Verbindungen ohne Zustimmung, Theilnahme und Bewilligung der alten einzugehen.

Weislich und äußerst heilsam ist es für die Eidgenossenschaft, daß die Cantone nicht in eine einzige allgemeine Republik vereinigt sind. Flüchtige Übersicht der politischen Verfassung Helvetiens denkt sich zwar das Chaos in dieser Verschiedenheit von Selbstherrschaften, die gleichsam in einander eingreifen: in der scheinbaren Unschlüssigkeit oder Ungewißheit der Verwendung ihrer Kräfte, in dem Mangel an gemeinsamen Interesse, ohne Anführer, ohne Vereinigungsmittelpunkt. Und doch ist es das Meisterstück der Klugheit, das wahre Palladium helvetischer Freyheit. Müßten die Cantone sich unter den Ausspruch der Mehrheit beugen, so wären Bestechungen unvermeidlich; die Schaale der Vernunft stiege, die andre, voll vom Golde fremder Mächte, voll von ihrem Einflusse, sänke; Helvetien würde verflochten in die Händel, in die Partheyen, die Europa zerreißen; die Freyheit jedes Cantons würde erschüttert, und mit ihrer Abnahme müßte im nemlichen Verhältnisse Zerrüttung, Verminderung des Wohlstandes ohne Rettung an ihre Stelle treten. Je mehr verschiedne Zwecke in einer Regierungsform einander aufwägen, desto seltner weicht sie ab zur Willkührlichkeit, dieser Geißel politischer Gesellschaft. Wäre nur ein Haupt des ganzen Gemeinwesens – alle Freyheiten müßten zittern.

Die Schweizer bewohnen übrigens nichts weniger als ein gelobtes Land. Der Boden ist widerspenstig gegen Kultur. Wälder und Felsenwände, zum Theil in ewigen Schnee und Eis gehüllt, bedecken die Erde, die fast überall feucht und kalt ist. Ihre Getraidefluren, umzingelt mit Bergen, die Regen, Hagel und Stürme in ihrem Schooße gebähren, welche oft die Früchte der Erde durch Ungewitter zerstören oder durch kalte Schauer erstarren, gewähren nur sparsame Erndten, öfter Mißwachs; durch Schneewasser angelaufne Flüsse treten aus ihren Ufern, lassen Sand, Steine und Kiesel auf den verschlammten Wiesen zurück. Reißende Ströme stürzen häufig von den Felsen herab, entblößen sie von vegetabler Erde und hemmen alle Gemeinschaft. Keiner von Helvetiens zahlreichen Flüssen ist schiffbar; zu schnell ist ihr Lauf, zu felsicht ihr Bette. Lawinen, abgerißne Felsenstücke, Fluthen von Triebsand oder Kies verschütten oft Dörfer, machen sie verschwinden. Viele kleine Wälder werden bloß zur Schutzwehr gegen die Lawinen, die Einsenkungen des Erdbodens, den Einsturz der Felsen ernstlich gehegt. Seit Jahrhunderten verschüttete Wälder werden noch oft in Thälern bey tiefem Nachgraben unter der Erde entdeckt.

Nur ein kleiner Theil der Schweiz ist des Anbaues empfänglich. Ihre größte Oberfläche gehört den Gebürgen, die theils zu Viehweiden dienen, theils dichte unzugängliche Fichtenwälder tragen, theils aus schroffen nackten und dürren Felsen bestehen, theils unter ewigem Schnee und Eis, ohne Wechsel von Jahreszeiten, dahinstarren. Entfernt vom Meere, muß das Volk dessen Fische zum Unterhalt und dessen Handels, der Ackerbau und Fabriken belebt, entbehren.

Der Winter, gleich dem in Sibirien, ist lang; der Sommer spät. Es giebt Gegenden, wo von den ersten Tagen des Christmonats bis zum 10. Jenner die Sonnenstralen durch ungeheure Berge aufgehalten werden. Im Winter sind die Wohnungen fast unter dem Schnee an vielen Orten, an andern gänzlich vergraben, wo doch die Hitze des Sommers unerträglich ist.

Die Landstraßen sind in den meisten Gegenden unbefahrbar, auf vielen können selbst Pferde nicht fort, so rauh, so unzugänglich ist der Erdboden. Es giebt Hauptorte in Cantonen, die nie ein Wagen befuhr!

Die Erde giebt nur das, was man ihr abzwingt; um sie zu öffnen, muß dem Pflugschaar noch die Hacke folgen; das Ackern ist nur Vorbereitung zu schwerer Händearbeit, und nur ungeheure Eggen bezwingen den zähen Boden. Ihre unglaubliche Schwere erfordert oft drey Paar Ochsen! In Frankreich reicht ein Pferd hin. Bald nach der Erndte, die man hier der Natur gleichsam abstiehlt, gleicht das abgemähte Feld einer Wiese, seiner ursprünglichen Bestimmung, denn der Boden ist kalt und feucht. Oft sieht man mit Erstaunen an den steilen Wänden der Berge Menschen und Thiere Furchen ziehen, wo beyde kaum den Fuß zu setzen vermögen.

Helvetien, dem Anblicke nach mehr zum Aufenthalte wilder Thiere als dem Menschen zur Wohnung bestimmt; Helvetien, das bey einer jeden andern Regierungsform nur der Abdruck von Armuth und Wüsteney seyn müßte, ist der Natur zum Trotze durch seine weise Verfassung bevölkert, voll der schönsten Städte, überall im Wohlstande, im Überflusse und zufrieden. Nur gegen Tyrannen und Sklaven geizt Mutter Erde. Wenn aber freye Hände sie bearbeiten, so verschwendet sie ihre Schätze weit über alle Erwartung. Der Schweizer – mit der nemlichen Hand Krieger und Ackersmann – zieht Furchen oder den Degen für Eigenthum und Vaterland.

Leopold Graf von Stolberg
»Ein hoher Grad von ungekränkter Freiheit ...«
Bern, 21. September 1791

Ueber die Verfassung von Bern sind oft sehr verschiedene, widersprechende Urtheile gefället worden. Haben einige sie mit der oligarchischen Constitution von Venedig verglichen, so erhoben andere sie bis in den Himmel. Diese Widersprüche rührten nicht sowohl vielleicht daher, daß der Lober und der Tadler in ihrer Denkungsart überhaupt so verschieden waren wie ihre Aussprüche, sondern daß jeder aus seinem Gesichtspunkte die Sache ansah. Und nicht immer wählen wir unsern Gesichtspunkt. Wie uns eine Sache das erstemal auffiel, so bestimmten wir oft unser Urtheil. Dies ist die gewöhnliche Art, Dinge anzusehen. Aber es ist mit unserm Verstande wie mit unsrer Gesundheit. Auch der Gesunde kann erkranken, doch hilft sich seine Natur, weil sie edel ist. Die Herzen der Guten sind heilbar, sagt Homer, und so ist es mit ihrem Urtheile.

Wer Bern nur aus dem Gerippe seiner Verfassung kennet, der wird, wenn er Freiheit liebt, vielleicht große Fehler darinnen finden. Wer den gesunden Staatskörper aber ansieht, wo das Haupt hell ist, wo

Glied an Glied in freier Harmonie miteinander wirken, wo Fülle des Lebens in dem Arme zuckt, wo der dienstbare Fuß mit strotzender Kraft stark und leicht einhertritt, der wird sich hüten, ein voreiliges Urtheil gegen einen Staat zu fällen, dessen Bürger gewiß eines hohen Grades von ungekränkter Freiheit genießen.
Der lebendige Körper eines Staats muß nicht allein nach äußern Abmessungen des Ebenmaaßes seiner Theile beurtheilt werden. Mit gerechter Strenge fordern wir vom Bildhauer die genaueste Proportion, und auch so vom Idealisten. Aber sie zeigen uns nur äußere Umrisse. In den gesundesten Körpern findet oft der staunende Anatomist große Fehler, welche dennoch, trotz aller Theorie, dem Menschen, weil er lebte, nicht fühlbar waren. Auch in der Politik ist es wahr, daß der Buchstabe tödte, daß der Geist lebendig mache. Sitten machen beinahe die Gesetze entbehrlich, und ein von Vätern auf die Söhne fortgehender Geist der Weisheit, Milde, Mäßigung sichert dem Volke die Freiheit besser als haarspaltende Theorien der Verfassung.
Bern ist der einzige Kanton, in welchem weder das ganze Volk, noch die Bürgerschaft der Stadt sich jemals versammelt. Die demokratischen Kantone, Schwyz, Uri, Unterwalden, Zug, Glarus, Appenzell, haben ihre allgemeinen Volksversammlungen. Nicht nur in Zürich und Basel, deren Verfassung, als Städte betrachtet, demokratisch ist und wo die Bürger als Aristokraten das Landvolk beherrschen, versammelt sich die Bürgerschaft der Stadt, sondern auch in Lucern, Freiburg, Solothurn und Schaffhausen, wo doch nicht alle Stadtbürger gleiches Antheils an der Regierung genießen.
Dieser eigenthümliche Zug der Verfassung von Bern rührt von dem Ursprunge der Stadt her. Sie ward ersehen zu einem festen Ort der Zuflucht, zu einem Sammlungspunkt des kleinen Adels, welchem man Sicherheit gegen die Unternehmungen der umliegenden Grafen und Herren geben wollte. Dieser Adel war kriegerisch. Unter seinen Flügeln fand der erwerbende Krämer, der friedeliebende Handwerker die Ruhe und den Schutz, deren sie bedurften. Gern ließen sie mit ihren Sorgen die Geschäfte der Regierung, welche auch von weisen Männern nicht immer als eine Quelle der wahren Glückseligkeit angesehen wurden, in diesen starken Händen, welche zugleich das Schwert für sie zuckten. Und so oft zuckte dieser kriegerische Adel das Schwert und mit so junger Faust, daß viele der edlen Geschlechter vertilgt wurden. Dann wurden bürgerliche Geschlechter den Adlichen zugesellt, es sei nun, daß der Adel aus Mäßigung gefühlt habe, daß die Regierung nicht von zu Wenigen

abhangen dürfe oder daß die Bürger auf diese Ergänzung gedrungen.

Die Aufnahme einzelner bürgerlicher Familien in die Ordnung der Herrschenden änderte nicht den Geist der Verfassung. Als Rom den Plebejern den Zugang zu den höchsten Geschäften und Ehren öffnete, als die plebejischen Familien, aus welchen einer einmal eine kurulische Würde verwaltet hatte, einen neuen Adel ausmachten, so erreichte dieser neue Adel zwar nicht den Glanz des Patriciats, aber seine Macht, und also seine Gesinnung.

Die ältesten Urkunden der Republik beweisen, daß im Anfang dann und wann die ganze Bürgerschaft versammelt worden. Aber eine solche Versammlung beweiset nicht stäte, ausübende Macht. In einfältigen Zeiten fürchtet man nicht so leicht subtile Schlußfolgen. Sehr übereilt war diejenige, welche in unsern Jahren aus diesen Versammlungen gezogen ward, als sei der große Rath im Jahre 1384 erst gestiftet worden. Eine Urkunde vom Jahre 1294 erwähnt schon der zweihundert Männer, und ein Edict vom Jahre 1314 fängt schon mit den Worten an: Wir Schultheiß, Rath und Zweihundert.

Der Rath der Zweihundert bestand ehmals wirklich aus der runden Zahl. Nach und nach wurden mehrere dazugenommen, einigemal über dreihundert. Ein neueres Gesetz hat die Anzahl auf zweihundert und neunundneunzig festgesetzt. Die Abgehenden dürfen nicht ersetzt werden, bis achtzig Stellen offen sind. Auch hier waren Mißbräuche eingeschlichen. Junge Leute, welche sich zu dieser Ehre Hoffnung machten, hatten alte Rathsherren, welche keine Landvogteien mehr zu hoffen hatten, durch heimliches Jahrgehalt dazu gebracht, sich der Rathswürde zu begeben, damit bald achtzig Stellen offen und die Wahl der ergänzenden angestellt werden möchte. Daher werden jetzt die resignirten offenen Stellen nicht zu den achtzig fehlenden gerechnet, sondern es müssen achtzig gestorben seyn, ehe eine neue Wahl zu Besetzung der offenen Stellen Statt findet.

Wer sich um eine Rathsstelle bewirbt, muß neunundzwanzig Jahr alt seyn. Man rechnet vom Tauftage an und rechnet dann acht Tage hinzu. In den Familien, welche sich Hoffnung zu Rathsstellen machen können, werden daher die Knaben fast immer gleich nach der Geburt getauft. Denn da mehrentheils alle neun oder zehn Jahr neue Mitglieder erwählt werden, muß alsdann ein junger Mann, dem einige Tage am gesetzlichen Alter fehlen, wieder eine neue Wahl erwarten. Jeder Bürger von Bern hat das Recht zu den höchsten Würden, aber wenige haben die Hoffnung. Da der kleine Rath, der

muß in die Gebirge wandern; denn da liegt das Buch der Natur aufgeschlagen, in welchem die Epochen der Revolutionen unsers Erdplaneten mit großen Buchstaben aufgezeichnet sind, von denen wir jetzt nur erst wenige lesen können. – Der Physiker findet zu Beobachtungen, zu Versuchen Gelegenheit, die in einem platten Lande gänzlich fehlen. – Der Ökonom kann viele Kenntnisse und Erfahrungen einsammeln. Aber gewiß keiner findet mehr Nahrung für den Geist, als der, welcher den Menschen zum Gegenstand seiner Untersuchung macht; welcher mit einem scharfen Auge den Einfluß der physischen Beschaffenheit, der Lage, des Klimas, des Bodens und der Organisation der bürgerlichen und politischen Regierungsverfassung jedes Ländchens ausspähet; der in dem körperlichen Zustande, in Bestimmung des Charakters, der Sitten, des Grades der Kultur und der vernunftmäßigen oder glücklichen und elenden Existenz jedes Völkchens so unverkennbar sich äußert.
Wer reine Volksregierungen kennen lernen will, der findet sie in den Gebirgen der Schweiz.
Es ist schwer zu bestimmen, wodurch die Schweiz am merkwürdigsten ist: Ob durch den Nutzen, den sie in den erwähnten Dingen leisten kann, oder ob durch ihre Naturschönheiten? Alles Große, Außerordentliche und Erstaunenswürdige, alles Schreckliche und Schauderhafte, alles Schöne, Sanfte, Reizende, Heitre, Ruhige und Süßerquickende, was in der ganzen Natur zerstreut ist, scheint sich hier in einem kleinen Raum vereinigt zu haben, um dies Land zu dem Garten von Europa zu bilden, wohin alle Anbeter der Natur pilgern, und wo sie für ihre Opfer in dem vollsten, reinsten Maße Belohnung und Befriedigung erhalten sollten. Das Schauspiel eines feuerspeienden Berges und den Anblick des Meeres ausgenommen, wüßte ich keine Naturszene, keine Naturschönheit, die der Wandrer in der Schweiz vermissen wird; im Gegenteil, er wird sehr, sehr viele finden, die er sonst nirgends sehen und genießen kann, von denen der Bewohner eines ebnen Landes keine Idee hat, und von denen ein treffendes Bild zu geben, dem Pinsel wie der Feder gleich unmöglich ist.
Der Genuß der Natur wird nicht allein durch die Abwechslung und Mannigfaltigkeit im allgemeinen, die in manchen Gegenden fast mit jedem Schritte stattfindet, erhöhet, sondern ebensosehr durch die Mannigfaltigkeit der Ansichten *einer* Landschaft von *einem einzigen* Punkte zu den verschiednen Tageszeiten, bei reinem, halbbewölktem und ganz überzogenem Himmel betrachtet, wodurch Farben, Lichter, halbe und ganze Schatten auf die Seen und Wiesen, auf

die Massen und Gruppen der Hügel, Berge, Alpen und der kahlen und beschneiten Felsen geworfen und bisweilen in kurzer Zeit so verändert werden, daß eine und dieselbe Gegend die verschiedensten und frappantesten Schauspiele gewährt. Wer nicht in der Schweiz die Natur in ihren günstigen Momenten genossen hat, der weiß nicht, was sie alles Großes, Schönes und Außerordentliches hat; dies ist mein innigstes Gefühl, und nach diesem ist das Gesagte Wahrheit für mich, wenn es gleich viele für Übertreibung halten werden. Die Grade der Empfänglichkeit für die Eindrücke, welche die Schönheiten der Natur machen, und die Grade der Innigkeit des Gefühls, das jene Eindrücke bewirkt, sind so sehr verschieden, daß man über Aussprüche dieser Art keine Widerlegungen beginnen muß. Aus diesen Gründen kann und will ich mein Gefühl, meinen Ausspruch, nicht für allgemein geltend angeben, sondern kann die Wahrheit davon nur denen bürgen, die im Schoße der Natur die süßesten, reinsten Freuden zu suchen und zu finden wissen.

Helen Maria Williams
Augenschein in Basel
1794

Als ich zum ersten Male den Schweizerboden betrat, erwachte in mir eine mächtige Begeisterung. Endlich, dachte ich, darf ich dieses Land sehen, von dem ich nie ohne tiefe Bewegung hörte; ich soll Naturbilder schauen, deren Inhalt so oft meine Phantasie beflügelte, die aber mein Auge noch niemals erblickte. Mein müder Geist wird rasten bei diesen erhabenen Gegenständen und mein enttäuschtes Herz die Hoffnung erfüllen, daß die moralische Ordnung, deren Umsturz ich miterlebt, sich wieder herstelle, während ich die Natur in ihrer bewundernswertesten Vollendung schaue. Und welch' ergreifenden Gegensatz werde ich finden in dem Bilde des sozialen Glückszustandes, den die Schweiz darstellt. Nicht länger sehe ich die Freiheit geschändet und entweiht; hier lacht sie auf den Hügeln, schmückt die Täler und findet in der unverdorbenen Einfachheit dieses Volkes eine stärkere Schutzwehr als in den starren Felsen und eisgepanzerten Gletschern.
Mit solchen Gedanken setzte ich zum ersten Male meinen Fuß auf Schweizerboden. Der Anblick des Landes übertraf die Träume meiner Einbildungskraft. Was aber Charakter und Sitten der Schweizer anbelangt, so kühlte ein mehrwöchentlicher Aufenthalt in Basel

meine Begeisterung etwas ab. Ich hatte reichlich Gelegenheit in Gesellschaft zu verkehren und entdeckte weder Liebe zu den Künsten, noch zur Literatur, noch zur Freiheit, noch zu sonst einem irdischen Gute außer zum Geld; ich hörte nur vom Kurswert des Louis und der Assignaten; hätte ich nicht durch die Fenster den Rheinstrom seine Wogen majestätisch vorüberwälzen sehen, ich hätte geglaubt, auf der Börse in London oder in der Nachbarschaft des Palais royal zu Paris mich zu befinden.

Diese Enttäuschung war vielleicht meine eigene Schuld, oder durch frühere Reisende verursacht. Begeistert für die Naturschönheiten des Landes, hatte meine Phantasie in ihrer Vorliebe für Träume von Glück und Vollkommenheit sich gefallen, den entzückenden Naturbildern eine ihrer würdige Bevölkerung zuzugesellen, und mit der erhabenen Landschaft auch höheren Sinn in Verbindung zu bringen. Denn die Phantasie kann doch Börsenmaklern und Schiebern nur mit Widerwillen inmitten der großartigen Landschaftsbilder der Schweizer einen Platz gewähren; es ist als ob ein häßliches Bildwerk die Nische eines griechischen Tempels einnehmen sollte. Es muß aber tatsächlich zugegeben werden, daß die Liebe zum Golde so ziemlich in ganz Europa verbreitet ist, daß man weder den Bewohnern von Paris noch von London irgendwie Gleichgültigkeit gegenüber den Reichtümern vorwerfen kann, noch haben die Reichen dieser Städte sich etwa über Vernachlässigung vonseiten ihrer Mitbürger zu beklagen. Wenn nun zwar auch die Leute fast aller Länder hinsichtlich des Gelderwerbes während der Vormittagsstunden den Bürgern von Basel gleichen, so ist doch wenigstens der Abend dem Vergnügen gewidmet, gesellschaftlichen Genüssen, der Freundschaft, irgendeiner Lieblingsbeschäftigung oder der Pflege des eigenen Herzens, und die Geldgeschäfte ruhen bis zum nächsten Morgen. Einzig in Basel gibt es kein Ausruhen von den Plackereien des Handels; sie fangen mit dem Tage an, aber sie enden nicht mit ihm; gerade die Stunden der Erholung werden den geschäftlichen Interessen dienstbar gemacht. Die einzige Art Vergnügen, die die Basler Bürger sich gestatten, muß ihnen helfen, ihre Handelsgeschäfte zu fördern, Gewinn zu machen und sich nachdrücklich mit dem zu beschäftigen, was nach Pope's Wort ihres »Daseins Ziel und Ende« zu sein scheint.

Deshalb haben sich die Männer zu Vereinigungen zusammengetan, die Tabakgesellschaften oder Rauchklubs heißen, weil alle Mitglieder fürchterlich rauchen. Jeder Klub umfaßt nahezu ausschließlich Leute des nämlichen Alters, was wohl auf die Vorliebe für Gleichheit zurückzuführen ist, aber sich als außerordentlich verderblich für die Sitten der jungen Basler erweist, da man in diesen Kreisen feine Höflichkeit und Rücksichtnahme nicht suchen darf, noch die Mittel sie zu steigern. Das ist jedoch eine allgemeine Eigenschaft dieser Klubs, angefangen von Brook's Vereinigung britischer Parlamentsmitglieder, bis zu diesen Tabakgesellschaften, an denen schweizerische Tagsatzungsgesandte teilnehmen. Ein Mann, der längere Zeit einen solchen Klub besuchte, findet sich in keiner anderen Gesellschaft mehr zurecht. Es ist ihm eine Last, einen Abend anderswo zuzubringen, und jede andere Gesellschaft erscheint ihm voll Zwang, weil ihm nur mehr die Pinte behagt, wo man Lärm für Gemütlichkeit nimmt und Vertraulichkeit für Freundschaft. Aber während anderorts der Geschmack an solchen Klubs die Sache Weniger zu sein scheint, ist Basel eine wahre Klubstadt und besitzt nicht weniger als zwölf solcher Rauchvereine, jeder mit etwa 60 Mitgliedern. Diese kommen jeden Nachmittag schon zu früher Stunde zusammen, trinken Tee inmitten der anregenden Tabakswolken, diskutieren die politische Lage, aber noch unermüdlicher die Handelsgeschäfte der Stadt, berechnen Gewinn und Verlust des Tages, träumen von der Erlangung neuer Reichtümer, und verabschieden sich, wenn es Zeit zum Nachtessen ist, ohne auch nur ein einziges Wort über Literatur und Geschmack verschwendet zu haben.

Die Baslerinnen, von den Männern im Stiche gelassen, tun sich ebenfalls zusammen, und oft versammeln sich zwanzig Damen beieinander, ohne daß ein Mann mit von der Partie wäre, obwohl sie solche, weit davon entfernt sie abzuweisen, mit Vergnügen zulassen. Und oft macht ein Fremder, den Vorteil eines geschäftlichen Aufenthaltes in Basel ausnützend, und dem etwa einige junge Damen beigebracht haben, daß seine Gesellschaft eine Gunst darstelle, den Damen den Hof, während Wolken anderen Weihrauchs in jedem Quartier der Stadt von den in ihren Tabaksgesellschaften vereinigten abwesenden Männern zum Himmel steigen.

Die baslerischen Damenklubs setzen sich von Jugend auf aus Mädchen desselben Alters und der nämlichen Gesellschaftsklasse zusammen und in jungen Jahren wird so strikte auf gleiches Alter gesehen, daß oft Schwestern, die nur drei oder vier Jahre auseinanderstehen, doch in gesonderten Gesellschaften zusammenkommen, wenn auch manchmal in demselben Hause. Es liegt eine hübsche Idee in diesen Kindergesellschaften, fast etwas wie eine Schutzwache für unser schwaches Geschlecht gegen die kommenden Stürme der Welt. Und ohne Zweifel wird gar manches Mitglied dieses Jugendkränzchens, wenn es dereinst von den Stürmen des Unglücks bedrängt wird, die ja mit Vorzug die schwächsten Herzen am erbarmungslosesten treffen, mit schmerzlichem Vermissen dieses Jugendkreises gedenken. Die Unglückliche mag vielleicht in der Teilnahme einer Gefährtin, mit der sie durch Freundschaftsbande aus lang entschwundener Zeit verknüpft ist, Trost und Linderung finden. Die jungen unverheirateten Damen wie die Witwen haben alle ihre besonderen Kränzchen; auch Schwägerinnen haben etwa Zutritt und verschmelzen mit der Familie, hie und da werden auch zufällige Bekanntschaften eingeführt.

Sie wechseln mit ihren Einladungen ab und versammeln sich der Reihe nach im Hause jeder Teilnehmerin, gewöhnlich nachmittags drei Uhr. Nach englischem Brauche und all dem geschäftigen Treiben von London und Paris ist das eine mit Rücksicht auf die Hauptmahlzeit frühe Stunde, für Basel aber eine sehr vorgerückte. Denn hier speist man zu jener Stunde, wo die Glocken der Stadt den Mittag verkünden; diese aber spielen aus einem unbekannten, im Laufe der Zeit vergessenen Grunde seit mehreren Jahrhunderten die Avantgarde der wirklichen Zeit und schlagen zwölf Uhr, wenn es nach dem Stande der Sonne erst elf ist.

In ihren Gesellschaften erscheinen die Damen mit Arbeitsbeuteln am Arm und Arbeit und Unterhaltung beginnen zugleich. Letztere, wenn sie überhaupt diesen Namen verdient, besteht im Klatsch des alltäglichen Lebens. Sind der häusliche Kleinkram und die städtische Skandalchronik erschöpft, so greift man zu den Karten; was bliebe auch sonst noch? Die Zeit kann eben hier nicht wie in gemischten Gesellschaften mit Flirt und Koketterien einerseits, mit Galanterien und Schmeicheleien anderseits ausgefüllt werden. In diesen Versammlungen ist der Ehrenplatz beim Fenster, an dem zu Basel in jedem Hause Spiegel angebracht sind, die erlauben, alle Vorgänge auf der Straße bis auf eine beträchtliche Entfernung zu überblicken. Diese Spiegel werden von den Baslerinnen jeden Augenblick benützt, nicht etwa um sich selbst zu betrachten, sondern ihre Nachbarn. Hätte Thomson sie gekannt, gewiß wären sie als ingeniöse Erfindung, um die Zeit totzuschlagen, in seinem »Schloß der Faulheit« aufmarschiert.

Um vier Uhr wird der Tee gereicht mit reichlichen Erfrischungen, Backwerk, Früchten, Rahm, Konfitüren, mitunter auch Schinken und anderem kaltem Fleisch. Dieser solide Imbiß wird keineswegs als zuviel erfunden, nach einem sehr umfangreichen Mittagessen und trotz der Aussicht auf ein ebenso reichliches Nachtessen. Die Schweizer besitzen im allgemeinen einen sehr kräftigen Appetit, der vielleicht von der scharfen Luft ihrer Berge herrührt.

Die öffentlichen Vergnügungen waren in Basel durch den Magistrat verboten, wie uns gesagt wurde, infolge der schlimmen Zeitläufe, vorzüglich wegen der Teuerung der Lebensmittel. Dieses Uebel war um so leichter zu ertragen, als die Stadt eine überreiche Ernte von Gold aus dem Unglück der Nachbarstaaten einheimste. Doch durfte wöchentlich einmal ein Konzert stattfinden, das Tanzen war verboten, so streng, daß ein Trupp zum Tanzen abgerichteter Hunde zur Klasse der unnützen Fremden gerechnet und von der Kommission der Sechs unbarmherzig abgeschoben wurde.

Von den 40 000 Einwohnern der Stadt und des Kantons Basel machen die Bürger den fünften Teil aus, und ihnen allein stehen alle Rechte zu, oder sie meinen wenigstens so. Die Bevölkerung von Basel zerfällt in zwei wohlunterschiedene Klassen, jene der Bürger, in der Zahl von 8000, und jene der übrigen Einwohner. Diese letzte Klasse wächst beständig, während die erste von Jahr zu Jahr abnimmt. Die zweite Klasse befindet sich in einem Zustande vollständiger Entrechtung; sie ist ausgeschlossen von allen politischen Rechten, darf keinen Handel treiben, und die einzelnen Personen werden als Fremde betrachtet, die das Privileg haben, in der Stadt zu leben. Die Fabrikherren, die Kaufleute, Handwerker, bei denen sie angestellt sind, haben dafür zu sorgen, daß sie der Stadt in keiner Weise zur Last fallen. Wenn Leute dieser Klasse in Basel geboren werden, so erlangen sie, selbst für den Fall, daß ihre Vorfahren durch mehrere aufeinanderfolgende Generationen ebenfalls da geboren wurden, durchaus kein weiteres Recht durch diesen Umstand. Die Aufnahme einiger weniger in die Rechte der Bürgerschaft ist stets mit so vielen Schwierigkeiten verbunden, daß Beispiele äußerst selten sind. Wenige aus dieser Klasse gelangen zu ansehnlichem Reichtum. Dennoch beweisen ihre stete Zunahme, ihr Verharren in dieser erniedrigenden Stellung, in der sie gezwungen sind, die Last drückender Steuern zu tragen, von denen die Bürger frei sind und wofür sie von der Regierung außer Sicherheit und Schutz ihrer Person nicht das geringste empfangen, daß sie trotzdem in Basel gewisse Vorteile genießen, die sie vorher nicht hatten. Das erweckt eine Vorstellung in uns von der Erbärmlichkeit der Lage in jenen Ländern, aus denen sie herkamen.

Es ist doch ohne Zweifel höchst seltsam, daß in diesem gepriesenen Lande der Freiheit, in dem nach des Dichters Worten »sogar der

Bauer sich rühmt, seine Rechte zu kennen, und lernt, in ihm selbst die Menschenwürde hochzuhalten«, der gesamte Bauernstand des Kantons Basel, mit einziger Ausnahme der kleinen Stadt Liestal, die sich einiger weniger städtischer Rechte erfreut, buchstäblich an den Boden gefesselte Leibeigene sind.

Friederike Brun

Fahrt auf dem Zürichsee

1795

den 21. August, 1795.

Wir hatten noch eine halbe Stunde Weges bis nach *Schmerikon*, wo wir uns einschiffen sollten; freudig machten wir diesen angenehmen Morgenspatziergang im sicher umschirmten Seethal.

Die ganze Pflanzenwelt duftete Thau und strahlte von jungem Leben. Die zartgrünen frisch aufsprossenden Anger, die wir auf kleinen leichtverschlungenen Pfaden durchwallten, waren vom hellen Morgenschatten reich beladener Obstbäume lieblich überwebt, und das gelb und röthlich gestreifte Sommerobst hing thaubesprengt und lockend auf uns herab.

Der tiefe Frieden dieses engen Seethalgrundes, und das luftig sich ausbreitende, grüne und prächtige Berggelände, erinnert an die Lage von *Schwytz*, doch fehlt hier die höhere Klippenkrone.

Wir fanden nur ein sehr kleines schlechtes Schiffchen, wo man mit Mühe unbequeme Plätze fand und welches nur mit einem kleinen niedern unvollständigen Leinen verdeckt war – hier sollten wir zehn lange Seestunden, die ganze Länge des *Zürichsees*, zubringen.

Zwei dunkelumbüschte Vorberge schliessen das kleine Seebecken ein, welches uns zuerst empfängt. Noch war die Sonne nicht über die nahen östlichen Berge, und das Gewässer ruhte spiegelglatt, unerhellt und vom Morgennebel überschwebt. Sanft steigen die hohen besonnten Berggelände von *Tockenburg* über *Utznach's* und *Gaster's* weichabgleitenden Triften empor; der schöne Buchberg steigt nah und voll Anmuth, mit Buchenwäldern und Tannen malerisch bekleidet, aus der hellgrünen Tiefe des Sees; über ihm steht herrlich das Glarnergebirg und lehnt sich hoch in die Morgenluft.

Wir sind nun am Ausgang dieses stillen Seeendes, welches *Schmerikon* beherrscht und welches wir nicht ohne sehnende Rückblicke verliessen. Welche Schattenruh überwallt unsichtbar diese von keinem Lüftchen behauchte Fluth, aus deren dunkelklarem Spiegel das

grüne Gestade, und selbst die höheren Gebirge, wie aus dem Hohlspiegel der Phantasie, verdämmernd emporsteigen! Die grüne Landspitze des Kirchleins *Bollingen* und, gegenüber, *Altendorf*, hart am See, stehen verdoppelt im weichern Abrisse da. Die grüne gesegnete Landschaft *March* ruht links noch im höheren Bergschatten wie ein schlummerndes Kind; die *Limmath* schlängelt sich still durchs dämmernde Thal und fällt dort bey *Lachen* in den See. – Tief zwischen den Basen des hohen Gebirgs gehet ein Weg ins enge Bergthal von *Glarus* hinauf. Das spitze grüne Tannenhaupt des *Etzelbergs* zeigt den Weg nach *Maria Einsiedeln*; die ganze Scene von gestern Abend liegt noch, matt erhellt, wie eine verlöschende Erinnerung in einer Kinderseele und erwartet den steigenden Sonnenstrahl des Bewusstseyns, um zu klarem Daseyn zu erwachen.
So wie wir uns entfernen, steigt über der Tiefe des Sees, aus weiter Ferne, das blaue wohlbekannte Gebirg des *Wallenstädter Sees*; die Spitze des Schollbergs über *Sargans* erscheint, und es eröffnet sich eine sehnsuchterweckende Perspective nach *Hohenräthien* hinein; auch erscheinen links unbekannte schneebestreute Felsenspitzen; sie stehen im *Wäggithale*, wie unsere Schiffleute aussagten, indem sie uns in den schräg aufgeschichteten Vorberglagen der *March* die Wegkluft in dies wilde Bergthal zeigten. Wir sind nun vor *Rapperswyl*, das festlich auf seiner weithervortretenden Landzunge liegt; bis hieher ist das *rechte* des nordöstlichen Gestades des Sees nicht sehr anziehend, aber *Sentis* und *Mesmer* steigen prächtig über die gleichsam hangenden Landschaften von *Gaster, Utznach* und *Tockenburg*. Die Landspitze von *Rapperswyl* ist umrudert, und es öffnet sich bey der reizenden Durchfahrt der *Brücke* eine weite prachtvolle Seeferne; dieser Anblick hat etwas Magisches, wie überhaupt die ganze Morgenfahrt auf dem spiegelklaren Gewässer und besonders die Durchsicht unter der berühmten Brücke auf den lebenwimmelnden See. Das reich bebaute Gestade hebt seine gartenähnlichen Fluren und seine Weinhügel bis in Himmelhöhen, doch immer sanft steigend empor, denn dicht vom zierlichen Kieselstreifen des Ufers steigen oft die abwechselnd gestellten Rebgärten mit Rebhäuschen durchsäet. Näher dem linken dichtumbüschten Gestade liegt die Insel *Ufenau*, wo *Ulrich von Hutten*, ach, endlich *Ruh* fand! Sie ist klein, flach, doch lieblich umbüscht, und der alte Thurm ragt romantisch aus dem Grün hervor. Noch kleiner, kahl und unbedeutend schien mir die *Lützelau*. Kein Lüftchen athmet, und die ganze weite prachtvolle Gegend, dieser üppige Rahmen des Sees, steigt vom hellblauen Himmel herab und aus der glatten Fluth wieder

abspielend empor; allein, schon wird die Hitze drückend, und die Fahrt geht, da wir kein Segel spannen können, sehr langsam. Ein prächtiges Wolkenfeld lagert sich über den Graubündner Fernen, ich erkenne deutlich die wilden Häupter der *Churfürsten* über dem Wallenstädtersee. Immer voller schwillt das Horn der Fruchtbarkeit nun zwischen *Stäfa* und *Wädenschweil*, der glänzendsten Breite des Sees, an. Wir landen in *Stäfa*. – Soldaten, militärische Anstalten und die unaushaltbare Hitze treiben uns zurück. Man wird sich erinnern, dass die Unruhen in *Stäfa* und andern Seestädten, die Gefangennehmung und das Gericht über die *Rädelsführer* und die militärische Aufsicht in diesen unglücklichen Städten, gerade in diesen Sommer 1795 fallen.
Mit Mühe erhielten wir von wilden, trotzig uns anschnaubenden Leuten einige Bouteillen Seewein für uns und unsere halbverschmachteten Schiffer.
Noch hat das linke Gestade einen Charakter von ländlicher Stille und Kühlung beybehalten, allein, kaum ist *Stäfa* passirt, so erblindet man beynah vor der bunten Fülle der gedrängten Bevölkerung, Industrie und Kultur! Der Mangel an Kontrasten, an Seebuchten, wechselnden Vorländern, dunkeln Schatten und schroffem Gestad schlägt die Einbildungskraft darnieder! Man nennt diese Ufer prächtig, und gleitet kalt vorbey. *Wädenschweil* lächelte mir Erinnerung an die geliebten F**s**s und nahe Freude des Wiedersehens zu. *Mannidorf* erscheint fern auf der Landspitze, *Meile* liegt in anmuthiger Lage. Wir sind an der *Au*: von dieser Seehöhe ist der Rückblick aufs Gebirg zur höchsten Pracht entfaltet. Der wilde *Rautispitz* mit seinen zwei *Mosishörnern* herrscht neben dem *Glarnesch* im leuchtenden Hintergrund. Dieser letzte schiebt sich immer gewaltiger auf und trägt auf seinem Rücken eine breite Schneedecke; auf seinem einen Horn glänzt ein △ von hellleuchtendem Eise, mit einem scharfen röthlichen Felsrand eingefasst. Das Gebirg hat sich nun majestätisch geordnet und steht herrschend und fest in der Ferne über den tiefgesenkten Vorbergen, auf deren nahen grünen Häuptern und Waldrücken wir heute früh die Schneegipfel unstät wandeln sahen: hier von der Mitte des Sees erscheint alles im wahren Verhältniss zu einander. Es ist zwischen 4 und 5 Uhr Nachmittags; der Mittagshitze ist Gewitterschwüle gefolgt, wir sind alle fast verschmachtet und landen unter der *Au* vor *Horgen*, einem niedlichen, doch sonnedurchglühten Städtchen. Die guten Leute in der Schenke nahmen uns sehr freundlich auf und kamen uns mit traulichem Handschlag entgegen; wir ruhten, soviel die äusserste Erhit-

zung es zugab, und kühlten uns mit Zitronenwasser. Der gute *Wirth* kannte alle meine züricher Freunde und wollte mich nicht weglassen, ehe er mich seiner alten Mutter gebracht. Die gute Alte, das Urbild eines Gemäldes von *Denner*, sass am Spinnrad und reichte mir mit unaussprechlicher Herzlichkeit in Blick und Geberden die Hand, die Kinder und mich mütterlich liebkosend. Dann trieb der freundliche Mann mich selbst weg, weil ich doch nicht bleiben wolle und also keinen Augenblick zu verlieren habe, um vor dem Gewitter noch *Zürich* zu erreichen.

Als wir wieder ans Gestade traten, war der Nachmittag, der sich zum Abend neigt, herangekommen; lange Schlaglichter fielen aufs *südliche*, malerische Bergschatten dehnten sich am *nördlichen* Gestade hinab; die *Au* hebt sich frisch und dunkelschattend aus dem glänzenden Seeschoos; auch einige Berghäupter von *Schwytz* steigen nun immer wachsend empor; und nun rückt *Zürich* aus gewitterdunkler Ferne wie ein *Gemälde* aus dem See hervor, schwere Wolken thürmen sich über dem *Uetlisberg*, und grelle Lichter fallen dazwischen. Weinberge steigen an beiden Seiten amphitheatralisch, lieblich liegen am südlichen Gestade kleine Obsthaine mitten in den Weingärten, um einsame Hütten an irgend einem Quellbach, wie das Gemälde einer *Unschuldsidylle* in Prachtsälen erscheint.

Fliehende Wolkenschatten wechselten jetzt immer schneller mit blendenden Sonnenlichtern und gaben der grossen bunten Szene eine verwirrende Mannigfaltigkeit. Die Sonne beginnt zu sinken und erhellt mit gesenkter Fackel die blaue Ferne über *Weesen*, den *See* und Wallenstadt, neben dem Sarganser Berg vorbey, bis tief in *Bündtnersche* Fernen; und das Auge dringt plötzlich wie der entfesselte Blick des begeisterten Sehers, vor dem die Decke der Zukunft sich neigt, in die pfirsichröthliche bergumdämmerte Klarheit. Dieser letzte Sonnenblick scheint das schwarze, über den rhätischen Alpen ruhende Gewitter zu wecken. Blitze zacken sich auf die hohen Gebirghäupter herab; jeder zuckenden Beleuchtung wird eine unermessliche Perspective eröffnet, um augenblicklich in schwarzblauer Nacht zu verschwinden.

Da lächelt ein sterbender Blick des Abendroths noch einmal am hohen *Sentis*! Und nun sinkt plötzlich die Nacht auf uns herab. Fern rollt langsam, dumpf und ununterbrochen der Donner! Der See wogt, doch immer ohne Wind; die schwüle Hitze ist der Dunkelkeit nicht gewichen; nun tropft, jetzt giesst der Regen herab; *Zürichs* Lichter erscheinen in täuschender Nähe, um wie Irrwische zu fliehen.

Um 10 Uhr landeten wir: diese vierzehnstündige Fahrt bey glühender Hitze, Windstille und einem verdecklosen Schiff (Unsere Schiffer wollten das Leinen nur horizontal über die Ränder des Schiffchens legen, wir sollten uns auf den Boden legen. Man denke die Hitze! Wir wählten unter zwey Übeln das kleinste, – und liessen uns *halb* braten, um nicht *ganz* zu ersticken.) ist die angreifendste Tagereise meines Lebens gewesen. Ich hatte kaum Kraft, mich zum *Schwert* hinzuschleppen, wo aber die Freude, mich wieder im Besitz meines geliebten *Eckzimmers* zu sehn, und die nahe Wonne des Wiedersehens mich neu belebten und ein sanftes Oel in das verlöschende Lämpchen träuften.

Georg Wilhelm Friedrich Hegel
Meine Wanderung durch das Haslital
1796

Donnerstag um 5 Uhr zogen wir mit einem neuen Führer, dem Schuhmacher, der auch Herrn Meiners begleitet hatte und der unser Gepäck trug, das *Haslithal* weiter hinauf. Die Bewohner dieses Thals unterscheiden sich von den übrigen Unterthanen der Stadt Bern theils durch ihre der hochdeutschen näher kommende Aussprache, theils durch ihre größeren politischen Rechte. Ein Deutscher, der in andern Theilen der Schweiz die größte Mühe hat, die Sprache der Leute zu verstehen und sich ihnen verständlich zu machen, findet hier für beides viel weniger Mühe. Besonders wird er sich wundern, die Endungen der Zeitwörter: en so deutlich aussprechen zu hören. Er wird freilich noch immer manche Worte hören, die ihm fremd sind, aber die ihm verständlicher sein werden, je mehr *Kenntniß der alten Deutschen Sprache* er besitzt. Ich glaube, das Studium der verschiedenen Dialekte der Schweiz würde für die bessere Kenntniß mancher in altdeutschen Schriften vorkommenden und uns jetzt dunkeln Ausdrücke nicht ohne eine reichliche Ausbeute sein.

Was ihre Verfassung betrifft, so haben sie ein eigenes Gericht, das aus 15 Mitgliedern besteht, und einen Landamtmann, der in Bern nur bestätigt wird und ein Haslithaler sein muß. Ebenso können andere Stellen nur mit solchen besetzt werden. Durch eigne Sorglosigkeit und Nachlässigkeit oder Ungeschicklichkeit dieser Beamten behaupten sie aber, nach und nach viele Vorrechte verloren zu haben. Wie wenig sie es jetzt mehr schätzen, nur von Richtern aus ihrer Mitte Urtheilssprüche zu empfangen, zeigt die Erfahrung, daß die Partei sich aus dem Spruch ihres einheimischen Gerichts gewöhnlich gar nichts macht, sondern in den meisten Fällen sich nach Bern wendet und von fremden Richtern sich Recht sprechen läßt. Das erste Ort, in welches wir kamen, war *Hasli im Grund*, das in einem grünen Kessel liegt und eine runde Ebene von Wiesen ist, aus der sich die *Aar* durch eine enge Oeffnung zwischen Felsen hinausdrängt und wahrscheinlich, ehe sie diesen Ausweg fand, hier einen See bildete und an einen höhern Ort abfloß. Von hier steigt der Weg immer und ist zum Theil sehr abwechselnd. Bald führt er durch Tannenwälder, bald durch Wiesen an Hütten vorbei. Besonders bietet der Lauf der Aar, die man bald zur Rechten, bald zur Linken hat, mannigfaltige Ansichten dar. Ebenso viel Abwechselung geben die vielen Bäche, die bald in senkrechten Fällen, bald als Staub, bald über ein weniger abschüssiges steinigtes Bett der Aar zurauschen und deren man eine Menge zu passiren hat, die man aber, so wie auch einige Wasserfälle bei Mairingen selbst, dem Reichenbach gegenüber, keiner Aufmerksamkeit würdigt, weil man von größeren Schauspielen der Art herkommt oder ihnen entgegengeht. Oft läßt die Aar, die in grauser Tiefe tobt und schäumt, nur einen ganz schmalen Weg zwischen sich und den Felsen, der mit runden Hölzern belegt ist, aber doch von Maulthieren und Pferden betreten werden kann. – Nicht weit von Hasli im Grund öffnet sich das *Mühlithal*. Nach etwa 3 Stunden Wegs langten wir in *Guttanen*, dem letzten Bernischen Dorfe an, wo unser Mittagsmal aus weißem und Walliser Brod (das nur etwa zwei Finger hoch in der Form eines Kuchens und sehr hart war), Butter, Honig und Italienischem Wein bestand. Wir ließen die größte Hitze unter einem abermaligen Lhombrespiel vorbeigehen, machten uns etwa gegen 4 Uhr auf die Reise und, da meine Füße sich immer zu verschlimmern fortfuhren, so machte ich von hier die Reise beständig mit niedergetretenen Schuhen. Von Guttanen wird der Weg immer wilder, öder, einförmiger. Man hat immer gleich rauhe, traurige Felsen zu beiden Seiten. Zuweilen erblickt man Gipfel, die mit Schnee bedeckt sind. Der Boden, der ebener ist und zuweilen ein Thal bildet, ist völlig mit ungeheuern Granitblöcken übersäet. Die Aar macht einige prächtige, mit fürchterlicher Kraft hinabstürzende Wasserfälle. Ueber einen derselben ist eine kühne Brücke gesprengt, auf der man von Staub ganz befeuchtet wird. Man erblickt hier in der Nähe das gewaltige Rasen der Wellen gegen die hervorstehenden Felsen und begreift nicht, wie sie diese Wuth festhalten können. Nirgend erhält man einen so reinen Begriff vom *Müssen* der Natur, als beim Anblick des ewig wirkungslosen und ewig fortgesetzten Rasens einer hervorgetriebenen Welle gegen solche Felsen! Doch sieht man, daß ihre scharfen Ecken nach und nach abgerundet sind. Weiterhin sieht man die Vegetation immer mehr den Fluch der wärme- und kraftlosen Natur empfinden. Man trifft keine Tannenbäume mehr an, nur verkrüppeltes Tannengesträuch, Moos, elendes oder gar kein Gras, einige Lerchen- und Arvenbäume; viele Gentianen wachsen in einer Gegend. Die Wurzeln dieser letzteren Pflanzen werden von einer Familie gesammelt und zu Enzianwasser gebrannt. Diese Familie lebt den Sommer hier in völliger Entfernung von Menschen und hat ihre Brennstatt unter aufgethürmten Granitblöcken errichtet, die die Natur zwecklos übereinander warf, deren zufällige Stellung aber die Menschen zu benutzen wußten. *Ich zweifle, ob hier der gläubigste Theologe es wagen würde, der Natur selbst in diesen Gebirgen überhaupt den Zweck der Brauchbarkeit für den Menschen zu unterlegen,* der das Wenige, Dürftige, das er benutzen kann, mit Mühe ihr abstehlen muß; der nie sicher ist, ob er nicht über seinen armen Diebereien, über dem Raub einer Hand voll Gras, von Steinen oder Lauinen zerschmettert; ob nicht das kümmerliche Werk seiner Hände, seine ärmliche Hütte und sein Kuhstall ihm in einer Nacht zertrümmert wird. In diesen öden Wüsteneien hätten gebildete Menschen vielleicht eher alle andere Theorieen und Wissenschaften erfunden, aber schwerlich denjenigen Theil der Physikotheologie, der dem Stolze des Menschen beweist, wie die Natur für seinen Genuß und Wohlleben alles hinbereitet habe; *ein Stolz, der zugleich unser Zeitalter charakterisirt,* indem er eher seine Befriedigung in der Vorstellung findet, was alles für ihn von einem fremden Wesen gethan worden ist, als er sie in dem Bewußtsein finden würde, daß er es eigentlich selbst ist, der der Natur alle diese Zwecke geboten hat. Doch die Bewohner dieser Gegenden leben im Gefühle ihrer Abhängigkeit von der Macht der Natur, und dies gibt ihnen eine ruhige Ergebenheit in die zerstörenden Ausbrüche derselben. Ist ihre Hütte zertrümmert oder verschüttet oder weggeschwemmt, so bauen sie am gleichen Ort oder in der Nähe eine andere. Sind auf einem Wege oft Menschen von stürzenden Felsen erschlagen worden, so gehen sie doch ruhig denselben, anders, als die Städtebewohner, die ihre Zwecke gewöhnlich nur durch eigene Ungeschicklichkeit oder den bösen Willen Anderer zerstört finden, darüber unlittig und ungeduldig werden, auch wenn sie einmal die Macht der Natur empfinden, dann Trostes bedürfen und ihn etwa in einem Geschwätze finden, das ihnen beweist, auch dieses Unglück sei ihnen vielleicht vortheilhaft, denn dazu können sie sich nicht erheben, ihren Nutzen aufzugeben. Dies von ihnen zu fordern, *daß sie auf Entschädigung Verzicht thun wollen, hieße ihnen ihren Gott rauben.*

Heinrich von Kleist
Auf der Aarinsel bei Thun, den 1. Mai 1802
An Ulrike von Kleist

Mein liebes Ulrikchen, ich muß meiner Arbeit einmal einen halben Tag stehlen, um Dir Rechenschaft zu geben von meinem Leben; denn ich habe immer eine undeutliche Vorstellung, als ob ich Dir das schuldig wäre, gleichsam als ob ich von Deinem Eigentume zehrte.
Deinen letzten Brief mit Inschriften und Einlagen von den Geliebten, habe ich zu großer Freude in *Bern* empfangen, wo ich eben ein Geschäft hatte bei dem Buchhändler Geßner, Sohn des berühmten, der eine Wieland, Tochter des berühmten, zur Frau, und Kinder wie die lebendigen Idyllen hat: ein Haus, in welchem sich gern verweilen läßt. Drauf machte ich mit Zschokke und Wieland, Schwager des Geßner, eine kleine Streiferei durch den Aargau – doch das wäre zu weitläufig, ich muß Dich überhaupt doch von manchen andern Wunderdingen unterhalten, wenn wir einmal wieder beisammen sein werden. – Jetzt leb' ich auf einer Insel in der Aare, am Ausfluß des Thunersees, recht eingeschlossen von Alpen, ¼ Meile von der Stadt. Ein kleines Häuschen an der Spitze, das wegen seiner Entlegenheit sehr wohlfeil war, habe ich für sechs Monate gemietet und bewohne es ganz allein. Auf der Insel wohnt auch weiter niemand als nur an der andern Spitze eine kleine Fischerfamilie, mit der ich schon einmal um Mitternacht auf den See gefahren bin, wenn sie Netze einzieht und auswirft. Der Vater hat mir von zwei Töchtern eine in mein Haus gegeben, die mir die Wirtschaft führt: ein freundlich-liebliches Mädchen, das sich ausnimmt wie ihr Taufname: Mädeli. Mit der Sonne stehn wir auf, sie pflanzt mir Blumen in den Garten, bereitet mir die Küche, während ich arbeite für die Rückkehr zu Euch; dann essen wir zusammen; sonntags zieht sie ihre schöne Schwyzertracht an, ein Geschenk von mir, wir schiffen uns über, sie geht in die Kirche nach Thun, ich besteige das Schreckhorn, und nach der Andacht kehren wir beide zurück. Weiter weiß ich von

der ganzen Welt nichts mehr. Ich würde ganz ohne alle widrigen Gefühle sein, wenn ich nicht, durch mein ganzes Leben daran gewöhnt, sie mir selbst erschaffen müßte. So habe ich zum Beispiel jetzt eine seltsame Furcht, ich möchte sterben, ehe ich meine Arbeit vollendet habe. Von allen Sorgen vor dem Hungertod bin ich aber, Gott sei Dank, befreit, obschon alles, was ich erwerbe, so grade wieder draufgeht. Denn, Du weißt, daß mir das Sparen auf keine Art gelingt. Kürzlich fiel es mir einmal ein, und ich sagte dem Mädeli: sie sollte sparen. Das Mädchen verstand aber das Wort nicht, ich war nicht imstande ihr das Ding begreiflich zu machen, wir lachten beide, und es muß nun beim alten bleiben. – Übrigens muß ich hier wohlfeil leben, ich komme selten von der Insel, sehe niemand, lese keine Bücher, Zeitungen, kurz, brauche nichts, als mich selbst. Zuweilen doch kommen Geßner oder Zschokke oder Wieland aus Bern, hören etwas von meiner Arbeit und schmeicheln mir – kurz, ich habe keinen andern Wunsch, als zu sterben, wenn mir drei Dinge gelungen sind: ein Kind, ein schönes Gedicht, und eine große Tat. Denn das Leben hat doch immer nichts Erhabneres als nur dieses, daß man es erhaben wegwerfen kann. – Mit einem Worte, diese außerordentlichen Verhältnisse tun mir erstaunlich wohl, und ich bin von allem Gemeinen so entwöhnt, daß ich gar nicht mehr hinüber möchte an die andern Ufer, wenn Ihr nicht da wohntet. Aber ich arbeite unaufhörlich um Befreiung von der Verbannung – Du verstehst mich. Vielleicht bin ich in einem Jahre wieder bei Euch. – Gelingt es mir nicht, so bleibe ich in der Schweiz, und dann kommst Du zu mir. Denn wenn sich mein Leben würdig beschließen soll, so muß es doch in Deinen Armen sein. – Adieu. Grüße, küsse, danke alle.

Heinrich Kleist

N. S. Ich war vor etwa 4 Wochen, ehe ich hier einzog, im Begriff nach Wien zu gehen, weil es mir hier an Büchern fehlt; doch es geht so auch und vielleicht noch besser. Auf den Winter aber werde ich dorthin – oder vielleicht gar schon nach Berlin. – Bitte doch nur Leopold, daß er nicht böse wird, weil ich nicht schreibe, denn es ist mir wirklich immer eine erstaunliche Zerstreuung, die ich vermeiden muß. In etwa 6 Wochen werde ich wenigstens ein Dutzend Briefe schreiben. –

Johann Heinrich Anton Torlitz
»Unverfälschte Kinder der Natur ...«
1803

Kein Mensch kann so prosaisch seyn, daß er es nicht versuchen sollte, mit der Zunge des Dichters zu reden, sobald er den Fuß ins *Haslithal* setzt, worin *Meiringen* der Hauptort ist; aber keinem Dichter ist doch die Gabe gegeben, eine so lebhafte Idee von diesem romantischen Thale zu erwecken, als sie die unmittelbare Anschauung giebt. Hohe Berge umgeben es, die mit den Schönsten Alpen bekleidet sind. Wasserreiche Bäche stürzen sich von allen Seiten herab, bald in herrlichen Silberbogen, von den Strahlen der Sonne glänzend, bald in donnernden Cataracten, die das Echo vervielfältigt. Fette, mit balsamischen Kräutern besäete Triften grünen im Thale, deren Farben aus den Urnen der Felsnajaden erfrischt, in ewiger Jugendfülle zu blühen scheinen. Obstbäume, deren goldne Früchte unter dunklem Laube glühen, umzäunen in zahlreichen Gruppen das friedliche Dorf, dessen Hütten heimlich und still sich verbreiten.

So wie dieses Thal, als das reizendste, sanfteste und interessanteste aller Bergthäler der Schweitz das Paradies des Oberlandes genannt zu werden pflegt, so sind auch die Bewohner desselben als die schönsten, muntersten und angenehmsten Menschen unter allen Hirtenvölkern der Schweitz bekannt. Sie sind alle unverfälschte Kinder der Natur und durch Figur und Karakter, durch Sitten und Gebräuche so von allen ihren Nachbarn ausgezeichnet, daß der Glaube an ihren Ursprung von irgend einer nordischen Colonie schon dadurch einige Wahrscheinlichkeit erhält.

Besonders sind es die Mädchen dieses Thals, welche die Natur mit so vielen Reitzen, die durch ihre naiven, schuldlosen Sitten und niedlichen Trachten noch mehr erhöht werden, so reichlich ausgeschmückt hat, daß schon diese den Reisenden das Hirtenleben viel wünschenswerther machen, als die beste Idylle es vermag.

Die Sprache der Bewohner des Haslithals ist angenehm und hat etwas Singendes. Ihre Kleidung ist einfach und schlechterdings von ihren eignen Producten. Sie leben alle von den Heerden ihrer Berge. Milch ist die tägliche Nahrung; der Käse vertritt nicht selten die Stelle des Brods.

Das *Kiltgehen*, oder ihre *Façon de faire l'amour*, ist sehr merkwürdig und unterscheidet sich vielleicht von allen übrigen Arten, womit die Menschen dieses Geschäft betreiben. Die Nacht, die Vertraute

der Liebenden, ist auch die ihrige. Der Liebhaber legt eine Leiter an die Kammer des Mädchens und klopft leise an den Laden. Leise öffnet er sich, und je nachdem das Mädchen in der Laune oder der Liebhaber in ihrer Gunst vorgerückt ist darf dieser das dunkle Cabinet der Liebe beschreiten, oder seine verliebten Klagen auf der Leiter ausschütten. In dem letztern Falle reicht ihm das Mädchen zur Linderung seiner Schmerzen ein Glas *Brennts* (gebranntes Wasser), welches er auf ihre Gesundheit leert, und sich hierauf wegbegeben muß. Läßt ihn aber das Mädchen in die Kammer, welches gewöhnlich geschieht, so setzt sich das verliebte Paar auf die Bank, trinkt sich wechselweise zu und schwatzt in aller Zucht und Ehrbarkeit miteinander. Hierauf zieht der Liebhaber seine Oberkleider und Schuhe aus; die Dulcinea ist nur mit einem leichten Unterröckchen bekleidet, und sie gehen – zu Bette. Noch ehe der verrätherische Tag erscheint, begiebt sich der Liebhaber hinweg.
Glaubwürdige Personen, welche die Sitten des Oberlandes genau kennen, versichern, daß es manchmal mehrere Monate anstehe, bis Amor ein solches Paar genauer verbinde. Endlich geschieht aber dieß freilich, und es giebt Hochzeit. Bei weiten die meisten Ehen werden unter diesem Naturvölkchen so geschlossen, und nicht leicht erscheint ein Mädchen vor dem Altare, ohne die gewisseste Hoffnung, ihre Bestimmung als Mutter zu erreichen. Weder die Regierung noch die Eltern stören diese alte Sitte, da es unerhört ist, daß nach solchen Präliminarien ein Mädchen von ihrem Liebhaber verlassen wird.
Ohne mich in moralische Betrachtungen über diese unter allen Bergvölkern herrschende Sitte einzulassen, theile ich hier das Kiltlied der Haslithaler mit:

O Uehli, min Uehli, chum zu mir z'kilt,
Ha Chüechelschnitte, si sy nit bitter,
Si sy gar mild.

O Eisi, mis Eisi, i cha nit cho.
Wenns der Aetti vernämmti, daß i gäng chämti,
Wie würd mer's goh?

O Uehli, min Uehli, der Aetti sait nüt;
Er thut se verschwöre, er wöllts mit meh wehre,
Es helffi doch nyt.

Dieses Kiltgehen verursacht manchmal ziemlich ersthafte Kriege zwischen den jungen Burschen benachbarter Dörfer. Es ist nämlich oft der Fall, daß Mädchen von dem einen Dorfe Liebhaber in dem andern haben. Wenn nun diese bei Nacht kommen, um ihre Schönen zu besuchen, so erhalten sie öfters von den Fäusten der Eifersucht und verschmäher Liebe eine derbe Tracht Prügel, welche langwierige Feindseligkeiten zur Folge haben.

Das erhabenste Natur-Schauspiel dieses reizenden Thals und, wie viele Reisende wollen, das schönste Phänomen der ganzen Schweitz ist die Cascade des *Reichenbachs*. Man hört diesen imposanten Wasserfall in der ganzen Gegend. Der Schauplatz ist eine Stunde vom Dorfe. *Ebel* will, man soll den obersten Fall des Vormittags und den untersten des Nachmittags sehen. Wir hielten die Mittelstraße und sahen den dreidoppelten Wasserfall des Mittags um 12 Uhr. Die von einer schwindelnden Höhe herab schäumende Wassersäule, das alles betäubende Getöse der rasenden Fluth, die vielfältigen Regenbogen, indem die Sonne dieses Schauspiel beleuchtet, die Macht, mit der das Wasser sich nach dem Falle wieder erhebt und eine finstre Staubwolke verbreitet, von der man schon in weiter Entfernung ganz durchnäßt wird, hinterläßt unauslöschliche Spuren der Bewunderung und des Entzückens bei den erstaunten Zuschauern.

Hin und zurück auf der Reichenbacher Tour hüpften ein paar schöne Haslerinnen von 8-9 Jahren um uns her. Es waren ein paar lebendige Miniatur-Gemälde einer Madonna. Bald zogen sie uns an den Zipfeln der Röcke, bald sprangen sie rechts und links vor uns über den Weg. Auf keine Weise war es uns möglich, sie zu erhaschen. Wir liefen ihnen nach; man würde aber eher einen Hirschen als diese Kinder haben einholen können. Wir suchten sie mit blanken Münzen an uns zu locken, aber vergebens. Wir standen stille, als wären wir vertieft in Gesprächen; dann kamen sie uns so nahe, daß wir sie greifen konnten; aber mit unglaublicher Schnelligkeit entwischten sie uns aus den Händen. Beym Herabsteigen vom Reichenbach gab es, zur unaussprechlichen Freude unsrer kleinen Begleiterinnen, manchen Stoß und Fall. Wo wir kriechen mußten, da hüpften sie mit der Leichtigkeit eines Steinbocks; wo wir fielen, da ließen sie sich auf beiden Füßen gleiten, als wenn sie Schlittschuh liefen. Sie machten tausend Späße mit uns, wir hatten unbeschreibliche Freude an ihnen.

O Kindheit! Unschuld und Natur!

Johanna Schopenhauer
Bei Pestalozzi in Burgdorf
1804

Mehrere Monate später, bei einem Besuche des Erziehungsinstitutes des würdigen Pestalozzi in Burgdorf, wenige Meilen hinter Bern, fühlte ich unvermutet sehr lebhaft an den Abbé Sicard und seine Erziehungsmethode mich erinnert.

Es war eben Jahrmarkt in Burgdorf; in dem Gasthofe, in welchem wir abstiegen, fanden wir auf Treppen und Vorplätzen ein fast undurchdringliches Gewimmel lustiger, halbbetrunkener Bauern und ihrer schreienden, schnatternden Liebchen; vom Saale her schallten die ohrzerreißenden Töne einer Tanzmusik, welche Tote hätte auferwecken können, und das Jauchzen und Stampfen der Tänzer uns entgegen. Das waren traurige Aussichten für uns, die wir hier die Nacht zuzubringen und mit dem Frühesten weiterzufahren gedachten! Unsere Wirtin wußte uns indessen ein ziemlich ruhiges, abgelegenes Zimmer zu verschaffen, gab uns obendrein die tröstliche Versicherung, daß der Ball um zehn Uhr beendet sein werde, und wir, froh, dem Lärmen und Tosen zu entgehen, machten uns sogleich auf den Weg nach dem auf einer ziemlich steilen Anhöhe liegenden Schlosse, welches dem Pestalozzi, an den wir von Lausanne aus Empfehlungsbriefe mitbrachten, jetzt für sein Institut eingeräumt und das ehemals die Wohnung des Amtsmanns gewesen war.

Pestalozzi war eben spazierengegangen, aber seine recht liebenswürdigen Töchter nahmen mit treuherziger Freundlichkeit wie gute alte Bekannte uns auf; auch die Lehrer zeigten sich sehr zuvorkommend und gaben sich viel Mühe, uns die Art des Unterrichts, wie er dort erteilt ward, deutlich zu machen.

Neunzig in drei Klassen verteilte Zöglinge befanden sich damals in dem Pestalozzischen Institut, aber uns wurde geraten, nur die erste derselben als die interessanteste zu besuchen, weil in dieser der Grund zu dem Unterricht gelegt werde, der in den beiden anderen mehr auf die gewöhnliche Weise fortgesetzt wird.

In einem hohen großen Zimmer, dessen Fenster eine wirklich entzückend schöne Aussicht über Berg und Tal gewährten, fanden wir zwanzig bis dreißig Kinder, zwischen sechs und zehn Jahre alt, meistens sehr hübsche Knaben, frisch und blühend wie die Gesundheit selbst; so froh und frei, als wäre von Spiel und Zeitvertreib, keineswegs von Lehrstunden die Rede. Auch gegen uns Fremde bezeigten sie sich weder unbeholfen noch ängstlich scheu, wie das in ihrem Alter oft der Fall ist, sondern so zutraulich und unbefangen, wie recht glückliche Kinder im Kreise der Ihrigen es immer sind. Auch gefiel mir die Art, wie die Lehrer sie behandelten, die liebreiche Weise, mit der sie die, welche zu vorlaut und unruhig sich bezeigten, zu beschwichtigen und zur Ruhe zu bringen wußten. Alles, was ich hier sah, trug das Gepräge ruhigen, häuslichen Glücks im Kreise einer großen, aus vielen Mitgliedern bestehenden Familie.

Nach Pestalozzis Überzeugung lernt der Mensch wirklich nur das recht üben und fassen, was ihm so anschaulich deutlich gemacht wird, daß er es gleichsam mit Händen greifen kann.

Auf diesem Grundsatz beruht seine ganze Lehrmethode; daß dabei an bloß mechanisches Auswendiglernen nicht gedacht wurde, liegt in der Natur der Sache. Der erste, allem folgenden zugrunde liegende Unterricht zerfiel bei ihm in drei Teile. Die Zöglinge lernten Rechnen, um das Nachdenken, das Begreifungsvermögen und die Urteilskraft beim Vergleichen einer gegebenen Anzahl gegeneinander zu üben und zu entwickeln. Sie lernten reden, um das, was sie wußten, auch anderen klar und deutlich mitteilen zu können, und endlich Zeichnen, um das Auge an Vergleichung der Größen und Auffassen der Linien und die Hand in der Darstellung dessen, was sie sehen, zu üben.

Lesen und Schreiben lernen sie auch, aber dieser Unterricht wurde mehr wie der Übergang vom Reden zum Zeichnen betrachtet und machte keine besondere Abteilung ihres Unterrichts aus, er wurde gleichsam nur nebenher, als Zugabe zu jenem, ihnen erteilt. Um einen langen mit Bänken umgebenen Tisch fanden wir eine Menge Kinder versammelt. Sie saßen nicht steif da wie in einer gewöhnlichen Schule, sondern knieten auf der Bank oder standen, wie es ihnen eben gefiel. Alle bewegten sich nach Belieben, betrugen sich munter und frei, als wären sie nicht zum Unterricht, sondern zu einem gesellschaftlichen Spiele versammelt, betrieben aber doch das, was sie vorhatten, mit auffallendem Eifer und Ernst. Mitten unter ihnen saß ein freundlicher junger Mann, ihr Lehrer; die Kleinsten ritten auf seinen Knien oder kletterten an ihm hinauf; vor ihm lagen eine Menge länglicher Stückchen steifer Pappe auf dem Tische; er legte nach und nach einzeln sie vor den Knaben hin. »Das ist eins!« riefen sie, »das zweimal eins, das dreimal eins«, und so weiter. Nun legte er zwei Reihen, in der einen mehr Pappstreifen als in der andern; die Kinder mußten sagen, in welcher Reihe mehr davon wären und wie viele mehr; der Lehrer legte die Stückchen paarweise vor sich hin. »Das sind zwei, das sind zweimal zwei«, riefen die Kinder; er legte neben zweien noch zwei, »das ist vier«, riefen die Kinder; er legte noch eins hinzu, »das ist vier und der vierte Teil von vier«, sprachen sie; er legte noch zwei hinzu. »Das ist vier und dreimal der vierte Teil von vier.« »Wieviel macht das?« »Sieben.« »Was ist dieses?« fragte er und nahm ein Stückchen davon. »Der siebente Teil von sieben.« So ging das fort, durch alle Zahlen durch; die Kinder teilten die ihnen gegebene Anzahl ein, berechneten die Hälften, die Viertel, machten aus, wieviel noch dazugehöre oder abzunehmen sei, um irgendeine ihnen genannte Zahl hervorzubringen; und alles dieses geschah ohne Anstrengung, so leicht und fröhlich, als wäre es ein Spiel.

Es ist fast unglaublich, wie weit diese Kinder in sehr kurzer Zeit auf diese einfache anschauliche Weise es im Kopfrechnen brachten. Ein kleiner siebenjähriger Knabe aus Lausanne, der erst seit anderthalb Jahren in diesem Institute war, berechnete Aufgaben, die einer aus unserer Gesellschaft ihm vorlegte und die selbst einem sehr geübten Rechner auf diese Weise, ohne Tafel und Stift, nicht ganz leicht geworden wären, und tat dies mit einer Leichtigkeit, die wir nicht genug bewundern konnten.

Nun ging es an die Redeübungen, mit welchen zugleich der Unterricht in der französischen Sprache verbunden war; der einzigen, die damals dort gelehrt wurde. An die lateinische sollte mit Nächstem die Reihe kommen. An Grammatik wurde bei diesem ersten Unterrichte noch nicht gedacht, diese wird später in den beiden andern Klassen, und zwar ziemlich auf die gewöhnliche Weise gelehrt, findet dann aber auch schon den Weg gebahnt und das Fortschreiten auf demselben sehr erleichtert.

Mein kleiner hübscher Lausanner spielte auch bei den Redeübungen eine bedeutende Rolle, wahrscheinlich, weil er im Französischen als seine Muttersprache sich besser ausdrücken konnte als seine Mitschüler. Der Zweck dieses Teiles des Unterrichts geht dahin, den Kindern zu einer deutlichen Anschauung alles dessen, was sie umgibt, zu verhelfen, und fängt natürlicherweise mit dem an, was ihnen am nächsten ist, mit dem Menschen. Tiere, Pflanzen, Geräte und alles übrige kommen später an die Reihe.

Mehrere Knaben stellten sich in Reihe und Glied, mein kleiner Lausanner trat vor sie hin. »Der Kopf!« rief er ganz keck und legte die Hand auf sein blondes Lockenköpfchen, die andern Knaben ahmten und sprachen ihm nach; »la tête«, rief er jetzt, und die andern riefen ihm nach. »Le front, die Stirn«, folgte jetzt, und so wurden in beiden

Sprachen alle Teile des Kopfes genannt, und immer legten die Kinder die Hand auf den eben bezeichneten Teil. Dann gingen sie, ebenfalls in beiden Sprachen, zu der nähern Beschreibung jedes einzelnen Teils des Kopfes über; zum Beispiel: »Die Nase befindet sich in der Mitte des Gesichts zwischen den Augen und der Stirn.« Der Lehrer stand schweigend dabei, um auf Ordnung zu halten.

Die ganze Sache wollte mir anfangs in einem etwas komischen Lichte erscheinen, aber ich wurde doch bald gewahr, wie sie das Nachdenken, die Urteilskraft der Kinder frühzeitig schärft und sie gewöhnt, auf alles, was sie umgibt, gehörig zu achten. Ich bat zum Scherz einen neben mir stehenden kleinen Knaben, mir einen ganz gewöhnlichen hölzernen Stuhl, der eben in der Nähe war, auf diese Weise zu beschreiben, und hörte mit Erstaunen an, was das Kind alles von diesem zu sagen wußte, von den Handwerkern, die dazugehörten, ihn hervorzubringen, von der Holzart, aus der er bestand, von dem Baume, der diese Holzart lieferte. Eine Menge nützlicher Kenntnisse wurden an die Beschreibung dieses unscheinbaren Stuhls geknüpft.

Das Lesen wird vermittelst langer Stäbe gelehrt, auf deren jedem ein Buchstabe steht, und die dann, nebeneinander gestellt, zu einzelnen Silben, endlich zu Wörtern vereinigt werden.

Aber das Bewunderndswürdigste von allem, was ich sah, waren und blieben mir die mathematischen Figuren, welche die Knaben aus freier Hand hinzeichneten, ohne Lineal, ohne Zirkel, ohne Winkelmaß, ohne alles, was man sonst für unentbehrlich hält, nichts außer dem Bleistift in der Hand und Nähe. In diesem Hause würde Giotto sich gewiß nicht durch das Hinzeichnen eines durchaus fehlerlosen regelmäßigen Kreises aus freier Hand als den größten Maler seiner Zeit, der er war, zu erkennen gegeben haben, wie Vasari von ihm erzählt; ein halb Dutzend noch nicht zehnjähriger Knaben wären ohne Mühe zu finden gewesen, die es ihm hierin gleichzutun vermochten. Auch beim Zeichnen wird hier mit dem Uranfange jeder Figur, mit der geraden Linie, der Unterricht begonnen; erst wenn sie eine solche mit fester freier Hand hervorzubringen imstande sind, gehen die Kinder zu andern komplizierten über. Indem sie weiterschreiten, lernen sie die technische Benennung der verschiedenen mathematischen Figuren, aus denen sie dann andere zusammensetzen, so bunt und kraus sie immer wollen, bis sie zur Nachbildung der Gegenstände, die sie um sich her sehen, gelangen; mit sicherm Scharfblick und fester Hand bringen sie endlich auf diese Weise Zeichnungen hervor, die in Hinsicht auf Perspektive, Treue und Deutlichkeit durchaus tadellos sind.

Die sinkende Sonne und einige Anstalten zum Abendessen, die wir gewahrten, bewogen uns endlich, uns wieder in unsern noch immer ziemlich geräuschvollen Gasthof zu begeben; doch kaum waren wir in unserm Zimmer angelangt, als Pestalozzi selbst kam, uns zu besuchen. Diesen merkwürdigen Mann von Angesicht kennenzulernen war mir eine große, nicht mehr gehoffte Freude. Er war damals schon ziemlich bejahrt, klein von Gestalt, und sein schlichtes, einfaches Äußere hatte durchaus nichts Ausgezeichnetes. Aber eine Lebhaftigkeit wie die seine war mir bis dahin noch nie vorgekommen. Sie äußerte sich nicht nur in seinen Bewegungen, sondern sogar in seiner Sprache; er stotterte wirklich, weil ein Wort das andere jagte und er sich zu keinem Zeit ließ.

Es schien, als ob es ihm schwer würde, sich in französischer Sprache mit Leichtigkeit auszudrücken, wir gingen also zur deutschen Sprache über, aber nun wurde es meinerseits sehr schwer, sein Schweizerdeutsch zu verstehen. Er sowohl als alle Lehrer seines Instituts konnten nur in dieser, einem wirklich deutschen Ohr fast unverständlichen Sprache sich ausdrücken; die Kinder aus der französischen Schweiz, deren viele auch zur Erlernung der deutschen Sprache ihm zugesandt wurden, lernten keine andere und mögen, wenn sie späterhin nach Deutschland kamen, die übelen Folgen davon empfindlich genug gefühlt haben.

Mit der liebenswürdigsten Offenheit erzählte er mir, wie er sich jahrelang mit seinem Erziehungsplan herumgetragen habe und wie er anfangs große Opfer habe bringen müssen, um nur Eltern zu finden, die geneigt waren, ihm ihre Kinder zur Realisierung desselben anzuvertrauen. Sein Hauptgrundsatz dabei war von jeher, daß die Kinder nicht vielerlei lernen sollen, aber das Wenige recht und gründlich; bei der jetzigen Erziehungsmethode, wie sie allgemein üblich ist, behauptete er, lernen sie von allem etwas, aber nur oberflächlich, so daß all ihr Wissen ihnen im Grunde wenig hilft, eine Behauptung, gegen die sich viel einwenden ließe, was ich aber nicht tun mochte; denn bei ihm wie bei allen interessanten Männern, die ich so glücklich war kennenzulernen, lag mir weit mehr daran, sie zu hören, als mich von ihnen hören zu lassen, es sei denn, daß längere und nähere Bekanntschaft mit ihnen mir erlaubte, auch mich gegen sie auszusprechen und in Rede und Gegenrede Genuß und Belehrung zu suchen und zu finden.

Auf meine Frage, wie er es angefangen habe, Gehilfen zu finden, die so ganz in den Gang seiner Ansichten eingingen, erwiderte er mir, er habe hierin viel Glück gehabt. Überdem wähle er keine Gelehrten dazu, sondern einfache, gut unterrichtete junge Männer aus dem Volke von gutem Naturell und hellem Geiste; diese folgten seinem Rate und seinem Willen mit guter Art und pünktlicher Treue, jene aber, meinte er, würden lieber ihren eigenen Weg gehen und ihm eher im stillen entgegengearbeitet haben.
Ich wagte es nun, ihm zu gestehen, daß ich diesen Abend in seinem Hause unaufhörlich an den Abbé Sicard gedacht habe und daß ich die größte Ähnlichkeit zwischen seiner Erziehungsmethode und der jenes trefflichen Mannes gefunden habe. Er hörte freundlich mich an und gestand mir nun, daß bei seinem Besuche beim Abbé Sicard ihm diese Ähnlichkeit ebenfalls sehr aufgefallen wäre, daß er es aber dem Abbé nicht habe sagen mögen.
Aus jedem seiner Worte wie aus seinem ganzen Betragen leuchtete ein heller Geist und die reinste Herzensgüte hervor. Mir tat es sehr leid, so bald von ihm scheiden zu müssen; hat er geirrt, so geschah es gewiß ohne Arg. Eigennutz, Arroganz und jede unlöbliche Absicht blieben gewiß ewig fern von ihm.

Arthur Schopenhauer
Luzern
Sonnabend, den 2. Juny 1804

Lucern ist ein kleines, schlechtgebautes, menschenleeres Städtchen. Seine Lage ist indessen gewiß eine der schönsten in der Schweiz. Es sind hier drey große bedeckte Brücken. Zwey davon gehn über Einbuchten des Vierwaldstädtersees und die dritte über den Strohm Reuß, der entsetzlich reißend ist. Von den beyden ersten Brücken hat man die unbeschreiblich schöne Aussicht, welche *Lucern* für Reisende so merckwürdig macht. Man übersieht ein herrliches, nicht gar zu großes Bassin, welches den See hier bildet, und welches so von Bergen eingeschlossen ist, daß man den Ausgang nicht bemerckt. Von hier aus sieht man die majestätischen Alpen in ihrer ganzen Größe, von dem angebauten untern Theil derselben an bis zu ihren schneebedeckten Gipfeln, denn nur eine kurze Strecke, mit fruchtbaren Äckern und Wäldern bedeckt, trennt sie vom See, in welchem ihre Gipfel, die immer höher einer über den andern hervorragen, sich spiegeln. In der offnen Seite dieses prachtvollen Am-

phitheaters liegt *Lucern*. An der linken Seite der Stadt endigt der schöne grüne *Rigi* den herrlichen Halbkreis, und an der rechten der höhere finstere *Mont Pilatus*, auf dessen dunckelm Felsen-Gipfel man etwas Schnee bemerckt. Er scheint von hier aus der höchste von allen, da er der nächste ist und seine ungeheure Masse dicht am See zeigt, doch sind die hinteren Berge bey weitem höher. Von den beyden Brücken über den See hat man dieselbe göttliche Aussicht, nur durch den verschiedenen Gesichtspunkt ein wenig geändert. Beyde Brücken sind mit einem Dach bedeckt, welches jedoch der Aussicht nicht im Wege ist. Die längste derselben hat die ungeheure Länge von 1380 Fuß: auf dieser ist ein sehr sinnreich eingerichtetes Brett angebracht, auf welchem man durch aufgeschriebene Namen und bezeichnete Linien die Benennung aller der Berge erfährt, welche hier den See so schön umgeben. Die Einrichtung dieses Bretts verdanckt man dem berühmten General Pfeiffer. Inwendig sind am Dache dieser Brücke eine Menge alter triangelförmiger Bilder befestigt, deren *Sujets* aus der Bibel genommen sind. Auf der zweyten Brücke, welche 1000 Fuß lang ist, hängen auch 200 Bilder von den Thaten der alten Schweizer, alle mit gereimten Unterschriften erklärt.
Die dritte Brücke, welche über die Reuß geht, ist kürzer als die andern und hat auch keine Aussicht. Aber ein sogenannter Todtentanz, der aus mehreren dreyeckigen Bildern besteht und wie bey den andern an der inneren Seite des Dachs angebracht ist, macht sie merckwürdig. Die Bilder sind schlecht gemahlt und größtentheils so verwischt, daß sie beynahe unkenntlich sind. Sie stellen alle Stände und Lagen des menschlichen Lebens vor, und überall steht der Todt mitten im glänzensten Gewimmel. Man sieht ihn in Schlachten, in Maskeraden, in Gerichtsstuben, bey Krönungsfesten, bald diesen und jenen beym Ärmel zupfen und abrufen. Die Idee ist recht gut, man muß aber in vorigen Zeiten besondern Geschmack daran gefunden haben, um einen so einfachen Gedanken in so vielen Bildern zu wiederhohlen.
Wir besahen auch diesen Morgen den berühmten *Plan en relief* des General Pfeiffers. Er ist in der Art wie der, den ich in *St. Cloud* gesehn habe, indessen viel größer, und deutlicher und besser gearbeitet. Er stellt die (sogenannten kleinen) Kantone Uri, Schwiz, Unterwalden, *Lucern*, ein Theil von den Kantonen Bern, Glaris und Zug, vor. In Hinsicht der physischen Darstellung der Gegenstände ist er besonders bewunderungswerth und ungleich schöner als alle andre von der Art, die ich gesehn habe. Jemand, der die Schweiz

nicht kennt, könnte wircklich durch diese Darstellung derselben einen Begriff davon bekommen. Jeder Gegenstand hat seine eigne Gestalt und Farbe zum Erstaunen erhalten, man sieht die schwindelnden weißen Spitzen der Alpen, die niedrigern angebauten Berge, die düstern Felspitzen, das verschiedene grün der Tannen- und Eich-Wälder, in der Tiefe die schönen Thäler und Seen, an denen Flecken und Dörfer liegen. Die Seen sind nicht, wie auf dem Basrelief von *St. Cloud*, mit Spiegel gemacht, sondern mit schwarzen, glänzenden Flächen, welche sie bey weitem besser ausdrücken. Die Materie aus der das Basrelief verfertigt ist, besteht aus zusammengeschmolzenem Harz, Wachs und Kalck. Übrigens ist auf diesem Basrelief, so wie auf dem von *St. Cloud*, alles mit der größten Genauigkeit angegeben und ausgemessen: man sieht jedes einzelne Haus, jeden Bach jeden Fußsteg, und dies Werck ist als das erstaunungswürdigste Monument menschlicher Geduld und Ausdauer zu bewundern.

In diesem Cabinet hängt ein Bild des Generals Pfeiffer, welches ihn in seiner Reisetracht darstellt: wie er mühsam auf den Bergen herumsteigt und sie ausmißt. Dieser so bewundrungswürdige Mann ist vor vier Jahren gestorben, und sein künstlerischer Nachlaß ist in den Händen seines Sohnes.

Diesen Nachmittag fuhren wir über den See nach Alpnach, von wo aus ich den *Mt. Pilatus* besteigen wollte.

Diese Farth auf dem Vierwaldstädtersee ist über alle Beschreibung herrlich. Die hohen Berge, welche überall den See umringen, zeigen sich bald schroff nackt und sonderbar übereinandergehäuft, bald erheben sie sich sanft, sind hoch herauf angebaut und mit grünen Wäldern bedeckt; und hinten sieht man immer höhere Schneespitzen sich übereinander erheben. Vorn am See liegen hin und wieder Dörfer, welche die Gegend beleben und die ungeheure Höhe der Berge zeigen, an deren Fuß sie beynah verschwinden. Dieser Kanton hat viel von dem Franzosen gelitten, mehrere von jenen Dörfern sind von ihnen eingeäschert worden und jetzt neu aufgebaut.

Der Führer *Kaufmann* aus Lucern, den ich mitgenommen hatte, um mit mir den *Mt. Pilatus* zu ersteigen, zeigte uns die Insel, auf der Wilhelm Tell den Landamann erschoß. Eben hier hatte man ihm in neuern Zeiten eine Pyramide erbaut. Ein höchst sonderbarer Zufall ist es, daß der Blitz diese Pyramide, grade ein Jahr vor dem Eindringen der Franzosen in die Schweiz, zerschlug. Nicht weit von dieser Insel sahen wir die Ruinen der Habsburg, wo der berühmte Rudolph hauste.

August Wilhelm Schlegel
Die Schweiz überhaupt
1808

Die Schweiz verdient allerdings vor vielen Ländern bereiset zu werden: wegen der großen und wunderreichen Natur, wegen des sorgfältigen Anbaues, wegen mannigfaltiger Eigenthümlichkeit der Bewohner in Sitten, in Trachten und, auch jetzt noch, in Verfassungen, endlich als der Schauplatz ewig denkwürdiger Begebenheiten, deren Spur den Boden geadelt. Alles dieß hat beygetragen, vor noch nicht langer Zeit lebhaften Geschmack an dieser Reise allgemein zu verbreiten. Wie aber zu geschehen pflegt, wenn viele der Mode wegen etwas nachthun, ohne eigenen Sinn und Gefühl, so sind hiebey verschobene Ansichten und erkünstelte vorgebliche Rührungen häufig an die Stelle des Wahren getreten. Man hat die schweizerischen Gegenden übertrieben und ausschließend gelobt. Unersteigliche Alpengipfel hat auch Savoyen, die Anmuth der Seen am Fuß der Gebirge erstreckt sich in die Lombardey hinaus, Tyrol und Salzburg wetteifern an wilden Berglandschaften. Anstatt die Sinnesart und Weise der verschiedenen Völkerschaften historisch zu begreifen, haben sie, ich weiß nicht welche, arkadische Sitteneinfalt geträumt, die in Arkadien selbst wohl niemals gefunden ward, oder über Täuschung geklagt, wenn sie die erwartete Uneigennützigkeit und Gastfreyheit nicht fanden: Eigenschaften, denen eben sie, diese Schwärme verwöhnter Reisenden, am verderblichsten waren. Seit den letzten Verwüstungen der Schweiz; bey dem unruhigen Zustande Europa's, wird das Land weniger von Neugierigen überlaufen, und das thut ihm wohl, wie mich dünkt. Diese hervorragenden Grundfesten des Erdbodens, die einsame Freystätte der dem Menschen unüberwindlichen Natur, sind am wenigsten zu geschwätzigem Pflastertreten gemacht. Noch kenne ich keine Beschreibung, welche in Beurtheilung des geselligen Zustandes die wahre, die uns Deutschen vornämlich wichtige Ansicht darlegte: *die Schweiz ist ein stehen gebliebenes Bruchstück des alten Deutschlandes, ein Spiegel dessen, was wir waren und seyn sollten.*

Karl Theodor von Uklansky
Ein Ball in Zürich
1809

Mein Hausfreund veranstaltete einen Ball, um mir auch dieses Vergnügen in der *Schweiz* unter die Augen zu bringen. Schon um sechs Uhr kamen alle eingeladene Personen in einem recht geräumigen Saal im Casino zusammen. Kein Wagen ließ sich hören, die entlegensten Tänzer und Tänzerinnen kamen zu Fuß, die Gesellschaft mochte aus 70 Personen bestehen. Von diesem Ball wurde 14 Tage lang vor seiner Erscheinung gesprochen; man fragte mich, ob ich mittanzen würde? Ich sagte, ich hätte vom Tanze gar keinen Begriff – das setzte sie in Verwunderung!

Ich brachte meine Wirthin in den Assemblee-Saal und fand schon alles in Bewegung; man tanzte einen langsam schaukelnden Walzer, der mir wie eine patriarchalische Promenade vorkam. Sie wissen, wie leidenschaftlich ich den Tanz liebe; wie oft haben wir in S. ganze Nächte durchwalzt. Es waren mehrere recht hübsche Mädchen in der Gesellschaft, worunter sich vorzüglich drei auszeichneten. Die elegante Taille, das geistige, funkelnde Auge verrieth Lebhaftigkeit, und dem leichten Füßchen konnte ich die Ungeduld ansehen, mit welcher sie die Pas im langsamen Takt abmessen mußten. Heimlich schlich ich mich zum Musikantenchor und bat um einen raschen Walzer, den ich nur mit dringenden Bitten auswirken konnte, weil auch die Hautboisten die alten Schweizer Sitten respektiren, wozu der bedächtige Tanz gehört. Nun wählte ich die leichteste Tänzerinn und flog mit ihr die schwer wogende Colonne hinab; alles sah mich mit großen Augen an, als ich den Saal sechsmal umkreist hatte, ehe die übrigen Paare nach derselben Musik einmal herumgekommen waren.

Die Mutter eines Mädchens, mit dem ich denselben raschen Walzer wiederholte, war in tausend Schrecken; sie glaubte, daß von ihrer armen Tochter nicht ein Bein übrigbleiben würde, während diese mit der Leichtigkeit einer Flaumfeder meiner Hand folgte und zuletzt – den Walzer noch nicht rasch genug fand.

Aber zuletzt gerieth ich an eine Dame vom Rathsherren-Stamm, die sehr schwer vom Fleck zu bringen war und wo ich beinahe unter der Arbeit erlag; sie sagte hinterher zu ihren Bekannten: »Ja, da muß man vier Paar Füße haben, wenn man dem folgen will.«

Die Gesellschaft war sehr gemischter Art, aber die Artigkeit und gegenseitige Gefälligkeit führte dabei den Vorsitz. Man servirte in

einem besondern Saal ein elegantes Souper, wobei der Frohsinn auf allen Seiten sichtbar wurde; der Tanz continuirte bis zwei Uhr nach Mitternacht und alles schied vergnügt auseinander.
Eine von den drei vorzüglichen Tänzerinnen gefiel mir am allermeisten, und ich suchte so oft als möglich mit ihr zu tanzen, welches mir mehr, als ich selbst hoffte, gelang. Dies gab Gelegenheit zu einer fortdauernden Unterhaltung. Denn nichts macht den Fremdling mit den Damen so vertraut, als der Tanz. Der giebt ihm das Recht, das schönste Mädchen dreist bei der weichen Hand zu fassen und die schlankeste Taille vertraulich zu umarmen; das Blut steigt von der Fingerspitze zum klopfenden Herzen, man berührt sich in so vielen Theilen, der Blödeste wird muthig, Fragen und Antworten, Bemerkung und Folgerungen sind so natürlich und die Worte gehen so leicht zur interessantesten Wärme über, daß die Bekanntschaft in wenigen Minuten intimer wird, als bei gewöhnlichen Cirkeln in ganzen Tagen.
Das gefiel aber einem jungen *Zürcher*, der das Mädchen als *Cavaliere servente* zum Ball begleitet hatte, sehr wenig, und da er meinethalben sieben Körbe, wie er es nannte, erhalten hatte, so ging sein Verdruß zur höchsten Eifersucht über. Ich konnte seine Prätensionen nicht errathen, sonst hätte ich alle Gelegenheit vermieden, ihm verliebten Kummer zu machen; aber er äußerte es zuletzt auf eine sonderbare Art. Während ich Miene machte, mit dem Mädchen zu tanzen, rannte er mit einer gewissen unbeholfenen Verzweiflung auf mich los und sagte, daß es hier nicht erlaubt wäre, sich bis zum dritten Tanz mit demselben Mädchen zu engagiren. Ich nahm das für einen *Avis au lecteur* und ließ ihn beruhigt gehen. Nach dem Tanze setzte ich mich an ihre Seite und plauderte mit der fröhlichsten Laune; da kam der *Facheux* nochmals, rief mir nochmals mit lächerlichem Ernst zu, daß es hier nicht erlaubt wäre, sich mit demselben Mädchen bis zum dritten Tanz zu engagiren und rannte wieder davon, ohne meine Antwort abzuwarten.
»Was will der gute Mensch?« fragte ich das Mädchen; sie konnte das Lachen nicht verhalten und sagte: »Ich weiß es nicht.«
Ich fragte einen von meinen Bekannten, der mit den Gebräuchen der Schweiz völlig vertraut war, ob man einem Mädchen, mit dem man am meisten getanzt hätte, den Morgen drauf eine Visite machen könnte? Er widerrieth es mir im höchsten Grade und versicherte dabei ernstlich, daß es gegen alle Sitte dieses Landes laufe und sowohl das Mädchen als mich entsetzlich compromittiren würde.
Ich lachte über diese Entdeckung und sagte es dem Mädchen selbst.

Sie bestätigte die Richtigkeit der Bemerkung, schien aber mit der Sitte eben nicht zufrieden zu sein; das folgerte ich nur aus dem Ton ihrer Worte, denn sie äußerte darüber nichts. Darf man auf die Art kein Mädchen wiedersehen, wenn sie noch so sehr gefällt, um mit ihr näher bekannt zu werden? »Ein- bis zweimal«, erwiderte sie, »darf man wol kommen; aber die Eltern machen in der Regel ein böses Gesicht.«

»Was mache ich mir aus dem bösen Gesicht des Papa und der Mama«, setzte ich hinzu, »wenn mich das Mädchen nur gern sieht.«

Es war die Tochter eines öffentlichen Employé, pflegte aber sehr oft in dem Hause eines ihrer Verwandten zu sein, der mir völlig unbekannt war. Den Tag drauf war ich Nachmittags bei der schönen Tänzerinn; ich fand sie im Zimmer ganz allein, und als sie mich erblickte, wurde sie über und über glühend roth und sagte: »Ach wie bin ich erschrocken, ach wie bin ich erschrokken!«

»Das war nicht meine Absicht, Mademoiselle! Ich habe Sie nur meiner Hochachtung versichern und Ihnen recht herzlich für die frohen Augenblicke danken wollen, die ich gestern in ihrer Gesellschaft genoß.«

In dem Augenblick trat ihre jüngere Schwester, ein noch schöneres Mädchen, herein, wodurch die Unterhaltung ungezwungener wurde.

War das ein Ausruf der allarmirten Tugend oder des überraschten Gefühls, das mag ich nicht entscheiden; ich weiß aber gewiß, daß die Mädchen in Paris, in Wien und Berlin dieses zarte Erschrecken nicht kennen.

Ihre größeste Verlegenheit wurde erst dann sichtbar, als ihr Verwandter unvermuthet in's Zimmer kam, der von dem Fremdling nicht die geringste Notiz hatte. Ich faßte mich, sagte ihm, daß ich mit seiner Nièce eine angenehme Bekanntschaft gemacht hätte und auch die seinige suchte. Da ich zufälligerweise erfahren hatte, daß er in Paris gewesen war und ihn die Gegenstände der Architektur sehr interessirten, so lenkte ich das Gespräch auf diesen Gegenstand, rühmte ihm den Pallast der Thuillerien, den Louvre, das Opernhaus und brachte ihn plötzlich in ein Gespräch, das ihm ungemein viel Vergnügen machte. Der Mann war ein Tabaksschnupfer und bot mir zum Zeichen seines Wohlgefallens einmal über's andre eine Prise an; ich nahm die Gabe, um seine Gunst zu gewinnen, und stopfte sie mit dem größten

Widerwillen in die Nase; aber dafür wurde ich auch beim Abschied mit der Einladung beehrt, recht oft wiederzukommen.
So angenehm mir diese Erlaubniß sein mußte: so konnte ich sie dennoch nicht benutzen, weil ich mich ohne Unterbrechung mit der Ordnung meiner Reise nach Paris beschäftigte.

Johann Peter Hebel
Schreckliche Unglücksfälle in der Schweiz
1810

Hat jede Gegend ihr Liebes, so hat sie auch ihr Leides, und wer manchmal erfährt, was an andern Orten geschieht, findet wohl Ursache, zufrieden zu sein mit seiner Heimat. Hat z. B. die Schweiz viel herdenreiche Alpen, Käse und Butter und Freiheit, so hat sie auch Lawinen. Der 12. Dezember des Jahrs 1809 brachte für die hohen Bergtäler dieses Landes eine fürchterliche Nacht, und lehrt uns, wie ein Mensch wohl täglich Ursache hat, an das Sprüchlein zu denken: »Mitten wir im Leben sind mit dem Tod umfangen.« Auf allen hohen Bergen lag ein tiefer frisch gefallener Schnee. Der zwölfte Dezember brachte Tauwind und Sturm. Da dachte jedermann an großes Unglück, und betete. Wer sich und seine Wohnung für sicher hielt, schwebte in Betrübnis und Angst für die Armen, die es treffen wird, und wer sich nicht für sicher hielt, sagte zu seinen Kindern: »Morgen geht uns die Sonne nimmer auf«, und bereitete sich zu einem seligen Ende. Da rissen sich auf einmal und an allen Orten von den Firsten der höchsten Berge die Lawinen oder Schneefälle los, stürzten mit entsetzlichem Tosen und Krachen über die langen Halden herab, wurden immer größer und größer, schossen immer schneller, toseten und krachten immer fürchterlicher, und jagten die Luft vor sich und so durcheinander, daß im Sturm, noch ehe die Lawine ankam, ganze Wälder zusammenkrachten und Ställe, Scheuren und Waldungen wie Spreu davonflogen, und wo die Lawinen sich in den Tälern niederstürzten, da wurden stundenlange Strecken, mit allen Wohngebäuden, die darauf standen, und mit allem Lebendigen, was darin atmete, erdrückt und zerschmettert, wer nicht wie durch ein göttliches Wunder gerettet wurde.
Einer von zwei Brüdern in Uri, die miteinander hauseten, war auf dem Dach, das hinten an den Berg anstoßt, und dachte: »Ich will den Zwischenraum zwischen dem Berg und dem Dächlein mit Schnee ausfüllen und alles eben machen, auf daß, wenn die Lawine kommt,

so fährt sie über das Häuslein weg, daß wir vielleicht« – und als er sagen wollte: »daß wir vielleicht mit dem Leben davonkommen« – da führte ihn der plötzliche Windbraus, der vor der Lawine hergeht, vom Dach hinweg und hob ihn schwebend in der Luft, wie einen Vogel über einem entsetzlichen Abgrund. Und als er eben in Gefahr war in die unermeßliche Tiefe hinabzustürzen, und wäre seines Gebeins nimmer gefunden worden, da streifte die Lawine an ihm vorbei und warf ihn seitwärts an eine Halde. Er sagt, es habe ihm nicht wohlgetan, aber in der Betäubung umklammerte er noch einen Baum, an dem er sich festhielt, bis alles vorüber war, und kam glücklich davon und ging wieder heim zu seinem Bruder, der auch noch lebte, obgleich der Stall neben dem Häuslein wie mit einem Besen weggewischt war. Da konnte man wohl auch sagen: »Der Herr hat seinen Engeln befohlen über dir, daß sie dich auf den Händen tragen. Denn er macht Sturmwinde zu seinen Boten, und die Lawinen, daß sie seine Befehle ausrichten.«
Anders erging es im *Sturnen*, ebenfalls im Kanton Uri. Nach dem Abendsegen sagte der Vater zu der Frau und den drei Kindern: »Wir wollen doch auch noch ein Gebet verrichten für die armen Leute, die in dieser Nacht in Gefahr sind.« Und während sie beteten, donnerte schon aus allen Tälern der ferne Widerhall der Lawinen, und während sie noch beteten, stürzte plötzlich der Stall und das Haus zusammen. Der Vater wurde vom Sturmwind hinweggeführt, hinaus in die fürchterliche Nacht, und unten am Berg abgesetzt und von dem nachwehenden Schnee begraben. Noch lebte er, als er aber den andern Morgen mit unmenschlicher Anstrengung sich hervorgegraben und die Stätte seiner Wohnung wieder erreicht hatte und sehen wollte, was aus den Seinigen geworden sei, barmherziger Himmel! da war nur Schnee und Schnee, und kein Zeichen einer Wohnung, keine Spur des Lebens mehr wahrzunehmen. Doch vernahm er nach langem ängstlichen Rufen, wie aus einem tiefen Grab, die Stimme seines Weibes unter dem Schnee herauf. Und als er sie glücklich und unbeschädiget hervorgegraben hatte, da hörten sie plötzlich noch eine bekannte und liebe Stimme: *»Mutter, ich wäre auch noch am Leben«*, rief ein Kind, *»aber ich kann nicht heraus.«* Nun arbeitete Vater und Mutter noch einmal und brachten auch das Kind hervor, und ein Arm war ihm abgebrochen. Da ward ihr Herz mit Freude und Schmerzen erfüllt, und von ihren Augen flossen Tränen des Dankes und der Wehmut. Denn die zwei andern Kinder wurden auch noch herausgegraben, aber tot.
In *Pilzeig*, ebenfalls im Kanton Uri, wurde eine Mutter mit zwei

Kindern fortgerissen und unten in der Tiefe vom Schnee verschüttet. Ein Mann, ihr Nachbar, den die Lawine ebenfalls dahin geworfen hatte, hörte ihr Wimmern und grub sie hervor. Vergeblich war das Lächeln der Hoffnung in ihrem Antlitz. Als die Mutter halbnackt umherschaute, kannte sie die Gegend nicht mehr, in der sie war. Ihr Retter selbst war unmächtig niedergesunken. Neue Hügel und Berge von Schnee, und ein entsetzlicher Wirbel von Schneeflocken füllten die Luft. Da sagte die Mutter: »Kinder, hier ist keine Rettung möglich; wir wollen beten und uns dem Willen Gottes überlassen.« Und als sie beteten, sank die siebenjährige Tochter sterbend in die Arme der Mutter, und als die Mutter mit gebrochenem Herzen ihr zusprach und ihr Kind der Barmherzigkeit Gottes empfahl, da verließen sie ihre Kräfte auch. Sie war eine 14tägige Kindbetterin, und sie sank mit dem teuren Leichnam ihres Kindes in dem Schoß, ebenfalls leblos darnieder. Die andere eilfjährige Tochter hielt weinend und händeringend bei der Mutter und Schwester aus, bis sie tot waren, drückte ihnen alsdann, eh sie auf eigene Rettung bedacht war, mit stummem Schmerz die Augen zu, und arbeitete sich mit unsäglicher Mühe und Gefahr erst zu einem Baum, dann zu einem Felsen herauf und kam gegen Mitternacht endlich an ein Haus, wo sie zum Fenster hinein aufgenommen, und mit den Bewohnern des Hauses erhalten wurde.

Kurz, in allen Bergkantonen der Schweiz, in Bern, Glarus, Uri, Schwitz, Graubündten, sind in *einer* Nacht, und fast in der nämlichen Stunde, durch die Lawinen ganze Familien erdrückt, ganze Viehherden mit ihren Stallungen zerschmettert, Matten und Gartenland bis auf den nackten Felsen hinab aufgeschürft und weggeführt und ganze Wälder zerstört worden, also daß sie ins Tal gestürzt sind, oder die Bäume lagen übereinander zerschmettert und zerknickt, wie die Halmen auf einem Acker nach dem Hagelschlag. Sind ja in dem einzigen kleinen Kanton Uri fast mit *einem* Schlag 11 Personen unter dem Schnee begraben worden, und sind nimmer auferstanden, gegen 30 Häuser, und mehr als 150 Heuställe zerstört und 359 Häuptlein Vieh umgekommen, und man wußte nicht, auf wievielmal hunderttausend Gulden soll man den Schaden berechnen, ohne die verlornen Menschen. Denn das Leben eines Vaters oder einer Mutter oder frommen Gemahls oder Kindes ist nicht mit Geld zu schätzen.

Ugo Foscolo
21. Dezember 1815
An Gräfin d'Albany

Meine Stadt steht auf einem vom November an mit tiefem Schnee bedeckten Berg. Mein Haus ist die ländliche Hütte eines guten protestantischen Pfarrers, und unterhalten tue ich mich mit den Vögeln, die kommen, um das Brot und die Gerstenkörner aufzupicken, die ich ihnen vor den Fenstern streue. Und ich verstehe sie vielleicht besser als diese Schweizer, deren Deutsch ich nicht lernen kann, wozu ich mir übrigens, ich gestehe es, auch keine Mühe gebe; denn es klingt gar zu rauh und quält mir mit seinen schrecklichen Konsonanten Ohr und Kehle! Auch lebt, glaube ich, kein Einsiedler karger als ich; einmal weil mein Wirt Speisen zu genießen pflegt, an die weder mein Magen noch mein Gaumen gewöhnt sind; sodann weil der Ort, auch nicht für Geld, weder bessere Küche noch Auswahl an Lebensmitteln liefern kann. Ich stille meinen Hunger, meinen Durst, ich nähre mich köstlich von Tee, von dem ich eine vortreffliche Sorte gefunden habe, von Eiern, Rahm und Äpfeln, deren es hier viele gibt und die mit soviel Zuckerguß gekocht werden, als mein kindliches Leckermaul begehrt. Aber Butter gibt es nicht, außer gesalzener, obschon alle Ställe voller Kühe stehen. Mit Beginn der guten Jahreszeit durchwanderte ich fast die ganze Schweiz und sah dabei viele Dinge, die weder die in Kutschen Reisenden noch die Reiseschriftsteller bemerken. Und ob auch der Doktor Ebel aus Frankfurt die schönste Wanderreise zusammengestoppelt hat, die ich seit Pausanias gelesen habe (und es gibt wohl keinen Schlupfwinkel, den die Natur in der Schweiz geschaffen hat, von dem dieses Buch nicht Kunde gäbe) – die Schlupfwinkel des menschlichen Herzens konnte auch er nicht immer wahrnehmen, wollte es vielleicht auch nicht, und hätte überhaupt ja nicht alles aufschreiben können. Mir aber wurde zuteil, die Schweizer von dieser Seite zu sehen, im Aufwallen der Parteileidenschaften, in ihren Befürchtungen und Hoffnungen, so daß ich, ohne mich viel mit Lesen anzustrengen, in großen Zügen zu folgenden Schlüssen gelangen konnte: Es sei das Menschengeschlecht sich überall ähnlich; es sei die Freiheit, der Wohlstand und vielleicht auch die Tugendhaftigkeit der Völker stärker abhängig von ihren Lebensbedingungen als von ihrer Klugheit. Und man könnte, scheint mir, voraussagen, in welcher Lage sich dieses Land in einem Jahrhundert befinden wird, ja vielleicht werden wir das schon in unsern Tagen sehen. Aber, Prophezeiungen beiseite, ich glaube, daß mein Brief weniger langweilig als dieser ausfiele, wenn ich Ihnen schriebe, was in meinem Gedächtnis haften geblieben ist von den bürgerlichen und häuslichen Sitten, den Leidenschaften, Tugenden und Lastern und den Anekdoten dieser zwanzig oder zweiundzwanzig Natiönchen, die mir wie durch ein Wunder noch frei zu sein scheinen. Es könnte meines Erachtens manches aus der Geschichte des Verbandes griechischer Republiken oder der italienischen des Mittelalters erklärt werden durch prüfenden Vergleich mit der Schweiz. Übrigens hat mir meine Unkenntnis der Sprache geholfen, die Wahrheit zu finden, und zwar deshalb, weil ich, wie Dante sagt, den Bogen des Intellekts spannen und mit geschärftem Auge die Dinge betrachten mußte; wie auch deshalb, weil ich das Ergebnis meiner Beobachtungen nicht aus Worten schöpfte, die oft lügen, sondern aus Taten, dem Ausdruck der Gesichter, die, gewollt oder ungewollt, sich aus naturhaftem Drang offenbaren ...

Heinrich Clauren
Im Schäferland meiner Jugendträume
1815

Endlich war die Sennhütte erreicht. Sie hatte eine so himmlische Lage und der Senner war ein so freundlicher Mensch, daß ich mich gleich entschloß, hier zu übernachten und den Führer nach Unterseen zurückzuschicken. Den folgenden Morgen wollte der Senner mir seinen Buben bis Grindelwald mitgeben.

Der Senner war arm, wie alle seinesgleichen. Er bot mir frisches Heu zum Lager und Milch und Käse zum Abendbrod an. Ich dankte ihm und eilte zur Hütte hinaus, um keinen Augenblick, so lange es noch Tag war, den großen, den unbeschreiblichen Genuß zu verlieren, den hier die Natur bot. Ich legte mich auf die blühenden Matten und schwelgte in der schönsten Freude des Menschen, in der Freude über Gottes wundervolle Welt.

Die Jungfrau lag in ihrer ganzen Pracht dicht vor mir, hinter und neben ihr ragten das Mittag-Horn, das Tschingelhorn, Eben-Flüe und andere Riesengletscher hinauf; aber die Jungfrau hob über alle diese himmelhohen Felsen ihr silbergeschmücktes Haupt in die azurblauen Regionen ihres Gottes empor!

Das sind die ewigen Grundpfeiler der Erde, diese zu den Wolken starrenden ungeheuern Granitfelsen!

Sonst – als der Erdball noch rundum im Wasser schwamm, mögen sie über dem Spiegel jenes unermeßlichen Ozeans hervorgeragt haben, als grünende Inselpunkte. Tausende von Jahren sind seitdem verronnen! Meere, Weltmeere sind seitdem vertrocknet, und diese Riesenfelsen stehen noch. Ihre ehrwürdigen Scheitel sind mit ewigem Eise bedeckt, ihre höchsten Gipfel betrat noch kein menschlicher Fuß! Sie schaffen und wirken und treiben im Stillen ihr Großes und Gutes, denn sie – sie speisen das schwarze und Mittelmeer, das adriatische und die Nordsee, und tränken die Länder Europens mit tausend Strömen, die ihren unerschöpflichen Tiefen entquellen.

Ich lag auf blumigem Rasen, und drüben die eisigen Gletscher. Selbst der Gipfel meiner Alpe war noch mit Schnee bedeckt.

Rund um mich herum war alles so still, als habe hier der ewige Friede seine Altäre gebaut. Tief unter mir das freundliche Lauterbrunner- und das schauerlich-furchtbare Ammerten-Thal, und in der Ferne das Tosen der Sturzbäche, die seit Jahrtausenden sich in die Thäler ergießen und nimmer versiegen; und weiter hinab das Räder-Geklapper der Schmelzhütten und Frischfeuer, und weiter hinauf das einsame Klingeln der zerstreuten Heerden, zuweilen wohl auch das Meckern einer jungen Gais, hier Ziggi genannt, oder das Schwirren eines lustigen Käfers, der sich bis hieher verirrte, um das Getümmel der Welt einmal von oben herab zu beschauen.

Der Abend war milde und warm; ein leiser Zephyr wehete von den eisigen Gletschern sanfte Kühlung herüber, und Millionen duftiger Blumen würzten die reine Bergluft mit ihren balsamischen Wohlgerüchen.

Es war einer der seligsten Augenblicke meines Lebens; ich staunte immer mit neuem Entzücken von meinem blühenden Klee die Wunderwerke der unbekannten gigantischen Schneewelt da drüben an; ich schlürfte die würzige Atmosphäre mit vollen Zügen ein. Eine namenlose Behaglichkeit ergoß sich über mein ganzes Inneres, ich hätte laut mich freuen mögen, wenn nicht eine gewisse De- oder Wehmuth mein Gemüth gefesselt hätte. Ich kann es nicht beschreiben, aber es kam mir vor, als wär' ich so fromm noch nie gewesen. Der uralte ungeheure Koloß von Granitfelsen und funkelndem Eise mir gegenüber – was war er weiter, als ein kleiner Eiszacken gegen die Myriaden von Sternenwelten am dunkeln Himmel der Mitternacht!

Ich faltete die Hände und betete. Gott war mir nie näher gewesen; da hörte ich Menschentritte in der Ferne.

»Es kommt jemand«, sagte ich zum Senner, der eben aus der Thür seiner Hütte trat, »wohnt noch jemand bei Dir?«
»Niemer«, antwortete er, »aber zu Abig kommt oft die Jungfer herauf und schläft hier.«
»Wer ist die Jungfer?«
»Die Tochter meines Herrn.«
Ich sprang auf, der Senner ging ihr entgegen – noch sah ich sie nicht, der Weg kam hinter der Hütte herauf –, sie rief ihm mit einer sehr wohlklingenden Stimme zu: »Guten Abend, Rütli, ich werde heut' bei Euch bleibe, es schönet und 's ist schankli.«
Der Senner mußte ihr von mir sagen; denn ich hörte, daß er von jemand äußerem sprach; sie ward still, und wahrscheinlich zögerte sie, näher zu kommen, denn ich hörte keine Fußtritte weiter.
Ich bog daher um die Hütte, um die Herrin meiner Alpe zu begrüßen.
Wer in der Schweiz war, wird die theatralische Tracht der Alpenmädchen kennen. Bei meinem ersten Eintritt in den Kanton Bern dachte ich anfangs immer, wenn ich die idealisch gekleideten Schweizerinnen sah, es habe ein Freund mir einen Scherz bereitet und der holden Jungfrauen schönste, nach der Phantasie irgend einer zarten Idylle angezogen, mir entgegengesandt, um mir einzubilden, ich habe das Schäferland meiner Jugendträume gefunden. Nach und nach hatte ich mich denn endlich an die freundliche Wirklichkeit gewöhnt; aber diesem Mädchen jetzt gegenüber mußte ich wieder in dem süßen Wahn mich verwirren, als sey dieses liebliche Wesen eine Erscheinung aus der Dichterwelt jener seligen Vorzeit, wo die Unschuld in Menschengestalt auf der Erde wandelte. Das schwarze Lockenköpfchen schirmte ein großer italienischer Strohhut, an dem ein Strauß von frischen Wiesenblumen schwankte; zwei lange blaßblaue Bänder flatterten von der breiten Krempe bis zur Hüfte herab. In den großen blauen Augen spiegelte sich die sanfteste Freundlichkeit, die argloseste Kindlichkeit, die fromme Liebe selbst. Herrlich wölbten sich über diesen stillen Sprechern der Seele und des Herzens die schwarzen Bogen der Augenbraunen, und die langen seidenen Wimpern brachen den Feuerstrahl ihres glühenden Blickes. Jugend und Gesundheit blühten im Grübchen der Wange, auf den Purpurlippen und in der Fülle ihres ganzen schönen Körpers.
Das Brüstli wie das Miederchen waren von schwarzem Sammt, geschnürt mit goldenen Kettchen und reich und geschmackvoll gestickt mit Gold und buntfarbiger Seide. Die weiten Aermel, vom

allerfeinsten Battist, reichten vor bis zur kleinen Hand; und gleichfalls vom nämlichen Battist war das Hemdchen, das den blendend weißen Hals und den Busen züchtiglich verhüllte. Das schwarzseidene, hundertfältige Röckchen reichte kaum bis über das Knie, so daß die Zipfel der buntgestickten Strumpfbänder die fein geformte Wade sichtbar umspielten; die Blumen der Matten aber küßten das Blüthenweiß ihres feinen, baumwollenen Strümpfchens, das den zartesten kleinsten Fuß verrieth. Vom Hinterkopfe hingen dem Mädchen zwei geflochtene brandschwarze, handbreite Zöpfe bis in die Kniekehle hinab, und am Arme schaukelte ein Körbchen, gar zierlich gearbeitet und künstlich durchflochten mit Rosen und sammtenen Fäden. Im ganzen Wesen der himmlischen Erscheinung die frische Kräftigkeit der unverdorbensten Alpenbewohnerin, und doch der Anstand, die Haltung der gebildeten Städterin!
Das Mädchen wollte hier übernachten!
›Du lieber Gott, warum thust Du *mir* das!‹ rief ich fragend heimlich in die Wolken und warf einen Blick auf die unter mir liegende arme Welt, daß es mir vorkam, als schmelze das Eis der Jungfrau und ihrer Nachbaren vor seinem verzehrenden Feuer in brühende Lava über.
Ich nahte mich ihr sittig und ehrsam und grüßte sie als die Besitzerin der Alpe mit feinen Worten recht manierlich.
Sie aber bot mir mit schweizerischer Treuherzigkeit die kleine Flaumenhand und hieß mich willkommen.
Ich eröffnete ihr nach dem ersten Hin- und Herreden meine Freude, diesen herrlichen Abend in einer solchen, mir wie von Gott selbst hergesandten Gesellschaft zu genießen – von der Nacht selbst aber und vom hier oben Schlafen konnte ich um keinen Preis ein Wort über die Lippen bringen; denn ich schaute dem Engel von Mädchen in die Augen, die so klar, so himmelrein mir bis auf den Grund meiner Seele sahen, daß auch kein böser Gedanke in mir aufkommen konnte, den sie nicht erspäht hätte.
»Ein wahres Glück für uns«, hob sie an, »daß ich heraufgekommen. Ihr hättet gewiß auf unserer Alpe eine böse Nacht gehabt, den Ihr hättet auf bloßem Heu schlafen müssen; so aber kann ich Euch mein Kabinet in der Hütte abtreten, wo Ihr bequemer liegen werdet.«
Sie trat mit mir in die Sennhütte und schloß das besagte Kabinet auf.
Ich war in Trianon, Versailles, St. Cloud und auf dem zu meinen Füßen liegenden buntflitterigen Erdball in manchem andern kaiserlichen Lustschlosse gewesen. Reichere Schlafgemache hatte ich

wohl da gesehen, aber freundlicher, niedlicher keins. Das Hausgeräthe höchst geschmackvoll gearbeitet, von Ahorn oder schwarzem Pappelmaser; rings an den Wänden herum die ersten Prachtgemälde von Aberli, Rieter, Biedermann, Lafont, Lory, Hackert, Wocher und mehreren andern trefflichen Künstlern, lauter Schweizer-Landschaften, viele von unschätzbarem Werthe. Aber die Königin meiner Alpe öffnete das Fenster dieses Feenkabinets, und in die weiten Räume der vor mir liegenden Felsen-Gletscherwelt flog mein entzückter Blick. Es war, als sey die ganze große Runde dem Himmel noch näher gerückt, als sey sie heiliger geworden, seit das Mädchen in ihrem Luftkreise stand. Ich fühlte, daß ich hier oben besser geworden war; aber ganz schlackenrein war mein sündhaftiges Wesen noch nicht, denn, als meine liebreizende Wirthin die schneeweißen feinen Vorhänge zurückschlug, die ihr jungfräuliches Bettchen mit frommer Feierstille umdämmerten, und ich auf dem Kopfkissen das eleganteste aller Nachthäubchen gewahrte und meine Phatasie die schwarzen Ringellocken des zaubersüßen Mädchens in dem Häubchen und das Himmelskind selbst unter der seidnen leichten Decke sich malte und sie wiederholentlich versicherte, daß ich hier recht gut schlafen würde, da mußte ich die Augen heimlich zudrücken, denn mich wandelte der Schwindel an; es war mir, als kuckte ich schnurstraks in das Paradies hinein. Der Schwindel aber war nichts als die Lotterflamme der Schlacken meines Innern, die im Ausbrennen begriffen waren.
Ich entgegnete ihr, daß ich in der ganzen Welt kein einladenderes Schlafgemach, kein süßeres Schlummerbette kenne; allein, sie werde mir hoffentlich zutrauen, daß ich es nicht annehmen könne, da sie gegen den Senner geäußert, diese Nacht hier oben zubringen zu wollen. Ich würde mich daher begnügen mit dem, was der Senner mir bereits geboten, und hoffe, da ich sie nun in der Nähe wisse, auf meinem Alpenheue sanfter zu schlafen, als mancher Fürst auf seinen Daunen. Der an sich gewiß nicht verwerfliche Vorschlag, das Kabinet mit ihr zu theilen, saß mir auf der Zunge.
»B'hütis Gott!« fiel sie mir lächelnd in's Wort: »Was würdet Ihr denken von mir, wenn ich hier oben bliebe, da Ihr hier seyd. Das müßte ja ein wüscht Maidli seyn. Nein, ich werde ein wenig mit Euch noch verweile, wenn Ihr mir erlaubt, und dann gehe ich nach Haus und sende Euch z'Nachtesse herauf, denn der Senn hat nichts als neimis Ranf, Schlipmilch und Schnitze.«
Sie sprach gern und viel und so traulich wie ein Kind, und dann doch wieder so verständig und unterrichtet, wie kaum ein Mädchen aus

unsern ersten Zirkeln. Ihr Schweizerisch-Hochdeutsch klang in ihrem kleinen Rosenmunde unbeschreiblich gut; nur wenn sie auf Ausdrücke des gewöhnlichen Lebens stieß, bediente sie sich der dort üblichen Provinzialismen; doch waren mir diese, durch meine früheren Wanderungen in der Schweiz, schon verständlich.

Ich hatte sie anfänglich Sie genannt; sie meinte aber, es klinge so ausländisch, es wäre ihr dann, als sey sie nicht in ihrer Heimath, wo alles sie Du hieße; ich mußte sie daher Du nennen. Was doch in solch' einem einzigen Worte liegt. Ich machte einen Schritt, wie vom Montblanc bis zum Jura.

Es war nun, als kennten wir uns schon seit vielen Jahren, als wären wir beide auf dieser Alpe miteinander groß geworden.

»Wie heißt Du, süßes Mädchen?« fragte ich und umschlang das sammtene Miederchen mit meiner Rechten und legte ihre kleine, zarte Hand auf mein Herz, in dem das Blut sich drängte wie das wilde Wasser der Gletscher in den Sturzbächen.

»Mimili heißt mi de Aeti«, antwortete das Alpenkind mit einem Wohlklange, der in dem Resonanzboden meiner gespannten Brust wie der Laut einer Silberglocke wiedertönte. »Kommt«, fuhr sie fort, »ich will Euch nun höher führen, Ihr sollt noch Schöneres sehen, denn hier rechts um den Berg herum sollt Ihr ein Thal und zwei Gletscherschlünde schauen, wie's keine weiter gibt im ganzen Land!«

Ich nahm ihren Arm, und wir stiegen dem Himmel entgegen.

Lord Byron
Tagebuch vom Berner Oberland
1816

Clarens, 18. Sept. 1816

Gestern, den 17. September 1816 – bin ich mit Hobhouse zu einem Ausflug in die Berge von ein paar Tagen aufgebrochen. Ich will ein kurzes Tagebuch führen und die Ereignisse jeden Tages für meine Schwester Augusta aufzeichnen.

17. Sept.

Um fünf aufgestanden; verließen Diodati ungefähr um sieben in einer Landkutschen, einem Char-à-banc, unsere Diener zu Pferd: Wetter herrlich; der See ruhig und klar; Mont Blanc und die Aiguille von Argentières beide sehr deutlich zu sehen; die Seeufer schön. In

Lausanne vor Sonnenuntergang angekommen; angehalten und in Ouchy geschlafen.
H. ging fort, um mit einem Herrn Okeden zu Abend zu essen. Ich blieb in unserer Karawanserei (obwohl in das Haus von H.'s Freund eingeladen – zu faul oder müde, oder sonst etwas, um hinzugehen) und schrieb einen Brief an Augusta. Ging um neun ins Bett – Leintücher feucht: fluchte, zog sie heraus und warf sie – der Himmel weiß wohin: wickelte mich in die Wolldecken ein und schlief wie ein Kind von einem Monat bis fünf Uhr.

18. Sept.

Geweckt von Berger (meinem Kurier, der für ein paar Tage als Kammerdiener amtet, da der gelahrte Fletcher als Hüter unserer Habe in Diodati zurückgeblieben ist): aufgestanden. H. vorausgegangen. Eine Meile von Lausanne entfernt die Straße vom See überflutet; aufs Pferd gestiegen und bis eine Meile vor Vevay geritten. Das Tier jung, ging aber sehr gut: überholte H., und stieg in den Wagen ein, es ist ein offener. Hielten zwei Stunden in Vevay (das *zweite* Mal, daß ich es besuchte); gingen zur Kirche; Aussicht vom Friedhof prächtig; drinnen ist General Ludlows (des Königsmörders) Grabmal – schwarzer Marmor – lange Inschrift – Latein, aber einfach, vor allem der Schluß, in dem seine Frau (Margaret de Thomas) ihre langdauernde, ihre geprüfte und unerschütterte Zuneigung bezeugt; er war *zweiunddreißig Jahre* in Verbannung – einer von König Charles' Richtern, ein trefflicher Kerl. Ich erinnere mich, im Januar 1815 (in Halnaby) seine Memoiren gelesen zu haben – der erste Teil sehr amüsant, der Rest nicht so sehr: zu der Zeit, in der ich sie las, dachte ich wenig daran, daß ich sein Grab sehen würde. In seiner Nähe liegt Broughton (der König Charles' Todesurteil vor Charles Stuart verlas) begraben, mit einer sonderbaren und etwas scheinheiligen, aber immerhin republikanischen Grabschrift. Ludlows Haus wird gezeigt; es trägt immer noch seine Inschrift – Omne Solum forti patria. Ging hinunter zum Ufer; Diener, Wagen, Sattelpferde – alle fort und ließen uns plantés là, durch irgendein Mißverständnis; und wir wanderten hinter ihnen drein nach Clarens: H. lief voraus und holte sie schließlich ein. Zum zweiten Mal (das 1. Mal auf dem Wasserweg) in Clarens, dem schönen Clarens angekommen! Gingen nach Chillon durch eine Landschaft, die – ich weiß nicht wessen würdig ist; sahen das Schloß Chillon nochmals an. Bei unserer Rückkehr trafen wir eine Gesellschaft von Engländern in einer Kutsche; eine Dame darin fest eingeschlafen – fest eingeschlafen am anti-narkotischsten Ort in der Welt – ausgezeichnet! Ich erinnere mich, in Chamouni, direkt vor dem Mont Blanc, eine andere Frau gehört zu haben, auch Engländerin, die ihrer Gesellschaft zurief: »Haben Sie je etwas *Ländlicheres* gesehen?« – als ob es Highgate oder Hampstead oder Brompton oder Hayes gewesen wäre – *»ländlich!«* quäkte sie – Felsen, Föhren, Gießbäche, Gletscher, Wolken und Höhen ewigen Schnees hoch über ihnen – und *»ländlich!«* Ich kannte die Schöne nicht, die diesen Ausruf tat, aber es war eine sehr brave Frau.

Nach einem leichten und kurzen Essen besuchten wir das Château de Clarens; eine Engländerin hat es vor kurzem gemietet (es war nicht vermietet, als ich es zum erstenmal sah): die Rosen sind verblüht mit ihrem Sommer; die Familie war ausgegangen, aber die Dienstboten ersuchten uns, in das Innere des Landsitzes zu kommen. Im Salon sah ich auf dem Tisch Blairs Predigten und die Predigten von jemand anderem (von wem, habe ich vergessen), und eine Reihe lärmender Kinder. Sahen alles Sehenswerte und stiegen dann zu dem »Bosquet de Julie« hinab, etc. etc.; unser Führer voll von *Rousseau*, den er ewig mit *St. Preux* verwechselt, und so vermengt er den Mann und das Buch. Auf den Stufen eines Bauernhauses im Dorf sah ich eine junge paysanne, schön wie Julie selbst. Ging wieder den ganzen Weg nach Chillon, um den kleinen Gießbach nochmals von dem Hügel dahinter zu betrachten. Sonnenuntergang im See gespiegelt. Muß morgen um 5 Uhr aufstehen, wir wollen zu Pferd über die Berge – der Wagen wird außenherum geschickt; bin in meiner alten cottage untergebracht – gastlich und bequem; müde durch einen ziemlich langen Ritt auf dem jungen Tier und dem anschließenden Gerüttel im Char-á-banc und der Kletterei in der heißen Sonne. Werde ins Bett gehen und an Dich denken, liebste Augusta.

Mem. Der Korporal, der die Wunder von Chillon zeigte, war so betrunken wie Blücher und (in meinen Augen) mindestens genauso bedeutend. Er war auch *taub*, und weil er dachte, die anderen müßten es auch sein, brüllte er die Legenden des Schlosses so furchteinflößend heraus, daß H. die gute Laune einbüßte. Trotzdem sahen wir alles und jedes, von den Galgen bis zu den Verliessen (der *Potence* und den *Cachots*), und kehrten in größerer Freiheit nach Clarens zurück, als das 15. Jahrhundert sie besaß.

In Clarens war das einzige Buch (außer der Bibel) eine Übersetzung der *»Cecilia«* (Miß Burneys *Cecilia*); und die Besitzerin der Cottage hat auch ihren Hund (einen fetten Mops, zehn Jahre alt und so häßlich wie *Tip*) nach Cecilias (oder vielmehr Delvilles) Hund Fidde benannt.

19. Sept.

Um fünf aufgestanden: den Wagen herumgeschickt. Die Berge bis Montbovon zu Pferd überquert und auf Maultieren und, wegen des Kletterns, auch zu Fuß; die ganze Strecke schön wie ein Traum, und jetzt für mich fast genauso verschwommen. Ich bin so müde; denn, obgleich gesund, habe ich doch nicht die Kräfte wie noch vor wenigen Jahren. In Mont Davan frühstückten wir; nachher an einem Steilhang abgestiegen, gestürzt und einen Finger aufgerissen; das Gepäck machte sich ebenfalls los und fiel eine tiefe Schlucht hinunter, bis ein großer Baum es aufhielt: fluchte; holte das Gepäck; Pferd müde und stolprig; stieg auf ein Maultier. Als wir uns dem Gipfel des Dent Jamal näherten, mit H. und der ganzen Gesellschaft wieder abgestiegen. Kamen zu einem See, so richtig in der Brustwarze der Brust des Berges; ließen unsere Vierbeiner bei einem Schäfer und stiegen weiter; kamen zu einigen Überbleibseln Schnee, auf den der Schweiß von meiner Stirn fiel wie Regen, er durchlöcherte ihn wie ein Sieb: die Kälte des Windes und des Schnees machte mich schwindlig, aber ich kletterte weiter und immer höher. H. ging bis auf die höchste *Zinne*; ich nicht, sondern blieb einige Yards unterhalb (wo der Felsenhang eine Öffnung hat). Beim Heruntersteigen stürzte der Führer dreimal; ich fing an zu lachen und stürzte auch – der Abstieg ist glücklicherweise weich, wenn auch steil und schlüpfrig: H. fiel auch, aber niemand verletzt. Der Berg als Ganzes ist prächtig. Ein Schäfer auf einem sehr hohen und steilen Felsen spielte auf seiner Flöte; sehr verschieden von *Arkadien* (wo ich die Hirten mit langen Musketen statt Stäben und Pistolen in den Gürteln gesehen habe). Die Flöte unseres Schweizer Hirten war süß und seine Melodie wohltuend. Sah eine verlaufene Kuh; man sagte mir, daß sie sich an und über den Felsenspitzen oft die Hälse brechen. Stiegen nach Montbovon hinunter; hübsches, mageres Dörfchen, mit einem wilden Fluß und einer hölzernen Brücke. H. ging fischen – fing einen. Unser Wagen nicht da; unsere Pferde, Maultiere, etc. ausgepumpt; wir selbst todmüde; aber um so besser – ich werde schlafen.

Die Aussicht vom höchsten Punkt der heutigen Reise umfaßte auf der einen Seite den größten Teil des Lac Léman, auf der anderen die Täler und Berge des Kantons Fribourg und eine unermeßliche Ebene mit den Seen von Neuchâtel und Morat, und alles, was die

Ufer von diesen und des Genfersees erben: an einem Aussichtspunkt hatten wir beide Seiten des Jura vor uns, mit Alpen die Menge. Als wir an einem Felsrutsch vorbeikamen, empfahl uns der Führer dringend, schneller zu gehen, da die Steine mit großer Geschwindigkeit fallen und gelegentlich Schaden anrichten: der Rat ist ausgezeichnet, aber, wie guter Rat meistens, undurchführbar, weil die Straße an dieser bestimmten Stelle so unwegsam ist, daß weder Maultiere noch Menschen noch Pferde sich schneller vorwärtsbewegen konnten. Ohne Brüche oder Gefahr davon durchgekommen.
Die Musik der Kuhglocken (denn ihr Reichtum, wie der der Patriarchen, besteht in Vieh) auf den Weiden (die weit höher hinaufreichen als jeder Berg in England), und die Hirten, die uns von Felsenspitze zu Felsenspitze zuriefen und auf ihren Rohrflöten spielten, an Steilhängen, die fast unerreichbar schienen, mit der Landschaft, die uns umgab, verwirklichte alles, das ich je von einem Hirtendasein gehört oder mir vorgestellt habe: viel mehr als Griechenland oder Kleinasien, denn dort sind sie mir ein bißchen zu sehr von der Zunft der Säbel und Musketen; und wenn da ein Stab in der einen Hand ist, kann man sicher sein, ein Gewehr in der anderen zu sehen. Aber dies war rein und ungetrübt – einsam, wild und patriarchalisch: die Wirkung kann ich nicht beschreiben. Als wir fortgingen, spielten sie den »Ranz des Vaches« und andere Weisen als Lebewohl. Ich habe letzthin meinen Geist mit Natur neu bevölkert.

20. Sept.

Auf um 6. Fort um 8. Die ganze heutige Reise in einem Durchschnitt von zwischen zweitausendsiebenhundert und dreitausend Fuß über dem Meeresspiegel. Dieses Tal, das längste, schmälste, das man für eines der schönsten der Alpen hält, wird selten von Reisenden durchquert. Sah die Brücke von La Roche. Das Flußbett sehr weit unten und tief, zwischen ungeheuren Felsen, und reißend wie der Zorn – ein Mann und ein Maultier sollen hinuntergestürzt sein, ohne Schaden zu nehmen (das Maultier hat auf alle Fälle Glück gehabt; bevor ich nicht den *Mann* kenne, werde ich mich hüten, von *ihm* das gleiche zu sagen). Die Leute sahen frei und glücklich und *reich* aus (das letztere schließt keins der ersteren ein): die Kühe prächtig; ein Stier sprang beinahe in den Char-á-banc - »angenehmer Gefährte in einer Postchaise«; Geißen und Schafe sehr gut gedeihend. Ein Berg mit riesigen Gletschern zur Rechten – der Kletsgerberg; etwas weiter der Hockthorn – nette Namen – so

weich! – Hockthorn, glaube ich, sehr hochragend und zerklüftet, nur stellenweise mit Schnee bedeckt; keine Gletscher darauf, aber einige gute Wolkenepauletten.
Die Grenze passiert, aus dem Vaud heraus und in den Kanton Bern; das Französische mit einem schlechten Deutsch vertauscht; der Bezirk berühmt für Käse, Freiheit, Besitz und keine Steuern. H. ging fischen – keine gefangen. Zum Fluß geschlendert: sah Buben und kleinen Ziegenbock; Böcklein folgte ihm wie ein Hund; Böcklein konnte nicht über einen Zaun kommen und blökte mitleiderregend; versuchte selbst, dem Böcklein zu helfen, wäre aber bald mit ihm in den Fluß gefallen. Ungefähr um sechs Uhr abends hier angekommen. Neun Uhr – im Begriff, ins Bett zu gehen. H. im Nebenzimmer hat sich den Kopf an der Tür angeschlagen und natürlich gegen alle Türen gewettert; heute nicht müde, hoffe aber doch zu schlafen. Frauen plappern drunten: lesen eine französische Übersetzung von Schiller. Gute Nacht, liebste Augusta.

21. Sept.

Früh fort. Das Tal von Simmenthal wie vorher. Der Eingang in die Ebene von Thoun sehr eng; hohe Felsen, bis zur Spitze bewaldet; Fluß; neue Berge, mit großartigen Gletschern. See von Thoun; weite Ebene mit einem Gürtel von Alpen. Ging hinunter zum Château de Schadau; Aussicht den See entlang: überquerte den Fluß in einem Boot, das von Frauen gerudert wurde: *Frauen* kamen mir jetzt zum erstenmal wieder in den Sinn. Thoun ist eine sehr hübsche Stadt. Die Reise des ganzen Tags war im Hochgebirge und stolz.

22. Sept.

Thoun in einem Schiff verlassen, das uns in drei Stunden über die ganze Länge des Sees brachte. Der See klein; aber die Ufer schön: Felsen bis hinunter zur Wasserfläche. Beim Neuhaus gelandet; an Interlachen vorbeigekommen; dort beginnt eine Kette von Landschaftsbildern, die jede Beschreibung oder Vorstellung übertreffen. An einem Felsen vorbei; Inschrift – 2 Brüder – der eine ermordete den anderen; just der Ort dafür. Nach immer neuen Windungen kamen wir zu einem riesigen Felsen. Mädchen mit Früchten – sehr hübsch; blaue Augen, gute Zähne, sehr helles Haar: ein langes, aber gut geschnittenes Gesicht – erinnerte mich ziemlich an Fanny. Kaufte ein paar von ihren Birnen und klopfte sie auf die Wange; der Ausdruck ihres Gesichts sehr mild, aber gut und gar nicht kokett. Am Fuß des Berges (der Yung frau, d. h. das Mädchen) angekommen; Gletscher, Gießbäche; einen dieser Gießbäche sieht man von *neunhundert Fuß* Höhe herunterfallen. Beim Pfarrer untergebracht. Aufgebrochen, um das Tal zu sehen; hörte eine Lawine fallen, wie Donner; sah den Gletscher – ungeheuer. Sturm kam auf, Donner, Blitz, Hagel; alles ganz vollkommen und schön. Ich war zu Pferd; der Führer wollte meinen Stock tragen; ich wollte ihn gerade übergeben, als mir einfiel, daß es ein Stockdegen ist, und ich dachte, der Blitz könnte von ihm angezogen werden; behielt ihn selbst; reichlich behindert damit (und mit meinem Wettermantel), da er zu schwer war, um als Peitsche gebraucht zu werden, und das Pferd war dumm und blieb bei jedem zweiten Donnerschlag stehen. Angekommen, nicht sehr naß; der Mantel ist wasserdicht. H. durch und durch naß; H. suchte Zuflucht in einer Hütte, sandte ihm einen Mann, Schirm und Mantel nach (vom Pfarrer, sobald ich dort war). Das Haus des Schweizer Pfarrherrn ist wirklich sehr gut – viel besser als die meisten englischen Pfarrhäuser. Es ist direkt gegenüber dem Gießbach, von dem ich sprach. Der Gießbach krümmt sich über den Felsen in einer Form wie der *Schweif* eines weißen Pferdes, der im Wind flattert, so wie man sich den des »fahlen Pferdes« vorstellen könnte, auf dem der *Tod* reitet, in der Apokalypse. Es ist weder Nebel noch Wasser, sondern etwas zwischen beidem; seine ungeheure Höhe (neunhundert Fuß) gibt ihm eine Welle, eine Krümmung, ein Spreiten hier, ein Verdichten da, wunderbar und unbeschreiblich. Ich glaube, daß dieser Tag, im ganzen genommen, ergiebiger war als alle anderen dieses Ausflugs.

23. Sept.

Vor der Bergbesteigung ging ich (7 Uhr morgens) nochmals zu dem Gießbach; die Sonne darauf bildete aus dem unteren Teil einen *Regenbogen* aller Farben, aber hauptsächlich Purpur und Gold; der Bogen bewegt sich, wie man sich bewegt; ich habe nie etwas Ähnliches gesehen; das gibt es nur im Sonnenschein. Bestiegen den Wengenberg; mittags erreichten wir ein Tal auf der Gipfelhöhe; ließ die Pferde stehen, nahm meinen Mantel ab und ging zum Gipfel hinauf, 7000 Fuß (englische Fuß) über dem Meeresspiegel, und ungefähr 5000 über dem Tal, das wir am Morgen verlassen hatten. Unsere Aussicht umfaßte auf der einen Seite die *Yung frau* mit allen ihren Gletschern; dann den *Dent d'Argent*, strahlend wie die Wahrheit; dann den *kleinen Giganten* (den kleinen Eiger); und den großen Giganten (den großen Eiger) und nicht zuletzt das Wetterhorn. Die Höhe der Jungfrau ist 13 000 Fuß über dem Meeresspiegel, 11 000

über dem Tal; sie ist die höchste dieser Kette. Nahezu alle fünf Minuten hörten wir Lawinen hinunterstürzen – wie wenn Gott den Teufel vom Himmel herab mit Schneebällen bewerfen wollte. Von unserem Standort aus, der *Wengen* Alp, konnten wir all dies auf der einen Seite sehen: auf der anderen stiegen die Wolken aus dem gegenüberliegenden Tal auf und krausten sich zu senkrecht aufragenden Felsschroffen wie der Schaum des Ozeans der Hölle während einer Springflut – er war weiß und schwefelgelb und schien unermeßlich tief. Die Seite, die wir hinaufstiegen, fiel (natürlich) nicht so jäh ab; aber als wir auf dem Gipfel ankamen, blickten wir auf der anderen Seite in ein kochendes Wolkenmeer hinunter, das gegen die Felsen anspritzte, auf denen wir standen (diese Felsen waren auf einer Seite fast völlig lotrecht). Blieben eine Viertelstunde; begannen den Abstieg; fast frei von Wolken auf dieser Seite des Berges. Als wir durch die Schneemassen kamen, machte ich einen Schneeball und bewarf H. damit.
Kamen wieder zu unseren Pferden hinunter; aßen etwas; stiegen auf; hörten immer noch die Lawinen; kamen zu einem Sumpf; H. stieg ab; H. kam gut hinüber: ich versuchte, mein Pferd darüber zu lenken, das Pferd versank bis zum Kinn, und natürlich waren es und ich zusammen im Schmutz; über und über beschmiert, aber unverletzt; lachte und ritt weiter. Kamen in Grindelwald an; aßen zu Abend, stiegen wieder auf und ritten zu einem höheren Gletscher – Zwielicht, aber deutlich erkennbar – sehr schöner Gletscher, wie ein *zu Eis erstarrter Orkan*. Sternenlicht, wunderschön, aber ein verflixter Weg! Trotzdem sicher heimgekommen; etwas Blitzen; aber der ganze Tag, was das Wetter betrifft, so herrlich wie der, an dem das Paradies gemacht wurde. An *ganzen Wäldern verdorrter Kiefern vorbeigekommen, alle verdorrt;* Strünke kahl und ohne Rinde, Zweige leblos; geschehen in einem einzigen Winter – ihr Aussehen erinnerte mich an mich und meine Familie.

24. Sept.

Aufgebrochen um sieben; auf um fünf. Am schwarzen Gletscher vorbei, den Berg Wetterhorn zur Rechten; überquerten den Scheideckberg; kamen zum *Rosen*gletscher, der der größte und schönste der Schweiz sein soll. *Ich* halte den Bossons-Gletscher in Chamouni für genauso schön; H. nicht. Kamen zum Reichenback Wasserfall, zweihundert Fuß hoch; hielten an, um die Pferde ruhen zu lassen. Erreichten das Tal von Oberhasli; es begann zu regnen; etwas durchnäßt; aber doch nur 4 Stunden Regen in 8 Tagen. Kamen zum

See von Brientz, dann zu der Stadt Brientz; zogen uns um. H. stieß sich den Kopf an der Türe an. Am Abend kamen vier Schweizer Bauernmädchen aus Oberhasli und sangen Lieder aus ihrer Gegend; zwei der Stimmen schön – die Melodien auch; sie singen auch diese *Tyroler Weise* und das Lied, das Du, Augusta, so liebst, weil ich es liebe – und das ich liebe, weil Du es liebst; sie singen noch, Liebste, Du weißt nicht, wie mir das gefallen würde, wenn Du bei mir wärst. Die Weisen sind so wild und eigenartig und zugleich von großer Anmut. Der Gesang ist vorbei: aber von unten höre ich die Klänge einer Fiedel, die mir für meinen Schlaf heut nacht nichts Gutes prophezeien. Der *Härr* helfe uns – ich werde hinuntergehen und dem Tanzen zuschauen.

25. Sept.

Die ganze Stadt Brientz war scheint's in den Räumen unten versammelt; hübsche Musik und vorzügliches Walzertanzen; nichts als Bauern; das Tanzen viel besser als in England; die Engländer können nicht Walzer tanzen, konnten es nie und werden es auch nie können. Ein Mann behielt die Pfeife im Mund, tanzte aber so gut wie die anderen; einige andere Tänze, zu zweien und zu vieren, und sehr gut. Ich ging zu Bett, aber die Lustbarkeit war bis spät und früh im Gange. Brientz ist nur ein Dorf. Früh aufgestanden. Auf den Brientzer See hinausgefahren, in einem langen Kahn, der von Frauen gerudert wurde (eine sehr jung und sehr hübsch – setzte mich zu ihr und fing auch an zu rudern): nach kurzer Zeit legten wir an, und wieder sprang eine Frau herein. Es scheint hier Sitte zu sein, daß die Kähne von *Frauen bemannt* werden: denn von fünf Männern und drei Frauen in unserem Boot nahmen alle Frauen ein Ruder und nur ein Mann.

In drei Stunden nach Interlachen gekommen; hübscher See, nicht so groß wie der von Thoun. In Interlachen zu Mittag gegessen. Mädchen gab mir ein paar Blumen und hielt mir eine Rede auf deutsch, das ich gar nicht verstehe: ich weiß nicht, ob die Rede hübsch war, aber ich nehme es an, denn das Mädchen war es. Sah noch eine andere – auch sehr hübsch und großgewachsen, was mir lieber ist, ich mag keine untersetzten Frauen, aus mehr als einem Grund. Am Thounersee wieder in ein Schiff gestiegen; während der Fahrt teilweise geschlafen: die Pferde außen herum geschickt; trafen am Ufer Leute, die einen Felsen mit Pulver in die Luft sprengen wollten: sie sprengten ihn gerade, als unser Kahn in der Nähe war, und sagten es uns erst im letzten Augenblick – aus schierer Dummheit, aber sie hätten uns die Schädel einschlagen können. Am Abend erreichten wir Thoun: das Wetter war den ganzen Tag recht erträglich; aber da der wilde Teil der Tour vorüber ist, ist es uns gleich; während des wünschenswerten Teils haben wir wirklich sehr viel Glück gehabt, was Wärme und Durchsichtigkeit der Atmosphäre betrifft, und dafür »wollen wir den Herrn loben«!

26. Sept.

Da wir aus den Bergen heraus sind, muß mein Tagebuch so flach werden wie meine Reise. Von Thoun nach Bern, gute Straße, Hekken, Dörfer, Fleiß, Besitz und alle möglichen Anzeichen fader Zivilisation. Von Bern nach Fribourg; anderer Kanton – Katholiken: an einem Schlachtfeld vorbeigekommen; Schweizer schlugen die Franzosen in einem der letzten Kriege gegen die französische Republik. Kaufte einen Hund – einen sehr häßlichen Hund, aber *»très méchant«*; das war in den Augen des Besitzers und den meinen eine große Empfehlung für ihn, denn er soll den Wagen bewachen. Er hat keinen Schwanz und heißt *»Mutz«*, das bedeutet *»Kurzschwanz«*: anscheinend gehört er zum Genus der Hirtenhunde! Der größte Teil dieser Reise war zu Pferd, zu Fuß und zu Maultier.
Das Füllen (das eines der beiden jungen Pferde ist, die ich von Baron de Vincy gekauft habe) hat mich sehr gut getragen: sie ist jung und so stetig, wie eine ihres Geschlechts es nur sein kann – sehr gut gelaunt und ständig wiehernd, wenn sie etwas möchte, was alle fünf Minuten ist. Ich habe sie *Biche* genannt, weil ihr Benehmen dem eines kleinen Hundes nicht unähnlich ist; aber sie ist ein sehr zahmer, hübscher, kindischer Vierbeiner.

28. Sept.

Sahen den Baum, der zu Ehren der Schlacht von Murten gepflanzt worden ist; 340 Jahre alt; schon recht verwittert. Verließen Fribourg, besichtigten aber vorher die Kathedrale; hoher Turm. Überholten das Reisegepäck der Nonnen von La Trappe, die von ihrem letzten Wohnsitz im Kanton Fribourg in die Normandie ziehen; später eine Kutsche mit einer Menge Nonnen darin – alten Nonnen. Fuhren den Ufern des Sees von Neufchatel entlang; sehr gefällig und weich, aber nicht so gebirgig – wenigstens scheint der Jura es nicht zu sein, nach den Berner Alpen. Erreichten Yverdon in der Dämmerung; eine lange Reihe großer Bäume am Rand des Sees – schön und schwermütig: die Auberge fast voll – ein Deutscher mit Prinzessin und Suite; bekamen Zimmer.

Wir hoffen, übermorgen Diodati zu erreichen, und ich hoffe auf einen Brief von Dir, meine einzigste, liebste Schwester. Mögest Du sanft schlafen und von mir träumen. Ich gehe ins Bett – gute Nacht.

29. Sept.

Kamen durch ein schönes und blühendes Land, aber nicht gebirgig. Erreichten am Abend Aubonne (Einfahrt und Brücke etwas wie die von Durham), von wo aus man bei weitem die schönste Aussicht auf den Genfersee hat; Zwielicht; der Mond auf dem See; ein Hain auf der Höhe, und von sehr edlen Bäumen. Hier kaufte (oder baute) Tavernier (der den Osten bereiste) das Château, weil die Lage der von *Erivan* (einer persischen Grenzstadt) ähnelte und ihr gleichkam; hier beendete er seine Reisen, und ich diesen kleinen Ausflug – denn ich bin nur wenige Stunden von Diodati entfernt und habe nur mehr wenig zu sehen und nichts mehr zu sagen.

In bezug auf das Wetter für diese Tour (von 13 Tagen) habe ich sehr viel Glück gehabt – Glück in einem Begleiter (Mr. H.) – Glück in dem, was wir gesehen haben, und ich blieb sogar von den verdrießlichen kleinen Zwischenfällen und Verzögerungen verschont, die oft Reisen in zivilisierten Ländern so enttäuschend machen. Ich war bereit, daran Freude zu finden. Ich liebe die Natur und bewundere die Schönheit. Ich kann Müdigkeit ertragen und Entbehrungen willkommen heißen, und ich habe einige der edelsten Landschaften in der Welt gesehen. Aber während all dem – haben bittere Erinnerungen, und zwar besonders Erinnerungen an den frischen und zwar häuslichen Gram, die mich durchs Leben begleiten müssen, hier an mir gezehrt; und weder die Musik des Hirten, das Krachen der Lawine, noch der Gießbach, der Berg, der Gletscher, der Wald, noch die Wolke haben für einen Augenblick das Gewicht auf meinem Herzen erleichtern können oder mir die Kraft gegeben, mein eigenes armseliges Ich aufgehen zu lassen in der Majestät und der Macht und der Herrlichkeit um mich, über mir und unter mir.

Ich bin jenseits der Vorwürfe; und jedes Ding hat seine Zeit. Ich bin jenseits des Wunsches nach Rache, und ich kenne nichts gleich dem, für das ich gelitten habe; aber die Stunde wird kommen, wenn das, was ich fühle, gefühlt werden muß und der – aber genug.

An Dich, liebste Augusta, sende ich, und *für* Dich habe ich diesen Bericht von dem, was ich gesehen und empfunden habe, geschrieben. Liebe mich, wie Du von mir geliebt wirst.

August Graf von Platen
Nidau am Bieler-See, 21. July 1816
An die Eltern

Bereits am westlichsten Ende der Schweiz angelangt und gleichsam schon auf meiner Rükreise, die über Solothurn, Aarau, Baden, Zürich, St. Gallen gehen wird, begriffen, habe ich noch immer nicht die geringste Nachricht von Euch erhalten. Ich hoffte mit Gewißheit in Bern Briefe zu finden, aber umsonst. Es scheint, daß schon mein leztes Schreiben aus München nicht angekommen ist. Ich würde gleich von Bern nach Solothurn gegangen seyn, hätte ich nicht die Petersinsel im Bieler See sehen wollen, wo man noch Rousseau's Schreibstube zeigt. Ich komme eben davon her. Der See ist gewaltig ausgetreten; fast ganz Biel ist überschwemmt.
Mein lezter Brief ist von An der Matt auf dem Gotthart, wenn Ihr ihn anders empfangen habt. Was meine Nummern betrifft, so können sie leicht unrichtig seyn. Hier in kurzem meine Route von An der Matt, von wo wir am 13ten abreisten:
13. July: Durch das Ursern Thal weiter über Hospital nach Realp in's Kloster.
14. July: Über die Furka, Rhonеglätscher, Entsprung der Rhone, Rhonethal in den Kanton Wallis nach Obergestelen. Fast beständig mußten wir durch tiefen Schnee waten, der unsre Augen zugleich mit der Sonne marterte. Unsre Gesichter wurden ganz verbrannt: selbst jezt ist meine Haut noch nicht völlig abgeschält. Die ganze Nacht konnte ich meine Augen vor Schmerzen nicht schließen u. mußte wach bleiben. Jezt ist das längst wieder vorbey.
15. July: Über die Grimsel in's Haslithal. Tiefer Schnee, aber keine Sonnenhitze. Herrliche wilde romantische Thäler. Wasserfälle der Aar. Einmal fällt sie gegen 600 Fuß tief. Haslithal voll paradiesischer Gegenden. Meyringen. Der Reichenbach, ein stäubender Wasserfall, der den lieblichsten Regenbogen der Welt bildet. Schönes Wetter. Dieser Marsch war 11 Stunden groß.
16. July: Brienz. Fahrt über den Brienzer-See, stürmische, regnerische Fahrt. Interlaken. Du kennst gewiß diesen lieblichen Ort. Der jetzige Amtmann ist ein Sohn des großen Hallers.
17. July: Lauterbrunnen, um den Staubbach zu sehen, der 900 Fuß tief fällt. Am Fuß der Jungfrau.
18. July: Nach Interlaken zurück. Zu Wagen nach Neuhaus. Fahrt über den herrlichen Thuner-See an einem schönen Abende. Thun. Unvergleichliche Lage. Aussichten vom Schloß und Kirchhof.

19. July: Zu Wagen nach Bern. Paradiesischer Weg, himmlische Landhäuser, blühende, üppige Gegenden, überraschender Wohlstand. Bern. Du kennst ohnehin die freundlichste und niedlichste aller Städte.
20. July: Bern. Ich wohnte in Falken.
21. July: Arberg, Gerolfingen, Fahrt nach der Petersinsel. Stürmische Fahrt hieher. Dieß ist der 9te See in der Schweiz, an welchen ich kam.
Etwas Ausführlicheres späterhin. Heute morgens verließ ich meine bisherige Reisegesellschaft und gehe für jezt zu Fuß. Der Weg von Zürich nach Bern kostete mich, obgleich wir unsrer viere waren, wegen der ganz ausserordentlichen Theuerkeit der Schweiz 101 Gulden. Bis Zürich reicht mein Geld, dort erwarte ich welches von Euch zu finden, da ich Euch in meinem Briefe aus Luzern bat, die Monatgelder von July und August dahin zu schiken. Ich würde in der äussersten Verlegenheit seyn, wenn Euch mein Schreiben nicht erreicht hätte; doch will ich das beste hoffen.
Wenn mich diese Reise auch noch einmal so viel gekostet hätte, würde sie mich nicht gereuen. Es giebt kein solches Land mehr wie die Schweiz. Kein Fußbreit Erde, der nicht seine eigne Schönheit hat.
In Bern einen Brief zu treffen, würde mich sehr beruhigt haben. Nach Hofwyl konnte ich nicht – weil ich keine Empfehlungen hätte. Mein Weg führte mich fast daran vorbey. Die ganze Schweiz ist voll Engländer.

Euer gehorsamer August

J. Fenimore Cooper
Eine Nacht in Disentis
1828

Da die Nacht hereinbrach, spornte ich meinen müden Gaul, um Disentis zu erreichen, ehe es ganz dunkel werden möchte; allein die Reinheit der Luft hatte wie gewöhnlich die Entfernungen trügerisch gemacht. Unfähig, meinen Zweck zu erreichen, war ich eine halbe Stunde lang ziemlich ungewiß hinsichtlich des rechten Weges. Die Pfade waren freilich eben und liefen gewöhnlich zwischen niedrigen Zäunen hin, die kaum fünf oder sechs Fuß auseinander waren; allein ihrer waren viele, und ich gewahrte niemanden, den ich hätte um Zurechtweisung bitten können. Die Abtei verlor sich allmählich in der Dunkelheit, und zuletzt war ein Licht in einem fernen Fenster mein einziger Führer im Tale. Indem ich mich auf dem Wege zu jenem Polarfenster hielt, fand ich, als ich näher kam, daß das Licht aus dem ersten Hause eines Fleckchens – der Name Dorf würde hier viel zu anmaßend sein – hervorschimmerte, und daß dies Haus ein Wirtshaus war.

Jetzt begannen die Schwierigkeiten, sich Leuten verständlich zu machen, die ein nur ihnen bekanntes Kauderwälsch sprachen. Es hielt nicht schwer, ihnen zu bedeuten, daß für das Pferd gesorgt werden müßte und daß ich selbst etwas zu essen wünschte; jedoch in Betreff alles Sonstigen war ich wieder an die Sprache der Natur verwiesen. Das Resultat einer höchst verwickelten Unterhandlung war ein aus Milch und Brot bestehendes Abendessen. Mein Hansestädtler in Chur hatte mich besonders vor dem Herbergswirt in Disentis gewarnt, den er einen Gauner und unbarmherzigen »écorcheur« genannt hatte; ich fand dagegen einen höflichen, dienstwilligen und überdies einen höchst bekümmerten Wirt, dem nichts größeren Kummer zu machen schien, als daß er mich nicht verstehen konnte. Doch schien er sich dieses Kummers dadurch entledigen zu wollen, daß er einen Jungen herrief, diesem eine lange Rede in seinem Kauderwälsch hielt und ihn dann von dannen jagte.

Ermüdet, wie ich war, suchte ich unterdessen ein Zimmer und ein Bett zu bekommen. Die Vorkehrungen dazu, der hohle, trommelähnliche Hall in dem hölzernen Gebäude, die groben Bettdecken, die übel schließenden Türen und Fenster und das zu beiden Seiten abschüssige Bett erinnerten miteinander mich stark an jene Zeit, in welcher ich, als Reisender auf den Grenzen der zivilisirten Welt, in ähnlichen Häusern in Amerika übernachtet hatte.

Ich begann eben einzuschlafen, als einer durch einen gewaltigen Ruck die Tür aufschob, und siehe, dicht neben meinem Bette stand ein Mann mit einem Lichte in der Hand! Wird unsere Citadelle auf solche unmanierliche Weise bestürmt, so sind wir sehr geneigt, zu unserer Muttersprache Zuflucht zu nehmen, sobald wir überhaupt es für nötig erachten, zu sprechen. Zudem hatte der Schlummer mich schon beschlichen, während ich über die Ähnlichkeiten zwischen meiner jetzigen Lage und der auf den Grenzen Amerika's grübelte, und so kam mir ganz natürlich zuerst der Gedanke, der Fremde wäre gekommen, um mein Bett mit mir zu theilen. Ich brauche wohl kaum zu sagen, daß *dagegen* sich meine ganze Menschennatur empörte. »Who the devil are you, Sir?« (Zum Teufel, wer sind Sie, Herr?) rief ich unwillkührlich aus; erhielt jedoch keine

andere Antwort als das mit großer Besonnenheit ausgesprochene Wort »serviteur!« Der vor mir Stehende war ein ungewaschener, unbarbirter, übel aussehender Gesell. Ich mußte glauben, er verstände Französisch, und deshalb redete ich jetzt in dieser Sprache zu ihm, allein, ich konnte nichts als das Wort »serviteur« aus ihm herausbringen, das er jedesmal, wie es schien, mit erhöhter Besonnenheit aussprach, als ob er es für ein Schiboleth gehalten hätte. Dieser lächerliche Auftritt dauerte mehrere Minuten, ehe ich das Eigentliche der Sache errieth. Der ehrliche Wirt, in seiner Bekümmerniß, mit mir, einem stattlichen, wohlgekleideten und wohlberittenen Reisenden sich nicht verständigen zu können, hatte den Burschen entsendet, um einen Dolmetscher zu holen, der denn nunmehr mit dem Licht in der Hand und dem Worte »serviteur« im Munde in der Person des Ungewaschenen erschienen war. Es ereignet sich oft, daß man Leute antrifft, die in ihrem engen Kreise für große Geister gelten, die jedoch in erweiterter Umgebung überaus winzig erscheinen; dieser Mensch jedoch, der in Disentis allem Vermuthen nach für einen Sprachforscher galt, war der erste, welchen ich je gesehen hatte, der von einer ihm fremden Sprache nur ein einziges Wort wußte, dies eine Wort überaus schlecht aussprach und dennoch als Dolmetscher herbeigerufen ward!
Während dieser Nacht wurde ich nochmals, jedoch auf ungleich minder unangenehme Weise im Schlafe gestört. In diesen Schweizer Dörfern, die aus leichtbrennendem Material aufgebaut sind, ist es allgemein üblich, Nachts eine Feuerwache zu halten. Ich glaube nicht, daß Disentis mehr als zwanzig Wohnungen umfaßt, dennoch hält es sich seinen Feuerwächter. Ich erinnere mich kaum sanfterer Töne, als die waren, in denen unter meinem Fenster dieser ehrliche Wächter die Stunde in einer Sprache absang, welche der Italienischen nahe kam und vermutlich Rhätisch oder Churwälsch war.

Felix Mendelssohn-Bartholdy
»... das Schweizer Krähen und Jodeln kann ich jetzt perfect«
Lindau, den 5. September 1831

Mir gegenüber liegt die Schweiz mit ihren dunkelblauen Bergen, mit der Fußreise, den Stürmen, den geliebten Höhen und Thälern; hier ist wieder das Ende eines großen Theils der Reise und des Tagebuchs ohnehin. – Heut' Mittag fuhr ich in einer Fähre über den wilden grauen Rhein, oberhalb Rheineck, und nun bin ich schon in Baiern.

Die projectirte Fußreise durch's Baiersche Gebirge ist natürlich aufgegeben; es wäre Tollheit, dies Jahr noch etwas der Art zu unternehmen. Vier Tage lang hat es unaufhörlich, nur mehr oder weniger heftig, geregnet, es war als ob der liebe Gott verdrießlich sei. – Ich kam heut' durch weite Obstgärten, die nicht unter Wasser, sondern unter Schlamm und Lehm standen; alles sieht kläglich und niederschlagend aus; verzeiht mir darum auch den litaneischen Ton; ich habe nie in der Landschaft etwas Traurigeres gesehen als die grünen bewachsenen Hügel voller Schnee, während unten die Fruchtbäume mit den reifen Früchten im Wasser standen und sich abspiegelten. Dieser schmutzige dünne Schnee, wie er sich auf die Tannenwälder und die Wiesen gelagert hatte, sah aus wie die leibhaftige Verwüstung, und da ein Sarganser Bürger erzählte, daß 1811 das ganze Städtchen abgebrannt und jetzt mit Mühe wieder erneuert sei, daß sie hauptsächlich vom Weinbau lebten, der dies Jahr durchaus verhagelt sei, und daß nun sogar die Alpen für diesmal nicht mehr zu brauchen seien, da muß man wohl ernsthaft werden und über dies Jahr nachdenken. Nun ist's aber sonderbar: muß ich in solchem Wetter zu Fuß gehen und recht ordentlich davon ausstehen, so macht es mich nicht verstimmt, sondern im Gegentheil, ich freue mich immer, daß es mir nichts anhaben kann. Als ich gestern mit der Post in einer wahren Dezemberkälte in Altstätten ankam, fand es sich, daß keine Fahrstraße nach Trogen war, wohin ich am letzten schönen Tage unglücklicherweise meinen Mantel und Bündel geschickt hatte. Haben mußte ich es den Abend, denn die Kälte war grimmig; also besann ich mich nicht lange, stieg noch einmal, zum letztenmale, über die Berge und kam in den Canton Appenzell. Wie da in den Wäldern und Hügeln und Wiesen die Stege aussehen, ist unbeschreiblich; einen Führer hatte ich nicht finden können, weil gerade Sonntag und Kirche war; auf dem ganzen Wege begegnete mir kein Mensch; sie waren alle in die Häuser gekrochen, und so trabte ich denn ganz allein auf Trogen los. Wenn man da etwa durch einen Wald kommt, bei solchem Wetter und bei solchen Wegen, da glaubt Ihr gar nicht, welch wunderliches Gefühl von Unabhängigkeit man hat. Noch dazu kann ich jetzt das Schweizer Krähen und Jodeln perfect; so schrie ich denn frisch und sang mir mehrere Jodelcompositionen vor und kam sehr übermüthig nach Trogen. Da waren die Leute grob und ungezogen im Wirthshaus, und so sagte ich höflich: »Laßt euch hängen, ich geh' weiter«, nahm die Karte heraus und fand, daß St. Gallen der nächste ordentliche Ort war, und noch dazu der einzige praktikable Weg. Nun wollte aber kein Mensch mitgehen in dem furchtbaren Wetter; da wollte ich es selbst tragen und schimpfte auf alle Schweizer Biederkeit. Gleich kam aber das Gegenstück, wie es denn oft zu gehen pflegt. Den Boten nämlich, von dem ich meine Sachen abholen mußte, traf ich in seinem wundernetten neugezimmerten Hause, und da war die wirkliche, rechte Schweizerwirthschaft, wie man sie sich denken soll. Er saß mit seiner ganzen Familie um den Tisch, das ganze Haus so reinlich und warm, die Stube geheizt; der alte Bote kam mir entgegen und gab mir die Hand, nöthigte mich zum Sitzen, schickte im ganzen Ort nach einem Träger oder Wagen für mich herum, und da keiner fahren oder gehen wollte, gab er mir endlich seinen Sohn mit – um mein Bündel zwei Stunden weit zu tragen, ließ er sich zwei Batzen bezahlen. Ein wunderschönes blondes Töchterlein saß am Tisch und arbeitete, die alte Mutter las in einem dicken Buch, der Bote selbst in den neuesten Zeitungen – es war prächtig. Als ich fortging, war es, als wollte das Wetter sagen: »Wenn Du trotzen willst, kann ich's auch«, denn es fing mit verdoppeltem Grimm zu wüthen an. Es war zuweilen, als packe eine Faust den Regenschirm und schüttle ihn und drücke ihn zusammen; mit den steifen Fingern konnte ich ihn kaum festhalten. Die Wege waren entsetzlich glatt, so daß mein Führer vor mir der Länge nach in den Schlamm fiel – das that alles nichts, wir fluchten und jodelten von Herzen, kamen endlich beim Nonnenkloster vorbei, sangen ihnen ein Ständchen und gelangten nach St. Gallen.

Da war es denn überstanden, und gestern fuhr ich von dort hierher, fand Abends eine wundervolle Orgel, wo ich »Schmücke dich o liebe Seele« spielen konnte nach Herzenslust. Heute geht es auf Memmingen, morgen auf Augsburg, übermorgen, so Gott will, nach München, und so bin ich in der Schweiz gewesen. Es hat Euch vielleicht gelangweilt, wenn ich Euch alle unbedeutenden Kleinigkeiten schrieb – aber die Zeit ist so böse, da brauchen *wir* es nicht zu sein, und wenn ich Euch mein Tagebuch schickte, so war es bloß, um Euch zu sagen, wie ich überall, wo es mir wohl ist, wo ich Freude habe, Euer gedenken muß und bei Euch bin. – Der schmutzige, nasse Fußreisende nimmt Abschied und will als Städter, mit Visitenkarten, reiner Wäsche und einem Frack wieder schreiben. Lebt wohl.

Alexandre Dumas
Auf Gemsenjagd im Glarnerland
1832

Lehmann hielt Wort: um drei Uhr stand er in voller Jagdausrüstung in meinem Zimmer; ich sprang aus dem Bett und war auch meinerseits im Handumdrehen bereit. Lange zögerte ich zwischen meinem Karabiner, der genauer und weiter schoß, und dem Jagdgewehr, das mir die Chance bot, einen Nachschuß abzugeben; schließlich entschied ich mich für das Jagdgewehr. Die Reste des Essens vom Vorabend standen auf dem gedeckten Tisch; aber es war zu früh am Morgen, als daß ich Lust gehabt hätte, den Speisen zuzusprechen. Ich begnügte mich damit, Kirschwasser in meine Feldflasche zu füllen und mir ein Stück Brot in die Jagdtasche zu stecken. Als Lehmann dies sah, fing er an zu lachen.

»Laden Sie sich nicht zu viel auf«, sagte er, »ich habe unser Frühstück schon mit dabei.«

Mit diesen Worten steckte er ein vorbereitetes Paket in seine Jagdtasche; es sah danach aus, als enthalte es eine reichliche Menge verschiedenen Proviants.

Wir machten uns sofort auf den Weg, schlugen aber, wie es Lehmann bereits angekündigt hatte, eine andere Marschroute ein als am Vortag; anstatt der Landstraße nach Mitlödi zu folgen, gingen wir nun gleich über den Fahrdamm, durchquerten geradewegs die Talsohle und kamen nach einer halben Stunde in einem kleinen Dorf an, das mir mein Begleiter als Seerüti vorstellte. Am anderen Ende des Dorfes begann das Ufer eines sehr hübschen kleinen Sees; wellenlos, still und wie verzaubert lag die Wasserfläche vor uns. Nur ein Bach, der, vom Glärnisch herab über die Kiesel springend, in den verzauberten Feenspiegel hineinfloß, durchbrach sprudelnd die wunderbare nächtliche Ruhe. Wir folgten dem Bach bis an die Quelle; dort angekommen, wollte Lehmann weiter bergan steigen und machte mir Zeichen, ihm zu folgen. In der Tat hatten wir, obwohl noch weit von der Stelle entfernt, an der wir das Wild erwarteten, unser Gespräch seit einiger Zeit abgebrochen; wir fürchteten das unberechenbare Bergecho, das Stimmen bisweilen weiter trägt als allen Gewehrdonner, und wollten nicht durch Unachtsamkeit vorzeitig die Tiere wecken, denen wir unmittelbar bei ihrem Erwachen unsere Aufwartung zu machen gedachten.

Als vorsichtiger und geübter Jäger hatte Lehmann im übrigen auch den Wind geprüft, so daß uns die Tiere, wenn wir uns nur ein wenig in acht nahmen, weder wittern noch hören konnten. Ungefähr eine halbe Stunde lang marschierten wir über recht schwierige, aber gerade noch begehbare Wege; von Zeit zu Zeit kamen wir an großen Schneefeldern vorbei; wir wichen ihnen aus, um das Knirschen des Schnees unter unseren Schritten zu vermeiden. Die Luft wurde spürbar kälter, denn wir näherten uns den vereisten Berghöhen. Schließlich erblickten wir am Fuß einer Felsklippe eine halb in die Erde eingegrabene Hütte; Lehmann stieß die Türe auf und trat hinein.

»So, hier wären wir«, sagte er; »hier können wir reden; es gibt kein Echo mehr, das uns verraten könnte; in einer Viertelstunde haben wir Tageslicht und können unseren Ansitz beziehen.«

»Aber wäre es denn nicht besser, noch im Nachtdunkel an Ort und Stelle zu gelangen?« fragte ich ihn. »Wir würden dann nicht Gefahr laufen, daß die Tiere uns sehen.«

»Stimmt; aber dann könnte eine Gemse, die hinter uns zum Sammelplatz der Herde aufsteigt, auf unsere Spuren stoßen; sie würde nicht nur umkehren, sondern auch noch ihre Gefährten warnen, und wir hätten unseren Gang umsonst getan. Wenn wir erst hinter den Gemsen nach oben kommen, laufen wir keine Gefahr, daß sie etwas wittern. Natürlich könnten sie uns dann sehen, aber dieses Risiko ist gering; es genügt, wenn Sie hinter mir hergehen und meine Bewegungen genau nachmachen; ich wette, daß wir die Tiere dann bei all ihrer Schlauheit doch überlisten werden. Fürs erste machen wir jetzt hier die Tür zu und werden, wenn es Ihnen recht ist, ein paar Kleinigkeiten erledigen, deren Zweckmäßigkeit Ihnen in zwei Stunden noch mehr einleuchten wird als jetzt.«

Unter diesen Worten zündete Lehmann sein Feuerzeug an und öffnete im Kerzenschein eine Art Schrank, in dem ein Topf, eine Bratpfanne und einige Teller standen; dann zog er das Proviantpaket aus seiner Jagdtasche und breitete neben dem Hausrat die Vorräte aus: Wein, Brot, Käse und Butter.

»Ah! Ah!« – war mein beifälliger Kommentar zu seinen Vorbereitungen.

»Verstehen Sie?« sagte er, »wir werden hier, auf dieser Berggalerie, vor einer der schönsten Alpenaussichten, eine Jägermahlzeit einnehmen – ein Fürstenbankett könnte nicht köstlicher sein. Ich dachte, daß Ihnen das besser gefallen wird, als wenn wir nach Glarus zurückkehren.«

»Ganz recht«, sagte ich, »bloß, was wollen wir denn in der Butter so fürstlich schmoren? Haben wir denn überhaupt etwas zu unserem Brot?«

»Na, das ist doch klar! Unsere Mahlzeit kommt aus dem Gewehrlauf.«

»Zum Teufel!« stieß ich hervor, »meiner ist aber leer.«

»Dann laden Sie; mein Gewehr ist schon bereit.«

Ich schob auf der einen Seite eine zehnkörnige Schrotladung in den Lauf; den zweiten Lauf lud ich mit einer Zwillingspatrone.

»So«, sagte ich, »auch ich bin jetzt soweit.«

Lehmann begutachtete das Gewehr, das so schnell und bequem zu laden war; er nahm es mir aus der Hand, sah es sich von allen Seiten an und nickte mit dem Kopf.

»Wollen *Sie* es vielleicht benutzen und mir dafür Ihren Karabiner geben?« fragte ich ihn.

Er zögerte einen Augenblick.

»Nein«, war dann seine Antwort, und er gab mir das Gewehr zurück. »Mein Karabiner ist eine alte Waffe, aber ich kenne sie; seit zehn Jahren schon trennen wir uns nur zur Schlafenszeit. Ich bin dieser Waffe so sicher, wie sie meiner selbst sicher ist; all die neuen Erfindungen der Welt sollen uns nicht auseinanderbringen; nehmen Sie Ihr Gewehr, ich werde bei meinem bleiben; und beeilen wir uns, unseren Posten zu erreichen; die Gemsen sind sicher schon oben versammelt!«

Wir brachen sogleich auf. Am Himmel leuchtete bleich ein erster sanfter Morgenschimmer, und zu unseren Füßen erstreckte sich der kleine See, noch immer im Schatten schlafend. Mit seinem einen Ende stieß er an das Dorf Seerüti, mit dem anderen reichte er bis nach Richisau. Hinter uns erhob sich der Kamm des Bergmassivs; an seiner Längsseite hingen wie ein weißer Haarschopf die unteren Ausläufer eines Gletschers. Nach zwanzig Schritten brach unser Weg ab: Wir standen vor einem breiten Felsenriß von ungefähr einer Viertelmeile Länge; ein Baumstamm war zur Überbrückung über die Schlucht gekippt worden. Ich sah mich um, und da ich keinen anderen Übergang entdecken konnte, ergriff ich Lehmanns Arm; er verstand mich bestens.

»Seien Sie beruhigt«, sagte er leise, »hier gehe ich lang; Ihr Weg ist leichter: folgen Sie der Felsspalte. Am äußeren Ende der Schlucht gelangen Sie an einen großen Felsen, der ein ungefähr zwanzig Fuß breites Plateau überragt; dieser Felsenplatz ist wie eine Insel, denn rund herum bricht das Gelände in tiefe Abgründe ab. Sobald ich meinen Schuß abgebe, werden die Gemsen in diese Richtung laufen;

die Tiere müssen dann alle vom Felsen herab auf das Plateau springen, und von dort auf eine noch weiter bergab liegende Grasfläche. Gehen Sie jetzt an Ihre Stelle, machen Sie kein Geräusch und warten Sie!«

»Kann ich noch einen Augenblick hier bleiben, um zu sehen, wie Sie ohne Balancierstange über diese Schlucht gelangen?«

»Ohne weiteres; das ist gar nicht so schwierig. Schauen Sie mal her!«

Lehmann zog seine Schuhe aus und hängte sich den Karabiner am Tragriemen um den Hals; mit den nackten Füßen klammerte er sich dann in die rauhe Oberfläche des Tannenstamms und schritt mit nicht geringerer Sicherheit, als ich selbst über den Pariser *Pont des Arts* spaziert wäre, über die enge und schwankende Brücke.

In Wirklichkeit war die Sache so erschreckend, daß mir vom bloßen Anblick des Mannes das Schwindelgefühl in den Kopf stieg; Schweiß brach mir aus, die Haare standen mir zu Berge, meine Nerven verkrampften sich, als wollten sie sich ineinander verknoten: ich konnte dem Schauspiel nicht länger stehend beiwohnen und mußte mich auf den Boden setzen.

Nach einigen Sekunden war Lehmann sicher am anderen Rand der Schlucht angelangt, drehte sich um und sah mich am Boden sitzen. An seinem erstaunten Gesichtausdruck erkannte ich, daß er nicht begriff, was mit mir vorgegangen war. Ich erhob mich denn auch sofort und machte mich auf den Weg zu meinem Standort. Nach etwa zehn Minuten kam ich an dem Felsen an, den mir Lehmann beschrieben hatte, und erkannte das Steinplateau oberhalb des trichterförmigen Abgrunds. Ich muß allerdings gestehen, daß ich mir den doppelten Sprung nicht vorstellen konnte, den die Gemsen machen sollten, ragte der Felsen doch gut zwanzig Fuß hoch über dem Plateau in die Höhe, während der trichterförmige Abgrund, der ihn von der tieferliegenden Grasfläche trennte, bestimmt fünfzehn bis achtzehn Fuß breit war.

Nachdem ich mein Gebiet inspiziert hatte, richtete ich mich auf meinem Posten ein. Dann suchte ich mit den Blicken die Stelle, an der ich mich von Lehmann getrennt hatte. Er hatte inzwischen einen langen Bogen durch das Gelände geschlagen, um die Gemsherde im Gegenwind zu haben, und ich sah ihn jetzt, wie er sich an der Bergflanke aufwärts bewegte, und zwar eher wie eine über den Boden gleitende Schlange oder ein sich anschleichender Jaguar, als wie ein Mensch, der von Gott Beine bekommen hat, um zu gehen, und ein Haupt, um frei zum Himmel aufzublicken.

Von Zeit zu Zeit hielt er plötzlich inne und verharrte unbeweglich wie ein Baumstamm; je länger man ihn dann mit den Augen festzuhalten suchte, desto mehr verschwamm alles ineinander. Ich konnte den Jäger vor dem Felshintergrund nicht mehr ausmachen, und erst die nächste Bewegung unterschied das belebte Wesen wieder von der toten Natur. Lehmann glitt listig und vorsichtig vorwärts, alle Unebenheiten und Bodenvertiefungen nutzend, die ihm beim Anpirschen vor dem mißtrauischen Wild Deckung bieten konnten. Plötzlich sah ich ihn hinter einem Busch verschwinden und glaubte, er bleibe dort stehen, wo ihn mein Blick verloren hatte. Aber unvermittelt tauchte er vierzig Schritt weiter oben wieder auf, wie er sich, aufrecht gehend, auf den Knien hockend oder auf dem Bauch kriechend, je nach der jeweiligen Bodenbeschaffenheit, voranbewegte. Schließlich bemerkte ich, daß er hinter einem Felsen haltmachte, den Kopf hob, sein Gewehr ansetzte und einen Augenblick zielte. Dann setzte er das Gewehr wieder ab, ging zehn Schritte weiter, verbarg sich erneut hinter einem Felsen, stützte den Lauf seines Karabiners darauf ab, setzte diesen an die Schulter und verharrte dann unbeweglich wie der Felsen, der ihm als Stütze diente. Man muß Jäger sein, um zu verstehen, was ich fühlte; ich war außer Atem und derart erregt, daß ich mein Herz schlagen hörte. Plötzlich fuhr ein Blitz durch den Berg, eine Sekunde später kam die Detonation bei mir an, rollte über mich hinweg und warf vom Glärnisch ein donnerndes Echo zurück. Lehmann war nach seinem Schuß unbeweglich auf der Stelle verblieben. Ich rätselte noch über den Grund seiner Untätigkeit nach, als er den Vorderlauf seines Karabiners plötzlich von neuem auf den Felsen stützte, anlegte und sich auf ein Ziel konzentrierte. Schon leuchtete ein zweiter Blitz auf, folgte eine neue Detonation. Diesmal erhob sich Lehmann sofort, stieß einen Schrei aus und gab mir das vereinbarte Warnzeichen. Tatsächlich sprang im selben Moment ein Schatten über mich hinweg, landete eine Gemse vor mir auf dem Felsabsatz und schnellte mit einem Sprung, den ich kaum mit den Augen verfolgen konnte, über die davorliegende Schlucht. Ich war von der blitzschnellen Bewegung noch ganz benommen, als bereits ein zweiter Schatten nachfolgte. Einem mechanischen Reflex folgend, legte ich mein Gewehr an. Sobald ein weiterer Schatten vorbeihuschte und den Felsabsatz berührte, schoß ich meine Schrotladung auf ihn ab; Feuer und Rauch schienen ihn mit sich wegzureißen. Ich hastete zum Rand der Schlucht und sah, daß die Gemse, offensichtlich verletzt, den Sprung nicht geschafft hatte und sich mit den Hufen auf der rissigen

Oberfläche der gegenüberliegenden Felswand festzuhalten suchte. Ich nutzte das nur Sekunden währende Straucheln des Tiers, um eine meiner Patronen abzufeuern; das Tier rutschte vom Felsvorsprung ab und rollte in die Schlucht hinunter. Ich warf mein Gewehr zu Boden und stieg von Fels zu Fels, von Baum zu Baum, ich weiß nicht wie, hinab. In diesem Augenblick war von Schwindelgefühl keine Rede mehr; ich sah das Tier, das sich in seinem Todeskampf wand, und hatte Angst, es könne mir nach oben, durch irgendeinen unterirdischen Fluchtweg oder sonstwie noch entkommen. Nur von der Idee besessen, zu dem Tier hinabzusteigen, und ohne mich darum zu kümmern, wie ich wieder hochkommen würde, ließ ich mich zuletzt dreißig Fuß tief über eine Felswand hinabrutschen und befand mich schließlich – ohne anderen Schaden als den Verlust meines Hosenbodens – neben meinem Opfer. Ich stürzte mich wütend über das Tier, weil ich immer noch dachte, es könnte mir entkommen, wenn ich es nicht sofort ergriff. Aber alle Gefahr war vorbei: Das arme Tier war bereits verendet.
Ich band sofort die Läufe zusammen, hängte mir die Gemse um den Hals und machte mich, stolz über meine Beute, auf den Rückweg zu meinem Jagdgefährten. Leider aber begannen hier die Probleme: Ich befand mich im tiefsten Punkt eines trichterförmigen Abgrunds, und an keiner Seitenwand bot der Abhang irgendeine Möglichkeit, ohne fremde Hilfe wieder hochzusteigen. Ich ging den Schacht rundherum ab – wie die Bären des Zoos im Jardin des Plantes. Als ich aber sah, daß ich keine Chance hatte, den Aufstieg mit Anstand zu schaffen, überwand ich meinen Eigensinn und beschloß, Lehmann um Hilfe zu rufen. Ich wollte gerade den Mund aufmachen, als ich ihn auch schon rufen hörte, und antwortete sogleich. Einen Augenblick später erschien er am Rande des Felsplateaus, zwei erlegte Gemsen über der Schulter.
»Was zum Teufel machen Sie denn da unten?« rief er mir zu, »warum sind Sie bloß da hinuntergestiegen?«
»Mein Gott, das sehen Sie doch!« antwortete ich und zeigte auf meine Gemse, »ich bin hinuntergestiegen, um mein Mittagessen zu holen; nur kann ich jetzt nicht mehr hinauf, das ist alles.«
»Ach so«, sagte er, »es sieht ganz danach aus, als ob wir beide Erfolg gehabt hätten. Bravo! Es geht also bloß noch darum, Sie hier herauszuholen.«
»Ja, sicher«, antwortete ich, »das ist im Moment wirklich das dringendste.«
»Gut, warten Sie.«

»Oh, darauf können Sie zählen, ich werde Ihnen nicht entfliehen.«
Lehmann benutzte denselben Weg wie ich und stieg mit erstaunlicher Geschicklichkeit zwischen den Felsen hinunter; nach wenigen Sekunden schon wurde er am oberen Rand der Schrägwand sichtbar, über die ich mich in die letzte Tiefe des Schachts hatte hinabgleiten lassen.
»Lassen Sie mich Ihnen erst die Gemse abnehmen«, rief er mir zu, nachdem er mir ein Seilende zugeworfen hatte, »das Tier macht Sie gute sechzig Pfund schwerer.«
»Mit Vergnügen.«
»Binden Sie die Läufe ans Seilende, die Gemse wird Ihnen den Weg zeigen.«
Als ich damit fertig war, konnte ich mit Genugtuung sehen, wie meine Jagdbeute, von Lehmann hochgehievt, in die oberen Regionen aufstieg; das Tier mußte dabei allerdings an jeder Felskante büschelweise Haare lassen, und nicht selten blieben sogar ganze Fleischteile auf der Strecke. Die Sache machte mir ernste Sorgen.
»Lehmann!« rief ich hinauf.
»Was ist denn?« antwortete der Jäger, der gerade *meine* Gemse in Empfang nahm.
»Wollen Sie mit mir dieselbe Methode anwenden wie mit diesem Tier?«
»O nein!« gab Lehmann zurück, »Sie kommen mit einem anderen Aufzug nach oben.«
»Wird das lange dauern?«
»Fünf Minuten.«
»Gut, machen Sie nur.«
Lehmann verschwand, und ich ging pfeifend auf dem Grund meines Schachts auf und ab. Als die angekündigte Zeit vorbei war, blickte ich wieder nach oben, sah aber niemanden. Ich ließ mich auf einem Felsbrocken nieder, der offenbar wie ich irgendwann in diese Falle hinabgerollt war, und amüsierte mich über meine lächerliche Situation. Nach weiteren zehn Minuten befand ich, die Heiterkeit habe jetzt lange genug gedauert. Ich stand auf und rief: »Lehmann!« – Keine Antwort. Ich rief noch einmal, aber es herrschte nur Stille.
Ich muß gestehen, daß mich hier eine gewisse Unruhe überfiel; ich kannte den Mann nicht, den ich voller Vertrauen zu meinem Jagdgefährten gemacht hatte. Ich saß hilflos fest in einem Berggebiet, das er allein für seine morgendlichen Jagdpartien aufsuchte; ich war fünfundzwanzig Fuß tief in einer Schlucht begraben, deren oberen

Rand ich unmöglich aus eigenen Kräften erreichen konnte; und dabei wußte kein Mensch, wo ich abgeblieben war. Wenn sich dieser Mann in den Besitz meiner Waffe und der fünfzig Louisdors bringen wollte, die ich ihm zur Aufbewahrung anvertraut hatte, so konnte er getrost nach Hause absteigen und in Zukunft in einer anderen Gegend jagen. Er brachte mich nicht einmal um, er ließ mich einfach sterben. Die Befürchtungen waren unsinnig, niemand weiß das besser als ich. Allein, die Ideen, die uns durch den Kopf gehen, stehen eben stets auch mit der Situation im Zusammenhang, in der wir uns befinden, und meine Situation war nun einmal überhaupt nicht zum Lachen, sondern wurde zunehmend unerquicklicher.
Aber ich beschloß, nicht einfach in meinem Loch steckenzubleiben, sondern mindestens einen Versuch zu unternehmen, herauszukommen. Ich suchte in der Felswand nach einem Vorsprung, der den Füßen und Händen eine Stütze bieten konnte, und schickte mich an, an der Wand hochzusteigen. Allein, ich mußte schon bald feststellen, daß dies unmöglich war. Zweimal kam ich drei oder vier Fuß in die Höhe, rutschte aber sogleich wieder herunter – mit zerschundenen Händen und Knien. Als ich eben daran ging, es ein drittes Mal zu versuchen, hörte ich eine Stimme, die mir zurief:
»Wenn Sie auf diese Weise hochsteigen wollen, so ziehen Sie sich doch wenigstens die Schuhe aus!«
Ich wandte den Blick nach oben – es war Lehmann. Sofort kam mir in den Sinn, wie lächerlich es wirken mußte, wenn er etwas von meinen Befürchtungen ahnte. Ich antwortete also ganz beiläufig, daß ich, während er sich verspätet habe, lediglich erproben wollte, ob und wie ich ohne seine Hilfe aus der Schlucht herausgekommen wäre.
»Es ist nicht meine Schuld«, erklärte Lehmann, »ich mußte eine Viertelmeile laufen, um den Tannenstamm zu finden, mit dem ich Sie hochziehen kann. Aber hier ist nun endlich einer. Ich werde Ihnen die Vorrichtung hinunterlassen, sie setzen sich rittlings auf einen der Äste, und ich ziehe Sie dann mit dem Seil zu mir hoch, so einfach ist das.«
Tatsächlich war das Transportmittel ganz simpel: zwei quer über das Baumende gebundene Knüppel bildeten eine Vorrichtung, die den Stamm daran hinderte, sich um die eigene Achse zu drehen. Ich setzte mich auf den Stamm, packte wie ein schlechter Reiter, der sich am Sattelknopf festklammert, mit beiden Händen den nächsten Ast, und auf Lehmanns Befehl »Los!« glitt ich sanft und ohne Stöße

rücklings die Wand hinauf. Nach einigen wenigen Sekunden bereits hielt die Bewegung an, und ich saß oben im Gras. Als ich mich umdrehte, sah ich, fünfzehn Schritte von mir entfernt, Lehmann, der noch immer das andere Ende des Seils, mit dem er mich in die Höhe gezogen hatte, in der Hand hielt.
»Sehen Sie«, nahm er wieder das Wort, »wir haben hier also noch eine weitere Möglichkeit zu reisen, und vielleicht sogar eine, die Sie noch nicht kannten.«
»Das kann man wohl sagen«, antwortete ich. »Ich muß Ihnen allerdings gestehen, daß ich von ihr weniger begeistert wäre, wenn ich sie mir ohne den wackeren und treuen Führer vorstellen müßte, der Sie für mich gewesen sind.«
Lehmann sah mir einen Augenblick lang ins Gesicht, aber offenbar ohne zu verstehen, was ich hatte sagen wollen. Und weil er sichtlich keine Lust hatte, weiter nach dem Hintersinn der für ihn dunklen Äußerung zu forschen, sagte er:
»Haben Sie sich nicht eben darüber beklagt, Sie hätten Schwindelgefühl?«
»Ich glaube schon. Wissen Sie, das macht mich zum unglücklichsten Menschen auf der Erde.«
»Wollen Sie, daß ich Ihnen Abhilfe schaffe?«
»Sie?«
»Ja, ich.«
»Natürlich, das kann mir nur recht sein.«
»Dann geben Sie mir doch mal Ihren Lederbecher!«
»Bitte sehr, hier ist er.«
Lehmann beugte sich über eine der Gemsen, die noch nicht ganz tot war, durchschnitt ihr die Halsschlagader und ließ sie in meinen Becher bluten, bis dieser zu drei Vierteln voll war.
»Trinken Sie das«, sagte er zu mir.
»Blut!« stieß ich mit Abscheu hervor.
»Ja, Gemsenblut. Wissen Sie, das ist das sicherste Heilmittel, das es gegen Schwindelgefühl gibt.«
»Nein danke«, sagte ich, »ich lege keinen Wert darauf, lieber behalte ich mein Schwindelgefühl. Im übrigen habe ich gerade jetzt eher Hunger als Durst, und wenn Sie selbst Appetit darauf haben, will ich Ihnen den Trunk gerne überlassen.«
»Danke«, antwortete mir Lehmann arglos, »ich brauche ihn nicht.«
Und er goß das Blut aus und gab mir den Becher zurück. Dann lud er sich seine beiden Gemsen auf den Rücken und sagte:

»Wenn Sie solchen Hunger haben, dann nehmen Sie Ihr Tier; wir wollen essen gehen. Übrigens: wo haben Sie eigentlich Ihr Gewehr gelassen?«

»Das, ach ja«, besann ich mich, »das liegt noch immer da oben, auf dem Felsabsatz.«

»Lassen Sie, machen Sie sich keine Mühe«, sagte Lehmann. Und, von Stein zu Stein springend, war er im Nu bei der Plattform und kam schon einen Augenblick später mit der Waffe zurück, die er auf halbem Wege gefunden hatte.

Wir machten uns auf den Rückweg zur Hütte, und wie Lehmann vorausgesagt hatte, knurrte mir ganz schön der Magen, als wir dort ankamen. Ich war so hungrig, daß ich, um nicht so lange warten zu müssen, bei der Vorbereitung der Mahlzeit mithelfen wollte und Lehmann fragte, ob ich ihm nicht irgendwie zur Hand gehen könne. Er verwies mich auf einen aus Steinen gemauerten runden Herd und bat mich, Feuer darin zu machen. Ich fühlte mich zunächst ein wenig zurückgesetzt, nur mit so niederen Verrichtungen an den Essensvorbereitungen beteiligt zu sein; aber ich hielt es für das beste, ohne Widerworte zu gehorchen, denn nichts macht einen Menschen gefügiger als ein leerer Magen.

Während ich meinen niederen Pflichten oblag, brach Lehmann eine der Gemsen auf und schnitt das Geschlinge heraus, das zarteste Stück also, das bei den Rehjagden in der Gegend von Paris aus alter Tradition den Forstwächtern zusteht, welche die Jäger auf der Jagd begleiten. Fünf Minuten später schon briet das Fleisch in Butter und Wein, mit Pfeffer und Salz gewürzt, auf dem von mir angefachten Feuer, dessen Nützlichkeit mich nun sogar wieder ein wenig vor mir selbst aufwertete. Unterdessen brachte Lehmann den restlichen Proviant vor die Hütte hinaus, auf die Wiese, von der aus man das ganze Tal überschauen konnte.

»Sagen Sie mir jetzt doch noch«, wandte ich mich an Lehmann, »wie Sie es denn angestellt haben, mit Ihrem Einlader zwei Gemsen zu schießen, während ich es mit meinen zwei Läufen nur auf eine einzige gebracht habe.«

»Oh, das ist ganz einfach«, antwortete Lehmann. »Wenn die Gemsen morgens weiden, hält eine von ihnen immer in fünfzig oder sechzig Fuß Entfernung von der Herde Wache, um die anderen Tiere bei Gefahr zu warnen. Nun müssen Sie wissen, daß der Lärm einer Feuerwaffe die Gemsen am allerwenigsten erschreckt: Sie nehmen ihn wie einen Donnerschlag oder das Geräusch einer Steinlawine wahr. Ich habe zuerst auf das Wachtier geschossen; es fiel,

ohne Alarm zu geben; dann habe ich nachgeladen und das Feuer auf die Truppe selbst eröffnet, die bei meinem ersten Schuß wohl aufgemerkt, sich aber schnell wieder beruhigt hatte. Erst beim zweiten Schuß, mit dem ich einen der Kameraden an ihrer Seite niederstreckte, ergriffen die Gemsen die Flucht, und als ich sah, daß sie sich zu Ihnen hin in Bewegung setzten, habe ich Ihnen das Zeichen gegeben, sie in Empfang zu nehmen, so wie Sie es ja auch getan haben. Übrigens: für einen ersten Anfang läßt Ihr Ergebnis nichts zu wünschen übrig.«
»Schön und gut, aber was halten Sie davon, statt mir Komplimente zu machen, einmal nachzusehen, ob unser Fleisch nun endlich gar ist? Ehrenwort, das würde mich viel mehr interessieren.«
»Bedeutet das, daß Sie also wirklich Hunger haben?« fragte Lehmann.
»Ich sterbe vor Entkräftung.«
»Essen Sie doch inzwischen ein Stück Brot mit Käse!«
»Vielen Dank, aber dafür bin ich nun doch zu sehr Feinschmekker.«
Lehmann sah, daß es jetzt wirklich pressierte, stand auf und kam mit dem Topf zurück.
Dann begann eine jener denkwürdigen Mahlzeiten, an die man sich immer wieder erinnert, so oft man Hunger hat; es war wie bei Honigjäger und Lederstrumpf, als sie in der Prärie den legendären Bison-Nacken verzehrten, den meine Leser sicherlich kennen.
Zwei Stunden später waren wir, unsere drei Gemsen auf den Schultern, auf dem Rückweg nach Glarus und marschierten mitten durch den Ort hindurch. Lehmann hatte mich diesen Weg geführt, angeblich weil er für den nächsten Tag einen Bergführer engagieren wollte, in Wirklichkeit aber wohl eher, damit ich meinen Jägerstolz befriedigen konnte.
Und: Ich weiß nicht recht, ob ich ihm für diese Aufmerksamkeit nicht sogar noch dankbarer war als dafür, daß er mich aus meinem Felsenloch herausgeholt hatte.

Hans Christian Andersen
Winter in Le Locle
1833

Von Chillon ging es zum Juragebirge, ständig aufwärts, und ich gelangte in meine neue Heimat, die kleine Uhrmacherstadt Le Locle.

Sie liegt hoch oben im Jura in einem Tal, das in einer früheren Erdepoche einmal ein See gewesen ist, und es werden noch Versteinerungen von Fischen gezeigt; oft liegen die Wolken unterhalb dieser Höhe, hier war eine Ruhe, eine Stille zwischen den dunklen Tannen, das Gras so frisch grün, und ringsum schimmerten die saftigen, violettfarbenen Krokus daraus hervor. Die Bauernhäuser waren so weiß und sauber und jedes von ihnen voll von Uhren, die die Leute hier anfertigten; die Ebereschensträucher mit ihren roten Dolden erinnerten an die Bilder im Abc-Buch – und die Beeren selbst waren wunderhübsch rot und erinnerten an die Heimat. Le Locle selbst ist eine recht ansehnliche Kleinstadt. Und hier war es, wo ich ein herrliches Zuhause bei guten, lieben Menschen fand, der Familie Hourriet; der Mann war ein Schwager unseres verstorbenen, tüchtigen Urban Jürgensen. Als ein lieber Verwandter wurde ich aufgenommen, es war keine Rede davon, in Pension zu gehen, an einen Ort, wo ich bezahlen konnte, »es ist eine Einladung!« sagten Mann und Frau, sie drückten freundlich meine Hände, die Kinder, selbst die kleinen, schlossen sich schnell an mich an, gerade wir wurden gute Freunde. Zwei prächtige alte Tanten waren dort im Hause, Rosalie und Lydia; für mich war es eine gute Übung im Französischen, wenn ich ihnen von Dänemark erzählen mußte, von ihrer lieben Schwester dort, die sie nicht gesehen hatten, seit sie, als ganz junges Mädchen, mit ihrem Mann fortgezogen war. Man sprach hier oben nur Französisch, konnte nur Französisch, und ich sprach es schlecht, doch verstand man mich gut und ich sie. Es war noch August, aber hier wurde schon morgens und abends bei mir geheizt, an manchen Tagen fiel Schnee, aber ich wußte, unterhalb des Juragebirges war noch warmer und schöner Sommer; ich konnte in zwei Stunden dort hinkommen. Hier lag abends eine gar feierliche Ruhe über der Natur, und drüben von der französischen Grenze, jenseits des Flusses, klangen die Abendglocken zu uns herüber. Ein Stück von der Stadt entfernt stand ein einsames Haus, weißgestrichen und freundlich; man ging hinein, stieg durch zwei Keller und stand nun vor einem Fluß, der für die Welt unsichtbar war, sich durch den Berg zwängte und hier die Räder einer Mühle drehte. Ich ging oft zu diesem Ort und dem etwas weiter wegliegenden Doub-Wasserfall. In dem Roman »O. Z.« ist das Andenken an diese Plätze, an den ganzen schönen Aufenthalt in Le Locle wiedergegeben und bewahrt.

Jedoch war auch in diese kleine Stadt, so hoch auf den Bergen, so ganz von Wäldern umschlossen, mitten in die Stille des Hauses die politische Unruhe gelangt; der Kanton Neuchâtel untersteht bekanntlich Preußen, und nun gab es dort Preußischgesinnte und Schweizerischgesinnte, die, bisher alte, gute Nachbarn, mit einemmal eifrig gegeneinanderstanden, es vermieden, sich zu begegnen, und jeder sang seine Lieder; es kam zu kleineren Hänseleien, und von einer solchen erfuhr ich durch einen echten Schweizer hier: in seiner Stube hatte, unter Glas und Rahmen, das Bild des Wilhelm Tell gehangen, wie er den Apfel von des Sohnes Kopf schoß; das Bild war von einem der Preußischgesinnten entzweigemacht worden: dieser hatte bei einem Besuch den Ellbogen gegen das Glas gedrückt, das zersplittert war und das Bild verdorben hatte; »es ist in böser Absicht getan worden!« sagte er. Alle diese politischen Windstöße gingen indessen leicht über mich hinweg, ich lebte inmitten einer glücklichen Familie und war dort ein willkommener Gast, ich erhielt Einblick in das Hauswesen und die Sitten und Bräuche des Landes, besser als sonst ein Reisender ihn im allgemeinen bekommt; außerdem war ich noch mit einer neuen Dichtung beschäftigt.

Auf der Reise von daheim und während meines ganzen Aufenthaltes in Paris erfüllte mich die Idee zu einer solchen, und nachdem sie allmählich in der Vorstellung fester und fester wurde, alle Einzelheiten klarer hervortraten, hoffte ich durch diese Arbeit meine Feinde zu gewinnen und von diesen als ein wahrer Dichter anerkannt zu werden. Ich wollte das alte Volkslied »Agnete und der Wassermann« behandeln. In Paris vollendete ich den ersten Teil, in Le Locle den zweiten, und beide wurden von hier mit einem Vorwort nach Hause geschickt, das ich heute nicht so geschrieben hätte, aber auch der Agnetestoff würde heute nicht so behandelt werden wie damals; die Vorworte scheinen mir für jene Zeit charakteristisch zu sein. Dieses Vorwort lautete wie folgt:

»Schon als Kind hatte mich das alte Lied von Agnete und dem Wassermann gepackt, seine doppelte Welt: die Erde und das Meer; als Älterer sehe ich das große Abbild des Lebens darin, mit dem nie gestillten Verlangen des Herzens, seinem wunderlichen Trachten nach einem neuen, einem anderen Sein. Lange ist es meine Absicht gewesen, dies so darzustellen, wie es in meiner Seele lebt. Das alte Lied aus der Heimat erklang in meinem Ohr mitten in dem von Leben überströmenden Paris, es begleitete mich auf dem lustigen Boulevard und zwischen den Kunstschätzen des Louvre. Das Kind wuchs unter meinem Herzen, bevor ich es selbst noch so recht wußte.

Fern von Paris, hoch droben im Juragebirge, in einer nordischen Natur, unter schwarzen, totenstillen Tannenwäldern ist Agnete geboren worden, aber sie ist dänisch an Seele und Gemüt. Ich schicke das liebe Kind in mein Vaterland, wo es beheimatet ist. Nehmt es freundlich auf, es bringt Euch allen meinen Gruß; draußen wird jeder Däne uns ein Freund und Bruder, sie geht also zu Anverwandten und Freunden.

Der Schnee fällt vor meinem Fenster, schwere Winterwolken liegen über dem Wald, aber unterhalb der Berge ist Sommer, dort gibt es Trauben und Mais. Morgen eile ich über die Alpen nach Italien hinein; vielleicht habe ich dort einen hübschen Traum, den werde ich alsdann an mein Dänemark schicken; denn der Sohn muß ja der Mutter seine Träume erzählen. Lebt wohl!

Le Locle im Juragebirge, am 14. September 1833
H. C. Andersen«

Meine Dichtung gelangte nach Kopenhagen, wurde gedruckt und kam heraus, man lachte über die Vorrede, über die Tirade von Agnete: »Das Kind wuchs unter meinem Herzen, bevor ich es selbst noch so recht wußte!« Das Ganze wurde kalt aufgenommen, und es hieß, daß ich, um Oehlenschläger zu gleichen, der Meisterwerke heimgeschickt hatte, als er außer Landes war, ihn nun auch unheilvoll nachahmen wollte. In eben den Tagen, als Agnete erschien, geschah es, daß Paludan-Müller sein »Amor und Psyche« herausgab, eine Dichtung, die alle begeisterte und beschäftigte. Die Schwächen meines Buches wurden dadurch gleichsam noch spürbarer; es wurde in der »Monatsschrift für Literatur« besprochen, gelobt wurde es nicht. Auch auf H. C. Örsted hatte das Gedicht nicht die Wirkung, die ich damals erwartet hatte; in einem längeren, freundschaftlichen Brief, datiert vom 8. März 1834, den ich in Italien erhielt, äußerte er sich offen und richtig, was ich damals nicht einsah, wohl aber Jahre später.

Meine Dichtung »Agnete«, mit allen ihren Fehlern, war dennoch ein Schritt vorwärts; meine rein subjektive Dichternatur strebte hier

danach, sich objektiv kundzutun; ich fand mich in einer Übergangsperiode, und dieses Gedicht beschloß sozusagen mein rein lyrisches Stadium. Jahre später äußerte sich die Kritik so sehr viel anerkennender und sagte, wenn auch dieses Gedicht bei seinem Erscheinen geringere Aufmerksamkeit erregt habe als frühere, weniger vollkommene Arbeiten, so klinge dennoch die Poesie hier in tieferen, volleren, kräftigeren Tönen. Als es später gekürzt und mit einzelnen Abänderungen auf die Bühne gebracht wurde, war das ein Versuch, durch eine Sommervorstellung das Haus zu füllen, wie man es nennt, es wurde darauf ein paarmal gespielt, ich war damals auch im Ausland; aber obschon, wie man erzählt hat, Frau Heiberg Agnetes Rolle genial und rührend spielte und Niels Gade eine schöne Musik zu den einzelnen Liedern und Chören komponiert hatte, konnte das Stück sich nicht auf der Bühne halten.
Jedoch lag alles darin Gesagte und Gegebene in meiner und meines Dichtens Zukunft. »Agnete« wurde in die Heimat geschickt, für mich damals eine schöne Statue, nur von mir und von Gott geschaut! Hoffnungen und Träume knüpften sich an diese Dichtung, sie wanderte in den Norden, ich am Tage darauf in den Süden, nach Italien hinüber, wo sozusagen ein neuer Abschnitt meines Lebens beginnen sollte.
Bei der Abreise von den lieben Menschen in Le Locle herrschte richtige Trauer, die Kinder weinten, wir hatten uns ja auch angefreundet, obwohl ich ihr Patois nicht verstand; sie brüllten es mir laut in die Ohren, wohl in der Annahme, daß ich taub sein müsse, wenn ich sie nicht sogleich verstünde. Selbst das Gesinde reichte mir unter Tränen die Hand, und die alten Tanten hatten mir wollene Pulswärmer gestrickt, die ich in der Kälte auf dem Weg über den Simplon anziehen sollte.
Für mich beschließen »Agnete« und der Aufenthalt in Le Locle einen Abschnitt meines Dichterlebens.

Nikolaj Gogol
Genf, den 27. September 1836
An Nikolaj Prokopowitsch

Wie geht es Dir, mein Rotwangiger? Daß Du Dir erlaubst, mir nicht zu schreiben, wo ich mich so furchtbar nach Dir sehne. Bitte, schreibe. Schreibt Dir Danilewskij? Vor drei Monaten sind wir auseinandergegangen, und seither habe ich keine Zeile von ihm erhalten

und weiß nicht einmal, wo er jetzt weilt. Benachrichtige mich und schicke mir seine Adresse, wenn Du sie besitzt. Seid ihr alle wohlauf? Wie geht es euch? Mich kannst Du mit einer Briefplauderei hoch erfreuen, ich selbst aber weiß nicht, was ich schreiben soll. Mir scheint, hier gibt es nichts, was euch erstaunen könnte. Hätte ich diese Reise vielleicht sechs Jahre früher unternommen, so hätte ich womöglich mehr Neues für mich entdeckt. Meine Empfindungen waren damals lebhafter, und vielleicht wäre meine Schilderung damals für euch interessanter gewesen. Jetzt aber beeindruckten mich nur die Eisriesen der Alpen und die alten gotischen Kirchen. Sie brachten mich zumindest auf den Gedanken, daß es für mich noch das eine und andere Neue gibt. Doch vielleicht gewöhne ich mich auch an sie.
Leider nähern wir uns jenen Jahren, da unsere Gedanken und Gefühle sich dem Alten, dem Vergangenen zuwenden, nicht dem Zukünftigen. Was tun! Doch das Alte ist wunderschön. Wann nur kommen wir einmal zusammen und erinnern uns an Neschin, Petersburg und die Jugend? Fröhlich und traurig wird unsere kleine Feier sein. Wie geht es Deinen Unterrichtsangelegenheiten? Hast Du Dir neue Stunden ergattert oder nicht, und gedenkst Du, Petersburg den Rücken zuzukehren? Ich habe gerade gründlich nachgedacht und weiß nicht, ob es gut ist, wenn Du es verläßt. In Petersburg kann man alles tun, dort ist alles verfügbar: gefällt dir die Stelle nicht, tauschst du sie gegen eine andere ein. Dabei bist du, wie auch immer, mehr angeschlossen an die Menschen, an die literarische und christliche Welt. In der Provinz geht das nicht. Und willst du schreiben, gibt es Druckereien und Buchhändler, wohin du blickst. Von all den andern Annehmlichkeiten will ich gar nicht reden, ebensowenig davon, wie schade es ist, Petersburg zu verlassen. Auch mir erscheint Petersburg jetzt als etwas sehr Angenehmes. Im übrigen entscheide so, wie es Dir zum Vorteil gereicht. Benachrichtige mich auf jeden Fall genauestens über all Deine Pläne, Absichten und Beschlüsse. Die Briefe adressiere an mich nach Lausanne; schreibe unten »poste restante«. Was soll ich Dir über die Schweiz erzählen? Ein Panorama nach dem andern, so daß mir davon schon ganz übel ist, und würde ich jetzt auf eine unserer gewöhnlichen flachen russischen Gegenden stoßen mit einer Holzhütte und einem grauen Himmel, könnte mich das in Entzücken versetzen, als wäre es etwas Neues. Ich schreibe Dir nicht von all den Städten und Ländern, die ich bereist habe, weil erstens schon Danilewskij, dessen Stil und Urteil womöglich lebendiger sind als die meinen, über die Hälfte

von ihnen geschrieben hat, und weil es zweitens nichts über sie zu berichten gibt. Von allen Erinnerungen sind mir nur jene an die endlosen Mahlzeiten geblieben, mit denen mich das verfressene Europa verfolgt, und wohl deshalb, weil solche Erinnerungen vom Magen, nicht vom Kopf behalten werden. Ach diese Mahlzeiten! Verfluchte Gewohnheit! Ich esse nur jedes zweite Gericht, in kleinster Menge, trotzdem verspüre ich eine schreckliche Schwere im Magen. Als hätte jemand eine ganze Herde Hornvieh hineingetrieben. Ich bedaure es sehr, daß ich keine Kur gemacht habe. Im nächsten Frühjahr oder Sommer werde ich ihn gründlich reinigen.
Europa beeindruckt das erste Mal, wenn du sein Tor betrittst, die erste Stadt. Malerische kleine Häuser, einmal zu deinen Füßen, ein andermal über deinem Kopf, blaue Berge, ausladende Linden, Efeu, der sich mit Reben an Mauern und Zäunen emporrankt, all das ist schön und gefällt und erscheint neu, weil die Weiten Rußlands nichts dergleichen zu bieten haben; doch später, wenn du das immer wieder siehst, gewöhnst du dich daran und vergißt, daß es schön ist. Von den deutschen Städten ist nach Hamburg Frankfurt die schönste. Prunkend wie ein Stutzer. Ein prächtiger Garten umgibt die ganze Stadt und dient ihr als Mauer. Man sagt, es lebe sich dort fröhlich, besonders im Winter; doch empfinde ich eine Abneigung gegen jüdische Städte. Sommers ist es in Baden-Baden am fröhlichsten. Das ist die Datscha von ganz Europa. Aus Paris, England, Spanien und Petersburg reist das Volk sommers hierher, und nicht etwa, um eine Kur zu machen, sondern um sich möglichst fröhlich die Zeit zu vertreiben. Seine Lage ist so malerisch, daß man sie nur mit dem Pinsel, nicht aber mit der Feder wiedergeben kann. Die Stadt, von Bergen umrahmt, erstreckt sich selber auf einem Ausläufer. Die Geschäfte, das Theater, der Ballsaal – alles liegt in einem Garten und schön beisammen. Ich habe fast einen Monat recht fröhlich in Baden zugebracht, da ich viele Bekannte antraf. Die schweizerischen Städte waren für mich wenig interessant. Weder Basel noch Bern oder Lausanne haben mich beeindruckt. Genf ist größer und schöner und erregte meine Aufmerksamkeit dadurch, daß es etwas Hauptstädtisch-Europäisches an sich hat. Fast jedes Haus ist mit Affichen und Buchplakaten beklebt, die in Paris auf gelbem Papier in Riesenbuchstaben gedruckt wurden: jeder Buchstabe größer als ein Dantschenko. Die Nähe zu Frankreich ist spürbar. Genf liegt unmittelbar am Genfer See, der fast wie ein Meer aussieht. Die Kulissen bilden auf der einen Seite die blauvioletten Savoyischen Alpen, hinter denen der Montblanc seine schneebe-

deckte Spitze emporreckt, auf der anderen Seite eine blaue Bergkette namens Jura, die zu Frankreich gehört. In Genf verbrachte ich mehr als einen Monat, schließlich aber hielt ich es wegen des hiesigen dummen Klimas nicht mehr aus. Die Winde hier sind schrecklicher als in Petersburg. Das reinste Tobolsk. Ich fahre jetzt ins kleine Städtchen Vevey, das ebenfalls an diesem See liegt, nicht weit von dem Dir bekannten Schloß Chillon. Dort ist das Klima ganz anders, weil der Berg vor dem Nordwind schützt. Heute morgen habe ich den alten Voltaire besucht. Ich war in Ferney. Der Alte lebte gut. Zu seinem Haus führt eine lange, wunderschöne Allee, Kastanienbäume in drei Reihen. Das Haus aus gräulichem Stein ist zweigeschossig und noch ziemlich solide. Ich [...] in den großen Raum, wo er speiste und empfing; alles steht unverändert, dieselben Bilder hängen an den Wänden. Aus dem großen Raum führt eine Tür in sein Schlafgemach, das zugleich sein Arbeitszimmer war. An den Wänden hängen die Porträts all seiner Freunde – Diderots, Friedrichs, Katharinas. Das Bett ist bezogen, die alte Decke aus Mull fadenscheinig, und ich hatte den Eindruck, daß gleich die Tür aufgeht und der Alte in der bekannten Perücke, mit gelöstem Binder wie der alte Kromida eintritt und fragt: »Was wünschen Sie?« Der Garten ist sehr schön und groß. Der Alte wußte ihn zu gestalten. Mehrere Alleen haben sich zu einem dichten Gewölbe vereinigt, das kunstvoll beschnitten wird, andere wachsen unregelmäßig, und über eine ganze Längsseite des Gartens zieht sich eine Wand aus bogenförmig gestutzten Bäumen hin, und durch diesen Bogengang sieht man unten eine zweite Allee sowie eine, die zum Wald führt, in der Ferne aber den Montblanc. Ich seufzte und kritzelte in russischen Buchstaben meinen Namen hin, ohne recht zu wissen, wozu.

Hast Du Danilewskijs Brief aus Hamburg bekommen, dem ich einen kleinen Nachsatz hinzugefügt habe? Erinnerst Du Dich an meine Bitte bezüglich des Porträts und der sorgfältigen Aufbewahrung der handschriftlichen Bücher und Papiere, die ich bei Dir zurückgelassen habe? Schreibe mir bitte, schreibe häufiger. Du weißt, was es hier bedeutet, einen russischen Brief zu erhalten, erst recht von Dir. Grüße all die Unsern von mir: Jules, Pastschenko und die andern, und wenn ihre Hände noch nicht versagen, mögen sie mir schreiben, solange ihre Geduld ausreicht.

Vergiß nicht, die Briefe nach *Lausanne* zu schicken. Lebwohl, mein Rotwangiger. Ich umarme Dich. Einen Gruß an Marija Nikiforowna.

Georg Büchner
Zürich, den 20. November 1836
An die Familie

Was das politische Treiben anlangt, so könnt Ihr ganz ruhig sein. Laßt Euch nur nicht durch die Ammenmärchen in unseren Zeitungen stören. Die Schweiz ist eine Republik, und weil die Leute sich gewöhnlich nicht anders zu helfen wissen, als daß sie sagen, jede Republik sei unmöglich, so erzählen sie den guten Deutschen jeden Tag von Anarchie, Mord und Totschlag. Ihr werdet überrascht sein, wenn Ihr mich besucht; schon unterwegs überall freundliche Dörfer mit schönen Häusern, und dann, je mehr Ihr Euch Zürich nähert und gar am See hin, ein durchgreifender Wohlstand; Dörfer und Städtchen haben ein Aussehen, wovon man bei uns keinen Begriff hat. Die Straßen laufen hier nicht voll Soldaten, Akzessisten und faulen Staatsdienern, man riskiert nicht, von einer adligen Kutsche überfahren zu werden; dafür überall ein gesundes, kräftiges Volk und um wenig Geld eine einfache, gute, rein republikanische Regierung, die sich durch eine Vermögenssteuer erhält, eine Art Steuer, die man bei uns überall als den Gipfel der Anarchie ausschreien würde ...
Minnigerode ist tot, wie man mir schreibt, das heißt, er ist drei Jahre lang totgequält worden. Drei Jahre! Die französischen Blutmänner brachten einen doch in ein paar Stunden um, das Urteil und dann die Guillotine! Aber drei Jahre! Wir haben eine gar menschliche Regierung, sie kann kein Blut sehen. Und so sitzen noch an vierzig Menschen, und das ist keine Anarchie, das ist Ordnung und Recht, und die Herren fühlen sich empört, wenn sie an die anarchische Schweiz denken! Bei Gott, die Leute nehmen ein großes Kapital auf, das ihnen einmal mit schweren Zinsen kann abgetragen werden, mit sehr schweren. –

Stendhal
Genfer Mädchengesellschaften
1837

Ich glaube, viele meiner Leser haben schon von den besonderen Genfer Bräuchen gehört: Ich meine die patriarchalischen Sitten der jungen Mädchen. Aber das folgende Detail finde ich so rührend und anmutig, daß ich um Erlaubnis bitte, hier noch einmal davon berichten zu dürfen.

Acht oder zehn Mädchen im Alter von sieben oder acht Jahren kommen zusammen, um gemeinsam zu arbeiten und zu spielen; diese Gemeinschaft hat Bestand, bis die letzte Teilnehmerin gestorben ist. Auch zehn Jahre später also werden acht oder zehn Fräulein von nunmehr siebzehn oder achtzehn Jahren sich wieder für einen Tag bei einer von ihnen treffen, an einem Tag nota bene, an welchem die Eltern, die Brüder und die anderen Töchter des Hauses ihrerseits an eigenen auswärtigen Gesellschaften teilnehmen, so daß die Mädchen sich in Abwesenheit der Familie versammeln können.

Die Gruppe der acht oder zehn Fräulein besteht in dieser Form weiter, bis die erste von ihnen heiratet. Dann ändert sich alles; denn die Jungverheiratete stellt den Ehemann ihren Freundinnen vor, und sofort schlagen auch diese je einen jungen Mann zur Aufnahme in die Gesellschaft vor. Für diese Kandidaten findet dann eine Wahl statt, und die Stimmenmehrheit entscheidet darüber, ob der jeweilige Anwärter aufgenommen wird oder nicht.

Der junge Mann erhält dann eine Spielkarte, Pique Acht oder Karo-Bube, auf der man ihm Mitteilung macht, daß das Fräulein Soundso, das er vielleicht noch gar nicht kennt, ihn gerne demnächst zu einer Abendeinladung empfangen würde. Bei näherer Erkundigung erfährt er dann, daß er von diesem oder jenem Mädchen aus seinem Bekanntenkreis zur Aufnahme in die Gesellschaft vorgeschlagen wurde.

So besteht die Gesellschaft als solche nach der Heirat eines der jungen Mädchen zwar fort, aber sie empfängt jetzt die jungen Männer, über deren Aufnahme abgestimmt wurde. Es herrscht bei ihren Zusammenkünften jedoch immer eine Atmosphäre reiner Unschuld, wenngleich die Höflichkeit vielleicht etwas gezwungen wirkt; fremde Frauen übrigens könnten dabei niemals Zutritt erlangen.

Außer den Zusammenkünften veranstaltet man auch Bälle, wobei die jungen Leute von demjenigen Mädchen eingeladen werden, in dessen Wohnung der Ball stattfindet. Vater, Mutter und Großeltern gehen auch an diesem Tag wieder außer Haus.

Manchmal geschieht es, daß am Ende des Balls die Väter eintreffen, bisweilen auch die Brüder, um ihre Töchter oder Schwestern in Empfang zu nehmen. Die Mädchen, die niemand abholen kommt, werden von ihren jungen Bekannten heimbegleitet.

Man kann sich denken, daß sich inmitten dieser gemütlichen und unschuldigen Beziehungen leicht die Liebe einstellt; soweit ich be-

griffen habe, begibt sich dann der reichere von den beiden betroffenen Vätern zum andern, um die Angelegenheit zu regeln.
In einer Stadt des Geldes mag es überraschen, daß nicht das Geld die Heiraten bestimmt. So habe ich z. B. einen geistig wenig bemerkenswerten jungen Adligen mit achtzehntausend Livres Vermögens ein junges Mädchen heiraten sehen, dessen ganze Mitgift aus einer Leibrente von fünfhundert Franken bestand!
Sobald über die Heirat auch zwischen den Großeltern Einigung erzielt worden ist, wird der Familie und den nächsten Bekannten davon Mitteilung gemacht. Von nun an darf sich die junge Frau allein in Begleitung ihres Verlobten zeigen, wo es ihr gefällt. Auf Bällen tanzt sie nur mit ihm.
Es ist natürlich denkbar, daß die bekannte Genfer Vorsicht alles Mögliche unternimmt, damit eventuelle Unregelmäßigkeiten in diesen Dingen Fremden nicht zu Ohren kommen; aber ich bin überzeugt, daß die Sache auf diese Weise in Genf nur ganz selten wirklich schiefgeht.
Nichts ist übrigens seltener als die Lösung einer offiziell bekanntgegebenen Verlobung. Einmal nur, vor ungefähr zwanzig Jahren, hat, wie zu hören ist, eine Verlobte mit einem anderen Kavalier als ihrem Verlobten getanzt, was dieser prompt zum Anlaß nahm, die Verlobung aufzulösen. Dem Mädchen, das aus sehr reichen Verhältnissen stammte und zudem äußerst geistreich war, scheint dieser Ausgang allerdings kaum etwas ausgemacht zu haben.
Ist es Calvin, dem die Genfer die bewundernswerte Einrichtung ihrer Jungmädchen-Gesellschaften verdanken? Ich bin mit keinem Genfer derart intim vertraut, daß ich es wagen könnte, ihn über eine so delikate Angelegenheit zu befragen. Vor allem aus dem Munde eines Franzosen würde die Frage schockierend wirken. *In Paris werden die Heiraten von den Notaren arrangiert.* Allein, diese Tatsache, so grausam sie ist, bringt uns den Spott ganz Europas ein, und sogar mehr noch als nur den Spott. Was soll eine Pariserin nach zwei, drei Jahren Ehe, wenn die Illusionen alle davonzufliegen beginnen, den Verführungen einer neuen Liebschaft entgegensetzen?
Zugegeben: die Genfer leben in der ganzen Traurigkeit der englischen Sitten, aber zumindest finden sie abends in ihrem Hause, so eintönig es dort auch zugehen mag, die Frau vor, die sie in ihrer Jugend erwählt und geliebt haben.

Georg Herwegh
Zürich, 11. 2. 1843
An Arnold Ruge

Mein lieber Freund!
Ich habe mich tagtäglich mit der jämmerlichsten Misère herumzuschlagen, daß ich zu keinem vernünftigen Worte an Sie gelangen kann. Was ich Ihnen sagen könnte, wäre doch Alles nur halb, u. so laß ich's lieber ganz bleiben. Der arme ungeborne Deutsche Bote ist in den Augen unserer Septembristen schon zu einem solch colossalen Ungethüm herangewachsen, daß der Regierungsrat in seiner Herzensangst, vom Auslande Noten über den Hals zu bekommen, nach 2tägiger Sitzung einstimmig beschlossen, mich aus Zürich auszuweisen, ob ich das Schweizer Bürgerrecht erhalte oder nicht. Seitens der Buchhandlung wurde heute remonstrirt, da mir der Beschluß noch nicht eröffnet ist. Die Remonstration wird wenig helfen. Gott weiß, wo mich der Teufel nun hinführt. Zunächst will ich heiraten u. dann eine Reise nach dem Süden machen, vorher natürlich den Deutschen Boten, u. zwar als Vierteljahrschrift, hinauswerfen. Schicken Sie daher, was Sie nur immer Passendes für denselben haben. Wollen Sie sich nicht selbst über das Verbot der D. J. recht con amore u. rücksichtslos auslassen? Das müßte freilich bald geschehen, Feuerbach hat mir vor längerer Zeit Xenien gegen die Theologen zugesagt, dieselben mir aber bis dato noch nicht gesandt. Sie wissen wohl, wo F. sich gegenwärtig aufhält; ich vermute ganz in Ihrer Nähe. Erinnern Sie ihn dran. Es ist mir viel daran gelegen, Sie ins erste Heft zu bekommen. Trommeln Sie überhaupt Etwas zusammen, daß aus dem Kerl, dem D. B., weil man ihn einmal für so gefährlich hält, auch in der That 'was wird. Sie sind nun schon dabei compromittirt u. Ihr Name spukt tägl. in unseren Zeitungen.
Auch Strauß hat ein Duzend Xenien gegen einige Lieblingsbestrebungen der Könige von Preussen und Baiern gesandt; eines gegen den König von Baiern ist die Krone von allem – Emma hat Berlin herzlich satt, u. hat sich schon so gefreut, Sie hier bei uns zu sehen. Nun ist's nicht hier, ist's dort wo in der Schweiz. Bis ich die tausend Tracasserien wieder vom Leibe habe, die mir meine ganze Zeit verbittern, werde ich kein vernünftiger Mann u. bleibe zu Allem untauglich. Ist's nicht möglich, etwas Drauf u. Dreinschlagendes über den jüngsten sächsischen Landtag zu erhalten? Vergessen Sie nicht die schönen Tage von Leipzig. Ich grüße Sie u. Ihre Damen herzlich, u. wollte, Sie wären bei uns.

Marco Minghetti
Meine Genfer Beobachtungen
1843

Nachdem ich die Alpen überschritten hatte, hielt ich mich etwa einen Monat in Genf auf. Da lebte meine gute Freundin Caterina Ferrucci und ihr Mann, und groß war meine Freude, sie nach sechs Jahren wiederzusehen.

Dieser Van Berchem gehörte zu den konservativsten Kreisen der Stadt; mit liebenswürdiger Beflissenheit führte er mich in die Villen der vornehmsten Herrschaften, und zwar nicht nur einmal, sondern öfters, und häufig waren wir dort zusammen zum Essen eingeladen. So lernte ich die De la Rive kennen, die Pictet, die Mercet, die Saladin, die Ragaud, auch die Calandrini, die Ferrettini (italienische Emigrantenfamilien aus der Zeit der Reformation). Auf diese Weise machte ich durch seine Vermittlung familiäre Bekanntschaft mit der aristokratischen Partei. Andererseits hatte ich Wohnung genommen im Hotel Balance, wo Fazy, Carteret und andere Häupter der Genfer Demokratie alle Tage zum Essen kamen, wozu sie häufig auch ihre Freunde einluden, wie auch Verschwörer, die aus allen Teilen Europas sich hier in Genf zusammengefunden hatten. Kurz vorher war auch Prinz Napoleon hier gewesen, der nach den Straßburger Vorfällen und den von Frankreich erhobenen Beschwerden kurz und heimlich hierherkam. Auch Deutsche und Polen waren da. Mazzini hatte von hier aus jenen kindischen Einfall nach Savoyen ins Werk gesetzt.

Indem ich so unter ihnen lebte, lernte ich auch jene Partei kennen, deren trefflichster Vertreter der Mailänder Camperio war, den ich häufig bei den Ferrucci traf. Er kämpfte damals in den Reihen der Radikalen und wurde später Bürgermeister von Genf.

Die politischen Einrichtungen der Republik waren sehr weitherziger Art, für die Wahlen galt das allgemeine Stimmrecht. Und doch wählten sie seit langer Zeit dieselben Leute in die Regierung: eine Aristokratie ohne Titel und ohne Vorrechte, doch bestehend aus den alten Familien entstammenden, achtbaren, begüterten und gelehrten Männern. Von diesen letztern herrschte hier Überfluß; und wenn auch der Glanz der Akademie dadurch etwas verdunkelt war, daß Gelehrte wie de Candolle, Dumont, Sismondi, Pellegrino Rossi teils gestorben, teils weggezogen waren, lehrten an ihr doch immer noch hervorragende Männer, und viele Studenten, auch Ausländer, besuchten sie.

Die öffentliche Sicherheit war vollkommen und die Straffheit und Rechtschaffenheit der Verwaltung ließ nichts zu wünschen übrig. Die Staatsrechnungen wurden mit allen Einzelheiten veröffentlicht und waren durchaus klar. Die kleine Republik regierte sich und erfüllte ihre innern Staatsaufgaben sowohl wie diejenigen als Mitglied der Eidgenossenschaft mit beschränkten Finanzmitteln: eine Million und dreimalhunderttausend Lire genügten dafür. So mochte man sich sagen, daß eigentlich nichts mehr zu wünschen übrig bleibe. Und doch hatte dieser Zustand auch seine Gebrechen. Obwohl aus Volkswahlen hervorgegangen, hatte diese Regierung ihrem Ursprung nach etwas Altväterliches, ihrer Handlungsweise nach etwas Patriarchalisches an sich. Sie hielt sich die neuen Männer, die ebenfalls an der Macht und an den daraus erwachsenden Vorteilen Anteil haben wollten, möglichst vom Leibe. Außerdem hielt sie darauf, daß Genf jene religiös und moralisch starre Wesensart bewahre, die Calvin ihm aufgeprägt hatte. Und wenn auch die Gewissens- und Kultusfreiheit an sich respektiert wurde, so war doch, wer sozusagen nicht genferischen Glaubens war, wer sich nicht offensichtlich dazu bekannte, in der guten Gesellschaft scheel angesehen. Durch diese Pedanterie fühlten sich die keiner Partei Angehörenden abgestoßen; vor allem aber erregte sie den Zorn der Katholiken, war doch im Jahre 1815 der Kanton Genf durch die Einverleibung einiger katholischer Bezirke vergrößert worden, und die Zahl der Katholiken war in ständiger Zunahme begriffen ... Dazu kam, daß in Genf viele Arbeiter, auch Nichtschweizer, zusammenströmten, und endlich fanden dort auch die politischen Emigranten aus allen möglichen Ländern gastliche Aufnahme.
So war es denn ein Leichtes für einige gescheite und kühne Agitatoren, alle diese unruhigen Elemente zu sammeln, zu organisieren und sich ihrer als Sturmbock zu bedienen, um die Regierung zu stürzen, die über keine starken Kräfte verfügte. Und außerdem war sie gerade wegen jener Gesinnung, die ich vorhin als altväterlich bezeichnet habe, von großer Nachgiebigkeit und Duldsamkeit. Es widerstrebte ihr, kraftvolle Maßnahmen zu treffen; inzwischen wuchs das Übel und breitete sich aus. Im Februar dieses Jahres, 1843, war es zu einem wirklichen Revolutionsversuch gekommen ...
Die Regierung blieb Sieger; aber auf Verlangen der Aufständischen, die, obschon gebändigt, ihre Waffen noch nicht niedergelegt, auch ihr prahlerisches Wesen nicht abgelegt hatten, gewährte sie eine allgemeine Amnestie. Ich kam kurz darauf dort an und fand infolgedessen die Geister noch erregt von den neuerlichen Vorfällen und

voller Angst vor der Zukunft. In den herrschaftlichen Häusern hörte man lauter Klagen über die vergangene Herrlichkeit und scharfe Urteile gegen die wilde Demokratie, die sich anschickte, das alte ruhmreiche Genf zu vernichten. Die Emigranten wurden als eine Pest angesehen, und der Anschluß der Katholiken an den Kanton als ein Gift, das schließlich das Blut der Republik verderben werde.

Von da an schien mir klar, daß eine absolute Demokratie, wenn sie nicht als Gegengewicht eine festgefügte Regierung und einen starken politischen Organismus hat, sehr bald in Anarchie verfallen werde. Zwar stieß ich, als ich andere Kantone der Schweiz durchstreifte und ihre Einrichtungen studierte, auch auf das Gegenteil, indem ich dort Ordnung und Wohlergehen vorfand, wie es auch zügellose Demokratien gab mit patriarchalischen und schwächlichen Regierungen. Aber diese scheinbaren Widersprüche fanden, wenn ich sie mir überlegte, leicht ihre Erklärung. In den wohlgeordneten Kantonen bestand die Bevölkerung zum größten Teil aus Grundeigentümern, die ihr Land selbst bebauten. Auch die Industriearbeiter besaßen ein kleines Stück Land zu Eigentum, das sie, abwechselnd mit der Fabrikarbeit, selbst bearbeiteten. Keine großen Städte, keine zusammengedrängten Volksmassen, keine Emigranten, so war auch die ganze Volksart gesetzter und überlegter.

Im Kanton Genf dagegen war der wesentlichste Bestandteil Industrie und Handel. Das Gemeinwesen beanspruchte das ganze öffentliche Leben für sich, und die Arbeiter, zum Teil Fremde, waren ein leicht zu meisterndes Instrument in den Händen abenteuerlustiger, geldgieriger, von keinem strengen Moralempfinden gehemmter Tribunen. Wenn ich den gegenseitigen Haß der beiden Parteien bedachte, fiel mir jener Spitzname ein, der im sechzehnten Jahrhundert in Italien umging: Genf die Stadt der Unzufriedenen. Und vielleicht rührt aus jener Zeit religiöser Wirren und politischer Unzufriedenheit das Bologneser Dialektwort her, das eine ungeordnete und gefahrvolle Versammlung als eine »genferische« bezeichnet. So, wie man in andern Ländern von einer »babylonischen« sprechen würde.

Auf meiner Fußwanderung durch einen guten Teil der Schweiz lernte ich Agassiz kennen, mit dem ich viele erfreuliche Unterhaltungen über Geologie und über die Gletscher pflog. Er hatte mich eingeladen, ihn im August am Finsteraarhorn aufzusuchen, und wirklich folgte ich bei meiner Rückkehr pünktlich der Einladung; aber das Wetter verschlimmerte sich derart, daß weder er sich dort

hätte einfinden, noch auch ich irgend etwas von jener Aussicht hätte genießen können ...
Das Oberland und vor allem Interlaken scheint mir von den Fremden verdorben. Diese Hirten, die im Ringkampfe nach altem Brauch sich maßen und doch nichts anderes waren als Hanswurste einer Komikergesellschaft, diese Bauernmädchen, welche die Ziegen unter den Flühen auf die Weide führten, und doch nichts anderes waren als Pariser Kokotten, sie erweckten in mir tiefsten Widerwillen ... Die Fälschung einer- und die Reklame andererseits sind zwei unserer Zeit eigentümliche Krankheiten (und jede Zeit hat ihre Übel); sehe jeder, wie er ihnen entgehe, und wehe dem, der hereinfällt!

Gustave Flaubert
Von Brig nach Genf
1845

Brig. – Wieder die kleinen Frauenhüte. – Eine schwarzhaarige Schöne lächelt an ihrem Fenster. – Laubschmuck für Fronleichnam auf allen Straßen, grüne Girlanden an den Fenstern der Häuser. – Die Menschen hier haben eine irgendwie germanische und dumme, wenn auch gutartige Höflichkeit. Blonde, sanfte Typen; keine Eleganz im Auftreten der Frauen, auch wenn ihr Aussehen angenehm ist; weder Strenge noch Feuer in ihrem Blick. – Das Gut eines Bourgeois, der ein Kontor in Turin hat und dem Kaiser nachtrauert. – Die Kirche am Ende der Promenade, eine halbe Meile von hier, durch scheußliche Holzplastiken entstellt. – Italien, adieu! – Beim Verlassen der Kirche links ein großer Berg, unten Wiesen, auf halber Höhe Schnee und Felsen, ein nackter Gipfel. Das ist ein Beispiel für die Kunst des großen Meisters. Wie alle Töne ineinander übergehen und wie alle Übergänge behutsam verteilt sind; nie zerreißt der Zusammenhang, und doch ist es nie das gleiche!
Von Brig nach Martigny. – Links schneebedeckte Berge, grüne Täler, ein schöner Landstrich, vor allem von Sitten nach Martigny. Es ist die echte grüne Schweiz, verschneit auf den Berggipfeln, üppig fruchtbar in den Tälern. – Mittagessen in Sierre, beim Schwager der Hoteleignerin vom Simplon. – Die drei schwachsinnigen Frauen, ihre Pantomime, als ich ihnen Geld gebe. – Der Ausdruck. – Viereckiges Gesicht, Stupsnase, Kropf. – Sie machten mir in ihrer Zeichensprache klar, daß sie mich mögen, strichen sich mit den Händen

übers Gesicht. – Ich habe Achtung vor Irren und Tieren; spüren sie vielleicht, daß ich sie gut verstehe und zu ihrer Welt Zugang habe?
Martigny. – Herr und Frau Bonsor. – Frauen verkaufen Holzsachen; sie sind schmutzig und ungekämmt in ihren Berner Trachten; Kleinstadtgören mit Ambitionen. Eine Gitarre, ein Gedichtband und vielleicht ein Roman (die 2 anderen Bände) auf dem Sofa. – Ein Wasserfall links vom Fahrdamm, weiße Gischt sinkt herab und läßt sich vom Wind davontragen, schäumendes Silber. Dort hat einst die Fee, in den Lüften schwebend, ihre Alabasterfüße gebadet. Das Geräusch eines Wasserfalls ist anders als das eines Wildbachs, ein Fluß rauscht anders als ein See; sie vermählen sich alle miteinander und spielen ewig Trennung. Ich habe mich an das Rauschen der Wasserfälle im Lis-Tal erinnert und wieder an meine Pyrenäen-Führer gedacht.
Saint-Maurice. – Eine schwachsinnige blinde Alte; sie betete mit Inbrust, ihr Gesicht bleich und siech; sie fragte nach dem Stiftsherrn. Wo war der Stiftsherr?
Chillon. – Türmchen am Seeufer. Man durchschreitet zwei Räume, einen großen und einen kleinen, mit Deckengewölben wie unterirdische Verliese und mit schweren gotischen Säulen; dann gelangt man in den Raum des Gefangenen. – Ein Fuß hoch über dem Boden ist ein Ring eingelassen. Der Felsen rund herum ist von den Schritten ausgewetzt; der Gefangene konnte sich nur im immergleichen Halbkreis bewegen. An einer nächsten Säule hängt ein Ring für einen seiner Brüder. – Auf der dritten Säule vom Eingang aus steht Byrons Name, zwei Säulen vor der des Gefangenen; der Name ist in den Stein gemeißelt, quer darüber zieht sich in ganzer Länge ein Balken, als ob man den Namen habe durchstreichen wollen. Die Inschrift ist schwarz: kommt das schon vom Alter oder hat man einfach Tinte benutzt, um die Buchstaben aufzufrischen? Inmitten all der obskuren Namen, deren Kratzspuren den Stein überziehen, leuchtet sein Name allein wie mit Feuer geschrieben. Ich habe mehr an Byron gedacht als an den Gefangenen von Chillon. Oberhalb des Namens ist der Stein ein wenig verwittert, so als ob ihn die riesige Hand, die sich hier so lange aufgestützt hat, abgenutzt hätte. Ich habe mir diese Hand dabei vorgestellt, wie sie die fünf Buchstaben einritzt. Als ich in das Verlies trat, den Namen von Byron sah und mir vorzustellen versuchte, wie sehr er da gelitten haben mochte – nein, eigentlich beim bloßen Anblick des Namens –, ergriff mich eine ganz riesige Freude; ich legte meine Hand aufs Herz und spürte es schneller schlagen als den Augenblick zuvor; erst dann bin ich zur

Säule des Gefangenen weitergegangen. – Victor Hugo, in Druckbuchstaben, mit einem Zeichenstift; der Name G. Sand ist mit einem Messer eingeritzt – auf der Säule, die nach der von Byron kommt, der Säule des Bruders; auf der Seite, die der Sockel der rohen Felswand zukehrt, steht deutlich lesbar der Name von Pauline Viardot, geborene Garcia. – Im Stockwerk darüber eine kleine Waffenkammer, Blick auf den See. Die Berge spiegelten sich darin, die beschneiten Stellen wirkten in diesem Spiegel wie weiße Fackeln auf den Bergspitzen, sie zogen lange Lichtfurchen durch den Schatten. Nicht weit vom Ufer steht ein hübsches Landhaus mit einer runden Rasenfläche davor, unter den Bäumen spielen Kinder in Sommerkleidern.

Clarens. – Ungefähr an der Grenze des Kantons ließ ich den Wagen anhalten, stieg aus und trat in einen kleinen bepflanzten Hof ein; das hohe Gras darin wurde gerade gemäht; zur Landstraße hin war der Hof durch eine niedrige Mauer abgegrenzt. Ich ging auf den Herrn zu, der mir der Besitzer des Anwesens zu sein schien, und fragte, ob das Haus von Madame de Warens noch existiere. Ohne mich richtig ausreden zu lassen oder mich überhaupt zu verstehen, verwies er mich an einen jungen Mann in Gärtnerkleidern, der ein Stück weiter das Gras mähte; diesen erheiterte meine Frage. Er war blond, hatte einen sanften und zarten Ausdruck im Gesicht, ein wenig wie Jean-Jacques, dem er ähneln mochte. Das Haus von Madame de Warens sei seit langem zerstört; er zeigte mir den Standort. Das Haus befand sich am Fuße eines kleinen Hügels, die Stelle ist jetzt mit Bäumen bewachsen, oberhalb einer Talmulde, mit den Bergen im Hintergrund, dem See am Horizont; hinter der Enge der unmittelbaren Umgebung kommt ein umfassender Ausblick ins Weite. Der junge Mann hat das Haus niemals gesehen, es wurde schon vor langer Zeit abgerissen, die Alten haben es ihm erzählt. Und ich stieg wieder in den Wagen, die Pferde setzten sich in schnellen Trab. Es herrschte schönes Sonnenwetter, die Luft war mild; es war ungefähr fünf Uhr abends.

Vevey. – Hier ist er oft gewesen, der Meister mit den glühenden Reden (er hat den Weg oft zu Fuß gemacht), hat über seine Julie phantasiert, und deshalb hat er sie hier wohnen lassen. Wenn man an ihn denkt, möchte man sich unter jedem Baum hinsetzen und jede Wolke genau betrachten, um darin etwas von seiner Freundin wiederzufinden.

Hotel. – Terrasse. – Zwischen Vevey und Lausanne Wasserfälle am Wegrand. – Weinberge. – Die Straße verläuft zwischen zwei Felswänden. – Was man in unmittelbarer Nähe sieht, ist unwirtlich und vertrocknet, hat nichts Grandioses; aber der See zur linken und die Berge, die sich darin betrachten!

Lausanne. – Der schwerfällige, gutartige, krämerhafte und platt gescheite Charakter der Leute hier. – Frauen ohne Schönheit und Eleganz. – Nicht eine einzige Ausnahme. – Die beiden lachenden, gutartigen Mädchen an der Tür des Schneiderladens in Hotelnähe. – Zwei oder drei deutsche Studentenuniformen. – Musik unter den hohen Bäumen. Das Innere dieser Kleinstädte hat mich an die Chöre der Bürger auf dem Spaziergang in *Faust* erinnert. – Der Kommandant, ein wirkliches Ekel. – Das Haus von Doktor Mayor, die Terrassenpromenade, seine Hausangestellte – das schönste Mädchen von Lausanne: schwarze Augen, schwarzes Haar, insgesamt etwas Vornehmes, Sanftes und Feines. – Blickaustausch (die Frau des italienischen Lebensmittelhändlers). Ich habe nur einen schwarzen Nacken gesehen, aber mit vollem Haar, das zu einem Zopf geflochten war; inmitten der farblosen (wenn auch sonnengebräunten) und plumpen Schweizer Gesichter war das, als hätte mir Italien von jenseits der Berge einen Seufzer zugeschickt. – Besuch von Doktor Mayor während des Mittagessens. – Am Abend Regen; wir rauchen Zigarren am unteren Treppenabsatz, und ich schreibe dies hier um zwanzig nach zehn in der Nacht.

Von Nyon ist mir nur noch ein Saal im Erdgeschoß des Hotels gegenwärtig, in dem wir zu Mittag aßen; ich erinnere mich an den dicken sympathischen Kellner, der uns bediente. Oberhalb der Stadt ein Spaziergang im Schatten großer Bäume. Eine ruhige und freundliche Stadt, in der man sich sicher wohl fühlt, wenn man krank ist.

In Coppet biegt man (von Lausanne kommend) auf der linken Seite in eine Straße ein und fährt bergauf zum Schloß von Madame de Staël. Wenn man bei der Ankunft das Torgitter rechter Hand läßt, so sieht man hinter sich, noch ein Stück weiter rechts, eine breite von Bäumen gesäumte Allee und einen Park, an dessen Eingang, von den Bäumen verborgen, Madame de Staëls Grab liegt. Eine alte Frau führte uns dorthin, Marie Lemesier, die seinerzeit bei Madame de Staël angestellt war und sogar noch vier Jahre bei Herrn Necker gedient hatte.

Genf. – Die Rousseau-Insel. – Als ich abends dort ankam, wurde Musik gemacht; deutsche Musikanten spielten zart und herzzerreißend auf ihren Blechinstrumenten. Er selbst stand auf seinem Sokkel, unbeweglich, den Kopf nach vorne geneigt, mit einem intelligenten und sanften Gesichtsausdruck. – Links drei dicht zusammenstehende hochgewachsene Pappeln, mit einem leichten Blätterrauschen in den Spitzen. – Da er die Musik liebte, der arme Jean-Jacques, habe ich natürlich an ihn gedacht; ich strengte mich richtig an, mit ganzer Seele an ihn zu denken. Die Fanfaren, die dann angestimmt wurden, brachten meine Vorstellungen auf den Abend, als er in glühender Erregung durch jene bekannten Korridore rannte ... Was für ein Mensch! Welche Seele! Was für ein Lavastrom, was für eine Flut! Wie schön das ist, und dabei betrachten die Leute die *Bekenntnisse* als ein unmoralisches Buch und Rousseau als einen erbarmungswürdigen Menschen!

Charles Dickens
Zwischenfall in Martigny
1846

Sie waren eine gern gesehene Gesellschaft, und die Gastwirte ehrten sie fast wie Götter. Wohin sie kamen, flog ihnen ihre Wichtigkeit in der Person des Reisemarschalls voraus, der vor ihnen herritt, um zu sehen, ob die besten Zimmer bereit seien. Er war der Herold der Familienprozession. Ihm folgte die große Reisekutsche, die im Innern Mr. Dorrit, Miss Dorrit, Miss Amy Dorrit und Mrs. General, außen einen der Dienstleute und, bei schönem Wetter, Edward Dorrit, Esquire, beförderte, für den der Bock reserviert war. Dann kam die kleine Kutsche, die Frederick Dorrit, Esquire, enthielt und einen leeren Platz, den Edward Dorrit, Esquire, einnahm, wenn das Wetter naß war. Dann kam der Packwagen mit dem Rest der Dienstleute, dem schweren Gepäck und mit soviel vom Schmutz und Staub, den die anderen Fuhrwerke hinterließen, wie er tragen konnte.

Diese Equipagen schmückten bei der Rückkehr der Familie von ihrem Ausflug ins Gebirge den Hof des Hotels zu Martigny. Da viel Verkehr auf der Straße war, gab es auch andere Fuhrwerke, von der geflickten italienischen Vettura, die aussah, als hätte man den Kasten einer englischen Jahrmarktsschaukel auf einen Holzteller mit Rädern gesetzt und einen anderen Holzteller ohne Räder darübergestülpt, bis hinauf zur schmucken englischen Kutsche. Aber es gab da noch einen anderen Schmuck des Hotels, den sich Mr. Dorrit nicht ausbedungen hatte. Zwei fremde Reisende verschönerten eines seiner Zimmer.

Der Gastwirt, der mit dem Hut in der Hand im Hof stand, schwor dem Reisemarschall, daß er außer sich, daß er trostlos, daß er tief bekümmert, daß er das unglücklichste und elendeste aller Geschöpfe, daß er wie mit einem Knüppel vor den Kopf geschlagen sei. Er hätte es, sagte er, nie und nimmermehr gestatten sollen, aber die sehr vornehme Dame habe ihn so inständig gebeten, ihr diese Stube nur auf eine kleine halbe Stunde zu überlassen, um darin zu speisen, daß er kapituliert habe. Die kleine halbe Stunde sei verstrichen, die Dame und der Herr nähmen ihr bißchen Nachtisch ein und ihr Täßchen Kaffee, die Rechnung sei bezahlt, die Pferde bestellt, sie würden unverzüglich abreisen, aber infolge eines unseligen Geschicks und des Fluchs des Himmels seien sie noch nicht fort.

Nichts konnte Mr. Dorrits Entrüstung übersteigen, als er am Fuß der Treppe diese Entschuldigungen hörte und sich umwandte. Ihm war zumute, als ob die Würde der Familie von Mörderhand erschlagen wäre. Er hatte ein ausgesucht feines Gefühl von seiner Würde. Er vermochte eine Verschwörung gegen sie zu entdecken, wo sonst keiner etwas von ihr gewahr wurde. Sein Leben wurde zu einem wahren Todeskampf durch die Menge feiner Messerchen, die er unaufhörlich mit dem Zerschneiden seiner Würde beschäftigt sah.

»Ist es möglich, Sir«, sagte Mr. Dorrit, hochrot im Gesicht, »daß Sie die – ha – die Frechheit gehabt haben, eines meiner Zimmer anderen Leuten zur Verfügung zu stellen?«

»Bitte tausendmal um Verzeihung!« Es sei des Wirtes größtes Unglück, daß er sich von jener allzu vornehmen Dame habe überreden lassen. Er bitte Monseigneur flehentlich, ihm nicht zu zürnen. Er werfe sich Monseigneur zu Füßen und bitte um ein mildes Urteil. Wenn Monseigneur nur die Gnade haben wolle, den anderen für ihn eigens reservierten Salon einzunehmen, nur auf fünf Minuten, so komme alles in Ordnung.

»Nein, Sir«, sagte Mr. Dorrit. »Ich will gar keinen Salon einnehmen. Ich will Ihr Haus verlassen, ohne zu essen oder zu trinken oder auch nur einen Fuß hineinzusetzen. Wie können Sie sich unterstehen, in dieser Weise zu handeln? Wer bin ich, daß Sie mich – ha – von anderen hochgestellten Leuten trennen?«

O weh! Der Wirt rief alle Welt zum Zeugen an, daß Monseigneur der liebenswerteste aller Herren von Adel sei, der vornehmste, der schätzenswerteste, der verehrteste. Wenn er Monseigneur von anderen getrennt habe, so bloß deshalb, weil er vornehmer, liebenswerter, großmütiger und berühmter sei.

»Sagen Sie mir das nicht«, erwiderte Mr. Dorrit kochend vor Zorn. »Sie haben mich verhöhnt. Sie haben Beleidigungen auf mich gehäuft. Wie können Sie sich das unterstehen? Erklären Sie mir das.«

Ach, gerechter Himmel, wie könne er, der Wirt, etwas erklären, wo es nichts weiter zu erklären gebe, wo er sich nur entschuldigen, sich nur der wohlbekannten Großmut Monseigneurs anvertrauen könne.

»Ich sage Ihnen, Sir«, sagte Mr. Dorrit, vor Ärger keuchend, »daß Sie mich – ha – von anderen hochstehenden Leuten trennen, daß Sie zwischen mir und anderen vermögenden und angesehenen Leuten Unterschiede machen. Ich frage Sie, weshalb! Ich wünsche zu wissen, mit welchem Recht, auf wessen Veranlassung. Antwort, Sir. Erklären Sie. Sagen Sie, warum.«

Der Wirt bat, ihm zu erlauben, daß er in aller Demut dem Herrn Reisemarschall auseinandersetze, daß sich Monseigneur, sonst so gnädig, ohne Grund erzürne. Es gebe kein Warum. Der Herr Reisemarschall möge doch Monseigneur vorstellen, daß er sich täusche, wenn er den Verdacht hege, es gebe irgendein anderes Warum als jenes, das zu nennen sein ergebener Diener bereits die Ehre gehabt habe. »Die sehr vornehme Dame –«

»Schweigen Sie!« schrie Mr. Dorrit. »Halten Sie das Maul! Ich will nichts mehr hören von der sehr vornehmen Dame, ich will nichts mehr von Ihnen hören. Sehen Sie diese Familie an – meine Familie – eine Familie, die vornehmer ist als irgendeine Dame in der Welt. Sie haben diese Familie mit Geringschätzung behandelt; Sie sind unverschämt gewesen gegen diese Familie. Ich will Sie zugrunde richten. Ha, schickt nach den Pferden, packt die Wagen, ich will keinen Fuß in dieses Mannes Haus setzen!«

Niemand hatte sich in den Streit gemischt, der über Edward Dorrits, Esquire, französische Sprachkenntnisse weit hinausging und kaum noch im Bereich der Damen lag. Miss Fanny indes unterstützte jetzt ihren Vater mit großer Bitterkeit, indem sie in ihrer Muttersprache erklärte, es sei ganz klar, etwas Besonderes liege in der Unverschämtheit dieses Menschen, und sie halte es für wichtig, ihn durch irgendein Mittel zu nötigen, daß er sich des Rechts begebe, Unterschiede zwischen dieser Familie und anderen reichen Familien zu machen. Was für Gründe er zu seiner Anmaßung habe, könne sie sich nicht vorstellen, Gründe aber müsse er haben, und sie sollten ihm entwunden werden.

Alle Führer, Maultiertreiber und Herumtreiber im Hof hatten die-

ser zornigen Auseinandersetzung beigewohnt, und es machte großen Eindruck auf sie, als sich der Reisemarschall jetzt beeilte, die Wagen hinauszubringen. Mit Hilfe etwa eines Dutzends Leuten an jedem Rad wurde dies mit großem Lärm vollbracht, und dann schritt man zum Aufladen, während man noch auf die Ankunft der Pferde vom Posthaus wartete.
Da indes die englische Kutsche der sehr vornehmen Dame bereits angespannt an der Tür des Gasthofs stand, so schlüpfte der Wirt hinauf, um seinen unglücklichen Fall vorzustellen. Dies wurde dem Hof dadurch offenbar, daß er jetzt in Begleitung des Herrn und der Dame die Treppe herunterkam und ihnen mit einer bezeichnenden Handbewegung die beleidigte Majestät Mr. Dorrits zeigte.
»Ich bitte Sie um Verzeihung«, sagte der Herr, indem er sich von der Dame losmachte und vortrat; »ich bin ein Mann von wenig Worten und nicht recht gemacht zu Erklärungen – aber die Dame hier wünscht dringendst, daß es zu keinem Spektakel kommt. Die Dame, meine Mutter, wünscht, daß ich erkläre, sie hoffe, es werde keinen Spektakel geben.«
Mr. Dorrit, der noch immer unter seinem Unrecht keuchte, begrüßte den Herrn und begrüßte die Dame in abweisender, kurzer, unnahbarer Art.
»Nein, aber wirklich – hier, alter Junge, Sie!« Dies war die Art jenes Herrn, an Edward Dorrit, Esquire, zu appellieren, auf den er sich wie auf einen großen, ihm von der Vorsehung gesandten Trost warf. »Lassen Sie uns beide versuchen, die Sache in Ordnung zu bringen. Die Dame wünscht gar so sehr, daß kein Spektakel draus wird.«
Edward Dorrit, Esquire, am Rockknopf ein wenig beiseite geführt, nahm eine diplomatische Miene an, als er antwortete: »Je nun, Sie müssen gestehen, daß es, wenn man eine Reihe von Zimmern im voraus bestellt und sie einem gehören, nicht angenehm ist, andere Leute darin zu finden.«
»Nein«, sagte jener, »ich weiß das. Ich gebe es zu. Aber dennoch wollen wir beide versuchen, es in Ordnung zu bringen und Spektakel zu vermeiden. Es ist nicht die Schuld dieses Menschen, sondern die meiner Mutter. Da sie ein beachtlich hübsches Frauenzimmer ist mit gar keinem verdammten Unsinn an sich – außerdem wohlerzogen –, so war sie für diesen Menschen zu viel. Steckte ihn vollkommen in die Tasche.«
»Wenn das der Fall ist –« begann Edward Dorrit, Esquire.

»Versichere Sie, meiner Seel, so ist's. Folglich«, sagte der andere Herr, indem er sich auf seine Hauptstellung zurückzog, »weshalb Spektakel machen?«
»Edmund«, sagte die Dame vom Torweg her, »hoffentlich hast du erklärt oder erklärst eben zur Befriedigung dieses Herrn und seiner Familie, daß der höfliche Wirt nicht die Schuld hat.«
»Versichere, Madam«, erwiderte Edmund, »rede mich ganz lendenlahm damit.« Dann schaute er einige Sekunden fest auf Edward Dorrit, Esquire, und fügte plötzlich mit einem Ausbruch von Vertrauen hinzu: »Na, alter Junge. Ist's abgemacht?«
»Ich weiß trotzdem nicht«, sagte die Dame und trat anmutig ein paar Schritte auf Mr. Dorrit zu, »ob ich es nicht lieber selbst ohne weiteres heraussage, daß ich diesem guten Mann versicherte, ich wolle alle Folgen auf mich nehmen, als ich eines der Zimmer eines Fremden in seiner Abwesenheit auf so lange (oder so kurz) einnahm, wie ich zum Essen bedurfte. Ich hatte keine Idee, daß der rechtmäßige Eigentümer so bald zurückkommen werde, noch hatte ich eine Ahnung, daß er schon zurückgekommen sei, sonst hätte ich mich beeilt, meine unrechtmäßig erworbene Stube zurückzugeben und meine Erklärung und Entschuldigung anzubieten. Ich hoffe, indem ich dies sage –«
Einen Augenblick stand die Dame mit einem Glas vor den Augen wie angewurzelt sprachlos vor den beiden Misses Dorrit. Im selben Augenblick hielt Miss Fanny im Vordergrund einer großartigen malerischen Komposition, gebildet aus der Familie, den Familienequipagen und der Familiendienerschaft, ihre Schwester stramm am Arm, um sie auf der Stelle festzuhalten, und fächelte sich mit dem anderen Arm mit vornehmer Miene Kühlung zu, während sie nachlässig die Dame von Kopf bis Fuß musterte.
Die Dame, die ihre Besinnung rasch wiederfand – denn es war Mrs. Merdle, und die war nicht leicht zu verblüffen –, fügte hinzu, sie hoffe, das Gesagte werde zur Entschuldigung ihrer Kühnheit reichen und dem wackeren Gastwirt die Gunst wieder erwerben, die ihm so wertvoll sei. Mr. Dorrit, dem dies Weihrauch auf dem Altar seiner Würde war, gab eine gnädige Antwort und sagte, daß seine Leute – ha – die Pferde wieder abbestellen sollten und daß er – hm – übersehen wolle, was er zuerst für eine Verhöhnung gehalten habe, jetzt aber als Ehre betrachte. Darauf verbeugte sich der Busen vor ihm, und seine Eigentümerin richtete mit bewundernswerter Beherrschung ihrer Mienen ein gewinnendes Lächeln des Abschieds an die beiden Schwestern als junge Damen von Vermögen, denen sie

von vornherein sehr wohlgesinnt war, ohne je das Vergnügen gehabt zu haben, sie zu sehen.

Nicht so Mr. Sparkler. Dieser Herr, der im selben Augenblick festwurzelte wie seine vornehme Frau Mutter, konnte sich durchaus nicht wieder losreißen, sondern stand steif da und starrte auf das Gemälde von Miss Fanny im Vordergrund. Als seine Mutter sagte: »Edmund, wir sind fertig, willst du mir deinen Arm geben?« schien er, nach der Bewegung seiner Lippen zu urteilen, mit einer Bemerkung zu antworten, bestehend aus Worten, in denen sich seine glänzenden Talente am häufigsten äußerten, aber kein Muskel regte sich. Seine Gestalt war so erstarrt, daß es ziemlich schwierig gewesen wäre, ihn genügend zu biegen, um ihn durch die Wagentür zu bringen, wenn ihm nicht durch einen mütterlichen Ruck von innen rechtzeitig Hilfe geworden wäre. Er war kaum drinnen, als die Fensterklappe an der Rückseite der Kutsche verschwand und sein Auge ihren Platz einnahm. Dort verblieb es so lange, wie ein so kleiner Gegenstand erkennbar war, und vielleicht noch viel länger und starrte, wie wenn einem Stockfisch etwas unsagbar Überraschendes begegnet, gleich einem schlecht gemalten Auge in einer großen Augenhöhle.

Dieses Zusammentreffen war Miss Fanny so angenehm und gab ihr später so viel Stoff zu triumphierendem Denken, daß es ihre Bitterkeit sehr milderte. Als die Prozession am nächsten Tag wieder in Bewegung war, nahm sie ihren Platz mit neuer Heiterkeit ein und zeigte so gute Laune, daß Mrs. General ziemlich verwundert dreinschaute.

Theodor Mügge
Brandstiftung und Kindermord
1847

Brandstiftung und Kindermord sind die beiden Capitalverbrechen, welche am häufigsten in der Schweiz vorkommen. Wenn man die Zuchthäuser durchwandert, wird man immer eine bedeutende Anzahl Gefangener dieser Art finden, die, auf eine Reihe von Jahren oder auf Zeit ihres Lebens eingesperrt, ihre Schuld hier abbüßen sollen. Brandstiftung ist gewöhnlich eine Handlung der Rache, und in der Schweiz, wo die politische Freiheit ein gewisses trotziges Selbstgefühl im Manne erzeugt, mag es sich daraus erklären, daß die Rachsucht sich so leicht dahin verirrt, durch Feuer den Gegner in

Schaden und Unglück zu bringen, was um so besser angeht, da die meisten Gebäude von Holz gebaut sind.
In den kleinen Kantonen ist der Brandstifter in der Regel dem Richtschwerte verfallen, aber selbst in den größeren, wo die Gesetzgebung reformirt wurde, sind die härtesten Strafen für Brandlegung stehen geblieben und noch in diesem Jahre, am 8. August, wurde in Solothurn Rudolf von Rohr von Kestenholz wegen Brandstiftung zum Tode verurtheilt und hingerichtet. Der Große Rath verwarf die nachgesuchte Begnadigung mit 43 gegen 40 Stimmen, trotz der warmen Empfehlung und Bitte des Präsidenten, den Angeschuldigten zu begnadigen, der bis zum letzten Augenblick seines Lebens noch auf dem Richtplatz seine Unschuld betheuerte. Aber wie alles in der Schweiz fest am alten Herkommen klebt und diese Großräthe, zum größten Theil Landleute und Eigenthümer, am wenigsten geneigt sind, was den Vätern für Recht und Gerechtigkeit galt, aufzugeben, so scheint die Brandstiftung ihnen besonders ein todwürdiges Verbrechen. Leichter noch werden sie die Kindesmörderin begnadigen, und in Wahrheit sollte dies, solange überhaupt die Todesstrafe bei civilisirten Völkern fortbesteht, überall wenigstens da geschehen, wo es keine Findelhäuser giebt. Verführte, verlassene Mädchen, von Verzweiflung getrieben, Schande, Noth und Unglück vor Augen, müssen milde Richter finden, wenn kein Zufluchtsort für ihr Kind vorhanden war. Es ist in der ganzen Schweiz kein Findelhaus, wohl aber giebt es manche Kinder ohne legitime Väter, und bei dem bestehenden Gemeindewesen, bei der Kontrolle, die Gemeinderath, Pfarrer und Sittenpolizei über die Gemeindeglieder üben, wie bei der Hülflosigkeit und Verlassenheit derer, die kein Recht haben, Unterstützungen von der Korporation zu beanspruchen, ist es um so erklärbarer, daß Kindermord ein oft vorkommendes Verbrechen ist.
In den kleinen Kantonen macht man mit Kindesmörderinnen gewöhnlich wenig Umstände. Man verurtheilt sie zum Tode und läßt sie hinrichten, schon darum, weil man nicht weiß, was man sonst mit ihnen anfangen soll. In Appenzell erzählte man mir aber ein auffallendes Beispiel, wie die Justiz gehandhabt wird. Eine Kindesmörderin wurde im letzten Jahre nach langen Debatten, und weil die Geschichte ihrer Schuld von besonders traurigen Umständen begleitet war, von der Majorität des großen Raths nicht zum Tode, sondern zu fünfzehnjähriger Zuchthausstrafe verurtheilt. Man kündete dies der Verbrecherin an und schrieb nach St. Gallen das Gesuch, sie in das dortige Zuchthaus aufzunehmen. Die Anstalt war

jedoch zu sehr gefüllt, sie verweigerte die Aufnahme und brachte damit den großen Rath von Appenzell zu einem Entschluß, der bezeichnend für die Zustände des Landes ist. Der große Rath versammelte sich nämlich von neuem, und in Erwägung der großen Kosten, welche eine fünfzehnjährige Einsperrung der Landeskasse verursachen würde, in Erwägung, daß es viel Mühe mache, irgend einen Einsperrungsort für die Verbrecherin zu finden, endlich in Erwägung, daß eine Kindesmörderin überhaupt den Tod verdiene und nur ein unzeitiges Mitleid dieser zu Theil geworden sei, stieß er das erste Urtheil um und ließ der Unglücklichen den Kopf abschlagen, wodurch sie von allen ihren Leiden und der große Rath von allen Sorgen um sie glücklich befreit wurde.
So steht es mit dem Recht und der Rechtssicherheit in diesen kleinen Kantonen, und gewiß nicht mit Unrecht hört man viele Schweizer erklären, daß, wenn ihnen die Wahl gelassen würde, sie weit lieber unter dem Scepter jedes absoluten Monarchen, als in diesen sogenannten reinen Demokratieen leben möchten.
Bei dem Todtengräber in Appenzell ist, wie ich sagte, das Zuchthaus der Republik, das heißt, man hat diesem Herrscher im Reich des Grabes drei Gefangene übergeben, welche er in Kost, Pflege und Aufsicht hält und dafür täglich vier Kreuzer pro Kopf empfängt. In einer Kammer neben der Wohnstube des Todtengräbers stehen zwei Betten, an deren Fuß ein Paar Kindesmörderinnen festgeschlossen sind. Die Ketten sind so lang, daß die armen Geschöpfe bis in die Stube ihres Aufsehers gehen und sich dort niederlassen können. Sie beschäftigen sich mit Stricken und Nähen und verdienen so noch einige Kreuzer, die sie dem Todtengräber für ihre Erhaltung zulegen.
Die eine der Gefangenen, ein Mädchen mit einem blassen, stillen Gesicht, schleppte ihre Kette schon seit acht Jahren vom Bett zum kleinen Tisch am Fenster und beschäftigt sich sehr eifrig mit Näharbeiten, denn sie muß noch für ein lebendes Kind sorgen, das niemand auf Erden hat als diese unglückliche Mutter. Mit kummervollem, nassem Blick nahm sie die Gabe an, die wir ihr reichten, aber ein Freudenstrahl leuchtete darin auf, als sie erzählte, daß sie in einigen Jahren frei sein würde. Die andere war noch nicht lange hier und hatte noch viele, viele Zeit vor sich, ehe ihre Beine sie einmal in die freie Luft tragen sollten.
Der dritte Gefangene war ein alter Mann, der eine Kette am Bein und die schwere Kugel daran in seinem Arm trug, womit er aber doch Spaziergänge ins Freie machen konnte. So ist dies kleine, arme,

von allem Aufschwung zu neuen besseren Einrichtungen ferne Gemeindewesen beschaffen, und was helfen da wohl Volksversammlungen unter der Linde, von allen freien Männern, die das 18. Jahr erreicht haben, zusammengesetzt? Ohne Unterricht und Belehrung, ohne Erkenntniß der Dinge, abergläubisch und intolerant, können ihre angesehenen Männer und Familien sie leicht beherrschen, eigenmächtige Gesetze und willkürliche Abänderungen machen und jede Gedankenregung fern halten, denn das arme Volk hängt von ihnen ab, und was bekümmert es sich in seinen naiven Naturzuständen um Herrschaft und Reformen?!

Ida von Düringsfeld
Tagebuch in Schwyz 1849

Den 10. September

Der Flügel im Salon neben unserm Balkonzimmer steht einen ganzen Ton zu tief. Ich begehre nach dem Organisten. Um acht Uhr werden wir heute durch Spielen geweckt. Otto geht hin, findet einen jungen Menschen, der sich als halber Stimmer gehabt, schickt ihn fort, bis ich aufgestanden. Nach der hiesigen Mittagsstunde von halb zwölf kommt der kleine schönfrisirte Mensch wieder. Ich empfange ihn als Organisten, aber er ist es nicht, er ist »nur so für sich«. Der Sohn des hiesigen Schmiedebesitzers. Ein Elegant von Schwyz, Musiker – wird bei der nächsten Kirchweihe den Richard in der Schweizerfamilie singen. Ich kenne doch wohl die Oper? Eine Jungfer aus Gersau singt die Emmeline. Sie hat »wirklich« neulich in einem Concert auf dem Rathhause die Arie »Wer hörte« mit allgemeiner Zufriedenheit gesungen. Richard sagt natürlich »gesunga«. Der Pater Placidus, vertriebener Conventuale aus Wettingen bei Baden, lehrt hier den Gesang und läßt seine Schüler die Oper einstudieren, die erste Oper, an welche die hiesige Liebhabergesellschaft geht. Das Orchester will noch nicht recht schnell streichen und blasen, eine große Probe ist noch nicht gewesen, die Mitspielenden können noch nicht ihre Nummern alle, die Gertrud hat eine etwas schwache Stimme, aber das tut alles nichts – die Oper wird gehen. Dramen sind schon mehrere aufgeführt worden, und Richard kann sagen: »bereits wirklich zum Vergnügen des Publikums«. Nun, wenigstens doch Sinn für etwas anderes als Milch und Käse. Im Hause sogar ein Lesecabinet mit deutschen, italienischen und französischen Blättern, eingerichtet vom Redacteur der hiesigen neuen Zeitung, einem Flüchtling aus dem Aargau. Die damals im Aargau für den Sonderbund gekämpft, sind jetzt noch proscribirt – die Badener, welche ihre Fahne verlassen haben, sollen von ihrem Fürsten mit der bereitwilligsten Artigkeit aufgenommen werden, verlangen die freien, d. h. die radikalen Schweizer. Bei Bürgerkriegen in einer Republik hat jeder Einzelne die vollkommene Berechtigung, zu ergreifen, welche Partei er wolle – sollte man meinen. Behüte, die freien Schweizer meinen es anders. Der Sonderbund war ein Aufruhr gegen die jetzige Regierung – welche noch nicht eingesetzt war. Die Fürsten, welche sich etwa noch erhalten haben, sind Rebellen gegen die künftige allgemeine Republik. Also sei es, da der Unverstand es so haben will. Otto hat mit dem Redacteur gesprochen. Der junge Mann prophezeit einen Ausbruch nicht mehr gar zu fern, und zwar einen blutigen. Ich glaube ihm, ich habe schon im vorigen Winter im Waadtlande und diesen Frühling in Genf mehr denn zehnmal zu Schweizern gesagt: »Gebt acht, nach oder vor der Heimkehr von der Alp gibt's ganz unversehens wieder bei Euch einen kleinen Familienkrieg, eine allerliebste, niedliche Contrerevolution.« So wird's auch kommen – im Sommer nicht, im Winter ebenso wenig: im Winter ist's gefährlich in den Pässen und zu kalt obenein, im Sommer muß gealpt, geerntet, gekeltert werden, und die Schweizer sind viel zu praktisch und zu vernünftig, um einer Revolution wegen ihre Geschäfte ungetan zu lassen. Aber im Frühling oder im Herbst, im Herbst besonders, wenn Vieh und Ernte unter Dach und Fach sind, dann erlaubt man sich wohl von beiden Seiten das Vergnügen wieder einmal aneinander zu stoßen, und dann – so gelassen, überlegt und gutmüthig im Allgemeinen die Schweizer sind, zum Todfeind möchte ich keinen haben. Sie besitzen, glaube ich, im höchsten Grade die allen phlegmatischen Organisationen inwohnende Fähigkeit zur Rache.

Den 11. September

Herbstwind und Wolkenschatten ziehen über die Gegend, die ich noch gleich bildschön finde. Aus lauter großen Verhältnissen ergibt sich hier die anmutigste Umgebung. Der Mythen hinter uns hat an sechstausend Fuß – wir blicken an ihm hinauf wie an einer mäßigen Felsenwand, deren Farben deutlich erscheinen. Die Gletscher in Uri sind zehntausend Fuß hoch – wir sehen den Schnee auf ihnen so nahe liegen, als dürften wir, um eine Schale voll zu nehmen, eben nur hinüber. Der See scheint ein hübsches kleines Gewässer, und ein Dampfschiff auf ihm nicht viel größer als das

Kähnchen mit der eidgenössischen Fahne, welches wir in Baden für Marco kauften.

Nachmittag

Der Wind ist der Föhn. Er kommt über die Lawinenspur auf der Frohnalp, schiebt die Alpen zusammen und färbt sie mit weicher, funkelnder Dunkelheit. Der Schnee leuchtet heller zwischen den jetzt dunkelblauen Zacken, und der See ist Lichtkräuseln.

Den 12. September

Ungeduld und Ueberdruß ergreifen mich bisweilen mit den wildesten Krämpfen. Ich schreie dann, es sei, weil ich so lange keine wirkliche Schönheit gesehen. Das Hängen über allen Abgründen von Möglichkeiten mag's denn mit sein, vielleicht hauptsächlich, aber gewiß tut auch viel, daß ich seit Italien keinen Himmel, kein Meer, keine Rosen und kaum zwei oder drei schöne Gesichter gesehen habe, daß ich in der Prosa gelebt wie in einem zu niedrigen Raum, daß – o Süden und Schönheit!
Als ich in Sterzingen wieder die erste Krautpflanzung sah – drei Jahre sind's nun. Was hab' ich seitdem für Krautpflanzungen vor mir gehabt! Damals weinte ich wie unsinnig über den heimatlichen Anblick, und die Wirtin fragte, neugierig wie nur Tyrolerinnen es sein können: »Warum weint denn die Frau so?« – »Weil sie aus Italien zurück soll«, antwortete Otto. – »Fahren's doch wieder 'nein«, war ihr naiver Vorschlag. »Ja, fahren's doch wieder 'nein in das Land der Malerei, oder – in den Himmel.«
Ein Haus wird gebaut – nicht für uns! Und warum wird's denn hier in Schwyz gebaut? Wohnt man denn noch in Schwyz? Mir kommt das Städtchen trotz der aufzuführenden Oper und der neuen Zeitung so überflüssig im jetzigen Jahrhundert vor. Wie eingenickt sitzt es da am Fuße des Mythens und sieht ganz aus, als würd' es im nächsten Augenblick völlig einschlafen. Schlaf' ein, altes Schwyz, schlaf ein – ich will dir ein Wiegenlied singen.

Abends

Der Abbe Gregorio fragte, als er uns von dem Irren auf Lazzaro erzählt: »Ist er toll, oder sind wir's?« So frag' ich: »Ist die Schweiz prosaisch, oder sind wir's?« Wir bewundern alles, es gefällt uns alles und läßt uns alles kalt. Macht die Sorge das Herz so kühl, wie sie die Stirn heiß macht?
Der Staub des Lebens ist sichtbar in der Schweiz. Man sieht es recht,

wenn zwischen Schweizern ein Tyroler einherschreitet. Otto sagt: die Schweizer schleppten sich, als drückte ihre Freiheit sie – der Tyroler ginge, als fühlte er unter dem freiwillig anerkannten Herrn sich wahrhaft unabhängig. In einem Wort es auszudrücken – die Tyroler sind ein poetisches, die Schweizer ein prosaisches Alpenvolk.

Wir saßen heute lange auf einem Steinzaun, gegenüber dem Mythen, um dessen rote Spitze schleierne Wölkchen webten, und wieder wunderten wir uns, daß er mit seinen dreitausend Fuß über unserm Steinzaune nicht schauerlicher aussähe. Wonach wir alle ringen, Ueberlegenheit, ist eigentlich nur die Bequemlichkeit, die Welt von unserm Standpunkte aus so verkleinert zu sehen, wie in solcher Höhe die Alpen. Die eigenthümliche, gleichsam körperliche Stille der Luft, welche wir im Berner Oberlande gefühlt, berührte uns heute abermals. Ein Junge jodelte; die Echo's schrieen es ihm aus tausend Kehlen nach. Das Jodeln klingt unnatürlich, es ist das letzte Mittel, worauf die Langeweile in diesen Gegenden gekommen; sie erzwingt dadurch wenigstens eine eingebildete Belebung. Ein Mädchen tat es auch; wir sahen uns mehrere Male um, ob wir uns auch nicht in dem Geschlecht der Stimme täuschten, so bubenhaft klang sie.

Den 13. September

Der See tobt regenbogenglühend im letzten Sonnenscheine, der wie durch Schleier schräg darauf fällt. Wir sehen es von hier, wie die Wellen anschlagen, als wollten sie empor auf die brennenden Matten in Uri.

Ein Veilchen von der Steinmauer eines Landhauses gab uns heute Frühlingsduft im Herbste. Es hat hier Landhäuser, aber sie nehmen sich auch eben nicht anders aus als wie kühle, gesicherte, angenehme Schlafwohnungen.

Wer einen schwachen Magen hat, komme geschwind her in die schönste Alpenlandschaft und in das schläfrigste Städtchen. Drei Apotheken sind hier und nicht ein einziger Zuckerbäcker, und selbst das einfache Weißbrod ist immer: vom Tage vorher. Es ist hier ein Eden ohne Versuchung.

Josef Viktor von Scheffel
»Auf dem Rigi, wo der Sonnenaufgang handwerksmäßig betrieben wird ...«
23. 8. 1850. An Karl Schwanitz

Viellieber Jeremias!
5500 Fuß über der Meeresfläche gedenk' ich Dein. Die Schweiz ist zwar eine schöne Gegend; aber wenn rings um den Menschen bloß nebelgraue Unermeßlichkeit sich ausbreitet und der Sturm durch das Wolkengewimmel pfeift, so hört die Natur auf und – der Frühschoppen fängt an. Wohl dem, der die Wissenschaft des Frühschoppens besitzt, dem tut auch Sturm und Wetter nichts an. Ich sitze mit der inneren Freudigkeit eines germanischen Gemütes beim Glase. Nachdem ich zuvörderst pflichtschuldigst den Honoratioren der Umgegend, dem Bürger Pilatus und Glärnisch, sowie dem Schreck-, Wetter- und Aarhörnersystem und der eisigen Jungfrau etwas Erkleckliches vorgetrunken, wende ich mich an Dich und gedenke, daß auch Du weiland mit Alpstock und Feldflasche hier herumgestiegen bist, und steige Dir krampfhaft einen Schluck Markgräfler vor.

O diese Schweiz! Wer vom Standpunkt des Frühschoppens hier reist, hat einen schweren Standpunkt. Diese whistspielenden, teetrinkenden Engländer, diese sentimentalen, deutschen Frauenzimmer – überhaupt das ganze Publikum stößt ein fahrendes Schülergemüt gewaltig ab. Und im Welschland erst! Durch was für fabelhaften Wein muß sich der Mensch durcharbeiten – Piemonteser Landwein, Valtelliner, vino d'Asti, der moussiert wie eine alte Melone –, 's ist hart! Und beim ersten italienischen Wein hätt's fast deutsche Hiebe gesetzt. Sitz ich da auf dem Gotthard-Hospiz, zerregnet und zerfroren, und wärme mich mit rotem Tessiner. Bricht der lumpige alte Stuhl unter mir zusammen. Wollen die verfluchten Kelten schließlich außer der Zeche auch noch eine Unzahl Mailänder Lire für diese sedia rotta. Wie ich's im gerechten Unwillen negiere und abscheiden will, wollen mich die versammelten welschen Hausknechte, Fuhrleute usw. festhalten. Da pfiff aber mein deutscher Hakenstock so scharf durch die Luft und eine Unzahl italienischer Flüche wechselten harmonisch mit einem »Heiliges Dunnerwetter!« und »Chrüztusig Dunnerwetter, Gott verdamm' mich!« wie meine Schwarzwälder sagen, und es regnete und schneite darein, so daß ich würdig und groß einen ungefährdeten Rückzug nach Airolo antreten konnte.

Nur in Bellinzona hab' ich einen wohltuenden Eindruck erlebt. Mitten unter diesen süßen Faulenzern lebt germanisches Element. Ich entdeckte eine fabrica di birra von einem sichern »Maier«. Der Mann war aus Erfurt und sein Bier gut. Daß ich's nach Jenaischem Maßstab vertilgte, versteht sich. Mit Hochachtung schied ich von ihm.
Aber der lago maggiore, der Simplon usw., alles, wohin mein Herz strebte, waren verregnet. Jetzt hab' ich mich auf den Rigi zurückgezogen, wo der Sonnenaufgang handwerksmäßig betrieben wird; mitten unter diesen Beefs und in Bettdecken gehüllten Naturbewundrern schau auch ich zu – ein Proletariergemüt, aber gehoben durch die Wissenschaft des Frühschoppens. Und die Luft ist frisch hier oben, und die Gedanken fliegen höher als zum Kriminal- und Polizeirespiziat in Säckingen.
Aus dem Fremdenbuch ersehe ich, daß auch Biedermänner vor mir hier waren. Neben allem Gesäusel von Naturpracht und Gemunkel von mystischen Muckern – »Kommet hierher und schmecket, wie süß der Herr ist!« – hat mir folgendes, wiewohl Flüchtlingsliteratur, wohlgetan:

Fünf Deutsche kamen gehunken
Vom Rhein auf des Rigi Höh'n;
Sie haben da wacker getrunken
Und nichts als – Nebel gesehn.

Einige Jahre vorher finde ich auch den Hans Euler, den Alemannen Elsner und Kaufmann eingezeichnet. Die haben's hoffentlich ebenso gemacht. Der Bursche Herwig hätt's auch so machen können, der hat aber ganz antiburschenschaftlich geschrieben:

Im Tal, nicht auf den Höhen
Such' ich mein stilles Glück.
Hier oben – nichts als Nebel,
Tief unten – Liebchens Blick!

Ich überlasse Dir, diesen Text mit einer Note zu versehen. Da es jetzt zum Essen läutet, schließe ich. Vielleicht setze ich heut' Nachmittag den Frühschoppen fort; es kommt darauf an, ob der Nebel nachläßt oder nicht. Inzwischen leb' wohl, alter Jeremias. Den Jammer in Altdeutschland behandle mit Resignation. »Dios lo vult«, haben die Kreuzfahrer gesagt. Aber das weiß ich, daß diese Alpen

hier noch stehen und im Abendrot glühen werden, wenn längst kein Erdbewohner mehr weiß, was für ein Geschöpf ein europäischer Diplomat ist. Das »Chrüzdunnerwetter schlag drein!«
Bhüet Di Gott und schreib' mir bald nach Säckingen. Gruß an die Deinigen.

Joseph

Richard Wagner
Luzern, 9. Juli 1859
An Mathilde Wesendonk

Das war recht freundlich von Ihnen, liebes Kind, daß Sie mir einmal Nachricht gaben, und ich will sehen, was ich Ihnen von mir dagegen zu sagen weiß. Daß der Cousin nun zurückgekehrt sein wird, führt Ihnen gewiß auch manches Neue zu, und gern wünschte ich von seinen Berichten aus meiner Geburtsgegend und Jugendheimat auch etwas zu profitieren. Nach Dresden kam er wohl auch? Lohengrin entging ihm dort: der soll, wie ich höre, erst in der zweiten Hälfte dieses Monates herauskommen.
Ich habe währenddem viel erlebt. Vor allem: – heute vor acht Tagen bin ich ausgezogen worden, d. h. man ließ mich ausziehen und transportierte mich auf No. 7 im 2. Stock des »Ur-Hotels«, in die »Unabhängigkeit« – Indépendance. Ich komme mir ziemlich degradiert vor, ungefähr wie Graf Giulay seit Magenta; an meinen freundlichen großen Salon in der »Abhängigkeit« darf ich gar nicht mehr denken. Am schmerzlichsten aber war mir's, daß ich hier meiner Markgräfin entsagen mußte: der republikanische Unmensch von Wirt verbot mir ihren ferneren Umgang. So ist's denn um mein schönes Morgenstündchen am offenen Fenster geschehen: ein zugelassener Laden sperrt mich gegen die Sonne ab, und ich kann mir zur Not einbilden, ich säße im Zuchthaus. Da sehen Sie aber, daß ich noch nicht so verweichlicht und verzogen bin, wie mich mancher ausschreien möchte. Das alles ertrage ich in guter Stimmung, da sich meine Gefangenen, Tristan und Isolde, nun bald ganz frei fühlen sollen; und so entsage ich denn jetzt *mit* ihnen, um *mit* ihnen frei zu werden. Ich bin meist doch jeden zweiten Tag wenigstens glücklich in der Arbeit: dazwischen habe ich gewöhnlich einen minder guten Tag, weil der gute Tag mich immer übermütig macht und ich mich dann in der Arbeit übernehme. – Das Angstgefühl, als ob ich vor der letzten Note sterben würde, habe ich diesmal nicht: im Gegenteil

bin ich der Vollendung so sicher, daß ich vorgestern auf dem Spazierritt sogar schon ein Volkslied drauf machte. Nämlich:

Im Schweizerhof zu Luzern
von Heim und Haus weit und fern –
da starben Tristan und Isolde,
so traurig er, und sie so holde:
sie starben frei, sie starben gern,
im Schweizerhof zu Luzern –
   gehalten von Herrn
   Oberst Seegessern –

Das macht sich, auf eine Volksmelodie gesungen, recht gut: der Vreneli habe ich's am Abend vorgesungen. Ich würde es dem Wirt verehren, wenn er mir nicht die Markgräfin verboten hätte. – Vreneli ist aber hier mein Schutzengel; sie intriguiert und wendet alles an, um mir unruhige Nachbarn vom Halse zu halten: Kinder dürfen sich in der ganzen Etage nicht einstellen. Auch hat mir Joseph die Türe zum Nachbarzimmer mit einer Matratze verstopft, und drüber eine meiner Gardinen gehängt, was meinem Zimmer ein ganz stattliches, theatralisches Aussehen gibt. Bin ich nun erst mit meiner Arbeit fertig, so schwindet dann der wichtigste Grund für meine Ansprüche an die Wohnung. In Paris werde ich mich sehr bescheiden in eine Chambre garni verbergen und das Schicksal ruhig über mich ergehen lassen. Nur wann ich meine Geburten im Sinne habe, sorge ich für eine reiche und vornehme Wiege. Außerdem wird mir meine Stellung im Leben immer bewußter, und größte Beschränkung wird mir jetzt zur Pflicht. Vielleicht verkaufe ich dann auch meine schönen Hauskleider: Sie können sich melden, wenn Sie etwas davon für Ihr zukünftiges Kuriositäten-Kabinett haben wollen. – Sehen Sie, solch reduktive Gedanken kommen mir jetzt in meiner degradierenden Wohnung an! – Schad't nichts: der Tristan ist so ziemlich fertig, und Isolde soll, denke ich, diesen Monat auch noch ausgelitten haben. Dann werfe ich beide und mich in Härtels Arme.
Sonst weiß ich von der Welt rein gar nichts! Kein Mensch kümmert sich um mich, und dies fängt an, mir jetzt wirklich gute Laune zu machen. Gott, man kann so unglaublich viel entbehren! Nur Ihren Umgang, mein Kind, entbehre ich sehr ungern: ich kenne nun einmal niemand, dem ich mich so gern mitteile. Mit Männern geht das erst gar nicht: denen kommt's – bei aller Freundschaft – im Grunde doch nur darauf an, nicht aus sich herauszugehen, ihre persönliche

Meinung zu behaupten, und sich überhaupt möglich wenig berühren zu lassen. Das ist nun einmal so: der Mann lebt von sich. Aber wenn ich dran denke, was Sie schon Vieles und Gutes aus mir herausgelockt haben, so kann mich nur noch freuen, daß Sie's so gar nicht darauf absahen, und immer doch das Beste herausbekamen. Was hat es mich gefreut, daß ich Ihnen letzthin den S. Bach vorführte! Er hat mir selbst nie soviel Freude gemacht, und ich habe mich nie ihm so nah' gefühlt. Aber so etwas fällt mir gar nicht ein, wenn ich allein bin. Wenn ich mit Liszt musizierte, da war das was ganz anderes: es war musizieren, und dabei spielte Technik und Kunst überhaupt eine große Rolle. Zwischen Männern hat es immer einen Haken. So dumm ich Ihnen auch vielleicht das letztemal in Luzern vorkam, so hat unser Beisammensein mir doch edle Früchte getragen: das sehen Sie jetzt an meiner unzerstörbaren Arbeitsstimmung. Soll ich Ihnen nun da nicht dankbar sein? Und zwar als ein rechter Freund? Wundern Sie sich nicht, wenn Sie mich noch nicht sobald los werden! Das schöne Wetter hilft nun doch auch. Ist einem auch den Tag über das Freie versperrt, so weiß man doch, daß es draußen hell und klar ist, und der Abend gehört dann dem Genuß. Ist es heiß, so ist doch aber eben die Luft, die den Himmel so rein erscheinen läßt, schön und wohltuend. Sie hat auf mich eine ganz unmittelbar fühlbare Einwirkung: ein wenig aufregend, aber angenehm. Auch ist's so schön, daß die leiblichen Bedürfnisse immer geringer werden. Ich lebe jetzt fast nur noch von Luft, und das Herz blutet mir eben nur, wenn ich für meine »Kost« dem Wirt soviel zahlen muß, ebensoviel, als ob ich einen englischen Wagen zu erhalten hätte. –

Mein Gefallen am Heitren ist dabei vorwiegend. Denken Sie, als ich kürzlich den lustigen Hirtenreigen bei Isoldes Schiffahrt ausarbeitete, fällt mir plötzlich eine melodische Wendung ein, die noch viel jubelnder, fast heroisch jubelnd, und doch dabei ganz volkstümlich ist. Fast wollte ich schon alles wieder umwerfen, als ich endlich gewahr wurde, daß diese Melodie nicht dem Hirten Tristans zugehöre, sondern dem leibhaftigen Siegfried. Sogleich sah ich die Schlußverse Siegfried's mit Brünnhilde nach, und erkannte, daß meine Melodie den Worten:

Sie ist mir ewig
ist mir immer,
Erb' und Eigen,
Ein' und all' – u.s.w.

angehört. Das wird sich unglaublich kühn und jubelnd ausnehmen. So war ich auf einmal im Siegfried drin. Soll ich da nicht noch an mein Leben, mein – Aushalten glauben? –

Daß Ihnen Köppens »Religion des Buddha« so große Freude gemacht hat, zeigt mir, wie gut Sie zu lesen wissen: mich ärgerte so vieles in dem Buche, weil ich immer daran denken mußte, wie schwer anderen die reine Erkenntnis der Lehre Buddhas gemacht werden müßte. Nun ist's gut, daß Sie nicht irregeworden sind. Ja, Kind, das ist eine Weltansicht, gegen die wohl jedes andre Dogma kleinlich und borniert erscheinen muß! Der Philosoph mit seinem weitesten Denken, der Naturforscher mit seinen ausgedehntesten Resultaten, der Künstler mit seinen ausschweifendsten Phantasien, der Mensch – mit dem weitesten Herzen für alles Atmende und Leidende, finden in ihm, diesem wunderbaren, ganz unvergleichlichen Weltmythos alle die unbeengteste Statt, und sich selbst ganz und voll in ihm wieder. –

Sagen Sie mir, wie Ihnen, wenn Sie dort weilten, dann unsre herrlich europäische Neu-Welt vorkommt? Finden Sie nicht entweder die roheste Verwilderung, oder – eben erst die wildesten Ansätze zu einer Entwickelung, die jenem edeln Urvolke längst schon blühte? – Eisenbahnen – staatliche Gesittung! Oh! Oh! – –

Ich kann mich den widerlichen Eindrücken unsrer geschichtlichen Gegenwart meist gar nicht anders erwehren als durch einen erfrischenden Trunk an jener heiligen Quelle des Ganges: ein Zug daraus, so schwindet aber auch alles zum Ameisengetreibe zusammen. Da drin, tief im Innern, da ist die Welt: nicht da draußen, wo der Wahnsinn einzig herrscht. – So ist's recht. Also auch Köppen hat Ihnen nichts geschadet! –

Und Frieden haben wir am Ende auch nun bald. Den Waffenstillstand hat gewiß der Cousin in Leipzig zustande gebracht? Etwas faul würde der Friede wohl ausfallen – aber: »Wer ist denn glücklich?« – Das muß man sich auch da wieder sagen. Jedenfalls haben Härtels viel dazu beigetragen, um, bei guten Aussichten, mir doppeltes Honorar zahlen zu können. Ich wollte eigentlich dem Cousin so etwas für Leipzig auftragen: nun scheint er's erraten zu haben. Loben Sie ihn darum. –

Und wenn wir wieder zusammen sind, habe ich Euch noch viel Geschichten aus meiner Jugend zu erzählen; sie werden aber erst locker, wenn wir zusammen sind. Bis dahin habt alle guten Mut; preist den Allerherrlichstvollendeten und behaltet ein wenig lieb – meine Wenigkeit Richard Wagner

Theodor Fontane
Denkmäler in der Schweiz
1865

»Denkmäler in der Schweiz« – die Frage dürfte laut werden, ob denn solche überhaupt vorhanden seien. Die Schweiz hat ihre Alpen und ihre Seen, ihre Uhrenfabriken und ihre Spitzenklöppeleien, aber *Denkmäler* – niemand entsinnt sich, davon gehört zu haben.

Und doch ist gerade die Schweiz reich an Bildwerken in Stein und Farbe, denen so recht eigentlich die Bezeichnung zukommt, *Denkmäler* ihres Landes zu sein.

Unser eigenes großstädtisches Leben, auch des Unkünstlerischsten unter uns, ist, uns selber unbewußt, so sehr in eine *künstlerische* Erziehung genommen, daß wir, wenn wir von nationalen Denkmälern hören, unwillkürlich die prächtige Reiterstatue des Großen Kurfürsten oder das helle, von Grün umschattete Marmorbild des sinnenden Scharnhorst oder endlich gar den mächtigen Bronzebau des Großen Königs vor uns hintreten sehen, jene Architektur in Erz, die fesselnd und figurenreich wie ein Epos, zugleich ein Stolz und eine Zierde unsrer Hauptstadt ist. – Für uns, die glücklich Nachgeborenen eines *Schadow*, eines *Rauch*, ist das »Denkmal« – als hätte es niemals eine schlichtere Form des öffentlichen Dankes und Gedenkens gegeben – beinah gleichbedeutend geworden mit Erz- und Marmorbild, und der Denkmalsbegriff läßt uns nur noch die Wahl, ob wir uns den zu Feiernden zu Fuß oder zu Pferde denken wollen.

Aber so waren Denkmäler nicht immer; in Zeiten, die weiter oder weniger weit zurückliegen, war das Denkmal ein *Denke-Mal*, ein bloßer Ausdruck der Pietät; aufgerichtete Steine, Denk-Steine, waren die ersten Denkmäler aller Völker.

Ein langer Weg war zu durchschreiten, eh der roh-primitive Denk*stein* zu dem kunstvoll aufgebauten Denk*mal*, zu dem Standbild in Erz, in Marmor wurde, das in unserer Vorstellung allein noch lebt, wenn wir im Gespräch über künstlerische Dinge dem Ausdruck »Denkmal« begegnen, und jetzt, am Endpunkt eines langen Weges, auf den Weg selber und seine verschiedenen Stadien zurückblikkend, geziemt sich wohl die Frage, ob uns nicht auf der zweiten Hälfte des Weges, und schon angesichts des erstrebten Zieles, ein Teil von dem verlorengegangen ist, was wir auf der ersten Hälfte des Weges glücklich besaßen. Es geziemt sich, um es bestimmter auszudrücken, die Frage, ob nicht das Bemühen, dem Denkmal einen höchsten künstlerischen Ausdruck zu geben, das Denkmal vielfach um seine nächste und natürlichste Aufgabe gebracht hat, ein Gedenke-Mal, ein lebendig sich einprägendes Zeichen des Gedächtnisses zu sein. Es geziemt sich diese Frage wohl; denn daß ich es ausspreche, die meisten unsrer Denkmäler sind tot; zahllose Standbilder stehen in jedem Sinne festgeschraubt auf dem Sockel, unfähig, in unsre Herzen hinabzusteigen, unfähig zu begeistern, unfähiger, ein Mal, ein Zeichen der Erinnerung zu sein als der Denkstein alter Tage, dessen einfach erhobener Steinfinger unsere Phantasie und unser Herz in Bewegung setzte. Wer die modernen Denkmäler, insonderheit die der britischen und zum Teil auch der bayrischen Hauptstadt kennt, wird an sich selbst empfunden haben, wie kalt, wie ohne allen Eindruck sie das Herz des Beschauers lassen und daß es beklagenswert ist, in einseitigem und mißverstandenem künstlerischen Eifer fast nur noch *eine* Form des Denkmals zu kennen: das Standbild oder das Reiterbild. Diese Form mag gelten, mag jede andere als eine mehr oder weniger untergeordnete zurückdrängen, wenn es glückt, die derartig gestellten Aufgaben künstlerisch zu bewältigen, d. h. Standbilder herzustellen, die jedes für sich wieder ein bestimmtes Leben führen und wie hochgestellte Persönlichkeiten als Gegenstände unsrer Sympathie unter uns weilen. Glückt dies aber *nicht*, sinken diese Standbilder, die doch prätendieren, die höchste Denkmalsform zu sein, zu bloßen Puppen herab, die diesen oder jenen Namen tragen, so beginnt das Typische, das Einseitige dieser Art von Darstellung öde-monoton zu wirken, und der Moment tritt ein, wo weit zurückliegende, roh und unfertige Stadien der Entwicklung in der Natürlichkeit, in dem Zweckentsprechenden ihrer Produktion uns lieber werden als das formell Gereifte, das aber nichts hat als ebendiese Form. Dies gilt von den Hervorbringungen aller Künste, selbstverständlich auch von der Skulptur. Wo nicht das Höchste geboren werden kann, siegt allemal das eckig, aber lebensvoll Charakteristische über das glatte, aber leblos Konventionelle, und es ist ein Vorzug der Schweiz, in ihren Denkmälern den alten Begriff des *Denkmals* festgehalten und einerseits das alte Überkommene pietätvoll gewahrt, andererseits, ohne sich auf typische Nachbildungen einzulassen, in jedem Einzelfalle sich die Frage vorgelegt zu haben: wie schaffen wir hier ein rechtes Denke-Mal, ein Denke-Mal, das nicht eins unter vielen ist, sondern mit der Macht individuellen Lebens sich die Aufmerksamkeit der Menschen und ihr Gedenken des zu Feiernden erzwingt. Zwei moderne

Denkmäler besitzen die Urkantone, in denen sie diese Aufgabe aufs glänzendste gelöst haben. In ihrer künstlerischen *Ausführung* fehlt diesen beiden Denkmälern jede Gemeinsamkeit, das eine ist ein Kunstwerk, das andere ein bloßer Stein. Aber in dem Grundgedanken, der sie ins Leben rief, sind beide von gleicher Einfachheit, Schönheit und Größe. Ich meine den Löwen von Luzern und den Mythenstein im Urner See.

Der Löwe von Luzern ist ein dem Gedächtnis der Schweizergarde errichtetes Denkmal, jener in Lied und Geschichte viel gefeierten Schweizergarde, die am 10. August 1792 bei Verteidigung der Tuilerien und des französischen Königtumes fiel. Nachdem in unmittelbarer Nähe der Stadt Luzern, durch Wegsprengung eines unregelmäßigen Felsenprofils, eine hohe, beinahe glatte Felswand gewonnen war, hat der ausführende Künstler in mittlerer Höhe dieser Felswand eine Nische und innerhalb dieser Nische das Kolossalbildnis eines sterbenden Löwen ausgemeißelt. Von einem abgebrochenen Lanzenschaft durchbohrt, mit der Klaue die Bourbonische Lilie schützend, liegt er da, noch im Tode ein Sieger, und trägt zu seinen Füßen die Inschrift: Helvetiorum fidei ac virtuti, »der schweizerischen Treue und Tapferkeit«. Darunter folgen die Namen der an jenem Tage gefallenen Schweizer-Offiziere, sechsundzwanzig an der Zahl. Efeu und andere Schlingpflanzen umranken den Felsen, von dessen Höhe ein Quell in ein von Ahorn, Fichten und Tannen umstandenes Becken niederfließt. Der Eindruck ist überwältigend; selbst ein den Künsten abgeneigter Sinn muß sich ergriffen fühlen. Was aber ergreift, das ist (wenigstens in erster Reihe) nicht die Schönheit des Löwenbildnisses, sondern die Schönheit des zugrunde liegenden Gedankens. Die Ausführung des Werkes (nach einem Modelle *Thorwaldsens*), glänzend wie sie ist, tritt doch hinter die *Idee* zurück, die dieses Denkmal ins Leben rief und die an ihrer Macht und Wirkung kaum eine erhebliche Einbuße erleiden würde, wenn die Ausführung minder berühmten Händen anvertraut worden wäre. Diese Idee aber, und das ist der Punkt, den ich besonders betonen möchte, reifte nicht in Kopf und Herz eines Künstlers heran, sondern wuchs unmittelbar aus dem Herzen des Schweizer Volkes oder eines einzelnen schweizerischen Mannes auf. Oberst *Pfyffer* von Luzern, einer der Schweizer-Offiziere, die den 10. August 1792, jenen Tag voll Ruhm und Unglück, überlebten, war es, der die erste Anregung zu jenem Denkmal gab. Ihm und der Originalität seiner Empfindung verdanken wir, was uns an diesem Denkmal vorzugsweise ergreift.

Auf eine solche glückliche, unmittelbar aus dem Volke heraus gewachsene Idee dürfen wir auch das zweite Denkmal, dessen ich schon erwähnte, zurückführen, jenes Schiller-Denkmal, das den Namen des Mythensteines führt. Die alten Urkantone, eine Dankbarkeit gegen den Dichter des »Wilhelm Tell« im Herzen tragend, sannen nach, wie es ihnen vergönnt sein möchte, dieser Dankbarkeit einen Ausdruck zu geben, und sie fanden Mittel und Weg, wie beides nicht einfacher und schöner gefunden werden konnte. An der Ostseite des Vierwaldstätter Sees, wo dieser nach Süden hin sich ausbuchtend den Namen des Urner Sees annimmt, und fast zu Füßen jener Bergesmatte, die den Namen des Rütli führt, wächst eine Felspyramide aus dem grünblauen Spiegel des Wassers auf, kahl, gradlinig, 80 Fuß hoch. Dieser Felskegel heißt der Mythenstein. Die Urkantone schufen diesen Stein zu einem Dank- und Denkstein um, indem sie ihm einfach an der dem See zugekehrten Seite in mächtigen, 50 Pfund schweren vergoldeten Buchstaben die lapidare Inschrift gaben: »Dem Sänger Tells, *Friedrich Schiller*. Die Urkantone 1859.« Eine schlichtere, sinnigere und zugleich vornehmere Art der Huldigung ist dem mit Standbildern gesegneten Dichter wohl an keiner andern Stelle zuteil geworden.
Beide Denkmäler, dieser Denkstein im See wie der Luzerner Löwe, entsprossen unmittelbar dem Gefühl des Volks; aber sie haben noch eine andere gemeinschaftliche Seite, auf die hinzuweisen – obwohl ihrer Bedeutung dadurch zunächst ein gewisser *Abbruch* zu geschehen scheint – an dieser Stelle wohl verlohnen möchte. Beide Denkmäler nämlich, originell wie sie sind, sind doch nicht originell in dem Sinne, daß sie bestrebt gewesen wären, etwas Nie-Dagewesenes, etwas ganz allein auf sich selbst Gestelltes in die Welt der Erscheinungen einführen zu wollen. Und dies ist abermals ein Ruhm. Die Griechen, nach Idee und Ausführung, kannten bereits Ähnliches wie den Löwen von Luzern, und die katholischen Umwohner des Vierwaldstätter Sees hatten sich längst daran gewöhnt, die Felskegel, die hier und da aus dem See aufragen, mit Heiligenbildern zu schmücken, um in Sturm und Wetter die Fürsprache dieser anzurufen. Man begegnet solchen bildgeschmückten Steinen noch vielfach, namentlich auf der Strecke von Luzern bis Küßnacht. Es war also kein Sprung, sondern ein naheliegender Schritt, von der Huldigung gegen die heilige Rosalie oder den heiligen Nikolaus von der Flüe zu einer verwandten Huldigung gegen den Dichter der Tell-Sage überzugehn. So entwickelte sich Neues aus dem Alten, und so soll es sein. Denn alles, was bestrebt ist, als ein absolut Neues ins Leben zu

springen, das tut einen Sprung, der ein Salto mortale ist; alles Dauerbare, alles Natürliche hat seinen Fuß im Vergangenen, und der Wahlspruch aller echten Kunst ist: Weiterbau. Auch die Besten und Größten standen auf den Schultern anderer. Wer vermessen diesen Zusammenhang löst, stellt sich selbst in die Luft. Er bringt es im günstigsten Fall zu einer »Erscheinung«, zu einem Meteor, das fällt, wie es stieg. Gleich frei zu sein von absurder Originalität wie von konventioneller Alltäglichkeit – das ist die Aufgabe, die überall den Künsten zu lösen bleibt. Der Mythenstein und der Löwe von Luzern *haben* diese Aufgabe gelöst.

Ich gehe nun zu minder Glänzendem über, das die Urkantone an Denkmälern bieten; Denkmäler, die, ohne jeden künstlerischen Wert, durch etwas Markiertes, sich Einprägendes in ihrer Erscheinung ihren Denkmalscharakter betätigen. Es sind dies Bilder, viele hundert an der Zahl, an Brücken, Türmen, Häusern, die uns fast von Stadt zu Stadt, von Dorf zu Dorf begleiten. Da sind zu wiederholten Malen Tell und Geßler (vom Haupt des Knaben fällt eben der durchschossene Apfel); da sind an Rathaus- und selbst an Gasthauswänden Stauffacher, Melchthal und Walter Fürst (die vielgenannten Drei, die auf dem Rütli schwuren); da ist die eiserne, noch undurchbrochene Mauer der Sempach-Schlacht (unterm Baum zur Linken haucht Schultheiß *Gundoldingen*, der greise Führer der Luzerner, seinen letzten Atem aus); da sind wirr, wüst, blutig die Tage von Grandson und Murten (teils im Bilde, teils in Wirklichkeit wehen die alten Fahnen über dem Gewoge der Schlacht); da endlich ist Aloys Reding, der, als Landeshauptmann und Führer seiner Schwyzer, am 2. Mai 1798 noch einmal die alte Schweiz gegen das neue Frankreich siegreich in die Waage warf. Von den Kämpfen gegen die österreichischen Herzöge an bis zu den Kämpfen gegen die französischen Republikaner, ein halbes Jahrtausend hindurch, begleiten uns, die Geschichte des Landes predigend, diese Bilder von Schritt zu Schritt. Denkmäler, unkünstlerisch, wertlos, aber mahnungsvoll an die Großtaten der Väter.

Bilder sind es, buntfarbig-roh, die hier, andrer Stätten zu geschweigen, am Vierwaldstätter See hin als Denk- und Erinnerungsmale auftreten; aber noch eine andere Form des Denkmals ist diesen alten Kantonen eigentümlich: der Kapellenbau. Alle katholischen Länder haben ähnliche Formen des Dankes und der Huldigung, dabei sinnig-demutsvoll den Dank gegen die *Person* zugleich zu einer Dankesbezeugung gegen *Gott* machend, gegen ihn, der doch im letzten der Fels jeder Rettung, der Quell aller Gnade ist. Alle katholi-

schen Länder, so sagte ich, haben diesen an Stelle des Denkmals tretenden Kapellenbau, aber die alten Schweizerkantone weisen, rein quantitativ, *mehr* davon auf als andere Gegenden, die mir bekanntgeworden sind. Auf dem engbegrenzten Raume weniger Quadratmeilen begegnen wir allein drei *Tell-Kapellen*: einer in Bürglen, dem Geburtsorte Tells; einer zweiten am Urner See, zu Füßen des Axenberges, wo Tell ans Ufer springend das Boot des Landvogts in den stürmisch erregten See zurückstieß; einer dritten endlich nördlich von Küßnacht in jener vielgenannten »hohlen Gasse«, die freilich aufgehört hat, eine solche zu sein.
In äußerer Erscheinung weichen alle drei Kapellen nicht wesentlich voneinander ab, kleine, ziemlich dürftige Bauten, mit Heiligenbildern, Sprüchen und rohen Wandmalereien überdeckt. Die unscheinbarste ist die zuletzt genannte, die Tell-Kapelle bei Küßnacht. Ihr mangelt zunächst aller Zauber der Lage; auch an Spruch und Bild ist sie am meisten zu kurz gekommen.
Anziehender, nicht eigentlich durch ihren künstlerischen Schmuck, aber durch die Großartigkeit der sie umgebenden Szenerie, ist die zweite Kapelle, die Tell-Kapelle am Urner See. Nach der Seeseite hin völlig offen, leuchtet das Bunt ihrer Bilder dem Vorüberfahrenden entgegen. Man könnte sie die eigentliche Tells-Kapelle nennen, insofern sie ein Wallfahrtsort von lokaler Bedeutung ist. Am Sonntag nach Himmelfahrt wird hier Messe gelesen und eine vaterländische Predigt gehalten; eine kirchlich-patriotische Feier, zu welcher die Uferbewohner in festlich geschmückten Fahrzeugen zu vielen Hunderten sich einfinden. Das eigentliche Interesse aber, das an diese Kapelle anknüpft, ist ihr Alter. Bekanntlich hat es neuerdings Mühe gekostet, negierender Kritik gegenüber überhaupt die Existenz Wilhelm Tells zu retten. In jener nicht fern zurückliegenden Zeit, wo jede historische Gestalt, die nicht urkundlich ihr Dasein beweisen konnte, in Gefahr kam, als nie vorhanden gewesen von den Tafeln der Geschichte gestrichen zu werden, drohte auch Tell zu einer bloßen Fabel zu werden. Diese kleine Kapelle am Urner See aber ist mit unter den Zeugen, die seitdem für Tell und seine Existenz gesprochen haben. Schon 1388 als Tell-Kapelle eingeweiht, und zwar in Gegenwart von 114 Personen, die sämtlich noch den einunddreißig Jahre zuvor verstorbenen Tell gekannt hatten, bleibt nichts andres übrig, als den wenn nicht urkundlichen, so doch jedenfalls uralten Bericht über diese Kapelleneinweihung ebenfalls anzuzweifeln oder aber den Tell selber hinfüro gelten zu lassen.

Die dritte Tell-Kapelle erhebt sich in Bürglen, am Eingang ins Schächental, an ebender Stelle, wo das Geburts- und Wohnhaus des Tell gestanden haben soll. Diese dritte Kapelle ist die anziehendste, und doch ist sie die am wenigsten besuchte. Sie liegt außerhalb der großen Tour; man muß sie suchen. Wer aber diese Mühe nicht scheut, dem erschließt sich ein entzückendes Stück Natur, ein Hügellandschaftsidyll, zu dem die dicht umherstehenden Urner Alpen nur die ernste Umrahmung bilden. Man macht den Weg am besten von Altdorf aus. Das Bergwasser (der Schächen), Mühlen treibend, schießt und schäumt an dem Wanderer vorbei, die Nußbäume geben Schatten, über die Gartenmauer rechts und links strecken Obstbäume ihre vollen Zweige, bis plötzlich hochaufgetürmte Floßholzblöcke an die Stelle der Gartenmauer treten und der steil bergansteigende Pfad uns in den Eingang des Schächentales, zugleich in den Eingang des Dorfes selber führt. Malerische Häuser, von alten Efeutürmen überragt, begrüßen uns, als erstes am Wege aber das Haus des Tell, jetzt ebenfalls eine Tell-*Kapelle*.
Ist es die Lieblichkeit der Umgebung oder die Sauberkeit der Kapelle oder ist es endlich der gute Humor, der aus ihren Sprüchen und Bildern spricht, – gleichviel, wir fühlen uns *hier*, am heimischen Herde Tells, auch wirklich am heimischsten. Der gegitterte Eingang ist von Efeu umrankt und trägt an seinem Frontispice folgende Reimzeilen:

Allhier auf dem Platz dieser Capell
Hat vormals gewohnt der *Wilhelm Tell*,
Der treue Retter des Vaterlands,
Der theure Urheber des freien Stands,
Dem zu Dank, Gott aber zur Ehr
Ward diese Capelle gesetzet her,
Und selbe dem Schutz befohlen an
Von Sankt Wilhelm, Rochus, Sebastian.
Ach liebe Eidgenossen, gedenket daran,
Was Gott und die Alten euch Gutes gethan.

Das Innere der Kapelle ist, wie schon angedeutet, mit Bildern und Sprüchen überdeckt, deren Mittelpunkt die Tell-Sage ist. Einige dieser Sprüche lauten:

Wilhelm Tell wird hart verklaget,
Daß er dem Filz die Ehr versaget.
Schießen mußt Du den Apfel ab,
Sonst brech' ich Dir den Lebensstab.
Tell springt hinauf von Banden los
Und giebt dem Schiffe einen Stoß.

So folgen Bild und Spruch. An höchster Stelle des Altarschreines aber befinden sich zwei wilde Männer mit einer Uhr zwischen sich, darunter die Inschrift:

Die Freiheit wird sein von langer Duhr,
Wenn immer auf *Eins* hinzeigt die Uhr.

In verwegenster Ausführung dieses Wortspiels weist der Zeiger der Uhr wirklich auf Eins.
Das sind die drei Tell-Kapellen, von denen ich, wie von den Denkmälern der Urkantone überhaupt, in Kürze erzählen wollte. Vielleicht tritt laut oder leise die Frage an mich heran, warum ich – auch das künstlerisch Rohe kaum ausschließend – mit einer gewissen Vorliebe auf diese Schweizer Denkmäler hingewiesen habe, Denkmäler, die doch großenteils nur lallend wie Kindermund die Geschichte des Landes, die Großtaten der Vorfahren erzählen. Was ich darauf zu antworten habe, ist das. Es kann mir nicht einfallen, an die Stelle höchster Schöpfungen der Kunst (über die wir, speziell in unserer Stadt, so reiche Verfügung haben) die Bilder und Reimsprüche einer Tell-Kapelle oder dem Ähnliches setzen zu wollen; es war nicht Zweck dieses Vortrags, durch Verschiebung aller wirklichen Verhältnisse auf hochstehend Heimisches hinab und auf niedrigstehendes Fremdes hinauf zu blicken. Unsere Zieten, Schwerine und Seydlitze sollen nicht von Rathaus- oder Wirtshauswänden als bloße Jahrmarktsbilder zu uns sprechen; – wir haben es eben besser, und es wäre Torheit, das Bessere durch das Schlechtere ablösen zu wollen. Dennoch, wie überhaupt Weisheit im Kindermunde lebt, so lebt auch Weisheit in dieser Kindersprache primitiver Denkmalskunst. Zwei Sätze sind es, die wir unbedingt aus diesen Schweizer Denkmälern herleiten und uns zunutze machen können, zwei Sätze, auf die ich schon im Verlauf dieses Vortrages mehr oder minder entschieden hingewiesen habe. Der *eine* Satz ist der, daß, der natürlichen Bestimmung des Denkmals gemäß, dem Charaktervollen (wie unschön es sein möge) vor dem bloß Konventionellen der Vor-

zug gebührt. Der *andere* Satz ist der, daß wir, mehr als geschieht (und selbst von den Besten geschieht), bestrebt sein müssen, uns, ohne deshalb ins Häßliche oder Abstruse zu verfallen, aus den Banden des Typisch-Überlieferten, des modisch Etablierten frei zu machen. Das große Talent wird zwar das Typisch-Überlieferte immer neu zu beleben wissen, aber seine Wirkung und sein Triumph werden größer sein, wenn es ihm glückt, den Volksgeist und die Sitte des Volks befragend, innerhalb des Gedanklichen Griffe zu tun wie beispielsweise den Löwen von Luzern oder den Mythenstein im Urner See.

Johannes Brahms
Winterthur, 23. Mai 1866
An Theodor Billroth

Lieber Herr!
Beim Nachhausekommen finde ich gestern Ihre freundlichen Zeilen, und, um Ihnen recht deutlich meinen Dank zu beweisen für Ihre Aufmerksamkeit, melde ich Ihnen, daß ich allbereits, freilich ohne Ihren Rat abzuwarten, doch denselben aufs schönste und genaueste befolgt (vorherbefolgt) habe.
Ich kam gestern abend von einer herrlichen Tour zurück; gelegentlich können wir uns wohl einige Ausrufungszeichen in Worten ganz weitläufig vorplaudern, einstweilen schreibe ich einige Namen her, die ich an Ort und Stelle gelesen. Bern, Thun, Thuner See, Interlaken, Heimwehfluh, Grindelwald, Gletscher und Höhlen, Lauterbrunnen, Staubbach, morgens und abends, Mürren, über den Brünig, Selisberg samt Umgegend, Schillerstein, Axenstraße nach Fluelen, Luzern, Zug –, wer weiß, was den Augenblick alles im Gedächtnis verschwimmt! Kurz, es war herrlich, was man sah und was man nicht sah (z. B. die Engländer)! So herrlich, daß ich mir doch in Zürich ein Logis suchen werde, auf daß ich öfter und mehr sehe.
Verzeihen Sie die eilige Schmiererei und seien Sie herzlichst gegrüßt von Ihrem ergebenen

Johs Brahms.

Fjodor Michailowitsch Dostojewskij
Genf, 12. Januar 1868/31. Dezember 1867
An A. N. Majkow

Lieber und teurer Freund, Apollon Nikolajewitsch, endlich habe ich Zeit, Ihnen ein paar Seiten zu schreiben! Dachten Sie wohl, ich hätte Sie vergessen? Ich weiß, daß Sie so nicht denken. Und bitte, beschuldigen Sie mich nicht; Sie werden alles begreifen, und besser als alle anderen. Glauben Sie mir: ich hatte *keine einzige freie Stunde*; wortwörtlich. Ich habe alle vergessen. Was macht mein armer Pascha, dem ich schon zwei Monate kein Geld mehr geschickt habe? (Ich habe, buchstäblich, keine Kopeke, die ich ihm schicken könnte!) Ich schreibe Ihnen nun über alles und werde mit größter Ungeduld Ihre Antwort erwarten. Die Ungewißheit bringt mich um.

Mit mir also war folgendes: ich habe *gearbeitet* und *mich gequält*. Wissen Sie, was es heißt, *literarisch zu schaffen*? Nein, Gott sei Dank wissen Sie es nicht! Sie haben wohl nie auf Bestellung geschrieben, im Akkord, und diese *höllische* Qual erfahren. – Als ich Anfang des Jahres vom »Russischen Boten« diese riesige Summe in Empfang nahm (4500 Rubel. Grauenhaft!), war ich voller Zuversicht, daß mich die Poesie nicht verlassen und daß der poetische Einfall im Laufe des Jahres künstlerische Gestalt annehmen würde, so daß ich alle zufriedenzustellen vermöchte. Das schien mir um so wahrscheinlicher, als in meinem Kopf stets viele künstlerische Gedanken auftauchen und mich in meinem Innern bewegen. Allein, damit, daß sie auftauchen, ist es nicht getan. Sie bedürfen einer Verkörperung; diese aber stellt sich immer unverhofft und plötzlich ein und entzieht sich jedem Kalkül. Und erst wenn die Idee im Innern Gestalt angenommen hat, kann man sich an die künstlerische Ausführung machen. Hier nun kann man ziemlich fehlerfrei kalkulieren. Den ganzen Sommer und Herbst über habe ich verschiedene Einfälle erprobt – einige waren äußerst originell –, doch hat mich eine gewisse Erfahrung unstimmige, schwierige oder unergiebige Ideen stets rechtzeitig ahnen lassen. Schließlich entschied ich mich für eine meiner Ideen und machte mich an die Arbeit. Ich schrieb viel; doch am 4. Dezember ausländischen Stils schickte ich alles zum Teufel. Ich versichere Ihnen, der Roman hätte durchaus mittelmäßig werden können; aber er war mir gerade wegen seiner Mittelmäßigkeit so schrecklich zuwider, weil er nicht *ausgesprochen gut* war. Das wollte ich nicht. Was blieb mir also übrig? Wir hatten schon den

4. Dezember! Und gleichzeitig präsentierte sich unsere materielle Situation in der folgenden Weise:
Habe ich Ihnen schon geschrieben – ich weiß es nicht (ich kann mich an gar nichts erinnern) –, daß ich, nachdem unsere sämtlichen Mittel aufgebraucht waren, Katkow um 100 Rubel im Monat gebeten habe? Ich glaube, ich habe es schon geschrieben. Die Zustimmung erfolgte rasch, und man überwies mir die Summe pünktlich. In meinem Dankesbrief an Katkow bestätigte ich *positiv* und mit meinem Ehrenwort, daß er den Roman erhalten werde, daß ich einen großen Teil des Romans noch im Dezember an die Redaktion schikken würde (das verstand sich doch, da ich am Schreiben war und bereits viel geschrieben hatte!). Dann teilte ich ihm mit, meine Ausgaben seien außerordentlich, und bat ihn, er möge mir aus der festgesetzten Summe (von 500 Rubel) im Dezember nicht 100, sondern ausnahmsweise 200 Rubel zukommen lassen. Im Dezember folgte die Zustimmung sowie die Überweisung, und zwar zum selben Zeitpunkt, da ich meinen Roman – vernichtete. Was sollte ich tun? Alle meine Hoffnungen stürzten zusammen. (Die Arbeit am Roman ist ja meine einzige und größte Hoffnung; schreibe ich einen befriedigenden Roman, kann ich meine Schulden bei der Redaktion und bei Ihnen abzahlen, kann ich Pascha und Emilia Fjodorowna reichlich abfinden und auch selbst existieren; schreibe ich einen *guten* Roman, kann ich mit einer zweiten Auflage rechnen und womöglich etwas verdienen, kann die Hälfte oder zwei Drittel meiner Wechselschulden begleichen und nach Petersburg zurückkehren.) Aber meine sämtlichen Hoffnungen stürzten zusammen. – Nachdem ich die 200 Rubel von Katkow erhalten hatte, bestätigte ich den Empfang und versicherte, ich würde den Roman unbedingt für die Januarnummer schicken, ich entschuldigte mich dafür, daß der *erste Teil spät* in der Redaktion eintreffen würde, aber ganz *bestimmt* zum Januar (unseres Stils), und ich bat, man möge die erste Nummer des »Russischen Boten« nicht ohne meinen Roman herausbringen (die Hefte erscheinen ohnehin erst Mitte des Monats).
Dann begann ich mich mit der Konzeption eines *neuen Romans* zu quälen (denn darin lag ja meine ganze Zukunft begründet). Den alten wollte ich um keinen Preis fortsetzen. Ich konnte einfach nicht. Ich dachte vom vierten bis zum achtzehnten Dezember (neuen Stils) nach. Im Durchschnitt machte ich täglich (mindestens) sechs Pläne. Mein Kopf drehte sich wie ein Mühlrad. Ein Wunder, daß ich nicht verrückt geworden bin.
Am 18. Dezember begann ich den neuen Roman zu schreiben, und

am 5. Januar (neuen Stils) sandte ich fünf Kapitel des ersten Teils (ungefähr fünf Druckbogen) an die Redaktion mit der Versicherung, am 10. Januar (neuen Stils) die *zwei übrigen Kapitel* des ersten Teils nachzuliefern. Gestern, am 11. Januar, habe ich diese beiden Kapitel abgeschickt und somit den ganzen ersten Teil abgeliefert, gegen sechs oder sechseinhalb Druckbogen.
Die erste Sendung mußten sie am 30. Dezember (unseres Stils) erhalten haben, die zweite würden sie am 4. Januar erhalten; wenn sie es also wünschen, können sie den ersten Teil noch im Januar drukken. Den zweiten Teil (von dem freilich noch keine Zeile geschrieben ist) versprach ich am 1. Februar (unseres Stils) abzuschicken, und zwar mit Sicherheit und pünktlich.
Verstehen Sie nun, mein Freund, daß ich an keinerlei Briefe denken konnte? Und versuchen Sie deshalb, von einem menschlichen Standpunkt aus zu *verstehen* und mir mein erzwungenes Schweigen zu verzeihen. Es war eine überaus schwierige Zeit für mich.
Jetzt über den Roman, um dieses Thema abzuschließen: eigentlich weiß ich selbst nicht, was ich abgeschickt habe. Aber soweit ich es beurteilen kann, stellt die Sache wenig vor, ist wenig effektvoll. Schon lange bedrängt mich ein Gedanke, den für einen Roman zu verwenden ich mich allerdings scheute, da er sehr schwierig ist und ich nicht darauf vorbereitet bin, obzwar der Gedanke sehr verlokkend ist und ich ihn liebe. Diese Idee ist – *einen vollkommen schönen Menschen zu zeigen*. Ich glaube, es gibt nichts Schwierigeres, vor allem in unserer Zeit. Sie geben mir gewiß recht. Diese Idee tauchte bereits früher in teilweise künstlerischer Gestalt auf, aber sie sollte nicht nur eine *teilweise*, sondern eine volle Realisierung finden. Nur meine verzweifelte Lage konnte mich dazu bringen, diesen unausgereiften Gedanken aufzunehmen. Ich ging ein Risiko ein wie beim Roulettespiel: »Vielleicht wird er sich unter der Feder entwikkeln!« So etwas ist unverzeihlich.
Der Plan steht im großen und ganzen fest. Es tauchen nun verschiedene Details auf, die ich sehr verführerisch finde und die in mir das Feuer wachhalten. Aber das Ganze? Der Held? Das Ganze nämlich präsentiert sich in Gestalt des *Helden*. So habe ich es bestimmt. Nun muß ich die Figur festlegen. Wird sie sich unter der Feder entwikkeln? Und stellen Sie sich vor, was für Erschwernisse hinzugekommen sind: neben dem Helden ist eine Heldin aufgetaucht, also gibt es *zwei Helden*!! Und außer diesen Helden gibt es noch zwei weitere, wichtige Figuren, das heißt *sozusagen Helden*. (Nebenfiguren, die ich wegen der großen Vorauszahlung einführen muß, gibt es

unzählige, der Roman soll ja aus acht Teilen bestehen.) Von den vier Helden haben zwei *in meinem Innern* bereits feste Umrisse gewonnen, der dritte hat keine Gestalt, der vierte und gleichzeitig erste Held aber, der Hauptheld, ist äußerst schwach ausgeprägt. Er hat sich in mir zwar schon fest eingenistet, macht mir aber noch schreckliche Mühe. Auf jeden Fall müßte ich (im Minimum) doppelt so viel Zeit haben, um die Sache schreiben zu können.
Der erste Teil ist meiner Meinung nach schwach. Aber ich glaube, es gibt noch eine Rettung: daß nichts *kompromittiert* ist, daß sich in den folgenden Teilen noch alles befriedigend entwickeln kann. (Oh, wenn es doch so wäre!) Der erste Teil ist eigentlich nur eine Einleitung. Aber etwas ist nötig: daß er eine gewisse Neugier für das Folgende weckt. Das freilich kann ich selbst nicht objektiv beurteilen. Ich habe nur einen einzigen Leser – Anna Grigorjewna. Ihr gefällt die Sache sehr. Aber sie ist *in bezug auf meine Arbeiten* kein zuverlässiger Richter.
Im *zweiten* Teil muß alles endgültig festgelegt sein (aber noch bei weitem nicht erhellt). Hier wird auch eine der *allerwichtigsten* Szenen stehen. Nur, was wird aus ihr werden? Im Entwurf *liest* sie sich ganz gut.
Überhaupt liegt alles in der Zukunft; von Ihnen aber erwarte ich eine strenge Kritik. Der zweite Teil wird alles entscheiden: er ist der schwierigste. Schreiben Sie mir über den ersten (ich weiß zwar selbst, daß er schlecht ist), aber schreiben Sie trotzdem. Und *bitte* berichten Sie mir, gleich nach Erscheinen des »Russischen Boten«, ob mein Roman abgedruckt ist. Ich befürchte, daß ich mich schrecklich verspätet habe. Für mich aber ist es von kapitaler Bedeutung, im Januar zu erscheinen. Also berichten Sie mir sofort, wenn auch kurz, damit ich Bescheid weiß.
Als ich Katkow den ersten Teil übersandte, habe ich ihm über den Roman fast dasselbe geschrieben wie Ihnen. Der Roman heißt: »Der Idiot«. – Im übrigen kann man die eigenen Sachen schlecht beurteilen, vor allem im Zustand der Erregung. Vielleicht ist auch der erste Teil nicht übel. Daß ich die Hauptfigur nicht entwickelt habe, entspricht den Gesetzen des Gesamtplans. Deswegen also erwarte ich Ihr Urteil mit größter Ungeduld. Nun aber Schluß mit dem Roman. Diese ganze Arbeit seit dem 18. Dezember hat mich dermaßen erhitzt, daß ich an nichts anderes denken, über nichts anderes reden kann. Jetzt erzähle ich Ihnen ein wenig über unser hiesiges Leben, seit der Zeit, da ich Ihnen zum letzten Mal geschrieben habe.
Mein Leben ist natürlich – Arbeit. Aber es ist gut, daß ich jetzt dank

den monatlichen Geldsendungen von *hundert Rubel* nicht mehr Not leiden muß. Ich lebe mit Anna Grigorjewna bescheiden, aber es reicht. Da uns größere Ausgaben bevorstehen, ist es wichtig, daß wir wenigstens eine kleine Summe in Reserve haben. In anderthalb Monaten wird Anna Grigorjewna (die ihren krankhaften Zustand großartig erträgt) mich zum Vater machen. Sie verstehen selber, mit was für Ausgaben das verbunden ist. Ich werde in dieser Zeit 200 Rubel pro Monat verlangen, und die Redaktion wird sich schwerlich weigern. Meine Sendung hat ihnen gegen 1000 Rubel eingebracht. Am 5. Februar werde ich ihnen weitere 1000 verschaffen (vielleicht einen besseren Text, wesentlicher und effektvoller) – dann könnte ich womöglich eine bedeutendere Summe verlangen. Übrigens, mein Lieber: hätte ich meinen Roman nicht vernichtet, hätte ich Ihnen zum Neujahr all das zurückbezahlt, was ich Ihnen schuldig bin. So aber bitte ich Sie, sich noch ein, zwei Monate zu gedulden, denn vor Abschluß des zweiten Teils kann ich von der Redaktion keine höhere Summe erbitten. Dann aber werde ich meine Schulden bei Ihnen mit Sicherheit begleichen. [...]
Obwohl wir alles zum Lebensunterhalt haben, müssen wir unsere Sachen ständig versetzen. Jedesmal wenn wir Geld erhalten, lösen wir sie ein, am Monatsende aber versetzen wir sie von neuem. Anna Grigorjewna ist mir eine echte Helferin und Trösterin. Ihre Liebe zu mir ist grenzenlos, obwohl wir charakterlich recht verschieden sind. (Sie läßt Sie und Anna Iwanowna herzlich grüßen. Sie liebt Sie besonders deshalb, weil Sie ihre Mutter so hoch schätzen, welche sie vergöttert. Sie hat sowohl von Ihnen als auch von Anna Iwanowna eine hohe Meinung und verehrt Sie beide tief und aufrichtig.)
Mehr noch als unter materiellen Schwierigkeiten haben wir in Genf unter der Kälte gelitten. Ach, wenn Sie wüßten, wie dumm, stumpfsinnig, einfältig und barbarisch dieses Volk ist! Es genügt nicht, sich auf der Durchreise ein Bild zu machen. Nein, man muß hier leben! Aber ich kann Ihnen in Kürze nicht alle meine Eindrücke schildern; es sind ihrer zu viele. Das bourgeoise Leben in dieser gemeinen Republik ist *nec-plus-ultra* entwickelt. In der Regierung wie überall in der Schweiz herrschen Parteien, herrscht ununterbrochener Zank, Pauperismus, eine schreckliche Mittelmäßigkeit in allem; ein hiesiger Arbeiter kann einem russischen nie das Wasser reichen: es ist geradezu grotesk, sich das alles anzusehen und anzuhören. Die Sitten hier sind barbarisch: oh, wenn Sie wüßten, was man hierzulande für gut, was für schlecht hält. Die allgemeine Entwicklungsstufe ist niedrig: Trunksucht, Diebstahl und Betrügerei sind ver-

breitet, letztere gehört ganz selbstverständlich zum Handel. Im übrigen haben die Schweizer auch einige gute Züge, die sie unendlich hoch über die Deutschen erheben. (In Deutschland erstaunte mich vor allem die Dummheit der Leute: sie sind maßlos dumm, sie sind unvergleichlich dumm.) Bei uns will selbst Nikolaj Nikolajewitsch Strachow, ein überaus kluger Mann, dies nicht einsehen. »Die Deutschen«, sagt er, »haben das Pulver erfunden.« Ihr Leben war nun mal so eingerichtet! Wir aber haben währenddessen eine große Nation geschaffen, Asien für immer in die Schranken verwiesen, unendlich viele Leiden ertragen, wir *haben* sie ertragen und haben die russische Idee, die die Welt erneuern wird, nicht aufgegeben, sondern gefestigt, und haben zu guter Letzt auch die Deutschen erduldet; trotz alldem ist unser Volk unendlich viel höherstehend, edler, aufrichtiger, naiver, fähiger und erfüllt von diesem anderen, hohen christlichen Glauben, den Europa mit seinem dahinsiechenden Katholizismus und seinem unsinnig sich selber widersprechenden Lutheranertum niemals verstehen wird. Aber lassen wir das! Mir ist so schwer ums Herz, ich habe solches Heimweh nach Rußland, daß ich mich wirklich unglücklich fühle! Ich lese Zeitungen, jede Nummer bis zum letzten Buchstaben, die »Moskauer Nachrichten« und »Die Stimme«. Der »Stimme« bin ich für ihre neue Tendenz sehr dankbar. Ich würde mit Ihnen gerne über so vieles reden, mein Freund; wieviel hat sich inzwischen angesammelt! Aber vielleicht werde ich Sie noch in diesem Jahr umarmen können. Auf Ihre Briefe zähle ich indessen fest. Schreiben Sie, tun Sie mir den Gefallen, mein Lieber. In meiner düsteren und öden Einsamkeit ist dies mein einziger Trost. Anna Grigorjewna nennt sich glücklich, weil sie bei mir ist. Ich aber brauche auch Sie und die Heimat.

In der Schweiz gibt es noch genügend Wald, in den Bergen findet sich davon unvergleichlich viel mehr als in andern Ländern Europas, obwohl er mit jedem Jahr erschreckend abnimmt. Und stellen Sie sich vor: fünf Monate im Jahr herrscht hier scheußliche Kälte und Bise (ein Sturmwind, der über die Alpenkette fegt). Drei Monate lang ist Winter, fast wie bei uns. Alle zittern vor Kälte, legen weder Flanell noch Watte ab (Bäder gibt es hier keine – Sie können sich denken, wie schmutzig die Leute sind), aber Winterkleider besorgt sich keiner, alle laufen in denselben Kleidern herum wie im Sommer (Flanell taugt für den Winter wenig), und bei alldem kommen sie nicht einmal auf die Idee, ihre Wohnungen zu verbessern! Was kann ein Kamin, in dem man Holz oder Kohle verfeuert, schon ausrichten, selbst wenn man ihn *den ganzen Tag* heizt? Die Sache kostet 2 Francs am Tag. Man vergeudet viel Holz – Wärme aber spendet er nicht. Nun? Gäbe es wenigstens Doppelfenster, könnte man auch mit einem Kamin existieren! Von einem Ofen will ich gar nicht erst reden. Dann könnte man ganze Wälder retten. In fünfundzwanzig Jahren werden keine mehr übrig sein. Die Menschen leben hier wie die Barbaren. Dafür aber sind sie abgehärtet. Bei mir im Zimmer herrschte, nachdem ich tüchtig eingeheizt hatte, nur + 5° Réaumur (fünf Grad über Null!). Ich saß im Mantel und wartete in dieser Kälte auf Geld, versetzte Gegenstände und konzipierte den Plan zum Roman – was sagen Sie dazu? Es heißt, in Florenz sei die Temperatur diesen Winter bis auf 10 *Grad* gesunken. In *Montpellier* verzeichnete man 15° Réaumur. Bei uns in Genf sank die Temperatur nicht unter 8 Grad, aber das Wasser im Zimmer gefror. Nun habe ich vor kurzem die Wohnung gewechselt und bewohne zwei schöne Zimmer, das eine ist ungeheizt, das andere aber schön warm, mit einer ständigen Temperatur von 10 bis 11 Grad. So läßt sich leben.

Ich habe viel geschrieben und dennoch fast gar nichts gesagt! Dies auch der Grund, weshalb ich Briefe nicht schätze. Auf Ihre Briefe aber warte ich sehr. Schreiben Sie bitte möglichst bald. Ein Brief an mich, in meiner jetzigen schwermütigen Verfassung, kommt einer *guten Tat* gleich. Ja, ich vergaß Sie noch um folgendes zu bitten: sagen Sie niemandem auch nur ein Wort von alldem, was ich Ihnen über den Roman geschrieben habe, bevor es soweit ist. Ich will nicht, daß es auf Umwegen zum »Russischen Boten« gelangt, da ich der Redaktion gegenüber gelogen habe, indem ich mitteilte, ich hätte *im Entwurf* schon viel geschrieben und müßte dies nur umarbeiten und ins reine schreiben. Ich werde es auch so schaffen, und, wer weiß, vielleicht wird daraus ein ganz ordentlicher Roman. Ich bin schon wieder beim Roman; ich sagte Ihnen ja, daß er mir völlig den Kopf verdreht hat.

Mein Gesundheitszustand ist befriedigend. Die Anfälle treten sehr selten auf, und dies schon seit zweieinhalb, drei Monaten.

Ich umarme und küsse Sie.

Ihr ergebener und Sie liebender Fjodor Dostojewskij

Michail Bakunin
Die Affäre Obolensky
1870

Eine Mutter, die zu ihrem Unglück in der russischen Aristokratie zur Welt gekommen und zu ihrem noch größeren Unglück mit einem Fürsten verheiratet worden ist, einem Frömmigkeit heuchelnden, vor allen orthodoxen Popen von Moskau und Sankt Petersburg knienden und seinem Zaren zu Füßen liegenden Mann, dem servilsten Vertreter dieser Welt der offiziellen Servilität – eine russische Mutter will ihre Kinder in Freiheit erziehen, zur Achtung vor der Arbeit und vor den Mitmenschen. Sie läßt sich zu diesem Zweck in der Schweiz nieder, in Vevey. Natürlich mißfällt ihr Vorgehen dem Zarenhof. Man spricht in Sankt Petersburg mit Entrüstung, mit Zorn von der demokratisch einfachen Erziehung, die ihre Kinder erhalten; sie werden wie bürgerliche Kinder gekleidet; Behausung und Tafel sind ohne Luxus; kein Wagen ist vorhanden, kein Lakai, und das ganze Haus wird von nur zwei Dienstboten besorgt. Außerdem werden die Kinder gezwungen, vom Morgen bis zum Abend zu lernen, und die Lehrer angehalten, sie wie gewöhnliche Sterbliche zu behandeln. Wie man erzählt, kann Großfürstin Marie von Leuchtenberg, die Schwester des Zaren und ehemalige Freundin der Fürstin Obolensky, nicht darüber reden hören, ohne Tränen des Zorns zu vergießen. Sogar der Zar bleibt nicht gleichgültig. Er befiehlt der Fürstin mehrmals, sofort nach Rußland zurückzukehren. Sie weigert sich. Was unternimmt da Seine Majestät? Der Zar befiehlt dem Fürsten Obolensky, der, wie jedermann weiß, seit langem von seiner Frau getrennt lebt, seine Rechte als Gatte und Vater geltend zu machen und, wenn nicht die Mutter, so doch wenigstens die Kinder mit Gewalt zu entführen. Der russische Fürst leistet dem Befehl Seiner Majestät nur allzugern Folge. Das Vermögen der Familie gehört der Fürstin, nicht ihm. Wenn sie in einem russischen Kloster vergraben oder als emigriert und ungehorsam gegenüber dem heiligen Willen Seiner Majestät erklärt würde, müßte ihr Besitz konfisziert und ihm als Vormund der Kinder zur Verwaltung übergeben werden. Ein ausgezeichnetes Geschäft! Doch wie soll dieser brutale Gewaltakt inmitten eines stolzen und freien Volkes, in einem Kanton der schweizerischen Republik ausgeführt werden? Man antwortete dem Fürsten, weder die schweizerische Freiheit noch die Republik noch der Stolz noch die Unabhängigkeit vermöchte vor dem Willen Seiner Majestät, des Kaisers aller Reußen, standzuhalten.

War dies eine vermessene Behauptung? Leider nicht! Es war die richtige Einschätzung einer traurigen Wahrheit. Der Zar befahl seinem Großkanzler für auswärtige Angelegenheiten, dem Fürsten Gortschakow, dieser befahl dem russischen Gesandten in Bern, dieser befahl – aber nein, wir müssen höflich bleiben – ersuchte den Bundesrat der schweizerischen Republik. Der Bundesrat schickte den Fürsten Obolensky, mit seinen dringenden Empfehlungen versehen, zur Kantonsregierung in Lausanne; die waadtländische Regierung schickte ihn, mit ihren Befehlen versehen, zum Präfekten von Vevey. Und in Vevey warteten die republikanischen Behörden schon lange auf den Fürsten, begierig, ihn zu empfangen, wie man einen russischen Aristokraten zu empfangen hat, wenn er im Namen seines Zaren Befehle erteilen kommt. In der Tat war hier dank den – zweifellos uneigennützigen – Bemühungen des Advokaten Céresole, der heute Mitglied des Bundesrats ist, alles von langer Hand vorbereitet worden.
Seien wir gerecht, Advokat Céresole legte in dieser Angelegenheit großen Fleiß, große Energie und erstaunliche Geschicklichkeit an den Tag. Dank seinen Bemühungen konnte sich mitten in der republikanischen Schweiz ein unerhörter bürokratischer Gewaltakt ohne Skandal und ohne Hindernisse abwickeln. Eines schönen Morgens wartete der bereits am Tag zuvor von der Ankunft des Fürsten Obolensky benachrichtigte Präfekt, warteten der Friedensrichter und die Polizisten von Vevey mit Herrn Céresole an ihrer Spitze im Bahnhof auf den hohen Besuch. Sie hatten – so weit trieben sie ihre Dienstfertigkeit – sogar die nötigen Wagen für die geplante Entführung bereitgestellt. Gleich nach der Ankunft des Fürsten begab man sich gemeinsam zum Wohnsitz der Fürstin Obolensky, dieser armen Frau, die nicht ahnte, daß sich ein Gewitter über ihrem Haupt zusammenzog.
Hier spielte sich eine Szene ab, auf deren Beschreibung wir verzichten. Die waadtländischen Polizisten, die zweifellos bestrebt waren, sich vor dem russischen Aristokraten auszuzeichnen, stießen die Fürstin mit Faustschlägen zur Seite, als sie sich von ihren Kindern verabschieden wollte; der entzückte Fürst Obolensky glaubte sich in Rußland; Herr Céresole dirigierte. Die verzweifelten und kranken Kinder wurden von den Polizisten weggetragen, in die Wagen geworfen und fortgeführt.

So erging es der Fürstin Obolensky. Einige Monate vor diesen für die Ehre unserer Republik so verhängnisvollen Ereignissen hatte die Fürstin, wie man erzählt, mehrere Schweizer Juristen zu Rat gezogen und von allen die Auskunft erhalten, sie habe nichts zu befürchten in unserem Land, wo die Freiheit des einzelnen durch die Gesetze verbürgt sei und gegen niemanden, sei er Einheimischer oder Ausländer, ohne Urteil und ohne Bevollmächtigung durch ein schweizerisches Gericht vorgegangen werden könne. Es sollte in einem Land, das sich Republik nennt und die Freiheit ernst nimmt, in der Tat so sein. Und doch ist in der Affäre Obolensky gerade das Gegenteil geschehen. Als die Fürstin beim kosakenhaften Überfall der republikanischen Polizisten unter dem Kommando von Herrn Cérésole und Fürst Obolensky den Schutz des schweizerischen Rechts anrufen wollte, antwortete ihr, so heißt es, Advokat Cérésole mit groben Späßen, die von den Waadtländer Polizisten sogleich in Faustschläge übersetzt wurden ... Es lebe die schweizerische Freiheit!

Pjotr Kropotkin
Die rote Fahne in Bern
1877

Wir nahmen in jenem Jahre sämtlich an einer sozialistischen Veranstaltung in Bern teil, bei der die rote Flagge entfaltet werden sollte. Die Woge der Reaktion schlug bis in die Schweiz, so daß die Berner Polizei gegen die Verfassung das Tragen der Arbeiterfahne verboten hatte. Es war daher notwendig, wenigstens ab und zu zu zeigen, daß die Arbeiter ihre Rechte nicht mit Füßen treten ließen und Widerstand leisteten. Am Jahrestage der Pariser Kommune begaben wir uns also alle zusammen nach Bern, um dort ungeachtet des Verbotes die rote Flagge durch die Straßen zu tragen. Natürlich kam es zu einem Zusammenstoß mit der Polizei, wobei zwei Kameraden Säbelhiebe und zwei Polizisten ziemlich schwere Verwundungen erhielten. Aber die rote Fahne brachten wir glücklich zur Arbeiterhalle, wo eine äußerst bewegte Versammlung stattfand. Ich brauche wohl kaum zu erwähnen, daß sich die sogenannten Führer nicht im Hintergrunde hielten und ebenso wie die übrigen kämpften. In die Untersuchung waren fast dreißig Schweizer Bürger verwickelt, die sämtlich selbst verlangt hatten, in Anklagezustand versetzt zu werden; auch meldeten sich freiwillig die zwei, welche die Polizisten

verwundet hatten. Im Verlaufe des Strafprozesses gewann unsere Sache vielfache Sympathien; man erkannte an, daß alle Freiheiten, wenn sie nicht verlorengehen sollen, eifersüchtig verteidigt werden müssen. Die Strafen waren daher auch nur leicht und gingen nicht über drei Monate Gefängnis hinaus.
Doch verbot die Berner Regierung nun für den ganzen Kanton das Führen der roten Fahne, worauf der Jurabund den Beschluß faßte, sie trotz des Verbotes in St. Imier, wo wir in jenem Jahre unsern Kongreß abhielten, zu entfalten. Diesmal trugen die meisten von uns Waffen, um unser Banner bis zum Äußersten zu verteidigen. Auf einem Platze hatte eine Polizeimannschaft Stellung genommen, um unseren Zug nicht weiter zu lassen, und auf einem nahen Felde hielt man eine Abteilung Miliz in Bereitschaft, angeblich zum Zwecke einer Schießübung – wir konnten bei unserm Marsche durch die Stadt deutlich das Schießen hören. Als unser Zug aber auf dem Platze erschien und man aus seiner Haltung entnehmen konnte, ein Angriff würde zu ernstem Blutvergießen führen, ließ uns der Bürgermeister unbehelligt unsern Marsch zum Sitzungssaale fortsetzen. Keinen von uns verlangte nach dem Kampfe, aber doch hatte uns das Marschieren in Gefechtsordnung und nach dem Klange der Militärmusik in solche Spannung versetzt, daß es mir zweifelhaft ist, welches Gefühl bei den meisten von uns in den ersten Augenblicken nach unserer Ankunft im Saale überwog: die Freude darüber, daß uns ein ungesuchter Kampf erspart blieb, oder das Bedauern, daß es nicht zum Kampfe kam. Der Mensch ist ein sehr verwickeltes Wesen.

Mark Twain
Gedanken auf dem Weg von Zermatt nach Visp
1878

Die Schweiz ist nichts weiter als ein einziger großer buckeliger Felsblock mit einer dünnen Grashaut darüber. Folglich werden Gräber hier nicht gegraben, sie werden mit Pulver und Zündschnur aus dem Gestein gesprengt. Die Leute können sich keine großen Friedhöfe leisten, dazu ist die Grashaut zu beschränkt und zu kostbar. Sie wird ganz zum Unterhalt der Lebenden benötigt.
Der Friedhof in Zermatt nimmt nur etwa einen Viertelmorgen in Anspruch. Die Gräber sind in den gewachsenen Fels eingelassen und sehr dauerhaft; aber belegt werden sie nur immer auf Zeit; der

Benutzer kann immer nur so lange darin bleiben, bis sein Grab für eine spätere Leiche benötigt wird; dann wird er entfernt, denn es ist nicht erlaubt, einen Leichnam über einem anderen beizusetzen. Soviel ich erfahren habe, besitzt eine Familie solch ein Grab, wie sie ein Haus besitzt. Ein Mann stirbt und hinterläßt sein Haus seinem Sohn, und gleichzeitig übernimmt der tote Vater seines Vaters Grab. Er zieht aus dem Haus in das Grab, und sein Vorgänger zieht aus dem Grab in den Keller unter der Kapelle um. Ich sah einen schwarzen Kasten mit aufgemaltem Totenkopf und Knochenkreuz auf dem Friedhof liegen, und man sagte mir, daß er zur Beförderung der Überreste in den Keller benutzt werde.

In diesem Keller lagen die Gebeine und Schädel von mehreren hundert ehemaligen Einwohnern aufgestapelt. Sie ergaben zusammen einen Berg von über fünf Meter Länge, zwei Meter Höhe und zweieinhalb Meter Breite. Man sagte mir, daß in einigen Schweizer Dörfern die Schädel in den Beinhäusern dieser Art alle mit Zeichen versehen seien, und falls jemand den Schädel seiner Väter und Vorväter finden wolle, so sei ihm das mit Hilfe dieser innerhalb der Familie überlieferten Zeichen möglich.

Ein englischer Herr, der mehrere Jahre in dieser Gegend gelebt hatte, erzählte mir, hier habe die Wiege der Schulpflicht gestanden. Aber er sagte, die englische Vorstellung, daß die Schulpflicht die Zahl der unehelichen Geburten und den Hang zu Ausschweifungen eindämmen werde, sei ein Irrtum – diese Wirkung erziele sie nicht. Verführungen seien in den protestantischen Kantonen zahlreicher als in den katholischen, denn der Beichtstuhl schütze die Mädchen. Ich frage mich, warum er dann in Frankreich und Spanien nicht die verheirateten Frauen schützt.

Dieser Herr erzählte mir, bei den ärmeren Bauern im Kanton Wallis sei es üblich, daß die Brüder in einer Familie unter sich auslosen, welchem von ihnen das begehrte Vorrecht, heiraten zu dürfen, zufallen soll. Der glückliche Gewinner heirate darauf, und seine Brüder schlössen sich, zum Junggesellentum verdammt, heroisch zusammen und hülfen mit, die neue Familie zu ernähren.

Wir verließen Zermatt an einem Morgen gegen zehn Uhr in einem Wagen – und in einem Unwetter – in Richtung auf St. Niklaus. Wieder fuhren wir zwischen diesen grasbewachsenen, ungeheuren Felsenklippen hindurch, von deren dreihundert, ja vierhundert Meter hohen grünsamtenen Wänden winzige Häuschen zu uns herunterblickten. Es schien unmöglich, daß selbst die nur in der Einbildung existierende Gemse jene Steilhänge erklomm. Liebende auf

gegenüberliegenden Felsen küssen sich vermutlich durchs Fernglas und korrespondieren mit der Flinte.
In der Schweiz ist der Pflug des Bauern eine breite Schaufel, mit der er die dünne Erdhaut über dem Felsen aufkratzt und wendet – und der Mann des Pfluges ist dort ein Held. Hier nun, an unserer Straße nach St. Niklaus, lag ein Grab, und dieses Grab hat eine tragische Geschichte. Ein Pflüger häutete eines Morgens sein Land – nicht das steilste Stück, aber doch ein recht steiles –, das heißt, er häutete nicht den Giebel seines Ackerlandes, sondern das Dach in der Nähe der Traufe –, und da ließ er in Gedanken einmal den Pflugsterz los, um sich auf die übliche Art die Hände zu befeuchten; er verlor das Gleichgewicht und fiel hintüber von seinem Land – der arme Kerl, er streifte nichts, bis er 450 Meter weiter unten aufschlug*. Wir umgeben das Leben eines Soldaten oder Seemannes mit der Gloriole des Heldentums. Aber wir sind nicht daran gewöhnt, die Landwirtschaft als eine heroische Beschäftigung zu betrachten. Das kommt, weil wir nie in der Schweiz gelebt haben.
Von St. Niklaus machten wir uns zu Fuß nach Visp oder Vispach auf. Das Unwetter war bereits seit mehreren Tagen am Werk und hatte in der Schweiz und in Savoyen eine Menge Schaden angerichtet. Wir kamen an eine Stelle, wo ein Bach seinen Lauf verändert hatte und, alles mit sich reißend, in einem neuen Bett vom Berg stürzte. Zwei armselige und doch kostbare Äcker an der Straße waren hin. Der eine war restlos fortgeschwemmt worden – man sah den darunterliegenden gewachsenen Fels; der andere lag vollkommen begraben unter einem wüsten Chaos aus Geröll, Kies, Schlamm und Schutt. Zwei überzeugende Beispiele für die unwiderstehliche Gewalt des Wassers. Ein paar junge Bäume, die im Weg gestanden hatten, waren zu Boden gebogen, gänzlich entrindet und unter Felstrümmern begraben. Die Straße selber war ebenfalls fortgespült worden.
Auf einem anderen Stück Straße, das hoch oben an einer Felswand vorbeiführte und am Außenrand durch eine wenig widerstandsfähige Mauer bewehrt war, stießen wir wiederholt auf Stellen, wo das Mauerwerk eingefallen war und gefährliche Lücken hinterlassen hatte, durch die Maultiere abstürzen konnten; und noch häufiger trafen wir Stellen an, an denen das Mauerwerk leicht zerbröckelt und von Maultierhufen gezeichnet war, woraus wir schließen konnten, daß hier jemanden fast ein Unglück ereilt hätte. Als wir schließ-

* Das war an einem Sonntag. M. T.

lich an ein böse eingerissenes Mauerstück kamen, an dem Hufabdrücke von einem verzweifelten Kampf zur Wiedererlangung des verlorenen Halts zeugten, warf ich erwartungsvoll einen Blick über den Rand in den schwindelerregenden Abgrund. Aber es war niemand da unten.
Flüsse erfreuen sich in der Schweiz und auch in anderen Teilen Europas der allergrößten Fürsorge und Pflege. Beide Ufer werden mit schräg abfallenden massiven Bruchsteinmauern befestigt – so daß die Ufer dieser Flüsse vom Anfang bis zum Ende wie die Kaianlagen in St. Louis und in anderen Städten am Mississippi aussehen.

Wir erreichten Vispach um acht Uhr abends, nur sieben Stunden nach unserem Aufbruch aus St. Niklaus. Wir mußten also gut zweieinhalb Kilometer in der Stunde zurückgelegt haben, und es war immerzu bergab gegangen, und sehr schlammig war es außerdem noch gewesen. Wir verbrachten den ganzen Abend im »Hôtel du Soleil«; ich erinnere mich noch genau daran, denn die Wirtin, der Portier, die Kellnerin und das Zimmermädchen waren nicht Personen für sich, sondern wurden alle von ein und demselben schmucken, fleckenlos sauberen Musselinkleid umschlossen, und darin steckte das hübscheste junge Persönchen, das ich in der ganzen Gegend sah. Und ich erinnere mich auch, daß sich von allen Einheimischen, die mir in Europa begegnet sind, nur eine ihr ebenbürtig nennen konnte, und zwar die junge Wirtstochter in einem Dorfkrug im Schwarzwald. Warum heiraten nicht noch mehr Leute in Europa und betreiben Gasthäuser?

Alphonse Daudet
Bompard schenkt Tartarin über die Schweiz klaren Wein ein
1880

In Flüelen sah man Raketen hochsteigen. Sie zerstoben in vielfarbigen Sternen, und zahllose Lampions fuhren auf dem See hin und her, während die dazugehörigen Schifflein unsichtbar blieben. Musik ertönte und man hörte die Leute jauchzen und lärmig feiern.
Es war eine zauberhafte Pracht inmitten der umrahmenden Granitmauern des Tunnels, die kalt und glatt aufragten.

»Was für ein komisches Land, die Schweiz, nicht wahr?« rief Tartarin aus. Bompard mußte lachen:
»Ach was, die Schweiz ... Zuallererst einmal gibt es ja gar keine Schweiz! Die Schweiz, Herr Tartarin, ist heutzutage nichts anderes mehr als ein riesengroßer Kursaal, der vom Juni bis im September geöffnet ist, ein Kasino mit Panorama, wohin die Leute aus allen vier Weltteilen kommen, um sich die Langeweile zu vertreiben. Betrieben wird dieses Unternehmen von einer Hunderte von Millionen und Milliarden reichen Gesellschaft, die ihren Sitz in Genf und London hat. Es brauchte viel Geld, das können Sie sich denken, um dieses ganze Gebiet in Pacht zu nehmen, schön zurecht zu kämmen, aufzuschniegeln, alle diese Seen, Wälder, Berge und Wasserfälle, ein ganzes Volk aus Angestellten, Statisten zu unterhalten und auf den höchsten Berggipfeln prunkvolle Luxushotels zu erbauen, mit Gas, Telegraph und Telephon! ...«
»Wahr ist das allerdings«, überlegte Tartarin laut vor sich hin und dachte dabei an den Rigi.
»Und ob das wahr ist! Aber Sie haben ja noch gar nichts Besonderes gesehen ... Gehen Sie noch ein bißchen weiter ins Land hinein, so werden Sie auch nicht ein einziges Eckchen finden, das nicht irgend ein Schwindel, irgendwie zugerichtet und mit allerhand Tricks versehen ist, wie unter der Bühne in der Großen Oper zu Paris. Wasserfälle, die taghell erleuchtet werden, Drehtürchen am Eingang zu den Gletschern, das gleiche auch bei den Zugängen zu den Bergen, ganze Haufen von hydraulischen Eisenbahnen und Seilbähnchen. Immerhin hat die Gesellschaft, mit Rücksicht auf ihre kletterlustige Amerikaner- und Engländerkundschaft, ein paar berühmte Berge, wie die Jungfrau, den Mönch, das Finsteraarhorn, in ihrem wilden, gefährlichen Zustand belassen, allerdings nur scheinbar, denn in Wirklichkeit besteht dort genau so wenig Gefahr wie anderswo.«
»Ja, aber die Gletscherspalten, mein Lieber, die schaurigen Gletscherspalten ... Wenn man da hineinfällt?«
»Dann fallen Sie auf den Schnee, Herr Tartarin, und tun sich kein bißchen weh. Es ist dort drunten jederzeit ein Portier oder ein Diener vorhanden, der einem wieder auf die Beine hilft, einen abbürstet, abklopft und höflich fragt: ›Hat der Herr kein Gepäck?‹ ...«
»Was verzapfen Sie da für Unsinn, Gonzague?«
Und Bompard versetzte noch ernster und feierlicher als zuvor:
»Die Instandhaltung der Gletscherspalten ist für die Gesellschaft einer der größten Ausgabeposten.«
Dann herrschte im Tunnel eine Weile tiefe Stille. Ringsum hatte sich

der Lärm gelegt. Die bengalischen Feuer waren abgebrannt, das Pulver in die Luft verschossen, und die Schifflein waren ans Ufer gerudert. Aber dafür war der Mond aufgegangen und hatte eine andere Landschaft hergezaubert, eine gleichfalls traditionell gewordene, bläuliche, wie elektrisch betriebene Landschaft voller Fetzen einer undurchdringlichen Finsternis ...

Tartarin brachte es zunächst nicht über sich, seinem Freund alles aufs Wort zu glauben. Aber er überdachte doch all das, was er in vier Tagen an Sonderbarem und Ungewohntem gesehen hatte, er dachte an die Sonne auf dem Rigi und an den Witz mit Wilhelm Tell. Und was Bompard da alles zusammengedichtet hatte, schien ihm um so wahrscheinlicher, als in jedem Tarasconesen zwar ein Aufschneider steckt, aber auch einer, der alles schluckt.

»Und jetzt, mein lieber Freund, wie erklären Sie denn diese entsetzlichen Katastrophen ... das Unglück am Matterhorn zum Beispiel? ...«

»Das war vor sechzehn Jahren, und die Gesellschaft war damals noch gar nicht gegründet, Herr Tartarin!«

»Aber noch im vorigen Jahr war doch da das Unglück am Wetterhorn. Zwei Führer wurden mit ihren Begleitern unterm Schnee begraben! ...«

»Das braucht's eben von Zeit zu Zeit, zum Kuckuck! ... als Köder für die Bergsteiger ... Ein Berg, wo sich nie einer das Genick gebrochen hat, das ist nichts für die Engländer ... Sie kommen einfach nicht mehr ... Das Wetterhorn kam seit einiger Zeit aus der Mode. Und seit diesem kleinen Unglück sind die Einnahmen sofort beträchtlich angestiegen.«

»Dann waren die beiden Führer ...«

»Die sind wohlauf, so gut wie die abgestürzten Bergsteiger. Man hat sie nur verschwinden lassen, hat ihnen einen halbjährigen Auslandsaufenthalt bezahlt ... Eine solche Reklame ist kostspielig, aber die Gesellschaft ist reich und kann sich das leisten.«

»Hören Sie, Gonzague ...«

Tartarin war aufgestanden und hatte dem frühern Geschäftsführer des Klubs eine Hand auf die Schulter gelegt.

»Sie möchten doch nicht, daß mir etwas zustößt, nicht wahr? ... Gut denn, sprechen Sie ganz offen zu mir ... Sie kennen meine Fähigkeiten als Bergsteiger, sie sind recht mittelmäßig.«

»Sehr mittelmäßig, das stimmt!«

»Glauben Sie aber, ich könne ohne allzu große Gefahr eine Besteigung der Jungfrau wagen?«

»Dafür möchte ich einstehen, ich würde meinen Kopf dafür ins Feuer legen, Herr Tartarin ... Sie brauchen sich nur ganz dem Führer anzuvertrauen, wahr und wahrhaftig!«
»Und wenn ich schwindlig werde?«
»Dann machen Sie einfach die Augen zu.«
»Wenn ich aber ausglitsche?«
»Dann lassen Sie's eben rutschen ... Das ist wie im Theater ... Es gibt da so gewisse Tricks ... Es ist ganz gefahrlos ...«
»Ach! Wenn Sie bei mir wären, damit Sie mir das immer und immer wieder sagen könnten ... Wissen Sie was, mein Lieber, tun Sie mir den Gefallen und kommen Sie mit mir ...«
Bompard würde nichts lieber tun, aber leider, leider hatte er seine Peruaner auf dem Hals und zwar bis zum Ende der Saison. Und als sein Freund sich darüber wunderte, daß er eine so untergeordnete Tätigkeit als Kurier angenommen habe, erwiderte er:
»Was wollen Sie schon, Herr Tartarin? ... Das gehört zu unsern Pflichten und steht im Vertrag ... Die Gesellschaft hat das Recht, uns zu verwenden, wie es ihr paßt.«
Und dann zählte er ihm an seinen zehn Fingern alles her, was ihm in den letzten drei Jahren an Pech und Unheil zugestoßen war ... Zuerst war er Bergführer im Oberland gewesen, dann Alphornbläser, dann ein alter Gemsjäger, hernach ein abgedankter Soldat Karls X., sogar protestantischer Pfarrer im Bergland ...
»Was ist das?« fragte Tartarin überrascht.
Und der andere erklärte in seiner gelassenen Art:
»Gut denn. Wenn Sie durch die deutsche Schweiz reisen, so sehen Sie manchmal in schwindelnden Höhen einen Pfarrer, der unter freiem Himmel predigt. Er steht auf einem Felsen oder auf irgend einer rohen Kanzel, auf einem Baumstamm. Ein paar Hirten oder Sennen stehen dabei und halten ihre Lederkäppchen in der Hand. Frauen in der Tracht, mit den Hauben, die in ihrem Kanton üblich sind, stehen in malerischen Posen grüppchenweise um sie herum. Und die Landschaft ist hübsch, überall sind grüne Weiden, frischgemähte Matten, ringsum rieseln Bächlein bergab bis auf die Landstraße, und Kuhherden weiden mit ihren schweren Glocken, die unablässig bimmeln und läuten, von zuunterst bis zuoberst auf den Bergen. Das alles, wahr und wahrhaftig, ist nichts als Szenerie, das gehört zur Statisterei. Aber nur die Angestellten der Gesellschaft, die Führer, Pastoren, Kuriere, Hoteliers sind in das Geheimnis eingeweiht, und es liegt in ihrem Interesse, daß sie's nicht ausbringen, damit die Kundschaft nicht abgeschreckt wird.«

Helmuth Graf von Moltke
Ragaz, den 27. April 1882
An seinen Neffen

Lieber Henry. Schon vorgestern Abend sind wir hier eingetroffen und erfuhren dann gleich, daß unter vierzehn Tagen oder drei Wochen keine Bäder verabfolgt werden können. So lange kann ich überhaupt nicht in der Schweiz bleiben, und die Dienstbriefe, welche ich vorfand, veranlassen mich, doch noch erst nach Berlin zu gehen, bevor ich nach Creisau übersiedle.
Der sonnige Tag, an welchem wir Euch in Zürich verließen, machte die Reise höchst angenehm, und das Eintreffen in Luzern war zauberhaft. Der spiegelglatte See und der ganze Kranz helleuchtender Schneehäupter von Pilatus bis Uri-Rothstock ist unbeschreiblich. Die Rigibahn fährt noch nicht; nachdem Helmuth schnell noch den Löwen und den Gletschergarten gesehen, nahmen wir ein vortreffliches Diner im Schweizerhof ein und dampften dann nach Flüelen zu, eine köstliche Fahrt. Die niederen Berge im ersten, frischen Grün, die mit Blüthen bedeckten Obstbäume, darüber die Schneeberge. Erst bei der Landspitze bei der Tellskapelle fanden wir das Wasser lebhaft bewegt. Es war der Föhn, welcher für den nächsten Tag Regen prophezeite. Wir fanden ein gutes Unterkommen im Adler und gingen Abends noch auf der Axenstraße spazieren. Diese Tour müßt Ihr nothwendig auch machen. Am folgenden Morgen hatten wir noch schönes Wetter. Wir bekamen die beiden Banketplätze, von welchen man die freie Umsicht über den Wagen hinweg nach allen Seiten genießt. Je nachdem die Straße von Altdorf steigt, wurde es immer frischer, aber bis Göschenen war die Fahrt sehr interessant. Die durch den Tunnel ist nicht anders, als wenn man drei Viertelstunden bei Nacht fährt. Jenseits hoffte ich nun den tiefblauen italienischen Himmel zu erblicken, derselbe sah aber aus wie graues Löschpapier. Ein feiner Regen begleitete uns hinab bis Bellinzona. Auch bei gutem Wetter ist diese Strecke weit weniger interessant als der Aufstieg im Reußthal. Nur der prachtvolle Fall des Tessin unterhalb Airolo, der Dazio Grande, ist von wunderbarer Schönheit. Auf der ganzen Fahrt dieses Tages konnten wir die unglaubliche Kühnheit bewundern, mit welcher die Eisenbahn sowohl zum Tunnel hinauf wie von dort hinab in Windungen und Schleifen und über schwindelnde Abgründe geführt ist. Hier führt sie unter, dort hoch über denselben Gießbach fort. Schrecklich durchsichtige Gitterbrücken ruhen auf thurmhohen Pfeilern oder

schweben scheinbar in der Luft. Wenn zum Juni Alles fertig sein wird, muß die Fahrt zum Haupttunnel schauerlich interessant sein.
Unter beständigem Regen ging es Tags darauf durch gewaltige Tunnel weiter. Von Lugano bleibt die Bahn ziemlich weit ab, noch war der See in Wolken gehüllt. So langten wir in Como an, sahen den aus Marmor erbauten Dom und einen öffentlichen Garten mit seltenen blühenden Sträuchern und Bäumen, aber alles im Regen. Dann legte ich mich in aller Form zu Bette und nach gesundem Schlaf und kräftigem Diner ging's um drei Uhr per Dampfschiff weiter unter beständigem Regen. Dieser hinderte indeß nicht, die zauberhaften Gärten und Schlösser, die riesigen Hotels und eng gedrängten Ortschaften zu bewundern, die freilich bei Sonnenschein noch ganz anders aussehen. Das Schiff steuert immer von einem Ufer zum andern und berührt alle die herrlichen Punkte, Villa d'Este, Villa Carlotta, Pallanza und das köstliche Bellagio und so weiter. Bei voller Dunkelheit langten wir in Colico an, wo wir die Kabrioletplätze zum Weiterreisen belegten. Hatte es bisher geregnet, so goß es nun bei der Abfahrt. Allmälig aber wurde es heller, dann brach der Mond durch die Wolken hervor und beleuchtete hell die reizende Landschaft am Ostufer des Sees. Endlich blinkten auch einige Sterne über die immer näher aneinander tretenden Schneeberge und gewährten Hoffnung, auf deutschem Boden die Sonne wiederzufinden, die uns auf italienischem keinen Augenblick geleuchtet hatte. Um Mitternacht langten wir in Chiavenna an, wo wir in der Post vom deutschen Wirth trefflich aufgenommen wurden, aber gleich ins Bett fielen.
Die einzige Post über den Splügen geht Nachts zwei Uhr ab, und dafür dankte ich doch diesmal und zog vor, mit Extrapost weiterzufahren. Richtig am folgenden Morgen hatten wir schönen blauen Himmel. In leichtem, offenem Wagen ging's thalaufwärts in bedeutender Steigung und endlich in zahllosen Zickzacks. Die Kirchen und Dörfer, die wir in schwindelnden Höhen über uns erblickten, lagen allmälig tief unter uns, es wurde immer kälter und der Südwind thürmte immer mehr Wolken um die Gipfel auf. Es ging durch schauerliche Schutzgalerien, von deren Gewölbe lange Eiszapfen herabhingen, dichte Nebel hüllten uns ein, und bald blieb der Wagen im Schnee stecken. Aber hier hielt auch schon der Schlitten. Nur ein Pferd wurde angespannt, dem andern wurde anheimgestellt, nach eigenem Gefallen hinterdrein zu laufen.
Während des Umspannens wurde ein tüchtiges Frühstück freihän-

dig verzehrt, verschiedene Brote, Hühner, Zunge und eine Flasche Veltliner mit dem Postillon getheilt.
Wie wir schließlich die Paßhöhe bei Nebel, Wind und Schneegestöber erreicht, weiß ich kaum, wohl aber, wie wir herunter gekommen. Anfangs fiel mir auf, daß wir nicht auf der Straße, sondern neben derselben fuhren, der Grund leuchtete aber ein, als wir in gerader Richtung, über alle Zickzacks fort, herunter sauseten. Das Pferd sank oft bis zum Bauch ein, aber in wenig Minuten waren wir so weit unten, daß die Straße und bald darauf der bereitstehende Wagen wieder benutzt werden konnte. Die ganze Expedition war ungleich weniger beschwerlich und halsbrechend als die Tour, welche wir vor vier Jahren zusammen über den Gotthard gemacht haben.
Bei recht schönem, aber kaltem Wetter ging es nun in einem unausgesetzten Trabe abwärts nach Amsteg und dann durch die Via Mala am Rand senkrechter Felswände entlang. Auf einer nicht viel Vertrauen erweckenden alten Brücke überspannt die Straße den hunderte von Fuß tiefer brausenden Rhein, welcher sich in eine Felsspalte einzwängt, wenige Fuß breit, ein Riß in dem Felsen wie gesprungenes Glas.
An den auf schroffer Höhe liegenden, angeblich etruskischen Trümmern von Räzüns gelangt man endlich nach Thusis, von wo der Rhein sich nun für den angethanen Zwang in einem wohl tausend Fuß breiten Bette bequem macht. Über Reichenau gelangten wir endlich nach zwölfstündiger Fahrt nach Chur, wo ein ebenso opulentes wie theures Mittagessen eingenommen wurde. Während dessen Bereitung gingen wir, um uns zu erwärmen, ein kurzes Stück die Plessura aufwärts und über den Domhof mit dem Römerthurm zurück. Abends halb zehn fanden wir auf dem Bahnhof von Ragaz Herrn Kinberger, welcher uns mit dem Omnibus abholte und zwei behagliche Zimmer mit trefflichen Betten im Hof Ragaz anwies. Für Heizung und Wärmflasche war gesorgt, was mir nach vierzehnstündiger Reise, etwas von Frost geschüttelt, sehr wohl that, so daß ich nach festem Schlaf am andern Morgen ganz frisch und gestärkt erwachte, nur daß wir beide ziegelroth sind. Die scharfe Luft und die blendende Sonne auf dem Schnee haben mir förmlich Blasen im Gesicht gezogen, die ganze äußere Haut wird herunter müssen.
Gestern früh sind wir, bei schönem Wetter natürlich, zuerst die Taminaschlucht nach Bad Pfäffers hinauf geschlendert. Um zwölf Uhr haben wir zu Mittag gespeist, selbstverständlich ausgezeichnet, und dann besuchte ich meinen Freund Josef, den Gärtner, der er-

freut war, mich wiederzusehen. Er wehklagte über den Schaden, den der Nachtfrost in der Baumblüthe angerichtet hat.
Nach einem tiefen Nachmittagsschlaf ging ich Abends nach der Ruine Freudenberg, wo jetzt ein bequemer Weg hinaufführt. Wir hatten einen recht schönen Blick auf den oben noch mit Schnee bedeckten Falknich, die Churfirsten und Sargans. Heute nun wollte ich nach Dorf Pfäffers und der Hochfläche des Calanda, aber Westwind, Regen und keine Hoffnung, daß es den Tag über besser wird. So habe ich denn volle Muße, diesen langen Brief zu schreiben und nachher die verschiedenen Bettelbriefe zu beantworten, die mich bis in die Alpen verfolgen. So! mein Papier und Eure Geduld gehen zu Ende. Nur noch die herzlichsten Grüße an Mama von uns beiden und Dank für die freundliche Aufnahme; so Gott will, sehen wir uns im Herbste wieder.

Helmuth

Friedrich Nietzsche
Sils Maria, 28. Juni 1883
An den Freiherrn von Gersdorff

Mein lieber alter Freund Gersdorff,
inzwischen habe ich erfahren, daß Dir Etwas sehr Schmerzliches widerfahren ist – der Verlust Deiner Mutter. Als ich dies hörte, war es mir ein rechter Trost, Dich nicht allein im Leben zu wissen, und ich gedachte der herzlichen und dankbaren Worte, mit denen Du in Deinem letzten Brief an mich Deine Lebens-Gefährtin erwähntest. Wir haben es in unserer Jugend *schwer* gehabt, Du und ich – aus verschiedenen Gründen; aber es wäre eine schöne Billigkeit darin, wenn unserem Mannes-Alter einiges Milde und Tröstliche und Herzstärkende begegnete.
Was mich betrifft, so habe ich eine lange schwere Askese des Geistes hinter mir, die ich freiwillig auf mich nahm und die nicht jedermann sich hätte zumuthen dürfen. Die letzten sechs Jahre waren in *diesem* Betracht die Jahre meiner größten Selbstüberwindung: wobei ich noch absehe von dem, was mich Gesundheit, Einsamkeit, Verkennung und Verketzerung überwinden ließ. Genug, ich habe auch diese Stufe meines Lebens *überwunden* – und was jetzt noch vom Leben übrig ist (wenig, wie ich glaube!) soll nun ganz und voll das zum Ausdruck bringen, um dessentwillen ich überhaupt das Leben ausgehalten habe. Die Zeit des Schweigens ist *vorbei*: mein »Zara-

thustra«, der Dir in diesen Wochen übersandt sein wird, möge Dir verrathen, *wie* hoch mein Wille seinen Flug genommen hat. Laß Dich durch die legendenhafte Art dieses Büchleins nicht täuschen: hinter all den schlichten und seltsamen Worten steht mein *tiefster Ernst* und meine *ganze Philosophie*. Es ist ein Anfang, mich erkennen zu geben – nicht mehr! – Ich weiß ganz *gut*, daß niemand lebt, der so etwas machen könnte, wie dieser »Zarathustra« ist –

Lieber alter Freund, nun bin ich wieder im Ober-Engadin, zum *dritten* Male, und wieder fühle ich, daß hier und nirgends anderswo meine rechte Heimat und Brutstätte ist. Ach, was liegt noch alles verborgen in mir und will Wort und Form werden! Es kann gar nicht still und hoch und einsam genug um mich sein, daß ich meine innersten Stimmen vernehmen kann!

Ich möchte Geld genug haben, um mir hier eine Art ideale Hundehütte zu baun: ich meine, ein Holzhaus mit 2 Räumen; und zwar auf einer Halbinsel, die in den Silser See hineingeht und auf der einst ein römisches Castell gestanden hat. Es ist mir nämlich auf die Dauer unmöglich, in diesen Bauernhäusern zu wohnen wie ich bisher gethan habe: die Zimmer sind niedrig und gedrückt, und immer giebt es mancherlei Unruhe. Sonst sind mir die Einwohner von Sils-Maria sehr gewogen; und ich schätze sie. Im Hôtel *Edelweiß*, einem ganz vorzüglichen Gasthofe, esse ich: allein natürlich, und zu einem Preise, der nicht gänzlich im Mißverhältniß zu meinen kleinen Mitteln steht. Ich habe einen großen Korb Bücher mit heraufgebracht: und auf drei Monate ist es wieder abgesehen. Hier wohnen *meine* Musen: schon im »Wanderer und sein Schatten« habe ich gesagt, diese Gegend sei mir »blutsverwandt, ja noch mehr«. –

Nun habe ich Dir Etwas von Deinem alten Freunde und Einsiedler Nietzsche erzählt – ein Traum von dieser Nacht brachte mich dazu.

Bleib mir gut und treu! – wir sind *alte* Kameraden und haben manches gemeinsam gehabt!

Dein Friedrich Nietzsche

August Strindberg
»Man wird sentimental von dieser Luft!«
Ouchy, 25. 1. 1884
An Jonas Lie und Björnstjerne Björnson

Liebe Freunde Björnson und Lie!
Nun erhaltet Ihr einen gemeinsamen Brief auf rosenrotem Papier, den ich an einem Tisch schreibe, von wo aus man Aussicht über den blauen Genfer See, Savoyen, den Mont Blanc und Jean-Jacques' Clarens und Montreux hat. Und wenn ich meine Augen anstrengen würde, könnte ich sogar die Nihilisten in Genf sehen.
Es war ein guter Gedanke von mir, hierherzureisen. Stellt Euch vor, ich hatte noch nie die Alpen gesehen! Als wir nach einer entsetzlichen Reise am frühen Morgen über das schneeige Jura-Gebirge und in die sonnige Schweiz hinabfuhren, glaubten wir zunächst, wir hätten Wolkengebilde vor uns –, als aber unser Verstand uns sagte, es seien Berge, ging eine Umwälzung in unseren Gehirnen vor sich, und wir wurden so benommen, daß meine Frau weinte und ich im Abteil wie ein Eichhörnchen hin- und herrannte, um gleichzeitig aus beiden Fenstern blicken zu können.
Behauptet nicht mehr, daß Strindberg nicht imstande sei, etwas Großes anzuerkennen! Diese Natur ist groß, so groß, daß die kleinen Menschen sie beim besten Willen nicht zu zerpflücken vermögen! Obwohl der Wille dazu vorhanden ist. Außerdem ist es hier warm, und die Luft ist herrlich!
Wir wohnen in einem Chalet mit voller Pension bei schweigsamen, bescheidenen Menschen für den unglaublichen Preis von zwölf Francs pro Tag für die ganze Familie! Daraufhin glaube ich, mir erlauben zu können, täglich eine Stunde für nur drei Franc auszureiten. Wenn ich mich außerdem noch des Morgens einer Kaltwasserkur unterziehe, müssen meine Nerven sich nach der Pariser Schlacht bald wieder erholt haben.
Es ist, als ruhe Rousseaus Geist über dieser schönen Gegend. An unserem Tisch sitzt eine spanische Familie, und die Mutter gibt ihrem Säugling bei Tisch in aller Öffentlichkeit die Brust. Zwei Tirolerinnen, die Björnson kennen, stören in keiner Weise durch irgendeine zivilisierte Theater- oder Ballkonversation. Die Töchter des Hauses servieren bei Tisch. Die Veranden, auf die man von allen drei Zimmern hinaustreten und auf denen man seine Pfeife rauchen kann, erhöhen noch das Wohlbehagen.
Und nun, liebe Freunde, sammle ich meine vielen neuen Gedanken,

die in Eurer Gesellschaft geweckt wurden. Ich versuche mir darüber klarzuwerden, welche Gedanken von Euch stammen und welche von mir, denn Ihr gabt mir viele Zurechtweisungen, so daß ich eine Menge von Euch angenommen habe. Wenn ich mich jetzt um und um wende, tauchen alte Zweifel und alte Lügen wieder auf. Die Lügen sitzen wie Ungeziefer im Pelz und verschwinden nie!
Mein Mitleid mit den Menschen geht so weit (man wird sentimental von dieser Luft), daß ich allem Streit aus dem Wege gehen will, um ihre kranken Herzen nicht zu verletzen. Aber das ist ja Unrecht! Es darf zu Hause nicht wieder still um mich werden! Und vergeßt nicht, daß sie ebenso leiden, wenn ich an Dinge rühre, die ihnen heilig sind, als wenn es nur ihre Personen betrifft!
Ich kämpfe und leide so entsetzlich unter diesem Hin- und Hergerissensein, daß ich für mein Schaffen fürchte.
Ich las gestern wieder im Roten Zimmer und bin überzeugt davon, daß dort alles gesagt ist, was gesagt werden mußte; und ich wurde mir auch darüber klar, wie aussichtslos es ist, vor tauben Ohren zu predigen. Was hat dieses merkwürdige Buch erzielt? Seit 1879? Doch ein Lustrum? Nichts! Doch, es hat die Menschen gereizt und eine Sensation hervorgerufen! Die Jugend, die nach seinem Erscheinen zu schreiben begonnen hat, schreibt ihre Romane um nichts schlechter als jene, die Tante Lea und Onkel Adam vor 30 Jahren hervorbrachten!
Gestern erhielt ich eine Mitteilung aus Stockholm, die mich mehr erregt hat, als ich sagen kann: Molander, der Verfasser des von mir gelobten Nihilistenstücks, soll ein neues Werk geschrieben haben, das die neue Bewegung bekämpft. Das ist typisch für die Jugend unseres jungen Schwedens. Zuerst benutzte er die Bewegung und uns, um sich einen Namen zu machen, und nun wirft er die Stützen fort!
Heute wächst ein elendes, glücksuchendes Geschlecht auf. Als Söhne von Trinkern und Hurenböcken scheinen sie jede Spur von Interesse für das Wohlergehen anderer Menschen verloren zu haben. Wie angenehm wird meine Stellung werden, wenn mich einmal die Wut überkommt und ich die Hand auch gegen die Jugend erheben muß. Dann gerate ich zwischen die Mühlräder der Jungen und der Alten, und gegenwärtig behaupten die Alten, ich sei es, der die Jugend verdorben hat. O Gott, daß ich sie verderben könnte.
Und keine Hilfe aus der Heimat! Woher soll ich mir Trost und Stütze holen? Und keine Saat scheint in den steinigen Äckern aufzugehen, die ich mit bloßen, überlasteten Schultern gepflügt habe! Mir

bleibt nichts anderes übrig, als starken Tabak zu rauchen und im Roten Zimmer zu lesen. Ich lese das Buch, als berge es die Stimme eines Rufenden! Ich werde ruhiger, wenn ich sehe, daß alles gesagt worden ist, aber ich werde rasend, weil niemand diese Stimme hört. Ich komme mir vor wie ein alter Lumpen! Alte und neue Gedanken kämpfen und ringen miteinander, sie zerren an mir, und hinter dem Ganzen sitzt das schaulustige Publikum und wartet auf einen neuen Spektakel. Sobald ich schweige, glaubt man, meine Sache sei verloren! Ich muß immer wieder aufrütteln! Unaufhörlich. Könnte ich Grimassen scheiden – um so besser!
Ich hätte Lust, Land zu pachten, Flundernetze zu setzen und Kartoffeln zu bauen! Mit der Zeit müssen Deutschland und Frankreich den Sozialismus auf den Plan bringen, dann wird er auch nach Schweden gelangen! Das ist die einzige Möglichkeit, der einzige Weg, denn jeder, der in seinem eigenen Land arbeitet, gilt als böser Mensch! Genug davon!

Nun schließe ich mit dem, was ich eigentlich zu Anfang sagen wollte, nämlich Euch für die eindrucksvollen Stunden, die wir in Paris zusammen hatten, zu danken, und ich bitte Euch, Euren lieben Frauen die ergebensten Grüße von meiner Frau und mir zu übermitteln. – Laßt nun bald von Euch hören, auch über Norwegen (denn ich bekomme hier keine skandinavischen Zeitungen), und seid herzlich gegrüßt von
Eurem hilflosen, Euch zugeneigten August Strindberg

Ouchy (Chalet Canton de Vaud), 25. Jan. 1884

P. S. Ich habe Lies »Familie« gelesen. Sein neuer, umwälzender Stil ist eine große Kunst. Und unter dem ruhigen Äußeren solch große Wogen! Die neue Frauenfrage gleitet in friedlichen Talsenken dahin wie ein Bach, der jederzeit zu einem reißenden Strom anschwellen kann. Meine Gedanken über die Menschen sind zu unzulänglich (sie sind hauptsächlich durch Selbststudium erworben), um Charaktere erschöpfend gestalten zu können. Sobald ich zur Kunst zurückkehre, werde ich das von Lie Gelernte verwerten.

Unzufriedenheit! Unzufriedenheit in der ganzen Welt! Hier, wo man eine allgemeine freie Meinung und einen Präsidenten mit 8000 Francs Gehalt hat, trete ich in den schrecklichsten Wahlkampf ein. Proklamationen an allen Mauern, Wahllisten, Karikaturen.

Man verlangt, die kostspieligen Beamten loszuwerden. Der Kanton Vaud hat 6000 Beamte! Das ist Sozialismus! Aber erst die Republik! Es lebe die Republik!

Der Erfolg mit dem Glückspeter war eine Illusion, zwar nicht fürs Theater, das durch fünfzehn Aufführungen 30 000 Kronen einnahm, sondern für mich. Man hält mich für bekehrt! Man applaudiert der Inszenierung. Oh, du jämmerliche Ästhetik und du verfluchte Kunst!

Frank Wedekind
Lausanne, 2. Mai 1884
An den Vater

Gestern abend um 10 Uhr kam ich glücklich in Lausanne an, wurde von Willy herzlich am Bahnhof abgeholt und in unsere gemüthliche Wohnung geleitet. Gestern morgen fand ich leider keine Zeit mehr, von Mieze Abschied zu nehmen, da sie so rapid zum Bahnhof hinauslief, daß alles Rufen umsonst war. In Aarau war ich bei Siebenmann und erkundigte mich nach dem Anzug. Er war allerdings noch nicht fertig, wird mir ihn aber, nachdem ich ihm meine Adresse geschrieben, hierher schicken. Bis Bern saß ich zwischen einige dicke Engländer eingeklemmt und konnte ob ihrem eifrigen Gespräch wenig meinen Gedanken nachhängen. In Bern hatt' ich mich bald zurecht gefunden und spazierte die Arkaden hinunter über die Nideckbrücke zu dem Bärengraben. Auf dem Rückweg kam ich in eine katholische Kirche und bewunderte die Schnörkeleien und Wappen am Rathaus. Der Dom gegenüber, den ich am Morgen nur von außen betrachtete, interessierte mich aber bedeutend mehr, zumal da er das erste Bauwerk der Art war, das ich aus der Nähe zu sehen Gelegenheit hatte. Den Bundespalast hatt' ich mir denn aber doch bedeutend imposanter vorgestellt, und auch sein Inneres an Treppen und Corridoren weist nicht viel Bemerkenswerthes auf. Ich hatte mir vorgenommen, nach dem Essen Otto v. Greyerz aufzusuchen. Als ich aber die Arkaden wieder hinaufschlenderte, da stand er plötzlich vor mir und war sehr erfreut, mich wiederzusehen. Leider war ihm gestern morgen ein Onkel gestorben, und er deshalb anfänglich in einer etwas gedrückten Stimmung. Trotzdem widmete er mir aber den ganzen Nachmittag. Nachdem ich bei Anderes zu Mittag gegessen, trafen wir uns verabredeter Weise und wanderten sofort in das Kunstmuseum. Zwei Stunden lang verweilten wir unter all' den Herrlichkeiten, vertieften uns in das Schöne und unterhielten uns über die Effectstücke, es war der Glanzpunkt des ganzen Tages. In einem besonderen Zimmer waren Bilder und Entwürfe eines jungen jüngst verstorbenen Berner Malers namens Boß ausgestellt, worunter sich manch interessantes Stück befand. Später begleitete mich Greyerz ins Münster und machte mich dort auf vieles aufmerksam an Sculpturen und Glasgemälden, was mir ohne dem wol kaum aufgefallen wäre. Das Denkmal Rudolfs von Erlach hatt' ich schon am Morgen bewundert. Aber so trefflich auch er selber ausgeführt sein mag, so gefiel mir doch sein Pferd wegen zu großer Plumpheit absolut nicht. Die Aussicht von der Terrasse aus war leider wegen bedeckten Himmels äußerst beschränkt; einzig die neue Brücke gerade unter uns, wirklich ein kolossales Werk, vermochte meine Aufmerksamkeit zu fesseln. Bern hat mir im allgemeinen keinen sehr günstigen Eindruck hinterlassen. Die Stadt ist weder alt noch neu, eng und eingezwängt, besitzt nicht eine schöne Straße, und der abgelebte Patricierhochmuth und der prozenhafte Krämerreichthum schauen zu allen Häusern heraus. Von Bern aus hatten wir einen französischen Conducteur, an dem ich zum ersten Mal mein Französisch versuchte, aber geläufig ging es natürlich nicht. In Freiburg war es bereits stockfinster und die Fahrt begann äußerst langweilig zu werden, besonders da an jeder kleinen Station gehalten wurde. Als wir von Chexbres abfuhren, blickt' ich mit fieberhafter Spannung zum Wagenfenster heraus, aber auf der verkehrten Seite, und als ich meinen Irrthum bemerkend auf die andere Seite eilte, waren wir eben in einen Tunnel eingefahren. Um so überraschender war die Ausfahrt aus dem Tunnel, als das unbegrenzte Seebecken bestrahlt vom finsterumwölkten Monde vor meinen Augen lag. Mit dieser Aussicht, nur durch einige Tunnel unterbrochen, ging die Fahrt bis Lausanne. Willy war am Bahnhof und empfing mich recht herzlich. Wir spazierten sofort dem neuen Heim zu, und zwar vom Bahnhof aus auf der Straße nach Ouchy wenige Schritte abwärts und dann links durch Gärten hin bis zu einer Garten Thür linker Hand. Die Herrschaften hatten sich bereits zurückgezogen, und so saßen wir noch eine kleine Weile auf meinem Zimmer und schwatzten. Mein Zimmer ist äußerst nett eingerichtet und ganz geräumig, und was Willy seinem in dieser Beziehung abgeht, das gewinnt es durch die freie Aussicht auf den See. Monsieur und Madame sind sehr freundlich, sprechen kein Deutsch und haben 4 kleine Kinder, wovon das Aelteste, ein Mädchen, leider taubstumm ist. Ueber die Kosten kann ich noch nicht urtheilen, aber das Frühstück war reichlich und gut. Nach dem Frühstück gingen wir zusammen auf den Bahnhof, denn Willy hatte für den Morgen von Herrn Rüffieux frei erhalten, und spedirten meinen Koffer nach Haus. Dann besuchten wir die Kathedrale und den Mont Benon, besahen die Stadt ein wenig und waren um 10 Uhr bei M. Rüffieux. Er war äußerst freundlich, erkundigte sich nach Dir und Onkel Erich und war sehr erfreut darüber, Dich bald wiedersehen zu dürfen. Auf dem Heimweg sah ich mich nach dem Namen unserer Straße um und die genaue Adresse heißt demnach

p. A. M. E. Gros
Villa Mont-Caprice,
chemin de Montchoisy
Lausanne.

Ich hoffe, daß bei Euch alles wohl geblieben ist und grüße Euch alle, und vor allem Dich, lieber Papa.

Dein treuer Sohn Franklin

Peter Iljitsch Tschaikowsky
Davos, 12. November 1884
An Nadeshda von Meck

Teure, geschätzte Freundin!

Gestern habe ich endlich Davos erreicht. Die Reise war sehr langwierig. Auf der Fahrt von München hierher mußte ich unterwegs zweimal übernachten und dann acht Stunden in einem schmalen, nur mit einem Pferd bespannten Wagen in die Berge fahren. Davos liegt sehr hoch, inmitten einer rauhen Bergwelt, und besteht aus einer Reihe eleganter Hotels, die überfüllt sind, und einigen Privatvillen. Es gibt eine Menge ausgezeichneter Geschäfte, ein Theater, ein Lokalblatt, verschiedene, dem Klima angepaßte Vergnügen wie Rodeln, Wettschießen und anderes. Der Winter ist hier ganz russisch, überall Schneemassen, und heute herrscht ein derartiger Frost, daß ich mir Nase und Ohren beinah erfroren habe. Ist es nicht merkwürdig, daß man Lungenkranke in das rauhe Winterklima dieser Höhen statt nach Nizza, Mentone oder Algier schickt? Aber es hat sich herausgestellt, daß die reine, sauerstoffreiche, kalte Bergluft Wunder vollbringt und daß von hundert Kranken sechzig in einem

Winter vollkommen geheilt werden. Und das seltsamste ist, daß die Patienten bei diesem Frost leicht gekleidet draußen sind; manche tragen nicht einmal einen Mantel. Sie gehen spazieren, laufen Schlittschuh, rodeln den Berg hinunter und benehmen sich so, als fände alles in der Sonnenwärme Nizzas oder Neapels statt.
Was Kotek betrifft, so fand ich ihn zu meiner großen Freude besser vor, als ich es erwartet hatte. Er ist auf, obwohl er nicht viel gehen kann und nur sehr mühsam Treppen steigt. Infolge der Bergluft ist auch sein Appetit gut. Er ißt viel und fühlt sich besser, doch die kranke Lunge heilt sehr langsam. Anstelle der Stimme hört man nur ein leises Krächzen. Er hustet ständig und leidet an Atemnot. Seine Stimmung ist recht gut, obwohl er bei dem Gedanken, daß er wahrscheinlich in diesem Winter nicht gesund werden kann und noch ein zweites Jahr hier verbringen muß, manchmal schwermütig ist. Jedenfalls ist sein Zustand gar nicht hoffnungslos und besser, als ich dachte.

Gerhart Hauptmann
Einiges über meinen Zürcher Aufenthalt
1888

Wir wurden von meinem Bruder und meiner Schwägerin Martha nach Zürich zu kommen eingeladen. Wir sollten samt den zwei Söhnchen, die wir mitbrachten, Gäste ihres Hauses sein. Die Freie Straße – nomen est omen! –, wo die Geschwister wohnten, liegt am Zürichberg und ist umgeben von Wiesen und Wäldern.
Natürlich war das Wiedersehen mit Carl, Martha und meinen Freunden Ploetz und Simon das glücklichste.
Simon, der ebenfalls an die Universität Zürich übergesiedelt war, steckte, durch Alfred Ploetz angeregt, bereits wie dieser tief im medizinischen Studium.
Als Kuriosum sei erwähnt, daß der Zug, den wir von Berlin nach Frankfurt benutzten, das Wunderwerk eines sogenannten Speisewagens eingestellt hatte. Wir staunten und waren entzückt darüber, nämlich Mary und ich. Leider aber, wie sich herausstellte, vertrug sie den Aufenthalt in dem schönen Gehäuse nicht.
Nichts von den Ingredienzien der »Modernen Dichter-Charaktere« spürte man zunächst in der Züricher Luft, sondern nur freudig hoffende Strebenskraft, keiner Traurigkeit zugänglich. Der Pendelausschlag der Seele bewegt sich nun einmal vom Licht zur Nacht

und von Nacht zu Licht. Und die neue Umgebung schien zunächst nur den heitersten Tag zu beginnen.
Man war in der Schweiz, man war in einer landschaftlich unvergleichlich gebetteten Stadt. Ein mächtiger See warf die Bläue des Himmels zurück. Über ihm in der Ferne lag die schemenhaft leuchtende Kette der Alpen. Über den Stadtteil Enge wachte der grün bewaldete Ütliberg, den man unschwer ersteigen konnte. Noch beherrschte die Straßen das trauliche Schweizer Bürgerhaus. Ein solches hatten auch Carl und Martha inne. Empfängliche Jugend, als welche wir uns wohl bezeichnen konnten, spürte zum erstenmal den einzigartigen Geist schweizerischer Bürgerlichkeit. Mir zum mindesten ging es so. Und mir war, als sei ich darin geborgen.
Noch ahnte ich nicht, wie diese Züricher Zeit mein Leben und meine Erfahrung bereichern sollte, sowohl was die Fülle neuer Erscheinungen anbelangt, Persönlichkeiten verschiedenster Art, soziale Institutionen, Parteigebilde kämpferisch-politischer Art, als auch wissenschaftlich neue Gebiete.

Carl, Ploetz und Simon, verbunden mit einem Kreis von Studierenden, waren viel enger noch, als dies in Jena möglich war, um die Universität gruppiert. Und diese hatte damals, ich glaube fast als die erste, dem Frauenstudium ihre Hörsäle freigegeben.
Der Geist des Hauses, das Martha führte, war von einer überaus schönen Klarheit und Sauberkeit. Man muß bedenken, daß Simon und Ploetz, dann auch Mary, ich und die Kinder täglich hier ihre Mahlzeiten einnahmen. Ich habe nie von Martha ein Wort der Klage über zu viele Arbeit, ja überhaupt ein anders als freundlich gehaltenes Wort gehört. Niemals ist es an diesem Tisch junger Menschen formlos oder gar derb und roh hergegangen. Weil Martha ihren vornehm-einfachen Stil unbewußt aufrechterhielt, haben sich auch ältere Leuchten der Wissenschaft im Bannkreis des Hauses wohlgefühlt. Solche, nicht nur der Züricher Universität, die Carl und dem Kreise um ihn besonders nahe standen, waren die Professoren Forel, Gaule und Richard Avenarius.
August Forel war Direktor des Burghölzli, der großen Züricher Irrenanstalt. Er ist es, dessen Erschließungen von überwiegendem Einfluß auf mich gewesen sind. Er hat mir ein unverlierbares Kapital von Wissen um die menschliche Psyche vermittelt.
Das kleine Haus meines Bruders Carl und meiner Schwägerin Martha in der Freien Straße wurde damals etwas wie eine platonische Akademie, die allerdings mehr den Geist des »Gartens«, will heißen

des epikurischen Kreises atmete. Es liegt keine Übertreibung darin. Ploetz und Simon, die täglich aus ihren Kollegs kamen, verbanden ihn mit dem Gesamtinhalt der medizinischen Wissenschaft. Carl, nach täglichem Verkehr mit Richard Avenarius, wälzte ruhelos grundstürzende Probleme der Philosophie.
Es ist eine Dreizahl von Professoren, deren Geist gewissermaßen über dem Häuschen der drei Doktoren Carl, Ploetz und Simon schwebte. In einer anderen Dreizahl tauchten über mir und ihnen drei diese noch überstrahlende Sterne auf. Gottfried Keller, der von je in Zürich lebte, Conrad Ferdinand Meyer, der am nahen Seeufer in Kilchberg wohnte, und Arnold Böcklin, der seltsamerweise damals von Florenz nach Zürich übergesiedelt war.
Böcklin war mir von Grund aus bekannt, Keller genugsam, um ihn begeistert zu verehren. Mein Verhältnis zu Conrad Ferdinand Meyer hob erst an. Die Ehrfurcht aber, die wir dem Trio entgegenbrachten, streifte gleichmäßig an Vergötterung. Wir strebten, auch nur ihren Anblick zu erhaschen, hätten jedoch nie den Mut gehabt, solche Gottheiten anzusprechen.
So anders die Richtung des Weges auch war, den ich schon damals ging, ist doch das wesentliche und beglückte Erfassen der beiden Dichter in Zürich von uns erlebt worden. Sie wurden von uns – Ploetz vielleicht ausgenommen – leidenschaftlich gelesen und diskutiert.
Karl Henckell und Frank Wedekind sind die Namen von jungen, werdenden Dichtern, die damals von dem Hause in der Freien Straße angezogen wurden. Man traf sich natürlich auch in Lokalen außerhalb.
Aus den medizinischen Kreisen gruppierte sich um Ploetz mancherlei: Agnes Bluhm, Pauline Rüdin und ein gewisser Tomarkin, der möglicherweise zwischen der medizinischen Wissenschaft und dichterischen Ambitionen hin und her schwankte.
Ich habe die Entwicklung dieser drei Persönlichkeiten durch mein langes Leben verfolgen können.
Zu Ferdinand Simon fühlte sich eine bedeutsame Frau, Fräulein Winterhalter, ebenfalls Medizinerin, hingezogen. Die schöne, zarte und überaus kluge Person besaß eine männliche Eigenschaft, nämlich sie rauchte schwere Zigarren. Ich nenne sie, weil sie für die Vielfalt und Seltsamkeit der Gestalten unter den ersten Studentinnen Europas charakteristisch ist. Ich könnte noch viele andere nennen, aus Deutschland und überall her, haupt-

sächlich aber aus Rußland und Polen herzugeströmt. Es ist klar, daß der Verkehr mit ihnen unseren Gesichtskreis erweitern mußte.
Was hatten diese jungen Mädchen, besonders aus Rußland und Polen, durchzumachen und zu leisten gehabt, bevor sie an einer deutschen Hochschule in deutscher Sprache hören und verstehen konnten! Welchen Gefahren und Beschwerden hatten sie sich, um ihren Lernhunger zu befriedigen, nicht ausgesetzt!
Wenn ich mich frage, was ich in den vorerst nur angedeuteten Züricher Kreis mitbrachte und was mich schicksalhaft erfüllte, so war es natürlich literarischer Gestaltungstrieb. Ich hatte Zola, dann als ersten Russen Turgenjew, später Dostojewski und schließlich Tolstoi wesentlich in mich aufgenommen, wobei das größte Erlebnis, das mich immerwährend durchwühlte, Dostojewski blieb. In diesem Sinne, wie angedeutet, blieben Keller und Meyer zwar göttliche, aber peripherische Eindrücke.
Ich nun habe den Kreis um Carl mit Dostojewski und wieder mit Dostojewski infiziert. Die russischen und polnischen Studenten und Studentinnen hielten das Dostojewski-Feuer lebendig, und das Irrenhaus Burghölzli und der große Psychiater Forel warfen Scheiter hinein.
In meinem Gedicht »Promethidenlos« wird an einer gewissen Stelle ein Irrenhaus das »Haus der höchsten Weisheit dieser Welt« genannt – ein schauerlicher Doppelsinn, der mir heute nur zeigt, in welchen Tiefen eines Überpessimismus ich damals ächzte. Dies Haus der höchsten Weisheit dieser Welt habe ich also in Zürich trocken und nüchtern kennengelernt und werde später davon berichten.
Aber auch außerhalb seiner Mauern bin ich immer mit dem Notizbuch in der Hand, wo ich ging und stand, den psychischen Sonderbarkeiten der Menschen nachgegangen. Andere haben mir später gesagt, ich sei kaum ohne Notizbuch gesehen worden.

Zu den ersten Objekten meiner Studien gehörte die Heilsarmee. Immer wieder besuchte ich ihre Andachten. Die charakteristisch gekleideten Mädchen sangen die Kirchenlieder mit mänadischem Temperament, wobei sie die Schellentrommeln schwangen. Es kam ihre Zeitung »Der Kriegsruf« heraus, den ich lange gesammelt habe. Aber vor allem stießen sie immer wieder den gleichen jubelnden Lockruf aus, der, wie bekannt, »Komm zu Jesu! Komm zu Jesu!« lautet.
Jede Andacht unter der Leitung von männlichen und weiblichen

Offizieren der Heilsarmee hatte zum Zweck, verstockte Sünder in den Zustand der Zerknirschung zu versetzen und ihr Damaskus herbeizuführen. Kam diese Gnade über ihn, so wurde der verlorene Sohn – oder die verlorene Tochter – mit aller Liebe zu den Geretteten herübergenommen, wo er dann aus reuigem Herzen eine mehr oder weniger lange, mehr oder weniger rührende öffentliche Beichte ablegte.

War dies nun oder war es kein Irresein? Es war jedenfalls bei Bekehrern wie Bekehrten eine Art Rausch, ein Zustand dionysischer Exaltation. Sie wirkte auf die zu Gewinnenden nicht durch Überzeugung, sondern durch Ansteckung.

Ganz allgemein lag damals in der Luft ein Hang zur Sektiererei. Man sah auch in Zürich die Schüler des Naturmenschen und Anachoreten Dieffenbach. Ihre Haare wallten bis auf die Schultern. Wo man diese halbnackten Menschen sah und beobachtete, mußte man finden, daß ihnen etwas Fremdes, etwas Unberührtes anhaftete. Mir kam es vor, als hätten sie allenthalben die Tore ihrer Seelen zugemacht. August Forel stand nicht an, ihr Verhalten pathologisch zu nennen.

Und doch schien es, daß, abgesehen von der breiten Wirkung der Sozialdemokratie, das Weltverbesserertum in der Luft liege. So setzte sich Forel selbst, nicht ohne Fanatismus, für Frauenrecht und Antialkoholismus ein. Eine Welt ohne Wein, Bier und Schnaps, so schien es ihm, müsse gesund werden.

Das Frühlingshafte jener und besonders der Züricher Zeit bestand in einer immanenten Gläubigkeit. Soll ich die abgegriffene Dreizahl Glaube, Liebe, Hoffnung für sie beanspruchen? Ja! Denn wir waren davon erfüllt. Daß wir erst für die ferne Zukunft glaubten, liebten und hofften, was uns in göttlicher Jugendfülle umgab, ist uns damals kaum klargeworden. Fast mit jedem Schritt wurde damals ein neues Morgen gesucht und erlebt. Eine nagelneue Epoche ging über der Menschheit auf. Man suchte und fand überall das Neue.

Ricarda Huch

Warum ich mich in der Schweiz wohlfühlte

1896

Vielleicht erscheint es unbegreiflich, daß ich nicht vorzog, nach Deutschland zurückzukehren; aber so war es nun einmal, daß ich mich in Zürich mehr zu Hause fühlte als zu Hause. Es hing wohl damit zusammen, daß in Deutschland für mich keine Möglichkeit war, meine erworbenen Kenntnisse ersprießlich zu verwerten und mein Brot zu verdienen; weit mehr aber wirkte das Heimatgefühl, mit dem ich mich dem gastlichen Lande, der Schweiz, angeschlossen hatte. Zunächst, als ich sie kennenlernte, bezauberte mich die Schönheit des Stadt- und Landschaftsbildes: die stilvollen und die heiteren Häuser, der großartige Wurf, mit dem die Stadt zwischen die Berge hingegossen ist, die Schwäne am Limmatufer, die krähenden Möwen, der festlich schimmernde See und das schneeige Band der Alpen am Horizont. Dann lernte ich die Menschen kennen, die mir vertraut und doch fremd und überaus anziehend waren. Von Natur mit wenig Beobachtungsgabe ausgestattet, war ich doch durch den plötzlichen Wechsel der Umgebung dazu geführt worden, auf das öffentliche Leben zu achten und mir ein Urteil über viele Erscheinungen zu bilden, die ich bisher als selbstverständlich hingenommen hatte. Es fiel mir auf, wieviel selbstbewußter und sicherer im Auftreten die einfache Bevölkerung in der Schweiz war als daheim, sie schien nicht durch eine Kluft von den höheren Schichten getrennt zu sein. Dies gab den Eindruck von Gemeinschaft und Ausgeglichenheit, kurz von Kultur. Auf der anderen Seite war trotz der demokratischen Verfassung der Charakter vieler Familien aristokratisch, das heißt, sie schienen sich der Verpflichtung bewußt, dem ganzen Volke durch Gesinnung und Verhalten ein Vorbild geben, die kulturellen und politischen Güter, die von den Vorfahren errungen waren, pflegen und mit ihrer Person und ihrem Besitz für die Heimat sich einsetzen zu sollen. Diese Haltung war ganz unpathetisch, und wenn sich etwas demokratische Großmäuligkeit in den Mittelklassen bemerkbar machte, so wurde das mit humoristischem Lächeln kritisiert. Überwiegend war in der ganzen Bevölkerung entweder das patrizische oder das bäuerliche aristokratisch-konservative Wesen. Sehr gefiel es mir, daß die Familiengeschichte gepflegt wurde, daß viele Familien ihren Ursprung in weit zurückliegende Jahrhunderte zurückverfolgen konnten, daß man schon aus dem Namen einer jeden schließen konnte, aus welcher Gegend sie stammte. In Deutschland hatten fast nur die altadligen oder alte reichsstädtische Familien einen Stammbaum; im allgemeinen ging die Erinnerung kaum über die Großeltern hinaus. Mein historischer Sinn fühlte sich davon angezogen. Ebenso wie die Familiengeschichte wurde die Geschichte der Städte, der Kantone, des Landes und Volkes gepflegt, und zwar nicht nur von zünftigen Gelehrten. Es gab in Zürich viele Herren, die Kaufleute oder Fabrikanten waren oder gewesen waren und sich mit Einzelforschungen in der Geschichte beschäftigten. Viele von den Neujahrsblättern, die nach alter Sitte von einer Reihe von Gesellschaften herausgegeben wurden, kamen auf diese Weise zustande. Die allgemeine schweizerische Geschichte war dem ganzen Volke bekannt, die großen Gedenktage wurden mit freudigster Teilnahme von allen gefeiert. Wie anders war das bei uns. So gewaltige Ereignisse wie die Türkensiege am Ende des 17. Jahrhunderts waren den meisten Deutschen kaum bekannt, nicht einmal die Befreiungskriege konnten für alle Deutsche eine glorreiche Erinnerung sein. Jedes Land feierte möglichst nur seine Dynasten vom dynastischen Standpunkt aus. War das nicht einst anders gewesen? Mehr und mehr bildete sich in mir die Ansicht aus, daß die Schweiz sich in der Bahn weiterentwickelt habe, die im mittelalterlichen Deutschen Reich eingeschlagen gewesen wäre, von der zuerst die Reformation, hauptsächlich aber der Absolutismus Deutschland abgelenkt hätte. Hier in der Schweiz schien mir das wahre, das unentstellte Deutschland zu sein, dem ich mich zugehörig fühlte, hier wurden noch die beiden großen Tendenzen des mittelalterlichen Reiches, die universale und die föderalistische Idee, hochgehalten und verwirklicht. Auch die eigentümliche Mischung von demokratischen und aristokratischen Elementen, wie sie in den Städten des Mittelalters sich ausgebildet hatten, war hier erhalten geblieben. Ich hatte, obwohl meine Kindheit in die Zeit des Krieges von 1870 und der Reichsgründung fiel, niemals die Schwärmerei für das neue Reich teilen können, die so allgemein war. Nicht einmal für Bismarck und den alten Kaiser konnte ich mich begeistern, und die Anknüpfung an das Mittelalter, die zuweilen versucht wurde, indem man Wilhelm I. als Nachfolger der großen Sachsenkaiser oder der Hohenstaufen hinstellte, fand ich verfehlt. Das neue Reich war, fand ich, etwas von Grund aus anderes, es schloß sich nicht an das Mittelalter, sondern an den Absolutismus. Den haßte ich; ich war Republikaner, ohne je, soviel mir bewußt ist, in dieser Richtung beeinflußt worden zu sein, es war mir angeboren. Im damaligen Deutschland konnte man nur entweder Beifall klatschen zu dem, was die jeweiligen Regierungen anordneten, oder schweigend und verärgert, von allen verketzert, beiseitestehen; die Schweizer konnten mitwirken und gegenwirken nach der eigenen Überzeugung. In der Atmosphäre, die dadurch entstand, war mir leicht zu atmen. Ich fühlte mich hier wie auf einem hohen Berge, von reinerer Luft als im Tal umspielt. Zu dieser Entwicklung mag beigetragen haben, daß ich trotz meiner historischen Einstellung persönlich gar nicht in der Vergangenheit, ganz und gar im Gegenwärtigen lebte. Bis in ein ziemlich hohes Alter habe ich nie zurückgeblickt. Dementsprechend gab ich mich mit allen Sinnen und Gedanken dem neuen Leben hin, das in der Schweiz sich mir auftat. Ich fühlte mich in Zürich so zu Hause, daß die ersten hochdeutsch gesprochenen Worte, die ich hörte, wenn ich vorübergehend nach Deutschland reiste, mich fremd und peinlich berührten: die Sprache wie die Gesichter kamen mir flacher, verschwommener vor als in der Schweiz. Ich bedauerte, daß nicht auch in Deutschland überall die Mundart und die volkstümliche Sonderart gepflegt worden waren, und ich schrieb das der Zentralisation zu. Meine Vorliebe für das Mannigfaltige und Abneigung gegen das Uniforme war wohl zunächst eine ästhetische, wie ich denn glaube, daß ich nach Kierkegaard damals eher eine ästhetische als eine ethische Weltanschauung hatte. Ich hatte einen leidenschaftlichen Hang für das Schöne. Aber im tiefsten Ursprung ist doch wohl das Schöne eins mit dem Wahren und Guten. Jedenfalls kann man, glaube ich, behaupten, daß das Mannigfaltige im politisch-sozialen Leben nicht nur sich schöner, sondern auch besser auswirke. Strebt doch die Natur überall zum Mannigfaltigen, und man verkürzt ihren Reichtum, indem man zentralisiert. Durch Zentralisation entstehen die Großstädte und Großstaaten, gegen die ich in der Schweiz eine lebhafte Abneigung faßte; ich war ja auch in einer mittelgroßen Stadt und in einem Kleinstaat aufgewachsen. Die Schweizer ihrerseits hatten zum großen Teil ein reizbares Mißtrauen gegen Deutschland, soweit sie es mit Berlin gleichsetzten; aber wo sie nicht das bemerkten, was sie als Berlinerisch empfanden, ein lautes, vordringliches, überhebliches Wesen, war es leicht, mit ihnen vertraut zu werden, so daß jedes Gefühl von Fremdheit oder Nichtzusammengehörigkeit verschwand. Bei den Gebildeten fand ich Verständnis, wenn ich stolz mein Niedersachsentum betonte; das grenzte ja schon an die republikanisch-aristokratischen Hansestädte.

Oskar Panizza
Olga oder Meine Ausweisung aus Zürich
1898

Ich hätte nicht gerade gedrängt, die näheren Umstände, unter denen meine Ausweisung erfolgte, dem Publikum mitzuteilen, und das Schleiergewebe, welches über allen diesen »aus administrativen Gründen« und unter »Geheimhaltung der Motive« erfolgenden polizeilichen Maßnahmen liegt, zu zerreißen; um so weniger, als ich ja selbst nur das eine Janus-Gesicht dieser deutsch-schweizerischen Doppelzüngigkeit, nämlich das faktisch in Zürich Vorgefallene, genau kenne. Nun sind aber inzwischen Notizen in den öffentlichen Blättern erschienen und Gerüchte im Publikum in Umlauf gekommen, die für meinen schriftstellerischen Ruf, der doch nur nach der einen Seite, nach der rein ideellen, nach der geistigen Seite, ein »verbrecherischer« sein darf, von äußerst schädlicher Beimischung gewesen wären. *Julius Schaumberger* schrieb mir, in München sei das Gerücht im Umlauf, ich sei in Zürich wegen *Notzucht* verhaftet, eine Dame schrieb mir von ebenda, sie hätte gehört, ich sei »wegen *Kindsabtreiben* ausgewiesen«. Aus Berlin hörte ich, ich hätte mich mit »*minderjährigen Mädchen* abgegeben«. Und die offizjös von der Zürcher Polizeidirekzion den Blättern zugegangene, wohl absichtlich dunkel gehaltene, Notiz ließ kaum etwas Anderes vermuten als ich sei der Zuhälter einer wegen Prostituzion und Kuppelei verfolgten Frau gewesen. Unter diesen Umständen glaube ich doch den Lesern der »Zürcher Diskußionen« einige Aufklärung schuldig zu sein. Und zwar muß es eine genaue, eine peinlich genaue Aufklärung sein, am Schluß deren ich die Zürcher Polizei-Direkzion auffordern werde, sich, wenn sie noch Lust hat, zur Sache zu äußern. Ich habe jüngst in Eingang zur Doppel-Diskußion über »Agnes Blannbekin« unter anderem bemerkt: nichts, was vor *anständigen* Ohren gesagt werden könne, dürfe aus dem Leben dieser intereßanten Nonne verschwiegen werden. Hier muß ich sagen: was im Folgenden mitgeteilt wird, sind zum Teil *Unanständigkeiten*, *müßen* Unanständigkeiten sein, weil ich nur unter Mitteilung *aller* in Betracht kommenden Einzelheiten die Zürcher Polizeidirekzion auffordern kann, wenn sie Lust hat, Farbe zu bekennen.
Hier die Tatsachen: Ende November oder Anfang Dezember des vorigen Jahres (1897) – der Tag läßt sich nicht genau feststellen – traf ich in Zürich, wo den Sommer vorher die Prostituzion durch Volksbeschluß aufgehoben worden war und wo es für einen des Dialektes

unkundigen Fremden und Junggesellen kaum möglich ist, einer erbarmenden weiblichen Seele zu begegnen, wo auch das Ansprechen einer Dame im Sinne der freien Liebe bei Polizeibuße verboten ist, in der Dunkelheit der Bahnhofstraße zwei Damen, die mich ansprachen und mich einluden, ihnen in ihre Wohnung zu folgen. Da die Gegend, wohin sie mich einluden, das sog. Industrie-Quartier, nicht gerade wohlbeleumundet ist, ich auch anderweitige Gründe hatte, so folgte ich an diesem Abend der Einladung nicht, sondern frug die *jüngere* der beiden Damen – sie hieß *Olga* –, ob sie mich an einem der nächsten Vormittage in *meiner* Wohnung besuchen wolle; auf die bejahende Antwort übergab ich meine Karte und entfernte mich.

Und *Olga* kam; sie war schön wie der Vollmond. Ein hochgewachsenes, prächtiges Schweizerkind, mit Zähnen wie Gletscherwaßer und Augen wie Bergschatten. Die Schweizer »Tochter«, wie sie dort genannt wird, ist mit 15, 16, 17, 18 Jahren eine äußerst frische und schmucke Erscheinung, voll Kühnheit und Lebenslust, ausgelassen bis zur Waghalsigkeit, mit herausfordernden Mienen, eine echte republikanische Erscheinung, wie man sie in keinem deutschen Lande trifft. Ich habe vor mehreren Jahren in *M. G. Conrad's* »Gesellschaft« in einem Aufsaz, »Prostituzion«, vom Standpunkt des Arztes, des Künstlers und freien Forschers die hier einschlägigen Fragen beleuchtet und die Anwendung des verfehmten Wortes »Prostituirte« auf ein derartiges Geschöpf eine Schmach genannt. Ich habe schon damals den aus den Zeiten einer milderen Auffaßung stammenden Ausdruk »Freudenmädchen« vorgeschlagen. In England ist es der heftigen Agitazion der für ihre Mitschwestern kämpfenden höchsten englischen Damen-Aristokratie gelungen, dem Grundsaz in der Landesgesezgebung Geltung zu verschaffen, daß jeder Mensch, also auch jedes Mädchen, solange kein öffentliches Aergernis entstehe, nach dem Eintreten der Reife mit seinem Körper anfangen könne, was es wolle, und daß der Verkauf körperlicher Reize innerhalb der genannten Grenzen niemals, sei es von Seite der Behörden, sei es von Seite Privater, zur Anwendung einer beschimpfenden Bezeichnung Veranlassung geben dürfe. *Heinz Starkenburg* ist erst jüngst in einer größeren Arbeit, »Die Frauenbewegung und die Liebe der Zukunft« (»Gesellschaft« 1898, Heft 23/24), zur Schlußfolgerung gelangt, daß unsere heutigen ökonomischen Verhältniße und das Mitkonkurriren des sexuell wenig veranlagten Weibes in den Berufsgeschäften des Mannes zur Lokerung und Verspärlichung der Ehen und zur Häufung der »freien Verhältniße«, der »freien Liebe« führen müße. Und eine Frau, *Gräfin zu Reventlow*, hat hier, in diesen Blättern, unter anderem den Saz ausgesprochen: ein Mädchen, das die sinnliche Liebe genoßen und zur Mutterschaft gelangt, sei, auf einem Wege, auf welchem nur immer, selbst wenn sie ihr Kind aus Not dem Staat zu Füßen legen müße, geistig wie körperlich immer noch beßer daran, als eine Sterile, die als ein verdorrender Ast am Lebensbaum der Menschheit verwelke. Und um noch einen zu nennen, gegen den die Herrn Stadtväter in Zürich kaum etwas einzuwenden haben werden: *Luther* sagt in einer seiner Predigten: ein Jüngling soll, wenn es hoch kommt, mit 20, »ein Maidlin um fünfzehn oder achtzehn Jahren« zur Ehe schreiten (Luther's Vermischte Predigten, hrsg. von Plochmann, Frankfurt 1877. Bd. 1. S. 541). Daß diese Forderung in unserem heutigen Erziehungs- und Wirtschaftsleben nicht durchführbar ist, ist klar. Aber der biologische Teil dieser Forderung bleibt deshalb doch bestehen.

Und nun zurük zur Sache. Ich weiß nicht, wie *Luther* über einen intimen Verkehr zwischen dem Schreiber dieser Zeilen und der mehrfach erwähnten *Olga* gedacht hätte: item, er fand statt. Und er kontinuirte sich während des ganzen folgenden Winters. Da aber *Olga* nicht nur den rein sinnlichen Verehrern ihrer Schönheit, sondern auch den rein ästetischen Bewunderern ihrer Körperformen ihre Reize verkaufte und auf dem »Künstlergütli« bei den Profeßoren Modell stand, so benüzte ich die Gelegenheit und machte gleich bei unserer ersten Zusammenkunft vier fotografische Akt-Aufnahmen, von denen ich je ein Exemplar *Olga* schenkte. Bei dieser Gelegenheit kam rein zufällig die Frage nach ihrem Alter zum Aufwurf, und ich war nicht wenig erstaunt, zu hören, *Olga* habe erst kurz die von *Luther* verlangten 15 Jahre erreicht. Auf meine ungläubige Entgegnung, das sei bei ihrer Körpergröße doch kaum glaublich, erbot sie sich, den Geburtsschein vorzulegen. Sie brachte ihn auch acht Tage später. Und es ergab sich in der Tat, daß *Olga* erst um Mitte November 15 Jahre alt geworden war (Das Schweizer Gesez schützt das Mädchen bis zum vollendeten 15ten Lebensjahr). Ich zeigte *Olga* aber bei dieser Gelegenheit auch meine Kollekzion teils anatomischer, teils künstlerischer Aktbilder, wie sie bei uns in Kunsthandlungen zu haben sind, und hierunter befanden sich zwei als Pendant gedachte mänliche Aktstellungen, je eine mit dem *membrum virile in statu erectionis* und die andere mit dem *membrum virile in statu relaxationis*. Bei diesen Darstellungen waren bekanntlich die Zeichner von anatomischen Atlanten bis vor Kurzem lediglich auf das Gedächtnis angewiesen, während seit den Momentaufnahmen fotografische Darstellungen direkt nach der Natur geliefert werden konnten. Diese Kunstblätter haben eigentlich mit unserer Sache hier gar nichts zu tun; ich muß sie aber anführen, weil *Olga* später zufällig dieser Blätter auf der Polizei erwähnt hat, und weil es mir darauf ankommt, daß der Leser alles, auch das kleinste Detail, erfahre, um sich ein Urteil über die wahren Gründe meiner Ausweisung bilden zu können. – Unser Verkehr dauerte bis gegen das Frühjahr 1898. *Olga* verzog dann und kam troz meiner wiederholten schriftlichen Bitte nicht mehr, ohne daß ich die Gründe für dieses Verhalten erfahren konnte. – Anfang Sommers, beiläufig im Juni, erschienen plözlich bei mir zwei Polizei-Abgesannte in Zivil, zeigten mir die Kartons mehrerer gänzlich zerstörter und zerkrazter Fotografien und verlangten von mir die Herausgabe der betr. Aufnahmen, die ich von *Olga* angefertigt habe. Ich erklärte den Leuten, die Fotografien seien mein Eigentum, seien nur für mich gemacht, ich hätte von jeder ein Exemplar *Olga* geschenkt, die sehr ungeschikt gehandelt habe, selbe zu zerstören, denn die Aufnahmen seien absolut einwandfreie, künstlerisch gestellte Akte. Ich bezweifelte, fügte ich hinzu, ob das Zürcher Landesrecht eine derartige gewaltsame Abverlangung von Privateigentum erlaube. Die Leute bestanden auf Herausgabe der Fotografien. Ich offerirte, die Blätter an mich zu nehmen und in ihrer, der Polizisten Gegenwart auf dem Wege zur Polizei bei meinem Rechtsanwalt vorbeizupaßiren, um mich über die gesezliche Tragweite meiner Weigerung zu informiren. Dies wurde abgelehnt. Schließlich frug ich, ob die Leute mich im Falle der Weigerung verhaften würden. Dies wurde einhellig bejaht. Ich hatte mich bereits angezogen und war bereit, den Leuten auf die Polizei zu folgen, als ich mir sagte, daß in dem Moment, da ich die Blätter an mich nehmen werde, dieselben auch der Gewalt der beiden Aufpaßer ausgeliefert seien. Auf der andern Seite war es mir peinlich, als Fremder einer Aufforderung der Polizei Widerstand entgegengebracht zu haben. Und schließlich erwog ich noch: die Herrn auf der Polizei machen sich offenbar die übertriebensten Vorstellungen von den Fotografien, gerade weil dieselben zerkrazt sind. Ich bat daher den einen der Polizisten zu mir in mein Zimmer, holte die ganze Kollekzion der von mir in Zürich gefertigten Bilder – meist Landschaften, Tierbilder, Straßenaufzüge, Zimmerinterjörs, darunter auch die Akte von *Olga* – hervor, und übergab, da Abzüge nicht mehr vorhanden waren, die betreffenden vier Original-Platten dem Polizisten. Dann schrieb ich an die »hohe Polizeidirekzion der

Stadt Zürich« einen Brief folgenden Inhalts: ich sei erstaunt über diese gewaltsame Abforderung meines Eigentums; ich bezweifelte die Gesezmäßigkeit dieses Vorgehens; doch wollte ich als Fremder der polizeilichen Verordnung keinen Widerstand entgegensezen; die Bilder seien, wie sich die Herrn überzeugen könnten, rein künstlerisch gestellte Akte, wie man sie in Deutschland in jeder Kunsthandlung feilbiete; auch seien die Bilder nur für mich gemacht, und *Olga* habe nur, da sie ja selbst Modell stehe, von jeder Aufnahme ein Exemplar geschenkt erhalten. Ich vermutete aber, fuhr ich fort, daß über meinen Verkehr mit *Olga*, sei es von ihr, sei es von anderer Seite, entstellte Angaben gemacht worden sein, denn sonst könne ich mir das Vorgehen der Polizei nicht erklären; ich ersuche daher *um polizeiliche Vorladung und um Einvernehmung als Zeuge*. Jezt schon könne ich folgende Angaben machen; denn da ich nach zweijährigem Aufenthalt im kommenden Herbst selbst um Einbürgerung im Kanton Zürich nachzusuchen gedächte, könne es mir nicht gleichgiltig sein, wie die hohe Polizeidirekzion in dieser Sache über mich denke. *Olga* R. habe mich auf der Straße in ihre Wohnung eingeladen; sie sei dann auf meinen Wunsch zu mir gekommen; hinsichtlich ihres Alters sei ich vollständig orjentirt gewesen, denn ich hätte ihren Geburtsschein selbst in der Hand gehabt, aus dem ich ersehen, daß sie bereits im verfloßenen Herbst 15 Jahre alt geworden; auch sei *Olga deflorirt* gewesen, als sie zu mir kam; persönlich möchte ich noch bemerken, daß ich unverheiratet sei und daß seit Aufhebung der »Häuser« in Zürich dem Fremden jeder legale Verkehr mit dem Weibe gesezlich abgeschnitten sei; schließlich bäte ich um Rükgabe der fotografischen Platten. – Auf diesen Brief hin hörte ich zunächst für ca. sechs Wochen gar nichts. Dann, Ende Juli, erhielt ich eine Zeugenvorladung »in Sachen gegen die Eheleute R. wegen Kuppelei«. Dort hörte ich zunächst zu meinem Erstaunen, daß *Olga* den Verkehr mit mir abgeleugnet und daß die junge Dame, die sich damals in Begleitung von *Olga* befand, als wir uns auf der Straße trafen, die Stiefmutter von *Olga* war. Ich befand mich nun in der unangenehmen Lage, den »Kronzeugen« machen zu müssen. *Olga* mußte gestehen. Es kam dann auch die Frage wegen der beiden anatomischen Bilder aufs Tapet, und der Untersuchungsrichter betonte hierbei ausdrüklich, er stelle die Frage nicht wegen der materjellen Seite, die hier gleichgültig sei, sondern um die Glaubwürdigkeit *Olga's* auch in diesem Punkt zu prüfen; ich erklärte ohne Weiteres, *Olga* habe eine ganze Kollekzion Bilder bei mir gesehen, darunter auch die anatomischen. Damit war das Zeugenverhör zu Ende. Von der Verhandlung selbst weiß ich nichts. Ich war nicht zugegen. – *Ein Vierteljahr später*, Ende Oktober, erhielt ich plözlich meine *Ausweisung* mit der Motivirung, daß ich »in dem Prozeß gegen die Eheleute R. eine höchst verwerfliche Rolle gespielt« habe.

Was war inzwischen geschehen? – Die Kaiserin *Elisabeth* von Oestreich war am 10. September von *Lucheni* in Genf ermordet worden. Es hatte die Heze des Auslandes gegen die Schweiz begonnen. Und dann war die Heze der Schweiz gegen ihre eigenen Fremden gefolgt, besonders gegen solche, die in »anarchistischem« Geruch standen. Man hätte mich auf Grund meiner in Zürich erschienenen Bücher und Schriften wohl als *»Anarchisten«* bezeichnen können, wenn man jede Auflehnung gegen unsere in Deutschland zum Himmel stinkende monarchische Verwüstung als *»Anarchismus«* bezeichnen will – wie ich ja schon oben betont habe, daß nach der *gedanklichen* Seite als »Verbrecher« aufgefaßt zu werden, mich nicht im mindesten schenirt. Aber man wollte das offenbar nicht oder konnte es nicht oder verstand es nicht oder scheute sich: kurz, man fand, daß es auf dem oben angedeuteten *sittlichen*, oder beßer: *unsittlichen* Wege bequemer sei und daß es leichter ginge, mir die 15-jährige *Olga* auf den Rüken zu schnallen, als mir die Fakel der Revoluzion in die Hand zu geben.

Ilse Frapan-Akunian
Festliche Ankunft im Zürcher Hauptbahnhof
1903

Vor dem Bahnhofsgebäude, auf dem geräumigen Platz um den schönen Brunnen und unter den Säulengängen, stand eine Kopf an Kopf gedrängte Menge.

Die Silberlinden des Platzes und der ausmündenden Straßen waren schon gelb und dünn belaubt, aber eine heißrote Oktobersonne schien durch weißlichen Staub und Dunst und machte die grüne, weißschäumende Limmat, deren lebendige Wasser, rasch und wirbelnd nach der Aufstauung, zu den Mühlen unterhalb der Brücken niederrauschen, zu einem erfrischenden, Erquickung hauchenden Anblick.

Frauen ohne Kopfbedeckung, mit Körbchen am Arm, braune Großväterchen mit qualmenden Pfeifen, Kinder in bunten Sommerkleidern und Mädchen mit Kinderwägelchen bildeten Gruppen unter den Arkaden, nah den Ausgängen. Eifrig äugten sie nach den vom Portier ausgehängten Schildern, welche die ankommenden Züge verkünden sollten; Lachen und Scherzworte belebten zuweilen die Gruppen, unter denen es kein Stoßen und Drängen gab, wohl aber eine gemeinsame angenehme Aufregung, die Erwartung von etwas Fröhlichem und Willkommenem.

Lauter und dichter drängte sich die Menge auf dem Platz, unter den gelichteten Bäumen; bis zum Eingang der Löwenstraße standen sie, schlossen den kleinen Zeitungskiosk an der Brücke ein und gestatteten selbst dem elektrischen Tram und den gelben Postwagen nur eine langsame, beengte Durchfahrt. Hier herrschten die Männerkleider vor, aber nicht die gewohnte dunkle Tracht des Städters, sondern weiße und weißblaue Turnerkleidung, aus der schlanke gebräunte Arme und Nacken hervorsahen. Fahnen und Banner wurden von Zeit zu Zeit bewegt, zuweilen spielte ein nahe dem Brunnen aufgestelltes Musikkorps. Die Sonne blinkte in dem springenden und stürzenden Wasser und auf den blanken Messingröhren der Trompeten; Jodler stiegen wie Vogelrufe empor, und ein kleiner Trupp italienischer Arbeiter, zusammengedrängt in einer Ecke, sang ein taktmäßig mit den Spazierstöcken auf den Straßensteinen betontes Schelmenlied. Der Zug pfiff, eine Kirchenuhr schlug, dann schlug auch die Uhr des Bahnhofs mit hellem, schwirrendem Schlag: fünf Uhr.

Das ersehnte Schild wurde herausgehängt, Mütter und Väter strebten, sich in die Nähe der Doppeltüren zu drängen, die Kinderwägelchen bildeten Spalier, die Portiers öffneten, und die Kinder der Ferienkolonien, alle mit Sträußen in den Händen, mit weinlaubbekränzten Hüten, mit Efeuzweigen um den Hals, mit Eichenkränzen, die auf der Spitze eines Stockes schaukelten, alle lustig, erhitzt, bestaubt und betäubt von der Fahrt und dem Lärm, kamen laufend und springend die einen, verträumt und langsam die anderen aus der dämmerigen Halle in das blendende Sonnenuntergangsrot heraus. Es wurde geküßt, umarmt, geschrien, gesucht, kleine Reisetaschen und Köfferchen geschwenkt, ein fröhliches, lautes Gewimmel entstand zu den Füßen der großen Sandsteinpfeiler, unter den Bogen. Die roten Heidekrautsträuße, die bekränzten Strohhüte, die bunten Herbstblätterranken, in die einige der kleinsten Reisenden vom Mützchen bis zum Saum des kurzen Kleides eingehüllt waren, schwärmten zwischen die Großväterpfeifchen, die ausgestreckten

Mutterarme, die den Weg versperrenden Kinderwägelchen hinein, flimmerten abwärts über die breiten Stufen und verloren sich in der Menge.
Ehe die Eltern noch ihre Kinder, die Kinder ihre Mütter gefunden, kam der zweite festlich erwartete Zug an; eine andere Pforte öffnete sich, donnernd fuhren die Wagen in die Halle, siegreiche Turner mit radgroßen Lorbeerkränzen, mit bekrönten Bannern erschienen auf der Treppe, Hurrageschrei, Bravorufen, Händeklatschen erscholl ihnen entgegen, die Fahnen der auf dem Platze Wartenden begrüßten die Fahnen der Ankommenden, die Musikanten schmetterten los, hüben und drüben, hinter den Turnern tauchten braune bärenstarke Gestalten auf in dunklen ärmellosen Sammetwämsern, Sennen aus dem Bernerland, aus dem Freiburgischen, von denen zwei je eine junge Tanne, die sie mit ihren eisernen Fäusten aus dem Berggestein gerissen zu haben schienen, über den Häuptern der Heraustretenden schwenkten.
Die Luft erbrauste von Jubel. Jemand intonierte das Schweizerlied, und Gottfried Kellers feurig-inniges:

»Oh mein Schweizerland! oh mein Heimatland!
Wie so innig, feurig lieb ich dich!«

dröhnte aus Hunderten von jungen Kehlen über den menschenvollen Platz.
Alles war laute Freude, Stolz, gute Laune – man stand und sang, schrie, lachte, ohne sich zu drängen, ohne Eile fortzukommen, ohne belästigende, die Menge in Verwirrung bringende Polizei.
Eines jener improvisierten Feste, an denen das Schweizerleben so reich ist, ein Besuch der Bergbewohner bei den Städtern, kräftig gefeiert durch körperliche Spiele und heitere Wettkämpfe in allerlei Fertigkeiten, begann mit diesem jubelnden Empfang auf dem Bahnhofplatze, dessen beflaggte Häuser den fröhlichen Ankömmlingen den Gruß der ganzen schönen Limmatstadt entgegenwinkten.
Der lange Wagenzug hatte eine Menge Besucher gebracht, die alle durch ein Band vereint schienen. Die wenigen Privatleute, die zwischen die geschmückten gebräunten Gesellen vom Hochgebirge geraten waren, drückten sich langsam und wie beschämt vorwärts, wofern sie nicht Schaulust oder Teilnahme zum Stehenbleiben und Mitwarten veranlaßte. Einige begrüßten sich laut mit irgend einem starken Sennen oder einem berühmten Schwinger, stolz auf die Be-

kanntschaft und hoffend, daß von dem Glanze jener Berühmtheit etwas auf sie selber hinstrahlen werde.

Otto Julius Bierbaum
Sinaïde oder Die freie Liebe in Zürich
1904

Mein Freund Emil, von dem ich nicht leugnen kann, daß er ein Dichter ist, also eigentlich keinen Anspruch darauf hat, für sehr glaubwürdig genommen zu werden, trat an einem sehr kalten Tage in mein Zimmer und sprach: Wenn du mir jetzt, unbeschadet deines verwünschten Teatotalertums, einen steifen Grog brauen läßt, will ich dir, nobel und schreibfaul wie ich bin, eine Geschichte schenken.

Den Grog, erwiderte ich, sollst du haben, aber könntest du ihn nicht vielleicht *ohne* Geschichte trinken? Ich möchte dir nämlich gerne meine letzten vierundachtzig Übungssonette vorlesen.

Nein, sagte Emil, das geht nicht. Erstens, weil ich selber berufsmäßig Sonette mache, und zwar bessere als du. Zweitens, weil Sonette und Grog zusammen passen wie Ananas und Sardellenbutter. Und drittens, weil ich diese Geschichte jetzt durchaus erzählen muß.

Dann allerdings, lautete meine Entscheidung, wird sich die Geschichte schwer vermeiden lassen.

Der Grog kam, Emil kostete ihn, erklärte, daß er zwar etwas fadenscheinig, für den Ort seiner Herkunft aber ganz wacker sei, und begann:

Zürich, Hauptstadt des gleichnamigen Kantons, an der Limmat und dem Züricher See gelegen, erfreut sich, wie du weißt, eines eidgenössischen Polytechnikums und einer kantonalen Universität. Dies war, wie ich vor nun fast zwanzig Jahren meinem Vater erklärte, der Grund, weshalb ich einen unwiderstehlichen Drang empfand, mich dorthin zu begeben. Mich in den schönen Wissenschaften auszubilden, war mein Bestreben. In den schönen Wissenschaften schlechthin, nicht in einer Spezialdisziplin, welche auch immer es sein mochte. Mein aufs Universelle gerichteter Geist hätte es als eine schnöde Fesselung empfunden, wenn ich ihm zugemutet hätte, nur an einer und nicht an *allen* Brüsten jener Alma mater zu saugen. Wer weiß, meine liebe Seele, dachte ich mir, ob du immer so umfassend bestrebt sein wirst, und ließ ihr den Willen. Die Folge war, daß meine Kollegienhefte sich zu einer Ragoutschüssel gestalteten, auf der sich Kostbrocken aus den unglaublichsten gelehrten Garküchen vereinigten, und daß ich mir für alle Zeit den wissenschaftlichen Magen, wenn ich so sagen darf (du darst *nicht*, erklärte ich), verdarb. Dies das eine, negative Resultat. Das andere, positive, ist von einer, wie ich ohne weiteres gestehe, schmählichen Dürftigkeit. Nur zweierlei ist mir im Gedächtnis geblieben. Erstens aus dem *collegio logico* der himmelschreiende Satz: Alle Berliner sind Dichter; nun war Homer ein Berliner; *also* war Homer ein Dichter. Was der Herr Professor damit beweisen wollte, habe ich vergessen, weil er selber erklärte, es sei etwas Selbstverständliches, aber die gräßliche Zwangsvorstellung, daß Homer ein Berliner gewesen sei, ist mir geblieben, und ich habe noch heute zuweilen melancholische Zustände davon. Die andere Frucht meiner gelehrten Studien in Zürich besteht darin, daß ich über die verschiedene Art der Behaarung bei den verschiedenen Rassen der Erde in einer so eingehenden Weise unterrichtet bin, daß man es schon anstößig nennen muß. Wahrscheinlich hätte ich auch das vergessen, wie alles andere, wenn in jenem unpassenden Kolleg nicht ein über alle Begriffe schönes Mädchen neben mir gesessen hätte.

An dieses Mädchen muß ich noch heute sehr oft denken, und da ich dabei gleichzeitig auch immer an jenes haarige Thema denken muß, ist es mir mit in der Erinnerung geblieben ... Aber was für ein junges Mädchen war das auch! Zumal, zuvörderst und vor allem: Was für Haare hatte sie!

(Hier erlaubte ich mir eine Bemerkung: Emil! sprach ich, das hätte ich nicht von dir gedacht. Du schwelgst geradezu in haarigen Erinnerungen. Nicht allein, daß du ein absolut überflüssiges Kolleg über die Behaarung des Menschen besuchst, das eigentlich nur für Friseure Interesse haben kann, – nein, du bandelst auch, wie ich ahne, in demselben Kolleg ein Verhältnis mit einem durch seine Behaarung ausgezeichneten Mädchen an. Mit anderen Worten: Du bist für Krafft-Ebing reif und Haaromane.)

Nun ja, fuhr Emil fort, es ist wunderlich, daß ich gerade in diesem seltsamen Kolleg das Mädchen mit dem unvergleichlichen Haar kennen lernen mußte, aber ich kann dir schwören, daß ich schon damals weit davon entfernt war, mich nur partiell zu verlieben. Ich ging darin immer aufs Ganze. Aber das ist richtig: in diesem Falle sah ich zuerst eine ganze Weile nichts als die Haare. Ich verfing mich in den Haaren, wie weiland Ares sich in Aphroditens Haaren verfing, denn darauf kannst du dich verlassen: Der tölpelhafte Hephaistos brauchte nicht erst ein Netz um die beiden zu knüpfen.

(O Gott, warf ich hier ein, wenn du mythologisch kommst, wird's glutig. Du bist nicht der erste, der seine eigenen Aventüren in alte Göttergeschichten hineinkommentiert. Das ist ein Trüc aus der Renaissance.)
Ob es glutig wird, entgegnete Emil, solltest du einstweilen der Muse des epischen Gesanges überlassen. Aber es ist richtig, daß ich, als ich jene Haare zum ersten Male sah, zu meinem lieben Herzen also sprach:

Siehe, in Zürich studiert Aphrodite mit goldenem Haare,
Sitzt im Kollege und schreibt mit elfenbeinenen Fingern,
Was der Professor herab vom hohen Katheder verkündet.

Aber es wurde mir bald klar, daß man diesem Haare auch nicht mit der antiken Mythologie und in Hexametern nahe käme. Diese Haare waren einfach unaussprechlich. Wenn ich sagen würde: sie waren goldblond, so würde ich mich an ihnen versündigen. Es gibt Dinge, die man beleidigt, wenn man versucht, sie in ein Adjektivum zu pressen. Man müßte, wollte man von diesen Haaren einen Begriff geben, ein Epos schreiben.
(Hier ergriff mich ein Beben, ich hob die Arme wie der Adorant von Xanten und rief: Emil, halt ein! In diesem Stile schwärmte man 1885. Laß dich zur Erde nieder, Dichter, und rede mit Menschenzungen.)
Und Emil fühlte menschlich und sprach: So will ich nur noch das eine andeutend bemerken, daß das Rot dieser Haare zwischen dem Tone alter Rötelzeichnungen und dem Rot stand, mit dem Toulouse-Lautrec auf einigen seiner Lithographien die Lippen geschminkter Frauen hervorgehoben hat. Kannst du dir dabei etwas denken?
(Nicht das geringste, bekannte ich, aber ich bin nun unerschütterlich davon überzeugt, daß du in das Mädchen verliebt warst.)
Wenn du, entgegnete darauf Emil, mit allen deinen Überzeugungen so auf dem Holzwege bist, wie mit dieser, so gnade Gott deinen Überzeugungen. Nein: in ein solches Mädchen verliebt sich kein junger Dichter. Ein solches Mädchen betet er an, ein solches Mädchen besingt er. – Ach, was habe ich diese Person besungen! Paß 'mal auf!
(Und er entnahm seiner Brieftasche ein kleines Heft und wollte zu lesen beginnen. Ich aber hob wieder meine Arme hoch wie

der schöne Xantener und sprach: Lies nicht, Emil; ich muß sonst an meine Jugendsünden denken und weinen.)
Und Emil steckte das Heft ein und sagte milde: Ich kann sie noch immer auswendig. Und so hieß das eine:

Deine Augen, Idol der Steppe, sind gelb
Wie verschleierter Bernstein. Schräg
Wie einer Mongolin stehn sie dir im Antlitz,
Die Bernsteinmandeln, aber die Wimpernspeere,
Die dieses gelbe Heiligtum schützen, sind schwarz,
Glänzend steinkohlenschwarz. Diana
Hält ihre goldenen Bogen darüber: die Brauen.

(Und da wunderst du dich noch, warf ich erschüttert ein, daß du damals keinen Verleger für deine Verse gefunden hast?)
Nein, sprach Emil, ich wunderte mich damals, aber heute danke ich meinem Schöpfer dafür. Ein anderes aber ging so:

O wie lasziv dein Mund ist, mein Idol!
Wenn rotgelbe Rosen aus Fleisch wären: so,
So wären rotgelbe Rosen, – aber dann
Würden alle Rosen des Gartens welken wollen,
Die Welt
Wäre rosenlos.

(Bei dieser Stelle bekam ich einen epileptischen Anfall, schlug mit Händen und Füßen um mich und versetzte auf diese sehr empfehlenswerte Manier meinem Freunde eine gute Tracht Prügel.)
Deine Kritik ist schlagend, bemerkte Emil, als mein Anfall vorüber war, und so will ich nun in Prosa reden. – Also, dieses unvergleichliche Wesen saß neben mir in einem Kolleg über die menschliche Behaarung, und mir war es vom Schicksal bestimmt, ihm fortwährend große anthropologische Bilderbogen zuzuschieben, mit denen dieser unglaubliche Wollbart von Professor seine scheußliche Wissenschaft in Farbendruck illustrierte. Schamhaft, wie junge Lyriker nun einmal im Leben sind, wenn sie sich auch in Versen noch so schamlos gebärden (Eben darum! bemerkte ich mit Sachkenntnis), wollte ich mich dazu durchaus nicht verstehen, vermutend, mein Idol damit zu beleidigen. Was war die Folge? Mein Idol wurde wütend, ohrfeigte mich mit bernsteingelben Blicken und setzte sich schließlich demonstrativ weg von mir zu einem weniger lyrisch

delikaten Anthropologiestudenten. Damit war Aphrodite einstweilen für mich erledigt, weil ich eben für sie erledigt war. Aber ich sollte mehr von ihr erfahren. Und dies erst ist nun die Geschichte, die ich dir erzählen wollte.

(Man wird es mir nachfühlen, daß ich hier die Bemerkung nicht unterdrücken konnte: Du hast eine eigenartige epische Ökonomie, Emil. Die Technik der Novelle erfordert einen hurtigeren Anlauf. Du erzählst wie eine hundertjährige Schildkröte. Wenn du in dem Tempo fortmachst, werde ich am Ende deiner Geschichte Enkel auf meinen Knien schaukeln, und für Kinder ist die Geschichte nicht angelegt, wie mir scheint.)

Darin, entgegnete Emil, irrst du dich nicht, aber du kannst ganz ruhig sein: ich bin gleich fertig. Laufe nicht so aufgeregt hin und her, sondern setze dich und unterlasse deine kritischen Anmerkungen. Dann werden wir bald am Ende sein.

(Ich setzte mich nieder, tat einen Schwur, nicht mehr hineinzureden, und dachte bei mir: Der gute Junge ist jetzt in einer heillosen Verlegenheit, was er mir nun eigentlich vorlügen soll.)

Emil aber fuhr mit dem Ausdruck lauterster Wahrheitsliebe fort, wie folgt: Ich hatte damals die verrückte Idee, Gogol und Dostojewskij im Urtexte lesen zu wollen, und lag daher bei einem russischen Studenten dem Studium der russischen Sprache ob.

(Bei einem Haare hätte ich eine Bemerkung über die Verwendung des Verbums obliegen gemacht, aber ich dachte an meinen Schwur und schwieg.)

Sehr weit über die Aneignung der russischen Schrift bin ich dabei nicht hinausgediehen, aber Herr Tschernitschew, mein Lehrer, meinte, als wir soweit waren, es sei an der Zeit, mich mit meinen Kenntnissen dem russischen Studentenvereine vorzuführen, und so wurde ich eines Tages eingeladen, in der Russenbude zu erscheinen, um eine Art Prüfung abzulegen. Ich ging um so lieber hin, als mir mein Lehrer erzählte, ich würde dort eine berühmte Nihilistin zu sehen bekommen, die kurz vorher ein Attentat gegen einen Polizeidirektor verübt hatte. Gott, dachte ich mir in meiner lyrischen Seele, dabei fallen mindestens hundert freie Rhythmen ab.

(Sie seien dir verziehen, wenn du sie mir nicht rezitierst, bemerkte ich zu mir selber, da ich zu Emil ja nichts bemerken durfte.)

Ich wurde, in Oberstraß war's, ganz oben, in einem kleinen alten Häuschen, das nun längst niedergerissen ist, in ein rundes Turmzimmer geführt, in dem sich etwa ein Dutzend Menschen befanden, deren Geschlecht ich nicht gleich unterscheiden konnte, erstens, weil es etwas duster war von wegen einer viel zu spärlich brennenden Hängelampe, zweitens, weil alle diese Menschen gleichermaßen halblang geschnittene Haare hatten, und drittens, weil sie bis zu den Knien hin ganz gleich angezogen waren. Anfangs dachte ich, sie seien alle im Hemde, später aber bemerkte ich, daß die Männer unten doch noch Hosen anhatten, und zwar Pluderhosen, die in Schaftstiefeln steckten, und die Weiber Röcke. Die Hemden aber waren, wie man mir erklärte, die Nationaltracht. Tolstoj, der Überchrist, kostümiert sich, wie ich aus der »Woche« weiß, ebenso. Es mag eine ganz hübsche Tracht sein, wenn die Hemden frisch gewaschen sind. Bei meinen russischen Freunden waren sie nicht ganz frisch gewaschen. Meine russischen Freunde legten mehr Wert auf reine Gesinnungen, als auf reine Wäsche. *»Honny soit, qui mal y pense!«* Ich erkläre mir das damit, daß einer nicht alles haben soll auf dieser Welt. Den einen schmückt unbefleckte Überzeugung, den andern frische Wäsche.

(Hier konnte ich nicht mehr schweigen; ich mußte rufen: Du bist frivol, Emil!)

Und du bist ein Schwurbrecher! entgegnete dieser, dann fuhr er fort: Meine Prüfung hatte einen märchenhaften Erfolg. Kaum, daß ich eine Zeile russisch gelesen hatte, erhob sich die ganze Versammlung von Hemden und brach in ein wildes Beifallsgetobe aus. Dann stürzte alles auf mich zu und gestikulierte enthusiastisch um mich herum. Die Attentäterin aber, ein großes knochiges Frauenzimmer, drückte meinen Kopf an ihre Brust und küßte mich auf den Scheitel. Kaum, daß ich diesen, wie ich gestehe, heftigen Schreck verwunden hatte, lag mein Kopf an einem anderen Busen und wurde mein Scheitel der Berührung zweier anderer heißen Lippen teilhaftig, und so fort, bis ich von allen abgedrückt und abgeküßt war. Der letzte Kuß aber brannte am wohligsten – ich blickte auf und sah die Bernsteinaugen über mir. Da konnte ich mich nicht halten, faßte das Mädchen um die Mitte ihres Leibes und küßte es mit wütendem Entzücken auf den Mund. »Ah!« sagte das Mädchen und erwiderte den Kuß auf eine Weise, daß ich glaubte, mein letztes Stündlein sei gekommen, so über alle Begriffe benommen, süß benommen wurde mir davon zumute. Es war ein Versinken in samtene Nacht.

(Da Emil hier eine Pause machte, benutzte ich die Gelegenheit, zu bemerken: Derartige Prüfungsprämien, allgemein eingeführt, würden eine erfreuliche Steigerung des Studienfleißes in allen Fakultäten zur Folge haben.)

Emil aber fuhr fort: Als ich wieder zu mir kam, hörte ich, daß die

Attentäterin eine Ansprache an mich hielt, in der sie mich »Enkel Schillers« nannte und von der Vermählung slawischen und germanischen Geistes viel Schönes zu sagen wußte. Dann wurde sehr viel Wuttki getrunken, was, in Verbindung mit ukrainschen Volksliedern, zur Folge hatte, daß alle zu weinen begannen. Ich weinte aus Höflichkeit mit, konnte es aber lange nicht so gut, wie meine russischen Freunde, die allerdings auch mehr Wuttki getrunken hatten, ein Getränk übrigens, das selber wie gegorene Tränen schmeckt. Schließlich lagen wir einander in den Armen, immer einander in den Armen, küßten uns auf Stirn, Mund, Nase, wohin's immer gerade traf und vermählten unsere Tränen miteinander. Trotz meiner Betrunkenheit wußte ich es im Verlaufe von etwa einer Stunde, während der ich Russen beiderlei Geschlechtes und aller Fakultäten überall hingeküßt hatte, so einzurichten, daß ich am Busen meines Bernstein-Idols landete. O Sinaïde! lallte ich dabei, wie zwei hüpfende Lämmer sind deine Brüste, die wie Mondstein leuchten, auf den der Mondschein scheint. Aber deine Nase ist eine Nardenbüchse, gen Osten gerichtet, und dein Mund besteht aus zween Tuberosenblättern, aber roten, wenn ich bitten darf, während hingegen deine Nasenlöcher vergleichbar sind den Rosinenkernen im Hochzeitskuchen der Königin von Saba, und von deinen Achseln her ein Rüchlein kommt wie aus Zimmetwäldern. Ja, Sinaïde, Europa reitet auf dem Stier der Brutalität in den Despotismus, aber die grüne Mütze der Weltfreiheit sitzt auf deinem feurigen Haare und singt gleich einer Nachtigall: *Avanti*, vorwärts, *en avant* – es lebe die Liebe! O Sinaïde, Sinaïde –, daß ich lustwandelte in den Zimmetwäldern deiner Schönheit! Daß ich zu Asche verbrennte im gelben Feuer deiner Augen! Daß der Sammet deiner Haut mein Leichentuch wäre! Laß mich, o Sinaïde, laß mich die Muschel meines Ohres an die Muschel deines Ohres legen und lauschen, was die Seele des ewigen Rußland raunt! Ich schwöre dir, Sinaïde, ich bin verliebt in dich wie ein Maikäfer!
(Da Emil zweifellos noch lange so weiter in Überschnappungen geschwelgt hätte, ohne dadurch im mindesten den Gang der Geschichte zu fördern, die nun endlich zu hören ich ernstlich gewillt war, rief ich nur das eine Wort: Stop! und hatte die Genugtuung, daß er augenblicklich aufhörte, wuttkideutsch zu lallen und in ein ruhiges Redefahrwasser einbog. Nämlich so):
Item, ich dampfte den Alkohol und meine Schwärmerei in dem bekannten Stile aus, der so reich an kühnen Assoziationen wie arm an vernünftigem Sinne ist. Als ich mich leidlich nüchtern geredet

hatte, bemerkte ich, daß der Schauplatz der Handlung verändert war. Ich befand mich mit dem bernsteinäugigen Mädchen in einem zwar etwas engen, sonst aber angenehmen Bette und war zu meiner Überraschung angetan wie sie, nämlich auch mit so einem russischen Hemde, aber ohne Hosen. Sie lag neben mir und schlief mit ruhigen Atemzügen. Ihr Haar war wie ein goldenes Vließ über ihre Brust gebreitet. Ich sagte mir sogleich: Lieber Freund, du träumst da recht angenehm, aber morgen früh wirst du einen entsetzlichen Katzenjammer haben. Dies gedacht, schlief ich auf der Stelle ein.
(Und ich werde das gleiche tun, beteuerte ich, wenn du nicht auf der Stelle deine Geschichte endlich erzählst.)
Wie? rief Emil, ist das noch nicht Geschichte genug? Kann man von einem Novellisten mehr verlangen als diese Situation? Ist dieses Gewebe aus Wuttkischleiern, ukrainischen Volksliedern und feurigroten Haaren noch nicht genug? Soll ich etwa ...?
(Nein, erklärte ich, du sollst *nicht*! Ich habe auf sämtliche Geheimpublikationen des Inselverlags subskribiert; mein Bedarf an Erotik ist gedeckt. Ich wünsche eine ordentliche Geschichte!)
So muß ich dir also, entgegnete Emil, die erzählen, die mir Sinaïde (doch hieß sie eigentlich ganz anders) am nächsten Morgen erzählt hat.
(Bezahle mit eigenem oder fremdem Gelde, aber bezahle! lautete mein Verdikt. Und Emil bezahlte in russischer Währung, wie folgt):
Als wir vor dem dampfenden Samowar saßen und Sinaïde bereits ihre zehnte Zigarette geraucht hatte (sie drehte ihre Zigaretten mit einer Hand in der Tasche – ein Kunststück, das ich nie wieder zu bewundern Gelegenheit gehabt habe), zupfte sie mich am linken Ohrläppchen und sagte in ihrem entzückenden Kauderwelschdeutsch, das ich leider nicht einmal andeuten kann: Wie gefallen dir meine Landsleute?
– Ausgezeichnet, antwortete ich. Es sind famose Burschen, voller Temperament und Rasse.
Krüppel und Lahme sind sie, mein Guter; Vogelscheuchen, die klappern –: Apostel! – – Na, na, meinte ich, Kerls, die jeden Augenblick bereit sind, Bomben zu werfen und sich für ihre Ideale hängen zu lassen ...
Sie sind die Stricke nicht wert! Bomben werfen – als ob das weiter was wäre! Ideale im Munde herumschleudern, wie man Wasser gurgelt beim Zähneputzen –, was will das heißen? Gedankenzüchter sind sie! Zweibeinige Parodien auf ihre Ideale! Jämmerliche

Schwindler! Feige Faselhänse, die vor lauter Zukunftsphrasen die Gegenwart versäumen! Plebejer, die aus dem Worte Freiheit einen schlechten Fusel gemacht haben, an dem sie sich noch sentimentaler trinken, als sie ohnehin schon sind! Falsche Propheten, die Wein predigen und Spülichtwasser trinken!
– Ich denke: Fusel?
Da ist es ja eben: Fusel statt Wein! Gegorenes aus abgestandenen Worten anstatt Sekt! Sekt, mein Liebling, ich meine: gärende edle Natur! – Ah, diese russischen Bauern! Man sollte sie nicht bloß nach Sibirien, sondern zum Teufel schicken!
Die Bernsteinaugen wurden ganz dunkel, feurig, als ob es in ihrem Inneren glühte. Sie riß meinen Mund an ihre Lippen und küßte mir die Seele aus dem Leibe.
– Hör auf Sinaïde, rief ich, hör auf! So küßt man keinen Mitteleuropäer. Ich bin deinen Küssen nicht gewachsen, sie werfen mich um, schlucken mich weg, blasen mein deutsches Liebeslämpchen aus. Du bist eine Kußfurie, die nicht in unsere gemäßigte Zone paßt. Ah, wie recht hatte ich, daß ich dich als Zeltidol eines Tatarkhans besungen habe.
Besungen hat er mich, der Enkel Schillers, sagte sie mit Lachen, und wenn ich ihn küsse, schnappt er nach Luft. Aber daß du mich für was Tatarisches angesehen hast, freut mich. Ich bin keine Russin, wenigstens keine ganze. Meine Mutter war eine Grusierin. Byzantinisches Kaiserblut war in ihr. Mein Vater trägt einen russischen Fürstennamen, aber seine Familie stammt aus Turkestan. Wildes und uralte Kultur ist meine Erbschaft. Darum bin ich nirgends zu Hause, überall fremd. Am fremdesten aber unter russischen Bauern, die nach Freiheit grunzen, und unter Schweizer Eidgenossen, die sich eine Freiheit zusammengekleistert haben aus hunderttausend Unfreiheiten. O diese Pfahlbürger der Freiheit, wie ich sie hasse! Und zu denken, daß wir drüben in Rußland hierher starren, wie zum gelobten Lande! Daß wir hier das goldene Alter lebendig glauben.
– Das ist allerdings ein beträchtlicher Irrtum, erlaubte ich mir zu bemerken, ganz abgesehen davon, daß die Freiheit, die du meinst, außerhalb aller Menschenmöglichkeit liegt in unsrer Zeit.
Rede nicht wie ein deutscher Hauslehrer, rief sie. Das ist es ja, was mich rasend macht! – Warum ist Freiheit unter Menschen nicht möglich? Warum sind allein wir Menschen dazu verdammt, uns einander einzuengen in Pflichten, Gesetze, Verbote, Moralen? Was ist das für eine verfluchte Verrücktheit, daß wir nicht leben, wie uns

die Sinne treiben? Warum machen wir diese Erde zu einem Schauplatze allgemeiner Verkümmerung?
(Ich hoffe, konnte ich nicht umhin, hier zu bemerken, daß du eine Antwort auf diese rhetorischen Fragen gehabt hast. – Antworte du, erwiderte Emil, dem Feuer, mein Lieber, wenn es um dich her wabert und loht, antworte du dem Sturm, wenn er auf dich einbraust und dir den Atem versagt. Nein: ich habe mich des Rhythmus gefreut, in dem sie ihren Zorn ausließ und habe meine Augen geweidet an dem Auf- und Niedergehen ihrer Brust, an der Brunst ihrer Blicke, am Blitzen ihrer Zähne, und ich war glücklich, hier zum ersten Male ein Weib nackt zu sehen. Sie aber fuhr fort):
Und wenn es nicht allen erlaubt sein darf, frei hinzuleben, in schrankenloser Lust und Herrlichkeit, warum nehmen sich nicht die Starken das Vorrecht dazu, meinetwegen auf Kosten zehnfacher Unfreiheit der Schwachen? Weil die Masse dumpf und stumpf ist von Natur, muß deshalb auch der Klare, Kühne sein Leben dumpf und stumpf machen? Kocht man irgendwo Orangen und Kartoffeln in einen Brei zusammen? Aber dieses nichtswürdige heutige Leben stampft alles in einen Brei, den Vornehmen und den Gemeinen, und je freier sich ein Land heißt, um so frecher übersieht es den Unterschied zwischen Orange und Kartoffel. Lache nicht!
– Ich fuhr aber doch fort, zu lachen, und sprach: O mein adliges Fräulein Orange, was gebärdet Ihr Euch so böse? Bloß, weil es Euch so gut steht? Ach, es ist entzückend, Euch zuzusehen, wir Ihr noch mehr erglüht, immer glühende, aus Zorn über uns Kartoffeln, die wir davon, wenn auch nur in einem flüchtigen Anscheine, vergoldet werden. Wer möchte sich, wo solche Farbeneffekte leuchten, in die graue Wüste der kahlen Logik begeben und Euch nachweisen, daß Eure botanischen Bilder schief sind? Nein, Sinaïde, dein Wort ist die Wahrheit, und ich weiß zwei Liebesäpfel, für die ich alle *pommes frites* der bürgerlichen und adeligen Küche hingebe. Komm her, Orange, und laß mich dein schwellendes, süßes Fleisch kosten!
Dagegen hatte sie nichts einzuwenden, und die Orange ließ sich im eigentlichsten Sinne zur Kartoffel herab. Dann aber war sie doch noch nicht beruhigt und fuhr in ihrer Standrede fort:
Ah, ich bin ja nur so zornig, weil ich mich habe düpieren lassen, düpieren von diesen russischen Bauern, die auf ihren schmierigen Blättern goldene Lügen nach Rußland schicken, denen man, im Fette der Langenweile erstickend oder im Schmutze der Not und Knechtschaft versinkend, so gerne glaubt, wie ein Kind das Märchen von der Fee Rosenlicht für wahr hält, wenn es ihm im dunklen

Zimmer erzählt wird, während draußen das Eis kracht und die Flocken fallen. So glaubte ich an die Lüge von der freien Liebe, glaubte ihr und rannte ihr nach, besinnungslos, selig besinnungslos im Glauben an eine Welt der Erfüllung aller Sehnsucht Leibes und der Seele. Freie Liebe – weißt du was das heißt im Blute eines phantastischen jungen Mädchens? Als ich nach Zürich reiste, glaubte ich nach Arkadien zu fahren in die Arme strahlender Helden, in ein Leben verschwenderischen Genusses, überströmender Exaltation der Sinne und Gedanken. Ich kannte die Liebe noch nicht, aber ich machte mir in unsagbaren Gefühlen wollüstiger Sehnsucht ein Bild von ihr, so überschwenglich beglückend, daß ich dafür noch mehr verlassen haben würde, als ich in Wirklichkeit verlassen habe. – Und nun, mein lieber Schiller, stelle dir mein Erwachen in Zürich vor! Die Bauern holten mich in ihren Hemden ab und führten mich, ihre sentimentalen Lieder brüllend, in eine schmierige Wohnung, in der es nach Schnaps, Käse und schlechten Zigaretten roch. Sie feierten mich als eine russische Jungfrau von Orleans, aber als eine, die von der Höhe herabgestiegen sei, um das Volk zum Siege zu führen – mich, die hierher gekommen war, ihre Jungfrauschaft so schnell wie möglich zu verlieren, mich, die sich einbildete, jetzt in die Höhe zu steigen! Ich verstand kein Wort von alledem und dachte mir: nun, die wahren Helden werden sich später zeigen, und ich fragte ganz naiv, wo denn die Strahlenden seien. Sie verstanden mich gar nicht und redeten immer weiter und weiter von Heimweh und allerhand Idealen. – Aber es war damals einer unter ihnen, der einen besseren Eindruck auf mich machte, ein langer, schlanker, kraushaariger Bursch mit braunem Gesicht und großen glühenden schwarzen Augen. Seine Hände waren gepflegt, sein Hemd frisch gewaschen, und er hatte eine vornehm lässige Art, wenn er sprach. Freilich redete auch er nicht von den Dingen, die mich interessiert hätten, nicht vom Leben, von der Freude, dem Glück, sondern daß man fleißig am Polytechnikum Chemie studieren müsse, um neue Sprengmittel für Bomben zu erfinden, und daß der Tod am Galgen eine Wollust sei, wenn er die Quittung für ein gelungenes Attentat bedeute. Aber er schluchzte doch wenigstens nicht in einem fort und kreischte nicht, wenn er etwas sagte. Auch hatte es schließlich einen gewissen Reiz, ihm zuzuhören, wie er die gefährlichsten Unternehmungen ruhig auseinanderlegte, als ob es ganz alltägliche Dinge seien, die man, wenn es so weit wäre, besorgte wie einen Geschäftsgang. Und das Bombenwerfen gehörte ja schließlich auch zu meiner Vorstellung vom

Helden, wie es denn noch jetzt das Einzige ist, das mich mit diesen Bauern verbindet.
– Aber, Sinaïde, rief ich aus, warum denn Bomben? Du siehst ja doch, daß sie die Menschen auch nicht lustig machen.
O, sie sind sehr nötig bei uns in Rußland, mein lieber Schiller. Aber das versteht ihr Deutschen nicht. Ihr schreibt im günstigsten Falle Bomben – wir werfen sie. Anders kann man sich bei uns ja nicht vernehmlich machen. Und ich kenne ja die Gesellschaft, der man zuweilen Nitroglyzerinpillen eingeben muß, aus nächster Nähe und weiß, daß sie ohne diese Abführmittel ganz verkommen würde. Nur ist es eben schade, daß die Pillendreher genauso miserabel sind wie die Patienten, ja, nach meinem Geschmacke noch miserabler. Aber immerhin: diese eine Hantierung macht sie mir sympathisch.
(Hier mußte ich, ich konnte nicht anders, mit einem heftigen: Bitte! eine Pause erzwingen, die ich wie folgt ausfüllte: Nun sag mir bloß, Emil, wurde dir diese Bomben-Orange nicht ein bißchen unheimlich?)
Aber gar nicht, erklärte mein Freund, ich hatte ja schon die Ehre und das Vergnügen, dir des Ausführlichsten auseinanderzusetzen, wie schön das Mädchen war. Sieh mal: auf das, was der Mensch sagt, kommt es doch gar nicht an. Worte sind Schall und Rauch – nicht wahr? Meinungen, Gefühle an sich interessieren mich an anderen Leuten gar nicht; so was mach' ich und hab' ich selber. Aber die anderen Leute als Menschen interessieren mich, und wenn sie schön sind oder stark in der Art, wie sie ihre Meinungen und Gefühle vor mich hinstellen, dann gefallen sie mir und ich sehe und höre ihnen zu und gebe mich ihnen hin, ohne darum *meine* Gefühle, *meine* Meinungen mit hinzugeben. Wenn ein alter grauslicher Federhalter von Gelehrten, ein Kerl mit Schnupftabak im Bart und einer Sägemühlenstimme, vor mich hintritt und die göttliche Nacktheit der Liebesgöttin preist, womit ich ja ganz einverstanden bin, so finde ich das unausstehlich und wende mich weg. Wenn aber ein schönes Mädchen, dessen Lippen wie schwellende Früchte sind, und dessen rege Brüste den Rhythmus des gesunden Lebens haben und wie rötlich überhauchtes Elfenbein leuchten, Mord und Vernichtung vor mir predigt, so höre ich, obwohl ich ganz und gar nicht für Mord und Vernichtung eingenommen bin, gerne und vergnüglich zu. Ich bin doch kein Staatsanwalt, Otto Julius! Ich habe mich doch nicht um Staat und Moral zu kümmern, wenn die leibhaftige Schönheit vor mir steht. Jeder tue, was seines Amtes ist. Mich geht die Schönheit an, nichts weiter. – Und also sprach die Schönheit: Der schlanke mit

den gekrausten Haaren war kein Bauer, das merkte ich gleich, und ich setzte mich zu ihm, während die andern immer weiter weinten und kreischten, und dachte mir: Der ganz rechte ist es wohl noch nicht, aber er gefällt mir. Das sagte ich ihm auch gleich. Sascha (so hieß er), sagte ich, hast du eine Geliebte? Nein, sagte er ganz kurz. Warum denn nicht? fragte ich. Darauf machte er bloß eine Handbewegung, die ich mir so auslegte: Ach, eine von denen da? Und das waren lauter solche, wie du sie gestern gesehen hast. Nun, so dachte ich mir, so eine bin ich, dem Himmel sei Dank, nicht; wir passen recht gut zusammen. Und ich sagte: Ist es dir recht, daß wir zusammen schlafen? Da riß er die Augen auf, als wenn ich ihm zugemutet hätte, dem Zaren den Untertaneneid zu leisten. Aber ich legte mir das als angenehmen Schrecken aus. Gehen wir, Sascha, sagte ich, hier gefällt es mir gar nicht. Ach so, du hast noch keine Wohnung, meinte er; freilich; komm mit. Ich bin allerdings nicht darauf eingerichtet.

Wir gingen. Es war eine schöne, milde, ganz dunkle Nacht, und seine volle Stimme klang mir ins Blut – so angenehm, wohlig, ich weiß nicht: wie ein inwendiges Kosen. Ein gottvolles Gefühl überkam mich. Noch nicht die Liebe – Nein. Nicht das ingrimmige Begehren, nicht diese wonnige Wut, nicht das ..., wenn ich es dir auch sagen könnte, du verständest es ja doch nicht, Mitteleuropäer. Wie heißt das Werk von eurem alten Musiker? Richtig: Das wohltemperierte Klavier. *Bon*. Ein wohltemperiertes Klavier zum Spielen mit der Liebe war ich damals. Es ist ein Vorstadium bei mir. Verstehst du? Nun gut: wir kamen an. Eine etwas bessere Studentenwohnung; wie meine da. Ich wollte ihm um den Hals fallen, hatte aber die Empfindung: schöner wär's, er tut's. Und wartete. Er tat aber nichts dergleichen, sondern benahm sich bloß albern geniert. Stotterte etwas von Bett und Kanapee und Wandschirm und löschte das Licht aus. Will er mich denn gar nicht sehen? dachte ich mir und zog mich aus. Ich war ärgerlich, fühlte aber doch noch diese wohlige gewisse Erwartung. Nun lag ich im Bett und lauschte. Zieht er sich nicht endlich aus? dachte ich mir. Da hörte ich, wie er sich aufs Kanapee legte und gleich darauf klang es herüber: Schlaf wohl! Ich fuhr wie von der Tarantel gestochen auf und starrte maßlos bestürzt ins Dunkel. Was soll das heißen? Schlaf wohl? Und ich schrie: So komm doch! – Was denn? rief er, fehlt dir etwas? – Du, du, du fehlst mir, rief ich; warum willst du mich nicht? – – Ach, ich mag das nicht erzählen! Dieser Tölpel hielt mir eine Rede über die Notwendigkeit der Keuschheit für die Apostel der Freiheit und was noch alles. Ich sprang aus dem Bett und stieß ihm die Fäuste ins Gesicht. Er wehrte sich nicht einmal. Dann fiel ich erschöpft in einen Weinkrampf, während er sich wie ein Samariter um mich bemühte. Das war mir das Ekelhafteste. Ich raffte mich auf, zog mich an und stürzte auf die Straße. Er natürlich hinter mir her. Seine Stimme hatte einen so widerwärtig besorgten Klang, daß ich ihn mitten unter den Passanten ohrfeigte. Sie ist krank, – erklärte er milden Tones den erstaunten Schweizern. Sie sind krank! rief ich, Sie sind ein Kapaun! Die Schweizer äußerten auf ihre gutturale Manier ihr Vergnügen über die streitenden Russen, die sie nicht verstanden, und ich machte Miene, auch sie zu ohrfeigen. Da sprach mich ein Herr mit einem Knebelbart französisch an, und ich erklärte ihm sofort, daß ich nur den einen Wunsch hätte, sofort wieder nach Rußland zu reisen. Er schlug statt dessen vor, mit ihm in ein Café zu gehen. Ich nahm an.

(Jetzt schien mir wieder einmal der Augenblick gekommen, meinen Freund zu unterbrechen, und ich sprach: Lieber Emil! Durch die Einführung dieses Knebelbarts in deine Geschichte hast du sie, wie ich dir nicht verhehlen kann, aus der Beletage extraordinärer Leidenschaft auf das Parterre der Gewöhnlichkeit degradiert. Du brauchst sie gar nicht mehr zu beendigen. Was nun noch kommen kann, ist Realismus der achtziger Jahre, und der wäre mit meinem Grog [du bist schon beim achten Glase] zu teuer bezahlt.)

Indessen irrst du dich, mein Lieber, entgegnete Emil und lächelte auf eine skandalöse Manier. So war es nicht. Jener Knebelbart war nicht der hurtige Franzose, als den du dir ihn vorstellst, sondern unser Freund Frank Wedekind. Daß dieser sich nicht so benommen hat, wie du es mit deiner literarhistorischen Anmerkung anzudeuten beliebtest, liegt auf der Hand, und ich brauche es nicht ausdrücklich zu beteuern. Sinaïde erklärte mir, daß sie sich ihm zu ewiger Dankbarkeit verpflichtet fühle, weil er ihr in einem Augenblicke den Glauben an die Menschheit wiedergegeben habe, als sie im Begriffe war, ihn zu verlieren.

Hans von Kahlenberg
In Göschenen
1908

Es goß wie aus umgestülpten Eimern. Alle Reisenden saßen längst auf ihren Plätzen; dabei wartete der Zug gemächlich noch eine Viertelstunde. Die Zurückbleibenden sahen sich die Abfahrenden an, diese musterten jene.
»Der Ratsmaurermeister fährt nach Lugano«, erzählte Tina.
»Na, was der da will! Wirklich, Italien ist nicht mehr standesgemäß«, sagte die Karnin.
»Aber, Gräfin, welch rückständiger Begriff!« rief Tina.
»Wissen Sie, ich meine mit Standesgenossen Menschen, Menschen mit Nerven, mit Augen und Ohren, die aufmerken, genießen und schätzen können. Diese Sorte« – sie machte eine majestätisch fegende Handbewegung über die ganze lange Wagenreihe des Zuges.
»Reist aber doch.«
»Ja, weiß der Himmel, weshalb die reisen!«
Der Zug setzte sich in Bewegung; rappelvoll bis auf den letzten Platz von Menschen mit Baedekern, verschwand er im Tunnelrachen.
Tina mußte ganz notwendigerweise schon von Göschenen aus eine Ansichtspostkarte schreiben, die Karnin war diskret genug, nicht zu fragen, an wen.
»Der Wirt hier an der Station ist Ernst Zahn, der Verfasser von ›Erni Behaim‹, von ›Albin Indergand‹, ›Clari-Marie‹«, wußte Tina, wiederkehrend, geheimnisvoll. »Er leitet beim Servieren vom Büffet aus. Wo wäre das bei uns möglich, ein Bahnhofswirt und bedeutender Schriftsteller!«
»Ja, die Schweizer!« sagte die Karnin. »Mir hat mal einer geantwortet: ›Was sie draußen fürs Militär zahlen, stecken wir hier in die Schulen.‹ Es muß aber noch an was anderm liegen. Die Berge machen die Menschen nachdenklicher, machen sie ernsthafter und selbstbewußter. Man ist nur ein Floh hier, aber vor Gott! Nicht vor Kommerzienräten und hohen Chefs wie in den großen Städten und in der Gesellschaft. Das ergibt den Unterschied!«

Wladimir Iljitsch Lenin
Genf, 17. November 1908
An seine Mutter

Meine liebe Mama! Manjascha ist heute nach Lausanne zu Dr. Mermod, einer Kapazität für Ohrenkrankheiten, gefahren. Er hat sie schriftlich zu sich bestellt; bei den hiesigen Kapazitäten muß man warten, bis man an der Reihe ist. Dafür ist er aber, wie man allgemein hört, ein tüchtiger Arzt. Ich habe mich vor vier Jahren in seiner Klinik einer kleinen Operation unterzogen: dort wird ausgezeichnete Arbeit geleistet. Ich hoffe darum, daß er Manja helfen wird, denn das Ohr macht ihr immer noch gehörig zu schaffen und stört sie bei der Arbeit. Sie hat sich in unserem Aufgang, ein Stockwerk über uns, niedergelassen; man hat ihr einen Ofen ins Zimmer gestellt, so daß sie es jetzt warm und angenehm hat. Zum Mittag- und Abendessen ist sie bei uns. Ein Mißgeschick hat es bei ihr nur mit der lateinischen Sprache gegeben. Es stellte sich heraus, daß Latein verlangt wird und daß das Examen nur am 19.11. abgelegt werden kann. Bis dahin blieben ihr nur ganze zehn Tage. Ich habe sie zuerst zu überreden versucht, daß sie es riskiert und in einem »Eilmarsch« die Grammatik durchgeht, zumal sie gut Französisch kann. Aber es hat sich gezeigt, daß sie nicht imstande ist, sehr intensiv zu arbeiten, das Ohr hindert sie; es blieb ja auch nur noch so wenig Zeit, daß die Chancen gering waren. So hat sie das Latein aufgegeben. Sie tröstet sich damit, daß wir wahrscheinlich alle nach Paris übersiedeln werden und sie dann natürlich mit uns kommen wird. In Paris wird kein Latein verlangt. Was diese unsere Übersiedlung betrifft, so ist sie schon fast endgültig beschlossen, aber eher als in einem Monat werden wir kaum wegkommen. Mit dem Umzug werden wir natürlich einen Haufen Scherereien haben. Wir hoffen, daß die Großstadt uns alle etwas aufmuntern wird; wir haben es satt, in diesem provinziellen Krähwinkel herumzusitzen. Das Leben in Paris ist natürlich teurer, das stimmt. Das Klima ist dort wahrscheinlich nicht schlechter als in Genf. Hier ist ziemlich feuchtes Klima und unangenehmer Nebel. Wir sind dabei, uns zu erkundigen, was wir mit den Fahrrädern machen können. Es wäre schade, sie hierzulassen, denn für die Erholung und für Ausflüge sind sie großartig – die Zollgebühren scheinen hier aber ziemlich hoch zu sein, doch auch das wird sich hoffentlich regeln lassen ... Ich umarme Dich fest, liebe Mama, und wünsche Dir Gesundheit.

Dein *Wladimir Uljanow*

Franz Kafka
Tagebuch aus der Schweiz, Sommer 1911

Die Schweiz während der ersten Morgenstunden sich selbst überlassen. Ich wecke Max beim Anblick einer [Zeichnung einer Brücke] derartigen Brücke und verschaffe mir dadurch den ersten starken Eindruck von der Schweiz, trotzdem ich sie schon lange aus innerer in äußerer Dämmerung anschaue. – Der Eindruck aufrechter, selbständiger Häuser in St. Gallen ohne Gassenbildung. – Winterthur. – Mann in der beleuchteten Villa in Württemberg, der um zwei Uhr in der Nacht auf der Veranda sich über das Geländer beugt. Tür ins Schreibzimmer geöffnet. – Die schon wachen Rinder in der schlafenden Schweiz. – Telegraphenstangen: Querschnitt von Kleiderhaken. – Erbleichen der Matten bei steigender Sonne. – Erinnerung an das strafhausähnliche Stationsgebäude in Cham, dessen Aufschrift in biblischem Ernst ausgeführt ist. Fensterschmuck scheint trotz seiner Armut gegen Vorschriften zu verstoßen. In zwei weit auseinanderliegenden Fenstern des großen Hauses stehen, vom Wind bewegt, dort ein großes, hier ein kleines Bäumchen.

Lump auf dem Bahnhof in Winterthur mit Stöckchen, Gesang und einer Hand in der Hosentasche.

Anfrage im Fenster: Wie wird Zürich, die erste große schweizerische Stadt, aus den Einzelhäusern gebildet sein?

Geschäftliche Unternehmungen in Villen.

Viel Gesang in Lindau auf dem Bahnhof in der Nacht.

Patriotische Statistik: Flächeninhalt einer in der Ebene auseinandergezogenen Schweiz.
Fremde Schokoladenfirmen.

Zürich.
Heraufsteigen des Bahnhofs aus einigen ineinandergegangenen Bahnhöfen der letzten Erinnerung – (Max nimmt es für A + x in Besitz).

Historischer Eindruck fremden Militärs. Fehlen dieses Eindrucks beim eigenen – Argument des Antimilitarismus.

Schützen in Zürich auf dem Bahnhof. Unsere Furcht vor dem Losgehen der Gewehre, wenn sie laufen.

Plan von Zürich wird gekauft.

Auf einer Brücke hin und zurück wegen Unentschlossenheit über die zeitliche Aufeinanderfolge von kaltem, warmem Baden und Frühstücken.

Limmatrichtung, Uraniasternwarte.

Hauptverkehrsader, leere Elektrische, Pyramiden von Röllchen im Vordergrund einer Auslage eines italienischen Herrenmodewarengeschäftes.

Nur Künstlerplakate (Kurhotels, Festspiel »Marignano« von Wiegand, Musik von Jelmoli).

Erweiterungsbau eines Warenhauses. Beste Reklame. Jahrelanges Aufpassen der ganzen Bevölkerung. (Dufayel.)

Briefträger als erste Kuttenträger des herankommenden Südens und Westens schauen wie in Nachthemden aus. Kästchen vor sich hergetragen, Briefe geordnet wie die »Planeten« auf dem Weihnachtsmarkt, hoch gehäuft darüber. Seeanblick. Starkes Sonntagsgefühl bei der Einbildung, hier Bewohner zu sein. Luftreservoir des Sees, nicht zu bebauen. Reiter. Aufgescheuchtes Pferd. Erzieherische Inschrift, vielleicht Relief der Rebekka am Brunnen. Die Ruhe der Inschrift und des Reliefs über der förmlich stark geblasenen Glasform des fließenden Wassers.

Altstadt: Enge steile Gasse, die ein Mann in blauer Bluse schwer herunterläuft. Über Stiegen.

Erinnerung an das vom Verkehr bedrohte Klosett vor Saint Roche in Paris.

Frühstück im alkoholfreien Restaurant. Butter wie Eidotter. »Zürcher Zeitung.«

Großmünster, alt oder neu? Männer gehören an die Seiten. Der Küster weist uns bessere Plätze an. Wir folgen ihm, da es in unserer Richtung des Hinausgehens ist. Da er, als wir schon beim Ausgang sind, zu glauben scheint, wir finden diese Plätze nicht, kommt er quer durch die Kirche auf uns los. Wir stoßen einander hinaus. Viel Lachen.

Max: Verwirrung der Sprachen als Lösung nationaler Schwierigkeiten. Der Chauvinist kennt sich nicht mehr aus.

Bad in Zürich: Nur Männerbad. Einer am andern. Schweizerisch: Mit Blei ausgegossenes Deutsch. Zum Teil keine Kabinen, republikanische Freiheit des Sichausziehens vor seinem Kleiderhaken, ebenso Freiheit des Schwimmeisters mit einer Löschspritze das volle Sonnenbad zu leeren. Dieses Leermachen wird übrigens nicht grundloser gewesen sein als die Sprache unverständlich ist. Springer: mit auf dem Geländer auseinandergespreizten Füßen springt er erst aufs Sprungbrett und erhöht dadurch den Schwung. – Einrichtung einer Badeanstalt erst bei längerer Benützung zu würdigen. Kein Schwimmunterricht. Irgendein Naturheilkundiger mit langem Haar benimmt sich einsam. Niedrige Seeufer.

Freikonzert des Offizierverkehrsvereins. Unter den Zuhörern ein Schriftsteller mit Begleiter, der in ein mit kleinen Zeilen gefülltes Notizbuch schreibt und nach Beendigung einer Programmnummer von seinem Begleiter fortgezogen wird.

Keine Juden. Max: Die Juden haben sich dieses große Geschäft entgehen lassen. Anfang: Bersaglieri-Marsch. Ende: Pro-Patria-Marsch. Freikonzerte ihrer selbst wegen gibt es in Prag nicht (Luxembourgpark), nach Max republikanisch.

Keller-Zimmer versperrt. Verkehrsbureau. Helles Haus hinter dunkler Gasse. Terrassenhäuser am rechten Ufer der Limmat. Blauweiß geflammte Fensterläden. Langsam gehende Soldaten sind Polizisten. Tonhalle. Polytechnikum nicht gesucht und nicht gefunden. Stadthaus Mittagessen im ersten Stock. Meilener Wein. (Sterilisierter Wein frischer Trauben.) Eine Kellnerin aus Luzern nennt uns die Züge dahin. Erbsensuppe mit Sago, Bohnen mit gerösteten Kartoffeln, Zitronencrême. – Anständige, kunstgewerbliche Häuser. Abfahrt circa drei Uhr nach Luzern um den See. Die leeren, dunklen,

hügeligen, waldigen Ufer des Zuger Sees in vielen Landzungen. Amerikanischer Anblick. Widerwillen auf der Reise gegen Vergleiche mit noch nicht gesehenen Ländern. Große Panoramen im Luzerner Bahnhof. Rechts vom Bahnhof Skating-Rink. Wir treten unter die Diener und rufen: »Rebstock«. Ist das Hotel unter den Hotels wie die Diener unter den Dienern? Brücke (nach Max) teilt wie in Zürich See von Fluß. Wo ist die deutsche Bevölkerung, welche die deutschen Aufschriften rechtfertigt? Kursaal. Die sichtbaren (deutschen) Schweizer in Zürich schienen nicht Hoteliertalente zu sein, hier, wo sie es sind, verschwinden sie, vielleicht sind sogar die Hoteliers Franzosen. Die leere Ballonhalle gegenüber. Das Hineingleiten des Luftschiffs schwer vorstellbar. Roller-Rink, berlinisches Aussehen. Obst. Das Dunkel der Strandpromenade bleibt am Abend abgegrenzt unter den Baumwipfeln. Herren mit Töchtern oder Dirnen. Schaukeln der bis zur untersten scharfen Kante sichtbaren Boote. Lächerliche Empfangsdame im Hotel, lachendes Mädchen führt immerfort weiter hinauf ins Zimmer, ernstes, rotwangiges Stubenmädchen. Kleines Treppenhaus. Versperrter eingemauerter Kasten im Zimmer. Froh, aus dem Zimmer heraus zu sein. Hätte gern Obst genachtmahlt. Gotthard-Hotel, Mädchen in Schweizer Tracht. Aprikosenkompott, Meilener Wein. Zwei ältere Frauen und ein Herr sprechen über das Altern. Entdeckung des Spielsaales in Luzern. Ein Franc Entrée. Zwei lange Tische. Wirkliche Sehenswürdigkeiten sind häßlich zu beschreiben, weil es förmlich vor Wartenden geschehen muß. An jedem Tisch ein Ausrufer in der Mitte, mit zwei Wächtern nach beiden Seiten hin.
Höchsteinsatz fünf Francs. »Die Schweizer werden gebeten, den Fremden den Vortritt zu lassen, da das Spiel zur Unterhaltung der Gäste bestimmt ist.«
Ein Tisch mit Kugel, einer mit Pferdchen. Croupiers in Kaiserrock. »Messieurs, faites votre jeu« – »marquez le jeu« – »les jeux sont faits« – »sont marqués« – »rien ne va plus.« Croupiers mit vernickelten Rechen an Holzstangen. Was sie damit können: Ziehen das Geld auf die richtigen Felder, sondern es, ziehen Geld an sich, fangen von ihnen auf die Gewinnfelder geworfenes Geld auf. Einfluß der verschiedenen Croupiers auf Gewinnchancen oder besser: der Croupier, bei dem man gewinnt, gefällt einem. Aufregung vor dem gemeinsamen Entschluß zu spielen, man fühlt sich im Saal allein. Das Geld (zehn Francs) verschwindet auf einer sanft geneigten Ebene. Der Verlust von zehn Francs wird als eine zu schwache Verlockung zum Weiterspielen empfunden, aber doch

als Verlockung. Wut über alles. Ausdehnung des Tages durch dieses Spiel.

Montag, 28. August. Mann in hohen Stiefeln frühstückt an der Wand. Dampfer zweiter Klasse. Luzern am Morgen. Schlechteres Aussehen der Hotels. Ehepaar liest Briefe von zu Hause mit Zeitungsausschnitten über Cholera in Italien. Die schönen Wohnsitze nur sichtbar von einer Seefahrt aus, man fährt auch auf ihrem Niveau. Wechselnde Gestalt der Berge. Vitznau, Rigibahn. See durch Blätter gesehen, südlicher Eindruck. Überraschung durch die plötzliche Ebene des Zuger Sees. Heimatliche Wälder. Bahn fünfundsiebzig erbaut, nachschauen im alten »Über Land und Meer«. Historischer englischer Boden, hier gingen sie noch kariert und mit Favoris. Fernrohr. Jungfrau weit, Rotunde des Mönches, schwankende heiße Luft bewegt das Bild. Hingelegte Handfläche des Titlis. Durchschnittener Brotlaib eines Schneefeldes. Von oben wie von unten falsche Beurteilung der Höhen. Unentschiedener Streit über die schräge oder ebene Lage des Bahnhofs von Arth-Goldau. Table d'hôte. Schwarze Frau, ernst, scharfer Mundanfang, schon unten neben dem Waggon gesehen, sitzt in der Halle. Englisches Mädchen bei der Abfahrt, jeder Zahn ringsherum gleich. Kleine Französin steigt in das Nebencoupé, erklärt mit ausgestrecktem Arm unser volles Coupé für nicht »complet« und treibt ihren Vater zum Einsteigen und ihre unschuldig und dirnenhaft aussehende ältere kleine Schwester, die mich mit ihren Ellbogen an den Hüften kitzelt. Mehr mit den Zähnen gesprochenes Englisch der alten Dame rechts von Max, für das man den Namen einer Grafschaft sucht. Fahrt Vitznau-Flüelen, Gersau, Beckenried, Brunnen (lauter Hotels), Schillerstein, Tellplatte, ausgelassenes Rütli, zwei Loggien in der Axenstraße (Max dachte sich hier mehrere, weil man auf Photographien immer diese zwei sieht), Urner Becken, Flüelen. Hotel Sternen.

Dienstag, 29. August. Dieses schöne Zimmer mit Balkon. Die Freundlichkeit. Zu sehr eingesperrt von Bergen. Ein Mann und zwei Mädchen, in Wettermänteln, hintereinander, gehen am Abend durch die Halle, mit Bergstöcken; als sie schon alle auf der Treppe sind, werden sie durch eine Frage des Zimmermädchens aufgehalten. Sie danken, sie wissen schon Bescheid. Auf eine weitere Frage über ihre Bergpartie: »Es war auch nicht so leicht, das kann ich Ihnen sagen.« In der Halle schienen sie mir aus »Miss Dudelsack«, auf der Treppe Max aus Ibsen, mir dann auch. Vergessener Gucker.

Auf der Bahn erfährt man, daß morgen sogar eine alte Dame nach Genua fährt. Jungen mit Schweizer Fahne. Seebad im Vierwaldstätter See. Ehepaar. Rettungsring. Spaziergänger auf der Axenstraße. Schönstes Bad, weil man sich selbständig einrichten konnte. Fischerinnen in weißgelbem Kleid. Einsteigen in die Gotthardbahn. Reuß. Milchgemischtes Wasser unserer Flüsse. Die ungarische Blume. Die dicken Lippen. Exotische Linie vom Rücken zum Hintern. Der schöne Mann dort bei den Ungarn. Bespuckt in Italien den Boden mit Weintraubenschalen, die aber dem Süden zu verschwinden. Jesuitengeneral auf dem Bahnhof in Göschenen. Plötzliches Italien, hingeworfene Tische vor den Osterien, ein junger Mann in allen Farben, der sich nicht halten konnte, Handbewegungen der Abschied nehmenden Frauen (Nachahmung einer Art Zwickens), schwarze hochgekämmte zur Seite eines Bahnhofes, hellrosa Häuser, verwischte Aufschriften. Später verschwindet das Italienische oder der Schweizer Kern tritt vor. Frauen in dem Bahnwächterhäuschen, erinnert an Kampf. Tessinfälle, ruckweise Fälle überall. Deutsches Lugano. Lärmende Palästra. Post neu gebaut. Hotel Belvedere. Konzert im Kurhaus. Kein Obst.

30. August. Von vier Uhr bis elf Uhr nachts mit Max an einem Tisch, zuerst im Garten, dann im Lesezimmer, dann in meinem Zimmer. Vormittag war Bad, Post.

31. August. Uhrzeigerhaftes Auftauchen der Schneeberge auf dem Rigi.

Oskar Maria Graf
Das Postmandat
1912

Es ist nichts ohne Schlacken. Hol der Teufel die italienische Schweiz! Es gab zu viel Eidechsen da. Diese gruseligen Tiere fürchte ich seit meiner frühesten Jugend. Meilenweit könnte ich laufen, wenn plötzlich ein solches Reptil sich in meiner Nähe bemerkbar macht! Und hier waren die Felsen gespickt voll, daß sich alles nur so bewegte wie ein einziger, hängender Schwarm.
Und wenn es regnete, gab es Unmassen Feuersalamander. Die waren noch ekliger. Sie standen regungslos, mit etwas erhobenem Kopf da und glotzten einen eiskalt an.

Ich wagte kaum mehr allein zu gehen, blieb immer auf der Straße, und zuletzt lag ich trotz des herrlichsten Wetters bis tief in den Nachmittag hinein im Bett und las; abends rannte ich nach Locarno hinunter und holte Schorsch von der Arbeit ab. Meine Schulden stiegen von Tag zu Tag. Der Kolonistenherr stand jedesmal, wenn ich ans Gartentor ging, dort und winselte mich an: »Herr Graf, wie steht's mit dem Bezahlen?« Ich vertröstete ihn und bat um die Rechnung, da ich dieselbe heimschicken müßte. Das war freilich alles gelogen, und es kam nie Geld. Aber was blieb übrig? Postalische Verzögerungen waren am ehesten glaubhaft. Als dann alles nichts mehr half, gab ich ihm die Adresse meiner Angehörigen und sagte, er solle selbst dorthin schreiben. Es kam, wie ich erwartet hatte, wieder nichts. Immer peinlicher, immer brenzliger wurde die Situation. Ich schrieb an Nanndl. Ein Brief kam, daß zwanzig Mark an mich abgegangen seien nach Locarno, *poste restante*. Jeden Tag zeigte ich meinem Hausherrn den Brief. Jeden Abend ging ich nach Locarno zur Post. Nichts, gar nichts kam an. Immer nahm der Postbeamte ein Bündel Postanweisungen, blätterte phlegmatisch durch und sagte teilnahmslos: *»Niente.«* Ich wurde wütend, schlug Krach, hieß die ganzen Postleute Diebe, Idioten und wurde festgenommen. Nach dreistündiger Haft in einem kahlen Zimmer kam ein deutsches Postfräulein und fragte mich aus. Ich erzählte ihr mein Unglück und zeigte den Brief Nanndls. Sie war sehr freundlich und machte selber ein ratloses Gesicht. Plötzlich schien ihr ein Licht aufzugehen. »Das Geld kann am Ende irrtümlicherweise nach Lugano geschickt worden sein«, sagte sie und sah mich einnehmend an.

»Was geht das mich an!« polterte ich.

»Beruhigen Sie sich, Herr Graf, ich werde sofort dort anfragen lassen«, sagte sie höflich. Sie lächelte nur über mein finsteres Gesicht. Ich wurde rot und verlegen, aber plötzlich, um meine Unsicherheit zu verbergen, geriet ich wieder in Wut und brummte: »Ja, warum hat man denn das nicht schon lang getan, ich bin doch schon genug aufgefallen!«

Das Fräulein lächelte wieder: »Aufgefallen sind Sie gewiß.«

»Ich möchte das Beschwerdebuch«, fiel ich ihr ins Wort. Ganz unvermittelt kam mir in den Sinn, daß mein Vater einmal erzählt hatte, daß man sich bei jeder deutschen Post im Beschwerdebuch beklagen könne. Das sei ein Buch, welches an jedem Jahresschluß der Regierung vorgelegt werden müßte. Wartet, dachte ich, als mir dies nun recht bewußt wurde, ich werde euch die Suppe schon richtig versalzen. Ich freute mich über diese plötzliche Waffe und formulierte im Hirn schon meine Beschwerde. Aber das Fräulein war nicht aus der Ruhe zu bringen und lächelte immer noch. Sie erhob sich und gab mir einen Schein, auf den ich die genaue Adresse schreiben mußte. »So«, sagte sie dann, »ich lasse sofort nachfragen, sicher bekommen Sie in etlichen Tagen Ihr Geld zugestellt.« Sie blieb stehen, musterte mich wieder und sagte mit einer milden, zwingenden Lehrhaftigkeit: »Herr Graf, die Deutschen sind alle so im Ausland, als müßte alles nach ihnen gehen! ... Das ist ein großer Fehler.«

Ich schaute sie verdutzt an und schwieg benommen. Dann verließ sie mich. Ein Polizist kam und ließ mich hinaus. Ich ging durch die dunkelnden Korridore und kam auf die nachtenden Straßen. Als ich in Brione angekommen war, suchte ich sofort Schorsch auf und schimpfte furchtbar wegen seiner Aufschneidereien über die freie Schweiz.

»Das wär' mir noch das richtige Volk, diese Herren Schweizer! Lauter Postdiebe und Spitzel sind da, Vegetarianer und Verrückte! Alte Jungfern und ethische Professoren!« raisonierte ich, worauf mein Kamerad nur immer wieder sagte: »Du bist ja ein Idiot!« Gott sei Dank war es schon spät in der Nacht, als ich heimkam, und meine Hausleute schliefen schon.

Am andern Tag klopfte es sehr früh. Ich sprang aus dem Bett und freute mich schon. Ah, dachte ich, das Beschwerdebuch hat eben doch gewirkt! Da stand der Briefbote und übergab mir eine Zustellung von der Polizei. Ich müßte mich um elf Uhr melden, hieß es.

»Spitzel! Spitzel hinten und vorn!« knirschte ich und verwünschte Schorsch und die ganze Schweiz. Ich kleidete mich an, kochte mir Tee und ging nach Locarno hinunter. Am Gartentor stand schon wieder der Vermieter und winselte seine ewige Bitte.

»Ich muß jetzt auf die Polizei«, brüllte ich ihn an, daß er direkt zurückschrak.

Auf der Polizei wurde mir ein langer Brief gezeigt, den mein Bruder Max an das hohe Amt geschrieben hatte und in welchem behauptet wurde, daß ich unter die Anarchisten geraten sei, und daß meine Mutter sich die Augen ausweine. Meine sofortige Ausweisung wurde verlangt. Der Beamte konnte wieder nur gebrochen Deutsch. Er saß vollkommen unbeteiligt auf seinem Drehstuhl, schob mir den Brief hin und beschäftigte sich, ohne sich weiter um mich zu kümmern, mit dem Aufblättern eines dicken Buches. Wahrscheinlich wird man jetzt meine Ausweise verlangen, war mein erster Ge-

danke, und ich machte mich auch schon mit dem Abschubsen vertraut. Einerseits gut, kalkulierte ich, so kommst du billig wieder aus diesem Mistland. Aber der Herr auf dem Drehstuhl schien überhaupt nichts von mir zu wollen. Er hörte auch gar nicht hin, wenn ich sagte: »Das ist nur Denunziation!« Gemütlich suchte er in seinem Buche weiter. Dann kam ein anderer Herr, sah mich ruhig an und fragte, ob ich arbeite. Ich gab vor, für Zeitungen zu schreiben und freier Schriftsteller zu sein, sagte, daß der Brief nur aus Haß und Rachsucht geschrieben worden sei und begann sofort, als ich sah, daß der Mann mir ruhig zuhörte, meine ganze Lebensgeschichte zu erzählen. Als ich ungefähr so in der Mitte war, legte man mir ein Papier vor, auf dem etwas stand von Fremdensteuer und bat mich, zu unterschreiben. Ich tat's und konnte bald wieder gehen.
Auf der Straße triumphierte ich über Max' fehlgeschlagene Aktion. Ich war schon wieder ganz versöhnt mit der Polizei und mit der Schweiz, suchte Schorsch auf und erzählte ihm alles. Dann gingen wir ins alkoholfreie Restaurant am Bahnhof. Wir waren schon öfter dort gewesen und hatten einen radikalen Grütlianer – so nannte man hierzulande die linken Sozialisten – kennengelernt, der uns stets seine Theorien auf Schwyzerdütsch auseinanderzusetzen beliebte. Es war immer das gleiche. Wir hörten auch gar nicht mehr, was er erzählte, uns belustigte nur, *wie* er es vorbrachte.
Je mehr er in Hitze geriet, desto mehr stachelten wir ihn an. Seine Theorien liefen darauf hinaus, daß der Arbeiter sich allmählich in den Besitz des Bodens und der Fabriken setze, daß der Komfort immer mehr steige und der Besitz sowieso aufhöre.
»Ob ich daschteh oder da, dasch isch im kommunistischa Staat alles eins, da gehört jedem alles«, eiferte er und machte uns das auf dem Boden vor. Zürich und Bern waren für ihn die fortschrittlichsten Städte der Welt. Locarno aber haßte er. Da gab es keine öffentliche Bedürfnisanstalt. Über dieses Manko konnte er sich derart aufregen, daß er mit dem Auffahren von Kanonen seitens der Arbeiterschaft drohte. Freidenker schied er streng von Sozialisten.
»Ja«, sagte er »die Frydanka! ... Die Frydanka, dasch' etwasch ganz andres wie die Sozialischta! ... Die Frydanka kempfa gega Gott, aber die Sozialischta, die Sozialischta, die geha aufs Ganza« usw. Wir verbissen unser Lachen.
»Und die Schweiz! Die Schweiz, das ist auch etwas ganz andres«, sagte ich todernst, aber das beantwortete er stets nur mit der stereotypen Redewendung: »Dasch mit die Länd'r, dasch klärt sich alles, wenn die Sozialischta einmal am Rud'r sind!« –

Zuletzt standen wir, wenigstens ich, im «Alkoholfreien« hoch in der Schuld. Ich sehe heute noch die biedere, dickleibige Wirtin, wie sie mich mustert und sagt: »Ab'r ich hans doch mit 'rm aständiga Menscha zu tun!«, als ich für mein Schuldenmachen die bewegtesten Worte fand. Ich hinterließ meinen Überzieher und kam nie mehr wieder. Der Boden unter meinen Füßen fing zu brennen an. Ich lief jeden Tag zur Post und machte einen großen Bogen ums »Alkoholfreie«. Das Geld ließ auf sich warten. Nichts half. Ich ergab mich schon so halbwegs in mein Schicksal. Ganz niedergeschlagen und empört über diese Langweiligkeit bei der Post traf ich einmal wieder Kropotkin. Ich erzählte ihm die Sache und zeigte ihm jammernd den Brief von Nanndl. Er wurde verwirrt.
»Ich habe keinen Pfennig mehr. Ich weiß gar nicht, was ich anfangen soll«, sagte ich. Der gute Mann wurde immer noch verwirrter und fauchte nervös umher. Ich wollte beruhigend sagen: »Ich will nichts von Ihnen, ich hab's nicht so gemeint.« Aber er hatte sich plötzlich umgedreht und war weg. Seitdem traf ich ihn nie wieder. Nur von weitem bemerkte ich ihn manchmal noch.
Endlich, endlich kamen die zwanzig Mark. Ich zahlte fünf Franken an meinen Hausherrn und kaufte für den Rest Palmin, Makkaroni und Zucker, Brot und etwas Butter. Dann schloß ich mich wieder völlig ab und lebte davon, so gut es ging.

Knut Hamsun
Gespräch über die Schweiz
1912

Ja, der Rechtsanwalt war ein junger Sportsmann und ein Draufgänger und in den Umgangsformen sehr bewandert; er war auch in der Schweiz gewesen und hatte das Wesen der Volksabstimmung studiert. Ursprünglich habe er einige Jahre in einem Baubüro gesessen, sagte er, sei aber dann zur Rechtswissenschaft übergegangen, die wiederum ihn zu den sozialen Fragen geführt habe. Er war offenbar ein reicher und sich aufopfernder Mann, wenn er so die Stellung wechselte und Reisen machte. Schweiz! sagte er, und seine Augen füllten sich mit Tränen. Keiner von uns begriff seine große Verzükkung.
Ja, das muß ein merkwürdiges Land sein, sagte dann Frau Molie.
Der Adjunkt sah aus, als wollte er bersten, er konnte sich nicht beherrschen:

Übrigens, Solem, sagte er plötzlich, ich habe in den letzten Tagen meine Meinung über ihn geändert. Er ist zehnmal besser als mancher andere.
Da sieht man es!
Ja, das ist er. Und er gibt sich nicht für mehr aus, als er ist. Und das, was er ist, ist er ganz. Ich sah, wie er die verunglückte Ziege schlachtete.
Standen Sie dabei und sahen zu?
Ich kam eben dazu. Es war geschehen, ehe man bis drei gezählt hatte. Und später sah ich ihn im Holzschuppen. Er versteht seine Arbeit, dieser Bursche. Und ich kann es gut begreifen, daß die Damen etwas in ihm sehen.
Wie er zappelt, der Adjunkt! Es endet damit, daß er von Schifferfrauen, deren Männer in China sind, noch verlangt, sie sollen ihren Chinesen richtig treu sein.
Seien Sie nun still, dann erzählt uns der Rechtsanwalt ein wenig von der Schweiz, sagte Frau Molie.
Eine solche Hexe! Wollte sie ihren Mitmenschen, den Adjunkten, noch heute nacht über den höchsten Gipfel der Torezinnen hinaustreiben?
Aber nun erhob Frau Brede Einspruch. Sicherlich ahnte sie die Qualen des Adjunkten und wollte ihm helfen. Hatte nicht dieser selbe Adjunkt sich soeben wohlwollend über Solem geäußert, und war nicht Solem der Bursche, dessentwegen sie eines schönen Abends ihren Vorhang heruntergerissen hatte? Es ist in allem ein Zusammenhang.
Schweiz, sagte Frau Brede in ihrer weichen Art, und dann wurde sie rot und lachte ein wenig, ich weiß nichts über die Schweiz; aber ich habe einmal einen Kleiderstoff von dort bekommen, das war der schlimmste Betrug, den ich je erlebt habe.
Der Rechtsanwalt lächelte nur dazu.
Die Lehrerin Johnsen sprach von dem, was sie gelernt hatte, von den Uhrenfabriken und den Alpen und Calvin –
Ja, das sind aber auch die drei einzigen Dinge in tausend Jahren, sagte der Adjunkt, bleich vor Ingrimm, völlig verändert im Gesicht.
Nein, sind Sie denn verrückt, Adjunkt? rief die Lehrerin Palm lachend aus.
Der Rechtsanwalt aber zog die Bewunderung auf sich, indem er von der Schweiz erzählte, diesem wunderbaren Lande, dem Muster für alle kleinen Staaten der Welt. Diese Gesellschaftsordnung, diese

Volksabstimmung, welch eine Planmäßigkeit in der Ausnützung der Herrlichkeiten des Landes; dort gab es Hotels, dort verstand man die Kunst, Reisende zu behandeln! Kolossal!

Ja, und dieser Schweizerkäse, sagte der Adjunkt. Er riecht nach Touristenzehen.

Stille. Jaso, Adjunkt Höy schreckte vor nichts zurück.

Naja, aber der norwegische Gammelost? meinte eine dänische Stimme in aller Freundlichkeit.

Ja, das ist auch eine verfluchte Schweinerei, erwiderte der Adjunkt. Das ist etwas für Lehrer Staur, wenn er auf seinem Kubbestuhl sitzt.

Gelächter.

Aber nun war ja alles ein wenig ausgeglichen, und der Rechtsanwalt konnte ohne Gefahr weiter erzählen:

Wenn wir nur hier daheim einen solchen Schweizerkäse machen könnten, sagte er. Dann wären wir nicht so arm. Überhaupt habe ich bei meinen kleinen Beobachtungen rings im Land herausgefunden, daß sie uns dort in jeder Beziehung voran sind. Sie können uns alles lehren, ihre Sparsamkeit, den Fleiß, die Abendarbeit, die kleine Hausindustrie –

Und so weiter! unterbricht Adjunkt Höy, die Kleinlichkeiten, die Nichtigkeiten, das Negative! Ein Land, das nur durch die Gnade der Nachbarn besteht, dürfte denn doch kein Vorbild für irgendein anderes Land auf der Erde sein. Wir müssen versuchen, uns über diese Jammergedanken zu erheben, wir werden nur kläglich davon. Die großen Länder und die großen Dinge sind es, die ein Vorbild sein sollen. Alles wächst nämlich, selbst das Kleine, wenn es nicht zu einem Liliputdasein geboren ist. Freilich kann ein Kind von andern Kindern lernen, das Vorbild aber ist der erwachsene Mensch. Das Kind soll doch selbst einmal erwachsen werden, was aber käme dabei heraus, wenn es die ganze Zeit ein ewiges Kind, eine geborene Pygmäe, zum Vorbild gehabt hätte? Das ist es, was ihr mit eurem Geschwätz von der Schweiz wollt. Was soll das, warum sollen wir gerade von den kleinsten Ländern lernen? Es ist bei uns sowieso schon klein genug. Das ist es, was Schweden jetzt so wunderbar vorwärts bringt, dort blickt man nicht nach der Schweiz, dort sieht man nicht nach Norwegen, dort sieht man auf Deutschland. Dafür gebührt Schweden Ehre! Aber wir? Wir sollen nicht nur ein kleines Volk in unseren Alpen oben sein, das in tausend Jahren nur Friedensverhandlungen, Skiläufergeist und Ibsen hervorbringt, wir haben in uns die Größe für zehntausendmal mehr –

Der Rechtsanwalt hatte schon lange die Hand aufgehoben, um zu erkennen zu geben, daß er antworten wolle, nun rief er laut:
Ein einziges Wort!
Der Adjunkt hielt inne.
Nur eine ganz kleine Frage, eine winzige Frage, sagte er und bereitete sich gut vor: Haben Sie jemals Ihren Fuß in das Land gesetzt, von dem Sie sprechen?
O ja, das habe ich auch, antwortete der Adjunkt.
Nun also! Der Rechtsanwalt bekam nichts für seine winzige Frage. Und nun kam es an den Tag, welch ein abscheuliches Ding diese Frau Molie eigentlich war: die ganze Zeit hatte sie dagesessen und gewußt, daß der Adjunkt auf einer Stipendienreise in der Schweiz gewesen war, und hatte nicht dergleichen getan. Ah, welch eine Schlange! Im Gegenteil, sie hatte den Rechtsanwalt und keinen anderen dazu aufgefordert, von dort zu erzählen.
Ja freilich, Adjunkt Höy ist auch in der Schweiz gewesen, sagte sie, um es wiedergutzumachen.
In diesem Fall haben der Adjunkt und ich das Land mit verschiedenen Augen angesehen, das ist das Ganze, sagte der Rechtsanwalt und wollte damit aufhören.
Sie haben dort nicht einmal ein einziges Märchen, fuhr der Adjunkt fort, dem es schwerfiel, aufzuhören. Da sitzen sie Geschlecht auf Geschlecht und feilen Uhrenräder und führen die Engländer auf ihre Gipfel; aber es ist ein Land, das aller Volkslieder und Märchen bar ist. Und nun sollen wir uns wohl alle Mühe geben, damit Norwegen auch in diesem Punkt wie die Schweiz werde, nicht wahr?
Und Wilhelm Tell? erwähnte Fräulein Johnsen fragend.
Mehrere Damen nickten, jedenfalls nickte Fräulein Palm.
Da sagte Frau Molie, aber sie wandte den Kopf ab und sah zum Fenster hinaus:
Sie haben doch früher wirklich anders über die Schweiz gedacht, Adjunkt.
Das traf. Er wollte antworten, wollte sie abtun, besann sich aber und schwieg.
Erinnern Sie sich nicht? fragte sie und reizte ihn noch mehr.
Nein, erwiderte er. Da haben Sie mich mißverstanden, gnädige Frau. Ich begreife das übrigens nicht, ich bin doch sicher ziemlich gut zu verstehen, ich bin ja sogar gewohnt, vor Kindern zu sprechen.
Das traf auch, Frau Molie trieb es nicht weiter, sondern lächelte geradezu sanftmütig.

Ich kann nur sagen, daß meine Meinung der Ihren vollkommen entgegengesetzt ist, sagte der Rechtsanwalt noch einmal. Aber ich glaubte, fuhr er fort, ich glaubte, hier handle es sich um etwas, in das ich mich ein wenig eingelebt hätte, nun –

Frau Molie erhob sich und ging hinaus, gesenkten Kopfes, als sei sie dem Weinen nahe. Der Adjunkt blieb einen Augenblick sitzen, dann ging er nach. Aber er pfiff und tat munter, als sei ihm durchaus nicht übel zumute.

Was meinen nun Sie? fragte Frau Brede den Ältesten der Gesellschaft, und das war ich.

Und wie es sich für den gesetzten Mann schickte, erwiderte ich:

Es ist vielleicht auf beiden Seiten ein wenig übertrieben worden.

Darin stimmten sie dann alle überein. Aber der Teufel mochte vermitteln, ich fand, daß der Adjunkt recht hatte. Man meint so viel betrüblich Jugendliches, solange man noch so am Anfang der siebziger Jahre steht.

Der Rechtsanwalt schloß mit folgenden Worten:

Alles in allem gerechnet, haben wir es nun doch auch der Schweiz zu verdanken, daß wir hier in diesem komfortablen Berghotel wohnen und daß es uns gut geht. Wir machen es ganz nach Schweizer Muster, bringen die Reisenden ins Land, verdienen Geld und zahlen unsere Schulden. Fragen Sie den Mann hier, ob er die Weisheit aus der Schweiz entbehren möchte ...

Am Abend fragte Frau Brede:

Warum brachten Sie den Adjunkten heute so in Harnisch, Frau Molie?

Ich? sagte Frau Molie unschuldig. Nein, ich dächte doch –!

Es sah übrigens auch so aus, als sei Frau Molie unschuldig gewesen, denn schon am nächsten Morgen gingen sie und der Adjunkt sehr vergnügt zusammen in die Berge und blieben bis Mittag fort. Hatten sie wirklich eine Auseinandersetzung gehabt, so hatte Frau Molie wahrscheinlich zu ihrem erprobten Freund gesagt: Du begreifst doch, daß ich mir nichts aus dem Rechtsanwalt mache, bist du denn toll! Ich sagte doch nur einige Worte zu ihm, um dich zu veranlassen, ihn ordentlich herunterzureißen, begreifst du das nicht? Nein, du bist doch der Dümmste und Süßeste und – komm her, laß dich küssen ...

Schemarja Gorelik
Der neutrale Mensch
1914

Alle neutralen Länder zeigen während dieser schrecklichen gottverlassenen Jahre des Krieges das gleiche Gesicht und die gleiche Seele. Neutrales Land bedeutet – ein Leben hinter einer hohen Schutzmauer leben und ein dumpfes Hinhorchen auf den blutigen Lärm von außen. Er ist ganz nahe, dieser blutige Lärm, aber die Mauer ist hoch und dick, und so scheint es, als käme er aus weiter Ferne. Gewiß, auf sensible Naturen wirkt dieses Drama, das sich hinter der Mauer, doch ganz nahe, eben in diesem Augenblick abspielt, um so gewaltiger, wirkt schaurig wie ein Alpdruck. Man sieht nur die allgemein düsteren Konturen eines Bildes, in dem alles nur grenzenlose Tragik ist. Man vergißt, daß die menschliche Anpassungsgabe es zutande bringt, selbst im Raum der konzentriertesten Tragik sich Eckchen der Alltäglichkeit und Gewöhnlichkeit zu bewahren. Während eines furchtbaren Feuerkampfes vor einer Festung oder auf offenem Felde sitzt irgendwo abseits ein einsamer armer Soldat und kratzt mit dem Rest seiner vertrockneten Brotkrume über den Boden seiner Konservenbüchse. In der unmittelbarsten Nähe eines Leichenberges erklingt menschliches Lachen und werden Anekdoten erzählt, ganz zwanglos und ungekünstelt. Echtes Lachen und echte Anekdoten. Gelassen reihen wir uns dem Zuge ein, der unseren besten Freund zum Friedhof geleitet. Ja noch mehr: kaum ein Schritt von der Stätte der ewigen Ruhe, gleich hinter ihrer Mauer stecken wir unsere Zigarette an und beginnen von unseren Geschäften zu reden ... Es gibt nichts, absolut nichts, was dem Menschen noch schrecklich erschiene, wenn es einige Zeit gedauert hat. Doch eine erschütternde Tragödie durch eine Mauer hindurch wahrzunehmen, zu fühlen, Hilferufe hören und nicht zu Hilfe eilen zu können – das ist etwas wirklich Grausiges. Aber es wirkt nur auf Menschen von empfänglicher Natur und zarter Seele. Solche Menschen gibt es aber nur wenig. Und manchmal, besonders in der letzten Zeit, steigen einem Zweifel auf, ob es überhaupt solche gebe. Wer brachte die Legende auf, der moderne Mensch habe feine, schwache Nerven? Diese Legende erwies sich als Betrug, als Heuchelei. Der Mensch besitzt eiserne Nerven, Nerven so dick wie Taue. Der Mensch strotzt vor Gesundheit, er ist gesund wie ein Stier ... Er vermag alles zu ertragen, er ist bis zur Unanständigkeit zähe. Die schwerste Enttäuschung für den Schwärmer war es eben, daß der Mensch sich fähig erwies, so viel zu ertragen. Der neutrale Mensch machte darin keine Ausnahme. Er sonnte sich geradezu im Gefühl seiner Gesundheit, er war wunderbar in seinem gleichmäßigen, ruhig-stoischen Seelenzustand, in seiner Fähigkeit, die Weltgreuel philosophisch hinzunehmen. Wahrhaftig, die Mauer, die um jedes Neutralienland aufgerichtet war, ließ nicht viel Platz für ernste innere Konflikte, für moralische Quälereien, für seelische Zerwühlungen. Aufrichtig gesagt war es eine höchst bequeme Mauer. Sie hatte in ihrer Nähe die Zentralheizung, hatte allen Komfort, sie war errichtet zu dem Zwecke, nicht alles, was in einiger Entfernung vorging, zu hören. Es war gut, hinter dieser neutralen Mauer zu leben, hinter einer Mauer des geheiligten und kanonisierten »Sich nicht einmischen«. Wohl taten die Zeitungen ihre Sache: sie schilderten die Schrecken des Krieges so grell, mit solchen Einzelheiten, daß das Gewissen des neutralen Menschen in höchste Erregung versetzt werden konnte. Sie erzählten genug, diese Zeitungen, um ihn aus dem Zustand der philosophischen Ruhe und Gleichmütigkeit herauszubringen. Aber bitte, brachte das frischwangige neutrale Stubenmädchen nicht zugleich mit der Morgenzeitung auch den heißen duftenden Kaffee und die herrlichen frischen Brötchen ins Zimmer? Wenn der Kriegskorrespondent glaubte, durch die blutigen Details, die seine Feder so talentvoll wiederzugeben wußte, einen Seelensturm hervorzurufen, so irrte er sich, der naive Tor. Es wird keinen Sturm geben, nicht einmal ein Wölkchen. Man hat sich ja gewöhnt. Im Gegenteil, je mehr Einzelheiten er gibt, um so wohliger das Wärmegefühl hinter der Mauer, um so besser schmeckt der echte, unverfälschte Kaffee, um so schmackhafter die knusprigen Brötchen. Glücklicher Mensch des Landes Neutralien, er nimmt ein zweites, ein drittes Brötchen, warum denn nicht? Glücklicher Mensch, er kann es sich leisten. Wer möchte es wagen zu bezweifeln, daß der neutrale Mensch in vollem Sinne des Wortes glücklich ist, glücklich sozusagen in Ehren und Würden. Niemand bezweifelt, daß er dieses Glück ehrlich verdient hat. Inmitten ihrer vernichteten Städte, inmitten der Wüsten, mit der gegenseitigen Ausrottung ganz und gar beschäftigt, fanden die kriegführenden Völker noch Zeit, über die Grenze des Landes Neutralien zu blicken. Sie sahen dort Überfluß und Behagen, machten dazu ein gutmütiges Gesicht und riefen laut: Guten Morgen, herrliche grüne Wiese! Guten Appetit, o gesegnete Oase in der Wüste des Todes, die dem Durstenden Kühlung, dem Müden Ruhe spendet. Und diesem Gruß schloß sich eine süße rührende Serenade an …

Der neutrale Mensch tritt auf den Balkon, hört die Lobgesänge und ist verwundert. Wohl liebt er es wie jeder andere Mensch, in den Spiegel zu sehen, und zwar so oft als irgendwie möglich; wohl hat er nie an seiner Schönheit gezweifelt; daß er aber ein wahrer Adonis an Tugend sei – das hat er in seiner Provinzlereinfalt absout nicht gewußt. Wären nicht die großen Staaten, er wäre fast ahnungslos über seine eigene Herrlichkeit hinweggegangen. Diesen Staaten gebührt der Dank, seine Aufmerksamkeit in diese Richtung gelenkt zu haben. Er glaubte ihnen, er glaubte ihnen gerne und mit Wohlgefühl. So weidete sich der neutrale Mensch an seinem Ruhm, obwohl eines seiner Verdienste auch darin bestand, daß er hinter der behaglichen warmen Mauer saß und auf das Pfeifen der zurückschnellenden Geschosse horchte ... Oft durchzog ein Hauch echter menschlicher Sympathie, echten menschlichen Mitleids das Land Neutralien. In das Schweizer Parlament stürzte eines Tags während der Sitzung ein »Friedensapostel« herein, ein Mensch mit kranken hysterischen Nerven und kranker, höchst erregter Seele, d. h. mit *menschlicher* Seele, denn eine gesunde Seele ist bei einem solchen Universalunglück unmenschlich. »Auch ich bin vom Volke gewählt und hierher gesandt«, erklärt der Phantast. Er forderte von der Regierung energische Schritte zugunsten des Friedens. Seiner Meinung nach durfte man nicht mit gekreuzten Armen dasitzen und vorteilhaft seufzen. Er wurde natürlich hinausgeworfen. Die Sitzung wurde für genau so viel Zeit unterbrochen, als nötig war, um diesen Sonderling vor die Tür zu setzen. Das Herz einer Frau zuckte vor tiefem Mitleid zusammen, tausende anderer Frauenherzen fühlten das Schlagen des kranken gequälten Herzens, und eine Frauendelegation erschien beim Leiter des Ministeriums: »Vielleicht kann unser Land, das nicht unmittelbar am Kriege gelitten hat, auf sich die Initiative nehmen, zugunsten des Friedens Schritte zu tun. Wenigstens in dem Sinne, daß die Menschen an ihre gewaltige Verantwortung gemahnt werden und ihnen gesagt wird, daß Zeit ist – o, höchste Zeit! – zu sich zu kommen und das Menschengemetzel aufzugeben.« So geschah es in Holland, in der Schweiz, in Schweden. Das Haupt der Regierung hörte die Rede in gebeugter, höflich-entgegenkommender Stellung an. Ein Wörtchen für den Frieden einzulegen, die Völker zur allgemeinen Versöhnung aufzurufen – edle Ideen, das Herz des neutralen Staatsmannes sei voll Mitgefühl, sein Herz blute gewissermaßen, beim Anblick dieses Riesenelends. Wird es aber nicht als ungesetzlich eigenmächtiges Verlassen des neutralen Bodens aufgefaßt werden, als freche Einmischung in fremde Angelegenheiten? Und hat nicht die Geschichte selbst uns die Rolle ruhiger Beobachter zugewiesen, die auf einer grünen Wiese idyllische Tage verbringen, in einer wundervolle Kühlung spendenden Oase inmitten einer heißen Wüste ... Er macht eine Verbeugung und zieht sich in seine neutralen Ministergemächer zurück.

Über den neutralen Menschen habe ich eigentlich noch gar nicht recht gesprochen. Ich glaube, viel später einmal, wenn die Menschen etwas ausgeruht haben werden und sich ihrer Wunden bewußt geworden sind, dann wird der richtige Augenblick gekommen sein für eine richtige und unparteiische Einschätzung dessen, wie der neutrale Mensch sich verhalten hat. Wenn niemand mehr ein Interesse daran haben wird, ihn zu umschmeicheln, werden die großartigen Hüllen von selbst fallen. Ich sage nicht, daß er dann ganz nackt dastehen wird, aber viele werden die ernste Frage an ihn richten, ob er denn in allem seine Pflicht erfüllt habe.

Es gibt aber vieles, was für den Neutralen spricht. Er übte gerne Wohltätigkeit, er öffnete die Tore seiner Hotels für zehntausende kranke internierte Kriegsgefangene, er half unzähligen Frauen, Greisen und Kindern aus den okkupierten Gebieten an weniger gefährliche Stellen zu gelangen. Selbst die grüne Wiese, die Oase hatte ihre Vorzüge. Wenn sie auch die Invasion der Presseagenten, der Spione, der zweifelhaften Diplomaten und allerhand dunkler Personen aushalten mußte, so hat sie doch auch Menschen von tiefer und echter Kultur, von freiem Geist, die sich weder durch Wort noch durch Tat am allgemeinen blutigen Reigen beteiligt, Schatten und Ruhe gewährt. Einst hat Hegel, als das napoleonische Heer in seine Heimatstadt einzog, seine Manuskripte in ein Bündel gepackt und die Stadt durch das entgegengesetzte Tor verlassen. Viele mußten auch jetzt ihre Städte verlassen, um ihre Seelen zu retten. Sie sollten die moralische Reserve bilden, die reinen, unkompromittierten Menschen darstellen, die bald so sehr nötig sein werden. Ich erinnere an Romain Rolland, diesen bedeutenden Romandichter, von dem das kriegführende Frankreich sich abwandte, den das sieghaft-stolze Frankreich noch nicht anerkennt, zu dem aber das Frankreich, das sich vom Siegesrausch erholt hat, zurückkehren und auf den es stolz sein wird. Ich erinnere an ihn und an viele andere gute, vorzügliche Menschen, die nicht ihre plötzlich verblaßten Ideale verließen: Brüderlichkeit, Sieg und Macht der Ideen, Unbesiegbarkeit des Geistes, Unvergänglichkeit der Gesetze der Humanität. Mit diesem auf einmal überflüssig gewordenen Gepäck eilten

sie ins Land Neutralien und richteten sich, so gut es jeder konnte, dort ein. Der eine ließ ein schmächtiges Blättchen erscheinen in der Hoffnung, die vernunftlos gewordenen Köpfe zu klären; der andere gründete pazifistische Vereine; der dritte zog sich in sich zurück, in sein einsames Nachdenken, und wartete auf die Rückkehr der vertriebenen Götter und überhaupt besserer Zeiten. Bis dahin aber vergruben sie sich in alte Bücher und tranken gierig aus diesen reinen Quellen. »Ich lese jetzt Herodot«, sagte Romain Rolland einem seiner Freunde. Um sich nicht völlig der hoffnungslosen Stimmung angesichts der Kulturvernichtung hinzugeben, schrieb er einen Aufsatz über Empedokles und suchte bei dem großen Griechen Trost und Erhebung. Und paßte denn nicht gerade die Lehre des Empedokles von den abwechselnden Epochen besonders für den jetzigen Augenblick? Der Periode des Hasses, der Kriege, des Barbarentums folgt die Periode der Liebe, Herzensmilde, Brüderlichkeit unter den Völkern, um dann wiederum einem neuen furchtbaren Sturz in den Abgrund Platz zu machen. Um diese Planeten dreht sich unser geistiges Leben. Wir befinden uns jetzt leider in einer sehr düsteren Periode. Wir müssen Geduld haben und uns damit trösten, daß wir nicht immer auf demselben Platz stehenbleiben. Da wir uns im Kreise bewegen, so bringt uns eo ipso das Gesetz der ewigen Kreisbewegung zu einem lichteren Punkt, zu einer glücklicheren Periode, einer Periode gegenseitigen Vertrauens, Freundschaft und Liebe. Wir müssen nur abwarten. In solchen Illusionen ertränkte der einsame Dichter seine Traurigkeit und seine Enttäuschungen.
Er teilte seine Hoffnungen und Befürchtungen mit den anderen nach Neutralien verschlagenen Pazifisten, enttäuschten Träumern. Aus allen Ländern kamen sie hierher. Franzosen, Deutsche, Italiener, Engländer, Amerikaner. Auch einen Japaner sieht man da, einen echten Japaner in seiner ganzen Eigenart, der sich des technischen Temperaments und der Unermüdlichkeit seines modernisierten Vaterlandes schämte. Im schattigen Park des großen Hotels am Genfer See las er die geheimnisvollen, edle Passivität atmenden, tiefen Verse Buddhas. So hat die wärmende Mauer den vereinsamten, niedergesunkenen Blüten des menschlichen Geistes die Möglichkeit gegeben, das Unwetter und den Haßsturm zu überdauern. Wir sind dafür dem Land Neutralien Dank schuldig.

Romain Rolland
Bei Hermann Hesse in Bern
1915

Donnerstag, 12. August.

Ich besuche Hermann Hesse in Bern. Er wohnt ziemlich weit entfernt von der Stadt, auf einem der Hügel am rechten Ufer der Aare, aber dem Fluß abgewandt.

Hesse ist etwa 35 Jahre alt. Er ist mittelgroß und von sonderbarem Äußern: runder Kopf, geringer Bartwuchs, fast keine Augenbrauen, spärlicher Schnurrbart, blaugraue, kalt blickende Augen hinter einer Brille. Beim Sprechen heben sich die Augenbrauen. Sein Teint schimmert ziegelrot, die Kinnbacken sind ausgeprägt und hager. Er spricht sehr schlecht französisch. Jedoch ist er so gütig, sich drei Stunden lang in dieser Sprache mit mir zu unterhalten (was ihm noch nie passiert ist, wie er mir sagt). Wahrscheinlich erklärt sich die Spannung seiner Züge aus dieser Anstrengung. Er sucht seine Worte und vermischt sie mit einigen deutschen Ausdrücken. So gelingt es ihm sehr gut, seine Gedanken auszudrücken ...

Wir setzen uns zunächst auf eine Bank am äußersten Ende seines Grundstücks, von wo man in der Ferne das ganze Land ausgebreitet sieht und die Alpenkette des Berner Oberlandes; dann gehen wir in sein Arbeitszimmer. Das Grundstück ist ein wenig vernachlässigt, und das Haus ist alt. Hesse beschäftigt sich während der schönen Jahreszeit viel mit seinem Garten; er bestellt selbst seinen Kohl. Sein Arbeitsraum ist groß, weit und hell; mit einem bequemen Tisch und zahlreichen Bücherschränken voller Bücher, darunter viele Kunstbücher und einige alte Ausgaben.

Hesse ist Deutscher, aber die Mutter seiner Mutter war Welschschweizerin aus Neuenburg. Er ist nicht sicher, ob man ihn in Deutschland nicht einberufen wird. Sollte dies geschehen, dann hofft er jedenfalls in einem Büro der Berner Gesandtschaft beschäftigt zu werden. Er ist fest entschlossen, einer Einberufung zum Frontdienst nicht Folge zu leisten. Sein deutscher Patriotismus scheint mehr als lau. Gewiß, was ihn persönlich betrifft, so möchte er nicht auf seine deutsche Nationalität verzichten; eine solche Handlung würde ihm in der augenblicklichen Lage nicht anständig erscheinen. Er denkt aber für seine Kinder daran. Ich frage ihn, ob er von der Presse seines Landes nicht angegriffen worden sei (wegen seiner Haltung, die der meinen nicht unähnlich ist, wenn er auch größere Vorsicht zeigt). Er erwidert, daß wohl Angriffe vorgekom-

men seien; aber unwichtiger Art. Mit gewissen Freunden, früheren Sozialisten, fortschrittlichen Demokraten – heute sind sie wilde Chauvinisten – ist er für immer entzweit. Aber, sagt er kalt, er betrachte das nicht als ein Übel. Er fügt hinzu:
Wenn wir in Deutschland weniger als Sie in Frankreich unter einer fanatischen Intoleranz zu leiden haben, dann, weil man uns nicht ernst nimmt. In Friedenszeiten ist das oft lästig, aber in Kriegszeiten hat das Vorteile. Man sagt, das sind Literaten, die nicht aus den Fußstapfen Goethes und Herders herausgekommen sind. Diese Namen schützen uns ein wenig. Trotz allem ist der kosmopolitische Typus häufiger und vor allem weniger neu als in Frankreich. Man hat ihn zwar nicht gern, aber man verfolgt ihn nicht.
... Er steht in Verbindung mit einer ganzen Anzahl deutscher Schriftsteller, wenn er auch nie in Berlin gewesen ist. Am sympathischsten ist ihm Wien und die gutmütige Herzlichkeit der Wiener ... Wien ist ein Paradies der Kunst, wo es viele Künstler- und Schriftstelleroffiziere gibt, die sich Urlaub geben lassen, um einen Roman oder eine Oper zu schreiben (in Deutschland dagegen würde ein schriftstellernder Beamter Mißtrauen erwecken). Er ist ein wenig zum Beschützer junger Schriftstellergruppen geworden; dazu gehören die *Weißen Blätter*. Aber selbst von diesen spricht er nicht besonders herzlich. Franz Werfel, der zu jenen gehört, die er am meisten schätzt, scheint ihm nicht viel Substanz zu haben; er glaubt, daß Werfel seine literarischen Möglichkeiten bereits erschöpft hat, und hält ihn (ich bin derselben Meinung) dem Einfluß jeder neuen Strömung für allzu zugänglich, und zwar rein äußerlich. – Wir sprechen von dem ungeheuren – und lächerlichen – Einfluß der gewaltigen Persönlichkeit Walt Whitmans (Hesse bewundert ihn ebenso wie ich) auf die jungen französischen und deutschen Dichter, die aus diesem genialen Wilden einen raffinierten Schwächling machen, ihn nur äußerlich nachahmen: seine Schwächen, seine Manien und seine Fehler. – Er bewundert Spitteler, hat aber wenig Sympathie für ihn.
Seit Jahren beschäftigt er sich mehr und mehr mit dem Geist und der Kunst Asiens. Zuerst war es Indien, dann kam China. Seltsamerweise hat Lao-Tse auch bei ihm seine Spuren hinterlassen, wie bei so vielen Vertretern der heutigen deutschen Elite. Überhaupt liebt er leidenschaftlich die Form des chinesischen Denkens und seines Ausdrucks, dieses Ideal der Harmonie und der Ruhe, das nichts vom Leben aufgibt und sich in heiterer Gelassenheit der Erde und zugleich des Himmels erfreut, diese Vollendung des aristokrati-

schen und wohlgeordneten Lebens. Er ist ein wenig in Asien, Ceylon, Singapore und auf dem Malaiischen Archipel herumgekommen. Gestern schrieb er mir: *Ich bin ganz unpolitisch und hänge einer asiatischen Passivität an.*
Wir essen zu Abend auf der offenen Veranda seiner Villa. Pittoreskes Abendessen. Man häuft Makkaroni mit Käse, grüne Bohnen mit Essig und Nierenscheiben auf seinen Teller. Als Getränk ein wenig Tee. Von den Feldern ringsum hört man das Läuten der Kuhglokken.
Bei Anbruch der Nacht bringen Hesse und seine Frau mich zum Bahnhof nach Ostermundigen. Das Land ist still. Frischer Heugeruch überflutet den Weg. – Als wir Abschied nehmen, gestehen wir einander, wie gut es getan hat, einige Stunden in so herzlicher Gemeinschaft zu verbringen, zu einer Zeit, da unsere Völker sich gegenseitig morden.

Ernest Hemingway
Man verhaftete uns nach dem Frühstück
1917

Man verhaftete uns nach dem Frühstück.
Wir machten einen kleinen Spaziergang durch das Dorf und gingen zur Mole hinunter, um unser Gepäck zu holen. Ein Soldat stand am Boot Wache.
»Ist das Ihr Boot?«
»Ja.«
»Wo kommen Sie her?«
»Den See herauf.«
»Dann muß ich Sie ersuchen, mitzukommen.«
»Was wird mit dem Gepäck?«
»Sie können das Gepäck tragen.«
Ich trug die Taschen, und Catherine ging neben mir, und der Soldat ging hinter uns her zu dem alten Zollhaus. Im Zollhaus verhörte uns ein sehr dünner und militärischer Leutnant.
»Welcher Nationalität sind Sie?«
»Amerikanisch und englisch.«
»Zeigen Sie mir Ihre Pässe.«
Ich gab ihm meinen und Catherine nahm ihren aus ihrer Handtasche.
Er besah sie sich eine lange Zeit.

»Wieso kommen Sie auf diese Weise und mit einem Boot in die Schweiz?«

»Ich bin Sportler«, sagte ich. »Rudern ist mein Lieblingssport. Ich rudere immer, wenn ich die Möglichkeit habe.«

»Wozu kommen Sie her?«

»Zum Wintersport. Wir sind Touristen und wollen Wintersport treiben.«

»Dies ist kein Wintersportplatz.«

»Das wissen wir. Wir wollen an einen Ort fahren, wo Wintersport getrieben wird.«

»Was haben Sie in Italien gemacht?«

»Ich habe Architektur studiert. Meine Cousine studierte Kunstgeschichte.«

»Warum sind Sie von dort fort?«

»Wir wollen Wintersport treiben. Solange Krieg ist, kann man nicht Architektur studieren.«

»Bleiben Sie bitte einstweilen hier, bis ich zurück bin«, sagte der Leutnant. Er ging mit unseren Pässen in das Haus hinein.

»Du bist fabelhaft, Liebling«, sagte Catherine. »Bleib nur dabei, daß du Wintersport treiben willst.«

»Weißt du was über Kunst?«

»Rubens«, sagte Catherine.

»Groß und fett«, sagte ich.

»Tizian«, sagte Catherine.

»Tizianrot«, sagte ich. »Wie steht's mit Mantegna?«

»Nicht so schwer fragen«, sagte Catherine. »Aber ich kenne ihn – sehr streng.«

»Sehr streng«, sagte ich. »Eine Menge Nagellöcher.«

»Siehst du, ich bin eine großartige Frau für dich«, sagte Catherine. »Ich werde mit deinem Zollbeamten über Kunst reden können.«

»Da kommt er«, sagte ich. Der dünne Leutnant kam die Langseite des Zollhauses herunter und hielt unsere Pässe in der Hand.

»Ich muß Sie nach Locarno schicken«, sagte er. »Sie können einen Wagen nehmen und ein Soldat wird Sie dorthin begleiten.«

»Schön«, sagte ich. »Und was wird aus dem Boot?«

»Das Boot ist beschlagnahmt. Was haben Sie in den Taschen?«

Er kramte die beiden Taschen durch und hielt die Literflasche mit Cognac in die Höhe. »Trinken Sie vielleicht einen mit mir?« fragte ich.

»Nein, danke.« Er nahm Haltung an. »Wieviel Geld haben Sie?«

»2500 Lire.«

Er war günstig beeindruckt. »Wieviel hat Ihre Cousine?«
Catherine hatte etwas über zwölfhundert Lire. Der Leutnant war zufrieden. Seine Haltung gegen uns war jetzt weniger hochmütig.
»Wenn Sie zum Wintersport wollen«, sagte er, »ist Wengen das Richtige. Mein Vater hat ein sehr gutes Hotel in Wengen. Es ist immer geöffnet.«
»Das ist großartig«, sagte ich. »Können Sie mir sagen, wie er heißt?«
»Ich werde es Ihnen auf eine Karte schreiben.« Er reichte mir sehr höflich die Karte.
»Der Soldat wird Sie nach Locarno bringen. Er wird Ihre Pässe behalten. Ich bedauere dies, aber es ist notwendig. Ich hoffe aber bestimmt, daß man Ihnen in Locarno ein Visum oder einen polizeilichen Ausweis geben wird.«
Er reichte dem Soldaten die beiden Pässe. Ich trug die Taschen, und wir machten uns ins Dorf auf, um einen Wagen zu bestellen. »Hei«, rief der Leutnant dem Soldaten zu. Er sagte etwas in einem deutschen Dialekt zu ihm. Der Soldat nahm sein Gewehr über den Rükken und ergriff die Reisetaschen.
»Es ist ein fabelhaftes Land«, sagte ich zu Catherine.
»Und so praktisch.«
»Danke vielmals«, sagte ich zu dem Leutnant. Er winkte mit der Hand.
»Service!« sagte er. Wir folgten unserer Wache ins Dorf.
Wir fuhren in einem Wagen nach Locarno; der Soldat saß bei dem Kutscher auf dem Bock. In Locarno ging es uns nicht schlecht. Sie verhörten uns, waren aber höflich, weil wir Pässe und Geld hatten. Ich glaube nicht, daß sie ein Wort von der ganzen Geschichte für wahr hielten, und ich fand es dumm, aber es war wie vor Gericht. Man brauchte nichts Vernünftiges, sondern etwas Formelles und hielt daran ohne Erklärungen fest. Wir hatten ja Pässe und würden unser Geld ausgeben. Also gab man uns provisorische Visa. Wir sollten uns bei der Polizei melden, wo wir auch immer hinreisen würden.
Ob wir hinreisen könnten, wohin wir wollten? Ja. Wo wollten wir hinfahren?
»Wo willst du hin, Cat?«
»Nach Montreux.«
»Das ist ein sehr schöner Ort«, sagte der Beamte. »Ich glaube, der Ort wird Ihnen gefallen.«
»Hier in Locarno ist ein sehr hübsches Hotel«, sagte ein zweiter

Beamter. »Ich bin überzeugt davon, daß es Ihnen hier in Locarno sehr gut gefallen würde. Locarno ist ein sehr reizvoller Ort.«
»Wir möchten gern an einen Ort mit Wintersport.«
»In Montreux ist kein Wintersport.«
»Entschuldigen Sie mal«, sagte der andere Beamte. »Ich komme aus Montreux. Es gibt ganz gewißlich Wintersport an der Eisenbahnstrecke Montreux-Oberland-Bernois. Es wäre falsch, das zu leugnen.«
»Ich leugne es nicht. Ich habe nur gesagt, daß es in Montreux keinen Wintersport gibt.«
»Das stelle ich dahin«, sagte der andere Beamte. »Ich stelle diese Behauptung dahin.«
»Ich bleibe bei dieser Behauptung.«
»Ich stelle diese Behauptung dahin. Ich selbst bin durch die Straßen von Montreux gerodelt. Nicht einmal, sondern mehrmals. Rodeln ist sicher Wintersport.«
Der andere Beamte wandte sich an mich.
»Ist Rodeln Ihre Idee von Wintersport, Sir? Ich sage Ihnen, hier in Locarno würden Sie sich sehr behaglich fühlen. Sie würden das Klima Ihrer Gesundheit zuträglich finden, Sie würden die Umgebung reizvoll finden. Es würde Ihnen sehr gefallen.«
»Der Herr hat den Wunsch, nach Montreux zu fahren.«
»Was ist Rodeln?«
»Sehen Sie, er hat noch nie etwas von Rodeln gehört.«
Das war eine große Sache für den zweiten Beamten. Das freute ihn außerordentlich.
»Rodeln«, sagte der erste Beamte, »ist *tobogganing*.«
»Da bin ich anderer Meinung.« Der andere Beamte schüttelte den Kopf. »Ich bin wieder anderer Meinung. Der Toboggan ist sehr von dem Rodel verschieden. Der Toboggan wird in Kanada aus flachen Latten konstruiert. Der Rodel ist ein gewöhnlicher Schlitten mit Kufen. Genauigkeit ist wünschenswert.«
»Könnten wir dort nicht mit dem Toboggan fahren?«
»Natürlich können Sie«, sagte der erste Beamte. »Sie können sehr gut. In Montreux werden ausgezeichnete kanadische Toboggans verkauft. Die Gebrüder Ochs verkaufen Toboggans. Sie führen ihre Toboggans ein.«
Der zweite Beamte wandte sich ab. »Zum *tobogganing* braucht man eine besondere Bahn. Sie können nicht in den Straßen von Montreux mit einem Toboggan fahren. Wo wohnen Sie hier?«

»Wir wissen es noch nicht«, sagte ich. »Wir sind gerade aus Brissago gekommen. Der Wagen ist draußen.«
»Sie machen keinen Fehler, wenn Sie nach Montreux fahren«, sagte der erste Beamte. »Sie werden das Klima herrlich und angenehm finden. Jeder Wintersportplatz ist von dort leicht erreichbar.«
»Wenn Sie wirklich Wintersport treiben wollen«, sagte der zweite Beamte, »sollten Sie ins Engadin oder nach Mürren gehen. Ich muß dagegen Protest einlegen, daß man Ihnen rät, zum Wintersport nach Montreux zu fahren.«
»In Les Avants über Montreux gibt es hervorragenden Wintersport.« Der Champion von Montreux funkelte seinen Kollegen an.
»Meine Herren«, sagte ich, »ich fürchte, wir müssen aufbrechen. Meine Cousine ist sehr müde. Wir werden versuchsweise nach Montreux fahren.«
»Herzlichen Glückwunsch.« Der erste Beamte schüttelte mir die Hand.
»Ich glaube, Sie werden bereuen, daß Sie Locarno verlassen«, sagte der zweite Beamte. »Auf jeden Fall werden Sie sich bei der Polizei in Montreux melden.«
»Sie werden bei der Polizei keinerlei Unannehmlichkeiten haben«, versicherte mir der erste Beamte. »Sie werden alle Einwohner besonders höflich und freundlich finden.«
»Ich danke Ihnen beiden sehr«, sagte ich. »Ihre Ratschläge sind uns sehr wertvoll.«
»Auf Wiedersehen«, sagte Catherine. »Ihnen beiden vielen Dank.«
Sie dienerten uns zur Tür, der Champion von Locarno war ein bißchen kühl. Wir stiegen die Stufen hinunter und in den Wagen.
»Mein Gott, Liebling«, sagte Catherine. »Hätten wir da nicht etwas schneller weggekonnt?« Ich nannte dem Kutscher den Namen eines Hotels, das der eine Beamte empfohlen hatte. Er nahm die Zügel auf.
»Du hast die Armee vergessen«, sagte Catherine.
Der Soldat stand neben dem Wagen. Ich gab ihm einen Zehn-Lire-Schein.
»Ich habe noch kein Schweizer Geld«, sagte ich. Er dankte, grüßte und ging fort. Der Wagen setzte sich in Bewegung, und wir fuhren ins Hotel.
»Wieso bist du auf Montreux gekommen?« fragte ich Catherine. »Willst du wirklich dahin?«
»Das war der erste Ort, der mir einfiel«, sagte sie. »Es ist kein

unrechter Platz. Wir können von da an irgendeinen Ort in den Bergen fahren.«
»Bist du schläfrig?«
»Ich schlafe jetzt beinahe schon.«
»Wir werden wunderbar schlafen. Arme Cat, das war eine lange, schreckliche Nacht für dich.«
»Es war großartig«, sagte Catherine. »Hauptsächlich als du mit dem Regenschirm gesegelt bist.«
»Kannst du dir vorstellen, daß wir in der Schweiz sind?«
»Nein. Ich habe Angst, daß ich aufwache und es nicht wahr ist.«
»Ich auch.«
»Es ist wahr, nicht wahr, Liebling? Nicht wahr, ich fahre doch nicht nach der *stazione* in Mailand, um dich an die Bahn zu bringen?«
»Hoffentlich nicht.«
»Sag das nicht. Es ängstigt mich. Vielleicht fahren wir wirklich dahin?«
»Ich bin so taumelig, ich weiß nicht.«
»Zeig mir deine Hände.«
Ich streckte sie aus. Sie waren beide voller offener Blasen, ganz roh.
»Ich habe keine Wunde an meiner Seite«, sagte ich.
»Das ist Gotteslästerung.«
Ich fühlte mich sehr müde und schwindlig im Kopf. Die freudige Erregung war vorüber. Der Wagen fuhr die Straße entlang.
»Arme Hände«, sagte Catherine.
»Faß sie nicht an«, sagte ich. »Zum Teufel, ich weiß nicht, wo wir sind. Wo fahren Sie uns denn hin, Kutscher?« Der Kutscher hielt sein Pferd an.
»Ins Hotel *Metropol*. Wollten Sie nicht dahin?«
»Doch«, sagte ich. »Es ist alles in Ordnung, Cat.«
»Es ist alles in Ordnung, Liebling. Reg dich nicht auf. Wir werden schön schlafen, und morgen fühlst du dich gar nicht taumelig.«
»Ich bin ziemlich taumelig«, sagte ich. »Alles ist heute wie eine komische Oper. Vielleicht bin ich nur hungrig.«
»Du bist nur müde, Liebling. Das geht vorbei.«
Der Wagen hielt vor dem Hotel. Jemand kam heraus, um unser Gepäck zu nehmen.
»Ich fühle mich ganz wohl«, sagte ich. Wir standen auf dem Pflaster und gingen ins Hotel.
»Ich weiß, du bist morgen wieder in Ordnung. Du bist nur müde. Du bist zu lange auf.«

»Auf jeden Fall sind wir da.«
»Ja, wir sind wirklich da.«
Wir folgten dem Jungen mit dem Gepäck ins Hotel.

Stefan Zweig
Freitag, 23. November 1917
Nach Villeneuve zu Romain Rolland

Früh ab von Bern, im Cupee mit dem jungen Jacob Feldner. R. nennt ihn »trop jeune et un peu compromettant«, was auch mein Eindruck war. Rührende Unvorsichtigkeit aus innerer Anständigkeit. Mit einem jungen Bayern beisammen, der mir sehr gefällt und viel von unsern Freunden zu erzählen hat. Es scheint in dieser kleinen Genfer Gruppe wirklich viel an lebendigem Idealismus vereint zu sein, mehr als in der entsprechenden Berner. Ich freue mich sehr, sie alle näher kennen zu lernen. Zwei Stunden in Lausanne, der Blick auf den See durch Nebel getrübt, die Stadt selbst ohne Größe. Kleine Ansätze zu Monumentalbauten gehen unter im Wirrwarr der pariserischen Vorstadthäuser. Das Gemengsel erinnert an französische Provinz – nur daß die Kathedrale hier keine rechte Wucht hat. Die Menschen auch ganz romanisch – wie nur Tage weit ist man von der rotbackigen Zürcher und Berner Grobschlächtigkeit. Manchmal versteht man bloß aus den Körperformen schon den Haß, den gewisse Völkergruppen gegeneinander haben, und umsomehr, je näher sie einander sind. Dann die Riviera entlang: man muß es so nennen, obzwar hier noch Berge hinter der spiegelnden See aufglänzen und manches der Landschaft eher an Meran gemahnt. Aber doch: diese getünchten weißen Häuser, die wie eine Perlenkette dort längs des Ufers Vevey, Territet, Montreux in eine Stadt verflechten (wie Ostende und seine environs, Nizza und M^{te} Carlo), dazu der Flair von Müßiggang und Genuß, geben dieser Welt jene geheimnisvolle Luxusfarbe, die ich sonst nicht sehr liebe, die aber jetzt einem ganz großartig und phantastisch erscheint. In Villeneuve. Das Hotel Byron ein sympathisches Hotel, luxushaft ohne protzig zu sein und vor allem anscheinend sehr verlassen. Ich gehe gleich in mein Zimmer und rühre mich nicht bis zum Abendessen: der Blick von meinem Balcon geht über Schloß Chillon, den ganzen See und umfängt noch die aufgestufte Lichterreihe von dem ganzen Strand. Ich fühle, daß ich hier gut arbeiten könnte. Hätte ich nur die Zeit und innen die Ruhe! Beim Souper sehe ich Rolland. Er geht vorbei, erkennt mich erst auf meinen Gruß, weil ich ganz unvorbereitet nach seinem Wunsche kam. [...] Sein Gesicht ist wenig verändert, ein wenig voller eher, erst von ganz nahe sieht man die vielen feinen Fältchen. Die Augen noch immer so voll Güte in ihrem sanften und manchmal doch stählernen Blau. Noch immer diese zarte, ganz klare Art des Sprechens, die man nie bei einem Deutschen findet; er hat in dem schwarzen hochgeknöpften Habit etwas von einem englischen Geistlichen von der Ferne, eine Strenge fast, aber von nahe fühlt man, wie er sich wehren und beherrschen muß, mit seiner Güte überzuströmen. Nach dem Diner setzt er sich zu uns. Wir sprechen ein wenig vorsichtig wegen der Leute hier. Was er sagt, ist nicht tröstend in unserm Sinne, er schildert Frankreich fester als je und entschlossen seiner Regierung zu folgen. Die intellectuelle Minderheit in Dingen des Rechts entschlossener als die unsere, aber ohne Kraft. Beide finden wir das größte Verbrechen dieses Krieges in der Unterdrückung des Wortes: hier die gemeinsame Schuld alles Militarismus und aller Intellectuellen, die es sich gefallen ließen. Ich schildere ihm unsere merkwürdige Stellung, daß unsere Gesinnung jetzt Punkt um Punkt die officielle ist und wir dadurch in einen eigentümlichen Zwiespalt geraten und wie wir eigentlich trotz unserer absoluten Nachgiebigkeit weiter zum Kriege gezwungen sind. Zur vollen Intensität des Gespräches gelangen wir noch nicht: es ist zu viel Einzelnes zu fragen, über Menschen, Collegen, Bücher. R. sagt mir wiederum seine Bewunderung für den »Jeremias«, erzählt von seinen Schwierigkeiten, ohne sie aber irgend zu rühmen oder zu übertreiben: nach Paris ist er nicht gegangen, sondern nur, um seinen Vater abzuholen, ins Grenzgebiet hinüber. Rührend, wie er mit seiner Familie Tag für Tag beisammensitzt, selbst schon ein Fünfziger, und daraus erkenne ich wieder diese wunderbare Güte, die ein ganzes Europa zu rühren und erschüttern vermochte. Abends noch lange auf dem Balcon. Blick auf die wunderbare weiche selige Landschaft, die alles vereint was in den Spiegel der Schönheit sich runden kann. See und Nacht, Lichterschein von mondainen Hôtels und weiße Schneefirnen in Mondschein, Stille und Sterne, süße schneeduftende Luft ohne Schärfe. Chillon leuchtet in mein Fenster wie ein marmorner Block. Unvergeßlich diese abendlichen Veduten!

Kurt Tucholsky
Basel
1917

Das empfinde ich jedesmal, wenn ich durch Basel komme, aber es hat noch keiner geschrieben ... keiner.

Der vollkommene Wahnwitz des Krieges muß doch jedem aufgegangen sein, der da etwa im Jahre 1917 auf diesem Bahnhof gestanden hat. Da klirrten die Fensterscheiben; da murrten die Kanonen des Krieges herüber; wenn du aber auf diesem Bahnhof einem Beamten auf den Fuß tratest, dann kamst du ins Kittchen. Hier durftest du nicht. Dort mußtest du. Und wer dieses Murren der Kanonen hörte, der wußte: da morden sie. Da schlagen sie sich tot. Ein halbes Stündchen weiter – da tobte der Mord. Hier nicht. Das hat keiner geschrieben, merkwürdig.

Ich weiß ja nicht, wie sie das gemacht haben, daß die Kugeln der beiderseitigen Vaterländer nicht auf schweizer Gebiet abgeirrt sind, und manchmal sind sie ja wohl, und wenn ich nicht irre, hat es auch dadurch auf schweizer Seite einen Toten gegeben oder zwei. Es steht da von dem großen englischen Grotesk-Zeichner W. Heath Robinson in ›*Some Frightful War Pictures*‹ ein grandioses Blatt: »Ein Schweizer Schäfer sieht einer Schlacht an der Grenze zu.« Da sitzt also der Schäfer inmitten seiner Bähbäh-Schafe und raucht eine Friedenspfeife, hinter sich hat er einen Topf mit schweizer Milch stehn, und auf dem benachbarten Berge steht eine Sennerin mit etwas Ziege, und ein kleiner Mann jodelt Noten in die Luft ... Die Grenze aber ist ein scharfer, punktierter Strich. Und hinter dieser Grenze, da gehn sie aufeinander los, die Deutschen und die Engländer, immer ganz genau an der Grenze entlang, und selbst die heruntergefallenen Mützen bleiben artig im Kriegsgebiet liegen und oben am Himmel ist ein wildes Gewimmel von Zepps und Flugzeugen, aber immer hübsch an der Wand lang und keinen Millimeter drüber. Und der Schäfer raucht.

So ähnlich wird es ja wohl gewesen sein.

Schade, daß das keiner geschrieben hat. Dieses Grausen, dieses Herzklopfen auf der einen Seite – und die strenge Absperrung auf der andern ... nichts ist ja schrecklicher, als eine Mordtat zu hören, die man nicht sehn kann. Und an diesen Wahnwitz denke ich immer, wenn ich auf dem Bahnhof zu Basel stehe.

Ernst Bloch

Von der Schweiz aus gesehen

1918

Was geschieht und mehr noch, was kommt, ist von der Schweiz aus am empfindlichsten zu verspüren.

Nicht nur, daß die Schweiz den kriegführenden Mächten, vor allem aber Deutschland, das nur hier noch Kontakt mit der Welt gewinnen kann, ein vortrefflicher, zwischenstaatlicher Korridor geworden ist für allerlei Gespräche, Intrigen, Spionage, Propaganda, Vorbereitung künftiger Wirtschaftsoffensiven und andere heimlich oder offen ausgeübte Tätigkeiten zwischenträgerischer Art.

Aber wir schweigen von dem, was derart hinter leicht zu schiebenden Türen versucht und, mehr noch, mit offener Grobheit vereitelt wird. Wir schweigen noch mehr von allen denjenigen Bestrebungen, welche freiheitliche, internationale und auf künftige Verständigung gerichtete Worte, Neigungen und Ideen auch von hier aus *lediglich* als Motor für sehr andersartige Ziele zu benutzen verstehen.

Desgleichen liegen die zwar ökonomisch wohlbegründeten, jedoch als rein ideologisch desto bekannteren und bedeutungsloseren Gedankengänge der sogenannten goldenen Internationale außerhalb jedes, auf die Zukunft gerichteten sozialphilosophischen Interesses. Auch die Besitzenden möchten zwar so rasch als möglich wieder zusammenkommen. Darin werden sie hier um so bereitwilliger unterstützt, als gerade die schweizerischen Banken an einem nach dem Krieg unter Umständen drohenden Wirtschaftsboykott gegen Deutschland sehr wenig interessiert sind. Die schweizerischen Banken machten im Frieden eines ihrer Hauptgeschäfte damit, daß sie französisches Rentenkapital zu 4% übernahmen und es zu 6% als deutsches Industriekapital weitergaben; auch ist schweizerisches Geld in Deutschland unverhältnismäßig stark engagiert. So sind die Kapitalistenkreise der Schweiz ebensowohl geneigt, die deutschen Bestrebungen zur Durchkreuzung des künftig drohenden Wirtschaftsboykotts wenigstens mit Sympathie zu begleiten, wie sie andererseits gerne den deutschen Vormarsch im Osten, überhaupt alle von Deutschland unternommenen oder begünstigten Akte der Gegenrevolution in Rußland, ungeachtet ihrer sonstigen *politischen* Deutschfeindlichkeit, als Mitvertretung der schweizerischen Interessen in Rußland akzeptierten. Demgemäß bot die Schweiz auch einen günstigen Boden für alle jene Zusammenkünfte deutscher und anderer Finanzmänner, die bereit waren, die bisherige, sozusagen

innerbourgeoise Kriegsideologie der beiden Parteien mit einer anderen, allein noch gegen den wirtschaftlichen Umsturz, also die bolschewistische Infektion gerichteten, zu vertauschen. Im Sinne des Prinzen Max von Baden etwa (irgendwie auch Landsdownes, recht deutlich vor allem des Börsenblattes »Manchester Guardian«) und seiner, alle Befürchtungen des Zimmerwaldismus scheinbar rechtfertigenden Empfehlung Deutschlands: als des eintreibenden Mandatars aller bürgerlichen Interessenten, als »des historischen Bollwerkes gegen den Osten« überhaupt. Wie man weiß, haben diese Besprechungen bisher keinen Erfolg gehabt. Die Rechnung auf das Kapital aller Länder, das sich vereinigen wollte und sollte, das auch seine Regierungen des Geistkrieges zu entheben glaubt, wenn es nur recht eindringlich an die verfallenen russischen Kupons erinnert, war falsch und ohne Begriff. Nicht nur, weil Deutschland mehr an der Verständigung – nach gelungenem russischen Schwertfrieden – interessiert war als die Entente. Sondern vor allem, weil die Interessen der Hochfinanz bei der jetzigen, schon längst jeder wirtschaftlichen Kalkulation fremd gewordenen, wie bekannt, rein kreuzzugshaften Kriegsideologie Amerikas, nicht einmal sekundär noch ausschlaggebend sind. Der Liberalismus ist aus dem Anstoß und Zustand manchesterlicher Wirtschaftsideologie überraschendster-, notwendigsterweise noch einmal in den ehrlichen Stand politischer Idee getreten. Selbst in Deutschland hat sich ja, wenn auch in völlig anderer Art, wie Lederer schon zu Beginn des Krieges in seiner »Soziologie des Weltkrieges« entwickelte, die rein ökonomische Betrachtungsweise nicht als ausreichend zum Begreifen des Kriegsvorgangs, der hinter dem Krieg stehenden Kausalitäten und der noch nicht oder nicht mehr völlig geldwirtschaftlich determinierten Militarismen und Machtabstraktheiten an sich erwiesen. Zwar drängt sich der wirtschaftliche Gesichtspunkt für Deutschland jetzt stärker vor als für die anderen, Kabel und Weltmarkt besitzenden Mächte; aber es scheint doch solches, abgesehen von seiner Benutzung durch die Entente als einem Drohmittel gegen das Alldeutschtum, keine bildende Kraft mehr für die zukünftige internationale Weltgestaltung zu besitzen.
So bleiben uns also davon nur wesentlich verschiedene Bestrebungen und Gedanken neu vereinigender Art zu betrachten übrig. Sie sind teils hier allein zu finden, teils auch von der Schweiz aus am ungestörtesten und vollständigsten, mit freiestem Ausblick zu übersehen. Sie geben sich wirtschaftlich schwächer, zum mindesten undeutlicher fundiert als die Bewegungen der hochkapitalistisch inter-

essierten Kosmopolitiker alten Stils; sehr oft zieht der wirtschaftliche Gebrauch wieder ab, öfter noch ist für das Neue, das solcherart erstrebt und erdacht wird, noch keine ökonomisch-soziologische Eintritts- und Wirkungsstelle gegeben. Dafür aber zeigt sich hier eine stellenweise äußerst bemerkenswerte, übernational, international gerichtete Ideologie, besser: Idee am Werk; und es lohnt sich, nachdem sich nur Deutschland am unentschiedenen Kreuzweg befindet, diese einzelnen Ideen schärfer und systematischer gefaßt (transzendierend lediglich in der Kritik) zu Ende zu denken. Obwohl also wesentlich nur erst Stimmungen, Propaganda, Polemik, Aperçus, Intuitionen und noch keine wissenschaftlich ausgereifte Gedanken oder gar Systeme vorliegen: denn der Welt ist mehr als Deutschland der Übergangscharakter dieser Zeit bewußt, und keine bloß »politische« Idee wird hier revisionistisch anstelle einer »dogmatischen« Idee, mit übelster Konfusion, gesetzt.

René Schickele

Ferdinand Hodler, der Himmelsmaler in der Steinhölle

1918

Viele Schaufenster haben einen Trauerflor angelegt, jedes an einer andern, aber immer an der richtigen Stelle, ein wenig seitlich, nicht zu tief.

Einige zeigen eine Photographie Hodlers in Hemdsärmeln, vor der Staffelei im Garten seines Ateliers. Er ruht sitzend, die Hände mit Pinseln und Palette auf den Knien. Das Licht streichelt die blanke Haube der Stirn, sanft fällt die Wange ab, die Nase ist voll von der guten Fährte, im Bart nistet die Klugheit; der Mund hat sich zum Schlafen zurückgezogen, das Auge ist im Begriff, ihm zu folgen. Über diesen von sich selbst beschatteten Kopf blitzen kurze, feine Züge, eine Menge, Eidechsen ins Helle.

Es muß Sommer sein, ein schöner Tag und der Abend nicht mehr fern. Die Vögel in den Bäumen stimmen schon sein Lied. Die Stirn und der Rücken des Meisters rufen ihn und die nackten runden Arme des Modells und das gelöste Haar, das ihm über die Schulter hängt. Es gilt noch als Mädchen, sie ist schon eine kleine Frau. An ihm vorbei, einem müden Mann, der geliebt hat, lächelt sie den Spaziergänger an, der vor ihr, nur vor ihr, stehngeblieben

ist. Der berühmte Maler? Ein Reiz mehr, den sie zu verschenken hat. Er ist es zufrieden.
In der Ausstellung sieht man ihn, wie er sich selbst dargestellt hat: im Selbstporträt aus dem Jahre 1916 als Gesteinstudie, in dem von 1917 als antike Theatermaske, in der, gespenstisch, das Grauen umgeht. Aber selbst hier wirken die Augen, so entsetzlich sie wirken, nicht anders, als in einer Ruine die dunkle Ecke, in der sich, unerkennbar, etwas rührt. Im ersten Bild ist der Bart ein Stück aus dem Grammont oder einem andern Bergrücken, dieses Grün läuft, wenn es Sommer wird, in solchen Rillen durch dieses Grau, das aber manchmal gelb und immer irgendwie auch blau ist. Stirn und Bakken kommen, unbearbeitet, aus demselben Steinbruch. Der Rock, gelb und grün, ist eine Alm. Eine einzige Stelle erinnert daran, daß hier Haut sich um Blut spannt, der Mund, und der ist geschminkt. Hängt »Die Jungfrau« daneben, einen Steinklotz mit Wolken als Dekorationsschnörkel, und sie ist das ein wenig kubistisch gesehene Porträt einer jüngeren Schwester.
Ich habe selten eine niederdrückendere Galerie von Frauenbildern gesehen. Eines heißt »Das Lächeln«. So lächelt die Heckenrose in einem Herbarium. Selbst von der mädchenhaften Üppigkeit Linas, des kleinen Modells, bleibt nur soviel, wie für einen Vierfarbendruck nötig wäre. Es ist das beste der Frauenbilder.
Versteht er nur mit dem Horn von Uri umzugehen, zerbricht die Schalmei ihm in den Fingern? Ist ein Frauenlächeln für ihn nicht mehr, als eine angenehme Grimasse? Warum er sie als angenehm empfindet, bleibt sein Geheimnis. Bei diesem Künstler geht es Psyche, wie Ninon de Lenclos in den Armen des Marschalls von Richelieu, die, als sie glaubte, etwas Zärtliches sagen zu müssen, nichts fand, als ein: *»Oh, Monsieur, comme vous êtes fort!«*
Durch das Werk Hodlers gleitet das Bild einer Frau, der er immer ausweicht, sogar in jenem Gemälde, wo ihr Blick so todtraurig ist, daß der Maler ihn, wider Willen, auf die Leinwand übertrug, der »Kranken«. Ein einziges Mal nimmt er sie hin, wie sie ist, ergibt er sich ihr, rückhaltlos: als sie entseelt auf dem Totenbett liegt. Dieses Gemälde, in der Kahlheit seiner linearen Strenge, ist furchtbar. Da liegt, überdies, und vielleicht ist dies sein erschreckendes Geheimnis, ohne die geringste ablenkende Beitat der Leichnam von Hodlers Kunst.
Jener Kunst, die dem Zeitgenossen einleuchtet, weil sie ihm schmeichelt. Davon sind die Schlachtenbilder der Gipfel aus Samt, Seide und Leder, die rote Farbe bluten.

Daß sie ihm diese ganze große und langweilige Atelierarbeit aufdrängte und ihn, schließlich, darin einschloß, damit rächte sich die Zeit an einem Genie des Traums, der die Festhallen eines Kontinents hätte verzaubern können. Es gab keine Mitte für Hodler, er war im Jenseits oder bei der bestellten Arbeit. Dort sah er Frauen schreiten und sich neigen nach Gesetzen, die auch die des Rehs, des Baums und der Gestirne sind; nie hat ein Maler schöner Musik gemacht. Hier malte er, indem er krampfhaft an einer seiner Visionen festhielt, ein Frauenporträt: eine schlecht gekleidete Holzpuppe, der eine sanft verzückte Haltung des Kopfes mißlingt. Hilflos stand er den Frauen gegenüber, brutal oder demütig, er konnte nicht karessieren, nicht einmal im Abstand, mit den Augen – nur in der größten Nähe: im Herzen, wenn es berauscht war.

Er war ein Maler der Menschen, die erwachen, und derer, die schlafen, und ihrer Seelen, da sie im hohen Mittag sich entfalten, und der Seligen, zu jeder Stunde.

Er konterfeite die zartfingrige Blume und das schlanke Gras, wie es im Winde wandert oder, erstarrt, mit gläsernen Spitzen die Sonne lobt.

Die Verwandtschaft aller einfältigen Kreatur lag ihm, geschmeidig, in den Gliedern. Seine Augen behielten mit der gleichen Inbrunst die körperliche Anmut eines Knaben und die höhere, verseelte seiner Mutter.

Er flocht, in wunderbaren Gestalten, den lebendigen Kranz der Gemeinschaft.

Ihn hätte, fünfzig Jahre später, Europa beauftragt, die neuen Gemeinhäuser der Völker mit Bildern zu schmücken, die, in den allgemeinen Vorstellungen, an die Stelle der Fetische und der blutrünstigen Legenden getreten wären: schöne Erziehung und nie ermüdendes Ziel. Er trug das Paradies im Herzen, beim Anblick seiner hirnwütigen Zeitgenossen versteinte das Herz. Je älter er wurde, desto höher stieg er in die Berge, ein kahler Rübezahl hauste er in der Menschenleere, im Gestein. Hat das zu leichte Spiel des Handgelenks, die gewohnte Wiederholung der immer gleichen Rechenaufgabe, ihn wirklich verführt, oder war dies nur Trost durch die milde Betäubung der Arbeit?

Über das Hochgebirge seiner Routine wetterleuchte glückselig die Zeit der befreiten grünen Erde.

Elias Canetti
Die Gottfried-Keller-Feier
1919

Mit Walter Wreschner, aus der Parallelklasse, schloß ich eine literarische Freundschaft. Er war der Sohn eines Professors für Psychologie, aus Breslau. Er drückte sich immer ›gebildet‹ aus und sprach zu mir nicht im Dialekt. Unsere Freundschaft ergab sich sehr natürlich, wir sprachen über Bücher. Aber da war ein himmelweiter Unterschied zwischen uns, ihn interessierte das Modernste, über das man eben sprach, und das war damals Wedekind.

Wedekind kam manchmal nach Zürich und trat im Schauspielhaus auf, in ›Erdgeist‹. Er war heftig umstritten, es bildeten sich Parteien für oder gegen ihn, die gegen ihn war größer, die für ihn interessanter. Aus eigener Erfahrung wußte ich darüber nichts, und der Bericht der Mutter, die ihn im Schauspielhaus erlebt hatte, war wohl farbig (sie schilderte ausführlich sein Auftreten mit der Peitsche), aber im Urteil keineswegs sicher. Sie hatte etwas in der Art von Strindberg erhofft, und ohne die Verwandtschaft der beiden ganz zu leugnen, meinte sie, daß Wedekind etwas von einem Prediger habe und zugleich von einem Revolverjournalisten, er wolle immer Lärm machen und beachtet werden, es sei ihm gleichgültig, wie er sich bemerkbar mache, wenn man ihn nur bemerke.

Strindberg aber bleibe streng und überlegen, obwohl er alles durchschaue. *Er* habe etwas von einem Arzt – aber nicht einer für Heilung und auch nicht einer für Körper. Ich würde erst begreifen, was sie meine, wenn ich ihn später selber läse. Über Wedekind bekam ich so jedenfalls eine sehr unzulängliche Vorstellung, und da ich nicht vorgreifen wollte und überaus geduldig war, wenn ich vom richtigen Menschen gewarnt wurde, konnte er mich noch nicht anziehen.

Wreschner hingegen sprach unaufhörlich von ihm, er hatte sogar ein Stück in seiner Art geschrieben und gab es mir zu lesen. Da wurde auf der Bühne nur so herumgeschossen, plötzlich, ohne Grund, ich verstand nicht warum. Die Sache war mir fremder, als wenn sie auf dem Mond gespielt hätte. Zu dieser Zeit suchte ich in allen Buchhandlungen den ›David Copperfield‹, der als Krönung von anderthalb Jahren Dickens-Begeisterung und als Geschenk für mich gedacht war. Wreschner kam mit, wenn ich in die Buchhandlungen ging, nirgends war der ›David Copperfield‹ zu finden. Wreschner, den eine so altmodische Lektüre nicht im geringsten interessierte,

spottete über mich und meinte, es sei ein schlechtes Zeichen, daß es den Davidl Copperfield, wie er ihn verkleinernd nannte, nirgends gäbe, das bedeute, daß niemand ihn lesen wolle. »Du bist der einzige«, fügte er ironisch hinzu.
Schließlich fand ich den Roman, aber auf deutsch und in Reclam, und sagte Wreschner, wie dumm mir sein Wedekind (den ich nur aus seiner Imitation kannte) vorkomme.
Diese Spannung zwischen uns war aber angenehm, er hörte mir aufmerksam zu, wenn ich von meinen Büchern sprach, auch über den Inhalt des ›Copperfield‹ bekam er alles zu hören; während ich von ihm über die sonderbarsten Dinge erfuhr, die sich in den Wedekind-Stücken abspielten. Es störte ihn nicht, daß ich immer sagte: »Das gibt es nicht, das ist unmöglich!« Im Gegenteil, es machte ihm Freude, mich zu überraschen. Verwunderlich aber erscheint es mir heute, daß ich mich an nichts von dem erinnere, womit er mich staunen machte. Es glitt an mir ab, als wäre es nirgends vorhanden; da es nichts bei mir gab, woran es anknüpfen konnte, hielt ich es alles für dummes Zeug.
Es kam ein Augenblick, da unser beider Hochmut in eins zusammenschlug und wir als eine Partei von zweien gegen eine ganze Masse standen. Im Juli 1919 wurde die Jahrhundertfeier für Gottfried Keller abgehalten. Unsere ganze Schule sollte sich zu diesem Anlaß in der Predigerkirche versammeln. Wreschner und ich gingen von der Rämistraße miteinander zum Predigerplatz hinunter. Wir hatten nie etwas von Gottfried Keller gehört; daß er ein Züricher Dichter war, geboren vor 100 Jahren, war alles, was wir wußten. Es wunderte uns, daß die Feier in die Predigerkirche verlegt war; es war das erste Mal, daß so etwas passierte. Zu Hause hatte ich vergeblich gefragt, wer das denn sei: die Mutter kannte nicht einmal den Titel eines einzigen seiner Werke. Auch Wreschner hatte nichts über ihn mitbekommen und meinte nur: »Er ist eben ein Schweizer.« Wir waren heiter gestimmt, weil wir uns ausgeschlossen fühlten, denn uns interessierte nur die Literatur der großen Welt, mich die englische, ihn die neue deutsche. Während des Krieges waren wir etwas wie Feinde gewesen, ich war auf die 14 Punkte Wilsons eingeschworen, er wünschte sich einen Sieg der Deutschen. Aber seit dem Zusammenbruch der Mittelmächte wandte ich mich von den Siegern ab, schon damals empfand ich Antipathie gegen Sieger, und als ich sah, daß die Deutschen nicht so behandelt wurden, wie Wilson es verheißen, ging ich auf ihre Seite über.
So trennte uns jetzt eigentlich nur Wedekind, aber wenn ich auch

nichts von ihm verstand, ich zweifelte keinen Augenblick an seinem Ruhme. Die Predigerkirche war gesteckt voll, es herrschte eine feierliche Stimmung. Es gab Musik und dann kam eine große Rede. Ich weiß nicht mehr, wer sie hielt, es muß wohl ein Professor von unserer Schule gewesen sein, aber keiner von unseren eigenen. Ich weiß nur, daß er sich immer mehr in die Bedeutung Gottfried Kellers hineinsteigerte. Wreschner und ich wechselten verstohlen ironische Blicke. Wir glaubten zu wissen, was ein Dichter sei, und wenn wir von einem nichts wußten, war es eben keiner. Aber als der Redner immer größere Ansprüche für Keller machte, als er so von ihm sprach, wie ich es gewohnt war von Shakespeare, Goethe, Victor Hugo, von Dickens, Tolstoi und Strindberg zu hören, packte mich ein Entsetzen, wie ich es kaum zu beschreiben vermag, so als ob man das Höchste, was es auf der Welt gab, den Ruhm der großen Dichter, entheiligt habe. Ich wurde so zornig, daß ich am liebsten etwas dazwischengerufen hätte. Ich glaubte die Andacht der Masse um mich zu spüren, vielleicht auch, weil alles in einer Kirche stattfand, denn ich war mir zugleich sehr wohl dessen bewußt, wie gleichgültig vielen meiner Kameraden Keller war, schon weil ihnen Dichter, überhaupt die, die manchen Schulfach waren, eher lästig fielen. Die Andacht lag in der Art, wie alle es stumm hinnahmen, niemand muckste, auch ich war zu befangen oder zu wohlerzogen, um in einer Kirche zu stören, der Zorn ging nach innen und verwandelte sich in ein Gelübde, das nicht weniger feierlich war als die Gelegenheit, der es entsprang. Kaum waren wir aus der Kirche heraus, sagte ich todernst zu Wreschner, der lieber seine spöttischen Bemerkungen gemacht hätte: »Wir müssen schwören, wir müssen beide schwören, daß wir nie Lokalberühmtheiten werden wollen!« Er sah, daß mit mir nicht zu spaßen war, und schwor mir's so zu wie ich ihm, aber ich zweifle, daß er mit ganzem Herzen dabei war, denn den Dickens, den er so wenig gelesen hatte wie ich den Keller, hielt er für *meine* Lokalberühmtheit.

Es mag wohl sein, daß jene Rede wirklich phrasenhaft war, dafür hatte ich früh ein gutes Gespür, aber was mich bis ins Innerste meiner naiven Gesinnung traf, war doch der hohe Anspruch für einen Dichter, den nicht einmal die Mutter gelesen hatte. Mein Bericht machte sie stutzig und sie sagte: »Ich weiß nicht, ich muß jetzt endlich etwas von ihm lesen.« Als ich das nächste Mal in den Lesezirkel Hottingen ging, bat ich, bis zum Schluß reserviert, um die ›Feldleute von Seldwyla‹. Das Fräulein am Schalter lächelte, ein Herr, der selbst etwas holen gekommen war, besserte mich aus, wie einen Analphabeten, es fehlte nicht viel, und er hätte gefragt: »Kannst du schon lesen?« Ich schämte mich sehr und verhielt mich, was Keller betraf, in Zukunft etwas zurückhaltender. Aber noch ahnte ich nicht, mit welchem Entzücken ich eines Tages den ›Grünen Heinrich‹ lesen würde, und als ich, Student und wieder in Wien, Gogol mit Haut und Haaren verfiel, schien mir in der deutschen Literatur, so weit ich sie damals kannte, eine einzige Geschichte wie von ihm: ›Die drei gerechten Kammacher‹. Hätte ich das Glück, im Jahr 2019 am Leben zu sein und die Ehre, zu seiner Zweihundert-Jahr-Feier in der Predigerkiche zu stehen und ihn mit einer Rede zu feiern, ich fände ganz andere Elogen für ihn, die selbst den unwissenden Hochmut eines Vierzehnjährigen bezwingen würden.

Else Lasker-Schüler
An Eduard Korrodi
1919

Hochzuverehrender Herr Doktor!
Vielleicht tun Sie mir den großen Gefallen, den Herrn Bundesrat so im Vorbeigehn zu fragen, ob ich wieder in die Schweiz kommen darf? Die Möwen vom Zürchersee schreiben mir so sehnsüchtige Briefe und ich sehne mich nach den weißen Vögeln, schreiender Schnee, wilde Bräute der Nordsee, weichgefiederte Abenteuerinnen. »Wär ich doch eine Möwe! Ich brauchte nicht auf mein Visum warten.« Als ich diesen Seufzer in Berlin vor dem Fräulein Schweizergesandtschaft ausstieß, meinte sie argwöhnisch, »wer weiß, ob nicht doch einem dieser weißen Vögel ein schwarzes Herz unter den Daunen lauert?« Doch der verantwortlichen Dame leuchtete es ein, daß die Vögelinnen, die alljährlich als Gäste Ihre Stadt besuchen, das Edelweiß des Meeres sind und am Tintenklecks ihres Busens *sterben* würden. Dennoch zeigte die gemilderte Beamtin betroffen in meinem alten Paß auf das Wort – »Schriftstellerin«!? Sie hat schon den richtigen Instinkt, denn Schriftstellerinnen sind immer tätig, und tätige Menschen sind gefährlich, oft sogar unzurechnungsfähig; aber ich sei nur erdentrückt, erklärte ich ihr, sozusagen eine Dichterin, das Blumige aller Aufsätze und Artikel hinge wohl mit den Blättern im Zusammenhang, aber nicht am Kopf. Seitdem wartet das belehrte Fräulein mit mir Tag und Nacht auf mein Visum. Mir ist, als ob ich schon wochenlang im Wartezimmer eines Nervenarztes warte. Sanitätsrat Magnus Hirschfeld hat mir Fichtennadelbäder

verschrieben; ich warte also scheinbar im Gehölz. Und ich bitte Sie nochmals, Herr Doktor, ein Wort an höchster Stelle für mich einzulegen, meine Wiederkehr in die Schweiz zu beschleunigen oder gar zu erwirken. – »Daß ich tot zur Welt kam«, erzählte ich Ihnen ja schon vertraulich. Von unerlaubten Umtrieben kann also doch keine Rede sein. Ich spukte höchstens mal um Mitternacht in den kleinen Gassen und Winkeln Ihrer Stadt umher, meist unter Aufsicht meiner beiden Zürcher Freunde; über die hohlen, rissigen Wege, unter dem priesterlichen Wintermond wandelten wir an niederen, bunten Häuschen vorbei wie durch Steinhecken. Max Gubler, der große Zürcher Maler, die Schafgarbe unter den Hirten, malte seine schlafende Stadt in allen ihren Schneemänteln. Ich in der Mitte, stiegen wir die hohen Treppen wieder talab. Gubler bestätigte immer sanft meinen Überschwang, aber Melchior Knecht alias Walter Meier, der Dichter, sprach den Sopran zu meiner Begeisterung. Sie merken, Herr Doktor, ich bin mit meinen Gedanken schon in Zürich; auf seinem weiten Bahnhof stehe ich und vernehme mit Entzücken, wie höflich sich aller Länder Sprachen begegnen, und ich glaube, man erzielt nur tolerante, taktvolle Menschen durch unbehindertes Sichmischenlassen. Und so hat von allem abgesehen: Brotkarten, grasso od olio, Bolschewismus, die Einreise der Fremden in Ihr Land *ein* Gutes wenigstens gehabt. [Ich denke an mich ...] Ich liebe die Schweiz, über Zürichs interessante Bahnhofstraße, die zu den Cafés, Terrasse und Odéon, führt, durch die frischfreien Städte aus Kristall, schreiten oft Männer breitschultrig, Gesicht und Bart aus Holz, sofort aus Hodlers Gemälden kommend. Der Meistermaler selbst hatte ein großes Holzherz in der Brust, an dem ein Edelspecht klopfte. Ich liebe Ihr Land, seine lieblichen Täler, die Bäche lächeln wie Grübchen. Die Höhen sind Götter und tragen grünliche Gletscherbärte. Und die vielen Wiesen und Seen und Wälder; ihre blühenden Spielsachen bedeckt, wenn es kalt wird, der Schneestern. Und immer legt der Himmel dem Berg einen zartfarbenen Schleier um den Rücken, bis die Goldmutter ihn aufknüpft. Von meinem großen Bogenfenster im herrlichen Elitehotel bemerkte ich oft, wie mich die Gipfel der erhobenen Erden grüßten; einer der Bergkolosse, Sie glaubten mir ja nie etwas, Herr Doktor, kam tatsächlich ungehindert des Kirchturms und der Häuser bis dicht vor meinen Balkon und grollte. Ein Berg *muß* grollen! Mein Gemach war überhaupt ein dreieckiger Waldfleck; ich lag morgens zwischen dem matten Grün der Gobelintapeten, bis mich eine gestickte Nachtigall erweckte. Der junge Josefl, meines liebens-

würdigen Hoteliers einziger Sohn, erwartet mich mit Schmerzen in jedem ankommenden Zug aus der Richtung Berlin. Ich bin nämlich die einzige Sterbliche, die mit ihm zu überlegen vermag, ob er Moissi oder Edison werden soll. –
Aus der unabsehbaren Trübe möchten viele Menschen in die Schweiz kommen, und daß die Tanzsucht ausbrach und in Berlin und Umgebung epidemisch zunimmt, gerade im lahmgelegtesten Land, ist weiter nichts anderes als die natürliche Sehnsucht, eigener Bangigkeit zu entkommen. – Flucht [ohne Visum]. Denn selbst der Mond über der Hauptstadt von Deutschland ist nicht mehr der alleinige wohlbeleibte, alte Herr; zusammengeschrumpft, gallenerkrankt murrt er grießtrübe über ein Land, dessen Herz blutgenagelt an der Verzweiflung hängt. Von der maschinellen Bewegung des Krieges waren die Menschen eingeschläfert. *Zu Maschinengewehren gehören Bleisoldaten.* Die wilden Stämme der Wüste überfallen sich über Nacht, Herr Doktor, um sich in der Frühe schluchzend zu versöhnen. Solche Kämpfe sind mir verständlich, sie sind organisch und menschlich und sozusagen wild aufgewachsen. Aber da ich nie lernen konnte, bin ich vielleicht nicht maßgebend, Herr Doktor. Ich meine, je mehr Todesmaschinen gebaut werden, desto weniger seelische Kräfte können sich entfalten. Früher reiste man noch *ab und zu* in der Phantasie nach Vampur; wer tut das noch mit der Palme in der Hand? Jetzt steigen die Reisenden in den Flugapparat, da ihre Herzen entflügelt sind, und erzählen keineswegs, wohin sie geflogen sind, aber wieviele Kilometer weit. In der Schweiz haben die Menschen das Steigen zu Fuß noch nicht verlernt. Sie sind auch verwandt mit jedem Stein und jeder Alpenblume ihrer Heimat. Und die Erbauer der Zahnradbahnen sind viele einer Gebärde mit ihren Bergrücken vom Tal zur Höhe. Die Dolderbahn in Zürich usw. Bei einem Ausflug in den Tessin fuhr ich in Locarnos Funicolare; Paolo Pedrazzini hat sie gebaut, ein schwindeliger Flug, eine jedesmal wieder sicher verhinderte Luftkatastrophe, ein monumentaler abgeschossener Pfeil über wildwachsendem Felsgrund, schaurig und süß an Goldbüschen, Quellgeriesel und hohen blühenden Camelienköniginnen vorbei, erreicht die genialste Bahn ihr Heiligtum, den Gipfel des Klosters Madonna del Sasso, deren Mönche, Großgemsen, feierlich zur Maria emporkletterten oder über des Erbauers heroischem Rücken die Himmelspforte erreichen. – »Das Schweizerland ist doch ein besonderes Erdreich«, sagte Wedekind zu mir, wir warteten beide auf der Landungsbrücke des Züricher Sees auf unser Schiffchen. Er wollte nach Rüschlikon zu Dr. Guggenbühl, ich

nach Kilchberg in Dr. Hubers großes Sanatorium, – wieder – Kuchen essen lernen zwischen Schlaraffenlandlaub. Selbstlos ist es und üblich, seinen Gästen in Deutschland vom eigenen trockenen Brot zu reichen, also seinen Leib zu brechen. Ja, ein hungerndes Land übt heilige Gastfreundschaft und Abendmahl, schon der Jesuse zum Angedenken und Treue, die meist noch nicht einmal für ihr Ideal am Kreuz hangen oder gar in Massengräbern von Ratten angenagt verwesen. Ihre kleinen Geschwister jammern eng aneinandergeschmiegt nach ihren großen Brüdern, sie wollen sie wiederhaben aus Rußland oder aus dem Westen. Meines Halbbruders, des blauen Reiters Franz Marcs geheiligter Leib wurde vor einiger Zeit überführt von Frankreich nach Ried in Oberbayern. – Im grauen Morgenstern und Nachtklingen, Schüsse und wildem Elend trat der Gruppenirrsinn auf, Herr Doktor; es bildeten sich immer Gruppen auf den Straßen und Plätzen aus Spannung vor dem »Wie wird es werden?« Aber auch aus Furcht vor der Öde, aus Anschmiegungsdrang entstanden diese merkwürdigen Straßengesellschaften, in blinden Wirren gemeinschaftlich auszuruhen. Irgend jemand murmelte etwas zu den Zuhörern; meist ist der Redner freilich nur ein Häscher in seiner Grube, manchmal aber hörte ich auch einen Donnergott zürnen, ihn ebenfalls wie die Lauschenden stumpf anhimmelnd. Aber die Tage der Revolution, hochzuverehrender Doktor, vergesse ich nie im Leben; es waren Römerzeiten! Ein feierlicher Schwur, eine einzige Fackel war Berlin, die aufwärts lohte. Rührende Worte sprachen die einfachen Landwehrmänner an das Volk aus geschmückten Karren, die zu Siegeswagen wurden in der Hand des schlichten Rosselenkers. Ich glaube, daß sich alle Soldaten der Länder leise berühren, gehässig sind sich nur von denen, welche nie draußen im Kriege bluteten oder sich nie gegenüber in den Gräben lagen, Unzucht mit dem Krieg trieben oder sich mit ihm etablierten oder Luxusausgaben von ihm drucken ließen. Die wissen nichts von der schweigenden Treue der *Feindschaft*, die schließlich zusammenblutet und überraschend entwirrt. Nie hörte ich einen Soldaten, aus welchem Lande er auch stammte, anders wie *hochachtend* von seinem Feinde reden.

Ich habe Ihnen nun alles geschrieben, Herr Doktor, was noch auf meinem Herzen zu entziffern möglich ist. Manchmal dichte ich auch wieder von Theben; ich bin alleine noch von allen Prinzen übrig geblieben; muß doch guter Wein sein, die Blume konnte man mir nicht brechen. Mein Neger Ossman freut sich, daß man uns nicht stürzen konnte. Er fragte mich, ob sein Schwager, der Zulu-

häuptling von den Karolineninseln, der interniert im Eispalast vier Jahre gefroren hätte, wenigstens auf meinem Balkon mit seiner Familie einstweilen wohnen könnte? Abends raubt er die Edamer- und Schweizerkäseatrappen [seligen Angedenkens] aus den Filialen Grohs. Ich pfeife durch die Querstraßen; an die Schüsse haben wir uns alle schon gewöhnt, und ich weiß wirklich nicht, »warum ich so traurig bin«. [Übrigens unter uns, Herr Doktor, die Loreley soll mächtig mit den Engländern flirten.] Nachts quält mich Alpdrükken, alle Bonbons aus Zürich legen sich gereiht in schweren Ketten um meinen Hals. Und der gefüllte Blätterteig aus Sylt im Vegetarierheim gehört schon in das Sagenreich. Wir sterben alle an zu *wenig* Zucker, der ersetzte wenigstens noch die Liebe. Aber die Liebenden sind aus den Wolken gefallen, nur ich feiere ab und zu noch Himmelfahrt in Versen. Theodor Wolff würde so gern wieder die Gedichte von mir ins Feuilleton bringen, aber er fürchtet, die literarischen Karl von Moore der Bolschewisten könnten mein Manuskript im Fach seines Schreibtisches bei einer etwaigen zweiten Einnahme [es handelte sich nicht um Jerusalem, nur um die Jerusalemerstraße] vorfinden und auf dem Dach seines Hauses einen lyrischen Abend veranstalten. Über *den* würde man nicht Herr werden. Sie, hochzuverehrender Herr Doktor, möchten ihm doch Beiträge senden, Theodor Wolff hielt Sie für einen der feinsinnigsten Essayisten der Literatur.
Es lebe das Schwitzerland und meine verbindlichsten Grüße an den Herrn Bundesrat.
In aller Verehrung Ihr Prinz von Theben

Jakob Wassermann
Brief über die Schweiz
1923

Lieber Herr Rychner,
Sie ehren mich sehr, indem Sie mich auffordern, über die schweizerische Idee zu schreiben, die in mir lebendig ist, und wie Sie sehen, zögere ich nicht, Ihrer Anregung zu folgen, denn Ähnliches zu tun lag mir schon längst im Sinn, obschon ich mich hüten werde, es als Ausdruck einer »Idee« zu bezeichnen, was ich unbescheiden finden und mir außerdem zuviel Verantwortung auflasten würde. Ich kann nur von Erfahrungen sprechen, und wenn eine Summe von Bildern und Eindrücken sich in gewissem Sinn zur Form eines Gedankens

erhebt, will ich zufrieden sein und mich weiteren Anspruchs enthalten. Ich glaube nicht, daß die Schweizer erwarten werden, von mir Neues über sich selbst zu hören; vielleicht aber kann ich durch Ihre Mitteilung meinen eigenen Landsleuten einiges Beherzigenswerte über die Schweiz sagen.

Gehen wir ein wenig historisch vor. Als ich zu Anfang der neunziger Jahre des vorigen Jahrhunderts zum erstenmal nach Zürich kam, war ich in den hohen Erwartungen, die mich erfüllt hatten, bald und gründlich betrogen. Ich war arm; ich war einsam; ich war ehrgeizig; ich war unverdorben und zwanzig Jahre alt. Eine ungünstige Konstellation von Eigenschaften, um Karriere zu machen, werden Sie zugeben. Hingetrieben hatte mich (ich war vom Schwarzwald aus unter mancherlei Entbehrungen zu Fuß gewandert) ein romantisches Freiheitsverlangen, ein jugendlicher Traum von Entkettung und Verbrüderung oder von allgemeiner Gastfreundschaft; mein geistiges Gepäck war so leicht wie mein physisches, und ich war erbötig, alles zu tun, was man von mir forderte, ausgenommen bürgerliche Kompromisse zu schließen. Sie können sich also denken, daß meine Enttäuschung binnen kurzer Frist eine vollkommene war. Die Türen, vor die ich nach und nach gesetzt wurde, sind gar nicht zu zählen, aber um der Billigkeit willen muß ich hinzufügen, daß es dabei nie ohne wohlmeinende Ratschläge abging. Kurz und gut, ich fand, daß die Schweiz kein Land für aufstrebende Jünglinge sei, und begab mich in die naheliegende Opposition. Ich machte, nicht sehr originell, das persönliche Erlebnis zu einem allgemeinen und stimmte mit andern Mißvergnügten und Abgewiesenen das allerwärts bekannte Lied vom Pfahldorf im Sumpfe an, das zu einer liberalen Lebens- und Gesetzesform, es weiß selbst nicht wie, gelangt ist und sich im übrigen um die Verschwörungen und Phantastereien der eingewanderten Unruhstifter so wenig kümmert wie um das Kunst- und Geistgetriebe, das den autochthonen Stumpfsinn nur durch seinen Lärm bisweilen aus dem Schlummer rüttelt. Die Adepten hinwiederum blieben eben durch den verdrossenen Argwohn, den man ihnen entgegenbrachte, in ihren Schmoll- und Konspirationswinkeln unbelästigt und schwangen außerhalb der dumpfen Bürgerwelt kometenhaft, wie uns dünkte, ihre kühnen Bahnen.

Ich möchte Sie hier daran erinnern, daß die junge deutsche Generation jener Jahre zwar revolutionär gesinnt war, doch eigentlich nur in literarischer, oder vielleicht noch in pädagogischer und moralischer Beziehung. Politischer Geist war ihnen fremd. Das Element des Sozialen galt nicht als ein politisches, es hatte immer einen ästhetisierenden und philosophischen Anstrich. Genau genommen war es eine Generation von Literaten, und der Literat hat ja von jeher den Politiker verachtet, so wie der Politiker seinerseits im Literaten einen unnützen Schmarotzer sieht. Die ehrlichen Politiker haben daraus nie einen Hehl gemacht. Uns Damaligen war aber Gottfried Keller mehr als Karl Marx, unendlich viel mehr, und Böcklin mehr als Bakunin und Herzen; heute ist es anders geworden; ob zum Vorteil unserer Welt, will ich nicht untersuchen. So erklärt es sich, daß die russischen Flüchtlinge und Studenten, die in der Schweiz ein Asyl gefunden hatten, für mich und meine Gesinnungsgenossen in einer durchaus isolierten Sphäre bestanden, halb belächelt, halb gefürchtet, in jedem Fall unbehaglich gespürt. Unter all den schöngeistigen Bilderstürmern im diesseitigen Lager war nicht einer, der auch nur ahnte, was drüben in aller Stille und stummen Leidenschaft für weittragende Entscheidungen vollzogen wurden, die im Verlauf von drei Jahrzehnten das Gesicht Europas verwandeln sollten. In dieser Blindheit lag Schuld, kein Zweifel; wenn Sie wollen, ist sie es, die heute den Literaten *ad absurdum* geführt hat. Daß ein Großteil jenes Vorbereitungswerkes auf schweizerischem Boden geschah, hat für mich stets eine eigentümliche Bedeutung gehabt; das Gastland unterhöhlt von seinen Gästen; das intensive Bürgertum als Herd des Brandes und Herberge der Brandstifter; der bürgerlichste Staat Europas Schutzort und Freistätte der unversöhnlichsten Hasser und Bedroher seiner Form.

Doch muß ich nun gestehen, daß dies nah Gesehene und ungern Erlebte im Lauf der Zeit verblaßte, derart, daß es sich sogar aus der Betrachtung verlor und mir die Schweiz allmählich als dasselbe erschien, was sie zwischen 1890 und 1914 so vielen Gedankenlosen war, ein Land für Ferienreisende, gedrängter Komplex für Hotels und Drahtseilbahnen und Lustdampfer, ein von Müßiggängern aller fünf Erdteile zum Überdruß besuchter und gegen Eintrittsgeld zu besichtigender Schauplatz von Gletschern, Seen und Wasserfällen. Das triviale und leere Bild änderte sich vollständig und mit einem Schlag, als ich ein Vierteljahrhundert nach jener Zeit, die ich Ihnen zu Anfang geschildert habe, im Sommer 1919, wieder in Ihr Land kam. Ich hatte nicht Augen genug zu sehen, nicht Ohren genug zu hören, nicht Sinne genug zu empfangen. Alles war neu, besondes und unerwartet. Wir trafen uns ja gerade in jenen Tagen; sie müssen mir angemerkt haben, wie tief mich alles berührte, wie zaghaft-beglückt wir, meine Gefährtin und ich, vor Dingen und Menschen standen, und ich vermute, nicht nur Ihre Augen allein waren es, die erstaunt auf uns ruhten. Natürlich; wir waren Ausgehungerte in jedem Betracht; ausgehungert nach Brot und Luft und Freiheit und abendlicher Beleuchtung und Menschenrecht und Nervenruhe und nach einiger Heiterkeit und Unbeklommenheit außerdem. Man muß es eigens erwähnen, daß wir aus einem scheußlichen Kerker kamen, und einmal erwähnt, mag es gleich wieder fallen gelassen und vergessen werden, denn auf dem Punkt, wo ich mich mit Ihnen unterhalte, ist es nicht weiter von Belang. Es hat mich seitdem immer von neuem in Ihr Land gezogen; in jedem Jahr wieder; ich bin dem Antrieb gefolgt, und was ich damals dunkel empfunden und bewegt angeschaut, hat sich indessen zu klarem Bild verdichtet, von dem manches deutbar und aussprechbar ist.

Zunächst: was ich sah und erlebte, war wirkliche Landschaft, beseelte Landschaft, und nicht der schlecht getünchte Aspekt, den eine übersättigte *Commis-voyageur*-Phantasie für das übrige Europa verfertigt hatte. Seit diese Landschaft von den schwärmerischen Wanderern und Reisenden des achtzehnten Jahrhunderts sozusagen entdeckt wurde, hat sich, im Fluß von anderthalb Jahrhunderten, ihre Prägung verwischt, ihre Gestalt vergewöhnlicht, ihr Charakter nahezu verloren. Wir lasen in Goethes »Briefen über die Schweiz« Ausbrüche liebenden Entzückens und andächtiger Schaufreude; wir fühlten nichts mehr dabei, wir sahen nichts mehr davon, keinesfalls das göttlich Erhabene und Fremdartige, das eine hohe Beredtsamkeit und unvergleichliche Naturempfindung den Früheren aufgenötigt hatte; das gewaltige Gemälde schien uns vielmehr wie ein etwas antiquierter und überschwenglicher Reiseführer von Anno dazumal; der Magnetismus war nicht mehr wirksam; der Zauber war verloschen, vielleicht weil aller Reiz schon durch zu viele Sinne gegangen und in sterilem Genießen ausgelaugt war. Kam hinzu, daß die zweite Hälfte des neunzehnten Jahrhunderts auch in der Landschaft ein Ideal von Weite, von Schrankenlosigkeit, von Flächigkeit oder bestimmt verstandener Einfachheit suchte; die Augen der hochgezüchteten Menschen dieser Epoche, der Formen- und Normen-, also auch der Schlagwortschaffer, wollten von keiner konturierten Grenze etwas wissen; es waren lauter Energien im Zustand äußerster Spannung, lauter bis an die Explosionsnähe komprimierte Willen, lauter Leidenschaften des Wetteifers, die sich durch den Rekord als Grad- und Kraftmesser gegenseitig steigerten. Auf einem bislang unbetretenen Felsenturm zu stehen war ein Glücksrausch, gegen den der Anblick der Vielfalt einer Landschaft, ihre sinn- und seelenhafte Harmonie nichts mehr besagte und nichts mehr mitteilte. So waren wir auch hierin zu den Ekstasen gelangt, den letzten Verausgabungen, Verschwender unserer inneren Welt, und an die Stelle friedlicher Entdeckung trat kriegerische Eroberung.

Sie werden mir einwenden, daß es nicht eben der erfreuendste Moment war, in dem ich den Geist und das Gesetz einer Landschaft zu begreifen anfing, diese Monate des Nachlebens einer unerhörten Erschütterung des ganzen Erdteils, der ganzen Kulturwelt, einer ausgebreiteten und durch vier Jahre dauernden Haß- und Mordorgie, die gerade die Schweiz in einen Tummelplatz von Abenteurern, Agenten und Aufwieglern aller Art und aller Nationen, von Plusmachern, Verrätern und verzweifelten Existenzen verwandelt hatte, deren unreiner Atem und verbrecherisches Gelüst noch miasmenhaft in der Atmosphäre lag und alle Dinge wie giftiger Reif bedeckte. Es ist wahr; trotzdem aber, oder eben deshalb vielleicht, durch eine Schärfe des Gegensatzes, die wie Blendlicht wirkte, entschälte sich mir das verborgene Bild in leicht überschaubaren Umrissen; in gewissen katastrophalen Abschnitten des Lebens besitzen wir eine Lebhaftigkeit der Anschauung, die uns befähigt, aus zufälligen Merkmalen und flüchtigsten Beobachtungen gültige und offenbarende Zusammenhänge zu schaffen. So war auch die Landschaft nur ein hinweisendes Symptom; in ihren äußeren Zügen war sie mir ja nicht fremd; auch da, wo ich lebe, ist schöner Wechsel von Fels und Wasser, von Wald und Wiese, von Gipfelung und Senkung. Dort bei Ihnen kam freilich ein anderes hinzu, das ich das Durchgearbeitete und organisch Angegliederte nennen möchte, ein bis in den entlegensten Erdstrich dem Bedürfnis und Charakter der Gesamtheit Verbundenes. Ich kann es nicht mit der Präzision ausdrücken, die mich und Sie befriedigen würde; ich denke etwa an den Züricher See und rundum an seinen Ufern eine einzige Stadt oder eine Kette stadtähnlicher Siedlungen, und dazu Gärten und zweckvolle Anlagen, und auf dem Wasser die vielen Fahrzeuge, und dann emporsteigend der Kranz der Alpen, immer kühner gestaffelt bis zu den Eiskrönungen hinauf, dies Ganze, Menschenwelt und Natur, unauflöslich fest aneinandergewachsen, und diese gleichsam die Folge und Erfüllung von jener: das war das Gefüge, dem erst meine Überraschung, dann mein Nachdenken galt. Ein Schritt weiter, und ich hielt schon bei der Gemeinschaft, der Tradition, der geschichtlichen Bedingtheit und dem brennenden Problem heutiger Wirtschaft und Entwicklung.

Indem ich das gegebene Soziale durch das Medium der Landschaft aufnahm, suchte ich von seinem Formel- und Gebärdenhaften aus in sein Wesen zu dringen. Ich reiste einmal auf der rhätischen Bahn ins Engadin; außer mir saßen nur noch zwei Personen im Wagen, ein älterer Herr von vornehmer Haltung und ein einfacher Mann aus dem Volk. Nach einer Weile erhob sich dieser, trat mit höflichem Gruß zu dem ersteren, setzte sich ihm gegenüber, und alsbald waren sie in ein ruhiges Gespräch über Regierungs- und Verwaltungsdinge geraten, das ohne Hochmut und Rückhalt von der einen Seite, ohne die Spur von Servilismus oder Verärgerung von der andern und mit vollkommener Sachkenntnis und Personalkenntnis von beiden im gemütlichsten Schweizerdeutsch geführt wurde. Da war nichts von häßlichen Unterschiebungen, keine Besserwisserei, keine Überheblichkeit, nicht einmal eine merkbare Parteifärbung; der *Bürger* begegnete auf gleicher Ebene dem *Bürger*, obwohl der eine ein sogenannter Herr und der andere ein kleiner Handwerksmeister war. Das war mir neu; ich kannte die Tatsache nicht, den wirklichen Bürger nicht, der einem Gemeinwesen dient, indem er es mitbestellt und mit den Hochbeamteten dieselben Verantwortungen trägt. Sie werden mir vielleicht sagen, daß ich ein wenig übertreibe und in meiner damaligen Sehnsucht nach Ordnung und Gerechtigkeit durch zu rosige Gläser sah; mag sein; aber glauben Sie mir, ich habe dabei alle Schwächen des Volkscharakters schon in Rechnung gezogen, und es scheint mir überflüssig, daß ich beim Negativen verweile. Bei vielen Gelegenheiten, ob es nun die oft bespöttelten Schweizer Feste und Umzüge waren, oder im nicht ganz leichten Umgang mit Familien und Einzelnen, war es doch stets jener entschlossene und selbstverständliche Demokratismus, der mich anzog und mich mit einer Art von glühendem Neid erfüllte, das freie Nebeneinander der gesellschaftlichen Schichten, die helfende Wirksamkeit der Parteien und Individuen an einem lebendigen Ganzen, das jedem und allen zu eigen und vitalstes Interesse aller ist. Der wahrhafte Demokratismus ist nicht das, was vom Einzelnen täglich gefordert oder verkündigt werden muß; es ist eine historische Errungenschaft der Gesamtheit, rückdeutend auf gleichartige und einheitliche Lebensgewohnheiten und Lebensbedingungen, Element des Bluts und sogar des Bodens weit mehr als des Willens und der Politik, Ergebnis der Führung von Geschlechtern jedenfalls, die edel werden durch die Patina und den Läuterungsprozeß der Geschichte, und nicht etwa ein Heutiges, nicht was man nach einem verlorenen Krieg plötzlich fabrizieren kann, weil man mit einer andern Disziplin Schiffbruch gelitten hat. Sonst wäre es ja unfaßlich, wie ein so kleines Land drei verschiedensprachige Stämme zu einem einzigen Volk vereinigen kann, ohne daß es sich in beständigem Hader zerreibt. Ist aber dieses Faktum, unleugbar durch die Erscheinung, einmal festgestellt, so wird damit auch das ganze Nationalitätenprinzip hinfällig, insofern man es als die unerläßliche Grundlage der Staatenbildung betrachtet, und zeigt sich dem unbeeinflußten Auge als der verderbliche Irrwahn, der es eben ist, die wandernde Pestilenz, die alte Kulturländer geistig zu Wüsteneien und sittlich genommen die Menschheit in erbarmungswürdige Katalepsie und in verwilderten Fatalismus stößt. Künftige Jahrhunderte werden darüber urteilen wie wir, mit bloßer Wissenschaft und einiger Heuchelei, über die Religionskriege und die Hexenprozesse.

Aber es ist uns beschert, wir müssen es durchkämpfen. Tue jeder das Seine. *Fata via inveniunt.*

Ich drücke Ihnen die Hand, lieber Freund.

Klabund

Als Deutscher in der Schweiz

1924

Der Kohl von den »prassenden Deutschen« in der Schweiz wird dadurch nicht genießbar, daß Herr Stresemann ihn von Lugano aufgewärmt mit nach Hause genommen und damit jene schon aus Kriegszeiten genügend bekannte »deutsche Propaganda« getrieben hat: immer aufs falsche Pferd zu setzen. Ich las in einer französischen Zeitung, Herr Stresemann habe behauptet, 70 Prozent der Winterkurgäste in der Schweiz seien Deutsche, die sich gradezu schamlos aufführten. (Man muß von ihnen abrücken, um das schweizerische Hilfswerk nicht zu sabotieren: so ungefähr war wohl der Gedankengang des Herrn Stresemann.)

Woher hat Herr Stresemann die Weisheit von 70 Prozent und den Prassern? Aus eigner Anschauung? Dann ist er zahlenblind. Ein einfacher Blick in die Kurlisten und die offizielle Fremdenstatistik hätte ihn belehrt, daß selbst in den von Deutschen bevorzugten Plätzen, wie Davos und Sankt Moritz, der Prozentsatz Deutscher kaum mehr als 20 Prozent beträgt. Ein ganz geringer Prozentsatz dieser Deutschen wiederum wohnt in den Luxushotels, die meisten frequentieren die einfachern Hotels und Pensionen, die – und das ist

doch der Hauptgrund, weshalb viele Deutsche ihre Erholung in der Schweiz suchen – erheblich billiger und in jeder Hinsicht besser geführt sind als die gleichartigen Häuser in Garmisch oder Oberhof. Bin ich darum ein »Schlemmer«, weil ich lieber in Davos 10 Franken als in Partenkirchen 20 Goldmark zahle? Kann man es einem Deutschen übelnehmen, wenn er aufatmet, einmal aus der Kaserne Deutschland heraus und dem Befehlsbereich der Herren Seeckt, Hasse und Lossow für eine (ach, so kurze) Zeit entrückt zu sein? Auch um die Justizreformen des Herrn Emminger schlägt man gern einen Bogen. Ich möchte weder als Schwer- noch als Leichtverbrecher in die Klauen dieses bayrischen Löwen geraten. Der deutsche Michel hat den Klotz am Bein (den Belagerungszustand). Herr Emminger hat ihm noch den Ring durch die Nase gezogen. Jetzt wird er sich trefflich leiten lassen.
Es mag einige deutsche Raffkes geben, die sich in der Schweiz übel aufführen: es gibt sie unter den andern Nationen auch. Im übrigen ist auch nicht jeder, der deutsch spricht, ein Reichsdeutscher. Und was Herr Schwabacher, wie er in Nummer 4 der ›Weltbühne‹ mitteilt, auf der Bahnhofstraße von Zürich gesehen hat, das kann auch aus Wien, Riga oder Prag stammen. Was er da von den Saufgelagen »gehört« hat, das rechnet in jene Kategorie Klatsch, der auch Herr Stresemann allzu leichtgläubig zum Opfer gefallen ist.
Als Deutscher in der Schweiz verwahre ich mich ganz energisch gegen die generelle Verunglimpfung Deutscher im Ausland.

Hermann Graf Keyserling

Vom Einfluß der Berge auf die Schweizer Bevölkerung

1928

Unter Völkern bietet meines Wissens kein zweites solch Beispiel intimer Tragik wie das Schweizer Volk. Intime Tragödien sind drückender als alle, die sich vor der Öffentlichkeit abspielen, weil hier kein Erleben in der Vorstellung, bei sich und anderen, kein Bemitleidet-, kein Bewundert-Werden die Wirklichkeit positiv kompensiert. Und am schlimmsten wirken sich solche Tragödien aus, die den sie Erleidenden selbst nicht bewußt werden, die sich womöglich befriedigt fühlen dabei. Denn dann führt der Widerstreit zwischen Vorstellung und Wirklichkeit zwangsläufig, auf Grund psychologischen Gestzes, zu desto unerfreulicheren objekti-

ven Erscheinungen. Hier liegt die Ursache der meisten seelischen und wohl auch körperlichen Verbildungen, welche Bedrückte aufweisen; die Zufriedenen unter diesen sind nicht die besten, sondern vielmehr die schlechtesten, denn aus postivem Haß kann positive Liebe werden, während Bescheidung beim Niedrigen keinen Keim möglicher Befreiung in sich trägt. Die Schweizer sind nun freilich kein bedrücktes Volk. Sie gehören vielmehr zu denen in Europa, die zuerst ihre Selbstbestimmung errangen. Aber das Eigentümliche und Tragische zugleich ist eben, daß was »an sich« gut ist, dank einer Besonderheit von Umständen auf einen großen und jedenfalls den augenfälligsten Teil der Bevölkerung wie Bedrückung gewirkt hat. Deshalb ist richtiges Verstehen des Schweizer Zustandes für alle von Bedeutung: alle Völker können, wenn die Befriedung Europas fortschreitet, in die Lage des schweizerischen kommen.
Zunächst zur Natur: Diese herrliche Bergwelt ist dem Menschen für die Dauer offenbar nicht hold. Wie ich in der Zeit nach 1918, da alle Welt in der Schweiz das Vorbild des künftigen Europas sah, meinerseits den Historiker Johannes Müller studierte und einen berühmten Gelehrten des Landes dazu beglückwünschte, daß die Schweizer so viel früher als andere Vernunft bewiesen hätten, erwiderte er, schweizerisch-grimmig lachend: Sie vergessen unseren endemischen Kretinismus. Zweifelsohne ist die Natur an vielem schuld. Nicht nur der Kropf, der ganz außerordentliche Schönheitsmangel des Volks geht gewiß zu einem nicht geringen Teil auf ihren Einfluß zurück. Mit ihr zusammen hängt sicher auch das Schwyzer Dütsch. Es mögen im Lauf der Jahrtausende andere als germanische Dialekte auf Schweizer Boden geredet worden sein – Aussprache und Tonfall waren gewiß schon bei den Pfahlbauern die gleichen. Und sie sind fürchterlich. Warum für dieses Bergvolk gerade Häßlichkeit charakteristisch ist, und nicht, wie bei den Kaukasiern, Schönheit, läßt sich zunächst nicht erklären. Wahrscheinlich liegen die Urverhältnisse hier ähnlich wie bei den Tibetanern und den anderen Bergvölkern am Fuße des Himalayas. Nach der Ebene zu verwischen sich die Eigentümlichkeiten der Schweizer Bergstämme, doch der unwahrscheinlich breite Rücken, in der Uniform des eidgenössischen Gendarmen karikiert, das bald Steinerne, bald Knorrige der Gesichter, der spannerraupenartige Gang und die allgemeine Anmutlosigkeit bekunden auch hier unverkennbar den physiologischen Zusammenhang mit der Landschaft. Die eigentlichen Bergschweizer nun, und die sind der Kern der Rasse, haben etwas Gnomen- und Troglodytenhaftes. In ihren

Adern fließt sicher alleräItestes Blut, so wie denn Mime rassisch älter als Siegfried war.
Nun erscheinen diese Menschen, wo sie in dem ihnen ursprünglich gemäßen Zustand verharren, nicht allein, wie unter gleichen Umständen überall der Fall ist, echt, sondern überdies liebenswert. Der alte eidgenössische Geist, den ich so oft in Bergdörfern erlebt habe, jener Geist der Unabhängigkeit, der Unbeugsamkeit, der zähen Arbeit, der Hilfsbereitschaft und der Schlichtheit, ist absolut schön. Aber er erhält sich in seiner Schönheit, wie jede Lebenserscheinung, nur in den ihm gemäßen Verhältnissen. Ich kenne einen Selfmademan, der bei aller rücksichtslosen Geschäftstüchtigkeit nicht nur ein anständiger, sondern ein angenehmer Mensch war, solange er in einer Dreizimmerwohnung lebte, der aber vollkommen demoralisierte, ja satanisch wurde, nachdem er ein ganzes Haus bewohnen konnte. So erscheint Schweizertum nur schön, wo sein traditioneller Geist den ihm entsprechenden Rahmen beibehalten hat. Und der muß eng sein, sehr eng, wie ein steil ausgehöhltes Bergtal.
Die einzig echte Schweiz ist nun leider lange nicht mehr die, welche Europa, außer auf Hochtouren, zu merken bekommt. Ja, diese echte Schweiz, die im Herzen aller guten Schweizer weiterlebt und, noch einmal, wo sie richtig eingerahmt erscheint, zum Liebenswertesten gehört, was es auf unserem Kontinente gibt, spielt im Bilde der Schweiz, welche Europa angeht, kaum mehr eine Rolle. Europäisch bedeutsam sind heute einzig Zürich, Genf, die Schweizer Institutionen, die schweizerische Neutralität und das Menschentum, das diesen vom nationalen Standpunkt nicht wesentlich schweizerischen Umständen entspricht. Bedeutsam sind die Schweizer heute nicht wegen ihrer Geschichte und nicht wegen ihrer nationalen Sonderart, sondern insofern, als neue »Schweizer« entstehen könnten. Das könnte nämlich wirklich so kommen: wie die Juden einerseits wohl eine Rasse, vor allem aber ein sozialer Typus sind, der unter ähnlichen Bedingungen immer wieder ähnlich entsteht, so sind die heutigen Schweizer in erster Linie ein psychologischer Typus. Daraus allein erklärt sich, wieso neuerdings sogar solche, die erst persönlich als Kinder einwanderten, ebenso echte Schweizer werden können, so wie Europa die Schweizer sieht, wie nach Amerika Ausgewanderte zu Amerikanern werden. Vor hundert und weniger Jahren war dies nicht der Fall. Heute ist es so.

Paul Alverdes

Vom Bodensee nach Luzern

1929

Die Ausfahrt aus dem Lindauer Hafen ist eng, es gab ein langwieriges Manöver mit Verhalten, Vor- und Rückwärtsschlagen der Schraube, und zuletzt ging es doch nicht ohne Schieben und Drükken mit den langen Stoßbalken ab, wobei die Matrosen in einer einstweilen ganz unverständlichen Sprache miteinander zankten, während der Kapitän hin und wieder ein kurzes Stückchen in sein Messingrohr sang. Aber dann war das Schiff doch auf dem offenen Wasser und nahm den Kurs quer hinüber nach der Schweiz.

Das Wetter wechselte mit einer berückenden Vielfalt der Erscheinungen unaufhörlich. Oft schleiften breite und rauchende Wände von Hagel oder von schwerem Regen dem Schiff so nahe vorbei, daß sie den Blick auf das Land völlig verhängten und daß die Grenzlinie der auf das Wasser trommelnden Niederschläge auf Steinwurfsweite deutlich zu sehen war, während das Boot selber in einer Windstille dahinfuhr und kein Tropfen sein Deck erreichte. Zu gleicher Zeit aber schien jenseits davon die Sonne mit breitem Keil auf ein lichtgrünes, aber unter dem Winde noch murrendes und zuckendes Gewässer und funkelte und blitzte mit hundertfältigen Lichtern von den triefend nassen Ölmänteln der Fischer zurück. Sie fahren dort mit wendigen und schmalen Booten, die wie flache Sicheln mit aufgebogenen Hörnern auf dem Wasser liegen und wenig mehr Raum haben als für zwei Mann, für die der Hilfsmotor und das Fanggerät ausreichen mag. Immer weiter entfernte sich das schwäbische Ufer, dessen Waldblau und Hügelgrün mit den zahlreichen Weilern und kleinen Städten die Regengüsse, die den Weitsee peitschten, dem Blick immer häufiger verstellten.

Linkerhand die Berge indessen rückten nicht näher, die Klinze zwischen Erde und Himmel zog sich nur dichter zusammen und warf ein fahles Licht auf die Fels- und Eishäupter, die aus dem Nebel starrten. Der Reisende wußte ihre Namen nicht, und nicht, wo ungefähr sie sich erheben mochten. So blieben sie ihm unbetreten und unbetretbar für immer, Wohnungen der Geister und Dämonen, und sie sandten die Ahnung ihres gestirnenahen und jahrtausendekundigen Daseins mit reinigendem und verwandelndem Atem über das Wasser.

Bei der Ankunft in Romanshorn war darauf einstweilen zu vergessen. Wieder zeigten sich die Schweizer der Ungeduld des Reisenden als mittelmäßige Seefahrer, das Landungsmanöver wollte nicht glücken, und die fünfzig wohlhabend aussehenden Gepäckträger und Eisenbahner, die oben auf dem Kai standen, sprangen freudig hin und her und suchten sich dem Kapitän, der ihrer nicht achtete, mit sachkundigen Ratschlägen verständlich zu machen. Hernach gab es dann eine unwürdige Zollprozedur, denn unter den angekommenen Deutschen schien plötzlich ihr mannigfacher Bruderzwist wieder ausgebrochen. Sie begannen wie auf ein geheimes Signal einen wüsten Wettlauf nach den Zolltischen, wobei sie sich mit den Koffern nach den Schienbeinen und Kniekehlen stießen, übereinanderstürzten, sich schmähten und einander mit Schirmen und Stöcken drohten, um am Ende mit gesträubten Haaren und fliegenden Händen ihre Hemden, Socken und Schlafhosen eine Sekunde früher als der Nachbar vor den übelgelaunten Zöllnern auslegen zu dürfen.

Danach war der Schnellzug nach Luzern zu ersteigen, ein Kleinbahnzug nach den Begriffen des Reisenden, mit kaum erschwinglichen Trittbrettern und steilen, unsitzigen Bänken und einer so dürftigen Vorrichtung zur Aufnahme des Gepäckes, daß er seinen Koffer nur auf die Schmalkante stellen konnte. Über das Gefährliche solchen Tuns hatte er von den in sehr derbes schwarzes Tuch gekleideten Landessöhnen, die in seinem Abteil saßen, ausführliche Belehrungen anzunehmen. Sie hatten sehr enge Hosenschäfte und zwiegenähtes Schuhwerk; alle trugen sie flache, gestärkte Liegekragen, die den Hälsen mehr Raum ließen, als in jedem Falle hübsch anzusehen war, und jene in der Tat wenig liebsamen Brusteinsätze aus knochenhart gestärkter Leinwand oder aus bläulich glänzendem und wie Fensterglas abwaschbarem Gummistoff, an die sich als an ein echtes Überbleibsel aus dem bürgerlichen Fassaden-Zeitalter mancher Wortwitz und manche Anekdote geheftet hat. Mit Ingrimm erinnerte sich der Reisende bei ihrem Anblick an seine Konfirmation, denn ein solcher Einsatz, dazu gestärkte Leinenröhren für die Handgelenke, ein schmählich steifer Hut aus schwarzem Filz und Glacéhandschuhe von der gleichen Trauerfarbe hatten damals unweigerlich zur geistlichen Rüstung gehört, und er war sich um so erniedrigter darin vorgekommen, als er sich bis dahin einen freien Scholaren oder Bachanten genannt hatte, zu deren Eigentümlichkeiten es gehörte, Hüte, Kragen, Strümpfe, Handschuhe und dergleichen unter allen Umständen zu verschmähen.

Übrigens waren seine Mitreisenden keine Bauern, sondern Kleinbürger aus Zürich, wie er erfuhr; sie hatten bäurische Haut und

Hände, aber schon unbäuerisch leere Gesichter, wenn ungemeine Selbstzufriedenheit und zur Schau getragene Überheblichkeit über die Fremden nicht eine Art von Ausdruck sein sollen.
Inzwischen fuhr der Zug durch flaches, üppig-grünes Land sehr gemächlich seines Weges; er hielt an den winzigsten Stationen. Sehr häufig waren Namen an die Giebel und Wände der Häuser gemalt: Paradisli, Ruhplätzli, Friedwinkli, Tuskulum, Heimgärtli, Sunneschyn und andere mehr, in denen sich häufig ein Genügen am beschränkten Raum und eine Art von Weltabgeschiedenheit ausdrückten, oder auch eine Art von pfiffiger Freude daran, für seinen Teil genug zu haben, beiseite geschafft zu haben, zu besitzen, was kein andrer mehr besitzen konnte. Dem Reisenden war diese Art von Grasgärtleinsgefühlen von Deutschland her verdrießlich wohl bekannt. Sie war ihm niemals eigentlich als Selbstgenuß erschienen, und auch nicht als Flucht vor einer verwirrenden, oder gar unbegreiflichen Welt, sondern sie hatte ihn immer nur an den Hund denken machen, der sich bei dem Geraufe um die Beute seinen Knochen erwischt hat und nun mit vorher ungeahnter Beschwingtheit in sein Gebüsch damit eilt, um ihn für sich allein zu haben und den Rest zu verkratzen. Aber das ist eigentlich weder Paradiesesart, noch mag es mit tusculanischer Empfindung mehr als den Namen gemein haben. Seltsamerweise war gerade diese ganz ungesellige, ja, eigentlich gemeinschaftsfeindliche Haltung vor dem Kriege in Deutschland überaus häufig mit einem höchst mißverstandenen, dafür aber um so rasenderen Patriotismus, um nicht zu sagen Chauvinismus, gepaart aufgetreten, so daß man kaum jemanden unbedingter auf die Fahne schwören hörte, als eben diejenigen, die von Hause aus alles andere als kameradschaftlicher oder bundesbrüderlicher Gemütsart waren. So kam es, daß diese Klasse, auf die Probe gestellt, sich genötigt sah, zwei Herren zu dienen. Sie tat es bis zu ihrem Ende: die Söhne fielen, die Väter kamen an den Bettelstab oder verhungerten.
Übrigens ertappte sich der Reisende hinter Zürich, als die ihm nicht sonderlich leidlichen Schwarzgekleideten das Abteil ihm allein überlassen hatten, dabei, wie er aus diesen und ähnlichen Zusammenhängen heraus gewisse abschätzige Gedanken frisch auf das ganze Volk beziehen wollte, dessen Gast er seit ein paar Stunden geworden war; und es bedurfte nur der Erinnerung an eine Reihe von Namen aus diesem Stamm, die ihm seit seiner Jugend teuer und verehrungswürdig geworden waren, um ihn zum Nachdenken darüber zu bringen, woher ihm diese unbedenkliche Bereitschaft,

scheel zu blicken und falsch zu schließen, gekommen sein möchte. Er meinte sie am Ende in der ahnungslos überheblichen Art so vieler Neutraler überhaupt zu finden, wenn sie vom Kriege und vor allem vom Deutschland des Krieges sprachen. Da war es oft und oft nichts anderes als eben die Grasgärtleinsseele, der Stolz auf den geretteten Knochen gewesen, der sich da richtend und verdammend ergangen hatte.

Jene bärtige und außer Jesus höchst inkonsequenterweise nur sich selber liebende Dänin fiel ihm wieder ein, die gleich nach dem Krieg in seiner Münchener Pension mit ebensoviel Fleiß als wenig Gelingen acht bis elf Stunden täglich Klavier geübt hatte. Der Nationalismus war eine Sünde, führte sie während der Pausen in manchem politischen Gespräch aus, weshalb sie im Frieden von Versailles nichts anderes zu erblicken vermochte als die gerechte Strafe der Deutschen für die Erstürmung der Düppeler Schanzen. Auf ihrem Kleiderschrank hing über Batterien von eingeweckter Milch und Konserven, die damals in Deutschland unbekannt waren, der Danebrog an einem kleinen Mast, der in einem schön gedrechselten Fuße steckte. An Feiertagen nahm sie ihn herunter und stellte ihn wie einen Blumenstrauß auf ihren Tisch.

Inzwischen war Luzern erreicht.

Theodor Däubler

Arosa

1929

Arosa ist ein rätoromanischer Name. Gibt es einen schöneren für eine Ortschaft? Er klingt südlich und gemahnt dennoch an Alpenglühen. Bei strenger Januarkälte kam ich zum erstenmal nach Arosa. In Chur hatte wilder Schneesturm gewütet; dann bin ich auf waghalsiger Alpenbahn durch wirbelndes Gewölk in himmelanglitzerndes Hochgebirge gelangt. Die Sonne war untergegangen. Saphirgrün aber glühte noch der Himmel im Zenit; doch legten sich schon amethystlila Schleier über die beschneiten Riesen. In Arosa war es windstill; konnte es den ganzen Tag über keinen Wind gegeben haben, denn über allem Tannengezweig lag flockiger Schnee. Aus türkisblauem Geklüft ragten überwältigende Eispyramiden. In einem Himmelsdreieck im Osten, das zwei Berge in ihrer Gradlinigkeit gebildet hatten, war ein Stern erglommen. Nun entstieg den Tälern überraschend schnell massiges Dunkel: auf einmal röteten sich abermals die beschneiten Gipfel. Lodernde Helligkeit senkte sich auf einige Augenblicke zu uns hernieder: es schien der flammende Schein den Ort in seiner tausendfach besternten Abendpracht erreichen zu können. Das war Arosa.

Hier kennt man keine Finsternis. Von höchster Höhe eines Flugschiffes aus betrachtet, müßte der Sportplatz wie ein Stern, den die Menschen sich entzünden, aus Graubünden hervorleuchten. Helle Freude strahlt aus den Hotels, wo sich Fremde aus allen Weltteilen, von Wintervergnügungen angelockt, italienische Opernarien anhören. Wer noch nicht ermüdet ist, tanzt bei den tobenden Klängen einer Jazzband bis tief in die Nacht hinein. Das oberste Arosa gehört nämlich dem Sport. Rodeln, Ski-Laufen, Ski-Jöring, Bob-Sleigh werden hier gepflegt. Kaum ein trefflicheres Gelände gibt es in der Alpenwelt, um fröhlichem Schneesport zu huldigen. Viel früher jedoch erlöschen die Lichter in den windstillen Tälern des langgestreckten Arosa. Schwerkranke suchen hier Rettung, hoffen auf Genesung. Der höchste Tennisplatz Europas liegt in Arosa. Das ist hier der Stolz der Bewohner und Hoteliers. Also muß die Luft noch erfrischender und fröhlicher stimmend sein als in dem berühmten Sankt Moritz. Natürlicherweise beruht so ein Gedankengang auf sportlicher Einstellung. Auf einen recht kleinen Unterschied kann es kaum ankommen. Daß Arosa höher liegt als Davos, mag eher von Wichtigkeit für die Lungenkranken sein. Wenn nach sibirisch-kalter Nacht die Sonne emporsteigt, der Schnee auf Dächern und Bäumen anfängt zu tauen, ist man in hoher Alpenwelt durch Frühmorgengeflimmer geblendet. Ein Himmel, so azurn, wie in der blauen Grotte zu Capri, gemahnt uns zu Ruhe und Zuversicht. Weiß und Blau sind in ihrem Zusammenklang die holdesten Farben der Schöpfung. Nirgends ist das so einleuchtend wie im tropischen Ozean, wenn er sich bei voller Sonne in unendlicher Fülle übergischtet, oder in der Wunderwelt des Hochgebirges bei kaltem Winterwetter. Da weiße Wolken durch den blauen Äther kreisen, glauben wir, das Himmelreich entfalte sich in dieser Farben Doppelklang. Xavier de Maistre sagt, Weiß mit Rosa lade uns zum Schwelgen, zu lustigster Sinnenfreude ein! Wir aber wissen auch: Weiß und Blau lächeln voll beherzter Kindlichkeit dem Menschen zu. Das Geheimnis eines Wintervergnügens in der Alpenwelt beruht auf der Wiedererweckung des Kindes im ermüdeten Großstädter. Sport birgt den ersten Ernst für die Jugend und bringt den Erwachsenen ein ihrer würdiges Spiel zurück. Wer einige Wochen, sorglos seinen Kindheitsneigungen zugetan, gelebt hat, vermag es dann abermals, lange Monate hindurch die Bürde schwerer Lebensaufgaben zu tragen. Klare, goldig durchsonnte Höhenluft gibt Begeisterung zu unserm Dasein.

Wenn ich an den kalten Winter in Arosa zurückdenke, so entstehen in meiner Erinnerung Glasperlen. Der Tag aus Eis und Schnee wird eine Kugel, mit der die Phantasie nach Jahren gern spielt. Solcher Glaskugeln Reihe hat sich mir oft wochenlang hingezogen. Dann folgten Nächte des Schneegestöbers, kaum durch ein paar silbergraue Stunden unterbrochen. Bald aber ging eine neue Perlenreihe voll goldener Helligkeit und blauer Freude wieder an. Das konnte sich ein paar dutzendmal wiederholen; dann auf einmal war es Mai geworden. Tief unten im Tal erfüllte weißer Blütenglanz die Gefilde. In den Bergen aber stürzten die Lawinen zu Tal und die weiße Glanzzeit ging zu Ende. Zauberhaft sind auch die Polarnächte bei Mondschein in der Mitte Europas. Soviel Veilchen- und Fliederglanz lag über unendlichen Schneeweiten ausgebreitet, daß es einem vorkommen mußte, der Krokus im Frühjahr habe diese zartesten aller Farbtöne, die uns geheimnisvoll bei mondheller Winternacht bestrickten, für Tag und Lenz in seine Wurzeln gesogen, um sie uns nach der Schneeschmelze als Blume wiederzubringen.

Hellgrüne Wiesen erreichen das sommerliche Arosa. Bunte Matten aber umgeben es weit über den Waldsaum hinaus bis zur ewigen Schneegrenze. In ungebändigter Wildheit über große Felsblöcke springend, stürzen sich Bäche talwärts, während braune und weiße Kühe, voll Gelassenheit und zufrieden durch ihr gestilltes Ruhebedürfnis weit verstreut, weiden. Entzückende Holzhäuser stehen auch heute noch auf den Almen, über die im Winter Ski-Läufer aus der Fremde in Lawineneile dahinsausen. Oft donnert es in Arosa. Steingeröll kollert den ganzen Sommer lang nieder ins Geklüft, wie die Lawinen im Mai.

Unter Steinhalden, zwischen bräunlichen Matten eingebuchtet, liegt der spiegelklare Älpli-See. Als ich zu ihm hintrat, fragte ich mich: Leuchtet der Himmel uns zu Füßen? Hier blicken wir zu Wolken und Azur, die sich unter uns auftun. Eine eigentümliche Vereinsamung! Alles ist still und stumm: Nichts allein. Jeder Berg und Baum, am Ufer der kleinste Stein findet sein Geschwisterbild im Wasser wieder. Also verstrahlt der See holdeste Glückseligkeit.

Auch der Mensch fühlt, irgendwo wird das eigene Ich, außer vom irdisch sichtbaren, leiblichen auch in andere Scheinhaftigkeit begleitet. Wenn sich des Rothorns Schneefelder im Älpli-See spiegeln, so scheinen sie Schlitze zu einem durchwolkten Tag da unten: und des großen Berges Widerbild mutet uns als ein unerhörtes Korallengebild an. Alpenrosenrot erscheinen uns seine Zacken, zimtlila die durchschatteten Klüfte. Wo sich Halden im See reflektieren, scheint ein Domgewölbe aus glitzerndem Silber schräg gewölbt und jäh in die Tiefe voll Blau zu führen. Wie Enzian funkelt unter uns im See die Mittagsstunde.

Zu später Sommerzeit prunken die Matten wie leuchtendes Altgold. Schlangenwege führen darüber zu Paß und Gipfel, wie leicht steigt man in voller Höhe noch immer weiter empor! Alle Gipfel um Arosa sind wohlerreichbar. Dort oben trittst du in die Zonen diamantener Reinheit. Kristallscharf zeichnen sich noch überlegenere Gletscher vom Horizont ab. Kaum eine Wolke beunruhigt den Mittag. Gegen Abend wird es immer wieder klar, doch hören wir dann abermals von weither der Kühe Glockengetön und bald auch das Pfeifen der Murmeltiere. Der Blick sucht die Gemse. Selten zeigt sich uns ein Rudel scheuer Tiere. Doch die Schatten später Stunden huschen um uns her. Wir erkennen durch sie das Gleichnis unsrer Farben.

Rudolf Alexander Schröder

Gruß an die Schweiz

1931

Es war einer der merkwürdigsten Augenblicke meines Lebens, in dem ich, einige Jahre nach dem Krieg, in Friedrichshafen aus dem Zuge steigend, wieder den Bodensee vor mir liegen sah. Ich hatte ihn zum ersten Mal als junger Bursch im Vorfrühling des Jahres 1898 überquert, als ich mit meinen Eltern auf die damals übliche Italienreise ging. Ein reichliches Jahr später hatte ich mit Otto Julius Bierbaum und Peter Behrens in einem Hause auf der deutschen Seite des Untersees zu verhandeln. Es galt die Gründung der »Insel«, und das behrenssche Schiff, das seither als Zeichen des Insel-Verlags seinen Weg durch die Welt genommen hat, ist in jenen Tagen entstanden. Dem herrlichen Gewässer bin ich dann durch eine Reihe von Schicksalsfügungen, wie man so sagt, verbunden geblieben, und ich

darf mich dem See und seiner Landschaft auch insofern besonders dankbar zugetan fühlen, als meine späteren Aufenthalte an seinen Ufern mehrmals in entscheidende Lebenszeiten fielen und daher auch ein beträchtlicher Teil meiner Gedichte dort entstanden ist.
Daß der Bewohner der Tiefebene mit ihren vielen, stillen, spiegelnden Wasserläufen sich zu dem größten Binnengewässer seiner Landes- und Sprachgrenzen besonders hingezogen fühlt, ist nicht weiter verwunderlich. Aber mir hatte es trotz Hohenstaufen, Hohenzollern, Reichenau, Überlingen und Meersburg die Schweizer Seite des Sees auf die Dauer am meisten angetan, die helle, grüne, breite, ungefüge Brandung gewaltiger Schollen und Geländefalten gegen das Hochgebirge, das ich als begeisterter Nichtkletterer auch sonst am liebsten von unten und von weitem bewundere. Hell, breit und frei wie dies Land erschienen mir, nachdem ich mich an ihre besondere Form alemannischer Verständigkeit und Schalkheit gewöhnt hatte, seine Bewohner; meiner engeren Heimatgewöhnung jedenfalls näher als der Hegauer oder der Vorarlberger.
Alles das hatte ich einmal besessen, soweit der Landfremde derlei sein eigen nennen darf. Alles das war mir mit so manchem andern ehemals für unverlierbar gehaltenen Geistes- und Seelengut im Zusammenbruch meiner vaterländischen Welt verlorengegangen, unwiderruflich, unwiederbringlich, wie es mir manchmal scheinen wollte. – Nun fand ich es wieder; nun, zum erstenmal wieder im Begriff, ausländisches Gebiet zu betreten, durfte ich hoffen, daß nach und nach die alte Freizügigkeit des Erdteils sich herstellen werde. Mir stand in diesem Augenblick des Wiedersehens eine ganze Reihe von Versen vor der Seele, ungeschriebene Gedichte, in jener Überklarheit und Überfülle des ersten Gewahrwerdens, die der späteren Ausführung deshalb gefährlich wird, weil in ihr die Befriedigung des produktiven Momentes schon vorweggenommen ist und weil sie andrerseits jeden Versuch, ihr in einzelnen Gebilden gerecht zu werden, als ungenügend verwerfen heißt.
Es sollten Verse werden, die den See als den landschaftlichen und geistigen Herz- und Mittelpunkt feiern sollten, der er in der Tat ist, dies gegen Süden gelagerte, breite und lange Wasser, das Alemannen, Schwaben und Bayern friedlich, schiedlich umwohnen. Über alle tragische Historie hinweg, die den See zur staatlichen Grenzscheide dreier deutschredender Bevölkerungen gemacht hat, sollten diese Gedichte ausklingen in eine Anrufung der Schweiz. Ist doch in der Dreieinheit der um die steilste Wasserscheide des Erdteils herum, innert seines höchstgelegenen Wohngebietes, als wäre es in

einer Wurzel, zusammengefaßten Nationalitäten gewissermaßen der Begriff eines Klein-Europa verkörpert; eines Klein-Europa, dessen Dasein, auch wenn dem »gewissermaßen« der breiteste Raum gegeben würde, dem Nachdenklichen immer wieder zu ernsthaften Betrachtungen Anlaß geben wird.
Zu einer Zeit, in der seit geraumer Weile Kräfte verschiedenster Art drauf und dran sind, die alten Bindungen des Erdteils aufzulösen, lebt in Ihrem Lande noch ein Rest der alten, hohen Welt, die eine Welt christlich-antiker Universitas und Ökumene war. Gälte dies ökumenische Prinzip, dessen Erbin und Verwalterin unter uns Heutigen die Schweiz ist, lediglich einem Interessenausgleich, in dem Sinne, in dem dies Wort heute vielfach gebraucht wird, so würde das mir vorschwebende Bild Ihres Landes viel von seinem auszeichnenden Werte verlieren; sein bundesstaatlicher Charakter würde alsdann etwa auf dem gleichen Felde erscheinen, auf dem der Kalkül des Praktikers gewohnt sein mag, das Nationalitätenamalgam der Vereinigten Staaten zu betrachten.
An das Wesen Ihres Landes und Ihres Staates würde mit solcher Betrachtung nicht eigentlich gerührt werden. Denn diesem Wesen entspricht jener Ausgleich nicht so sehr als Gegegenstand wechselnder und zeitbedingter Praxis, als insofern er Geschöpf uralten nationalen Erlebens und Erleidens ist und demgemäß an aller tragischen Geschichte des abendländischen Gedankens teilhat. Über Religions- und Bürgerkriege, unter schweren Hindernissen und Gefahren hat dieser besondere Schweizer Ausgleich und Schweizer Gedanke seinen langen und mühevollen Weg genommen und sich behauptet; bitterer Erfahrungen hat es bedurft, ehe das einzigartige Verhältnis von Freiheit und Bindung, von Stabilität und Beweglichkeit gefunden wurde, innerhalb dessen die einander widerstrebenden und doch aufeinander angewiesenen Kräfte zur Harmonie zu gelangen vermögen. Und freilich nur im Hinblick auf die gemeinsamen Prüfungen und Erinnerungen unserer Geschichte ist auch für uns andere der Gedanke bedeutungsvoll, dem hier, im Herzen unsres Weltteils, zwischen den Grenzen des alten Bayern, Österreich-Schwaben, Burgund und der welschen Lande vor aller Augen die Möglichkeit eines gemeinsamen Hausens und Handelns erwiesen dünkt, an deren Wiederherstellung oder Neubegründung, mag sie für den Augenblick noch so fernliegen, für die Zukunft noch so einschneidenden Bedingungen unterworfen sein, dennoch ohne Frage Geschick und weltgeschichtliche Rechtfertigung der *»Magna Graecia«* hängen, als die uns im

Guten wie im Schlimmen unser Weltteil manchmal erscheinen will.
Als Deutscher darf ich es in der Stadt, an deren Münster das Bild Karls des Großen thront, getrost aussprechen, daß dieses Gemeinschaftsideal christ-europäischer Welt im alten Reichsgedanken vorgebildet war. Und wenn ich diesem Gedanken und seiner Geschichte nachgehe, so wundere ich mich nicht, daß es grade die Schweiz ist, in der eine Deutsch redende Mehrheit mit zwei so großen und mächtigen Minderheiten brüderlich zusammenhaust. Es ist der konservative Geist des Gebirges, der Geist einer ständig benötigten, ständig wachen Selbstbehauptung und Selbstverteidigung, der, wie er Ihrer herrlichen Volkssprache alle Elemente hochdeutscher Sprachentwicklung nicht im literarischen Herbarium, sondern im lebendigen Wachstum bewahrt hat, auch Ihrem staatlichen Dasein jenes Wesen erhalten hat und forterhält, das sich ohne Gefahr so modern, so aufgeschlossen, so neu-europäisch geben darf, weil es ein Wesen uralter Herkunft, uralter Verfassungen, uralten »abendländischen« Ausgleichs ist. – Eine Herberge der Nationen hat man neben Rom auch wohl die Schweiz genannt. Sie ist es gewesen und geblieben, seit ihr geschichtliches Dasein begonnen hat, sich in deutlicheren Zügen von dem mählich verdämmernden Hintergrund des alten Reiches abzulösen. Nicht nur als Freistatt erlauchter Einzelner, von Hutten und Calvin an bis zu den Tagen Byrons und der Frau von Staël, sondern auch in dem Sinne, daß jede der drei großen Nationen, die das Gesicht und Geschick der alten kontinentalen Christenheit gestaltet haben, sich in ihr, als wäre es in ihrem Eigensten, zu Hause fühlen und den andern auf einem Boden begegnen darf, auf dem gegenseitiges Geltenlassen, gegenseitige Anteilnahme und Befruchtung selbstverständlich sind.
So zeigt sich denn der Betrachtung das eigentümliche Bild, daß es im Grunde nicht so sehr zentrifugale Bestrebungen waren, sondern recht eigentlich die Treue zu einer älteren Form des deutschen und des europäischen Daseins, die Ihr Land vor Zeiten sich hat aus dem Gesamtbestand des sinkenden Imperiums auf sich selbst zurückziehen lassen. – Aber wenn ich vorhin auf die Beharrungskraft Ihrer Volkssprache als auf eine der Bürgschaften für das geschichtliche Fortleben andrer, in ähnlicher Weise am Lande selbst und seinen natürlichen Gegegebenheiten haftender Eigentümlichkeiten und Eigenständigkeiten verweisen durfte, so darf ich jetzt vielleicht, den Blick in eine größere Ferne und zugleich auf ein rein geistiges Gefild richtend, sagen, daß ich neben dem staatlichen Dasein der Schweiz

noch einen anderen, sehr merkwürdigen und in dieser seiner Eigenschaft eigentlich zu wenig beachteten Bürgen und Verwirklicher europäischer Zusammengehörigkeit wüßte. Es ist diesmal ausschließlich das Gebiet der Sprache, und zwar einer von allen andern europäischen Sprachen weniger durch ihre örtliche Absonderung als durch eine nur ihr anhaftende Eigenheit geschiedenen Sprache, in dem wir diesen Bürgen zu suchen hätten.
Die Sprache des heutigen Engländers ist, wie wir alle wissen, auf natürlichem und geschichtlichem Wege das geworden, was neuere Kunstschöpfungen vergeblich zu werden trachten, Universalsprache, Weltsprache. Wohl mag den, der des eigenen, bodenwüchsigen Wortes gewohnt ist, angesichts ihrer unbekümmerten Fülle, ihres sprachlichen »Imperialismus« manchmal ein gelinder Schrecken ankommen. Aber wer einmal gesehen hat, wie in ihr Fremdsprache und Volkssprache, gelehrte und gemeine Rede, germanisches und keltisches Erbgut und romanischer Zuwachs durcheinander bestehen und, sich gegenseitig ergänzend und abwertend, eine beispiellose Fülle und Knappheit des Ausdrucks ermöglichen, der wird in dem Wunder dieser zugleich unorganischen und organischen, zugleich völlig künstlichen und völlig natürlichen Sprache auf geistigem Felde so etwas wie das Problem jener Quadratur des Zirkels gelöst finden, als das der bürgerliche, der wirtschaftliche, der staatliche Ausgleich der europäischen Nationen leider Gottes immer von neuem erscheint.
Freilich, dies englische Feld sprachlichen Ausgleichs steht ebenso unter seinen besonderen, nur ihm eignenden Gesetzmäßigkeiten und Bedingnissen wie das geschichtliche und politische Feld, auf dem Ihr Land die Formeln seines zugleich nationalen und übernationalen Ausgleichs gefunden hat und hat finden müssen. Wer glauben würde, diese oder ähnliche Bedingungen künstlich herbeiführen oder gar bloß ihr Ergebnis nachahmen zu sollen, der würde sich am Genius der Geschichte versündigen.

»Arkadien in Spartas Nachbarschaft.« Mit diesen Worten schildert Goethe das Traumgriechenland seines Helenagedichtes. – Wohl ist es die Pelopsinsel, der diese Schilderung gilt. Aber in ihrem eigentlichen Kernstück, von da ab, wo es mit ergreifender Huldigung an Schillers Alpengedicht heißt:

> Und duldet auch auf seiner Berge Rücken
> Das Zackenhaupt der Sonne kalten Pfeil ...

verschwindet jeder Gedanke an das Meer; wir finden uns mitten in der Majestät des Hochgebirges.

Die Quelle springt, vereinigt stürzen Bäche,
Und schon sind Schluchten, Hänge, Matten grün.
Auf hundert Hügeln unterbrochner Fläche
Siehst Wollenherden ausgebreitet ziehn.

Verteilt, vorsichtig abgemessen schreitet
Gehörntes Rind hinan zum jähen Rand.

Alt-Wälder sind's! Die Eiche starret mächtig,
Und eigensinnig zackt sich Ast an Ast;
Der Ahorn mild, von süßem Safte trächtig,
Steigt rein empor und spielt mit seiner Last.

Und mütterlich im stillen Schattenkreise
Quillt laue Milch bereit für Kind und Lamm;
Obst ist nicht weit, der Ebnen reife Speise – –

Alles das, oder doch das meiste davon, hat den Dichter nicht das Italien, das er kannte, nicht das Griechenland, das er nicht kannte, sehen und sich ins Herz prägen lassen. Es gründet zum größten Teile auf seinen Schweizer Erinnerungen. Und so ist mir auch die vorher zitierte Schlußwendung des ganzen Lobgesangs immer als eine der geistvollsten Formulierungen des geschichtlichen wie des wirtschaftlichen, des landschaftlichen wie des geistigen Bildes der Schweiz vor der Seele gestanden.
Ein Volk von Hirten und Kriegern, von Bauern und Bürgern, ein Volk, in dem strenge und rauhe Zucht ebenso zu Hause ist wie der heitere Sinn, der das Jahr in eine Kette gemeinsamer festlicher Begehungen zusammenfaßt, der Hang zur Idylle ebenso wie der zur wortlos versonnenen Grübelei: Arkadier und Sparter in einem, sind die Schweizer es nicht heute noch, und ist nicht in dieser goetheschen Formel obendrein der Ausgleich städtischen, regsamen Wesens und uralt ländlicher Beharrlichkeit ausgedrückt, der den gesunden Kern, das unaufhebbare Gleichgewicht Ihres Landes in all seinen Gauen und Völkern ausmacht? Und wenn wir uns hier nochmals vor Augen halten, daß dieser durch besondere natürliche Gegebenheiten geforderte und geförderte Ausgleich es sei, der jenen anderen vom Geist geforderten und geborenen ermöglicht hat, so

sehen wir auch diese abschließende Betrachtung aufs engste mit unserm führenden Gedanken verknüpft.
Arkadien in Spartas Nachbarschaft. – Schon der, der auf den Hügeln um seinen schönen See herum das neue, arbeitsame Zürich aufgebaut sieht, wird etwas von der Schlüssigkeit der goetheschen Formel empfinden, und wenn es ferner von jenem Arkadien heißt:

Hier ist das Wohlbehagen erblich,
Die Wange heiter wie der Mund,
Ein jeder ist an seinem Platz unsterblich ...

so dürfen wir diese Zeilen im Sinne heilwünschender Vorbedeutung getrost an das anknüpfen, was Sie alle und mit Ihnen und mir viele Ihrer Nachbarn dankbaren Herzens als das unsterbliche Teil an dem Dasein und So-Sein Ihres Landes kennen, lieben und heilighalten.

Alfred Döblin
Als ich Abschied nahm
1933

Morgens um neun hörte ich am Radio: der Reichstag sei in Brand gesteckt worden, das Feuer hätte gelöscht werden können, es sei gelungen, einen der Verbrecher an Ort und Stelle zu ergreifen; es handle sich um ein kommunistisches Attentat, – eine unerhörte Untat, die sich gegen das deutsche Volk richtete usw. Ich stellte den Apparat ab. Mir fehlten die Worte. Ich war vom Radio und seinen jetzigen Beherrschern allerhand gewöhnt; das war die Höhe. Offenbar war der Reichstag wirklich angesteckt worden, – von den Kommunisten? Solchen faustdicken Schwindel wagte man anzubieten. Man mußte »cui bono?« fragen; wem nützte die Brandstiftung? Die Antwort lag auf der Hand.
Ich war unbekümmert für mich, wenn auch tief beunruhigt und empört, – bis man mich anrief und fragte, was ich machen wollte. Ich war erstaunt: warum? Nun, die Verhaftungen; ich solle mich vorsehen. Ich dachte: lächerlich. Das Telefon riß aber nicht ab. Dann kam man zu mir; der Tenor immer derselbe: ich möchte, wenigstens vorübergehend, verschwinden; ich sei gefährdet, es gebe Listen. Das leuchtete mir alles nicht ein. Die innere Umstellung von einem Rechts- auf einen Diktatur- und Freibeuterstaat gelang mir nicht sogleich. Gegen Abend war ich soweit. Meine Frau war auch

dafür. Es war ja nur ein Ausflug; man läßt den Sturm vorübergehen. Zuletzt rief mich noch ein mir bekannter Arbeiter an: ich solle doch gehen, gleich, er wisse allerhand, und es sei ja nur für kurze Zeit, längstens drei bis vier Monate, dann sei man mit den Nazis fertig.
Man besuchte mich, es gab Tränen. Ich lachte und war ruhig. Mit dem kleinen Koffer in der Hand zog ich ab, allein.
Unten erwartete mich eine Überraschung. Ein Nazi, über der Uniform einen zivilen Mantel, stand vor meinem Arztschild, fixierte mich – und folgte mir zur Untergrundbahn. Er wartete ab, welchen Zug ich nehmen würde, stieg in dasselbe Abteil. Am Gleisdreieck stieg ich aus, er auch. Wenigstens diese Situation hatte ich sofort durchschaut. Er ging hinter mir her. Dann gab es aber ein Gedränge, ein ankommender Zug entleerte sich, ich lief eine Treppe herunter und fuhr von einem anderen Bahnsteig erst in irgendeine Richtung, dann an mein Ziel: Potsdamer Platz, Möckernbrücke. Ich wollte zum Anhalter Bahnhof. Der Zug in Richtung Stuttgart fuhr gegen zehn. Ich fand einen Schlafwagenplatz; das Billett habe ich während der ganzen zwölf Jahre Emigration in meiner Brieftasche mit mir herumgetragen; jetzt habe ich es herausgenommen, es liegt unter meinen anderen Papieren. Als ich abfuhr, stand ich am Fenster im Gang. Es war finster. Ich bin viele Male diese Strecke gefahren. Die Lichter der Stadt; ich liebe das sehr. Wie war es mir immer, wenn ich von draußen hereinfuhr nach Berlin und dies sah: ich atmete auf, ich fühlte auch wohl, ich war zu Hause. Nun, ich fahre jetzt, ich lege mich schlafen. Merkwürdige Situation, gehört eigentlich nicht zu mir.
Ein paar Stunden in Stuttgart; friedliches Leben, die Nazis rufen zu Versammlungen auf, – burlesk, warum laufe ich eigentlich weg? Eine alberne Sache; ich werde mich später schämen. Überlingen, Übernachten, Fahrt über den See nach Kreuzlingen. Jetzt die Grenzüberschreitung, in einem Auto, es ging alles glatt.
Ich besuchte in Kreuzlingen einen Sanatoriumsarzt, bei dem ich ein Jahr zuvor mit meiner Frau zu Gast war [welche frische heitere Zeit]. Nun kam ich in der mir komisch und sinnlos erscheinenden Rolle eines Flüchtlings. Aber wer flüchtete denn? Wovor? Es sah doch überall so friedlich, normal, völlig normal aus. Ich machte mich wirklich lächerlich. Wie ich mich schämte, als ich ihm die Geschichte erzählte. Nun, er hielt Vorsicht für besser als Nachsicht.
Da war ich also, wie in plötzlichen Ferien, schrieb Briefe nach Hause. Bis ich eines Tages aus dem Sanatorium nach draußen geru-

fen wurde; man fragte nach mir. Es war [ich habe einen, nicht zu starken, Zahlenaberglauben] der 3. 3. 33. Schon am Morgen, als ich eine Zeitung las, war mir das Datum aufgefallen. Was sagt es, was wird es bringen?
Draußen stand, bis auf einen Jungen, meine ganze Familie. Oh, das war nun ein ganz anderes Bild. Meine Frau, heftig erregt, erzählte von ängstlichen Dingen in Berlin, von der fürchterlichen Hetze, von dem, was sie im Zug gehört hatte. Die ganze Familie wäre bedroht; sie könnten nicht bleiben.
Nun, sie war da. Er erschreckte mich, der 3. 3. 33. Er machte mich bedenklich. Aber ich kam drüber hinweg; ich hatte mich mit anderen Dingen zu befassen, zum Beispiel mit dem Suchen einer provisorischen Unterkunft, mit Spazierengehen, Gesprächen, Planen. War ich nun jetzt draußen oder wartete ich bloß? Ich wußte es nicht. Es machte mir auch nicht viel aus.
Meine Frau sah die reale Situation, sie wußte, daß sie von ihrer Häuslichkeit Abschied genommen hatte, daß die Kinder aus allem herausgerissen wurden, der Berg der Sorgen, die Wolke der Unsicherheit – sie weinte viel; dagegen ich [was konnte ich gegen mich machen] hochgestimmt. Ja, hochgestimmt.
Wodurch? Mich begleitete in jenen Monaten das Wort aus dem »Taucher«: »Doch es war ihm zum Heil, es riß ihn nach oben.«
Was war mir zum Heil? Ach, es war in Deutschland alles, nicht nur politisch, auch geistig unerträglich geworden. Es war, als ob der politische Wirrwarr, die Stagnation das geistige Leben erfaßte und es lähmte. Auf meinem Platz rang ich dagegen. Zuletzt, Ende 32, hatte sich in mir ein Bild festgesetzt, das ich nicht los wurde: ein uralter, verschimmelter Gott verläßt, seiner kompletten Verwesung nahe, seinen Wohnsitz im Himmel und fliegt, um sich zu erneuern und seine alten Sünden abzubüßen, auf die Erde zu den Menschen hernieder, er erst Gott und Herrscher, jetzt Mensch wie alle [»Babylonische Wandrung«]. Es war die Ahnung und Vorwegnahme des Exils.
Ja, das Exil, die Ablösung und Isolierung, das Heraus aus der Sackgasse, dieser Sturz und das Sinken schienen mir »zum Heil« zu sein. In mir sang es: »Es reißt mich nach oben.« Ich konnte mich nicht dagegen wehren. Ich war in einer einzigen gehobenen Stimmung [die auch auf das Buch, das ich das ganze Jahr über schrieb, übergriff].
So trat ich das Exil an. So erging es mir, »als ich Abschied nahm«.

Alfred Kerr
Im Zürcher Exil
1933

Zürich. Sauberste Mischung aus Freundlichkeit und Sprödnis. Die Luft, man merkt es bald, ist herrlich rein – die Preise hoch wie die Berge. Hier wenigstens, denkt man, ist kein Hitlertum.

Aber Krise. (Wenngleich ohne Proletarier.) Die Menschen hier sind nicht niedergedrückt – jedoch eine sonst fremde Spannung lebt in diesen prachtvoll nüchternen, tätigen, rechtschaffenen Leuten. Ein gewisser beschatteter Ernst. So sorgenvoll waren sie kaum je. Kommt es von der Wirtschaft?

Sie tragen ihr politisches Päckchen. Haben zwar den Faschismus nicht im Land: aber die Furcht vor dem Faschismus. (Bei manchen: die Hoffnung auf ihn? ...) Die große schweizerische Mehrheit will nichts davon wissen, besonnen wie sie sind. Die Schweiz wird nie faschistisch sein. Aber: faschistisch beunruhigt.

Von hundert Schweizern reden sechzig deutsch. Fühlen sich als Halbgeschwister der Deutschen im Reiche.

Deren Geschick verfolgen sie mit stärkstem Anteil ohne für die Methoden des Göring was übrig zu haben. Sie drücken bloß manchmal ein Auge zu ... Wieviel Deutschland grade denen verdankt, die heut auf der Flucht, in Haftlöchern und Folterkammern sind, das wissen die Schweizer; reißen sich aber nicht darum, es im Augenblick hervorzuheben. Unterschwellig rinnt in ihren deutschen Anteil ein Gefühl kopfschüttelnder Verstimmung.

Und ... ein Gefühl der Ängstlichkeit. Ihre Blätter können in Deutschland beschlagnahmt werden. Man hängt auch wirtschaftlich etwas von dort ab; nicht zuletzt die Buchverleger. Niemand weiß, was kommt; auf welche Seite man fallen soll ...

(So war es damals; seitdem hat sich manches geändert.)

Meine Frau, mit den Kindern, war in die Schweiz flink nachgekommen. Das hübsche Haus im Grunewald stand nun leer.

Michel, schon über zwölf; Anna Judith, genannt Puppi, zehn. Schwerste Wochen in Lugano; Puppi wird krank; Angina; Fieber; Lebensgefahr. Furchtbare Zeit.

Dann bei den wirtlichen Freunden S. Braunschweig in Zürich, auf dem Dolder. Dann in Küsnacht (nicht in Tells; in dem bei Zürich) Fuß gefaßt: im heimeligen, jahrhundertalten Seegasthof des Freundes Eduard Guggenbühl-Heer. Bei einem Wirte wundermild.
In eins meiner unverbrannten Bücher schrieb ich ihm:
Ich weiß ein köstliches Asyl:
In Küsnacht bei Herrn Guggenbühl.

Emmy Ball-Hennings
Rigi Klösterli, Mitte September 1935
An Hermann Hesse

Vielen herzlichen Dank für Ihre lieben Zeilen, für das große schöne Gedicht, das ich an Carla weitergegeben habe. Sie hat aber auch so verlangend nach dem neuen herrlichen Photo von Ihnen hingeblickt, so daß ich ihr auch dieses geben mußte, wenn auch mit schwerem Herzen. Ich hätte es selbst so gern behalten, aber das ging leider nicht an. Ich hab mich aber sehr gefreut darüber, lieber Herr Hesse, und damit muß ich mich jetzt begnügen. Das Gedicht habe ich einen ganzen Vormittag lang lesen dürfen, und hab mich in diesen stillen, tiefen Klängen recht wohl gefühlt ...
... Hier wurde ich in meinem Brief unterbrochen, und es kann sein, daß ich noch früher zu Ihnen komme, als dieser Brief. Ich reise morgen früh, will dann gleich von Lugano aus auf den Friedhof, ich habe eine Menge Enziane und Silberdisteln, die ich Hugo bringen will. Ihr bekommt natürlich auch welche.
Erst wollte ich nach Einsiedeln, um mir das *Welttheater* anzusehen, aber man sagt, es sei so sehr kalt abends, so daß ich wegen Erkältungsgefahr nicht recht wage.
Ich freue mich wieder nach Cassina zu kommen, obwohl es hier sehr schön war und ich mich gut erholt habe. Ich möchte doch auch Frau Ninon gern vor ihrer Abreise nach Griechenland sehen, denn das wird wohl bald so weit sein.
Gestern kam hier ein ganz alter lieber Mann den Berg herauf, trat so versonnen in die Gaststube und sagte vorerst nichts, setzte sich, bestellte sich ein Weinlein und fragte dann, ob das schöne Mädchen, die Elise noch da sei. Carla wußte aber nichts von einer Elise. Dann sagte der Herr: »Ich bin nämlich vor zweiundfünfzig Jahren hier oben gewesen, habe Elise Schreiber kennengelernt, ja.« Aber Carla konnte dann Auskunft geben, daß Elise im Kloster sei, in Wil, das

schrieb sich der Herr gleich auf, ließ sich dann von der Serviertochter die Eisenbahnkarte geben und studierte, wo Wil wohl liegen könne. Er meinte, so kam's mir vor, als sei Elise noch immer sechzehn Jahre alt. Dann ließ er sich eingehendst über ihre Familie unterrichten, wo die Eltern begraben lägen. In Arth, und heut war er dort auf dem Friedhof. Der Herr war ohne Geld hierher, hatte sich aber für seinen Aufenthalt Geld von einem Freunde geben lassen. »Obwohl ich sonst nicht gerne borge«, sagte er. Daß es der Schreiberfamilie schlecht gegangen sei, beelendete ihn sehr, und abends um neun Uhr schlief er am Tisch ein, und war gar nicht leicht zu wekken. Ich schätze den Mann auf achtzig Jahre, aber er hat eine schöne, langsame, innige Sprache. Er ist sichtlich bewegt, aber was er hat, weiß ich nicht genau, und warum er gern Elise sehen wollte. Ich hätte ihm so gern eine Fahrkarte auf den Kulm hinauf geschenkt. Ich sagte, wir bekämen billigere Karten im Büro. Da dankte er mir so herzlich über die Auskunft, die ihm »so sehr wertvoll« sei, wie er sagte.

An Samstagen haben wir viele Wallfahrer, aber manchmal kommen auch Touristen mit geschminkten Mädchen, die sehn manchmal so ein bißchen abgepflückt aus. An Samstagen ist die Gaststube dicht besetzt. An Mariä Geburt habe ich den Portier machen müssen, so viel Betrieb war hier. Dann frag ich: »Wölled Sie es Frühstück, Chaffi oder Milch?«

Ansonsten aber bin ich mehr Reklamechef und habe schon eine Menge kleine Annoncen im Lauf der Zeit für das Fremdenblatt aufgegeben. Ich bin dann sehr stolz, wenn Carla mit mir zufrieden ist. Ihre Nichte heiratet in den nächsten Tagen und da habe ich zwei Hochzeitsgedichte für sie gemacht. Ja, also so steht's mit mir. Aber dieses harmlose Leben hat jetzt sein Ende erreicht, und ich hab einige Aufträge, die ausgeführt sein wollen. Und dazu brauche ich Ruhe.

Wir hatten hier viel Regen, auch Nebel, aber das Schönste ist, wir haben im Vorraum ein großes Plakat, da steht drauf: »Geöffnet bis ersten Oktober. Es lebt sich königlich über dem Nebelmeer.« – Dies hab ich zufällig nicht verfaßt. – Wir sitzen aber manchmal im dicksten Nebel, gleichwohl war Carla gekränkt, als ich mal sagte, hier könne man auch mal ins Fremdenbuch schreiben: »Benebelt heraufgekommen, benebelt hinabgestiegen.« Immer muß die Nebelfreiheit betont werden.

Es waren natürlich auch Deutsche hier, und der Justizrat sagte zu seiner Frau: »Wir sind ja jetzt auf Klösterli in ›geschützter Lage‹, da können wir uns ja schon mal über Deutschland aussprechen.« Derartige Späße werden manchmal gemacht. Jetzt muß ich noch Silberdisteln holen, Enziane hab ich schon gepflückt.

Klaus Mann
Thomas Manns Küsnachter Exil
1936

Man lebte in Amsterdam, in Zürich, in Paris, ohne diese schönen Städte als »Exil« zu empfinden. Paris war einem schon seit langem eine Art von »deuxième patrie«; in Amsterdam gab es Freunde und Arbeit; in Zürich gab es Freunde und das Elternhaus.

Die Villa in Küsnacht bei Zürich konnte es an Stattlichkeit mit dem verlorenen Münchener Heim zwar keineswegs aufnehmen, war aber auf ihre bescheidenere Art ebenso hübsch und freundlich. Übrigens waren es von den sechs Geschwistern nur zwei, die beiden Jüngsten, die jetzt ständig im »Kinderhaus« logierten. Sie gingen zur Schule in Zürich, später besuchten sie das Konservatorium. Michael wollte Geiger werden, Elisabeth Pianistin. Beide waren Kinder gewesen, als wir Deutschland verließen; von Heimweh konnte bei ihnen keine Rede sein. Medi (Elisabeth) sprach schon mit leicht schweizerischem Akzent, sah auch aus wie ein Schweizer Mädchen, zugleich ernsthaft-gediegen und ein bißchen burschikos, mit klarer, intelligenter Stirn, freundlichem Blick, ungeschminkten Lippen, sportlichem Kostüm: man kennt den Typ, er gehört zu den erfreulichsten. Bibi (Michael) zeigte sich weniger empfänglich für den ortsüblichen Dialekt (auch Golo und ich hatten ja nie die bayerische Mundart beherrscht, in der Erika Meister war), verliebte sich aber in eine veritable Schweizerin, was wahrscheinlich die männliche Art ist, sich dem Gastland zu assimilieren.

Neben den zwei »Kleinen«, die so gar klein nicht mehr waren, gab es im gastlichen »Kinderhaus« fast immer den einen oder den anderen von uns Älteren, allerdings nur besuchsweise und vorübergehend. Erika stellte sich zwischen anstrengenden »Pfeffermühlen«-Tournées für kurze Rast in Küsnacht ein. Monika kam aus Florenz, wo sie damals lebte und wo sie übrigens die Bekanntschaft des jungen ungarischen Kunsthistorikers Jenö Lanyi machte, der später ihr Mann werden sollte. Golo, Doktor der Philosophie und Geschichte, dem in Deutschland eine bedeutende akademische Karriere sicher gewesen wäre, betätigte sich als Dozent in Frankreich,

zunächst an der »École Normale« zu St. Cloud bei Paris, später an der Universität Rennes; die Ferien aber verbrachte der junge Gelehrte bei den gastlichen Eltern.
Es ging gesellig zu in der Küsnachter Villa, fast ebenso animiert wie einst in der Poschingerstraße. Von den alten Münchener Freunden ließen sich freilich nur noch jene sehen, die, wie wir, die Beziehungen zu Nazi-Deutschland abgebrochen hatten; wer dort noch leben und verdienen wollte, mied unser verrufenes Haus.
Die einzigen, oder beinah einzigen, die sich damals noch aus München zu uns wagten, waren Offi und Ofey, die erstaunlichen Urgreise. Sie ließen es sich nicht nehmen, zwei- bis dreimal jährlich auf Logierbesuch zu uns zu kommen, verhutzelt, aber von eiserner Vitalität und bemerkenswertem Eigensinn. Das schöne Palais in der Arcisstraße, das fast ein halbes Jahrhundert lang ihr Heim gewesen, hatten sie zwar plötzlich verlassen müssen: es war in der Nähe des Braunen Hauses gelegen und sollte nun niedergerissen werden, um einem neuen Parteigebäude Platz zu machen. Die »Arcissi«, Symbol und Zentrum legendärer Erinnerungen, von den Kindheits-Mythen eine der kostbarsten und geliebtesten, war dahin, dem Ehrgeiz eines unbegabten, aber mächtigen Architekten aufgeopfert ...
Offi und Ofey fanden dies bedauerlich, waren aber durchaus abgeneigt, sich von solchen Kleinigkeiten in ihren Entschlüssen beeinflussen zu lassen. Überhaupt ließen sie sich nicht leicht beeinflussen, am wenigsten von uns. Wir beschworen sie, sich zur Emigration zu entschließen und nach Zürich zu ziehen, wo sie, immer noch wohlhabend, wie sie es damals waren, den angenehmsten Lebensabend hätten haben können. Aber nein, Ofey wollte nicht, auch Offi war dagegen. Emigrieren? Warum? Die Urgreise fanden es eine Kateridee. Sie waren der Ansicht, daß die jüngeren Generationen den Ernst der Hitler-Gefahr geradezu lächerlich überschätzten. Was die Urgreise betraf, so waren sie entschlossen, den ganzen Nationalsozialismus glatt zu ignorieren. Anstatt nach Zürich zu ziehen, nahmen sie sich eine hübsche Wohnung in München, nicht weit von ihrem alten Haus. Von dort machten sie sich ganz ungeniert zu ihren regelmäßigen Visiten nach Küsnacht auf.
Es war reizend, sie bei uns zu haben. Die »Arcissi« gab es also nicht mehr, aber solange Offi und Ofey so unverwüstlich vorhanden waren, blieb von den Mythen der Kindheit doch noch etwas lebendig und gegenwärtig. Ofey knärzte, Offi perlte. Sie war immer noch schön, mit silberweißer Rokokofrisur, anmutig beweglichem Mund und ausdrucksstarkem Blick. Eine echte Persönlichkeit, unsere

Offi! Welch ein Temperament! Und ihr Widerspruchsgeist hatte mit den Jahren eher noch zugenommen. Wenn jemand von uns auf irgendein gräßliches Ereignis in Deutschland anzuspielen wagte, fragte Offi streng: »Warst du dabei?«, was man verneinen mußte. Sie lächelte triumphierend: »Na also!« Und die Sache war abgetan.

Offi und Ofey, die zähen Ahnen, demonstrierten und garantierten die Kontinuität unseres Familienlebens und des Lebens überhaupt, bei sonst gründlich veränderten Verhältnissen. Übrigens gab es auch noch andere Institutionen, auf deren Dauerhaftigkeit man sich verlassen konnte, das väterliche Arbeitszimmer zum Beispiel. Im Küsnachter Haus befand es sich im ersten Stock, während es in der Poschingerstraße zu ebener Erde gelegen war, aber sonst hatte sich nicht viel geändert. Durch irgendeine Kriegslist war es gelungen, den Schreibtisch mit einigem Zubehör aus dem gestohlenen Münchener Haus in die Schweiz zu schaffen. Da waren sie denn wieder, die vertrauten Gegenstände im vertrauten, pedantisch festgelegten Arrangement, Schreibmappe, Briefbeschwerer, Tintenfaß, das Savonarola-Profil, Mieleins Jugendbild – von Kaulbach angefertigt –, die ägyptische Büste. Auch die Atmosphäre im Raum war die gleiche geblieben, die alte aromatische Mischung aus Zigarrenrauch, Eau-de-Cologne und dem Geruch ledergebundener Bücher.

Nach dem Abendessen versammelt man sich in dieser zugleich traulichen und feierlich ernsten Stube, im Exil wie zu Hause. Vielleicht sind Gäste da, der gleichfalls schon seit Urzeiten und Kindertagen gekannte, gern-gemochte Hans Reisiger (er wird nicht mehr lange bei uns verkehren wollen, aber jetzt tut er's noch) oder unsere behaglich-dynamische Giehse oder Annemarie, das lieblich pagenhafte »Schweizerkind«. Es könnte aber auch Annette Kolb sein, die überraschend eingetroffen ist, aus Paris oder Basel kommend; nun sitzt sie in der Sofaecke, das rassig-lange Gesicht animiert unter dem unvermeidlichen schwarzen Hütchen, und plaudert auf angenehm zerstreute Art in ihrem höchst persönlich geprägten, oberbayerisch-pariserischen Jargon. Oder ist der Gast an diesem Abend Erich von Kahler, Kulturphilosoph und Dichter, treuer Freund des Vaters und der Familie? Der gebürtige Prager, lange Zeit bei München seßhaft, wohnt jetzt in Zürich und kommt oft zu uns. Ferdinand Lion käme auch in Frage, ein sensitiver Zuhörer und Kritiker, man hat ihn gern dabei, obwohl seine reizvoll originelle Geistigkeit nicht ganz eines etwas irritierenden Einschlages ins Elbisch-Kapriziöse entbehrt. Und wenn's nicht Lion ist, dann stelle ich mir Franz Beidler vor, den

politisch, literarisch und literaturpolitisch sehr tätigen Enkel Richard Wagners, dem er übrigens zum Lachen und Verwundern ähnlich sieht; Franz Beidler also wäre auch willkommen. Mit ihm sind am Ende gar die lieben Oprechts erschienen, Emil und Emmy, das Verlegerpaar, deren Züricher Heim zum lebendigsten Treffpunkt der literarischen Emigration geworden ist ... Kurz, es gibt Besuch, man hat den schwarzen Kaffee drunten im großen Wohnraum getrunken und läßt sich jetzt im Arbeitszimmer nieder. Mielein verteilt noch geschwind Aschenbecher, während der Zauberer sich schon im Lehnstuhl räuspert, Brille auf der Nase, Manuskript in der Hand. Dann wird es stille im Zimmer, und die Erzählung beginnt.
Sie beginnt nicht, sie geht weiter. Der Erzähler fährt fort, wo er sich das vorige Mal unterbrochen. Das vorige Mal – war das in München oder in Lugano oder in Sanary bei Toulon? Gleichviel, die Geschichte nimmt ihren Gang, läuft ab, entwickelt sich nach eigenem Gesetz: die geduldig ausgesponnene, farbig-genaue Geschichte und Gotteserfindung von Joseph und seinen Brüdern. Wie lange wir den anmutigen Rahel-Sproß nun schon kennen! Seine schöne und hübsche Gestalt ist uns ebenso vertraut wie die sonore Stimme, die Vater-Stimme, die den Reiz dieser zeitentrückten, mythisch distanzierten Jugend mit sehr sorgfältig gewählten Adjektiven zu beschwören, uns nahezubringen und gegenwärtig zu machen weiß.
Ja, der immer noch junge, wenn auch nicht mehr so ganz knabenhafte Joseph, dem wir nicht ohne Rührung am Zürichsee wiederbegegnen, ist noch der gleiche, der einst – wie lange ist's her? – dem würdig-sinnenden Jaakob das bunte Kleid abschwatzte und die Brüder mit seinen taktlosen Träumen ennuyierte. Inzwischen freilich ist dem Verwöhnten allerlei zugestoßen, sein Schicksal war nicht leichter als das unsere: das Exil – auch ihm blieb es nicht erspart. Erst mußte er in die Grube, dann in die Fremde; dort aber bewährt sich sein Stern, oder vielmehr, seine gewinnenden Eigenschaften helfen ihm aus der Patsche.
Für ein Emigranten-Publikum war es ermutigend zu hören, wie geschwind der zunächst scheinbar völlig ruinierte Joseph sich von seinem tiefen Fall erholt und in exotischem Milieu Karriere macht. Seine Eloquenz, sein Witz und Charme, seine angeborene Artigkeit erweisen sich als ebenso wirkungsvoll, ebenso unwiderstehlich im Hause des ägyptischen Großen wie daheim, im väterlichen Zelt. Selbst die Herrin, Gattin des Potiphar, – weit davon entfernt, über den Hergelaufenen die Nase zu rümpfen – verfällt diesem äußerst angenehmen Lächeln, dieser kindlich-schlauen Beredsamkeit, dem

schönen Dunkel der Rahel-Augen. Die mondäne Priesterin und asketisch stolze *grande dame* wirbt um den spröden Sklaven. Wie sie brennt! Wie sie leidet! Wie sie sich verzehrt in bittersüßer Ekstase! Der Erzähler im Küsnachter Arbeitszimmer macht es mit treffend ausgesuchten und geschickt aneinander gereihten Worten so recht anschaulich, durch was für Höllen, was für Verzückungen die Heimgesuchte, Verzauberte geht. Aus ist's mit ihrer vornehmen Selbstdisziplin, der priesterlich eleganten Haltung! Sie streift ihre Würde ab wie eine lästige Maske. Die Liebe bricht ihren Stolz, verdirbt ihren Teint, läßt sie vettelhaft werden, die unmögliche, unerfüllbare, unstatthafte Liebe zum fremden Sklaven, der übrigens ein Aufgesparter und Unberührbarer ist. Potiphars Weib überläßt sich ihrer absurden Leidenschaft mit dem gleichen masochistischen Radikalismus, mit dem sich einst der alternde Romancier Gustav Aschenbach am venezianischen Lido Emotionen sehr verwandter Art überließ. Nun entwürdigt, erniedrigt sich die aristokratische Ägypterin, wie damals der Cholera- und Erosinfizierte Prosaist. Um ihrer tragischen, grotesken Liebe willen riskiert sie alles, Rang, Ansehen, Heim, Vermögen. Die unmögliche Liebe ist ihr Fluch, ihr Himmel, ihr Fieber, ihr Exil.

Albert Ehrenstein
Wilhelm Tell, Rübezahl und Andreas Hofer
1936

Da niemand unter euch Touristen, nicht einmal ein Spezialist und Fachmann für Helvetik, die Geschichte des von Wilhelm Tell verfehlten Gemsbockes kennen dürfte, bleibt mir, angesichts eurer unübertrefflichen Neugier, nichts anderes übrig, als treuherzig zu erzählen und die Schweizer und Telleologen mit bisher unbekannten Tellanekdoten zu versorgen, die ein bengalisch neues Licht auf die Tat des Apfel- und Geßlerschützen werfen werden.

Wilhelm Tell blamiert sich

Wilhelm Tell war ein Breitbart: er besaß den schönsten Vollbart weit und breit, und das will viel sagen, da die Auen und Gletscher der Schweiz damals von Bartwucherern wimmelten. Ich verrate hiermit des Tellbarts Geheimmittel allen, denen an dieser Zierde ihrer Suppe gelegen ist: er salbte seinen Bartwisch täglich um Sonnenaufgang mit so erlesenem Gemsfett (aber sogar dies Arcanum nützt nur, wenn es von dem Bartträger oder seiner rosenfingrigen Eos präzise bei Sonnenaufgang dick aufgetragen wird) – daß ein an sich schon knorriger Bartwuchs so dicht wurde, daß ein neuer Absatz nötig ist, gebührend zu schildern dies Urwalddickicht, wo im Lenz die Vögel nisteten, Schmetterlinge zärtlich flatterten. Ich will nicht lügen – aber selbst Rübezahl beneidete den Tell so sehr um dessen sagenhaften Bartwuchs, daß er eigens aus Schlesien in die Schweiz wallte, um diesen Wälderreichtum mit eigenen Augen zu besichtigen. Jeder Historiker weiß: mit diesem geschichtlichen, allerdings mehr an Rübe- als an eine Jahreszahl geknüpften Ereignis begann der Fremdenverkehr über die Schweiz hereinzubrechen. Der gute Rübezahl gedachte sich ärgstenfalls im Schatten des Bartes seines Konkurrenten von der selbst für einen so rüstigen Kobold schweißtreibend weiten Reise zu erholen – aber als er des Märchenspiels, des kühlend im Winde wehenden Tellbarts ansichtig wurde, raffte der Neid den Gebirgsgeist hinweg und verwandelte ihn stracks in einen Schnaps, dessen ewig blutende Monopolquelle noch heute von den Wünschelrutengängern des Riesengebirges gesucht wird. Wilhelm Tell seinerseits erhob sich, als wäre dieser Achtungserfolg nichts gewesen, und ging, nicht ohne Armbrust, fensterln. Einen tief sittlichen Nationalhelden wie den Tell führte sein Normalempfinden natürlich nur zu seiner nachmaligen Frau; züchtig hob die wenn nicht löwen-, so doch bärenstarke Maid ihn am Bart zu sich in den verschwiegenen Liebeserker empor und stellte ihn, wie eine fromme Sage behauptet, nach einem keuschen Müntschi wieder zurück auf die fürbaß wandelnde Straße. Acht oder neun Monde hernach genas sie eines kräftigen Mädchens. Wilhelm Tell jodelte heim, im Freudenrausch über das Müntschi wußte er sich so wenig zu fassen oder zu lassen, daß er die Folgen einem unschuldigen Tierlein in die Schuhe schob; zornentbrannt schoß er auf den Turmhahn und erlegte ihn auch, wütend, weil das altertümliche Gockelvieh zu früh gekräht hatte. Wohl traf er den Turmhahn zu Tode, und das darf niemand wunder nehmen, denn Wilhelm Tell war ein märchenhaft guter Schütze, daß nicht nur in den Schweizer Bibelausgaben mit Recht zu lesen ist, der gewaltige Nimrod sei ein kleiner Tell vor dem Herrn gewesen, sondern es wird sogar von glaubwürdigen Zeugen die Legende berichtet, der treffsichere Tell habe sogar seine eigenen Grillen schießen können. Wie dem auch sei, Tells Ruhm hat dieser unschweizerische Schwabenstreich nicht sonderlich vermehrt, wohl aber ihm die rachsüchtige Feindschaft eines gewissen Landvogtes namens Geßler zugezogen, der als Kunstliebhaber den blechernen Hahn in sein Herz geschlossen hatte. Er ließ, da Tell spurlos aus der Gegend verschwunden war, Wilhelm Tells prophetischen Gebirgsdackel Menetekel in die Feste Zwinguri werfen, wo der Unglückliche bis zu Geßlers Ableben schmachten mußte. Von Tell hörte man nur ab und zu, etwa von seinem dauernd hahnreichen Waidmannsheil. Und als, wie eine Lawine, die Kunde durch die Täler und Alpen zog, er hätte mit einem Bolzen zwo balzende Auerhähne durchbohrt, war man sich einig, daß dies ein Bombenschuß zu nennen wäre, wenn es damals schon Bomben gegeben hätte. Man hatte in Waidmannskreisen über diesen »glücklichen« Doppeltreffer fachsimpeln noch nicht aufgehört, als unser Tell bereits durch einen neuen lustigmutigen Streich die Huld des Volkes auf sich lenkte. Diktatoren – von Chu-en-aten bis auf Mussolini – leiden häufig an einem geradezu religiösen Uniformierungswahn. So auch Geßler. Die Hüte, mit denen ihm die bäurische Bevölkerung Reverenz erwies, schienen ihm nicht zeitgemäß, zu altmodisch, zu körperhaft für seinen höfischen Geschmack. Wer weiß von welchem Hutfabrikanten bestochen, stellte er auf einem öffentlichen Platz das neueste, soeben aus Wien eingetroffene schicke Hutmodell zur Schau und zwang, ohne auf die Eignung dieser Zier für die wetterfesten Zwecke einer werktätigen Bauernsame Rücksicht zu nehmen, die Landbevölkerung zur Nachahmung, zu Annahme und Erwerb dieses städtisch-unbrauchbaren Bekleidungsstückes. Schlaue Bäuerlein wollten sich durch höfliche, devote Begrüßung des Herrenhutes aus der Schlinge ziehen, durch Ehrfurcht vor einem geßlerschlechten Wind- und Wetterschutz um diese steuermäßige Ab- und Ausgabe kommen. Aber es half nichts: sie mußten berappen und wurden eingekleidet. In diese verteufelte Maskerade fuhr der Tell mit drei Füchsen – einem toten Trifolium aus Reinekes Familie – und erzählte in perfektem Jägerlatein der geschmeichelten Hutwache, wie er die drei Füchslein mit einem einzigen Steinwurf tödlich auf die Schnauzen getroffen habe. Als sich die Hutwächter von ihrem Erstaunen erholten, war zwar Tell über alle Berge – und das will in der Schweiz etwas heißen –, aber an der Stelle des Geßlerhutes hing, Reverenz und Nachahmung heischend, Tells (zumal allen unerbittlichen streng regelmäßigen Kiltgang fordernden Jungfrauen) wohlbekannte Schlafmütze; über einem nicht minder bekannten verwesenden Turmhahn.

Geßler erfreute sich eines leichten Schlaganfalls, Tell blieb verschollen. Nur von Zeit zu Zeit, wenn ihm das Gemsfett für seinen Bart auszugehen begann, verließ er irgendeine versteckte Sennhütte gemswärts. So kam es zur Katastrophe. Ein fremdstämmiger Gemsbock, der sich Aorh nannte (mit einem h hinter dem r – so absunderlich war er) wechselte in jenes Gebiet hinüber, wo Tell auf sündenloser Alm, allverehrt von einigen Sennerinnen, diesem frohen Waidwerk oblag. Ich betone nochmals. Aorh war ein schnöder Fremdstämmling. Denn kein vaterländischer, schweizerisch fühlender Gemsbock hätte es je gewagt, dem Tell Widerstand zu leisten, jeder hätte sich mit Vergnügen eine Ehre daraus gemacht, sich von dem präsumptiven Nationalhelden erlegen zu lassen. Auch die Gemsböcke haben ihren Patriotismus, Ehrgeiz und Eigendünkel, der allerdings vielleicht anerzogen ist. Seit sich der alte Edelweißkunig Maximilian einer Gemse nach auf die Martinswand verstiegen hatte und dort als schlechter Tourist stehenbleiben mußte wie die Kuh vor dem neuen Tor – bis der rettende Lesebuchengel kam – seither wurden beispielsweise alle österreichischen Gemsen so sehr auf den regierenden Habsburger dressiert, daß es dem Kaiser Franz Josef nicht erspart blieb, 3000 vor ihm auf den Strich geführte Gemsen waidgerecht zu erlegen. Bereits jetzt reift in den pyrenäischen Karpathen für das Volksschullesebuch ein Bär heran, der sich aus Angst vor dem jungen Habsburgerkronprinzen von Ungarn totstellen wird. Wer eine Ahnung von der Zielsicherheit habsburgischer Leibjäger hat, wird diese Bärenangst nicht für ganz unbegründet halten.

Aorh war ganz aus der Art geschlagen, kein ehrlicher urnerischer Gemsbock, sondern wild-anachronistisch ein faschistischer Geselle von geradezu welscher Tücke. Er tanzte einem Wilhelm Tell zum Possen vor der Nase unerreichbar von Grat zu Grat, und als der schweißgekrönte Schützenkönig trotzdem zum Schuß ansetzte, ließ Aorh, ohne auch nur im geringsten Furcht zu zeigen, etwas so Despektierliches fallen, daß der Tell, unwillkürlich schmunzelnd, den kühnen Springer – der sich daraufhin Harras nannte – verfehlte. Das wäre nur eine einfache Männerangelegenheit zwischen Gemsbart und Tellbart gewesen, von denen sich der eine auf die Diskretion des andern verlassen konnte. Aber unglücklicherweise hatte von irgendeinem Firn, Gletscher, verräterischem Felsspalt her ein habsburgischer Söldling namens Pantzerchäs Tells Schlappe belauscht, und er ermangelte nicht, das Mißgeschick des Turmhahnmörders an die nicht weit unter besagtem Vogel befindliche große Glocke zu hängen. So blieb Wilhelm Tell nichts übrig, als zu versuchen, das für seinen Bart ja noch nötige Gemsfett ausgerechnet von

diesem Gamsbock zu beziehen. Dieser aber »pflanzte« ihn, hielt den wackeren Tell zum Narren, als ob allerhöchst dieser ein Landvogt gewesen wäre. Er lockte den Gemsblutdürstigen von Gebirgsstock zu Gebirgsstock, von Fels zu Fels, von Wasserfall zu Wasserfall, pflückte von Zeit zu Zeit, wie zum Hohne, etwas Edelweiß, und hielt bei allem Unfug den eifrig pirschenden Jäger immer in ungefährlicher Entfernung. Wilhelm Tell hätte sich schließlich mit dem Gemsbock gerne auf friedliche Weise verständigt, aber da er urnerisch sprach und der Gemsbock – wie alle Gemsböcke – boarisch, scheiterte dieser Versuch an den unseligen Folgen des babylonischen Turmhahnbaus. Wilhelm Tell – wenn von einem Nationalhelden dies zu sagen gestattet ist – kratzte sich den Kopf. Der Gemsbock hätte es fürwahr auch getan, wenn er Witterung davon gehabt hätte, was ihm der Tell für den Gemsbart bot. Nicht mehr und nicht weniger als tauschweise seinen eigenen Bart! Welch ein Familienkleinod für die verehrliche Gemsbockfamilie, welch ein glorreiches Erbstück! Wertvoll allein schon im Hinblick auf eines authentisch echten Tellbarts hohe Leihgebühren bei den füglich zu erwartenden Tellspielen.
Nachdem der Tell sich den Kopf gekratzt hatte, brach er in die durch unsern großen Realisten Friedrich Schiller bekannt, ja geflügelt gewordenen Worte aus: »Verreckte chaibe Usländer!« und stapfte ungesalbten Bartes mit tragischen Schritten talwärts – in sein Schicksal.

Wilhelm Tell restauriert sich

Als der Gemsbock dem Verfolger solchermaßen ein Hifthorn aufgesetzt hatte – was blieb dem armen Tell in seinem Gram angesichts des unermüdlichen Hohns habsburgischer Pantzerkäse übrig, denn als guter, ja republikanischer Demokrat zur Rehabilitierung seines sinkenden Rufes statt eines magern, schlank trainierten Gemserichs den fetten Landvogt Geßler zu erlegen?! Das aber haben ihm neidisch die andern Schützenkönige übelgenommen. Diese Biedermänner maßen redlich den Leibesumfang ihrer Landvogte und behaupteten hernach, angesichts der Unfehlbarkeit Geßlers nicht ganz mit Unrecht, der Tell hätte sich den dicksten Landvogt zum Erschießen ausgewählt. Außerdem sei es kein Kunststück, so unbewegliche Ziele, wie es ein Apfel oder ein biertrinkender Landvogt seien, zu treffen, da sei ein im rechten Augenblick davonspringender Gemsbock denn doch etwas anderes. Sie, denen es, je dunkler das

Mittelalter war, um so weniger an lichten Freiheitshelden gebrach, konnten sich solche Geschichtskrittelei schon gestatten, und vor allem darf man billig nicht vergessen: sie gingen den andern deutschen Stämmen früh mit dem besten Republikanerbeispiel voran, haben bereits vor sechs Jahrhunderten die Habsburger vertrieben und in jeder, sogar der burgundischen, Verkleidung erschlagen und vernichtet, in Österreich kam es erst 1918 (und nicht aus eigener Kraft!) zu einer mattherzigen Depossedierung des alten Raubfürstengeschlechtes.

Jedenfalls war der Tell kein vorsätzlicher Mörder, Geßler hat ihn provoziert, indem er es wagte – nicht den Tod, das wäre ungefährlich gewesen, sondern sogar – den Tell am Barte zu zupfen. Er wollte Wilhelm Tell bei den Leuten im Ansehen stürzen. Der Lügenbold behauptete, Tells Töchterchen Eveli hätte die Äpfel auf dem Markt zu Altdorf viel zu teuer verkauft. Daß diese veräppelnde Beschuldigung der Preistreiberei aus der Alpenluft gegriffen war, wußte jeder, denn Tells Töchterchen hatte es weiß Gott nicht nötig, auf dem Markt Äpfel zu verkaufen. Dieser Adamsapfel geriet bekanntlich Geßler in die unrechte Kehle. Er meinte, der Tell könne nun einmal, wenn es schon mit dem Gemsenschießen nichts mehr wäre, am Äpfelchen beweisen, daß er nicht nur so umfangliche Produkte der schweizerischen Fauna, wie es Turm- und Auerhähne sind, treffen könne. Sprach's und ließ im Wirtshaus »Zum Sandwirt von Passeyer« auf das Haupt des Kindes als Ziel einen gebratenen Apfel legen. Was das folgende anlangt, ist zu sagen: Hier irrt Schiller. Der Tell war kein vorbedachter Mörder, lauerte dem habsburgischen Wildpret in keiner hohlen Intrigantengasse auf, er tötete im Affekt: sofort, nachdem er mit einem Kernschuß den Apfel zerschossen, winkte er dem tapfern Kind, sich auf und davon zu machen; aber Evchen fiel nach bestandener Gefahr, in nachträglichem Schreck ohnmächtig, für tot hin, und mit dem Ruf: »Der Apfel fällt nicht weit von Zwetschgenbaum« jagte Vater Tell dem Landvogt den historischen Bolzen in die Schmerbrust.

Was nun kam, läßt sich denken; dem Tell gelang es, im Trubel zu entwischen, und die erste europäische, die schweizerische Freiheitsbewegung setzte mit so welterschütterndem Erfolg ein, daß sich viele amerikanische Journalisten aus Leibeskräften bemühten, samt ihrer Kamera in jene Zeit vorzudringen, um wenigstens die heroischsten Momente für ihr Blatt festzuhalten. Im Interesse unserer brachliegenden Geschichtslügenforschung muß man die Vergeblichkeit ihres Bemühens bedauern. Schämte sich doch ein parteiischer Historiker nicht, zu behaupten, der Tell hätte den in treuer Pflichterfüllung als Opfer seines Berufes sozusagen in den Sielen gefallenen Geßler ganz zufällig erschlagen: mit einer beim Kegeln versehentlich aus der Bahn gefahrenen Kugel – als der unermüdlich fleißige Landvogt im Auftrag eines habsburgischen Eichamtes sonntags gewissenhaft prüfte, ob die Kugeln auch richtig Maß und Gewicht hätten.

Jedenfalls waren die Folgen der Tat unermeßlich. Tells elegante Art, einen Apfel zu tranchieren, wurde unter den mit der Zeit gehenden Armbrustschützen so sehr Mode, ihr versittlichender Einfluß war so groß, daß viele Schwyzer heirateten, um auf den Häuptern ihrer etwaigen Kinder Tellschüsse zeitigen zu können, oder sie legitimierten ohne zeitraubende Umwege so rasch ihre Bastarde, daß sogar die Pfarrer Tells Tat als segensreich bezeichneten, ohne daß deswegen einer der Herren so geschmacklos gewesen wäre, einen Apfelschuß von der Kanzel her vorzunehmen. Daß es im Grunde doch nachäffende Eigenbrötler versuchten, den Tell mit Birnschüssen zu übertellpeln, ja, wenn die Pomologen nichts dagegen einzuwenden haben, mit Quittenschüssen, will ich nebenbei erwähnen – aber rituell vorgeschrieben, volkstümlich war und blieb nur der Apfel. Und selbst heute wird man schwer einen Schweizer finden, der einen Apfel äße, ohne nach ihm geschossen zu haben. Damals aber war diese urchige Volkssitte lange nicht so störend wie heute, und jene Liebhaber der Natur, denen es schon im Mittelalter gelang, in der zauberschönen Schweiz geboren zu werden oder sie zur endlichen Einleitung des Fremdenverkehrs zu betreten, sind glücklich zu preisen. Denn sie müssen den abscheulichen Lärm nicht hören; den in diesem oft allzu ungeschlacht zertrampelten Naturschutzpark sonnabends und sonntags die treffsichern Jungmannen mit den Büchsen vollbringen – soweit sie ihn nicht, mit den Fremden um die Wette, auf Automobilen und Motorrädern vollführen – rastlos auf nicht vorhandenes Wild knallend und in der Zeit des Gift-, Gas- und Luftkrieges sehr altväterisch anmutende Scheiben.

Wie sich die Dinge mit Tell weiterhin entwickelten, ist zu bekannt, als daß ich es ausführlich erzählen müßte. Wenn ihn natürlich auch die richtigen Basler, Berner und Zürcher Patrizier als blutrünstigen Bolschewiken und anarchistischen Revoluzzer schnitten und ignorierten – er wurde von weit und breit von allen Weit- und Breitbärten besucht, man wollte genau, mit allen Einzelheiten wissen, wie sich der Apfel- und Geßlerschuß zugetragen. Und da Wilhelm Tell keine Ahnung hatte, daß dereinst der Schiller für diesen Apfel der

Erkenntnis unbarmherzig sorgen würde, bis jedes Schulkind auf Erden Bescheid wissen mußte – ist dem Tell seine Leutseligkeit hoch anzurechnen, die ihn nicht ermüden ließ, ehe der fragelustigste, fragelästigste Gast alles wußte. Erklärlich, daß sich aus dieser Gastfreiheit nach und nach eine so renommierte Gastwirtschaft entwickelte, daß der Tell als ehrwürdiger Stammvater der Schweizer Hotellerie zu begrüßen ist, sein liebreizendes Töchterchen als Ahnfrau der Saaltöchter. Wenn ich noch hinzufüge, daß bei ihm selbstverständlich das schmackhafte Apfelmus zu finden war und (so vorzüglich, daß Bartel nur bei ihm den Most holte) der beste Most, ist es erklärlich, daß in Würdigung dieser und ihrer Verdienste um die Hebung der deutschen Literatur und Rindviehzucht Tells Familie nochmals (die Habsburger blieben bös) den preußisch-neuenburgischen Adel erhielt, mit dem klassischen Prädikat: von Tellheim. – Sie gab dann den Restaurationsbetrieb als unstandesgemäß auf – sonst hätte ich einer geneigten Leserin schon längst empfohlen, dort, je nach ihrem religiösen Bekenntnis, Apfelkuchen mit Schlagsahne oder Apfelstrudel ohne Vanillesauce zu verzehren. Es bleibt nur noch übrig, der Reue des mutwilligen Gemsbocks zu gedenken, der sich nun oft nächtlicherweile in Tells Apfelgarten schlich, um sich erlegen zu lassen. Vergebens – der Tell schoß nicht mehr! Seit er den erbärmlichen Geßler vernichtet, ekelte ihn Blut an, und dann wären nach einem Landvogt sogar untreffliche Gemsböcke niederes Wild gewesen. So blieb Aorh nichts übrig, als zahm zu werden und dem über alle Jagd hinausgeratenen Tell allenthalben wie ein Hündchen nachzulaufen, bis er dem Gemsbock verzieh, ihn in Gnaden aufnahm und ihm den Namen Freitag verlieh. Aorh hat sich denn auch in der Folge auf Tells Grab in treuen Tod gehungert. Vorher aber war beiden ein fröhliches Alter beschieden und, da irren menschlich ist, wird man einige rührende Züge des alternden Tell sympathisch finden, und keineswegs lächerlich. Er schien nicht immer zu wissen, was er wollte, rückte um neun Uhr vormittags unruhig hin und her, als hätte er gern ein »Z'nüni Rösti« gehabt, hätte sich gern am Alpenglühen ein Pfeifchen angezündet – alles nur aus Vergeßlichkeit – ohne zu bedenken, daß der saumselige Kolumbus noch immer nicht die gerösteten Kartoffeln und den Rauchtabak entdeckt hatte. Als er zufrieden starb, erwarteten viele Schweizer so etwas wie ein politisches Testament von ihm, aber – als ob sich die welthistorischen Ereignisse über die Jahrhunderte hinweg die Hände reichten – wünschte er kindlich aber echt schwyzerisch sterbend nichts als: »So einen Bart möcht ich haben wie der Andreas Hofer.«

Alfred Polgar
In der Fremde
1938

Da bin ich nun in der wildfremden, fremdsprachigen Stadt, deren Name nichts zur Sache tut. Sie ist schon lange Zeit vorhanden, viele Male hat sie sich um die Achse der Erde gedreht und mit dieser um die Sonne, viel Welt- und Lokalgeschichte ist, keineswegs spurlos, über sie hinweggegangen, ihr Gesicht und Ton haben oft gewechselt, konsequent hielt sie nur am Klima und an der geographischen Lage fest.

Im wesentlichen besteht die Stadt aus Häusern; ja, dies ist es geradezu, was sie zur Stadt macht, denn wären nicht Häuser die Mehrheit, sondern etwa Bäume, Wasser, Felsgestein oder Äcker, so hieße sie Natur und hätte auf der Landkarte keinen schwarzen Kreis mit Punkt darin. Die Häuser, zu Zeilen gereiht, bilden Straßen und sind durch lot- und waagerechte Mauern in Hohlwürfel geteilt, typisch für den menschlichen Nestbau. Es ist eine fremde Stadt, doch geht es in ihr, das hat man bald heraus, so zu wie in andern auch. Die Stadtbewohner haben Beschäftigungen, die einander einerseits ergänzen, andererseits aufheben oder sich zumindest kürzen ließen, wie die durch Gleiches teilbaren Zahlen eines Bruchs; doch findet solche Kürzung kraft eines stillschweigenden Paktes nicht statt: die Bedürfnisse tun den Befriedigungen den Gefallen, da zu sein, und eine Notwendigkeit wäscht die andere.

In jedem bessern Haus wohnt ein Advokat oder ein Arzt und hat, ganz wie bei uns daheim, sein kleines Schildchen am Tor; gewiß auch liegen in den Wartezimmern alte Witzblätter auf und Badeortprospekte. Die Friseure stellen Wachsköpfe mit Perrücken ins Schaufenster, die Metzger Würste, die Buchhandlungen aufregende Weltliteratur, in den Schulzimmern hängen Landkarten an der Wand, in den Küchen Geschirr, in den Kontoren Abreißkalender, in den Musikzimmern die Beethovenmaske, in der Stube der Köchin eine Strohmatte mit Ansichtskarten, auf den Straßen wachsen Laternenpfähle und auf dem Friedhof Zypressen, das Rathaus hat einen Turm mit großer Uhr, Denkmäler wirken als Ruhepunkte im bewegten Straßenbild, und öfters im Tage deckt sich die Stadt mit

Zeitungen ein, welche verschiedener Ansicht sind. Einmal im Monat ist Vollmond, der aber in der Stadt keine Rolle spielt. Täglich blasen viele Schornsteine rußschwarzen und viele Gehirne geistfarbenen Rauch in die Luft, wodurch diese nicht immer besser wird; eingefurcht steht in allen erwachsenen Gesichtern eine Spur der Mühe, dem Leben einen Sinn zu geben, durch den es vor dem Auseinanderfallen behütet würde; hitzig und geräuschvoll blicken viele junge Männer auch dieser Stadt in die Zukunft, die sie bereiten wollen.
Es ist also eigentlich, abgesehen von Nuancen in Form und Farbe, Geruch und Klang, ganz wie bei uns zu Hause. Aber ein anderes macht den kurzen Aufenthalt in der fremden Stadt so wunderlich eindrucksvoll: eben das Gefühl, *nicht* in ihr zu Hause zu sein. Das Gefühl völliger Unabhängigkeit von der Schwerkraft, die die Menschen der Stadt an sie bindet, das Gefühl der freien Bewegung über eine Erde, in der die anderen pflanzenhaft festwurzeln. Indem der Fremde die fremde Stadt durchwandert, spürt seine Seele Schauer der Unbeteiligtheit. Alles ringsum, Sachen und Personen (von der Verwandtschaft mit diesen als Menschenbruder abgesehen), bekümmert ihn wenig, kein Fädchen vom Netz der Beziehungen, in das die Lebenden hier eingesponnen sind, knüpft sich an seine Nervenfasern, die Wirklichkeit rundum ist für ihn nichts weiter als Schau- und Hörspiel.
O Fremde, wie bist Du reizvoll – – für den, der eine Heimat hat!

Béla Bartók
Saanen, Châlet Aellen, den 18. August 1939
An den Sohn

Mein lieber Sohn!
Also, wieder ist der Jahrestag Deines Geburtstages gekommen. Ich beeile mich, dessen zu gedenken, damit meine Zeilen Dich noch in Szőllős antreffen, da Ihr, wie ich höre, nur bis zu jenem Tage dort bleiben wollt. Ich will zugleich über mein hiesiges Leben kurz berichten. Irgendwie fühle ich mich als ein Musiker vergangener Zeiten, der von seinem Mäzen zu Gast geladen ist. Nicht wahr, Du weißt, daß ich als Ehrengast Sachers hier weile. Sie sorgen aus der Ferne vollständig für mich. Mit einem Wort, ich wohne ganz allein – in einem volkskundlich interessanten Objekt: in einem regelrechten Bauernhaus. Die Einrichtung kann je-

doch kaum mehr volksmäßig genannt werden, da das Ganze überkomfortabel ausgestattet ist. Sogar ein Klavier haben sie mir aus Bern hierher geschafft. Sein Eintreffen war für den 2. August um 12 Uhr angekündigt und denk Dir, sie sind nicht um 12 Uhr oder nachmittag damit eingetroffen (wie das zu Hause bei uns üblich wäre), sondern schon um dreiviertel 10 vormittag. Die Frau des Pedells kocht für mich und räumt auf, eine sehr ordentliche, anständige Person, für die meine Wünsche Befehle sind. Neuerdings ist mir auch das Wetter gut gesinnt – der Himmel ist seit neun Tagen vollkommen klar – und seit dem 9. ist kein Tropfen Regen gefallen. Was die Ausflüge betrifft, so kann ich das schöne Wetter leider nicht ausnützen: ich muß arbeiten. Und gerade für Sacher: eine Bestellung (irgend etwas für Streichorchester), auch dies macht meine Situation den Musikern der Vergangenheit ähnlich. Glücklicherweise ging es gut mit der Arbeit, ich wurde damit in 15 Tagen fertig (ein Werk von ungefähr 25 Minuten langer Spieldauer). Gerade gestern habe ich es beendet.
Jetzt müßte ich aber noch einer anderen Bestellung nachkommen, und zwar für Z. Székely (»Neues Ungarisches Streichquartett«). Seit 1934 arbeite ich sozusagen nur auf Bestellung!
Die armen, friedlichen und anständigen Schweizer sind gezwungen, in ständigem Kriegsfieber zu leben! Ihre Zeitungen sind voll von militärischen Artikeln, auf den wichtigeren Paßübergängen usw. wurden Schutzmaßnahmen und militärische Vorbereitungen getroffen. Ich habe selbst welche auf dem Julier-Paß gesehen: z. B. in den Boden eingebaute Felsblöcke gegen Tanks und ähnliche schöne Dinge. In Holland ist die Lage die gleiche, auch sogar in Scheveningen. – Es gefällt mir nicht, daß Du nach Rumänien willst; in so unsicheren Zeiten sollte man sich nicht in so unsichere Gegenden begeben. Ich werde auch fortwährend von dem Gedanken beunruhigt, ob ich noch von hier nach Hause werde reisen können, wenn eventuell dies oder jenes geschehen würde. Zum Glück kann ich mir diese schlimmen Gedanken aus dem Kopf schlagen – wenn es sein muß –, und so stören sie mich nicht in meiner Arbeit. Heute kommen die Sachers für einige Stunden zum Besuch hier an.
N. B. Dieses Haus ist nicht ihr Eigentum, nach den vorjährigen September-Ereignissen haben sie es – für alle Fälle – gemietet. Zwei Wochen habe ich keine Zeitungen gelesen; erst gestern bekam ich wieder eine in die Hand: ich habe dem Ausfall kaum angemerkt, daß es eine 2 Wochen alte Nummer war. Inzwischen hat sich gar nichts Neues ereignet. (Gott sei Dank!)

Ich wünsche Dir und Euch alles Gute. Wenn es schlimm wird, denk an mich.

Es küßt Dich Dein Vater

Friedrich Michael
Schwellenmätteli
1939

Zu den schönen Erinnerungen des ersten Berner Sommers – es waren nur zwei Wochen, aber dies eben war mein Sommer – gehört das Mittagessen beim Schwellenmätteli an der Aare. Diese Erinnerung ist mit der Gestalt eines Mannes verbunden, dessen Namen ich hier nennen will, da ihn der Tod allzu früh entrückt hat: Hugo Marti. Denen, die im literarischen Leben Bescheid wissen, ist Martis Tätigkeit als Redaktor des »Bund«-Feuilletons bekannt; sie erinnern sich vielleicht auch seines schönen Nachrufs auf Rainer Maria Rilke, in dem die Sätze stehen: »Er wußte zu lauschen ebenso tief wie zu reden. In die Menschen hinein lauschte er – man mußte ihn im Gespräch sehen –, und in die Dinge lauschte er; und oft schien ihm, als sei Gott wacher in den Dingen als in den Menschen. Um ihn lag immer Stille. Wenn er erzählte, kam die Stimme aus seinem großen, sinnenden Mund, als spräche ein anderer aus ihm: unendliches Erinnern, fernes Wissen, Gott.«

Die Bücher, die Hugo Marti veröffentlicht hat, sind nicht umfangreich. Aber jedes hat den eigenen, persönlichen Ton des Menschen, um dessentwillen man sie liebt: das »Rumänische Intermezzo«, das »Davoser Stundenbuch« oder die Aufzeichnungen »Eine Kindheit«, diese anmutig-natürlichen Erinnerungen, die neben berühmteren Kindheitsbüchern der letzten Jahre sich sehr wohl sehen lassen dürfen, eben wegen ihres einfachen Vortrags, in dem die Begebenheiten so klar und greifbar vor uns hingestellt werden; wenn er da von dem Treppensturz erzählt, bei dem ein Stahlspan ihm in die Wange drang, der eine böse Eiterung hervorrief und durch eine Operation entfernt werden mußte – dann sieht man ihn wieder deutlich vor sich, mit der Narbe in der Wange.

Nun, damals, in jenem Sommer, saß er mir eines Tages lebendig gegenüber, in der Redaktionsstube des »Bund« zuerst und dann unter den schattigen Bäumen auf dem Schwellenmätteli, wohin er mich eingeladen hatte, um mir einmal ein rechtes Stück des schönen Bern zu zeigen.

Schwellenmätteli – das bedarf der Erklärung. Mätteli ist die kleine Matte, der kleine Wiesenplan. Die Schwelle aber ist das breite Wehr, das die Aare staut und die Ableitung eines Wasserarmes, des Mühlgrabens, zum Betrieb der städtischen Mühlen ermöglicht. Sie ist schon in der Mitte des 17. Jahrhunderts erbaut.
Das Schwellenmätteli liegt unmittelbar unter der Kirchenfeldbrücke, die sich fünfunddreißig Meter hoch über die Aare wölbt. Drüben, auf der Stadtseite, dem Mätteli gegenüber, liegt die Matte, das Stadtquartier unmittelbar am Fluß, das im 13. Jahrhundert entstanden und allmählich immer weiter in die eingedämmte Aare hineingewachsen ist. Und darüber erhebt sich die Oberstadt, die großartige Münsterterrasse.
Es saß sich herrlich an diesem heißen Julimittag hier unten, unmittelbar am grün schimmernden Wasser, das rasch vorüberzieht und den frischen Atem der Gletscher mitbringt. Wir aßen Fische aus der Aare und tranken dazu einen hellen Schweizer Wein vom Schloßgut Bachtobel.
Hugo Marti wies hinüber zur Matte: »Da spielt Paul Heyses schöne Novelle vom verlorenen Sohn.« Und er erzählte vom Leben der Matte, von den Fischern und Schiffern, die nicht immer im besten Ruf standen. Ein Stück Romantik am Fuß der strengen Münsterterrasse und vor den Gärten der Patrizierhäuser in der Junkerngasse.
Ich kannte Paul Heyses Novelle nicht, und ich kam damals nicht so bald dazu, sie zu lesen. In einer Literaturgeschichte stieß ich dann einmal auf die Novelle und fand dort diese Sätze: »Ein Fremder ersticht in einer Spelunke einen ihm unbekannten, verkommenen Menschen, im Streit um eine Dirne zur Notwehr gedrängt, und flüchtet in das Haus von dessen Mutter, deren einziger geliebter Sohn der Tote war. Ihre Tochter erwidert seine Neigung. Die Mutter wird vom Gericht aufgefordert, den Erstochenen, an dessen Hand ein Ring mit ihrem Wappen ist, zu rekognoszieren. Sie verleugnet ihren Sohn. Die Tochter und der Fremde heiraten, aber niemals lächelt die schweigende Dulderin mehr.«
Das ist in der Tat – ich habe die Geschichte inzwischen gelesen – ungefähr der Verlauf der Begebenheiten. Aber wie lebt diese Novelle, wenn man die Szene am Fluß kennt!
Das Haus der Mutter, der Frau Helena Amthor, Witwe eines reichen Bürgers und Ratsherrn, ist gewiß eins der Häuser in der Junkerngasse, und leicht versetzt man sich in den schönen Terrassengarten mit dem Blick auf die Aare. Da steht an dem schwülen Septemberabend die Mutter neben dem neunzehnjährigen Lisa-

bethli, das ihr einziger Trost ist, nachdem der verwöhnte Sohn in der Fremde verschollen. »Wie der Fluß das Wetter spürt«, sagt das Mädchen, »man meint ordentlich, man sehe die Wellen wie von einer Gänsehaut überlaufen, wenn die Blitze so niederfahren. Und doch können sie noch fiedeln und tanzen in der Schenke unten auf dem Inseli. Sind doch gottlose Menschen.« Plötzlich belebt sich die Szene da unten: die Tür der Schenke geht auf, Leute drängen heraus, ein Mädchen dazwischen, Degenklingen blitzen, über dem dunklen Knäuel leuchtet die rote Feder auf dem Barett eines Jünglings auf – Schreie gellen: da bricht jäh der stürzende Regen herein und löscht alles aus bis auf das rote Licht aus dem Fenster der Inselschenke. Und dann kommt der verwundete Jüngling mit der Feder auf dem Barett, von Häschern verfolgt, auf die Terrasse herauf, ins Haus der Frau Amthor; sie nimmt ihn auf, im Gedenken an den eigenen Sohn, dem sie sich in Nöten auch eine solche helfende Hand wünscht – und ahnt noch nicht, daß dieser Sohn unten im Kahn auf der Aare erstochen liegt.

Ich weiß nicht, wie diese Novelle auf einen Leser wirken mag, der Bern und die Matte an der Aare nicht kennt. Mir ist sie im Rahmen der Landschaft ganz lebendig geworden – aber auch diese Landschaft, dieses Stadtbild, wie mans vom Schwellenmätteli vor sich hat, ist nun mit der Gestalt der Matrone auf dem Altan über der Aare, der träumerisch in den Abend blickenden Tochter und der wüsten Gesellschaft vor der Schenke untrennbar verknüpft. Es ist ja das schöne Vorrecht der Dichter, uns die Wirklichkeit, Mensch oder Ding, zur bleibenden Gestalt zu machen – sie heiße Wallenstein oder auch Bern.

Und ich bin Hugo Marti darum doppelt dankbar für die Stunde beim Schwellenmätteli.

Victoria Wolf

Das große und das kleine Gefühl

An der schweizerischen Landesausstellung 1939

Schon auf der Bahnhofstraße fing es an. Mein Zug kam abends um halb acht. Es war noch nicht dunkel, aber die Laternen brannten schon, nein, sie brannten nicht, sie leuchteten aus ihren bunten Wappenschirmen und die Menschen, die die Bahnhofstraße entlang gingen, leuchteten mit. Waren das die gleichen Menschen, Schweizer Eidgenossen, Eingeborene, Eingesessene, die noch bis vor wenigen Tagen die gleiche Straße gingen, aber so, daß Carel Capek einmal sagen mußte: »Die Schweizer sind ein Volk ohne Sehnsucht«. Ja, so sind sie früher auf der Straße gegangen, selbstverständlich, energisch, tatbewußt, nicht verträumt und nicht leichtfüßig und ganz und gar nicht romantisch bewegt. Das ist plötzlich anders geworden. Der bunte Schein, der aus den sonst so nüchtern-weißen Laternen strahlt, liegt auch über den Menschen in Zürich, er macht jetzt, daß sie federnder gehen, beschwingter, er zaubert ihnen sogar ein Lächeln auf die Gesichter.

Das herbe, scharf gezeichnete Schweizer Gesicht, das sich so gut photographieren läßt und bisweilen aussehen kann wie lebendig gewordene Holzplastik, ist auf merkwürdige Weise verändert. Aber das bewirken nicht die Laternen allein. Es kommt von innen. Und das hat seine gute Berechtigung.

Als ich im Strom der Frohen mitlief, die Bahnhofstraße hinauf bis zum Bürkliplatz, zum Fahnenrondell, das aussieht wie ein zu Flaggen gewordener Rütlischwur, als ich die vielen neuen Lichter an den Ufern sah, die kühnen der Schwebebahn, die farbigen der Schiffe, die buntbewimpelt vom rechten Ausstellungsgebäude hinüber zum linken fahren, als ich die Fülle sah, die sich zu der Ausstellung drängte und als ich mich von dieser beschwingten Masse fortführen ließ und selbst durch die eisernen Drehtüren schritt, die das übrige Zürich von der neuen in Ausstellungsgebäuden komprimierten, autarken Schweiz trennte, konnte ich diese Veränderung, die plötzlich mit dem Schweizer vorgegangen war, verstehen. Mehr noch, ich konnte sie bewundern und ich konnte sie beneiden. Aber Neid gehört zum kleinen Gefühl und davon will ich dann ganz schüchtern zum Schluß erzählen, wenn ich genug vom großen Gefühl gesagt habe. Denn, das große Gefühl ist das Wichtige!

Der Schweizer, der bisher genug gehabt hat an biederen Tugenden, hat plötzlich das große Gefühl bekommen und er wagt es endlich, jawohl, endlich wagt er es, das auch zu zeigen: es besteht aus Freude und Bewunderung und Stolz. Es ist da, weil er nicht nur weiß, was er selbst kann, sondern weil er vor sich sieht, was seine Landsleute können. Er kritisiert plötzlich nicht mehr, er bewundert. Und das tut gut. Der Fremde, der auch bewundert, sieht es an jedem einzelnen Gesicht.

Bewundern muß man, weil alles da ist, und weil alles so selbstverständlich da ist. Ohne großes Tamtam, ohne große Zahlenschlachten, ohne Selbstbeweihräucherung, ohne all die Reklamefeldzüge, die wir von den Diktaturstaaten und von Amerika gewohnt sind.

Es heißt nirgends und keineswegs: »In zehn Millionen Arbeitsstunden hat unser Volk mit seinem Willen aus Beton und Stahl aus den unerschöpflichen Kräften unseres geliebten Heimatbodens ein Werk geschaffen, das vier Millionen gekostet hat, zwanzig Millionen eintragen soll, das täglich von Hunderttausenden bestaunt wird und hineinragen wird in die Ewigkeit.« Nein, so heißt es keineswegs, obwohl es ein leichtes gewesen wäre, aus fremden Zeitungen so etwas abzuschreiben! Abschreiben gibt es nicht! Prahlen gibt es nicht, protzen gibt es nicht! Es wird geleistet! Hingestellt und damit basta! Und gerade das wirkt, das macht Eindruck und wird bestaunt. Die Reklame, die die Landesausstellung für sich macht, ist die schlicht und erhabene der Tat!

Wäre die Schweiz ein Kanton der Vereinigten Staaten, so hätten wir in tausend Variationen lesen müssen: »120 000 Brotlaibe wurden von den Arbeitern während der zwölfhunderttausend Arbeitsstunden verschlungen, zusammen ergeben sie das Gewicht des »Schweizer Hotels«, oder: monatlich werden 650 000 Glas Süßmost ausgeschenkt, das ist soviel wie die Hälfte des Wassers im Schifflibach, oder: wenn man die Zehn-Zentimeter-Länge der Schinkensemmeln zusammenzählt, die seit der Eröffnung bis heute von den Besuchern gegessen wurden, so ergibt sich die Strecke von Arth-Goldau bis Zürich. Wir hoffen, am Schlusse der Ausstellung die Gotthard- und Simplon-Linie zusammen bewältigt zu haben!« Nein, nichts Derartiges, nirgendwo die geringste Geschmacklosigkeit, nirgendwo! Weder in den Hallen, noch in den Restaurants, noch in den Anlagen. Nirgendwo die geringste Übertreibung.

Dagegen überall jene erstaunlich sichere Manifestation des guten, besten Geschmacks. Und es ist diese Sicherheit, die besonders imponiert.

Diese Sicherheit geht durch die ganze Ausstellung, an beiden Ufern entlang als ständiger treuer Begleiter.

Nicht daß ich diese Sicherheit des Geschmacks im Modepavillon oder bei »Bauen und Wohnen« besonders betonen wollte. Diese beiden Gewerbe leben vom guten Geschmack; er gehört dazu, wie die Sterne zum Himmel. Sie sind schön, aber sie müssen sein!

Doch es gibt hundert andere Gewerbe, die nicht davon leben: Elektrizität, Aluminiumfabrikation, Käserei, Molkerei, Obstsaftererzeugung. Die könnten auch sein, ohne in eleganten Formen zu stekken. Aber sie tun es trotzdem, selbstverständlich, sie sind nicht nur solid und nützlich, sondern auch schön.

Es ist kein Unterschied, ob Grieder ein brokatenes Abendkleid in

raffinierter Faltengarnitur an einer sich graziös drehenden Puppe zeigt, oder ob das Aluminiumwerk Neuhausen Rohre, Schrauben und Geräte ausstellt. Die Aluminiumdinge sind so schön, daß ich sie genau so gerne gestreichelt hätte wie das Brokatgebilde.
Alle Angst, die ich sonst vor gewaltigen Maschinen habe, deren Mechanismus ich nicht verstehe, deren lärmende Leistung mich bedrückt, ist plötzlich in Freude an ihrer Schönheit verwandelt. Schön sind diese Maschinen in der Elektrizitätshalle, schön und vornehm, ein Abbild des Geistes, der sie erschaffen hat. Daß sie nützlich sind, gut und solid, ist dabei so selbstverständlich, daß man es gar nicht mehr erwähnt.
Grandios ist, wie irgendwo in einer Vitrine eine Schar Haarkämme liegt. Gewöhnliche Haarkämme, heutigen Datums, aus Zelluloid, Horn oder Galalith, keine kostbaren Gebilde, die edelsteingeschmückt früher in den Haarturnüren großer Damen steckten, gewöhnliche Dinger, das Stück zu einem Franken, überall käuflich, überall nicht beachtet, weil sie nichts sind als nützlich, hier werden sie plötzlich geadelt, herausgehoben aus der Gattung: »Haarkamm communis«, hineingestellt in das Kunstwerk Geschmack.
Auch den Scheren erging es so, plötzlich sind es Kostbarkeiten; auch den kleinen viereckigen Stoffmustern, die sonst zu Hunderten in gewöhnlichen Pappschachteln verschickt, durchwühlt und schlecht behandelt werden.
Hier stehen sie in einem übermannsgroßen drehbaren Musterbuch; jeder kleine Fleck eine gute Idee!
Auch die Photographie hat sich Aufgaben gestellt! Nicht nur in überlebensgroßen Photomontagen, die die Russen mit Vorliebe verwenden, nicht nur im Aufzeigen der Schweizer Landschaft. Das können auch Amateure, denn das Urbild ist so überreich, daß man schon besonders ungeschickt sein muß, um danebenzuhauen.
Die Aufgabe ist vor allem die Wiedergabe des Alltags. Wie da ein Stück Schwarzbrot photographiert ist, nichts als ein großes, rundes, frisches Stück Brot, das man packen und abbeißen will, wie da ein Emmentaler Käse photographiert ist, man riecht ihn förmlich. Wie eine Ackerfurche aufgenommen ist! Das ist gekonnt und das ist Qualität! Und das ist zu bewundern.
Wir kommen zu den Weinen.
Wie kann man Weinflaschen ausstellen? Hunderte von Weinflaschen, die zwar mit fröhlichen Etiketten beklebt sind, aber doch jene stereotype langgestreckte, langweilige Flaschenform haben, bei der nur der Inhalt attraktiv ist. Mir wäre nichts eingefallen!

Aber *denen* ist etwas eingefallen. Und wie! Ich glaube, diese Idee gehört zu den Dingen, die man nie vergessen wird. Da liegen auf einem großen, halbkreisförmigen Brett zwei Reihen Flaschen, nach Landschaften geordnet, die Walliser Weine, die Tessiner Weine, die Neuenburger Weine, und bescheiden ist unter jeder Flasche ein schwarzes Knöpfchen angebracht.
Dieses Knöpfchen ist die gute Idee. Auf dieses Knöpfchen muß man drücken und gleich leuchtet ein rotes Licht auf einer Riesenlandkarte, die über dem weinbeladenen Halbkreis angebracht ist, es schimmert durch das grüne Glas einer Schwesterflasche, die dort oben auf der Landkarte gerade da steht, wo sie beheimatet ist. Ein spielerischer, reizender Wein-Geographie-Unterricht für erwachsene Kinder!
Und dann noch ein Stück Geographie.
Irgendwo in einer Halle steht ein großer Globus; man kann ihn drehen, er ist mehr zum Spielen als zum Lernen da. Aber Länder, Flüsse, Seen, Meere sind getreu darauf. In der Mitte von Europa ist ein kleiner, dunkler Fleck: die Schweiz. Keine Randbemerkung ist dabei. Nirgends Zahlen, Angaben, Statistik. Aber jeder weiß, was dieses kleine Fleckchen auf der großen Erde doch zu sagen hat. Klein sind wir, und trotzdem können wir das alles, was ihr hier in diesen Hallen seht. So klein und doch ein Musterland, so klein und doch ein Vorbild für die Freiheit, so klein, vier Sprachen und doch einig! So klein und doch so groß!
Und dieses Bewußtsein ist es, das plötzlich allen Schweizern diesen sichtbaren neuen Schwung gibt.
Ich habe mit vielen, die mitgearbeitet haben und dazugehören, darüber gesprochen. »Nein, wir sind nicht stolz auf unsere Leistung«, sagte eine junge Schriftenzeichnerin, »wir sind nur froh.« Und ein Rechtsanwalt meinte: »Wenn auch manche von uns lange skeptisch waren und gedacht haben, was für ein Leichtsinn, solch eine Ausstellung in dieser unruhigen Zeit, so haben wir unsere Meinung jetzt gründlich geändert und sagen, wenn wir diese Ausstellung nicht jetzt schon gemacht hätten, dann müßten wir unverzüglich darangehen, sie sofort in Angriff zu nehmen.«
Wie schön und wie stolz und wie großartig klingt dieses »Wir« trotz aller hörbaren Bescheidenheit. Und wie schön muß es sein, hier dazuzugehören! Wie schön muß es sein, überhaupt irgendwo hinzuzugehören, mit Herz und Gefühl und Stolz und Arbeit!
Und alle die Schweizer, die vielleicht bisher solche Dinge selbstverständlich hingenommen haben, empfinden sie plötzlich als Tat! Sie

sehen das Elend der Heimatlosen, sie vermieten Zimmer und Gastrecht an die Fremden, und sie sehen ein, was es heißt, eingeordnet zu sein. Sie erleben plötzlich »Heimat«. Sie erleben etwas, das man sonst nur in der Fremde erlebt, zu Hause. Und das macht ihren Gang beschwingter und ihre Augen fröhlicher. Und das ist das große Gefühl!

Und es ist auch mein großes Gefühl: das der rückhaltlosen, ehrlichen Bewunderung, aber ich habe ein kleines Gefühl daneben. Ich will es rasch gestehen: Neid.

Rasch, denn Neid ist kein schönes Gefühl, auch kein produktives. Drum sollte es gesagt sein und gleich wieder weggehen, um anderem Platz zu machen.

Neid: weil ich auch gern mitgeholfen hätte und nicht durfte. Weil man hier sagt, und wahrscheinlich auch mit einer gewissen Berechtigung sagt: du darfst hier leben, atmen, spazierengehen, aber deine Hilfe brauchen wir nicht; wir können alles selber, gib dich keinen falschen Hoffnungen hin; wir brauchen niemals fremde Kraft!

Viel unbewußtes, autarkes Selbstgefühl steckt in dieser Haltung. Selbstgefühl, das schließlich zu dieser Leistung geführt hat, zu der wir alle von weither bewundernd gereist kommen.

Autarkie liegt dem Schweizer im Blut. Er braucht keinen Diktator, der sie ihn lehrt. Er braucht auch keine fremde Hilfe. Nicht einmal die Hilfe der Besten.

Und das tut mir leid. Er wird sie nie brauchen, nie. Und das tut mir noch einmal leid. Vier Millionen Schweizer schaffen es allein. Und vor dieser millionenfachen Tatkraft muß man den Hut abziehen. Ich ziehe ihn.

Alfred Mombert
»Ich erhoffe eine rettende Gletscherspalte.«
Gurs, 30. 10. 1940.
An Hans Reinhart, Dichter, Winterthur

Lieber Muri:

»Es fließt Alles von mir ab wie großer Regen.«

Es ist mein Schicksal, daß Alles, was ich prophetisch klangvoll gedichtet habe (zum »ästhetischen« Genuß der Deutschen), ich später in grausamer Realität erleben muß. Mit kurzen Worten – vielleicht haben die Zeitungen schon berichtet –:
»Es *floß* Alles von mir ab.« Oder: »*Ich* floß von Allem ab.« Die »Halle«, die schöne, ist gänzlich aufgeflogen. Abgesehen von einigen Köfferlein und Paketen, die zum Teil mit mir ankamen, mußte *Alles* zurückbleiben. Die ganze Bibliothek, etc. etc., auch meine Manuskripte und alle Briefwechsel etc. etc. Also: *»Alles«*. Wohnung versiegelt durch Gestapo. Mitnahme von *sage 100 RM* (die in französische Franken gewechselt wurden) war gestattet. Ich mit meiner Schwester (72 Jahre alt) samt der gesamten jüdischen Bevölkerung Badens und der Pfalz (wahrscheinlich auch von anderen Gebieten) samt Säugling und ältestem Greis (auch Kranke) ohne vorherige Ankündigung binnen einiger Stunden zunächst auf Lastwagen zum Bahnhof und dann mittels Extrazugs abtransportiert (»entrückt«). Via Marseille-Toulouse zu den Basses Pyrénées, nahe der spanischen Grenze, in ein großes Internierungslager (Camp de Gurs). Bei dem riesigen und ganz plötzlichen Menschendrang die Verhältnisse sehr schwierig und primitiv; kaum etwas zu kaufen. Ganz leichte Holzbaracken bei nächtlich kalter Witterung. Jedoch gute Luft (700 m Höhe). Man gibt sich anerkennenster Weise große Mühe, zu bessern, soweit möglich. *Meine Schwester* (72 Jahre alt) ist bei mir, aber getrennt in anderen Baracken. Die Zukunft ist *völlig dunkel.*
Wie lange wird dieser Zustand dauern können? Wie lange wird man unter den gänzlich ungewohnten primitiven Verhältnissen durchhalten können?
– Ob Ähnliches je einem deutschen Dichter passiert ist? –
Eine spätere Rückkehr nach Deutschland ist wohl ausgeschlossen nach dem, was sich ereignet hat. Ich kann heute keine Schilderung geben, sondern möchte Muri, den alten treuen Helfer bitten: 1) den Rettungswagen nach Deutschland, der so oft und dankbar empfan-

gen wurde, *sofort* abzustoppen, da alles weggenommen wird, ich also nichts erhalte.

2) Meine Hauptbitte ist, Muri der Alte möchte sich *möglichst bald* mit Erfahrenen in der *Schweiz* in Verbindung setzen mit dem Ziel, daß mir und meiner Schwester die Einreise in die Schweiz gestattet wird. Sollte die Schweiz dem Dichter, der so viele Jahre als begeisterter Gast auf ihrem Boden weilte und ihre Berge wie kein anderer besungen hat, ihre Tore verschließen? Sei es auch zunächst nur für begrenzte Zeit.

3) Möchte ich bitten, Dr. Richard Benz, sowie dem Majordomus Ludwig Jahn meine jetzige »Adresse« mitzuteilen. Direkt ihnen zu schreiben, ist Umstände halber *nicht rätlich*. Ebenso bitte kurze Nachricht an Dr. Friedrich K. Benndorf, und auch an E. R. Weiß (mit Vorsicht). *zu 2):* Braucht man Referenzen, so wäre vielleicht Professor Faesi in Zürich, vielleicht Hermann Haller, vielleicht Gamper anzugehen. Mein letzter Verleger Salman Schocken sagte mir bei Kriegsausbruch, falls ich in die Schweiz kommen könnte, Hilfe zu. Zur Zeit ist er mir unerreichbar.

Vor der »Abreise« konnte ich Benz noch kurz in Kenntnis setzen, und was er *dort* tun kann, wird er sicher tun. Aber es wird wohl sehr wenig sein. Das eigentliche MS meiner letzten Dichtung (»Sfaira der Alte in den Welten«) scheint in einem Koffer verloren gegangen zu sein; doch besitze ich den größten Teil in MS *Konzept*. (Sfaira der Alte II. Teil).

Wann werde ich einmal etwas von Muri hören? Der Weg ist frei, und wohl kaum eine Zensur da.

Mein einziges Labsal hier ist der Anblick der hohen Pyrenäenkette mit teilweise verschneiten Gipfeln. Freilich habe ich vorher den Berg Moira gesichtet, der *mehr* war.

»Ehe denn die Berge waren«.

Mein Gruß der alten Schweiz, und Kareol, und *Muri, dem Getreuen.*

Ich erhoffe eine rettende Gletscherspalte!

»Hier dreht sich Aeons ewiger Welten-Gang.«

Die schönsten Grüße von Sfaira dem Alten

Absender: Dr. Alfred Mombert,
Camp de Gurs, Basses Pyrénées, France.
Ilot D, Section allemande, Baraque 14

Robert Musil
Notizen zum Thema Schweiz
1941

Die schöne Landschaft (Genf). Am einfachsten: Man ist ständig etwas verliebt in sie! Das unterscheidet sie von der anerkennenswerten Züricher Landschaft.

Ich kämpfe nicht gegen den Faschismus, sondern in der Demokratie für ihre Zukunft, also auch gegen die Demokratie.

Es liegt so nahe, heute und über all dem die einfachste Definition des Politischen zu vergessen, daß der praktische, handelnde Mensch bei den gleichen andern für seine Bedürfnisse und Ansprüche sorgt. Handelns- und Handel[s]ordnung.
Ist es nötig, daß das immer mit ideologischem Vorspann geschieht? Anscheinend ja. Ein so eindeutiger Begriff wie »Die Schweiz« ist im 19. Jahrhundert nicht ohne Gebrause erst aus föderierten Kantonen entstanden.

Was ich im Grunde hasse, ist das Revolutionäre? Ich mag es nicht in der einen und anderen Form. Sein Inhalt scheint mir gleich zu sein; ich mag die Art seiner Äußerungen nicht, das In Revolution Sein der Menschheit mit seinen typischen geistigen Konsequenzen. Ich mag aber auch das Stationäre, das Konservative nicht. Die Schweizer Bürgerlichkeit z. B., mit ihren Friedhöfen für bestimmte Steuerklassen, mit ihrem Haß gegen den Sozialismus, mit ihrem Städtebau für Autobesitzer. Ich mochte seit je nicht die Idolatrie der Familie, diesen lächerlichen Überbau der Fortpflanzung, diese Koloratur des Egoismus. Ich hätte die Kinder im Brutofen aufziehen und womöglich schon so zur Welt kommen sehen mögen.
Was folgt aus beidem? »Evolutionäre« Gesinnung?

Es kann der Beste nicht in Frieden leben, wenn es dem bösen Nachbar nicht gefällt ... Und: – Während die andern sagten: man wird uns zwingen, das und das zu tun; hatte ich es schon gemacht! Das Typische ist nicht sowohl die Tatsache als die Unempfindlichkeit gegen den Selbstwiderspruch ihrer Schilderung! Politisches Talent und geistiges Unglück.

Und wer fragt, was ist nun der rechte Geist, dem zeige ich nicht Hitler, Goebbels, oder Streicher, sondern Rothmund ...

Plötzlicher Eindruck: Wir sind mitten darin. Nämlich in der Weltrevolution. Erscheinungen: Streiks der amerikanischen Arbeiter, obwohl sie gegen deren eigenes Interesse sind. Kurzsichtigkeit ihrer Führung. Unwillkürlich denke ich an die Erfahrungen mit der Sozial-Demokratie; aber es kann auch etwas anderes sein.
Hitler der Mann des Schicksals. Vielleicht: Der das Chaos in sich hatte.
Die Diktatur der alten Parteien in der Schweiz. Ein Mittelding zwischen Faschismus und Präsident Roosevelt. Der »General« als Symbolrolle. (Oder: die Weltrevolution selbst in der Schweiz.)
Die talentvolle Parole der besitzenden und besitzlosen Völker.
Die kritische Folgerung daraus, daß Rußland an die Seite der englisch-französischen Entente gehöre, was zuerst täuschte und dann anscheinend wahr wurde.

Schweiz. s. die Zwangsarbeits-Lager für Emigranten, die nicht reich sind. Es ist nichts Spezifisch-Schweizerisches: daß solche Lager Wohltaten sind und dem Insassen moralisch nutzen, hat schon Minister Frick oder Rust gesagt. Schweizerisch aber ist, daß der Initiator dieser Lager, Rothmund, von der Presse gepriesen wird als besonderer Freund der Künstler und Intellektuellen, dessen hoher Sinn sich auch in der bitteren Wohltat äußert.

Schweizer, Durchschnitt: Höflich nur, wenn Nutzen dabei: denke Kurhaus Tarasp und Umquartierung der Gäste in Vulpera aus Waldhotel bei Saisonschluß. Die Schweizer wissen, was sich gehört; sie werden nie neue Liebenswürdigkeiten erfinden, aber die üblichen verkaufen sie als ordentliche Kaufleute.
Auch in den höheren und höchsten Schichten ist man bloß dann bemüht, und nicht vergeßlich, wenn es einem zum Vorteil gereichen soll [...]
Gegenseitig machen sie sich Schwierigkeiten.
Ihr Patriotismus ist sehr eitel. Ihre nationale Eitelkeit. Jeder Schweizer kennt seinen Baum usw. Ihr General. Ihr Krieg. Es ist nicht unberechtigt, aber komisch.
Selbstsicherheit von Kleinstädtern.

Nochmals Schweiz: Die Schweizer haben keinen Respekt vor dem Fremden! (lies: das Fremde.) Erklärt die früheren Bemerkungen. Darum auch ihr Mißtrauen gegen den Fremden, ausgenommen er imponiert durch Reichtum; jeder andere Fremde ist ein Zigeuner.

Schweiz: Die beste aller Welten!

Ignazio Silone
Begegnungen mit Musil
1941/1965

1949 schrieb »Times Literary Supplement« über Robert Musil: »Der bedeutendste Autor deutscher Sprache der ersten Hälfte dieses Jahrhunderts ist einer der am wenigsten bekannten Schriftsteller unserer Zeit.« Gewiß, in Österreich und Deutschland hatte Musil schon in den Jahren 1921 und 1930 – wenn schon nicht beim Publikum, so doch bei der Kritik – beachtliche Anerkennungen gefunden, vor allem für das Schauspiel »Die Schwärmer«, die Komödie »Vinzenz oder Die Freundin bedeutender Männer« und für die ersten beiden Bände des Romans »Der Mann ohne Eigenschaften«. Vergleicht man jedoch die umfangreiche posthume Berühmtheit, die nach dem Krieg um den Namen des österreichischen Schriftstellers entstand, mit dem Schweigen der früheren Jahre, dann muß man der »Times« uneingeschränkt recht geben.

Ich begegnete Musil zum erstenmal im März 1939 in Zürich. Die Schweiz war damals vollgestopft mit Flüchtlingen aus Mitteleuropa und dem Balkan, die durch die rassischen und politischen Verfolgungen gezwungen worden waren, ihre Länder zu verlassen – gar nicht zu reden von den Italienern, die schon vor ihnen gekommen waren. Die Anwesenheit so vieler Emigranten bedeutete für die Wirtschaft und die Politik der Schweiz eine schwere Belastung. Doch gab es unter ihnen Dichter, Schriftsteller, Universitätsprofessoren, Musiker, Schauspieler und Regisseure, die das Kulturleben der Schweiz – vor allem die Verlage und das Theater – zu einer außergewöhnlichen Entfaltung führten. Das Zürcher Schauspielhaus galt in jenen Jahren mit gutem Recht als die beste Sprechbühne Europas, eben wegen der Anwesenheit der Emigranten Brecht und Gyula Hay unter den Dramaturgen, Therese Giehse, Kaiser, Langhoff, Horwitz, Paryla und anderen unter den Schauspielern.

In Zürich traf Musil einige Leute wieder, die ihn von früher kannten

und sehr schätzten. Zwei dieser alten Freunde bemühten sich auch, gleich nach Musils Ankunft unsere erste Begegnung zustande zu bringen, und zwar der Dramaturg Kurt Hirschfeld und der Schriftsteller Efraim Frisch, der über den »Mann ohne Eigenschaften« in der »Frankfurter Zeitung« eine fundamentale Kritik veröffentlicht hatte, die volles Verständnis offenbarte. Auf Frisch deutend, sagte Musil zu mir: »Er und seinesgleichen sind schuld daran, daß auch ich nun Emigrant bin.«
Musil gehörte in der Tat keiner der beiden Menschengruppen an, in die sich die Emigration teilte: Juden und Politiker. Nicht wenige vereinten in sich beide »Makel«, Musil aber war nicht nur kein Jude, er stand auch der Politik vollkommen indifferent gegenüber. Ich fragte ihn, weshalb er Wien überhaupt verlassen habe. »Aus einem sehr einfachen Grunde«, erwiderte er. »Meine Leser und Kritiker waren fast durchwegs Juden. In den letzten Jahren sind sie nach und nach alle abgereist. Hätte ich allein zurückbleiben sollen, und wozu?«

Für Hirschfeld und Frisch war diese Erklärung vollkommen einleuchtend. Sie erinnerte – wenn auch im Sinn ein wenig verschoben – an die Rechtfertigung Thomas Manns, der bekanntlich nach der nationalsozialistischen Machtergreifung zunächst gezögert hatte, Deutschland zu verlassen. Er hatte dem Sohn Klaus und anderen, die ihn deswegen gerügt hatten, geantwortet: »Ich habe in Deutschland meine Leser; es fällt mir schwer, mich von ihnen zu trennen.« Dagegen hätte man freilich einwenden können, daß Thomas Mann, anders als Musil, längst schon Leser in allen Ländern der Welt hatte und daß er gewiß in keinem Lande zur Einsamkeit verurteilt gewesen wäre.
Der Geist der Bücher Musils machte die Verständigung viel schwerer. Einen Ausspruch Hegels paraphrasierend und wiederum auf Frisch deutend, sagte er in diesem Zusammenhang bei unserer ersten Begegnung: »Er ist der einzige, der mich verstanden hat.« Nach einigem Zögern fügte er hinzu: »Aber auch er hat mich nicht verstanden.« Und flüsternd, als spräche er zu sich, schloß er: »Leider verstehe ich mich ja selber nicht.«
An der Seite des schüchternen, äußerlich heruntergekommenen, beinahe zerbrechlichen Efraim Frisch bewies Musil absolute Selbstkontrolle: in Haltung und persönlicher Akkuratesse war er der ehemalige österreichische Offizier. Seine Einstellung zur Politik zu präzisieren, war wahrhaftig schwer: 1935 hatte er mit Gide, Mal-

raux, Aragon, Wells, Salvemini und anderen an einem von den Kommunisten angeregten internationalen Schriftstellerkongreß in Paris teilgenommen. Seine Rede war uninteressant und wurde nicht beachtet. Er war weder für Kongresse noch für das Leben in der Öffentlichkeit geschaffen. Später baute er in seinen Roman die Karikatur des »großen Schriftstellers« ein, der im literarischen Leben als Geschäftsmann agiert und in der Öffentlichkeit als Idealist auftritt; diese Karikatur zeigt die ganze Verachtung, die er für politisierende Literaten empfand.

In einem Essay von Bruno Fürst las ich, Musil sei zur politischen Parteinahme unfähig gewesen, da er in jeder Partei etwas Richtiges gesehen habe; er habe sich der Demokratie beinahe ebensosehr widersetzt wie dem Faschismus, überzeugt, daß man die Kultur nicht nur gegen ihre Feinde verteidigen, sondern auch vor ihren Freunden beschützen müsse. Diese Gedanken sind Fürst wahrscheinlich von Musil selber anvertraut worden; ich muß aber betonen, daß er sich bei anderen Gelegenheiten und gegenüber anderen Gesprächspartnern – zumindest hinsichtlich des Nationalsozialismus – weniger verwirrt und weniger unsicher äußerte. Solche Urteile gab er stets nur in privaten Gesprächen von sich. Er schrieb und unterschrieb nichts, was als öffentliche Parteinahme hätte gedeutet werden können, doch tat er dies gewiß nicht aus Opportunismus. Er redete nicht gern über Politik, das ist wahr, denn Politik interessierte ihn nicht. Ich glaube auch, daß er sehr wenig davon verstand. Nie begriff er die tiefen politischen Ursachen des Irredentismus, der die Katastrophe der feudalen Strukturen des österreichisch-ungarischen Kaiserreichs ausgelöst hatte, er erfaßte auch die Bedeutung der Klassenkämpfe unserer Zeit nicht.

Bei Beginn des Krieges kamen ich und andere häufiger mit ihm zusammen. Wir sprachen von nichts anderem als dem Krieg, Musil aber blieb völlig ungerührt, auch bei den entsetzlichen Berichten, die von der polnischen Front einlangten. Er fühlte schließlich unser Erstaunen über sein Verhalten und meinte, es uns erklären zu müssen. »Es ist die Sintflut«, sagte er schlicht, »gegen die Sintflut ist man machtlos.« Für sich hatte er eine Arche gegen diese Sintflut gebaut: die ununterbrochene Arbeit an seinem Roman.

Die Apokalypse erschütterte seinen Gleichmut nicht, Einzelschicksale konnten ihn hin und wieder zutiefst beeindrucken und nicht selten sogar rühren. Einmal fragte er mich, ob ich mich erinnerte, gelesen zu haben, daß sich ein deutsches Dienstmädchen aus

Schmerz über den Reichstagsbrand umgebracht hatte. Er habe, sagte er, über diesen Vorfall viel nachgedacht und keine Erklärung dafür gefunden. Von den Tausenden Menschen, die in irgendeiner Weise mit dem Reichstag zu tun gehabt hatten, hatte sich keiner umgebracht – warum gerade das Dienstmädchen? Welches Symbol, welchen Mythos konnte der Reichstag für das arme Ding darstellen? (Nach dem 25. Juli 1943 zwang mich ein Ereignis, über Musils Fragen zum Selbstmord des Dienstmädchens wieder nachzudenken: in jener Schweizer Ortschaft, in welcher die Polizei mich interniert hatte, gab es einige faschistische Funktionäre und Techniker; sie nahmen die Nachricht über den Sturz Mussolinis mit einer gewissen Gleichgültigkeit auf; nur ein armer italienischer Gemüsehändler war derart verzweifelt, daß er sich das Leben nahm.)

In den drei Jahren vor seinem Tod, die Musil in der Schweiz verbrachte, litt er unter Schwierigkeiten aller Art, vor allem unter wirtschaftlichen und bürokratischen. Es sind hierüber jedoch einige übertriebene Darstellungen veröffentlicht worden, die ich wenigstens abschwächen möchte.

Nach dem Ersten Weltkrieg hatte die Inflation Musil wirtschaftlich ruiniert; er war nie imstande gewesen, von dem zu leben, was ihm die schriftstellerische Arbeit einbrachte. Vor der Machtergreifung der Nazis hatten ihm in Berlin und später in Wien Gruppen von Freunden, vor allem Juden, unter die Arme gegriffen. Der Nationalsozialismus hatte diese Freunde entweder in alle Windrichtungen verstreut oder selber arm gemacht. In der Schweiz verschlimmerte das Zusammenwirken verschiedener Ursachen Musils Lage. Die wachsende Zahl von Flüchtlingen aus allen Nachbarländern – zu denen gleich nach Kriegsbeginn Tausende Deserteure kamen – machte es unmöglich, Musil all jene Aufmerksamkeit zu widmen, die er sicher verdient hätte. Zudem gingen Musils Bedürfnisse – seiner außerordentlichen Sensibilität und der angegriffenen Gesundheit wegen – bei weitem über das hinaus, was die Hilfskomitees den Flüchtlingen normalerweise zuwenden konnten. Schließlich muß bedacht werden, daß Musil – da er weder Jude noch Anhänger einer Partei war – gerade die Hilfe der am besten organisierten Komitees nicht beanspruchen konnte. Für ihn mußte also anderwärts Hilfe gesucht werden. Musil hatte das Glück, zwei ihm überaus ergebene Menschen um sich zu haben, die sich Tag für Tag um ihn mühten – seine Gattin Martha und den Wiener Bildhauer Wotruba, dessen Großherzigkeit nicht geringer war als das künstlerische Talent. Wotruba kam auch zu mir und bat mich, ihn bei der

Organisation einer Gruppe von Freunden zu unterstützen, ähnlich jener, die Musil in Wien so wirksam geholfen hatte. Der Versuch war leider von kurzer Dauer. Trotzdem fehlte es Musil nie am Nötigsten: für Frau Martha und Wotruba war die Beschaffung dieses Nötigsten allerdings mit großem Zeit- und Nervenaufwand verbunden, und oft genug zitterte man darum, ob die Bemühungen auch Erfolg haben würden.
Es ist ungerecht, immer wieder zu behaupten – erst vor kurzem habe ich solche Klagen wieder gelesen –, Musil habe in der Schweiz Hunger gelitten und in unwürdigen Quartieren gehaust. Derjenige, der die letzten beiden in Genf verbrachten Jahre Musils als »Leben eines Troglodyten« bezeichnet hat, kennt wahrscheinlich den Sinn dieses Begriffes nicht oder er ist unrichtig informiert. Musil bewohnte in Genf eine zwar kleine, aber komfortable Villa mit einem Gärtchen.
Es ist auch an der Zeit, die Scherereien zu entdramatisieren, die wir Flüchtlinge – und Musil mit uns – durch die schweizerische Fremdenpolizei zu erdulden hatten.
Die schweizerische Fremdenpolizei ist eine perfekte Organisation: Belästigungen, Sekkaturen, Ärger und Schikanen, die zum Wesen jeder Polizei gehören, sind bei ihr zur Vollkommenheit gesteigert. Es gibt Länder, in die hineinzukommen äußerst schwierig ist, etwa die USA. Hat man aber einmal ihren Boden unter den Füßen, ist es leicht, jeder Kontrolle zu entgehen. Die Schweiz ist dagegen von allen Seiten leicht zugänglich, mit jedem Fortbewegungsmittel, auch zu Fuß ohne weiteres erreichbar, doch ist es schwer, sich innerhalb des Landes der Kontrolle durch die Ausländerpolizei zu entziehen. Das Land ist klein; die Schweizer betrachten es – anders als die Italiener – nicht als unehrenhaft, die Polizei zu unterstützen. Die Polizei ist demokratisch, ihre Führer werden in Volkswahlen gewählt. Sie wendet ihre Bestimmungen mit der gleichen Pedanterie an, ob sie es nun mit einem berühmten Künstler, einem Geschäftsmann oder einem Arbeiter zu tun hat. Es gibt nur eine Gattung von Privilegierten. Um diese Kategorie, ohne mißverstanden zu werden, zu kennzeichnen, muß ich ein fundamentales Argument erwähnen, das vor allem für jene Kantone gilt, in welchen Wirtschaft und soziale Sicherheit am höchsten entwickelt sind, wie es für Zürich zutrifft. Hier ist es eine der Hauptaufgaben der Polizei, den Wohlstand gegen den unkontrollierten Zustrom armer Leute zu verteidigen. Es ist wichtig, festzuhalten, daß diese autarke Diskriminierung in den reichen Kantonen von allen politischen Parteien gebilligt

wird und daß sie sich gleicherweise gegen notleidende Ausländer wie gegen Schweizer aus ärmeren Kantonen richtet. Ein arbeitsloser Tessiner kann somit aus Zürich ebenso leicht entfernt werden wie jeder politische Emigrant, der Tessiner sogar mit weniger Umständen, da er zu seinen Gunsten nicht die Schwierigkeit, anderswo Aufnahme zu finden, ins Treffen führen kann. Dies begünstigt logischerweise jene Ausländer, die über respektable Bankkonten verfügen. Sie sind also die Privilegierten, von denen ich vorhin gesprochen habe. Die Schweiz ist ohne jeden Zweifel eine Demokratie, aber eine mit kapitalistischen Einschränkungen.
Musil besaß kein Bankkonto; er war auch nicht imstande, die 2000 Franken Kaution zu erlegen, welche die Polizei für den Fall eines Spitalaufenthalts und ähnlicher Eventualitäten verlangte. In jedem Gesuch um die Erneuerung seiner Aufenthaltsbewilligung verwies er hartnäckig auf seinen schlechten Gesundheitszustand. Er begriff nie, daß er gerade damit die Aufmerksamkeit der Ausländerpolizei auf ein Argument lenkte, das gegen ihn sprach.

Zur Abrundung des Bildes der bürokratischen Unannehmlichkeiten muß auch – obwohl dies besonders unerfreulich ist – auf das Verhalten des schweizerischen Schriftsteller-Syndikats hingewiesen werden. Die bekanntesten und uneigennützigen Literaten gehörten – wie in anderen Ländern auch – dieser Vereinigung entweder nicht an, oder sie kümmerten sich nicht um das, was sie tat. Der Geist der Schriftsteller-Gewerkschaft war ausgesprochen korporativ; sie hatte einzig und allein die Wahrung der materiellen Interessen ihrer Mitglieder im Auge, andere Ziele kannte sie nicht. Eine eventuelle – und wär's auch nur moralische – Solidarität mit emigrierten Schriftstellern, Dichtern und Musikern war in den Statuten unglücklicherweise nicht vorgesehen. Wahrscheinlich verpflichteten die Statuten auch Arbeiter-Gewerkschaften nicht zu solcher Solidarität, diese unternahmen jedoch – allen voran die Gewerkschaft der öffentlichen Dienste – in jeder Hinsicht sehr viel für die Emigranten aller Art, auch für die Intellektuellen. Die Schriftsteller-Gewerkschaft fühlte sich dagegen offenbar verpflichtet, den Alarmzustand wach zu halten, in welchen ihre aktiven und absolut mittelmäßigen Mitglieder durch die mögliche Konkurrenz der von den Verfolgungen der Nationalsozialisten in die Schweiz geflüchteten deutschsprachigen Kollegen versetzt worden waren. Es war diesen Flüchtlingen also verboten, in irgendeiner Form literarisch an Schweizer Zeitungen und Zeitschriften mitzuarbeiten. Einige wenige, die – von

materieller Not oder einfach vom natürlichen Bedürfnis, etwas auszusagen, dazu gedrängt – dieses Verbot unter Verwendung eines Pseudonyms zu durchbrechen wagten, wurden der Polizei angezeigt und von dieser mit der Ausweisung bedroht. Ich kenne persönlich den Fall einer Schriftstellerin, die wegen der Veröffentlichung einiger Erzählungen in der Basler »National-Zeitung« ausgewiesen wurde. Sie fand in Frankreich Zuflucht und fiel dort einige Monate später der Gestapo in die Hände.
Diese Art von Verboten rührte Musil nicht. Es gelang ihm anderseits aber auch nicht, sich mit der Uninteressiertheit, um nicht zu sagen mit der Feindseligkeit der kulturellen Institutionen der Schweiz gegenüber den emigrierten Schriftstellern gleichmütig abzufinden. Ich erinnere mich an eine bittere Bemerkung. »Heute«, sagte er, »kennen sie uns nicht. Aber wenn wir einmal tot sind, werden sie sich rühmen, uns Asyl gewährt zu haben.« In der Tat, heute rühmen sie sich.

Hans Mayer
Davesco, Zürich, Witzwil, Lenzburg – Stationen meines Schweizer Exils
1942

Im Oktober 1940 erhielt ich den Bescheid, mich an einem bestimmten Tage zu bestimmter Stunde im Arbeitslager für Emigranten einzufinden, in Davesco bei Lugano. Ich war 33 Jahre alt, konnte nicht auf Sonderdispens rechnen, es war nichts dagegen einzuwenden. Der Ärger war nicht groß, freilich gab es arge Gerüchte über den dortigen Lagerleiter ... Stark die Freude, auf solche Weise immerhin die Tessiner Landschaft kennenzulernen. Ich war noch nie auf die Südseite der Alpen gelangt. Einen Teil meiner Sachen stellte ich bei Genfer Freunden unter, die Fahrkarte hatte ich aus Zürich erhalten. Ich mußte über Olten und Luzern fahren, dann hinauf zum Gotthard. Ich hatte Glück: es regnete vom Vierwaldstätter See bis nach Göschenen, also bis zum Tunnel durch den Sankt Gotthard, doch am anderen Ende lag der Berg in der Herbstsonne. Es ging nach Süden. Italien kam nahe, das unerreichbare und unbetretbare.
Man wurde am Bahnhof von Lugano erwartet, dann fuhren wir, die Neuen, die einander nun kennenlernten, nach Davesco. Ein Grandhotel, das man für den Arbeitsdienst requiriert hatte; aber die Land-

schaft wirkte übermächtig, ich absolvierte alle Rituale ohne viel aufzupassen. Der berüchtigte Chef kam mir gezähmt vor, nicht scharf. Er war bereits abgesetzt, wie man einige Tage später erfuhr. Das Essen erträglich und reichlich. Mit den Strohsäcken habe ich mich niemals abfinden können. Der Neuling wurde sogleich in ein intellektuelles Gespräch verwickelt. Während des Abendessens bereits wurden vor ihm Karl Kraus genannt und Bert Brecht.

Wir sollten eine Straße bauen zwischen Davesco und Lugano. Sie ist auch fertig geworden. Meine Schuld war es nicht. Auch nicht die von Robert Jungk, wie ehrlich gestanden sei. Der neue Lagerleiter, der dann kam, mußte offenbar in Zürich aus Kontrastgründen berufen worden sein: er war weich, musisch, interessiert am Gespräch mit den Intellektuellen, die so unschweizerisch waren, und die eine so komische Figur machten bei der Arbeit mit Pickel und Schaufel oder an der Lore. Der Winter verging leidlich, gegen Ende des Winters hatte Oprecht in Zürich für mich eine Beurlaubung von ein paar Monaten erwirkt. Man feierte Abschied in Davesco, das ich nach dem Krieg nicht wiedersah, wenngleich ich stets gern nach Lugano zurückkehrte. Doch die Inhibition, nach Davesco zurückzukehren, läßt vermuten, daß mein Gleichmut damals nur scheinhaft gewesen sein muß. Hier bereits war ich Objekt gewesen, das ließ sich nicht vergessen. Bald schon hatte ich viel Anlaß, mich zurückzusehnen nach dem freundlichen und faulen Arbeitsdienst im Tessin.

Durch Kurt Hirschfeld bekam ich Karten für das Schauspielhaus Zürich, wann immer ich darum bat. Überhaupt hatten die Leute vom Schauspielhaus vielfältige Beziehungen zu den anderen Emigranten. Es kam ihnen nicht in den Sinn, sich als Privilegierte oder gar als »halbe Schweizer« aufzuspielen. Weshalb ich keine Schwierigkeiten hatte, eine Freikarte für die *Uraufführung von ›Mutter Courage und ihre Kinder‹* zu erhalten. Hirschfeld war mein Lektor; Emil Oprecht war der einflußreiche Präsident des Verwaltungsrates, und er war mein Verleger, auch wenn das vorerst noch Papier bleiben mußte. Die Aufführung vom 19. April 1941 kann ich noch aus der Erinnerung beschwören. Erst an jenem Abend wurde ich für Brecht gewonnen. Der hatte mich früh schon »befremdet«: etwa mit der Berliner Aufführung von ›Mann ist Mann‹. Freilich: die ›Dreigroschenoper‹ war herrlich; ich konnte alle Songs gut vortragen und mich selbst dabei begleiten. Das war zuerst ein Erfolg gewesen bei unseren bürgerlichen Festivitäten, später bei den sozialistischen Studenten, besagte aber nicht allzuviel. Die Gedichte der ›Hauspo-

stille‹ freilich, das war für mich der eigentliche Brecht. Ihm selbst hatte man mich einmal in Berlin im Jahre 1931 kurz vorgestellt. Er reagierte unwirsch, als ich die ›Hauspostille‹ erwähnte. Später habe ich ihm das berichtet. Er wußte nichts mehr davon; jener junge Jurist und ketzerische Kommunist war nicht beachtet worden.
Der Stückeschreiber der ›Mutter Courage‹ aber wirkte ganz anders auf mich. Dies war große dramatische Form; es handelte sich unzweifelhaft sowohl um episches wie um politisches Theater, doch hatte sich die Beziehung zur Tradition verändert. Kein Entlarvungsspiel mit Denk- und Sprachrequisiten von Goethe oder Hölderlin, wie in der ›Heiligen Johanna der Schlachthöfe‹. Diese Chronik aus dem Dreißigjährigen Krieg war wirklich eine, die Sprache glitt mühelos zwischen Alt und Neu, und war doch unverkennbar Diktion von Brecht. Sogar Emotionen wurden nicht ausgespart.
Freilich haben wir an jenem Abend in Zürich offensichtlich eine höchst anfechtbare Aufführung ertragen müssen, wie der zornige Brecht im fernen Helsinki den Kritiken der schweizerischen Presse zu entnehmen glaubte. Hirschfeld als verantwortlicher Dramaturg mußte Rechenschaft ablegen. Er hat mir davon erzählt. Am schlimmsten war offenbar, daß Schauspieler und Zuschauer auf das fortschrittliche Gerede der Titelgestalt hereinfallen konnten. Die Courage eine tragische »Niobe«, wie ein Kritiker gerühmt hatte? Das fehlte noch! Dies Vorurteil hat Brecht nicht ruhen lassen. Er formulierte später im Gespräch mit Friedrich Wolf: es interessiere ihn nicht, ob die Courage »sehend werde«, also ihre Umwelt begreife. Der Zuschauer solle sehen. Wenn er sieht, daß die Courage nicht sieht.
Damals in Zürich stand Therese Giehse auf der Bühne. Auf Wunsch von Brecht schrieb ich 1950 für den Band »Theaterarbeit« des Berliner Ensembles eine Erinnerung an die Züricher Gestalten der Giehse, also auch an diese erste Courage. Die Musik hatte Paul Burkhard geschrieben: leichte Anklänge an Weill, auch an deutsche Volkslieder. Die Songs als Teil der Handlung, so daß eine musikalische Dramatik bisweilen überhand nahm. Aber so sehe ich das heute: beim Reflektieren über jenen historischen Theaterabend. Natürlich konnte man viele Rollen nicht deckend besetzen: das Ensemble war klein und arm. Wolfgang Langhoff mußte sich den jungen und brutalen Eilif erspielen; der kluge Paryla war ganz gewiß von sich aus kein tumber Schweizerkas. Dennoch war das eine ergreifende Aufführung in Lindtbergs Regie und im Bühnenbild von Teo Otto. Und die Giehse wurde, etwa im Lied von der Großen

Kapitulation, niemals übertroffen: auch nicht von sich selbst in der viel »richtigeren« Interpretation, die sie mit Brecht erarbeiten konnte.

Mein Urlaub lief im Spätsommer ab. Inzwischen war die Wehrmacht in Rußland einmarschiert. Auch für die Sowjetunion war ein Blitzkrieg vorbereitet worden. Ich besuchte Professor Rappard im Genfer Institut, bevor ich wieder im Lager einzurücken hatte. Er meinte, die Wehrmacht werde durch Rußland ziehen »wie das Messer durch die Butter«. Das sagte er durchaus nicht gern, eher in Bitterkeit, allein so dachten damals viele Gegner der Führer und Duces. Ich wußte nicht so recht: meine Abneigung gegen Stalin war von jeher stark ausgeprägt. Das war eine Folge meiner Trotzki-Lektüre, doch wurde sie immer wieder bestätigt durch die Nachrichten, die aus Moskau kamen. Bei Trotzki hatte ich auch andere Äußerungen Lenins gelesen. Zudem gab es die Moskauer Prozesse; den Besuch Ribbentrops in Moskau beim lächelnden Führer der Völker; den Nichtangriffspakt; den Krieg mit Finnland; den Einmarsch in Ostpolen im ersten Kriegsjahr 1939. Auch die Haltung im spanischen Bürgerkrieg war zweideutig gewesen: zum Schluß mehr beschäftigt mit ideologischen Säuberungen als mit einer Bekämpfung der Frankisten. Ich wußte also zwar, was ich hoffen mochte im Russenkrieg, doch kaum, was ich erwarten sollte.

Diesmal schickte man mich ins Arbeitslager Vouvry unweit von Aigle im Wallis: am Eingang (oder Ausgang) des Rhônetals. Das war erfreulich, denn nun hatte ich es nicht weit bis Genf, wenn man alle paar Wochen einen Urlaubsschein bekam für das Wochenende. Die Zusammensetzung freilich hatte sich gegenüber dem Vorjahr in allen Lagern stark verändert, und nicht zum Vorteil. In Davesco waren die deutschen und österreichischen Emigranten unter sich gewesen. Es gab zwar Dispute zwischen Zionisten und Sozialisten, doch die Gemeinsamkeit überwog. Inzwischen gab es in der Schweiz auch Flüchtlinge einer ganz anderen Art: deutsche Deserteure, französische Soldaten, besonders auch aus dem Elsaß. Ein Jahr später sollten Italiener hinzukommen, vor allem aber viele Polen aus der Exilarmee des Generals Anders in Italien, auch Flüchtlinge aus dem besiegten und okkupierten Jugoslawien. In Bern war man der Meinung: die müßten alle versuchen, miteinander in den Lagern auszukommen. Also auch virtuelle Faschisten, die aus irgendeinem persönlichen Anlaß desertiert waren, mit ihren virtuellen Opfern und Gegnern. Das ergab eine unvermeidliche Polarisierung. Man stritt, schlug sich auch, doch ohne irgendein Gefühl der

Gemeinsamkeit. Die Franzosen hielten sich abseits. Sie schimpften über die ewigen Kartoffeln. »Les Kartoffs«, wie sie abschätzig sagten. In Davesco hatten wir über den ewigen Maisbrei geschimpft, die Polenta.

Wir hatten Drainagearbeit zu leisten im Sumpfgelände. Es war schön, wenn sich der Nebel zerteilte und die Berge auf beiden Seiten wieder sichtbar wurden. Einer der vielen Wiener sagte damals in der Morgenfrühe: »Ein Jud' gehört ins Kaffeehaus und nicht in die Drainage!« Da hat sich eine Photographie erhalten. Sie zeigt eine Gruppe in der jeweiligen zivilen Arbeitskleidung. Einer auf dem Bild war ein liberaler deutscher Rechtsanwalt, der es nicht aushalten mochte im Dritten Reich; ich sollte ihn später in Deutschland als Oberlandesgerichtsrat wiederfinden. Heinz Mode ist auch dabei, ein promovierter Archäologe und Kunstwissenschaftler, damals bereits angesehen, besonderer Kenner der indischen Kunst und Kultur. Er hat dann bei Karl Schefold in Basel weitergearbeitet. In den Fünfziger Jahren, in der Zeit meiner Leipziger Professur, war er mein »Nachbar« als Professor in Halle. In der Mitte steht der blonde Walter Fisch: der politische Kopf des Lagers Vouvry. Ein deutscher Kommunist, der schwer dafür bezahlen mußte. Er war aus einem deutschen Zuchthaus in die Schweiz entkommen. Nach dem Krieg der kommunistische Bezirksleiter in Frankfurt am Main, hessischer Landtagsabgeordneter, wieder verhaftet und verurteilt, nach dem Verbot der KPD. Er ist früh gestorben nach seiner Entlassung. Ich denke gern zurück an den noblen, unbestechlichen, denksauberen Mann.

Ich selbst schaue auf dem Bild etwas belustigt drein. Eine sonderbare Maskerade und Aktivität, doch sie scheint mich nicht zu bedrücken. Wir haben andere Sorgen, wenn man den Radionachrichten zuhört. Bomben gegen Engelland. Griechenland und Jugoslawien sind unterworfen und besetzt, wie Dänemark und Norwegen, wie Westeuropa. Im Osten scheint sich der Fall von Moskau anzukündigen.

Es ist anders gekommen, wie bekannt. Den Winter brachten wir mit leidlicher Zuversicht zwischen Arbeit und viel Müßiggang zu, denn das Wetter im Rhônetal erzwang das Herumlümmeln in den Baracken, mit uferlosem Kannegießern und vielen Aggressionen. Urlaubsfahrten wurden vorher und nachher beredet. Ich las kaum etwas, schrieb gar nichts. Was auch und wozu? Im Januar 1942 bekam ich die Erlaubnis, zwei Wochen lang mit Arthur Gelbrun durch ein paar Arbeitslager im Tessin zu reisen, um ihn zu begleiten bei Hän-

del und Tartini, einer Sonatine von Schubert, übrigens auch bei Beethovens erster Violinsonate in D-Dur. Wir kamen wieder nach Davesco, das ich dann nicht wiedersehen sollte. Der Lagerleiter war immer noch dort und führte ein mildes Regime. Ein paar Wochen später ging auch diese Idylle für mich zu Ende. Es folgte die schlimmste Zeit meines bisherigen Lebens.
Im Dezember wurde ich in Lausanne in eine Schlägerei verwikkelt. Das war eine banale, alltägliche Angelegenheit, die mich hundert Schweizerfranken kostete, wenn ich mich recht erinnere. Doch war es ein Vorgang, auf den man in gewissen Amtsstuben gewartet zu haben schien. Der Staub wurde von den Akten gewischt. Die Akten wanderten. Man konnte diesen Flüchtling offenbar nicht frei herumlaufen lassen. Von alledem ahnte ich nichts; der erste Winter des Rußlandkrieges verging nicht schlecht für uns. Moskau war nicht erobert worden, dieser Krieg würde sich hinziehen, ein Gebirgskrieg mit der Schweiz stand für den Augenblick nicht zu erwarten. Ich feierte am 19. März mit Genfer Freunden meinen 35. Geburtstag. Ostern fiel auf die erste Aprilwoche, wir wurden am Gründonnerstag aus dem Lager entlassen für die Feiertage. Das Wetter war schön am Genfersee.
Am nächsten Morgen aber klopfte die Polizei an meine Tür: sinnigerweise am Karfreitag. Wer hatte sich das ausgedacht? Ich war interniert worden, man zeigte ein Papier. Das war ein schlechterer Zustand im Flüchtlingsdasein. Bisher galt ich als bloßer »Emigrant«, nämlich privilegiert. Die neueintreffenden Flüchtlinge hingegen, die man nicht abschieben konnte, wurden interniert, was heißen sollte: sie wurden festgesetzt. Ich hatte mich zu ihnen zu gesellen; es ging noch diesen Tag ins Bernische: nach Witzwil.
Das war sehr schlimm. Witzwil war ein Schauderwort, wie jeder von uns wußte. Ich packte meine Urlaubssachen zusammen, der Rest würde aus Vouvry nachgeschickt werden, und wurde in den Zug gesetzt in Richtung Neuenburg. Ein Zivilpolizist kam mit, oder waren es zwei? Sinnig also war der Karfreitag, doch hatte man es offensichtlich, in irgendeiner rüden Weise, trotzdem gut mit mir gemeint, wie ich bald merken sollte: die Zwangsarbeit im Winter und im eisigen Wind des Sees von Neuchâtel blieb mir erspart. Nun aber war es soweit. Es klingt wie Angeberei, wenn ich trotzdem die Schönheit der Bahnreise entlang des Genfersees und weiter zum Bielersee genau erinnere. Merkwürdigerweise kannte ich die Strecke noch nicht, war stets über Fribourg und Bern nach

Zürich gereist. Da war jetzt Yverdon mit Pestalozzi, dort lag die Petersinsel des Jean-Jacques Rousseau.
Witzwil sah aus wie ein Großgrundbesitz: mit vielen »festen Häusern« statt eines patrizischen oder hochadligen Herrenhauses. Trotzdem war mein erster Eindruck nicht falsch. Ich war im *Feudalismus* gelandet. Man schloß Türen auf, lieferte mich ab. Ich wurde eingekleidet. Mit welchem Recht eigentlich? Dann brachte mich ein Aufseher, der mich durchaus wie einen seiner Zuchthäusler anfuhr, denn Internierte oder Sträflinge, wo lag da der Unterschied?, in den großen Schlafsaal, der zugleich unseren Aufenthaltsraum bedeutete: für die wenigen Stunden, die wir nicht arbeiten mußten, um die Rentabilität des Unternehmens Witzwil zu sichern.
Eine wunderliche Gemeinschaft, aber sie nahm mich freundlich auf. Man hatte mich erwartet: zu einer Zeit, da ich selbst nichts ahnen konnte. Die Buschtrommel der Emigranten und Internierten arbeitete gut. Ein jüdischer Emigrant aus Wien begrüßte mich: von ihm hatte ich in Vouvry gehört. Der intelligente, doch mißtrauische und meinethalben wohl auch querulantische Emigrant Spitzer war eine gestürzte Größe. Er hatte als Hilfskraft in der Züricher Zentrale der Arbeitslager arbeiten dürfen, war jedoch unliebsam aufgefallen. Er gab Widerworte, wurde degradiert und schließlich hierher verbracht. Man konnte auch ihn offenbar nicht frei herumlaufen lassen. Für ihn kam es noch schlimmer: er ging mir voran bei der weiteren Degradierung. Wo mag er geblieben sein nach dem Kriegsende?
Im Schlafsaal von Witzwil wurde dasselbe Prinzip angewandt wie in den Arbeitslagern: Deserteure und jüdische Flüchtlinge, Tschechen und Jugoslawen, ganz junge Burschen und ältere Leute. Einen Emigranten aus Wien kannte ich flüchtig aus Genf. Ich hatte ihn irgendwo in der guten Gesellschaft getroffen. Er stammte aus einer berühmten Familie des Wiener Musiklebens. Auch der Lebenswandel dieses wohl Vierzigjährigen hatte in Genf mißfallen.
Bereits am ersten Abend merkte ich, daß es zwar die offizielle Macht der Aufseher gab und ihrer Oberen, bis hinauf zum allmächtigen Direktor des Unternehmens Witzwil, daß jedoch in unserem Schlafsaal eine ganz andere Hierarchie etabliert war, die festlegte, wen man zu fördern oder abzulehnen hatte. Es war die kommunistische Parteizelle.
Der Zellenleiter stammte aus München. Ein politischer Emigrant und Spanienkämpfer, hart und unspürbar traurig, doch ein guter Kamerad. Ludwig Ficker ging schon im Sommer 1945 im Auftrag seiner Partei nach Bayern zurück. In der ersten Landesregierung,

die von der amerikanischen Militärpolizei eingesetzt wurde, wobei die Kommunisten nicht fehlen durften, war er Staatssekretär. Nach den ersten Wahlen mußte er ausscheiden und in die Parteizentrale zurückkehren. Eines Morgens lag er tot in der Garage, wie man erfuhr. Vielleicht hatte er das Spiel Stalins nicht weiterspielen wollen.

Man war höflich zu mir, doch distanziert. Ich war dort anscheinend registriert als Brandlerianer oder gar als Trotzkist. Jedenfalls keiner von den Unsrigen. Im Lauf der Monate besserte sich unser Verhältnis; später in Zürich und vor dem Kriegsende waren wir miteinander vertraut. Politisch also wurde ich nicht auf Abstand gehalten. Der Gegensatz zwischen der Zelle und mir bestand darin, daß die Parteidirektive darauf hinauslief, die Monate in Witzwil rasch hinzubringen, bei der dortigen Obrigkeit nicht anzustoßen, damit man bald wieder hinausbefördert werden könnte ins offene Arbeitslager, und folglich in die politische Arbeit. Diese Haltung war mir unerträglich. Witzwil war für mich auch ein politisches Ärgernis. Man durfte sich der Dynastie Kellerhals nicht widerstandslos fügen.

Nun ist der Name gefallen. Immer noch zittert es nach in mir, wenn ich ihn denke. Immer noch sehe ich ihn zu Pferde und in seiner Landschaft und hoch über seinen Zwangsarbeitern, die am Boden kriechen und das Unkraut mit den Händen auszureißen haben: den Herrn Direktor Dr. Kellerhals. Kein aufrechter Gang, Furche um Furche, Beet um Beet. Sehr schwere Arbeit: von der Morgenfrühe bis in den späten Nachmittag. Dazu eine Kost, die entkräften machte. Fettlose Suppen und zerkochtes Gemüse, das nicht für den Verkauf getaugt hatte. Bereits im Mai freuten sich die Langjährigen auf den 1. August, also den schweizerischen Nationalfeiertag: da würde es zum Abend ein Stück Butter geben und Marmelade. Ein anderer Feiertag galt gleichfalls als memorabel: da würde ein großes Stück Emmentaler verteilt werden. Jede Nacht ein Schlaf des Erschöpften. Auch heute noch schlafe ich manchmal mit der Beruhigung ein: Morgen wird dich kein Aufseher wecken.

Allein, ich war noch nicht alt, und auch kräftiger, als ich vermutet hatte. Seelenqualen gab es nicht: man war zu müde. Ich ließ mich hinleben. Die Erinnerung hat auch Momente der Freude gespeichert: wenn wir heimlich, was verboten war, im Neuenburger See badeten. Es gab nur einmal in der Woche die gemeinsame Dusche. Die Praxis des Dr. Kellerhals lief darauf hinaus, die Unterschiede in der Behandlung der Internierten und der Sträflinge möglichst gering zu halten. Damit befand man sich, wie ich vermute, in

Übereinstimmung mit den Direktiven von Dr. Rothmund. Was über uns verhängt wurde, war vielleicht abgesichert durch Ausführungsbestimmungen in Kriegszeiten, doch alles blieb dem jeweiligen »Ermessen« der Behörden und ihrer Erfüllungsgehilfen anheimgestellt. Wir waren gekleidet wie die Sträflinge, schrieben auf dem Papier der Strafanstalt, unsere Briefe wurden gelesen und zensuriert oder heimlich kopiert, wie ich erfahren mußte. Ein paar Privilegien blieben übrig im Vergleich zu den Strafgefangenen von Witzwil. Wer hierhin vom Gericht geschickt wurde, hatte viel ausgefressen.
Man las Zeitungen, konnte den Rundfunk hören. Immer noch Siegesmeldungen der Reichspropaganda vom Russenkrieg, mit dem mißbrauchten Thema aus der ›Préludes‹ von Franz Liszt. Erstaunlich viele deutsche Deserteure entdeckten ihre Reue und ihr Heimweh. Fast jede Woche waren einige, die weit draußen gearbeitet hatten, auf irgendeine Weise entkommen. Irgend jemand hatte mit Zivilkleidern irgendwo gewartet. Man weihte uns vorher ein, weil man Vertrauen zu uns hatte. Man floh zurück nach Deutschland: wahrscheinlich in den sicheren Tod. Ich habe keinen von ihnen allen später wiedergetroffen. Einer dieser Soldaten, der im Osten gestanden hatte, berichtete eines Abends von den Vernichtungslagern im besetzten Polen. Ich habe es nicht geglaubt.
Das geschah im Herbst 1942. Im allgemeinen pflegte man die Internierten von Witzwil nach sechs Monaten in eines der offenen Arbeitslager zu entlassen. Damit durfte auch ich im Oktober rechnen. Es kam wieder ganz anders, und schlimmer. Mit dem Dr. Kellerhals und mir war es nicht gut gegangen. Hoch zu Pferde und tief unten. Allein ich war nicht Onkel Tom, hatte das auch dem Herrn Direktor nicht verheimlicht.
Mehr als dreißig Jahre später wurde ich gebeten, zuerst in Hannover und dann in Berlin, eine Züricher Ausstellung, die der schweizerischen Flüchtlingstradition gewidmet war, mit einer Rede zu eröffnen. Ich wies jedoch darauf hin, daß man unmöglich die Welt Büchners und Richard Wagners, die Welt deutscher Emigranten aus der ersten Weltkriegszeit vergleichen könne, noch dazu leuchtend im rosigen Schein, mit der Flüchtlingspolitik zwischen 1939 und 1945. Ich schaute die Ausstellung an, bevor ich meine Rede vortrug. *Da lag in einer Vitrine ein Brief in meiner Handschrift.* Gerichtet aus Witzwil an Max Rychner. Ich schilderte ihm darin, was vorging und wie man uns behandelte. Max

Rychner starb 1965. Vor seiner letzten Krankheit hatte ich ihn in Tübingen getroffen. Wir hatten ein Frühstück im berühmten Hotel zum Lamm, Paul Celan war mit uns. Allein, dieser Brief aus der Vitrine stammte wohl aus seinem Nachlaß. Man hatte gut daran getan, ihn hier auszulegen. Meine Handschrift war damals noch gut lesbar. Ich las nach durch die Glasscheibe. Der Brief handelte von Witzwil und seinen Gewaltigen.
Solche Briefe schrieb ich nicht nur an Rychner. Der Direktor dürfte sie alle gelesen haben. Nun wußte er, was zu tun war. Ich wurde nicht entlassen, sondern abermals degradiert nach den Gesetzen eines Strafvollzugs ohne Strafrichter.
Irgendwann im Oktober wurde ich von neuem abgeschoben, in Polizeibegleitung, wie es sich versteht. Es ging zuerst nach Bern, dort hatte ich bei der Bahnpolizei zu übernachten. Man war auf solche Transporte eingerichtet. Auf dem zweiten Strohsack schlief ein Pole, der gleichfalls aus einem Lager irgendwoanders hin administriert wurde. Am andern Morgen ging es nach Lenzburg im Kanton Aargau. Von Lenzburg wußte ich: das war Literatur. In einer der besten Erzählungen von Frank Wedekind, sie handelt vom »Brand von Egliswyl«, erzählt ein junger schweizerischer Brandstifter, beim Transport von oder nach Lenzburg, wie es zu jenem Brand hatte kommen müssen.
Lenzburg war als Verschärfung gedacht: wegen meiner Widersetzlichkeit, denn irgend etwas anderes hatte man mir in Witzwil nicht vorwerfen können. Allein in dem festen Zuchthaus über der Stadt Lenzburg, oben auf dem Berg, ging es weit besser zu als bei den Feudalherren von Witzwil. Lenzburg war ein Zuchthaus für die ganz Schlimmen: die Hierarchie der Strafanstalten hatte ich inzwischen gelernt. In solchen Häusern geht es ruhig zu: man hat so viel Zeit. Auch hier wurde zunächst kein Unterschied gemacht zwischen Internierten und Gefangenen. Doch, wir hatten eine andere Kokarde zu tragen auf der Sträflingskleidung. Sie war natürlich rot. Rot trug auch der arme Emigrant Spitzer und jener hohe deutsche Offizier im oberen Stockwerk, der offenbar zwischen die Geheimdienste geraten war.
Im übrigen ließ man mich in Ruhe in der Einzelzelle. Ich mußte nicht arbeiten, bestellte mir die ›Neue Zürcher Zeitung‹ und war nun, im Winter von Stalingrad und Bengasi, gut unterrichtet. Man konnte wieder hoffen. Worauf denn ich? Regelmäßig ließ man uns am Sonntag in der Kapelle zusammenkommen, wo ein Lehrer an der Leinwand das Kriegsgeschehen erörterte: für jene Gefangenen, die

keine Zeitungen haben durften. Rundfunk in der Zelle? Welche Idee!

Ich machte mir damals Gedanken, endlich wieder Gedanken, denn unter Kellerhals war man reduziert auf die simplen Reflexe. Nun lebte ich als ein Gefangener und konnte an mir die verschiedenen Strafrechtstheorien im »Selbstversuch« erproben, von denen wir an der Universität erfahren hatten. Gewiß, bereits als Gerichtsreferendar mußte ich feststellen, daß der juristische Alltag wenig Umstände macht, wenn es die Rechtstheorie gilt. Rechtstheorie gehört in die Revisionsinstanz.

Welcher Legitimation von Strafrecht und Strafe sollte ich zustimmen, wenn ich meinen Fall überdachte, der – wie zuzugeben sei – nicht schlüssig war, da kein Delikt vorausging? War ich nun *abgeschreckt* worden? Wovon und wodurch? Hatte man, laut Anordnung der Schweizerischen Fremdenpolizei, an mir *Vergeltung* geübt? Abermals: wofür und wodurch? Etwa an meiner Schutzlosigkeit als menschliches Wesen ohne Heimat? Man hatte die Gesellschaft auf Zeit vor mir *gesichert,* das schien evident, aber ging es der Gesellschaft nun besser? Mein Zustand, der jeweils determiniert wurde durch Ermessensverfügungen einer Verwaltungsinstanz, glich aufs Haar einer Sicherungsverwahrung. Fragte ich irgendeinen Direktor oder Stellvertreter danach, so kam die Antwort: es sei Krieg. Allein die Eidgenossenschaft führte keinen Krieg, und man begann am Jahresende 1942/43 in vielen Amtsstuben zu begreifen, daß die scheinbar Ohnmächtigen vielleicht stärker waren, virtuell gewiß, als man im Zeichen der Blitzkriege angenommen hatte.

Man ließ es mich bald spüren. Da ich wieder nachdenken konnte in meiner Zelle zu Lenzburg, *nahm ich mir einen Rechtsanwalt.* Durch Freunde hatte ich eine Anwältin früher in Bern kennengelernt; der wurde mein Fall anvertraut. Im März 1943 kam ich wieder frei und durfte in ein anderes Arbeitslager für Emigranten im Wallis zurückkehren. Alles wurde wieder nach unerforschlichen Ratschlüssen der Büros entschieden zwischen Bern, der Zentralverwaltung in Zürich und der Direktion von Lenzburg, die nicht widersprach. Vermutlich hatte man dort das richtige Gefühl, daß an unsereinem arg gesündigt wurde.

Lenzburg wurde mir zum Glücksfall. Das klingt absurd, und blieb trotzdem wahr für mein Leben. Ich habe in jenem Winter in meiner Zelle, die gut geheizt wurde, auch das Essen reichte aus, die Grundlage einer spezifisch literarischen und literaturwissenschaftlichen Bildung gelegt. Die Lenzburger Bibliothek war gut. Sie hielt sich an das klassische Repertoire, was mir eben recht kam, denn ich wollte die Zeit nutzen und all jene Bücher lesen, die bisher nur im Gedankenspiel vorgekommen waren: »Man müßte eigentlich einmal ...«

Vor mir liegt ein Schulheft, das ich damals in Lenzburg vollschrieb. Ich habe es stets mit mir genommen bei den späteren Emigrationen. Eine Art von *Arbeitsjournal.* Pläne für Essays und Theaterstücke; politisch-moralische Reflexionen. Unter der Wucht eines Gotthelf und Tolstoi, die ich damals immer wieder las, gab es erste (und schließlich einzige) Aufwallungen von Christlichkeit. Ich schrieb in mein Schulheft einen ausführlichen »Epilog zu Tolstois Romanen«. Gerade ihn hat Alfred Döblin ein paar Jahre später in seiner Zeitschrift ›Das Goldene Tor‹ gedruckt. Ich schickte ihm ein paar Texte, als er mich zur Mitarbeit aufforderte. Just diesen Essay aus der Lenzburger Zelle suchte er aus.

Allein in den paar Wochen vor der Entlassung im März 1943 las ich, wie das Arbeitsjournal festhält: Storm und Baudelaire, Paul Bourget und Benjamin Constant, E. A. Poe und die ›Eugénie Grandet‹ von Balzac, den ›Wallenstein‹ von Ranke und die Musternovellen von Cervantes. Manches taucht als Reflexion auf, was später in dem Buch über Thomas Mann ausgeführt werden sollte. Es gibt auch Notizen »Über den Skandal«, die eingehen sollten in das Buch ›Außenseiter‹. Wie schade, daß ich die Erzählung ›Spaziergang in Vincennes‹ nicht geschrieben habe: damals stand sie mir genau vor Augen. Diderot holt den aus Vincennes entlassenen Rousseau ab und geleitet ihn nach Paris. Man spricht über den Einfluß der Kunst und Wissenschaft auf die menschliche Gesittung. Rousseau will diesen Einfluß spezifizieren. Das hat jedenfalls Diderot später behauptet. Der Autor von ›Rameaus Neffe‹ improvisiert die Gegenthese: gar nichts ist bewirkt worden durch die Kunst und die Wissenschaft. Im Gegenteil, nur Schaden wurde angerichtet. Das ist, wie man weiß, die berühmte These des Jean-Jacques Rousseau. Aber stammt sie wirklich von ihm, oder von dem Dialektiker Diderot? Da steht Aussage gegen Aussage. Ich wollte das erzählen.

Vieles stand auf dem Programm, was ich später nachholen sollte, als ein freier Leser. Vieles jedoch habe ich niemals zur Hand genommen: nicht die ›Institution chrétienne‹ von Calvin und auch nicht den ›Traité de la passion‹ von Descartes. Dafür ist es jetzt zu spät.

Fünf Jahre nach Lenzburg, im März 1948, erreichte mich die Aufforderung, an der Universität Leipzig einen Lehrstuhl zu übernehmen für Neuere Deutsche Literatur und für Weltliteratur, was man jedoch mit der Formel »Geschichte der Nationalliteraturen« umschrieb. Ich nahm an und konnte sie jetzt nutzen, die Arbeiten und Gedanken des Lenzburger Winters: in der Zeit meiner größten Demütigung.

Lajzer Aichenrand
»Ich bin zweitausend Jahre alt«
1942

»Warum sind Sie in die Schweiz geflüchtet?«
»Ich stand vor der Deportation.«
»Wo sind Sie in die Schweiz gekommen?«
»Bei Annemasse.«
»Sind Sie Jude?«
»Ja.«
»Wie alt sind Sie?«
»Ich bin zweitausend Jahre alt.«
Der Grenzbeamte hob den Kopf und schaute mich kopfschüttelnd an.
»Ich frage Sie noch einmal: Wie alt sind Sie?«
»Ich bin zweitausend Jahre alt«, wiederholte ich.
Er stand auf und verließ wortlos das Zimmer.
Hält er mich für verrückt?
Wann hat denn meine Wanderung über Länder und Grenzen begonnen? In wie vielen Verwandlungen bin ich geflüchtet, bis ich am 21. September 1942, um halb elf Uhr in der Nacht, verwundet, zerschunden vom Klettern über die Stacheldrähte zum erstenmal auf Schweizer Boden stand? Wer ist in dieser Stunde nicht alles mit mir dort gestanden? Und wie viele sind zurückgewiesen worden? Wie viele sind gar nicht bis hierher gekommen? Heute und in den letzten zweitausend Jahren. Die auf den Scheiterhaufen Verbrannten, die blindlings Erschlagenen, die in ihrem Blut Erstickten, die Vergasten. Sie sind mehr als die Hälfte meines Volkes. Ja, wie alt bin ich eigentlich? Wie oft hat man mir diese Frage gestellt? Wievielmal war sie mein Todesurteil? Wie oft ließ man die Antwort gelten?
Viele haben diese Antwort angenommen, auch in der Schweiz. Aber die Frage wird immer wieder gestellt – sie bleibt offen wie damals im Genfer Auffangslager »Bout du monde«.
Der erste Grenzbeamte wurde von einem zweiten abgelöst. Er

fragte wieder: »Wie alt sind Sie?« Und ich gab ihm die gleiche Antwort wie dem andern.
Er sagte: »Sie scheinen mir doch ein vernünftiger Mann zu sein. Wie soll ich Ihre Antwort verstehen?«
Ich sagte: »Als ich in Annemasse vor dem Stacheldraht stand, wußte ich, daß meine Flucht vor zweitausend Jahren begonnen hat, damals, nach der ersten Tempelzerstörung, als man mein Volk in die Verbannung trieb.«
»Ich verstehe«, sagte der Offizier. »Vous êtes un drôle de peuple!«
Ich fragte: »Kann ich hier bleiben?«
Er antwortete: »Das hängt nicht von mir ab. Aber ich werde alles für Sie tun, was in meinen Kräften steht.«
Er hat es getan. Er hat meine Antwort verstanden.

Eduard Claudius

Mensch auf der Grenze

1944

»Zeigen Sie mir ihre Papiere!« sagte der Mann. Menschen auf der Straße gingen an uns vorüber. Er und ich, wir standen in diesem Strom. »Sie haben keine Papiere?« fragte mich der Mann. Ich griff in meine Taschen, trotzdem ich wußte, daß ich keine Papiere hatte. Und der Polizist trug eine Uniform, irgendeine Uniform mit goldglänzenden Knöpfen.
Er nahm mich mit. Ihm sah man an, daß er ein Polizist war, mir aber nicht, daß ich ein Emigrant war. Mensch ohne Papiere! In den Augen der Menschen konnte ich ein Dieb, ein Vagabund oder auch ein Mörder sein. Der Polizist brachte mich auf die Polizeiwache. Ich sah noch die mißtrauischen Augen der Vorübergehenden vor mir. »Ziehen Sie sich aus«, befahl mir der Polizist. Ich stand dann nackt vor ihm. Meine Haut war mir zu weit geworden, und sie sah wie ein verschlissener Anzug aus, der einem zu weit geworden ist. Man sah mir nicht an, daß ich in einem Haus mit dem Blick auf einen Wald gelebt hatte. Meine Haut schlampte weit und faltig über die Knochen. Die Wanderung durch die Länder! »Ihr Name?« ... »Wann geboren?« ... »Wo?« ... »Wie lange sind Sie von der Heimat weg?« ...
Ich antwortete. Die Tage ohne Heimat waren wie Steine auf meinem Herz. »Und wie wollen Sie das beweisen?« fragte der Polizist. Ich

stand vor ihm, nackt, ohne Kleider, ohne Papiere. Ein Mensch ohne Papiere! Und der Mensch in der Uniform ... Bis jetzt war mir ein Mensch ein Mensch gewesen. Seine Kleider ... Nun sah ich einen Menschen in einer Uniform. »Aber ich bin doch ...« begann ich zu stottern, und wollte sagen, »ich bin doch da«. Aber er unterbrach mich, hieß mich mich anziehen, lächelnd, und er hatte ein Menschengesicht, das man vielleicht des Abends im Freien einer Gasse, hinter einem Fenster, ausschauhaltend nach dem Leben, sieht. Aber mich nahm er mit, auf einen Bahnhof, von dem aus Züge ins Land hinein und Züge zur Grenze, zum Land hinaus fuhren. Und in diesen Zug brachte er mich, in ein Abteil, das ich für mich allein hatte und dessen Fenster vergittert waren. Ich sah durch die Gitter, sah das Land, Bäume, Wiesen, Hütten an Wegen, und hatte keinen Teil an ihnen. An einer Station hielt der Zug. Ich sah zum Fenster hinaus und Arbeiter werkten. Als sie mich sahen, zeigten sie auf mich. Hinter Gittern! Einer kam und brachte mir eine Zigarette. Er lächelte dazu, und seine Hand war breit und schmutzig, und sein Lächeln wie das eines Kindes. »Nimm!« sagte er. Und ging, mit blauen Arbeitskleidern angetan, zu seinen Kameraden. Und ich sah durch die Gitter, und der Himmel war mittlerweile vom Wind blau gewaschen worden.
An der Grenzstation schloß mir ein Polizist die Tür auf und holte mich aus dem Abteil. Er brachte mich durch Felder zur Grenze. »Dorthin gehen Sie«, zeigte er hinüber. Dort war eine Wiese, weit am Horizont rauchte ein Schornstein, hier war eine Wiese, und hier rauchte auch ein Schornstein, aber es waren zwei verschiedene Länder. Hier bei mir stand ein Polizist, dort, im andern Land, stand auch ein Polizist. Wartete er auf mich? »Gehen Sie«, befahl mir der eine. Ich ging von einer Wiese zur andern. »Wo wollen Sie hin? Gehen Sie zurück!« befahl mir auf der andern Wiese, in dem andern Land, der Polizist. Auf einem Lappen Land bückte sich ein Bauer arbeitend der Erde zu. Hinter mir hörte ich eine Stimme sagen: »Warum schickt ihr ihn weg?« Ein Mensch in einem blauen Arbeitsanzug. Ich ging von Land zu Land, da keiner der Polizisten mich haben wollte. »Wo soll er denn hin?« hörte ich den Bauer fragen. Und als ich wieder in das Land zurückkam, aus dem ich gekommen, gab mir der Arbeiter etwas in die Hand, Geld, oder sowas. Und der Bauer, im andern Land, sagte: »Wo soll er denn hin? Er ist doch ein Mensch, irgendwo muß er doch sein!« Und als ich wieder zurück wollte, nein, mußte, ließ mich der Polizist nicht mehr in sein Land. Und der andere ... Ich stand mitten auf der Grenze! Dort ein Poli-

zist, hier ein Polizist, dort ein Bauer, hier ein Arbeiter, alles Menschen, und ich, ich stand auf der Grenze, auch ein Mensch. Und ich setzte mich, mitten auf die Grenze. Müde! Meine Augen, meine Ohren, meine Arme, meine Beine, mein Herz! Und ich sah einen dünnen schwarzen Strich, nun, da Abend wurde. Die Grenze! Und der Strich zog sich um die Länder. Und ich saß auf der Grenze, während der Tag in einem goldenen Abgrund hinter dem Horizont versank. Und Dämmerung wurde. Mir war, als sähe ich die Polizisten weggehen, aber dann waren sie alle beide bei mir. Und die Grenze wurde schwärzer, begann mich zu schmerzen. Sie hatte einen Gürtel von Stacheldraht bekommen, und ich lag auf dem Stacheldraht, und die spitzen, metallnen Stacheln bohrten sich in meinen Leib, bis in die Eingeweide hinein. Einer der Polizisten packte mich am linken Arm und am linken Fuß, und der andere packte mich auf der andern Seite und jeder schrie: »Hier kannst du nicht bleiben!« Sie zogen mich ein Stück weiter, über den Stacheldrahtgürtel. Er zerriß mir die Eingeweide, nicht darum, weil sie mich über die Grenze zerrten, sondern weil ich nirgendwo bleiben konnte. Wer kann auch zwischen den Ländern bleiben? Und sie zerrten mich weiter über die Grenze, ein Tal hinab, über einen Berg, durch eine Wiese, einen Wald, immer rutschte ich dabei über den Stacheldraht. Und meine Augen sahen mehr Täler und mehr Wälder und Wiesen, als die, über die sie mich zerrten, und meine Augen sahen auch das Haus, in dem ich meines Lebens beste Tage verbracht hatte. Aber ... da hatte ich auch nicht bleiben können. »Was kann ich tun, um mein Haus wieder zu bekommen?« fragte ich, voll der Schmerzen, einen der Polizisten. Aber sie gaben keine Antwort, sie zerrten mich weiter und die Welt schien nur aus Grenzen zu bestehn. In einem Wald ließen sie mich dann liegen, wund, die Glieder schmerzend.
Und wach muß ich geworden sein vom Wind, der gegen Abend aufkam. Die Polizisten sah ich nicht mehr. Ein Gesicht beugte sich über mich und es war das Gesicht des Arbeiters, und da mich fror, zog er seine Jacke aus und legte sie über mich. Und auf meiner andern Seite stand der Bauer, und seine Hände gaben mir Brot. Meine Blöße und meinen Hunger! »Du kannst hier nicht bleiben«, sagte der Arbeiter, »es wird Nacht!« Sie waren beide Menschen. »Du kannst hier nicht bleiben«, sagte der Bauer. »Nachts wird es kalt«. Und ich, ich war auch ein Mensch. Und ich wußte wieder, daß man mit trockenen Augen starren kann, und einem doch ist, als weine man. »Komm mit«, sagte der Arbeiter. »Komm mit«, sagte

der Bauer, »es wird sich schon Platz finden«. Und ich wußte wieder, wie einem ist, wenn man auf die Zähne beißen muß, um nicht ... um nicht ...
Menschen!

Wolfgang Langhoff
Zehn Jahre Exil
1945

Vor zehn Jahren – an einem regnerischen Juniabend 1934 – überschritt ich als deutscher Flüchtling die Schweizergrenze, um einem Engagement an das Zürcher Schauspielhaus zu folgen.
Dieser Abend, der mich für eine lange, ungewisse Zeit von meiner Heimat trennen sollte, steht noch so lebhaft in meiner Erinnerung, als wäre es gestern gewesen. Noch oft durchlebe ich in Gedanken jenen aufregenden Augenblick an der Grenze – an der Grenze, die für mich mehr als die Grenze zweier Länder bedeutete, die auch die Grenze zwischen Tod und Leben, zwischen Nacht und Tag war: zwischen der Nacht, die sich auf mein Vaterland gesenkt hatte und der ich entfloh – und dem neuen Tag, der mir in der Freiheit des Gastlandes aufging ...
Unter den tausend Gefühlen, die mich durchzogen, als ich dann in Geborgenheit und Ruhe meinem Wirkungskreis entgegenfuhr – halb der Vergangenheit und halb der Zukunft zugewandt – tauchte auch die Frage auf:
»Was wird der neue Tag Dir bringen? Wirst Du als Gast willkommen oder unwillkommen sein? Und wird die Gabe, die Du selbst zu geben hast als Künder und Mittler des lebendigen Wortes, auch aufgenommen und geachtet werden, so daß Du nicht nur als ein Bittender, ein Bettler, sondern auch als Gebender erscheinen darfst und jener schöne, schwingende Ausgleich zwischen Empfangen und Geben entsteht, der die eigentliche Voraussetzung für die volle innere Harmonie, Freiheit und Würde und Selbstachtung des Menschen in der Gemeinschaft bildet?«
Zehn Jahre sind vergangen – mit dem Maßstab der großen Geschichte gemessen, eine kurze Spanne Zeit, erst ein Hundertstel des tausendjährigen Reiches oder vielmehr der tausendjährigen Nacht, die falsche Propheten Deutschland voraussagen zu können glaubten –, und schon dämmert eine Morgenröte, und der Tag scheint nicht mehr fern, an welchem ich meinen Schweizer Freunden die

Hand zum Abschied drücken werde, um auf den Trümmern meines Vaterlandes am Wiederaufbau deutscher Kultur mitzuarbeiten, so gut ich es kann.

Könnte ich an diesem Abschiedstage zu allen meinen Freunden sprechen, die ich in diesen zehn Jahren gewonnen habe, ich wollte ihnen sagen:

»Nehmt meinen tiefen Dank, Ihr Schweizer Freunde, für zehn Jahre Gastfreundschaft, in denen es mir vergönnt war, vor Euern offenen Herzen und Ohren als Vertreter einer freien deutschen Kultur zu sprechen und zu wirken – einer Kultur, die in meiner Heimat am Boden lag und verschüttet war, und der Ihr Euch verwandt und verbunden fühlt, wie es mir unzählige Beweise kund getan haben. Als Künstler dieser Kultur war ich in Eurem Lande willkommen, denn die Wirrnis dieser Zeitläufe ist groß, und die Leidenschaft zieht wenig wählerisch alle Werte in den Bereich ihres Kampfes. War also auch die Zeit meines Exils nicht ungetrübt und frei von Anfeindungen, so überstrahlt das Licht der Freundschaft und der Zuneigung für jene Sache, der ich diene, alle Schatten und Kümmernisse. Und es ist die Sache der freiheitlichen deutschen Dichtung, der ich diene, die Sache jenes andern Deutschland, in dem Euer Jeremias Gotthelf, Euer Gottfried Keller, Euer Konrad Ferdinand Meyer heimatberechtigt und geliebt waren wie die größten eigenen Söhne – die Sache jenes andern Deutschland, an dessen Geburt und Auferstehung ich in diesen ganzen Jahren auch nicht einen Augenblick gezweifelt habe.

Zehn Jahre sind nur in der Geschichte eine kurze Zeit – aber für uns, die wir sie erlebt und erlitten haben, schienen sie oft kein Ende nehmen zu wollen, und das ungeduldige Herz verzweifelte schier am trägen Fluß der Zeit und am allzu langsamen Lauf der Ereignisse. Nun aber beginnt es zu tagen, und das Ende aller Kriegsleiden ist nahe. Wieviele Schrecken, grauenvolle Taten, wahrhaft unglaubliche und unfaßbare Greuel warfen ihre Schatten in die Seelen der Einwohner dieses wie durch ein Wunder friedlich gebliebenen Eilandes Schweiz! Und hier komme ich nun mit einer Abschiedsbitte zu Euch, deren Erfüllung die schönste Krönung und Bekräftigung unserer Freundschaft wäre:

Ungeheuer und berechtigt in der Welt ist der Haß angeschwollen gegen die, die mit dem Worte »Kriegsverbrecher« gebrandmarkt werden und die die gleichen sind, die in meiner Heimat jede freiheitliche Kultur und jeden Humanismus erstickt haben. So groß ist dieser Haß geworden, daß er sich nicht mehr auf die Schuldigen

allein erstreckt, sondern alle mit einschließt, die gleichen Aussehens und gleicher Sprache sind, mit einem Wort: das ganze deutsche Volk. Nun wird das deutsche Volk schwer genug zu tragen haben an der verfluchten Erbschaft, die ihm seine eigenen Unterdrücker hinterlassen – laßt es nicht untergehen, nicht ertrinken in der großen Welle des allgemeinen Hasses, sondern reicht jenen Deutschen die helfende Hand, die sich anschicken, das besudelte deutsche Antlitz von der Schmach reinzuwaschen und ein Deutschland aufzubauen, dessen Geist und Sprache Euern Zielen und Idealen verwandt sind. An hunderten von Abenden durfte ich vor Euch Sprachrohr dieser großen Geister sein, sei es im »Wilhelm Tell«, in den »Räubern«, »Kabale und Liebe«, »Don Carlos«, »Fiesco« im »Götz von Berlichingen«, »Egmont«, »Faust«, und der überraschend starke Widerhall, den diese Freiheitsdramen bei Euch fanden, läßt mich hoffen, daß auch Ihr nicht den Glauben an jene Kräfte verlieren werdet, die aus dem Schoße des deutschen Volkes die Geburt der Freiheit, Menschlichkeit und des friedlichen Einvernehmens mit allen Völkern einleiten und vollziehen.
Und so wage ich es getrost, auf den brennenden, rauchenden und verhangenen Himmel der deutschen Gegenwart die reinen, freien und sauberen Züge einer deutschen Zukunft zu malen und die Zeit heraufzubeschwören, wo nach Tilgung aller Schuld und Last der deutsche Gast in Eurem Lande als ein Bruder willkommen geheißen wird und zwischen beiden Völkern jenes Verhältnis von Empfangen und Geben aufblüht, wie es uns heute schon in manchem Einzelfall verbindet ...«
So würde ich zu meinen Freunden sprechen wollen, wenn – ich habe geträumt! Noch ist der Tag nicht gekommen, und es heißt wohl das Glück herausfordern, ihn allzu deutlich zu bezeichnen. Darum wird diese Abschiedsrede nie gehalten werden, sondern mag hier Platz finden als der Traum eines deutschen Schauspielers im Exil. Aber wer eine große Zukunft will – muß träumen können!

Jean Paulhan
Angesichts eines Schweizer Gletschers
1945

Ach! hätte ich mich nur schon an diesem Abend vor dem Vergnügen gehütet, mit dem ich plötzlich den Prospekt des kleinen Hotels von Guarda durchsah, in dem wir die Nacht verbringen sollten: Es war ein Hotel von der allerbescheidensten Sorte, und das ehrliche Faltblatt weckte keinerlei Erwartung auf die mindeste Überraschung an Ort und Stelle, weder auf etwas wie eine elektrische Türverriegelung noch auf ein Handtuch eigens zum Rasieren. Und dennoch unterbrach ich die Lektüre jeden Augenblick, um die Frische besser auszukosten, die mir der Text in den Kopf wehte. Ein wenig später brachte mich eine Lokalzeitung auf die seltsame Idee, ich stünde knapp vor der Entdeckung eines Geheimnisses, das mir im nächsten Augenblick aus einem Artikel oder aus der nächsten Zeile entgegentreten werde. Aber die Zeitung war rätoromanisch geschrieben und enthüllte mir rein gar nichts. Ich war davon nicht im geringsten enttäuscht.

Was fällt mir noch ein von der anschließenden langen Träumerei, die mich bis vier Uhr morgens beschäftigte? Der nächtliche, glücklicherweise häufige Stundenschlag einer Uhr bezauberte mich ebenso wie die in dem Prospekt angegebenen Preise. Ich sagte dann Tausende von Wörtern, man antwortete mir auf abertausend Arten. Den Wörtern fehlte allerdings jede Abwechslung: Es waren immer dieselben zwei oder drei Wörter, natürlich von der unerschöpflichen Sorte, die ich jedesmal ein wenig abwandelte; so scheint es mir mindestens, denn jedes neue Wort hatte zur Folge, daß ich die vorhergehenden vergaß. Es ist seltsam: Ich fühle mich nie so reich an Ideen wie gerade in den Augenblicken, da ich nach aller Wahrscheinlichkeit überhaupt keine einzige habe. Vielleicht gingen unsere Gespräche ein wenig weiter als die Wörter.

Die Bauern stehen früh auf. Als ich um sieben Uhr vor dem verführerisch luxuriösen Hause ankam, standen die Türflügel weit auf, und das Mädchen mit der Wickelbluse warf den Hühnern Körner zum Fressen vor. Ich hatte Mühe, sie wiederzuerkennen; dennoch begrüßte ich sie und stellte ihr die erste Frage (über das Alter der Malereien). Sie sagte nichts, schien zu überlegen, rief einen jungen Mann, der in dem Zimmer daneben beschäftigt war, deutete eine Geste an, als wolle sie ihn umarmen, sagte etwas dazu, das wohl »chéri« bedeuten mußte, und überließ mich dem jungen Mann. Das war in gewisser Hinsicht eine gute Idee, weil der Bursche tausend Dinge zu dieser Frage zu erzählen wußte und mir diese auch sofort vorzutragen begann. Es war aber auch eine ganz schlechte Idee, weil der junge Mann sein Wissen in einer Sprache darbot, die ich zuerst als Italienisch, dann als Deutsch, zuletzt aber überhaupt nicht mehr identifizieren konnte. Ich bedankte mich höflich und begab mich zurück ins Hotel. Unterwegs erinnerte ich mich daran, daß ich zunächst Schwierigkeiten gehabt hatte, das Mädchen zu erkennen; und ich begriff, warum Verliebte es immer so eilig haben, sich wiederzusehen; das kommt davon, daß sie nach langem einsamem Nachsinnen über den anderen Angst bekommen, sich verloren zu haben. Und wer kennt die Gefahr des Sinnierens besser als die Verliebten?! Als ich meinen Gedanken weiter nachging, fragte ich mich sogar, ob die seltsame Gleichgültigkeit des Mädchens mir gegenüber nicht daher rührte, daß sie noch länger über mich nachgedacht hatte als ich über sie. Obwohl mir diese Hypothese sehr gut gefiel, ließ ich den Gedanken fallen.

Ein wenig später machten wir uns auf den Weg zum Gletscher.

Dieser Gletscher war nicht weiß, sondern schmutzig grau. Er war genau von der Farbe wie der Staub, der sich in Zimmerecken ansammelt, und wie das Unterholz in den Landschaftsbildern von Amateurmalern (ich spreche von französischen Zimmern und sogar, um niemanden zu verletzen, von meinem eigenen. Denn in der Schweiz bekamen wir derartige Zimmer überhaupt nie zu sehen). Das Wasser, das unten herauslief – eigentlich nicht ganz unten, sondern an einer Stelle auf einem der Seitenhänge –, war dunkel und strudelte leise. Die Lage der Spitzen erinnerte an die Form eines Polypen. Und wir wunderten uns, daß ein so beträchtliches Objekt – nicht nur im Hinblick auf den Platz, den es auf der Erdoberfläche einnimmt, sondern auch bezogen auf die Flüsse, Seen, Abhänge und alle übrige Geographie, die daraus hervorgeht – kurz: daß ein so beträchtliches Objekt uns einen so farblosen und undurchsichtigen Anblick bot. Man muß allerdings auf der anderen Seite bedenken, daß auch die großen Männer, die für die Schwester der Geographie, die Geschichte, stehen, aus der Nähe betrachtet, ebenfalls etwas undefinierbar Verwirrendes an sich haben. Ich möchte ganz bescheiden einfach sagen, daß mir dieser Gletscher mißfiel.

Im selben Augenblick fühlten wir uns alle drei auch ein wenig müde. Auxionnaz sagte sogar, er sei völlig am Boden. Limérique vertraute mir an, daß sich seine Atmung beschleunigt habe, und mir selbst kam es vor, als ginge mein Mißfallen jetzt in eine undefinierbare

Gleichgültigkeit über – alles Symptome, die wir drei ohne Zögern mit Höhenkrankheit in Verbindung brachten. Wir beschlossen deshalb, zum Hotel hinabzusteigen und dort einen Imbiß einzunehmen. Wir waren indes kaum mit dieser Stärkung fertig, als uns ein heftiger Drang packte, wieder zum Gletscher emporzusteigen; aber wir hielten durch und begnügten uns damit, die Berge aus der Ferne zu betrachten.

Sie sind monoton. Groß oder klein, ähneln sie ohne Unterschied ziemlich regelmäßigen Pyramiden mit rundem Grundriß, die fest im Boden verankert sind. Die höchsten von ihnen tragen Schnee auf der Spitze; zu ihren Füßen erstreckt sich ein Labyrinth niedriger Berge, die indes nicht weniger regelmäßig angelegt sind. Wir konnten keinen einzigen Berg entdecken, der die Form einer Kugel oder eines Zylinders gehabt hätte. Die Ortsansässigen wie die Reisenden sagen gewöhnlich von ihnen, daß sie sich kühn in den Himmel recken. Man könnte mit ebenso guten Gründen formulieren, daß sie sich vorsichtig auf der Erde ausbreiten. Aber es ist ein bemerkenswerter Zug der Schweizer Berge, im Unterschied zu den Landstraßen oder Häusern, daß man sich angewöhnt hat, an ihnen eher das Aufsteigende als das Abfallende zu betonen, den Gipfel eher als die Grundlinie. Und daher rührt wohl auch die Behaglichkeit – ja sogar das vage Gefühl von Mut –, die ihre Eintönigkeit, über einen längeren Zeitraum betrachtet, wie ein Konzert um sich verbreitet.

»Ist bei meinen Sachen genauso«, sagte Limérique. Dabei öffnete er seinen Koffer und zeigte uns einige Zeichnungen und Wasserfarbbilder von Geisteskranken, die er sich zwei Tage vorher gekauft hatte. Diese Bilder waren wirklich bemerkenswert wegen ihrer durchgehenden, aber sozusagen immer einfachen Beharrlichkeit. Ich war erstaunt, daß auch die Menschen, die weniger als alle anderen auf Beweise menschlichen Respekts angewiesen und von allen Sorgen um Ruhm frei sind, in ihrer Phantasie so schüchtern bleiben, daß sie sich mit drei Schlangen oder mit einem geschweiften Kometen begnügen und diese endlos wiederholen. Limérique antwortete mir, daß im Gegenteil die Vielfalt oder die Abwechslung ein Interesse am Publikum verrate, und daß der Geisteskranke immer wieder seine Schlangen und seinen Kometen male, weil er dessen nie müde werde. »Und nicht anders hält es Gott«, sagte ich – »oder eher der Naturhaushalt«, berichtigte mich Auxionnaz – »mit seinen Bergen. Das ist der Grund für diese vage Erregung, die wir bei ihrem Anblick empfinden.« Nach einigen Gläsern Whisky wurden wir uns darüber einig und fanden ein neues Vergnügen bei der Betrachtung immer neuer Berge.

Ernst Wiechert
Rede an die Schweizer Freunde
1947

Es ziemt mir wohl, in diesen für mich fast betäubenden Tagen der Freiheit und des Glückes ein paar Worte zu Ihnen zu sprechen, zu den bekannten und den unbekannten unter Ihnen, und ich möchte, daß niemand sich übergangen fühle, auch wenn ich keine Namen nenne. Denn viele von Ihnen haben mir geschrieben, im vergangenen Jahr und in den vielen Jahren der Einsamkeit. Und viele haben mir Gaben geschickt und mich am Leben und an der Freude erhalten. Und viele haben nur gedacht an mich, in Sorgen, in Treue, in immer lebendiger Anhänglichkeit gedacht, und ich betrachte sie nicht als die Geringsten unter Ihnen.

Nicht zu jedem von Ihnen kann ich kommen, wie ich so gern möchte. Und nicht in jeder Stadt kann ich lesen oder sprechen, wie ich so gern möchte. Nicht nur, weil ich nach ein paar Tagen wieder heimkehren muß unter den verhangenen Himmel der Heimat, sondern auch weil das Herz es nicht ertragen würde, vor so vielen Gesichtern und so vielen Herzen zu stehen und sein Inneres zu bekennen.

Denn Sie müssen bedenken, daß die Freude ein Herz so zerstören kann wie das Leid. Daß vor diesem Herzen in diesen Tagen sich aufrichtet, was es zehn Jahre lang nicht gekannt hat: unzerstörte Städte und Landschaften, das Redliche und nicht Unterbrochene der Arbeit, des Planens, des Miteinanderseins; Hoffnungen und Spiele, so unverändert wie in meiner Kinderzeit, eine nicht geschändete Erde, ein nicht drohender Himmel, wachsendes Korn und Wasser, das zu Tale läuft, Glocken, die von den Türmen rufen, Lieder, die aus hellen Häusern durch den Abend gehen. Und, mehr als alles dieses: Menschengesichter, über die die Hand der Dämonen nicht geglitten ist. Die ihre Sorge, ihr Leid, ihre Traurigkeit tragen wie jedes Menschengesicht, aber was sie tragen, tragen sie nach dem alten Gesetz der Erde, und dahinter steht unsichtbar Gottes Hand und nicht die Hand der Dämonen. Das Gesicht der Jugend vor allem, als das Gesicht der Zukunft, ein helles Gesicht, ein zuversichtliches, und, mehr als alles, ein reines Gesicht. Angeschlossen an

das Menschengesicht der Welt, wie es seit Jahrhunderten und Jahrtausenden sich erhoben hat über die Dumpfheit der Erde, trotz Irrtum und Verfehlung, aber nicht gezeichnet, nicht von dem Mal entstellt, ohne Haß, ohne Blut, ohne Verstörung.
Und wer nun aus dem Weglosen und fast Hoffnungslosen zu Ihnen kommt, nicht aus dem begrenzten Raum der Gegenwart, sondern aus den unverlöschbaren Bildern der vergangenen 13 Jahre, aus Angst und Leiden, aus Scham und Zorn, und nun aus brennendem Mitleiden und brennender Sorge: der kann nicht wie ein höflicher Gast und heiter an Ihren Tischen sitzen, weil jedes Wort, das Sie sprechen, ihm mehr ist als ein Wort, jede Wohltat, die Sie dem Wanderer erweisen, ihm mehr ist als eine Wohltat. Weil jedes Wort für ihn erfüllt ist mit Beziehungen, an die Sie nicht denken können, und jede gute Tat ihm auf sein Herz fällt wie ein Gewicht, das Sie nicht ermessen können.
Weil dieser Gast doch wie ein verlorener Sohn zu Ihnen kommt. Auch wenn er sein Erbteil nicht verpraßt und vertan hat mit den Bösen oder Gedankenlosen. Auch wenn er die Treue gehalten und sich nicht ausgesondert hat aus der Gemeinschaft derer, die guten Willens waren. Doch kommt er wie ein verlorener Sohn zu Ihnen, weil er eben aus der Gemeinschaft eines verlorenen Volkes kommt, und kein Leid ist schwer genug, als daß es das Band zerreißen könnte, das uns mit unsrem Volke verbindet. Denn man kann erschrecken vor dem Gesicht seines Volkes, abgewendet, mit den Händen vor den Augen, und man kann sich des Gesichtes schämen, mit der bitteren Scham, mit der sich hier und da jemand seiner Mutter schämen muß. Und doch ist das Blut stärker als Erschrecken und Scham, weil es weit zurückreicht in eine graue Vergangenheit, über Jahrhunderte hinweg, und weil doch jeder von uns mitgeformt hat an dem Gesicht seines Volkes und unsere Hände eben nicht stark und rein genug gewesen sind, um es zu bewahren vor der Entstellung durch die Dämonen.
Aber wenn ich nun auch als ein verlorener Sohn zu Ihnen komme, liebe Freunde, bereit, meinen Teil der Schuld zu tragen, so will ich hier doch nicht von Schuld und Sühne sprechen, weil davon mehr als genug in der Welt gesprochen wird, und weil es leicht geschehen könnte, daß die ganze Welt ihre Menschheitsschuld auf ein einziges Volk würfe, um sich ihres eigenen Anteils zu entledigen.
Viel mehr und viel lieber will ich von dem Dank sprechen, den wir Ihnen schulden. Und ich sage »wir«, weil ich jedes gute Wort und

jede gute Tat, die Sie mir geschenkt haben, nicht für mich allein, sondern für mein Volk annehme.
Denn Sie waren die ersten, die den Stein aus der Hand fallen ließen, aus einer zögernden, ja oft aus einer unwilligen Hand, aber doch ließen Sie ihn fallen. Und über die Grenze hinweg, die einstmals drohende und Böses planende Grenze hinweg reichten Sie uns die Hand. Das Schicksal des Hochmütigen, des Zürnenden, des Vergeltenden, ja des Pharisäers stand dicht vor Ihren verschlossenen Türen und Ihren verschlossenen Herzen, aber Sie ließen es nicht ein. Sie hießen es davongehen, und Ihre Augen erblickten durch die Verstörung der Zeit das Schmerzensgesicht des Nachbarn, den Gott geschlagen hatte, als eine Vergeltung geschlagen, als eine Gerechtigkeit, aber doch auch als eine stille Mahnung geschlagen.
Und Sie begriffen die Mahnung und reichten die Hand. Sie begriffen, daß selbst in dem bösesten Volk Hunderttausende von Unschuldigen leben, von bitter Leidenden, von Zerbrochenen, von Kindern. Vielleicht kannten Sie die alte orientalische Legende nicht, aber Sie machten sie wieder wahr in unserer legendenlosen Zeit. »Ein Mann war gestorben«, erzählt die Legende, »und war in den Himmel gekommen. Und als er sich umblickte in den himmlischen Räumen, sah er einen Fuß zwischen den Gewändern der Engel, und es war kein Körper zu diesem Fuß da. Und er fragte, wie das geschehen könne. Und da sah der Engel ihn an und sagte: ›Der Mensch, dem dieser Fuß gehört, war kein guter Mensch in seiner Erdenzeit. Aber mit diesem Fuß hat er einmal einem durstigen Kamel einen Eimer mit Wasser zugeschoben, und dafür ist sein Fuß nun im Himmel.‹« Und ich denke, meine Freunde, daß in diesem Himmel der Legende, wenn er einmal wahr werden sollte, viele Hände zwischen den Gewändern der Engel zu sehen sein werden, und vielleicht wird Gott nicht fragen, welchem Volke sie angehören.
Und weil Sie die ersten waren, so haben Sie Größeres getan als alle anderen, und ich war vielleicht der erste meines Volkes, der es empfangen durfte: den Herzschlag der Völker, der durch Sie mich wieder anrührte und durch mich mein geschlagenes Volk.
Ich kann Sie nicht alle nennen, so sehr ich es möchte. Ich kann nur einzelne nennen, und jeder der Genannten steht für einen ganzen Kreis, der hinter Ihnen mich schweigend anblickt. Ich kann denjenigen nennen, der zum ersten Male mit vollen Händen und vollem Herzen in die zertrümmerte Hauptstadt meines Landes kam und der erste war, der vor meiner verlassenen Tür stand, zusammen mit dem jungen Maler, der durch zehn Jahre meinen Weg mit Sorge und

Treue begleitet hatte. Und ich will den Augenblick nie vergessen, als ich im Fall der Schneeflocken auf der Straße vor meinem Hause stand und den Wagen wieder in der Dämmerung verschwinden sah, den Wagen, der in den Frieden fuhr, in das Behütete, in das nicht Entstellte, und ich sah ihm nach mit meinen von Tränen erfüllten Augen, weil mir war, als gingen die Könige aus dem Morgenland wieder still davon und ihre Kronen leuchteten noch lange zurück.
Ich will meines Verlegers nicht vergessen, der an meinem Feuer saß wie ein Gast im Märchen und bei dem ich nun lebe wie ein Königskind, das aus dem verzauberten Berge aufgestiegen ist, und des Professors nicht vom Genfersee, bei dem ich leben sollte für lange Zeit. Und nicht der Frau, die mir Mandeln schickte, als das Feuer vom Himmel schon alle Züge verbrannte, damit ich es hätte wie in meiner Kinderzeit, wenn die Weihnachtskerzen brannten. Und nicht der Unbekannten, deren Hände eine Kiste für mich packten, und ich wußte nicht einmal, ob es reiche oder arme Hände waren. Und nicht des Hauses, das mir eine Märchenkiste schickte für meine Märchenbücher, damit »meine Augen wieder leuchteten«. Und nicht der Frau, die »unter der Kirche« lebte und wie eine gütige Heilige ihre Hände für mich auftat. Und nicht der Frau, die mir in diesen Tagen einen goldenen Talisman schenkte, und sie hatte ihn von einer armen Bäuerin erhalten, die sie bis zum Tode gepflegt hatte. Und aller derer nicht, die mir ein Wort des Trostes, des Dankes oder nur einfach ein Wort des Herzens schrieben, und sie wußten vielleicht nicht, wie bitterlich uns darnach verlangte.
Aber vor allem will ich des Einen nicht vergessen – und ich will seinen Namen nennen, damit in ihm alle Nichtgenannten sich angesprochen fühlen –, des Einen, an dessen Kamin ich vor zehn Jahren am Luganersee sitzen durfte und der schon damals wußte, daß ich von ihm in mein Schicksal ging. Des Einen, der für mich der größte aller lebenden Europäer ist an dichterischer Kraft, an Weisheit, an Güte, an Tiefsinn, an Gerechtigkeit, und nicht alle von Ihnen wissen das vielleicht. Er ist ein alter Mann und ein einsamer Mann, von der Traurigkeit aller Erkenntnisse beschattet, aber er schreibt an jedem Tag in sein kleines Notizbuch eine Freude hinein, die er mir bereiten will, sobald ich wieder sein Gast bin. Er heißt Max Picard, und dieser Name soll nun hier für alle Namen stehen. Der Name eines alten Mannes, der mich an sein Herz genommen hat, und mir ist, als hätte in ihm die Welt mich wieder aufgenommen, aus dem Verlorenen in das Gewisse, aus dem Dunklen in das von Güte Erhellte, aus dem Glaubenslosen in das tief und unerschüttert Gläubige.

Wenn ich ihm danke, so danke ich Ihnen allen, liebe Freunde. Und da Dankeswort nichts ist als eine Formel der armen Sprache, so lassen Sie mich noch dieses sagen: daß, was mich am tiefsten bewegt, dieses ist: daß ich Heimat bei Ihnen gefunden habe. Bei den Besten unter Ihnen, bei denen, die die Zeit überwunden haben; bei denen, die die Ehrfurcht nicht verlernt haben vor dem Unerforschlichen dieser Erde. Heimat ist ein großes Wort, besonders groß für einen, der wie ich an seine Kinderheimat nur als an ein verwüstetes und verödetes Feld denken kann, auf dem das Korn nicht wächst, auf dem die Kinder nicht singen und in dem nur die stillen Gräber meiner Lieben ruhen.

Und Heimat gefunden haben, heißt verpflichtet sein, das Beste zu geben, das man besitzt, an Wort, an Tat, an Werk. Und wenn ich wieder fortgehe von Ihnen in das Land, in dem die Sonne nur verhangen scheint, so ist mir, als blickten Sie mir nach und ermahnten mich, dieser Pflicht nicht zu vergessen. Der Pflicht eines angenommenen Sohnes, und sie ist nicht geringer als die eines aus Ihrem Blute geborenen. Es ist nicht viel, was unsereiner zu geben hat. Nicht Macht oder Gold oder etwas, das zu messen wäre auf den nüchternen Waagschalen des Tages. Aber selbst der Ärmste von uns ist noch so reich, daß er aus einem erfüllten Herzen für die Verlangenden schenken kann.

Doch war nicht alles für die Toren
in meines Lebens weitem Raum,
und manches Kind steht süß verloren
im Grase unterm Märchenbaum.

Für manche kummervollen Herzen
gab es ein Stückchen warmes Brot,
und leichter wurden alle Schmerzen,
und leichter wurden Nacht und Tod.

Ein kleines Licht aus Nebelgründen,
in dunkler Nacht ein stiller Schein,
und weißer wurden alle Sünden,
und alles Wasser wurde Wein.

Es war nicht viel mit meinem Leben,
zu unruhvoll war dieses Herz,
doch wer von uns hat mehr gegeben
als »Rettung aus dem tiefsten Schmerz?«

Eyvind Johnson
Meine Eindrücke von der Schweiz
1947

Jemand von einer stark ostorientierten schwedischen Zeitung fragte mich nach meinen Eindrücken von der Schweiz. Ich antwortete, ich sei nur kurze Zeit dort gewesen, einige drei Monate, und könne natürlich nicht behaupten, Land und Bevölkerung zu kennen. Ich sagte, meiner Familie und mir gefalle es dort. Der Reporter wollte wissen, was die Schweizer über die Vereinigten Staaten dächten, und ich teilte ihm mit, das könne ich nicht beantworten. Aber ich wies darauf hin, daß die Schweiz grundsätzlich in der Auseinandersetzung zwischen Großmächten eine neutrale Stellung einnehme. Ich sagte ferner, ich zweifelte nicht daran, daß die Schweizer Demokratie mit großer Skepsis Staatsbildungen und Regierungen betrachte, die das erzwungene Ergebnis des äußeren Drucks und ähnlicher Erscheinungen gewisser Großmächte seien. Ich nannte das Beispiel Ungarn, das damals aktuell war, und hätte Bulgarien anführen können sowie was sich im Baltikum ereignet hatte. Später kam noch viel anderes hinzu, was man in dieser Beziehung nennen kann. Die Zeitung überschrieb das Interview: »E. J. gefällt es in der reaktionären Schweiz«.

Gleich darauf formulierte ich meine Vermerke wie folgt:

Es ist wahr: es gefällt uns. Nicht in der reaktionären, die wir noch nicht kennengelernt haben, sondern in der ländlichen, der volkhaften, der kulturellen und politisch wachen Schweiz, die uns begegnete. Wahrscheinlich gibt es in der Schweiz Reaktionäre genauso wie in Schweden oder in der höchsten Führung der Sowjetunion, aber ich hatte keine Berührung mit ihnen und deshalb auch nicht die Gelegenheit zu derartigem Vergnügen. Vielmehr begegneten meine kleine Familie und ich vielen Durchschnittsschweizern, Arbeitern, Bauern, Handwerkern, Ingenieuren, Beamten, Ärzten, Pfarrern, Künstlern und Intellektuellen, in den Städten, die wir besuchten, oder in dem Bergdorf, wo wir leben. Keinen von ihnen kann man reaktionär nennen. Einige sind Konservative, einige Radikale, Sozialisten, andere sind radikal Liberale. Keiner von denjenigen, mit welchen ich gesprochen habe, wollte die Zeit zurückdrehen und den launenhaften und unfreien Zustand schaffen, der bestand, ehe die Eidgenossenschaft sich endgültig durchgesetzt hatte. Keiner von denen, mit denen ich zusammentraf, wollte die Diktatur einführen, nicht einmal die Art der Diktatur über das Proletariat, die man in

Rußland die Diktatur des Proletariats nannte. Niemand von denen, mit denen ich Berührung hatte, war einverstanden mit Mussolinis, Hitlers oder Francos System oder wollte die Schweizer Verfassung ändern, nach der jeder Bürger das Recht auf Presse-, Meinungs- und Versammlungsfreiheit hat. Keiner von denen, mit denen ich diskutierte, wollte Rassen- oder Klassengesetze einführen. Ich glaubte festzustellen, daß es in diesem Land eine bemerkenswert geringe Lust gibt, Gefängnisse zu bauen und Anschauungen zu kriminalisieren. Ordensfragen sind nicht aktuell. Niemand von denen, mit welchen ich zusammengekommen bin, hat gesagt, er wolle etwas einführen, was dem Seraphinenorden, dem Vasaorden, dem Orden der roten Fahne entspräche. Keiner, mit dem ich während der Monate in der Schweiz gesprochen habe, wollte politische Gegner in Konzentrationslager stecken oder sie hinrichten lassen. Bei der letzten Volksabstimmung, die unter anderem die Sozialgesetzgebung und vermehrten Schutz für Kinder, ältere Leute und Wehrlose betraf, siegte der Reformvorschlag. Die Debatte war nicht aufgeregt, sondern überwiegend ruhig und sachlich. Die Mehrheit der »reaktionären« Bauern in dem Kanton, in dem wir wohnen, stimmte Ja. Diejenigen, die Nein stimmten, sahen nicht die Gegenpartei als vaterlandsverräterische Verbrecher oder den Abschaum der Welt an. Man sagte: »Ich vertrete eine andere Ansicht zu der Sache. Aber jetzt ist das Gesetz von der Mehrheit des Volkes beschlossen.«

Die demokratische Denkweise ist hier eine Selbstverständlichkeit. Die Demokratie ist eine Gewohnheit – man redet nicht viel von ihr, man lebt in ihr. Natürlich ist sie nicht so vollkommen, wie wir sie erträumen, aber im großen und ganzen kann man sie vergleichen mit der nordischen und der des übrigen Westeuropa. Das heißt: sie ist ganz anders als die Volksdemokratie des Schlags, wie man sie gegenwärtig in Ungarn und Bulgarien und andern Ländern praktiziert, oder von der Art, deren sich die Reaktionäre in Spanien und Griechenland bedienen. Ein Nordländer kann sich in sehr hohem Maße in der Schweiz zu Hause fühlen, auch wenn er nicht seit vielen Jahren dort lebt.

Später trifft man auf Dinge, über die ein Skandinavier – auch wenn man sich nicht in die inneren Angelegenheiten der Schweiz einmischen will – sich wundern kann. Zum Beispiel, daß die Frauen kein Stimmrecht haben. In diesem Fall kann man von der konservativen Schweiz reden. Man unterdrückt die Frauen nicht mehr als bei uns, aber man unterläßt es, mit einer Tradition zu brechen. Die

Schweizer Frauenbewegung ist allerdings noch nicht am Ende ihres Kampfes angelangt.

Auf solche Dinge kann man hinweisen; wenn man aber in der gegenwärtigen Situation nachtschwarze Reaktion sucht, so findet man sie nicht.

Man hat den Eindruck, daß die junge Literatur in der Schweiz nicht so lebendig ist wie zu Hause. Es gibt zwar einige gute, gut redigierte Zeitschriften, aber man erhält den Eindruck, daß die jungen Dichter meist schon gebahnten Pfaden folgen. Die neue Lyrik ist im allgemeinen stärker traditionell als in Schweden – in der Form –, aber man bemerkt das Tasten nach neuen Ausdrucksmöglichkeiten. Erneuerer und Inspiratoren wie etwa Harry Martinson, Arthur Lundkvist oder Gunnar Ekelöf und die amerikanischen und französischen Einflüsse, die von den beiden letztgenannten vermittelt wurden, sind nicht sehr fühlbar. Ebensowenig scheinen Versuche der Gruppenbildung wie »Fem unga« oder der Kreis um »40-tal« mit seinem Einfluß und seiner reichen Nuancierung besonders üblich oder aktiv zu sein. Trotzdem besteht kein Stillstand. Die Schweiz liegt mitten in Europa, man sieht und weiß dort, was sich ringsherum vollzieht. Man braucht nur eine Schweizer Zeitung aufzuschlagen, um das festzustellen. Die Klarheit, Konzentration und Sachlichkeit der schweizerischen Presse läßt unsere großen Zeitungen bei einem Vergleich oft ziemlich provinziell aussehen. Zweiköpfige Kälber und Koffermord beanspruchen in einer großen Schweizer Zeitung wesentlich weniger Platz als in einer schwedischen. Der Nachrichtendienst ist vielleicht nicht ganz so rasch wie zu Hause, aber besser ausgewählt. Größeres Interesse finden gediegene politische und ökonomische Übersichten. Der Schweizer, als Mann auf der Straße, ist gut unterrichtet.

Man kann ein Dorf nehmen, einen Kanton und folgende recht erfreuliche Tatsache feststellen: Einfachheit in der Lebensweise, ohne daß das Pauperismus oder Sklaverei bedeutet. Die Freude an Festen, ohne daß man sich allzu blumige Reden anhören muß. Das Gefühl für den Wert des Individuums. Das unkriecherische Verhalten gegenüber der Obrigkeit. Die allgemeine Freundlichkeit im Umgang. Die Sorge für die Kinder. – Gewalttaten sind verhältnismäßig selten und wecken keine besondere Hysterie. Etwas von der Art der Kriminalreportage in schwedischen Zeitungen ist hier äußerst ungewöhnlich.

Die Art zu leben ist unbeschwerter als bei uns. Man gewinnt seinem Dasein mit geringen Mitteln und einfachem Arrangement sehr viel ab. Nehmen wir den 1. August, den Nationalfeiertag. In unserem Dorf wurde den ganzen Tag gearbeitet. Erst abends um acht Uhr versammelten sich die Kinder und zogen mit Papierlaternen der Dorfstraße entlang zu einem Feuer auf einer Terrasse hinab, wo der Pfarrer einige Worte sprach. Man sang ein paar Lieder, deutsche und romanische. In den Bergdörfern und hoch droben auf den Bergen ringsum wurden in der Dämmerung Feuer entzündet, man ließ Raketen steigen und trank ein Glas Wein. Um zwölf Uhr war das Fest vorbei, alle waren zufrieden, und man sparte sich für einen neuen Arbeitstag.
So läßt es sich gut leben.

Schweizer in allen Lagern – zumindest die, denen ich begegnet bin – sind stolz auf ihr Land, seine Geschichte und seine Traditionen. Aber wir sind auf keine Angeberei gestoßen. Dagegen oft auf Selbstironie und Selbstkritik. Die Russen zum Beispiel haben ihre Komplexe: die Furcht vor den Mächten ringsum, eine West-Angst, die sich in Mißtrauen und dem Verbot äußert, allzu lange über die Mauern zu blicken. Die Schweden haben den ihren: die Sucht zu prahlen, die in Unsicherheitsgefühl wurzelt und viele dazu zwingt, ein paar Leitersprossen über ihrem Vermögen zu leben, nur um »vornehm« zu scheinen und »kontinental«. Das Leben des Schweizers wird von derlei Dingen nicht besonders durcheinandergebracht. Der Schweizer hat mehr Wirklichkeitssinn. Er über- oder unterschätzt selten sich selbst und sein Land. Das Empfinden für die Freiheit und Unabhängigkeit der Eidgenossenschaft ist so tief, daß die harte Verteidigungsbereitschaft während des Krieges für den Bürger eine Selbstverständlichkeit war. Typisch ist in diesem Fall die sehr frühzeitige Erklärung des Generals Guisan, das Land werde sich in jeder Situation verteidigen. Das war nicht Realpolitik der Art, wie sie viele unserer prominenten Politiker während der ersten Hälfte des Krieges vertraten.
Man hat gesagt, die Schweiz sei das Spielparadies der ganzen Welt, und bebaut sei sie mit einem Luxushotel am anderen, die sich auf die Bergtäler und unter Umständen die Berggipfel verteilten. Es gibt sie, sie sind ein Erwerbszweig wie in andern Ländern, aber ich habe nie in einem gewohnt und kenne sie also nicht. Wir kennen aber Hotels und Pensionen, wo man gut und billig wohnt und ißt und auf Menschen trifft, die weder in noch von Luxus leben.

Zwischen den Luxushotels, die für viele zufällige Besucher das Bild bestimmten, liegt die arbeitsame, freundliche, freiheitsliebende und besonders wenig reaktionäre Schweiz, in der es uns gut gefällt. Das ist kein wirklichkeitsfremdes Idyll, zwischen hohen Bergen versteckt. Das Land liegt wie gesagt mitten in Europa und empfindet das so: als Verantwortung und Solidarität. Die Hilfe, die das kleine Land dem vom Krieg heimgesuchten Europa leistet, ist umfassend, und doch erfolgt sie ohne große Gesten. Der Boden der Eidgenossenschaft wurde unzählige Male von raubgierigen Nachbarn angefallen und verwüstet, verloren und wiedererobert. Das lebt in der Erinnerung fort. Aus Volksteilen mit verschiedenem Charakter und unterschiedlicher Sprache – romanischer und germanischer – entstand eine Einheit, die zusammenhält ohne das Bindemittel Furcht. Für den Schweizer bedeutet das Wort Demokratie wirklich das Mitbestimmungsrecht des ganzen Volkes.

Es ist bald ein Jahr vergangen, seit das niedergeschrieben wurde. Obwohl ich keine Religion daraus mache, daß »Geschriebenes geschrieben ist und so dastehen soll, wie es gedruckt wurde«, finde ich nichts daran zu ändern.
Vielleicht könnte ich sagen: die Ziehharmonika. Sie war eine Qual während unserer Regentage. Aber Reaktion oder Verderbtheit konnte man das nicht nennen.
Sie verreiste nach einiger Zeit, sank hinab ins Tal, und ich konnte wieder mit meiner Arbeit beginnen. Deshalb bin ich ja hier.

Anna Siemsen
Der Löwe von Luzern
und andere Schweizer Geschichtslegenden
1947

Der Thorwaldsensche Löwe von Luzern, dieses beliebte Ziel der sehenswürdigkeitenhungrigen Touristen, hat eine seltsame Geschichte: Seit dem Verzicht der Eidgenossenschaft auf eine eigene kriegerische Außenpolitik war der Solddienst für fremde Fürsten ein bevorzugter Wirtschaftszweig des von Natur armen Landes. Die einfachen Söldner setzten dabei Gesundheit und Leben aufs Spiel und trugen recht kargen Lohn davon. Gewinnreicher gestaltete sich die Sache für die Herrengeschlechter, die als Offiziere zumeist ihre eignen Kompanien aufstellten und dabei die für Kriegslieferanten auch heut noch üblichen Gewinne machten, oder aber als Ratsherrn sich von den um das Recht der Werbung im Lande wetteifernden Potentaten erhebliche Pensionen bezahlen ließen. Viele der bezaubernden Herrensitze im Bernbiet, in Schwyz, im Bündnerland sind Zeugen solchen Handels, der damals ja landläufig war und in der Schweiz vor allem von Österreich und Frankreich betrieben wurde, wobei Frankreich schließlich den Preis davontrug, so daß sein Gesandter, der in Solothurn residierte, dort eine Art Nebenregierung errichtete, in welcher die gnädigen und gestrengen Herren antichambrierten um der begehrten Pensionen willen.

»Mit dem Geld, das wir Franzosen euch bezahlt haben, könnte man eine Straße von Paris nach Basel pflastern«, soll ein Pariser einem Basler vorgeworfen haben, worauf er die Antwort erhielt: »Und mit dem Blute, das wir für euch vergossen, könnte man einen Kanal neben dieser Straße füllen.« Das war also ein ehrlicher, wenn auch nicht sehr humaner Handel. In seinem Verlauf hatte der allerchristlichste König in Paris seine Leibgarde aus Schweizern gebildet, die treu zum Handelsvertrag standen. Und als das Volk von Paris die Tuilerien stürmte und in der nicht ganz unbegründeten Überzeugung, daß sein Herrscherpaar die Feinde ins Land gerufen habe, um den alten Absolutismus wieder aufzufrischen im Blute der einstigen Untertanen und neuen Citoyens, da verteidigten die Schweizergarden das Schloß mit der gleichen Hartnäckigkeit, die sie in der Verteidigung ihres eigenen Landes bei St. Jakob bewiesen hatten. Sie wurden ebenso wie dort niedergemacht. Und dem französischen Königtum war damit nicht geholfen.

Diese merkwürdige Geschichte, wie Söhne der Schweizer Republiken einen fremden Autokraten gegen sein eigenes Volk verteidigt haben, haben sich die Schweizer zu einer tragischen Heldentat gleich dem Kampfe an den Thermopylen oder ihrem eigenen Morgarten verklärt. Und darin schwingt ein ganz eigenes Mißwollen mit gegen die Französische Revolution, das scheinbar zurückgeht auf die Erinnerungen der napoleonischen Eroberung, die eine der letzten Unternehmungen der damals noch formal bestehenden Republik war.

Diese Invasion, die daran anschließenden Kämpfe zwischen fremden Heeren auf eidgenössischem Boden, die jahrelange Besetzung, die Kontributionen und Rekrutierungen, die der in den endlosen Krieg mit England verwickelte Kaiser aus allen von ihm besetzten Ländern zog, waren schwer zu tragen und zeugten bittere und langwährende Erinnerungen, nicht anders als in Deutschland. Aber wie in Deutschland bedeutet diese napoleonische Zeit das Ende einer überlebten Zeit, deren Einrichtungen zu schwerer Plage geworden waren, weil sie im schärfsten Gegensatz standen zu den Bedürfnissen einer neu sich bildenden bürgerlichen Gesellschaft. Trotz seiner Diktaturmethoden, trotz der oft schweren Polizei- und Militärwillkür seines Regimes war der Kaiser wesentlich Bote und Vollstrecker der bürgerlichen Revolution, und er hinterließ nach seinem Sturze ein von vielem alten Unrat gereinigtes Europa, das imstande war, den gesellschaftlichen und wirtschaftlichen Neuaufbau zu unternehmen und in den schweren Kämpfen eines halben Jahrhunderts auch dessen politische Ergänzung zu erzwingen.

Das war so in der Schweiz, das war so in Deutschland. In Deutschland freilich war nur in wenigen Gebieten im Westen die Tatsache der neuen gewonnenen und der noch zu erkämpfenden Freiheit so vielen bewußt geworden, daß davor die Erinnerung an die Unbilden einer fremden Besatzung zurücktraten. Der Rheinländer Heine, der von seiner Jugend an übernationale Zusammenhänge erlebt hatte und für sie einen scharfen Instinkt besaß, ist aus diesem seinem Erlebnis ein begeisterter und was mehr ist, ein einsichtsvoller Verkünder von Napoleons europäischer Mission gewesen.

Fast im ganzen übrigen Deutschland aber wollte man nur die Fremdherrschaft sehen, pries man ausschließlich die Befreiung, die als Ergebnis denn doch eine gründliche Wiederherstellung so willkürlichen Polizeiregimes hatte, daß die begeisterten Vorkämpfer der Befreiung selber ins Gefängnis, in Verbannung oder wenigstens in die Zwangspensionierung wanderten, und daß – was weit erheblicher ist – Deutschland sich nie wieder von dieser Restauration hat erholen können. Die Eidgenossenschaft unterlag derselben Gefahr. Die Restauration der gestrengen und gnädigen Herren war bei ihr ebenso entschlossen, die nationalen Gefühle wurden ebenso bedenkenlos aufgerufen wie in Deutschland. Es entstand die gleiche Geschichtslegende von der Schmach der Fremdherrschaft. Und der ganz sinn- und nutzlose Aufstand der Innerschweizer katholischen Bauern, der ähnlich blutig und ähnlich unheilvoll war wie die Kämpfe in der Vendée und der Bretagne, wird auch heute noch in Schulbüchern wie in der Literatur zu Heldentaten der Freiheit umgedichtet. Dabei richtete sich der Haß der Bauern ebensosehr gegen die Franzosen wie gegen die gottlose Revolutionsregierung in Aarau. Dem von dieser entsandten Pestalozzi hetzte die Stanser

Geistlichkeit die Eltern auf, und er mußte nach einem halben Jahre seine heißersehnte und geliebte Arbeit an den verwahrlosten Kindern aufgeben.
In einem so verwirrten, mißgestimmten, gegeneinander verhetzten Volke hätte die Reaktion nach dem Sturze des Kaisers leichtes Spiel haben können, und die stürmisch aufsteigende industrielle Entwicklung mit ihren Elenderscheinungen, Maschinenstürmerei und heftigem Polizeiterror hätte leicht die Entwicklung in gleiche Bahnen lenken können wie in Deutschland, wären dem nicht einige wesentliche Tatsachen entgegengestanden. Von ihnen ist zu reden, wenn wir die Schweizer Demokratie in ihrer Entwicklung zeigen.
Was aber aus der Zeit der Reaktion geblieben ist, das ist eine legendarische Schweizergeschichte für den Schulgebrauch: »Die Schweiz seit ihrem ersten Tag sah immer Helden, niemals Knechte ...« So schwarz-weiß sieht die Wirklichkeit nicht aus. Die Untertanenländer bis zur französischen Invasion, die bevogteten und politisch ganz rechtlosen Landleute in den Stadtkantonen, die Niedergelassenen in den Burgerstädten waren durchaus ebensolche Knechte wie alle Untertanen des damaligen Europa. Das Reislaufen und Pensionenwesen war ein Unfug, der nur in einer unkontrollierten Oligarchie möglich ist. In der Zeit der Burgunderkriege und bis zur Niederlage von Marignano bestand durchaus die Gefahr, daß die Schweiz sich in aggressive Machtkämpfe einlassen würde. Das Vorgehen der Herren gegen aufständische Bauern, revoltierende oder nur protestierende städtische Untertanen sowie die Milde, mit der sie Korruptionsfälle aus ihrer Mitte deckten, hält den Vergleich mit der absolutistischen Willkür jener Zeiten aus.
Was die Eidgenossenschaft wie die anderen für Europa führenden Völker im Kampfe um die Demokratie auszeichnet, ist das immerwährende Fortbestehen alter Organe der Selbstverwaltung, die Überlieferung von den alten Freiheitskämpfen, die selbst in den konservativsten katholischen Kantonen eine stete Mahnung bedeuteten, »selbst zu seiner Sache zu sehen«, und ein aus dieser Überlieferung geborenes sehr lebhaftes Freiheitsbewußtsein der Elite des Bürgertums. Johannes von Müller schuf in seiner Schweizergeschichte zwar auch eine Legende, aber eine Legende, welche dem Bedürfnis eines revolutionierten Bürgertums entsprach. Im Zürcher Bodmerkreis, am stärksten in dem Schüler Pestalozzi, in der Helvetischen Gesellschaft verkörperte sich dieser bürgerliche Freiheitswille, dem in Deutschland niemals eine gleich ausgedehnte und tatwillige Elite entsprochen hat.

Nach der Restauration saßen die Schüler dieser Pioniere so ziemlich überall in den Ratsstuben als Vögte und Ammänner, als Lehrer und Pfarrer und Redaktoren. Es konnte geschehen, daß ein Landammann, der höchste Beamte eines Kantons, sich wieder auf die Schulbank setzte, um in Pestalozzis Sinn Bauernkinder unterrichten zu können. Ein Escher, Sohn einer Zürcher Herrenfamilie, warf sein ganzes Leben in die Waage, um das versumpfte und verelendete Linthtal durch den nach ihm benannten Kanal fruchtbar und bewohnbar zu machen.

An diese Menschen wandte sich der greise Pestalozzi mit seiner Botschaft: »An die Unschuld, den Ernst und den Edelmut meiner Zeit und meines Vaterlandes.« Die Antwort war der große Aufbruch zur demokratischen Befreiung, die zugleich die Einheit des Landes brachte, ohne seine föderalistische Freiheit zu zerstören. Unter allen Perioden der Schweiz erscheint mir diese als die schönste, menschlich erfreulichste, schon deswegen, weil trotz der sehr erbitterten Kämpfe, die nicht selten in häßliche geistige und körperliche Raufereien ausarteten, sie fast unblutig verlief, und der die entscheidende Wendung bringende Sonderbundkrieg jedenfalls der mildeste Bürgerkrieg der Weltgeschichte ist, der von den überlegenen Siegern von vornherein geführt wurde mit dem festen Entschluß zur Versöhnung.

Bertolt Brecht
Schweizer Aufenthalt 1948

10. 6. 48

PUNTILA UND SEIN KNECHT MATTI im schauspielhaus inszeniert, assistiert von hirschfeld. anfangs befürchtungen wegen steckels vitalität; er stürzt los mit der wucht eines tanks und der empfindlichkeit einer mimose. unter benutzung alter kredite und vermittels [eines] rapid entworfenen grundarrangements, das die schauspieler entfesselt, wurde die diskussionszeit auf etwa 3 minuten in 4 wochen reduziert, das ist wichtig. da sich die gewissen neuerungen (der ersten phase: natürlichkeit, soziale charakterisation, epische ›kisten‹, klare erzählungen der geschichte usw) nur praktisch, durch ausprobieren, erzielen lassen. schwieriger als mit den schauspielern steht es mit dem veralteten beleuchtungsapparat, mit dem die bühne nicht gleichmäßig stark beleuchtet werden kann, so daß man mit scheinwerfern die gesichter herausleuchten muß; die während der aufführung von ruth gemachten fotos zeigen, wie das scheinwerferlicht die gesichter dann förmlich ausblendet, was das zuschauen anstrengend macht. der bühnenmaler teo otto ist ein begabter neherschüler. wiederaufgenommen habe ich nehers trommeln-in-der-nacht-mond der münchener aufführung; vor die als hintergrund benutzte große wand aus birkenrinde wurden, wie firmenschilder gemacht, enbleme von sonne, mond und kleinen verschiedenen wölkchen gehängt (gemacht aus messing oder lackiertem holz), und die wand wurde für die tage stark, für die nächte schwach beleuchtet (natürlich niemals mit gefärbtem licht). das ist eine lösung für landschaft.

11.6.48

FRISCH führt mich durch städtische siedlungen mit drei- oder vierzimmerwohnungen in riesigen häuserblöcken. häuserfronten zur sonne gewendet, zwischen den häusern ein bißchen grün, im innern ›komfort‹ (badewanne, elektrische kochöfen), aber alles winzig, es sind gefängniszellen, räumchen zur wiederherstellung der ware arbeitskraft, verbesserte slums. frisch zeigt uns dann die baustätte eines großen städtischen schwimm[bads], das er für die stadt baut. man sieht noch mit vergnügen den plan, den der bau dann austilgt. diese riesenbassins für tausende machen übrigens das hauspostillengedicht VOM SCHWIMMEN IN FLÜSSEN UND TEICHEN schon zur historischen reminiszenz.

12.6.48

die fülle der wildwachsenden blumen auf dem alten zivilisierten kontinent erstaunt uns.

18.8.48

mehr oder weniger fertig mit KLEINES ORGANON FÜR DAS THEATER; es ist eine kurze zusammenfassung des MESSINGKAUFS. hauptthese: daß ein bestimmtes lernen das wichtigste vergnügen unseres zeitalters ist, so daß es in unserm theater eine große stellung einnehmen muß. auf diese weise konnte ich das theater als ein ästhetisches unternehmen behandeln, was es mir leichter macht, die diversen neuerungen zu beschreiben. von der kritischen haltung gegenüber der gesellschaftlichen welt ist so der makel des unsinnlichen, negativen, unkünstlerischen genommen, den die herrschende ästhetik ihm aufgedrückt hat.

19.8.48

die wirkung der bürgerlichen propaganda hier ist überwältigend. viele wissen, daß sie lügenhaft ist, aber schließlich sind lügen nur verdrehte wahrheiten, und, da man die wahrheiten braucht und sie nirgends bekommen kann, dreht man an lügen herum, aber wieviel muß man drehen? selbst jene, welche die USSR als sozialistischen staat ansehen und für sozialismus sind, scheinen ihre führenden männer mit einem jener gangs von verbrechern zu vergleichen, deren sich gewisse amerikanische gewerkschaften im kampf gegen die unternehmer bedienen – nicht ohne selber von ihnen geschröpft und tyrannisiert zu werden. ein journalist sagte mir: ›sie können nicht anders, als ihre privaten fehden als staatsangelegenheiten und ihre politischen fehden als privatangelegenheiten auszufechten. die macht ist da und weiß nicht wie verschwinden; läßt einer sie fallen, hebt ein andrer sie auf.‹ das bürgertum schäumt über die lage der erniedrigten und beleidigten – in der sowjetunion. es ist absolut verboten, zu schreiben, dort herrsche freiheit usw. ein appell zu objektivität zieht einem den verdacht zu, man sei ein stalinagent. die vorschläge der russen, deutschland zu entimperialisieren und dann die besatzungstruppen abzuziehen, sind hier nicht populär. wo, fragt man, ist dann garantiert, daß man geschäfte machen kann?

1.9.48

lese jetzt amüsiert SCHILLERS VERGNÜGEN AN TRAGISCHEN GEGENSTÄNDEN. er beginnt, wie ich im ORGANON, mit dem vergnügen als dem geschäft des theaters, wehrt sich wie ich gegen theorien, die das theater für die moral einspannen (und dadurch adeln) wollen, bringt aber dann sogleich alles in ordnung, indem er das vergnügen ohne moral sich nicht denken kann, dh, das theater genügt der sittlichkeit nicht etwa, indem es eben vergnügt, sondern kann angeblich gar nicht vergnügen, wenn es nicht moralisch ist. das moralische muß also nicht vergnüglich sein, damit es ins theater darf, sondern das vergnügen muß moralisch sein, damit es ins theater darf. ich selber mache freilich etwas recht ähnliches mit dem lernen, wenn ich es einfach zu einem vergnügen unserer zeit mache.

3.9.48

der nürnberger ärzteprozeß zeigt, wie ein staat abgetötet wird, indem ihm sein widerspruch genommen wird. dabei führt der bürgerliche staat nur die selbstentäußerung der arbeit bei der medizin durch.

25. 9. 48

angesichts CÉZANNES GUSTAVE GEFFROY: ›die alten meister tragen der vollen realität unmittelbare selbstverständliche rechnung und unterschieden deutlich das gesicht des menschen von der landschaft, vom stilleben. das eigentümlich kollektivierende der malerei cézannes verwebt, in sich selbst äußerst differenziert, gesichter, landschaften, stilleben unausgeschieden in eine einzige malerische formalität ... eine unheimliche entfremdung zwischen modell und bildnis vollzieht sich ... ein psychisch belebtes gesicht wird in eine farbige architektur, in einen modulationskomplex verwandelt ...‹ (hausenstein und jedlicka). cézanne soll, humble et colossal, von sich gesagt haben: ›je ne me suis pas réalisé‹, aber: gebrauchte er zu viele oder zu wenige verfremdungen? (das gesicht als *stilleben*, siehe § 67 des ORGANON.)

12. 10. 48

lese STRINDBERGS aufsatz über einakter. es scheint mir möglich, auch für zustandsschilderungen (mehr oder minder naturalistischer art) eine verfremdungstechnik auszubauen; wenngleich sie vorerst wohl nur für stücke mit echter fabel etwas ergibt. die naturalisten hatten zu wählen zwischen der haupt-und-staatsaktion und der bürgerlichen ›intrige‹, und so verwarfen sie beides. und dazu das poetische, das phantastische, die musik. an und für sich wären ihre fortschritte (in der beobachtung, besonders des psychologischen komplexes) in die fabeldramatik zu übernehmen – aber, wie gesagt, es sind auch andere stücktypen denkbar, mit zustandsschilderungen.

17. 10. 48 (sonntag)

abfahrt nach berlin. am bahnhof hirschfeld, barbara, lerski, die jungen mertens, die uns ihre sommerwohnung ein jahr lang zur verfügung gestellt haben, dazu in der arbeit halfen. – abends salzburg, erika neher (cas ist in wien), von einem, der komponist.

Kasimir Edschmid
Davos
1948

Märchen sind gewöhnlich kurz. Davos ist das einzige Märchen, das viertausend Meter lang ist.
In der Stille des Davoser Hochtals lebt dieselbe magische Luft wie in den Zauber-Büchern, in denen Menschen, Pflanzen und Tiere die gleiche Sprache sprechen und dieselben Gefühle besitzen. Selbst die silbernen Hörner der Schneeberge scheinen emsig und voller Glücksgefühl an dieser Unterhaltung teilzunehmen.
Inmitten dieser Legendenerzählung der Natur liegen im Sommer die Wiesen von Davos.
Sie sind nicht grün wie die Wiesen anderswo. Sie sind blau, murillo-blau, adriablau, saphirblau, tizianblau, taubenblau ... sie sind blau wie Stahl, blau wie Fische und blau wie Gewitter. Sie sind blau von Rittersporn, blau von Glockenblumen, blau von Veilchen und Enzian.
Sie sind manchmal auch gelb. So gelb wie die Sonne, wie Schwefel, wie Getreide, wie Gold, wie Papageien, wie Haar, wie Postkutschen, wie Chinesen, wie Löwen und wie Zitronen. Sie sind gelb von Primeln, von Anemonen, von Löwenzahn, von Butterblumen und Habichtskräutern.
Sie sind manchmal auch weiß. So weiß wie Pflaumenblüten, weiß wie Haut, weiß wie Wolken, weiß wie Meersand und wie Segel.
Diese Wiesen sind eigentlich kleine Wälder. Sie sind so hoch wie Kinder, so saftig wie Früchte, sie sind so bebend, so kräftig, so lebenswillig und so leidenschaftlich, so überschwenglich und so bunt, wie es nicht einmal die Wiesen der Tropen sind.
Wer die Wiesen von Davos nicht gesehen, hat eines der Wunder der Welt nicht erblickt.
Es gibt Landschaften, die romantischer sind als die des Kantons Graubünden. Es gibt Kontinente, in denen da, wo die Spitze des Schwarzhorns liegt, das Korn noch wächst, in denen die Schneegrenze erst da beginnt, wo der Mont Blanc, Europas höchster Berg, endet ... aber sie alle haben die Blumen nicht. Keine Hochsteppe Afrikas, keine Prärie Asiens, keine Puna Südamerikas besitzt die Wiesen von Davos.
Das Tal von Davos ist in einer besonders glücklichen Stunde geschaffen. Es ist nicht feucht, es kennt keine Nebel, es hat keinen Staub, aber fast immer Sonne. An den beiden Enden des Tals, im

Süden und Westen stehen spitze Schneehörner Wacht, und der breite Rücken des Rätikon schützt es vor Wind.
Ursprünglich war das Tal von romanischen Rätiern bewohnt. Im dreizehnten Jahrhundert stiegen Eindringlinge herauf: alemannische Walliser. Sie mischten sich. Bis zum Revolutionsjahre Achtzehnhundertachtundvierzig war Davos eines der sechsundzwanzig freien graubündnerischen Hochgerichte, dann ging es in dem Kanton von Graubünden auf. Dies ist der größte Kanton der Schweiz, er umfaßt den sechsten Teil des von Eidgenossen bewohnten Territoriums. Seine Bevölkerung ist zur Hälfte germanisch, zu je einem Viertel italienisch und romanisch.
Ähnlich vielseitig wie die Menschengattung ist auch das Gebirgssystem Graubündens. Hundertfünfzig Täler zeigen alle Kontraste, die zwischen der tropischen und der eisigen Natur möglich sind.
Inmitten dieses Kantons liegt nun Davos, das zu manchen Zeiten fast soviele Tausende von Fremden beherbergt, als es Einwohner zählt.
Die Geschichte der Fremden ist ähnlich abenteuerlich wie die Geschichte der Blumen von Davos. Auch die Blumen von Davos sind fast alle Eindringlinge. Von der Eiszeit her sind nur wenige Pflanzen Eingeborene. Die meisten Blumen kamen aus dem Norden, oder aus Asien oder vom Mittelmeer. Ihre Samen trieben wie Vögel, die dahinwandern und sich niederlassen, wo sie sich müde fühlen, an diesen Platz.
Selbst das Edelweiß wanderte ein. Es flog von Sibirien herüber. Von den sechsunddreißig Sorten Edelweiß, welche die Erde kennt, kam nur diese eine. Aber sie kam.
Bis zum Jahre Achtzehnhundertdreiundfünfzig hatte man die an Tuberkulose erkrankten Menschen an die Riviera geschickt oder ihnen empfohlen, mit Segelschiffen in der Südsee zu kreuzen, da es dort keinen Staub gebe. In diesem Jahre kam der Deutsche Spengler nach Davos.
Der Ort hatte wohl ein ansehnliches Alter und eine bestimmte Tradition, die heute noch einen im Ort Geborenen und mit davosischen Ahnen Versehenen hoch in den Patrizierrang stellt – aber Davos war klein, es hatte keine Bahn und nur einen Botendienst, der es wöchentlich einmal mit der Welt verband.
Spengler machte die Entdeckung, die zu den vornehmsten der Geschichte gehört: daß das Klima von Davos die Tuberkulose zu heilen imstande sei. Das Licht des Hochtals besitzt eine Kraft, welche die Ultraviolettstrahlung zwei- bis dreihundert Prozent stärker als

in der Tiefe wirksam werden läßt. Die Sonne tötet die Krankheitsbazillen in ein paar Minuten. In einer Großstadt hat ein Kubikzentimeter Luft etwa zehntausend Staubteile – in Davos nur hundert. Demgegenüber ist die Fähigkeit, gesunde Elemente zu entwickeln, außerordentlich ausgeprägt. In einer Höhe von viertausend Metern fand man in einem Gramm Erde noch fünfzigtausend Lebewesen.
Ein Dutzend Jahre nach Spengler kamen die ersten Kurgäste nach Davos. Man gab ihnen Milch und Cognac zu trinken und schickte sie spazieren. Erst später entdeckte der deutsche Arzt Turban das Geheimnis der Liegekuren. Unter den Kranken, die in den achtziger Jahren sich einfanden, um gesund zu werden, war der schottische Dichter R. L. Stevenson. Er wohnte den ersten Winter im Hotel Belvedere, das, wie auf einer Terrasse, den Bergen und der Sonne gegenüberliegt. »I decided on Coester«, schrieb er an seinen Vater und meinte damit den Mann, der das Hotel gebaut hatte.
Den zweiten Winter wohnte er dicht dabei im »Chalet am Stein«. Er schrieb hier ein Buch zu Ende, das er auf der britischen Insel begonnen hatte und das ihm Weltruhm brachte, eine der herrlichsten Prosaballaden der Erde, das »Treasure Island«. Er ahnte damals nicht, als er zwischen den Schnee-Ebenen inmitten der Gletscherwelt die Südsee beschrieb, daß er dort einmal, zwischen Kannibalen und Palmen, sterben werde.
Die Sanatorien entstanden mit ihren wabenartigen Vorbauten, deren strenge Architektur sich gegen die Sonne stellte. Da ein Siebentel der Menschen an Tuberkulose leidet, wurde Davos, bis in vielen anderen Ländern Sanatorien eingerichtet wurden, das humanitäre Herz der Welt. Später zogen viele der Genesungsheime die Fahne der Heilstätten wieder ein und wurden Sporthotels. Das geschah, weil man die Davoser Methoden auch in anderen Lagen und Klimen einzuführen verstand, auch aus wirtschaftlichen und technischen Gründen, aber vor allem, weil Davos als ein Sportplatz ohnegleichen entdeckt wurde.
Schon als Stevenson und Conan Doyle ihre Rodel durch Davos zogen, gab es eine künstliche Eisbahn. Fünf Jahre darauf begannen die Schlittenturniere. Zwei Jahre darauf kamen die ersten Skiläufer. Sieben Jahre darauf ging die Rhätische Bahn von Landquart nach Davos. Am ersten Dezember Neunzehnhundertzweiunddreißig wurde eine Seilbahn eröffnet, die in ihrem ersten Abschnitt zur Station Höhenweg bis 2219 und im zweiten bis zur Station Weißfluhjoch in eine Höhe von 2662 hinaufführte ... in jeweils zehn Minuten Fahrt.

Man hatte in Davos die Leistung der Seilbahn auf eine Frequenz von vierzigtausend Menschen eingeschätzt. Fünf Jahre später beförderte sie zweihundertfünfunddreißigtausend und mußte umgebaut werden. Sie bekam den Namen, den vorher nur ein Paßübergang führte, den aber in der Folge das ganze Bergmassiv erhielt: Parsenn.

Damit wurde Davos eine Metropole des Wintersports – es besaß einhundertdreiundfünfzig Möglichkeiten zu Skitouren. Es wurde zum zweiten Male weltberühmt. Es wurde wiederum polyglott: durch die Liebhaber des Schnees. Es kam die Zeit, in welcher ein Skiläufer, wenn er um zehn Uhr morgens bei Victoria Station den Bus London-Croydon nahm und in Croydon das Flugzeug der Swiß Air mit seinen Skiern bestieg, am Nachmittag in Zürich angekommen, mit der Rhätischen Bahn Davos und das »Derby-Hotel« noch bei Tageslicht erreichte.

Die Bahnfahrt Landquart–Davos ist in keiner Weise ermüdend, denn bei jeder Wendung zeigen sich neue Kuppen, Gipfel, Abfahrten, Gletscher, Dörfer und Hütten. Wie zur Vorbereitung auf die Hunderte von Schneehäuptern, die von der Parsenn aus sich enthüllen, kommen der emsig kletternden Bahn Teile der großen Massive entgegen. Silvrettagruppe, Canardhorn und Weißhorn, Plattenhörner, Lauenzughorn ... über den Hexentobel, vorüber an Serneus. Die Paßhöhe zwischen Klosters und Davos ... das Madrishorn, der Silvrettagletscher, ein Teil der Kurfirsten ... und der Davoser See, Tinzenhorn und Schiahorn, die Hüter des Tales erheben sich steil – und dazwischen die ersten Steilhänge der Parsenn.

Die Strecke Parsenn–Küblis ist das Davoser Derby, die klassische Rennstrecke geworden, das bedeutet beim Start von der Weißfluh eine Strecke von dreizehn Kilometern und einen Höhenunterschied von zweitausend Metern zurückzulegen – von zweitausendachthundert bis achthundert Metern, in weniger als zwanzig Minuten. Die günstige Aufeinanderabstimmung der Fahrpläne der Parsennseilbahn und der Rhätischen Bahn ermöglichen es, diese Abfahrt zwei- oder dreimal am Tag zu machen: vierzig Kilometer Strecke bei sechstausend Metern Abfahrt – und zusätzlich einige Stunden Bahnfahrt, denn die Rhätische Bahn, die manchmal fünfundvierzig Grad Steigung zu überwinden hat, muß jeweils einen Weg von fünfundzwanzig Kilometern fahren, ehe sie Davos erreicht.

Davos fährt durch den Winter wie ein mächtiges Gebirgsschiff, dessen strahlende Schornsteine Tinzenhorn und Schiahorn sind und dessen Kommandobrücke die Schatzalp ist, die Schatzalp mit ihrem Sanatorium, das den umfassendsten Blick in die Weite erlaubt, den Davos zu geben hat.

Derart berühren sich die Lebenskreise der Menschen, die, sei es aus Tragik, sei es aus Leidenschaft in das Hochtal kommen, sie berühren sich und ergänzen sich, ohne sich zu stören. Da keine Kranken in den Sporthotels wohnen dürfen und andererseits die Desinfektions- und Hygiene-Vorschriften sehr ernst befolgt werden, ist Davos gesünder und behüteter als andere Orte es sind, die nicht dieser Kontrolle unterliegen.

Der winterliche Schnee von Davos hat ein besonderes Wesen, er ist ein eigenartiger zarter und üppiger Stoff. Jeder Skifahrer weiß, daß Schnee, auch am gleichen Ort, fast minütlich seine Farbe, seine Kraft, seine Glätte wechselt. Schnee ist ein viele Rätsel aufgebendes Gebilde. Jeder Erdplatz hat seine besondere Sorte Schnee. Es gibt Schnee, der zäh wie Kreide ist, und Schnee, der weich wie Milch scheint, es gibt Schnee wie Schaum und Schnee wie Schwanendaun. Der Schnee von Davos hat etwas von dem Schimmer, den die Anemonen und Ranunkeln in ihren Kelchen bergen.

Das Frühjahr hat warme Stunden und lange Tage, es gibt Steilhänge frei, die der Winter mit zu tiefem Schnee bedeckt. Der Umkreis der Skitouren weitet sich: auf das Pischahorn, auf Gletscherducan und Körbschhorn ... nach der Alp Clavadel und Mattlishorn ... und lange Nachmittage auf der Conterser Gschwendi, wo die Sonne afrikanische Glut besitzt. Diese Sonne gibt der Haut einen besonderen Schimmer. Das nördliche Skandinavien färbt die Menschen grüngelb, die Kordilleren färben sie dunkelgold, der hohe Schwarzwald färbt rotbraun, aber die Sonne des winterlichen Davos gibt der Haut ein Kupferschwarz, unvergleichlich.

Und manchmal geschieht es nun, daß der Schnee plötzlich blutrot wird. Das ist Saharasand, den gewaltige Windwirbel in großen Höhen aus Nordafrika über das Mittelmeer tragen und auf die Alpenspitzen werfen. Die Kontraste des Klimas sind im Frühjahr zauberhaft. Die Weißfluhspitze ist beim Start oft von eisigen Schneestürmen umjagt, die jede Sicht erschweren, aber fast zweitausend Meter tiefer kommt der Skifahrer nach einer halben Stunde bei Serneus schon in die Region, wo die Kätzchen blühen, der Boden warm dampft und die Wiesen sich schon anschicken, Blumenbeete zu werden.

Darüber liegen die dunklen Ringe der Wälder mit kraftvollen Schat-

ten. Die Gletscher funkeln, die Hörner glühen wie Metall, die spitz nach dem Himmel gedrehten Kirchtürme ziehen sich scheinbar endlos in die Luft, und die roten Fensterscheiben schimmern am Abend traulich aus der Ferne.
Die Alpenpässe, die ins Engadin führen, waren früher Säumerpfade, auf denen der Veltlinerwein transportiert wurde. Er wird in Davos in alten Holzstuben mit romanischen Namen ausgeschenkt. Dazu wird an der Luft getrocknetes Bündner Fleisch aufgeschnitten. Es sieht aus wie trockenes Holz, solange es am Haken hängt. Auf dem Teller hat es eine Farbe wie geschnittener Lachs. Es ist sehr zart und hat einen köstlichen, kaum mit etwas anderem vergleichbaren Geschmack.
Hier ißt man auch die Fondue, ein eigentlich waadtländisches Gericht, das, auch auf dem Tisch noch unter Feuer, von allen aus einem Topf gegessen wird, ein Gemisch aus geschmolzenem Käse und Rhonewein von Sion. Die Wirtin der »Gentiana«, welche die Haare kurz und eine Zigarre zwischen den Lippen trägt, serviert dazu jedem Gast kleine Brotwürfel, die auf die Gabel gesteckt und in dem Topf herumgerührt werden, bis der Bissen jeweils überkrustet ist... und wer den Brotwürfel dabei von der Gabel fallen läßt, bezahlt jedesmal eine Strafe. Hier hat sich der alte Dorfcharakter von Davos, der sich in den Chalets der Eingeborenen keineswegs verleugnet, auch öffentlich in traulicher Weise erhalten.
Im Sommer kann man die Seitentäler der Davoser Mulde mit dem Wagen hinauffahren: das romantische Sertigtal, das üppige Dischmatal und das Tal, das zum Flüelapaß führt. Die Flüelastraße ist mit zahlreichen Schleifen angelegt, auf der Paßhöhe liegt das Hospiz, es geht nun ins Engadin hinab, und hier an dieser Stelle hat die Natur einen großen Augenblick. Neben dem Hospiz liegt ein gletschergrüner See, darüber steht breit mit zerrissenen Spitzen das Schwarzhorn. Seine Wände kommen flach und steil wie die einer ungeheuren Schale herunter, wölben sich am Hospiz, richten sich wieder auf und bilden die Wände des Weißhorns, die auf der anderen Seite der Paßstraße sich nach oben biegen und deren Zacken hoch am Himmel funkeln.

Davos ist am schönsten, wenn man im Sommer abends aus dem Dischmatal zu ihm hinunterfährt. Im Dischmatal blühen unter dem Piz Grialetsch und unter der smaragdenen Scheibe des Scalettagletschers die Blumen von Davos am heftigsten. Hier stehen sie, Wiese an Wiese, und jede hat ihre eigene Färbung. Das Wasser des Bachs,

der das Tal durchschäumt, ist weiß wie das Innere einer Muschel. Muschelweiß sind auch die Anemonenfelder, die an den Bach herantreten. Dann kommen Wiesen, gelb wie Kanarienvögel und Wiesen, blau wie Kolibris, und Wiesen mit Enzian und Alpenrosen ... und alle in einem Geleucht, als seien hier auf den langen Stielen nicht Blumen, sondern edle Steine gewachsen.
Wenn man in dem Augenblick, in dem die Sonne untergeht, aus dem Dischmatal hinunterfährt, begreift man eines der Geheimnisse, die Davos seine magische Anziehungskraft geben. Man spürt eine Lösung, eine Befreiung sondergleichen in der Luft. Die Blüten riechen stärker, der Himmel wird seidiger. Die Wolken schwimmen wie beglückte Fische um die Zacken der Berge, die verspielt nach ihnen greifen. Die Lärchenwälder des Sertigtals werden heller, und die Wiesen des Dischmatals atmen tiefer aus. Es ist, als bleibe die Welt einen Herzschlag lang stehen.
Dann geht die Sonne still und majestätisch aus dem Hochtal heraus. Unten in Davos herrscht schon Dämmerung, und es kommen die ersten Lichter. Oben der Himmel aber ist noch eine ganze Weile voll sanfter Seligkeit.

Thomas Mann

Rückkehr in die Schweiz

1954

Es werden bald zwei Jahre sein, daß ich wieder in der Schweiz lebe, wie schon von 1933 bis 38. Wir hatten zunächst da drüben am rechten Ufer des Sees ein Häuschen gemietet, das aber unseren Bedürfnissen nicht so recht entsprach, und nun, als ein »hartnäckiger Villenbesitzer«, wie ein guter Freund, Hermann Kesten, mich in seinem Buch »Meine Freunde die Poeten« so hübsch genannt hat, habe ich hier in Conrad Ferdinand Meyers Kilchberg ein ganz wohnliches kleines Haus erworben, mit schönem Ausblick auf den See, seine besiedelten Ufer und die »türmende Ferne«, ganz nahe dem Ländlichen, den Wäldern der freien Natur und doch in bequemem Kontakt mit der Stadt gelegen. Nach soviel Wanderung und Wechsel, die das Leben mit sich brachte, soll es meine definitiv letzte Adresse sein. – Zu verwundern ist es nicht, daß die Vorstellung, ich lebte in Amerika, in manchen Köpfen noch festsitzt, denn schließlich habe ich volle anderthalb Jahrzehnte dort verbracht und bin amerikanischer Staatsbürger geworden, der ich heute noch bin. Ich war zu kürzeren Besuchen schon mehrfach drüben gewesen, und 1938 kam dann die Einladung oder, akademisch gesprochen, der »Ruf« von der Universität Princeton, dort als Gastprofessor oder, wie es hieß, als »lecturer in the humanities« zu wirken. Ich folgte bereitwillig, und der Aufenthalt in der würdigen kleinen, zwischen New York und Philadelphia gelegenen Universitätsstadt, wo man mir so freundlich und interessiert entgegenkam, bildet eine Episode meines Lebens, an die ich gern zurückdenke. Teils öffentlich und teils für fortgeschrittene Studenten las ich über deutsche Literatur, über Goethe, Wagner, Nietzsche, Freud, sogar über mich selbst, zum Beispiel über den »Zauberberg«, der von meinen Büchern in Amerika am populärsten ist ...

Die Anforderungen waren nichts weniger als rigoros, man war voller Rücksicht, »take it easy« war die Parole, ich konnte meine Lesungen ansetzen, wann ich wollte, und wenn die Ausarbeitung der Vorträge in der ungewohnten Sprache auch etwas mühsam war, so blieb mir doch reichlich Zeit für meine private Arbeit. – Die Verbundenheit mit der Universität war zunächst nur für ein Jahr gedacht; sie wurde prolongiert für ein zweites, und während dieses zweiten machten wir auf eigene Hand die Entdeckung Californiens, des südlichen Teils dieses Landes, der uns nicht nur durch sein unvergleichliches Klima, sein herrliches, alle Farben zum Leuchten bringendes Licht entzückte, – und dort, in den Hügeln der Bucht von Santa Monica, nahe dem Pacific, haben wir uns dann ein eigenes Heim errichtet, wo ich länger als ein Jahrzehnt, natürlich auch dort, wie es überall gewesen wäre, dem Druck, der oft würgenden Not der Zeit ausgesetzt, aber doch unter relativ milden und zuträglichen Umständen gelebt und gearbeitet habe. Es waren fruchtbare Jahre. Dort habe ich den Schlußband der Joseph-Tetralogie, dort den »Doktor Faustus«, den »Erwählten« geschrieben, – und produktive Zeit, das ist für mich im Rückblick glückliche Zeit ...

Ja, der alte Kontinent. Ich will es Ihnen sagen: ich wurde selber alt. Amerika und seiner splendiden Geräumigkeit verdanke ich viel; ich möchte die Erweiterung meines Horizontes, die es mir gewährte, nicht missen. Aber je länger ich dort lebte, je älter ich wurde, desto stärker spürte ich meine europäischen Wurzeln, desto entschiedener fühlte ich mich als Europäer, und eine Unruhe überkam mich, den rechten Augenblick nicht zu versäumen für die Rückkehr zur alten Erde, die mich hervorgebracht, und in der ich einmal zu ruhen wünsche ... Wenn ich aber »Europa« dachte, so war es eigentlich immer die Schweiz, die ich im Sinne hatte: dies freie, kleine, aber nicht enge, sondern vielgestaltige und mehrsprachige, von europäischer Luft durchwehte und nach seiner Natur so großartige Land, das ich liebe von jeher, und dem ich drüben immer ein gewisses Heimweh getragen habe. – – Es war im Besonderen die gute Stadt Zürich, die mir vorschwebte, die ich von jung auf oft besucht habe, in der ich immer gute, wohlwollende Freunde hatte, und die mir in den ersten Jahren der Emigration Schutz und Zuflucht und Arbeitsfrieden gewährte. So etwas vergißt sich nicht. Wo man es erfuhr, dahin zieht es einen zurück. – Sie werden fragen: »Und Deutschland?« Ich antworte Ihnen: Die Ostschweiz ist deutsches Sprachgebiet, und wieder im Bereich der deutschen Sprache zu leben, hat es mich in der Tat verlangt. Hier habe ich wieder deutsches Theater, das mir gefehlt hat, kein Ozean trennt mich mehr von deutschem Kulturleben, und nicht nur Paris und Milano sind nahe, sondern auch die deutsche Grenze, die, Jahre lang ein Schrecken, jetzt leicht zu überschreiten ist – eine Möglichkeit, von der ich, wie Sie wissen, immer wieder, von Zeit zu Zeit Gebrauch mache.

Ossip Kalenter

Elegie auf Coppet

1955

Coppet, unfern Genf, am flacheren Teil des Sees, ist die Gegend der alten, verschwiegenen Parks und der hohen Baumgruppen, die wie in den Landschaften Claude Lorrains über die Hügel verstreut sind.

In Coppet wohnt noch immer Madame de Staël, die Verfasserin von »Corinne ou l'Italie« und des Werkes, das einen der Grundsteine des vieltraktigen Gebäudes der französischen Romantik bildet: »De l'Allemagne«. Alles ist, als müßte sie jeden Augenblick zurückkehren, als sei sie nur gerade abwesend auf einer ihrer vielen unruhevollen Reisen. So stark hat sich ihr intensiver, ungestüm drängender Geist allem hier aufgeprägt. Das Schloß, linienstreng und vornehm, das sie von ihrem Vater, Monsieur Necker, dem Bankier und Minister Ludwigs XV., übernommen hatte, kehrt dem See – und dem pastellblauen Gebirge mit dem verschleierten, weiß und rosa schimmernden Montblanc – den Rücken.

Hier spielten sie, ein erlesener Kreis, die *Petite Poste,* schrieben einander Briefe, die von Zimmer zu Zimmer geschickt wurden: August Wilhelm Schlegel, Constant, Sismondi, Chamisso, Zacharias Werner und alle die anderen zahlreichen Gäste, Freunde und Liebhaber der Staël. Hier trieben sie Literatur, Korrespondenz und (keineswegs nur als Zuschauer) große Politik zur napoleonischen Zeit. Konspirierend weilte hier Clausewitz, der deutsche Patriot und Stratege des Widerstands, und Prinz August von Preußen, der Bruder des im Kampfe gegen Napoleon gefallenen musischen Prinzen Louis Ferdinand.

Fast die ganze Einrichtung von damals ist noch da. Die so ungemein wichtige Bibliothek (mit ihren treppenartigen Leitern) ist noch erhalten. Aber auch Intimeres: Schlafzimmer, Salons. Im Sommer wird das Schloß noch von der Familie bewohnt. Nach der Staël kam es durch die Heirat ihrer Tochter Albertine an die Herzöge von Broglie, von den Broglie durch Erbschaft an die Grafen d'Haussonville.

Von den etwas stickigen Wänden blicken Bildnisse: das des Gatten von Madame, des hochmütigen Herrn von Staël-Holstein, Rat und Sekretär des Ambassadeur du Roi de Suède (und später selber Ambassadeur), der kühl berechnend in die Welt schaut; ein eleganter Erfolgstyp, wie er zu allen Zeiten der gleiche ist – trotz der weißen Perücke »modern«. Ein Jugendbild der Staël, vierzehnjährig, in Rokoko, zeigt schon ihr ganzes Ungestüm. Alles an ihr war zu heftig: der Mund, die gierig das Leben einsaugenden, starken Nasenflügel, die Arme, die mit so polypenhaftem Sog umschlingen konnten, das Olivfarbene ihres Teints, das mit der Zeit etwas Fettglänzendes bekam ... Das alles lebt nach und bleibt im Gedächtnis, wenn man durch diese Räume geht. Dazu eine Büste Buffons von Houdon, das französische Genie symbolisierend. Dazu die feine, kleine, steile Literatenhandschrift der Madame Récamier (auf kleinen Briefbögen, die in einer Vitrine ausgestellt sind). Dazu der Park.

Welch ein Park! Welche Tiefe! Ein grünes Reich für sich ... Dort ist der sumpfige Graben, in den Benjamin Constant einmal fiel; hier der Platz, wo man sich zum Ausreiten zu versammeln pflegte. Anemonen und Veilchen blühen im feuchten Grund ... Wie zauberisch müssen die großen Baumgruppen, die verdämmernde Wiese im Herbst sein! August Wilhelm Schlegel war sicher noch der Mann, zu träumen, bei aller Philologie und Systematik. Seine romantischen Gedichte verraten es.

Im Herbst 1832, fünfzehn Jahre nach dem Tode Madame de Staëls, weilten die Récamier und ihr Freund Chateaubriand noch einmal hier, sich erinnernd beide. Während die Récamier zum Grabe der Freundin ging, ließ Chateaubriand sich auf einer Bank nieder, und im Anblick der goldenen Abendwolken träumte er der Eitelkeit allen Ruhmes und der Vergänglichkeit des Lebens nach. Voltaire, der in Ferney mit Gott und der Welt um die Gerechtigkeit und die Wahrheit stritt, Rousseau, dessen leidenschaftliche und empfindsame »Nouvelle Héloïse« im begrünten Vevey spielt, und alle die anderen illustren Schatten der Genfer-See-Gestade ziehen an seinem Geiste vorüber und geben der toten Germaine de Staël das Geleit in die unbekannten, äonenweiten Gefilde der Ewigkeit. Er fröstelt. Und Madame Récamier ist, wenn sie zu ihm zurückkehrt, blaß und verstört ...

In Coppet sind wir in der großen Welt der französischen Literatur, in der ein Schlegel, bei allem umfassenden Wissen, klugen Forschen und glänzenden Können, ständig auf der Hut sein mußte, nicht in die Rolle des Domestiken abzugleiten – wie die Vorwürfe in den Briefen seines Bruders Friedrich erweisen. Die Schweizer – der geistvolle und sensitive Constant, der überlegene und diplomatische Carl Victor von Bonstetten (der einmal bemerkte, es werde in Coppet an einem Tage mehr Geist verausgabt als in der ganzen übrigen Welt in einem Jahr) – hielten sich in dieser Umgebung besser, weltläufiger. Armer August Wilhelm Schlegel! Was litt er nicht in dieser »lärmenden Einsamkeit«, diesem »umgebenden Weltgewühl«, wie er es nannte – wo er gleichwohl nach langem Suchen endlich gefunden hatte, was »unvergänglich« war und was ihn »bis zum Grabe hin nicht verlassen« würde. So schrieb er damals, vierzig lange Jahre vor seinem Tode. Und die Erinnerung an die große Zeit von Coppet sollte ihn in der Tat nie mehr verlassen.

Noch immer steht die goldene Wolke Chateaubriands über dem See; und der Montblanc glänzt in einem weißesten Weiß. Chateaubriand, der dies hätte beschreiben können, ging in das Schattenreich ein. Und Madame de Staël, der es, wie fast alles in der Natur, gleichgültig gewesen wäre, ist heute vergessen. In Selma Lagerlöfs Sage von den Kavalieren auf Ekeby wirft Gösta Berling die roten Lederbände ihrer Romane in die Rachen der ihn verfolgenden Wölfe, wie in den Rachen der alles verzehrenden Zeit.

Nelly Sachs
Drei Briefe aus der Schweiz
1960

Zürich, 26. 5. 1960 Hotel Zum Storchen

Ilschen Moses –
ein Märchen hier. Am Flughafen die Familie *Celan* aus Paris, der kleine Sohn mit einem Riesenstrauß Rosen, *Ingeborg Bachmann*, Dr. *Hilty*. So ergreifend, alle schlossen mich in die Arme, unvergeßlich. Dann Zimmer mit Bad auch für Eva-Lisa bestellt. Blumen Blumen. Abends bestelltes Souper in einem Restaurant wieder mit den gleichen Freunden. Alles in herrlichster Harmonie, auch *Max Frisch* kam. Wie soll ich das nur fassen, alles nach soviel Dunkelheit. Aber Ihr gabt mir Kraft, daß ich überhaupt reisen konnte. Schlafe wieder. Und das Hotel liegt am See genau wie Grand Hotel in Stockholm. So haben sie es gewollt. Eva-Lisa ist so froh, man ist zu ihr so reizend.

Seid umarmt Eure Li.

Zürich 30. Mai 1960

Moses u. Ilschen –
Dank für Telegramm. Bin im Märchen, wundere mich über nichts mehr. *Die Stadt Meersburg hatte geflaggt. Jugend* – Jugend, Verleger, Literatur – alles *eine Umarmung der Liebe*. Weiß nicht, was ich sagen soll, *ganz überwältigt*. Gudrun kam nach Meersburg, *mit ihr der erste Schritt auf deutschem Boden*. Der Festredner schloß mit *Schalom*. Alles auf Band aufgenommen.

In Liebe Eure Li

Ascona, d. 4. Juni 1960 Casa Tamaro

Ihr Lieben Ilschen und Moses –
der Traum geht weiter, unfaßbar, wie soll man dies tragen - diese Liebe überall – *habe ja bis jetzt niemals auch nur geahnt, daß meine Gedichte in der Welt leben, so leben – erschütternd*. Und hier Andersch und seine Frau, durch das Tal Onsernone mit himmelhohen Alpen und rauschenden Wildflüssen gefahren zu einem Berghanghaus, wohl das herrlichste was wir je sahen. Und heute und morgen kommen wieder viele her. Von weit zuweilen, nur zu besuchen. Und *vor dem Fenster Lago Maggiore. Am 13ten morgens* nach Paris zu Paul u. Gisèle und dem Märchen-Knaben u. vielleicht am 17. Stockholm. Aber – aber – ich klagte niemals um bloße Störungen –

wohne ja seit 12 Jahren da. Aber ich klagte um etwas Schlimmeres. Vielleicht, daß man versucht, die Frau oberhalb zu versöhnen von ihrem Haß und den *»Sender«* endgültig zu entfernen – denn es ist in *ihrer* Wohnung, wo sich alles ereignet. Mit *ihren beiden Nachbarn* zu sprechen wäre gut. Vielleicht macht das der gute Herr Svensson. So daß ich wenigstens noch eine Zeit in Ruhe dort verbringen kann *ohne* Morsezeichen – Telefonabhören – und die Nächte ohne Pikken. *Ich konnte am Tage nicht die Schreibmaschine mehr benutzen, sogleich begannen sie die Knipserei.* Hier ist es italienisch laut mit der Autostraße – stört mich gar nicht – da natürlich. Heizung war die letzte Zeit nicht mehr in Bergsundsstr., aber das Knipsen blieb. *Hörte genau, wie sie oben außerhalb der Fenster anknipsten.* Vielleicht werden sie vor Svenssons sich nun zusammennehmen. *Muß die schwedische Anthologie fertig machen* und will dann nach Sigtuna, um Neues zu arbeiten und auf Gudrun zu warten. In Zürich habe ich eingelesen. Am 28. Mai stand in d. Zürcher neuen Zeitung so Schönes vom Kulturchef Weber. Dann Max Frisch kennengelernt – Bächeli – Schifferli – (er dankt und grüßt). Hilty ist auch hier in Ascona nun – hat herrlich gesprochen in Meersburg, mit Schalom geschlossen.

Seid umarmt in Liebe Eure Li

Hans Weigel
Genf, eine Stadt für schönes Wetter
1962

Lausanne wird gewiß von Gästen aller Art zu kurzem oder langem Aufenthalt besucht. Aber Lausanne wäre ohne Gäste, Besucher, Fremde, Passanten und sonstige Nichthiesige immer noch Lausanne, nicht viel anders, als wir es kennen.

Genf, nur von Genfern erfüllt, ist nicht Genf. Genf scheint konstitutionell darauf angewiesen zu sein, überschwemmt zu werden wie die Ufer des Nil. Genf bedarf nicht nur der Reisenden, sondern auch der internationalen Organisationen, der Kongresse und Konferenzen. Genf, eine echte und städtische Stadt, hat viele Züge eines Kur- oder Badeorts mit einem besonders rührigen Verkehrsverein. Viele seiner Anlagen und Attraktionen scheinen nicht von den Bürgern der Stadt für die Bürger gestaltet, sondern im Hinblick auf den Dienst am zugereisten Kunden.

Genf ist eine Stadt der Springbrunnen. Springbrunnen haben etwas Verdächtiges. Nichts gegen echte, alte, würdig gefaßte Brunnen von einst! Wohl aber einiges gegen Wasser als Selbstzweck im Dienst des Kunstgewerbes!
Genf, durch seine Lage am Ende eines großen Sees mit einem besonders großen Kontingent von Quais bedacht, gestaltet diese Quais zugegebenermaßen attraktiv, doch im Stil der Esplanade, der Kurpromenade: ein Ziersee mit Zierufern. Genf hat ein Casino, auch Kursaal genannt (in Zürich undenkbar!); zwei Attraktionen sind hier die Freude der Besucher: eine Blumenuhr, die auf grünem Rasen in bunten Farben blumig die Stunden und Minuten angibt, und der ›Jet d'Eau‹, das Wahrzeichen der Stadt, eine Fontäne, die etwa hundert Meter hoch aus dem See aufsprudelt. Dieses Wahrzeichen muß bei starkem Wind abgedreht werden, da es die Passanten am Ufer benetzen würde.
Genf ist eine Stadt für schönes Wetter. Dieses ist auch die Voraussetzung für eine weitere Genfer Attraktion, für den Mont-Blanc, der zwar in Frankreich liegt, aber von hier aus bestens, besser als anderswoher, zu sehen ist, falls er zu sehen ist. Bei meinen Besuchen in Genf hielt ich die Behauptung, man sehe von Genf aus den Mont-Blanc, für eine Legende, denn immer wieder hieß es: »Dort liegt er! Sonst sieht man ihn immer!«, und er war nicht zu sehen. Schließlich habe ich ihn dann doch gesehen; aber es bedarf hierzu eines integral wolkenlosen Himmels. Wenn auch nur eine einzige Wolke da ist, befindet sie sich gewiß vor dem Mont-Blanc und verdeckt ihn den Blicken der von Genf aus zu ihm hin Schauenden.
Vom Bahnhof mit seiner schweizerisch traditionellen zentralen Lage ist man alsbald im Zentrum der Stadt, am Pont du Mont-Blanc, wo der See aufhört, ein solcher zu sein, und zur Rhône wird. Eben ist er noch blau und unbewegt, kurz darauf ist sie grün und fließt. Am Ende des Sees ist die kleine Rousseau-Insel, als attraktives Schmuckkästchen gestaltet – am Anfang des Rhône-Laufs ist ein Elektrizitätswerk. Der Lauf des Flusses wird von der Stadt vernachlässigt, die Gegend wirkt alsbald wie ein Hafenviertel ohne Hafen. Man hat der Rhône die Betreuung durch wohlgepflegte Länden und Uferpromenaden vorenthalten, man hatte mit den Ufern des Sees diesbezüglich genug zu tun.
Schon am Bahnhof fielen die zahlreichen Wegweiser als charakteristisch auf. Rechts geht es nach Paris. Links geht es auch nach Paris. An manchen Stellen der Stadt geht's rechts nach Paris, links nach Lyon. Eine einzige Straße führt von Genf nicht nach Frankreich,

sondern ... man ist versucht zu sagen: ›in die Schweiz‹ ... nach Lausanne. Sie wird ›Route de Suisse‹ genannt.
Die ausfließende Rhône teilt die Stadt in zwei Hälften. Mit ›rechts‹ und ›links‹ werden wir nicht weit kommen – nennen wir sie: das Nord- und das Südufer des Sees. In der Gegend des Südufers befindet sich ein Pressezentrum, dessen ständige Vorhandenheit sich um der zahlreichen Konferenzen willen als nötig erwies. Hier ist auch ein großer Platz, der nichts mehr vom Kurort an sich hat, sondern gehörig städtisch, sogar großstädtisch wirkt, hier ist das Theater, ein Museum, das Konservatorium, ein Park – dahinter die Universität – und ein wenig schönes Reiterdenkmal. An diesen Platz grenzt der Hügel, an dem 1602 ein Angriff gegen die Stadt, die sogenannte ›Escalade‹, vergeblich versucht wurde.
Nun steigen wir auf diesen Hügel und sind damit in der Altstadt von Genf, die ihresgleichen sucht unter den Städten und den Altstädten der Städte. Wir sind nur etwa zwanzig Meter über dem Spiegel des Sees, der ganz nah von hier ist. Auch die Plätze und Straßen und Gärten der unteren Stadt sind mit wenigen Schritten zu erreichen. Und doch scheinen See und Stadt, scheint Genf so fern von hier. Oder ist dies hier Genf und alles andere Entartung?
Die notorischen Bewohner der Altstadt sind wohl dieser Ansicht. Dieses erhöhte Genf ist eine Enklave innerhalb Genfs, innerhalb der Welt von heute. Hier hausen die sogenannten Genfer Aristokraten, französische und italienische Hugenotten meist, die sich hierher retteten, nicht sonderlich begütert, aber um so stolzer und exklusiver. Sie leben hier ihr Leben mit dem Rücken zum See, mit dem Rücken zur Stadt, nur sich und einander zugewandt, innere Emigranten mit dem Rücken zur heutigen Zeit, in Opposition zur Welt der letzten hundert Jahre. Es gibt wohl keine wirklichkeitsfremdere Haltung als die Einstellung dieser Genfer Aristokraten. Es ist, als würde eine Gruppe von Neu-Engländern in den Vereinigten Staaten die Unabhängigkeitserklärung negieren, als würden Venezianer heute noch der Herrschaft des Dogen nachtrauern.
Man könnte sich zur Not die Wiederkunft der Royalisten in Frankreich vorstellen, man könnte mit äußerster Überwindung eine minime Chance der habsburgischen Restauration für denkbar halten, man könnte den russischen Emigranten die Möglichkeit der Rückkehr unter veränderten politischen Aspekten konzedieren. Doch wie sollte die Verfassung der Republik Genf jemals wieder ihre demokratische Form zum alten konservativ feudalen System rückbilden?

In die Altstadt von Genf dringt das schöne Wetter nicht, sie ist dunkel und düster und finster und eng und spricht deutlich von der besonders grausamen und blutigen schrecklichen Vergangenheit der Stadt. In einer Halle stehen fünf Kanonen, die 1814 von den Österreichern erobert worden waren. Drei Kanonen wurden 1814 und 1815 zurückgegeben, zwei erst 1923. Diese Altstadt von Genf hatte nach hundertzehn Jahren noch den Impuls, die Rechnung von damals zu begleichen und von der Republik Österreich zurückzufordern, was der Kaiser ihr im Krieg abgenommen hatte.

Eingezwängt in die Häuser und Gassen, die sich wie unter ihrem Schutz an sie schmiegen, steht auf dem höchsten Punkt des Hügels die Kathedrale mit ihrem stillosen klassizistischen Säulenportal, ihren dreierlei Türmen und ihrer Terrasse, von der man den See nicht sieht. Hier ist auch das Rathaus, ein Bau ohne Treppen, mit einer Rampe ausgestattet, auf daß man zu Pferd die oberen Stockwerke erreichen kann.

Hier ist Jean-Jacques Rousseau geboren worden und Johannes Calvin gestorben.

Man steigt hinunter, ist nach wenigen Schritten wieder in Genf (oder nicht mehr in Genf): in der Wirklichkeit der Zieranlagen, des Hafens für Spazierdampferfahrten, der Blumen, Promenaden, Springbrunnen. Man spaziert über den Pont du Mont-Blanc und am Quai des nördlichen See-Ufers entlang, wo das besonders häßliche ›Monument Brunswick‹ dem Auge wehtut. Und man ist noch vom gespenstischen Eindruck der Altstadt bedrängt, wenn sich ein neuer Alptraum darbietet, neueren Datums und drum nur um so makabrer.

Es ist so leicht, eine Satire über den Völkerbund zu schreiben; drum ist's so schwierig, über diesen Völkerbundspalast zu schreiben. Hier ist ein großes Mahnmal der Vergeblichkeit zu besichtigen, eines Scheiterns, das sich nicht zur Kenntnis nimmt. Was als Wahrzeichen der Einigung gedacht war, wurde schon vor der Fertigstellung zum Unwahrzeichen.

Wie das ganze neuere Genf war auch dieser Palast auf schönes Wetter hin angelegt, das aber, zum Unterschied von der Genfer Saison, die Genfer Sessionen radikal boykottierte. Und leider kann man zwar den Jet d'Eau, nicht aber den Völkerbundspalast bei ungünstiger Witterung abdrehen.

Der französische Name ›Palais des Nations‹ täuscht glücklich darüber hinweg, daß der Völkerbund (Société des Nations), dessen

Zentrale hier angesiedelt war, längst zerfallen und durch die neue Firma der UN (United Nations) abgelöst ist.
Der Völkerbundspalast, das zweitgrößte Palais von Europa, wurde 1929 begonnen und 1936 fertiggestellt, als es den Völkerbund eben nicht mehr gab. Er gleicht einem Bahnhof, bei dem man die Züge und das Geleise vergessen hat. Er wirkt wie ein Vatikan ohne die dazugehörige weltumspannende Kirche. Er ist eine Residenz ohne Land, ein in die Breite, statt in die Höhe sich ausdehnender babylonischer Turm, der die große Verwirrung überwinden sollte und erst recht dargetan hat. Er liegt da, prächtig, großzügig, luxuriös, kostspielig, sehr praktikabel und unausgenützt, eine Geisterstadt der Internationalität.
Die Genfer Altstadt drüben am südlichen Ufer hat ihre Geschichte gelebt und lebt in ihr fort. Der Völkerbundspalast hier am Nordufer mit seiner grandiosen Aussichtsterrasse wollte Geschichte gestalten und kam nicht dran.
Wäre ich Politiker, ich würde keine Begegnung hierher verlegen. Der Völkerbundspalast ist ein böses Omen. Ich weiß nicht einmal, ob ich mich hier gern an einem Kongreß der Dentisten, einer Tagung der Biochemiker, einer Begegnung der Paläontologen beteiligen wollte.
Irgendwo in einem Winkel des gewaltigen Komplexes tagte, als ich ihn besichtigte, die internationale Laos-Konferenz. Irgendwo in einem anderen Winkel tagte die ewige Abrüstungskonferenz. Beide verloren sich in dem Riesenareal ebenso, wie die diversen internationalen Ämter, die man gnadenhalber hierher verlegt hat, weil der Palast nun einmal da war, sich verlieren: die Rauschgift-Kommission, das Flüchtlings-Hochkommissariat, die Gesundheitsorganisation.
Die große Bibliothek funktioniert. Der große Sitzungssaal konnte gerade nicht besichtigt werden, weil er umgebaut wurde. Die Führung ähnelte den Besichtigungen, die Rudel von Besuchern durch uralte Schlösser schleusen, nur ohne das charakteristische ›vierzehntes Jahrhundert‹, ›sechzehntes Jahrhundert‹, ›achtzehntes Jahrhundert‹ des Führers – da hier alles Tote und Historische von der Mitte des zwanzigsten Jahrhunderts stammt.
Von der Bibliothek abgesehen, wirkte nur ein Raum wirklich lebendig. Dort haben die besichtigenden Rudel vor Beginn des Rundgangs zu warten. Die Ansichtskarten dominieren. Auch werden Briefmarken der Vereinten Nationen verkauft, doch sind sie nur gültig, wenn Karten oder Briefe in den einzigen in diesem Raum

befindlichen Briefkasten eingeworfen werden. O weltumspannender Bund! Der Briefkasten wurde am nächsten Tag um 9 Uhr 45 geleert; die Briefkasten draußen außerhalb des Palastes schon an diesem Abend um 19 Uhr.
Der Völkerbundspalast ist ein durch die Konfrontation seiner repräsentativen Großzügigkeit und seiner gewaltigen Zwecklosigkeit erschütternd tragisches Symbol menschlicher Ohnmacht. Was als großes, übergeordnetes Zentrum des politischen Kreislaufs angelegt war, dient jetzt als Sehenswürdigkeit und wird gelegentlich für besondere Anlässe kurzfristig in Gebrauch genommen.
Von allen Gräbern dieser Erde ist dieses das tristeste: das Grabmal des unbekannten Friedens.

Martin Walser

Eine gewöhnlich verlaufende Reise

1966

Anselm mußte immer wieder die Augen schließen. Auf so einer Reise passiert einfach zuviel. Schon in München trägt ein alternder Schönling einen Handschuh kreuz und quer über den Bahnsteig. Anselm schwört gleich allem Ehrgeiz ein für alle Mal ab. Auf den Bahnsteigen des Allgäus sind dicke Mädchen fromm angefroren, haben einen Geigensarg in der Hand, schwenken das blaurote Gesicht (Rorategesicht mit Lichtmeßaugen) seit hundert Jahren dem Zug nach, der ebenso aus München kommt, wie er nach Zürich fährt. Geht am Abteilfenster eine entsprechende Dame vorbei, zündet Anselm alsbald eine neue Zigarette an. Ihm gegenüber sitzt eine Frau, deren Nase mit Hilfe zerbeulter Nasenflügel breiter ist als ihr Mund. Müssen Sie wirklich dieses grüne Wollkleid tragen, möchte Anselm fragen. Sie werden mich vergiften, gute Frau. Eigentlich sollte ich doch nach Zürich. Und Sie stellen Ihre Knie breit vor mich hin. Da wären noch vier leere Plätze. Daß Ihre Knie so breit auseinanderstehen, ist Ihnen nicht vorzuwerfen, ich weiß, nie mehr werden Ihre Knie einander berühren, aber muß das vor einem fast unschuldigen Reisenden ausgebreitet werden! Anselm putzt sich die Nägel. Jawohl, er muß sich wehren. Aber er hält nicht durch. Er geniert sich, weil er sich nicht geniert, vor ihr die Nägel zu putzen. Wann, Anselm, wirst es endlich einmal Du sein, der den Schrecken einjagt. Wozu sonst denn reisen Ritter? Und daß Du als Reisender Ritter gegen Zürich hin fährst, ist wohl klar. Moumoutte-Melanies

Brief ist zwar zu lesen als ein vormittags diktiertes Geschäftsschreiben. Aber Du liest palimpsestisch darin die Liebeskriegserklärung. »Ich komme Ihnen bis Zürich entgegen, wenn Sie mir bis Zürich entgegen kommen.« Ich kann nicht sagen, Anselm sei also schlicht und schlecht auf ein Bett in Zürich zugefahren. Ihm war der berufliche Anlaß viel wichtiger. Und es war ganz und gar gegen seinen Willen, daß sich in seiner Vorstellung alles so unentscheidbar ineinandermischte. Aber ist je ein Mann mit eindeutigen Vorstellungen in irgend ein Feld gezogen? Hauptsache, er ist aufgeregt, drückt die Zigarette so heftig aus, daß er sich die Finger verbrennt, genießt diesen Schmerz, hört eine Musik aus der Himmelsrichtung, in die er fährt, und hält vor lauter Aberglauben alles Begegnende für Warnung oder Ermunterung. Der Schönling will ihn entmutigen, die festgefrorenen Mädchen wollen ihn verlocken, die Notbremse zu ziehen und ihnen endlich zu erscheinen, die Monströse mit der zerbeulten Nase will ihn zum Weinen bringen, er aber nimmt den Kampf auf, beantwortet jede Anfechtung umso heftiger, je lauter die Musik aus Zürich wird. Zürich hat also einen Sackbahnhof. Anselm zieht Sackbahnhöfe vor. Denk bloß an die verzettelten Bahnhöfe Hamburgs, was sind das überhaupt für Bahnhöfe, die den Zug so unter sich durchfahren lassen, anstatt ihn aufzunehmen. Nach Zürich fährt man hinein, bis man fast anstößt; da weiß man doch, das ist nicht bloß eine Station, das ist ein Bahnhof.
Es schneit. Damen haben auch dann den Vortritt, wenn sie unter Schirmen warten. Um von ihrem Privileg ungeniert Gebrauch machen zu können, zeigen sie durch ihr Gesicht, daß sie vor diesem schweren Schnee eine Angst haben, die sich ein Mann nicht vorstellen kann. Und was nützt gegen diese schräg zielende nasse Übermacht so ein klitzkleiner Damenschirm. Ja, weil Sie ihn falsch halten, ruft Anselm. Mit geschlossenem Mund natürlich, sozusagen mit den Augen ruft er es jeder neuen armen Dame zu, die auf die unverschämteste Weise beansprucht, was er ihr gern als Höflichkeit erweisen möchte. Er steht, wird naß, die Damen rauschen davon. Das nächste Taxi spritzt an den Bordstein, Anselms Hosen sind schon bis zu den Knien rund und schwer von bräunlich nassen Klattern, wieviel Damen kommen eigentlich aus dem Züricher Bahnhof, wenn es naß schneit? Anselms Lage bessert sich. Je elender er dasteht, naß und verdreckt, je verzweifelter er seine Hand hochwirft, um den Taxikapitän auf sich aufmerksam zu machen, desto mehr fällt den Damen, die sich immer noch rechtzeitig vor ihn schieben, auf, daß er da steht. Er muß zugeben: allmählich schauen

sie ihn mit herzlicher Teilnahme an, wenn sie an ihm vorbeidrängen. Mit einer schleunigen Teilnahme zwar. Aber manche winken sogar noch aus dem Fond. Also da ist die Kälte gebrochen, er spürt die Nässe nicht mehr, die schönsten Kalorien der Welt befeuern ihn, kühn springt er vor, keine Angst, meine Dame, er reißt nur den Schlag auf, bitte, gnädige Frau ... Manchmal souffliert ihm noch der Egoismus: vielleicht nimmt Dich jetzt bald eine mit. Aber bitte, er weiß doch, es ist Ende Februar 1962, wir sind vor dem Züricher Bahnhof und nicht im Wunschgelände eines zwölf- bis zweiundsiebzigjährigen Männerhirns. Auf die in mindestens fünf Sprachen gegebenen Dankesbezeugungen sagt er: you're welcome, Madam. Solls den Angelsachsen zugutekommen. Ich muß allerdings alle Damen bitten, solch ritterliches Verhalten nirgendwo von einheimischen Männern zu verlangen. Anselm war unterwegs. Die größeren Taten werden immer von Reisenden Rittern vollbracht. Roland wirkte nicht in Bremen, Rommel nicht in Herrlingen, und was herauskam, wenn Old Shatterhand in der Gegend von Radebeul tätig wurde, ist bekannt: Gefängnis! Bleibt einer in der Mancha, wird er bestenfalls ein Komiker. Solang dem Ritter seinesgleichen auf die Finger sieht, kann keine Tat gedeihen. Kein Asphaltliterat kann so zersetzend sein wie ein gut gefügtes Schock dörflicher Nachbarn, die seit Jahrhunderten auf einander trainiert sind. Der Ritter braucht ungeheure Entfernungen. Und Anselm war geboren im Dreieck Stuttgart-Zürich-München, also war Zürich für eine wirkliche Großtat noch zu nah. Das wußte er noch nicht, als er sich, Damen verladend, so recht in den Reisenden Ritter einfühlte. Er sah nur die wirbelnden Flocken, sah, wie sie in den Haaren verschiedener Pelze auf verschiedene Art zergingen, hörte die anrauschenden Autos, das Flutschen der Reifen, das unanständige Schlürfen und Schmatzen der Gullys, verlor allen Widerwillen gegen Sulz und Matsch, ihm wurde multschig zumut, der ganze Bahnhofsplatz schien zu lutschen und zu schlotzen und zu schluchzen, die Damen, die Reifen, die Gullys, der Schneewassermatsch. Endlich schien die große Schmelze anzubrechen, ein rabiater Frühling, und er inmitten, er der Handreicher, der Wegweiser, der Angeschaute ... Weil er trotzdem die Übersicht behielt, bemerkte er bei den Damen, die er in die Wagen bugsierte, plötzlich eine Gestörtheit, sie schauten schräg nach unten weg, sträubten sich, wußten nicht mehr, ob sie so rasch wegtransportiert sein wollten oder ob sie nicht noch bleiben wollten in dieser schlürfenden Sprache aus Naß-Schnee, im Gebrause all dieser ziehenden Zischlaute. Anselm, Anselm! Watch out. Ecco.

Jetzt sah Anselm auch, was die Damen irritierte. Einen Meter vom Bordstein schwamm etwas her, ein Stück, ein kleines Trumm, rötlich oder bräunlich, schwamm im Sulzwasser, verfing sich in soliderem Matsch, das nächste Taxi fuhr her, alle hielten den Atem an, die Reifen, nein, das Trumm hatte überlebt, war sogar wieder ins Rutschen gekommen, pendelte ein wenig, eine Dame rennt, bevor das nächste Taxi herfährt, an den Bordstein, will sie das Stück retten, erobern, sie kommt zu spät, der Wagen hält, sie steigt ein, tut, als hätte sie nichts anderes vorgehabt, alle tun überhaupt so, als bemerkten sie nicht, was da im Wasserschneematsch hertreibt und von Mal zu Mal in Gefahr ist, von den blinden Reifen zermalmt zu werden, aber jede würde jetzt gern jeder anderen den Vortritt lassen, jede linst heimlich hinaus zu dem treibenden Schwimmer. Da eine Dame einer anderen schwer den Vortritt anbieten kann, wird eine nach der anderen von Anselm sozusagen unbarmherzig verladen und keine darf das Trumm sich in die Tasche fischen, um zuhause zu untersuchen, ob es nun eine Karotte oder sonstwas Ausgebildetes ist. Anselm spürt, daß es zu seinen ritterlichen Pflichten gehört, die Damen von diesem Gegenstand der Beunruhigung zu befreien. Am Ende will keine mehr heim, es kommt zu einer Stauung, die Damen erkälten sich. Und ehrlich gesagt, ihm ist es nicht angenehm, diesem hertreibenden Objekt in einer Damengesellschaft entgegenzusehen. Was, wenn die plötzlich alle kichern? Also springt er, als gerade kein Taxi in Sicht ist, hinaus ins sulzige Sargassomeer, greift nach dem Corpus, faßt zu und hat, ja, hat nichts in der Hand, das heißt: nichts als Schneematsch, der unter seinem Griff sofort in alle Richtungen spritzt. Soll er seine Tasche im Stich lassen? Einfach abhauen, hinüber in die Bahnhofstraße? Er schaut um. Die Damen stehen wie vorher. Entweder sind sie ganz außerordentlich gut erzogen und wollen ihn nicht spüren lassen, daß er sich blamierte, oder sie hatten, was er für einen Gegenstand hielt, überhaupt nicht bemerkt oder nicht für etwas gehalten. Mein Gott. Anselm, wenn das bloß eine Vision war, dann steht es schlecht um Dich! dann paß bloß auf.

Zum Glück fuhr gleich ein Taxi her. Anselm packte seine Tasche, riß der nächsten Dame den Wagen sozusagen aus den Händen, hörte, daß alle Damen jetzt schrill gegen diesen flegelhaften Amerikaner protestierten, hechtete geradezu auf den Rücksitz und sagte: Ins Odeon bitte.

Peter Härtling
Hölderlins Reise in die Schweiz
1791/1976

Den Einfall, in den Osterferien in die Schweiz zu wandern, hatte Christian Friedrich Hiller, jener Maulbronner Gastschüler, der für Verbindungen nach Stuttgart hatte sorgen wollen, der Hölderlin mit seiner Betriebsamkeit gelegentlich befremdete – hier, in Tübingen, wo er als Externer Theologie hörte, also nicht zum engen Kreis zählte, hatte er den Vorzug, seine Stube anbieten zu können. Obendrein war er stets von einer Schar junger Leute umgeben, genoß die Kumpanei, war einer der ersten, der den Mömpelgardern, die Jakobinergesinnung unter die Studenten brachten, folgte. Das Wort Freiheit ging ihm leicht über die Lippen; in seinem Freiheitsdurst wollte er 1793 nach Amerika auswandern, ließ es jedoch bei der Ankündigung, wurde Lehrer, landete schließlich in Nürtingen, wo er seit 1808 an der Realschule, der ersten des Landes, tätig war.
Er hatte Hölderlin nicht aus den Augen gelassen, sich ihm, kaum war er in Tübingen, angedient. Denn Hölderlin war für ihn in jeder Hinsicht ein »Besonderer«.
Hiller hatte vor, Verwandte in Zürich zu besuchen, zusammen mit Friedrich August Memminger, einem Medizinstudenten, der mit Hiller in einem Hause wohnte. Hölderlin mußte gewonnen werden. Das war nicht schwierig. Als Reisegenossen konnte er sich die beiden gut denken, sie würden hilfsbereit sein, ihn aufzuheitern verstehn. Nach einigem Hin und Her, nachdem er sich mit den Aldermännern beraten hatte, sagte er zu. Ich mach mit. Ich werde mir Adressen besorgen.
Er heuchelte Gelassenheit. Doch die Aussicht auf die Wanderung regte ihn auf. Das bekamen vor allem die Nürtinger, die Mutter, die Geschwister, die alten Lehrer Köstlin und Klemm, zu spüren. Er plant, verwirft, will dies mitnehmen, jenes nicht. Daß Neuffer und Magenau verstimmt sind, sich aus seiner Aufregung zurückziehen, ärgert ihn. Um sie aufzuheitern, macht er sich über den Infantilismus von Hiller und Memminger lustig.
Das alles reibt ihn auf.
Der dumpfe Schmerz, der Druck hinter der Stirn nimmt wieder zu.
Der Aufbruch wird auf den 14. April festgelegt.
Im März war er in Nürtingen gewesen. Zur Fastnacht hatten sie frei. Er hatte sich, mehr noch als sonst, Heinrike zugewendet, auf deren

Tüchtigkeit Verlaß war, wenn sie auch, gegen seinen Rat, die Hand von Clemens Christoph Camerer ausgeschlagen hatte, den er ihr zum Mann wünschte, einen Juristen aus Reutlingen, dem er mehrfach in Tübingen begegnet war und der ihn mit seinem Selbstbewußtsein beeindruckt hatte.

Wen sie liebe, müsse sie schon selber wissen, sagte Rike. Hölderlin erzählte stolz von einer zusätzlichen Einkunft. Auf Empfehlung Lebrets unterrichtete er einen jungen Schweizer Jurastudenten namens Philipp Emanuel von Fellenberg in Latein und Griechisch. Fellenberg, später ein fortschrittlicher Pädagoge, gründete die Erziehungsanstalt Hofwil und hielt freundschaftliche Beziehungen zu Goethe. Für die Reise hat er von Fellenberg zahlreiche Ratschläge und Anschriften bekommen.

Der Schwester versuchte er noch einmal wegen Camerer gut zuzureden.

Des isch net der, den i fürs Lebe möcht.

So entschieden hatte er die Schwester noch nicht erlebt. Sie kam ihm wie ein neuer Mensch vor. Mit solcher Gewißheit, fand er, sollte man mit sich umgehen. Sie war wie ein Geschöpf Rousseaus. Wenige Tage später schrieb er ihr aus Tübingen: »Und sieh! liebe Rike! hätt ich ein Reich zu errichten, und Mut und Kraft in mir, der Menschen Köpfe und Herzen zu lenken, so wäre das eines meiner ersten Gesetze – Jeder sei, wie er wirklich ist. Keiner rede, handle anders, als er denkt und ihms ums Herz ist. Da würdest Du keinen Komplimentenschnack mehr sehen, die Leute würden nimmer halbe Tage zusammensitzen, ohne ein *herzliches* Wort zu reden – man würde gut und edel *sein,* weil man nimmer gut und edel *scheinen* möchte, und dann würd es erst Freunde geben, die sich liebten bis in den Tod, und – ich glaube auch bessere Ehen und bessere Kinder. *Wahrhaftigkeit!* Gottlob! Schwester! daß wir Geschwister Anlage genug zu dieser herrlichen Tugend von unserer teuren Mutter geerbt haben. –«

Das ist ganz seine Stimme. Alles, worüber er in den letzten Monaten gegrübelt, mit Hegel und Neuffer und Stäudlin gesprochen hat, sammelt sich hier in einigen klaren Sätzen. Es sind dieselben Ideale, die ihm später als Erzieher vorschweben und mit denen er scheitert.

Johanna läßt sich von seiner kindlichen Vorfreude anstecken. Sie schickt ihn zum Schuster, damit er sich neue feste Schuhe für die Reise anfertigen lasse, näht selbst einen Überrock. Hölderlin ist gut ausgestattet. In einem kleinen Felleisen will er drei Hemden, drei

Schnupftücher und drei Paar Strümpfe mitnehmen. Seinen Dornenstock hat er zu Hause vergessen; er bittet, ihm das unentbehrliche »Meuble« zu schicken.
Adressen haben die drei genug gesammelt. Jeder von ihnen hat Verwandte und Bekannte auf dem Weg; bei den Bedeutenderen, Pfarrern oder Gelehrten, wird man nur für ein oder zwei Stunden vorsprechen können. Von Köstlin war er Lavater empfohlen worden. Sein alter Lehrer stand bereits seit längerer Zeit in Verbindung mit dem berühmten Mann in Zürich. Der weiß, wenn er dich einmal angesehen hat, wer du bist, hatte Köstlin gesagt, als schildere er einen Magier.
Hiller schlug vor, so kenne er es von seinem Vater, an den größeren Orten einen Mann zu dingen, der wegkundig sei und sie bis zur nächsten Gemeinde führe und das Gepäck trage. Dann sind wir leichter zu Fuß und verirren uns nicht.
Isch des net z' teuer?
Wenn wir's unter uns dreien teilen?
Was sie, zumindest auf dem Hinweg, nicht konnten, da Hiller einige Tage zuvor von einem Verwandten mit nach Schaffhausen mitgenommen wurde, und Hölderlin und Memminger ohne den Initiator Hiller aufbrechen mußten. In Schaffhausen wollten sie sich treffen.
Am 14. April machten die beiden sich früh morgens auf den Weg. In drei Tagen wollten sie Schaffhausen erreicht haben. Über welche Stationen, weiß man nicht. Die kürzeste Strecke werden sie nicht gewandert sein, da sie auf Unterkünfte bei Verwandten oder Empfohlenen angewiesen waren, sicher häufig gastfreundliche Pfarrhäuser, Cousinen der Eltern, Onkel oder Tanten, oder ehemalige Seminaristen, Stiftler.
Der angenehmste, bekannteste Weg führte bis Rottweil den Neckar entlang; über Rottenburg, Horb, Sulz und Oberndorf. Papiere brauchten sie für die Grenzposten ins Vorderösterreichische und in die Schweiz. Von Rottweil werden sie über Schwenningen und Donaueschingen nach Schaffhausen gegangen sein. Vielleicht hat sie manchmal ein Wagen mitgenommen, zwei junge, wohlanständige Herren unterwegs, die sich dem Fuhrmann als Tübinger Magister auswiesen und respektvoll behandelt wurden.
Ich kann, was mir gegenwärtig ist, nicht ausschalten, die Geräusche und Ansichten meiner Welt. Keine Straße, kein Weg war damals asphaltiert. Die Gemeinden waren bei weitem kleiner, anders belebt. Es gab keine Flugzeuge am Himmel, keinen Schienenstrang

zwischen den Orten. Alles war stiller. Sie hörten entfernte Menschenstimmen früher und genauer. Oder, wenn Fuhrwerke sich näherten, das Hämmern der Hufe, das Poltern der Wagenräder. Ihr Ohr war daran gewöhnt wie das meine an den Autolärm. Auch ihre Landschaft war anders, die Straßen und Wege schmaler, die Wälder größer, das Unterholz dichter. Sie kürzten ab. Es gab markierte oder von Bekannten empfohlene Pfade. Manchmal verirrten sie sich. Doch sie waren geübt, sich zu orientieren. Bei Donaueschingen erreichten sie die herbe Landschaft der oberen Donau mit ihren Felsvorsprüngen, Winkeln, Klüften. Die junge Donau hat hier schon eine große Kraft. Es kann sein, sie halten öfter an, schauen, weisen sich gegenseitig auf die Schönheiten hin. Er wird sich daran erinnern, Jahre danach, an eine Rast über dem Tal, erschöpft vom Aufstieg, undeutliche Gedanken im Kopf, als schwimme er auf dem Fluß dahin, ließe sich von ihm tragen, weit, bis hin nach »Asien«.
Am 17. April treffen sie Hiller im Haus seiner Freunde. Er führt sie, diese Attraktion dürfe nicht ausgelassen werden, zum Wasserfall bei Schaffhausen. Sie stehen lange, andächtig vorm »donnernden Rheinsturz«. Dann versuchen sie, sich unterfassend, gegen das Getöse anzusingen.
Am selben Tag verabschieden sie sich von ihren Gastgebern, bekommen üppige Wegzehrung mit und wandern, jetzt zu dritt, bis Winterthur. Am Tag darauf bis Zürich.
Sie waren hochgestimmt. Hiller, dem es schwerfiel, für eine Weile zu schweigen, faselte von der freiheitlichen Gesinnung der Schweizer, die sie seit Hunderten von Jahren gegen anrennende Despoten verteidigten, Demokraten aus dem Herzen, für die der Rütlischwur nicht nur eine schöne Geschichte sei.
Schwätz net so viel.
Als sie vor Schaffhausen von den Zollsoldaten abgefertigt worden waren, hatte Hölderlin zu Memminger gesagt: Jetzt können wir studieren, wie dem Menschen die Freiheit bekommt. Wie weit sind wir von alledem entfernt.
In Zürich fanden sie, nahe der Limmat und dem Münster, einen ordentlichen Gasthof, erfrischten sich, aßen, machten sich unverzüglich auf den Weg zu Lavater. Lavater war zum Zeitpunkt ihres Besuchs fünfzig Jahre alt. Nicht nur der Ruhm des weisen und menschenkundigen Mannes zog sie an. Sie kannten seine Auseinandersetzung mit dem Zürcher Landvogt Grebel und waren ganz Lavaters Partei, wenn er mit der Ungerechtigkeit dieser tyrannischen Natur ins Gericht ging. Sicher, das war lang vorüber, hatte sich vor

ihrer Geburt zugetragen, doch diese Legende gehörte zu ihrem Wissen.
Schon Köstlin hatte sie ihm, zwar verkürzt und abgeschwächt, erzählt: Der große Lavater! Und ein gewaltiger Prediger dazu. Und vor allem der Autor der »Physiognomischen Fragmente«.
Er war nun doch beklommen. Einem Mann von solchem Ruhm war er bisher nie gegenübergetreten. Dazu noch jemandem, von dem behauptet wurde, er könne jeden Menschen auf den ersten Blick beurteilen.
Was sie nicht wußten, was ich mir nur mit Mühe vorstellen kann, daß er, wie Goethe, längst ein Schaustück war, ein Ausstellungsgegenstand im Museum seines Lebens, und daß der Besucherstrom nicht abriß. Sein Besucherbuch, in das sich jeder einzutragen hatte, hielt Namen für Namen fest.
Er saß in seinem Arbeitszimmer, empfing, hatte Floskeln parat, die sich klug anhörten, für ihn aber längst abgenützt waren, und wurde nur dann aufmerksam, wenn ihm ein Gesicht auffiel.
Sie wurden von einer Bedienerin zu Lavater geführt. Einzeln stellten sie sich vor, der unbefangenere Hiller zuerst. Lavater gab ihnen die Hand, leicht, ohne Druck. Er saß, klein und zierlich, in einem großen, ihn gewissermaßen erhöhenden Sessel, schwarz gekleidet, ein schwarzes Käppchen auf dem kaum gepuderten Haar. Sein Gesicht, gefältelt, glich dem eines alten Weibes, erschien ihnen hexenhaft.
Keiner der Beteiligten hat ein Wort über das Gespräch notiert. Es hat auch wenig Verbindendes gegeben. Fragen zu stellen, haben sie kaum gewagt.
Vielleicht verlief der Besuch so.
Lavater bot den jungen Herren mit einer ein bißchen salbadernden Stimme Stühle an. Das Empfehlungsschreiben Köstlins war ihm bereits von der Bedienerin gegeben worden. Er hatte es nicht gelesen, nur hineingesehen, die Signatur zur Kenntnis genommen.
Sie befänden sich alle drei auf dem Tübinger Stift. Er höre, daß die Zustände dort beklagenswert seien.
Mehr Freiheit wünschen wir uns schon, sagt Hiller.
Mit Freiheiten muß man umzugehen verstehen.
Wir werden es lernen. Hier, im Schweizer Bund, haben wir ja die Anschauung, sagt Hölderlin.
Lavater lächelt: Sie werden genügend Fehler bei uns finden. Sehen Sie denn nicht auf Frankreich?
Alle drei nicken, wie Schüler im Examen.
Lavater wendet sich ganz Hölderlin zu, schweigt, sieht ihm in die

Augen, nimmt dann den Brief: Geht es denn meinem Freund Köstlin gut?
Ich sah ihn erst unlängst. Er ist in bester Verfassung.
Ich bitte, sagen Sie ihm meine innigste Empfehlung, auch dem Herrn Diakonus Klemm.
Hölderlin verspricht es.
Die Bedienerin kommt herein, flüstert Lavater etwas ins Ohr, gibt ihm ein Billett. Er liest es, nickt, steht auf, entschuldigt sich, schon wieder habe sich ein Besucher gemeldet, ein angehender Mediziner aus dem Badischen. Sie möchten es ihm nicht verübeln, daß er sie verabschiede. Sie verlassen das Haus.
Als der Medizinstudent Bernhold das Zimmer betrat, schaute Lavater nur flüchtig auf, wies ihn mit einer Handbewegung, vielgeübt, zu einem Stuhl, las in dem Besucherbuch weiter, in dem die drei Tübinger sich während der Unterhaltung eingetragen hatten, nahm eine Feder, und schrieb neben den Namen Hölderlins »NB«, notabene!, was er sonst nie tat, als wäre ihm in der Erscheinung oder in der Rede des Besuchers etwas besonderes aufgefallen und als wollte er es festhalten: Auch er ist bei mir gewesen.
Davon wissen die Freunde nichts. Sie fühlen sich bedrückt, gehen schweigsam zum Gasthof; sie haben sich vorgenommen, gegen Abend noch am See zu spazieren. Anderntags machen sie, wieder in bester Stimmung, eine Bootsfahrt bis Wädenswil.
Sie hatten sich, schon in Tübingen, in den Kopf gesetzt, zum Vierwaldstätter See zu wandern, zu den »Heiligtümern der Freiheit«. Ohne die Stätten kennengelernt zu haben, wäre, darin waren sie sich einig, eine Schweizreise sinnlos. Dort, am Morgarten, hatten die Schweizer Leopold von Österreich geschlagen, dort hatte eine Geschichte begonnen, die sie auf ihre Weise und in ihrem Lande fortzuführen hofften.
Am 20. oder 21. April wanderten sie nach Kloster Einsiedeln, hielten sich über Nacht und den folgenden Tag dort auf, konnten schon gelöster die Eindrücke bei Lavater besprechen, der eben doch ein großer Mann und bedeutender Geist, nur gefesselt und entstellt vom Ruhm sei. I woiß net, ob der sich net bloß versteckt, sagt Hölderlin, worauf Hiller ihm antwortet: Des isch au Attitüde, woisch, wenn oiner täglich aguckt wird wie a Weltwunder.
Haben sie im Rosengarten des Klosters gesessen? Aber im April sind die Rosen noch nicht aufgeblüht. Sind sie am Ufer entlang-

gegangen? Vermutlich haben sie sich nach dem Essen schlafen gelegt, denn bei Anbruch der Nacht wollten sie über den Haggenpaß, vorüber am Großen Mythen zum Vierwaldstätter See.
Nur dieses eine Mal hat Hölderlin eine Wanderung so ausführlich, detailliert beschrieben. Die enthusiastischen Gespräche, Ausrufe der Freunde klingen wie ein Echo mit, die Angst, die sie im nächtlichen Gebirgswald packte, das Glück, die legendären Orte in der Wirklichkeit zu finden. Das Gedicht »Kanton Schweiz« schrieb er, kaum in Tübingen zurück, nieder, widmete es Hiller, dem launigen Cicerone. Es ist ein Erinnerungsstück.
Das Hochgebirge erlebte er zum erstenmal. Die verschneiten Berge hatte er schon Tage vor Augen. Jetzt war er ihnen nah. Das auch noch zur Nacht, wo das Mondlicht die Dimensionen verzerrte. Sie wußten, hatten es bei Tag prüfend betrachtet, daß der Haggenberg von einem schroffen, pyramidenähnlichen Fels, dem Mythen, gekrönt wurde. Halb im Schatten, halb im Licht wurde er zu einer grandiosen vorzeitlichen Figur.
»Schaurig und kühl empfing uns die Nacht in ewigen Wäldern, / Und wir klommen hinauf am furchtbarherrlichen Haken. / Nächtlicher immer wards und enger im Riesengebürge ... / Und der Wolken Hülle zerriß, und im ehernen Panzer / Kam die Riesin heran, die majestätische Myten.«
Bei Tag erreichten sie Schwyz. Von dort wanderten sie zum See, nach Brunnen, zur Tellsplatte und nach Altdorf. Vielleicht ließen sie sich auch mit dem Boot nach Küßnacht rudern. Hölderlin erwartete eine idealische Landschaft. Und da er diese Seen- und Gebirgsansicht, abgegrenzt von dem theatralischen Wall der Alpen, nicht gekannt hatte, entsprach sie seinem Traum. Inmitten dieser von einem klaren Morgen gefaßten Herrlichkeit hatte sich ein Gebirgsvolk die Freiheit erkämpft: »Ihr Väter der Freien! / Heilige Schar! nun schaun wir hinab, hinab, und erfüllt ist, / Was der Ahndungen kühnste versprach; was süße Begeistrung / Einst mich lehrt' im Knabengewande ...«
Aus der Reise war eine Wallfahrt geworden. Hillers Enthusiasmus hat sie sicher angetrieben. Sie erzählten sich gegenseitig die in der Kindheit gehörten, erlernten Geschichten.
Ich frage mich, ob sie viel mit den Einheimischen sprachen, sich erkundigten, wie sie ihre Freiheit nutzten, wie diese Freiheit im Alltag aussähe. Ich fürchte, sie taten es nicht, übertrugen ihre Empfindungen auf alles und alle. Das Erlebte wurde erst in seinem Gedächtnis zu dem, was er sich wünschte. In der hymnischen Anrede

wird die Wirklichkeit zum Ideal. Kein Schweiß. Keine Angst. Kein durchgelaufener Schuh. Keine Mitteilung über Streit zwischen den Freunden. Nichts von schlechten Unterkünften, betrügerischen Wirten und anderen unangenehmen Reiseerlebnissen.
Hölderlin freute sich, auf der Heimreise die »junge Donau« wiederzusehen. In Tübingen machte er nur kurz Halt, wanderte nach Nürtingen weiter.
Die Mutter war glücklich, ihn »heil« umarmen zu können.
In der Schweiz hätte mir nichts zustoßen können.
Überall gibt es Bösewichter, auch in der Schweiz.
Er erzählte, Karl und Rike hörten ihm zu, ihn mit Ausrufen des Staunens unterbrechend.
So hohe Berge gibt's?
Das ist nicht wahr.
Die ich gesehen habe, sind noch lange nicht die höchsten. Für den Abend haben sich Köstlin und Klemm angesagt, selbst Großmutter Heyn hat beschlossen, »ein Stündle« über ihre Zeit wach zu bleiben, und Johanna holte eine der bessren Flaschen aus dem Gokschen Keller.
Der kommt scho rum, der Bub, sagt die Großmutter.
Für Köstlin bleibt er der zwölfjährige Lateinschüler von einst. Kaum sitzen sie rund um den Tisch in der guten Stube, fragt er »den Fritz« aus.
Jetzt erzähl vom Lavater.
Dieser Name ist auch Johanna bekannt. Sie ist stolz darauf, daß ihr Fritz von dem großen Mann empfangen worden ist. Er war – als er ansetzt zu reden, merkt er, daß es nichts zu erzählen gibt, daß er eine seltsam eingeschüchterte Stimmung wiedergeben müßte – er war ... er könne es nicht sagen. Ja, Lavater sei eine wunderbare Erscheinung, er werde ihn nicht vergessen. Unterhalten habe man sich kaum. Nach Köstlin, auch nach Klemm habe er gefragt, sich herzlich über sie geäußert.
Wie?
Das wisse er nicht mehr. Wie er überhaupt nichts mehr wisse von dem, worüber sie gesprochen hätten. Lavater werde ständig besucht und begafft von Fremden und habe wenig Lust, aus sich herauszugehen.
Dann jedoch berichtete er von der Wanderung an den Vierwaldstätter See. Er redete sich so ins Feuer, trank dazu eine Menge, daß er am Ende ernsthaft berauscht war und Karl, der so lang hat dabei sein dürfen, den älteren Bruder auf die Kammer führen mußte.

Du bisch scho e Dichter, Fritz, sagte er, als er ihm eine gute Nacht wünschte.
I woiß.

Walter Sorell
Urchige Xenophobie
1976

Ein junger Neger saß mit einer blonden Schweizerin im Tram der Linie 14. Ein stämmiger Zürcher saß ihnen schief gegenüber. Seine Gestik machte einen leicht angeheiterten Eindruck. Seine Worte waren jedoch klar. Sie waren ein klassischer Abklatsch urchiger Xenophobie. Aus zeitweiligem Stänkern, auf das niemand reagierte, wurden Schimpforgien. Seine Worte, die sich gegen den Neger richteten, berauschten sich mehr und mehr an dem Klang der eigenen Dummheit.
Seine Haltestelle und sein Abgang schienen gekommen zu sein. Mit einem Hochmut, der sich nicht stolz genug auf die räumliche Tatsache stützen konnte, hier geboren worden zu sein und eine weiße Hautfarbe zu haben (als wäre das ein Verdienst), erhob er sich und ohrfeigte den Neger, der aufsprang und sich zur Wehr setzen wollte. Das Mädchen hielt ihn jedoch zurück. Vielleicht aus einem Gefühl der Mitschuld, vielleicht weil es glaubte, ein ungeschriebenes Tabu verletzt zu haben, vielleicht weil es die Wut entfesselter Urchigkeit kannte, vielleicht nur, weil das Mädchen den Neger lieber hatte, als es sich selbst einzugestehen wagte. Und so wurde das geborene Prinzip der Eingeborenheit nicht herausgefordert und stieg triumphierend aus.
Als das Tram sich wieder in Bewegung setzte, stand ein junger Bursche auf, ging auf den Neger zu, reichte ihm die Hand und entschuldigte sich im Namen seiner Schweizer Mitbürger.

Günter Grass
Bebels Begräbnis
1913/1977

Die Bestattungsfeierlichkeiten waren auf Sonntagmittag, zwei Uhr angesetzt. Weil der Genosse Loss zum Organisationskomitee gehörte, bekam Lena eine Einlaßkarte für den Städtischen Friedhof Sihlfeld, die sie bei der Arbeiterunion in der Stauffacherstraße abholte. Die aufgebahrte Leiche war bis Sonnabend im großen Saal des Volkshauses für das Publikum zugänglich gewesen. Von dort wurde der tote Bebel zum Haus seiner verwitweten Tochter in der Schönbergstraße gebracht. Dann formierte sich der Trauerzug. Voran das Musikkorps »Konkordia«. Es folgten über fünfhundert Kranzträger, unter ihnen Lena Stubbe, die ihren Kranz nicht hatte abgeben wollen. Danach der Leichenwagen, dem mehrere Blumenwagen, der Wagen mit der trauernden Familie und zwei weitere Wagen mit Gebrechlichen folgten. Den Trägern der Traditionsfahnen schlossen sich die Delegationen aus Deutschland (mit der Reichstagsfraktion), Frankreich, England, Österreich, der Schweiz sowie weitere Gruppen an. Hinter dem Musikkorps »Eintracht« folgten in großer Masse die politischen Vereine von Zürich und Umgebung. Den Schluß bildeten die Gewerkschaftsorganisationen. Selbst die in Sachen Arbeiterbewegung immerfort hämische »Neue Zürcher Zeitung« staunte über den Aufwand und wollte nicht begreifen.
Durch die Rämistraße über die Kaibrücke, durch die Thalstraße, Badener Straße bewegte sich der Trauerzug in Richtung Sihlfeld. Die Kirchen blieben stumm; nur der Glöckner der Jakobskirche war offenbar ein Genosse. Tausende standen auf den Bürgersteigen. Die Herren trugen zumeist flache Strohhüte, die Frauen Hüte mit Kunstblumenschmuck. Nicht alle Herren entblößten sich, während der Leichenwagen vorüberfuhr. Ein Jahr später wurden Strohhüte von gleicher Beschaffenheit fotografiert, als sich überall in Europa vielköpfige Mengen versammelten, um der Proklamation des Krieges zuzujubeln; obgleich die Sozialistische Internationale noch kurz zuvor in Basel den Einbund gegen jeglichen Krieg beschlossen hatte, wobei Bebel seine Friedensrede gegen den Rüstungswettlauf und die allseitige Kriegshetze, wie immer, tatenlustig beendet hatte: »Gehen wir ans Werk, frischauf vorwärts!«
Auf dem Friedhof Sihlfeld sah Lena Stubbe die Genossin Rosa nur kurz, doch mehrmals den Genossen Michels, der mit allen Delegationen vertraut und mit den Franzosen und Italienern per Du war.

In das griechische Tempelchen, dem man nicht ansah, daß es ein Krematorium bedeutete, fand Lena nicht mehr hinein. Zu groß war der Andrang der Delegationen. Sie konnte noch rasch ihren Kranz abgeben und später das eine und andere Wort der Reden hören. Es sprachen der Schweizer Nationalrat Hermann Greulich, der Österreicher Viktor Adler, der Belgier Vanderwelde, der Reichstagsabgeordnete Legien, der Russe Plechanoff. Leider war Jean Jaurès durch Krankheit verhindert. Namen, die erst später bekannt wurden, seien dennoch genannt: Otto Braun, Karl Liebknecht, Otto Wels, Ebert, Scheidemann. Im Namen der sozialistischen Frauen aller Länder sprach die Genossin Clara Zetkin. Sie nannte Bebel »Erwecker von Millionen Frauen«. Sie sagte: »Niemand hat mit heiligerem Ingrimm als Du alle Ungerechtigkeiten und Vorurteile über unser Geschlecht bekämpft ...«
Neben der Urne seiner Frau Julie wurde seine Urne beigesetzt. Weil August Bebel im Testament es so gewünscht hatte, sang zum Schluß der Grütli-Männerchor das Huttenlied von Gottfried Keller: »Du lichter Schatten habe Dank ...«

Lena blieb noch, weil sie nun mal die lange Reise gemacht hatte, drei Tage bei ihren Quartierleuten als Gast. Doch die Berge hat sie nur von weitem gesehen: bei Föhn, vom Ufer des Zürichsees aus. Für Frieda Lewandowski, die Nachbarin Auf dem Brabank, kaufte sie eine Kuhglocke. Erst am letzten Tag wurde sie traurig und wurde ihr alles fremd.
Als die Genossin Loss sie zum Bahnhof brachte, gab sie ihr einen runden Brotlaib, ein Stück Appenzeller Käse und ein Krüglein voll leichtem Wein vom Herrliberg mit. Im D-Zug nach Berlin saß sie zwischen Fremden. Doch bald holte sie ein Diarium aus ihrer Reisetasche. Ihre Brille fand sie in einem schwarzen Seidenbeutel zwischen dem restlichen Geld, dem Paß, einigen Haarklammern und dem Röhrchen voll Natron. Sie schrieb Rezepte auf, nach denen die Genossin Loss zu kochen gewohnt war; etwa: Zwiebelwähe oder Chäsküchli in Fett schwimmend gebacken oder geschnetzelte Leber zu Röschti oder eine Suppe aus gebräuntem Mehl. So näherte sich Lena wieder ihrem Otto Friedrich, den sie bald, weil der Krieg seine Abstriche machte, überleben sollte.

Long Yingtai
Die Süßkartoffeln
1988

Zwiebeln, Blumenkohl, Rüben, Paprika ... das frisch gewaschene Grün eines Gemüsekorbs neben dem anderen. Ich greife nach einer noch mit Erde behafteten Süßkartoffel. Ein Schauer der Freude durchströmt mich: Mein zehnmonatiges Kind wird heute die erste Süßkartoffel seines Lebens essen. Noch so viele feine Dinge harren seiner in der Welt. Eines nach dem anderen wartet darauf, von ihm entdeckt zu werden. Wie schön!

»Wie verfahrt ihr mit Süßkartoffeln?« fragt mich jemand, der hinter mir steht.

Es ist eine Frau in den Fünfzigerjahren, die etwas verlegen lächelt. Ohne auf meine Antwort zu warten, fährt sie fort:

»Ich weiß nichts anderes, als sie ins Wasser zu legen und sie zu kochen. Ihr Asiatinnen könnt sie gewiß viel kunstvoller zubereiten ...«

Vielleicht andere Asiatinnen. Aber ich kann auch nur die Süßkartoffeln ins Wasser legen und sie erwärmen. Weiter reicht meine Kochkunst auch nicht. Wie ich dies der Frau offen sage, macht sie ein recht enttäuschtes Gesicht.

Wir stehen auf dem Trottoir. Es ist schon November, aber die Zürcher Sonne strahlt immer noch mild. Eine Süßkartoffel in der Hand, spreche ich mit dieser Frau. Sie sagt: »Ich bin Israeli und lebe schon seit über zwanzig Jahren in Zürich. Nein, die Schweiz mag ich nicht.«

Wie bitte? Dieses Land, von dem so viele Menschen träumen, mag sie nicht? Warum wohl?

»Durch die hochgradige Industrialisierung wurde die ganze Umwelt zerstört. Blicken Sie sich mal um! Die Bäume wurden abgeholzt, die Wiesen überbaut, die Natur schrumpft immer mehr zusammen.«

So klagt sie. Ich denke bei mir: Liebe Frau! Sie leben im Glück und wissen es nicht. In der Schweiz soll die Umwelt zerstört sein? Ich sah Seen, die waren so klar, daß man die Gräser und Steine auf dem Grund zu zählen vermochte. Weiße Schwäne und schwarze Wildenten tauchten im Nebel auf, um bald wieder zu verschwinden. Kastanien fielen plumpsend ins Wasser. Ich sah meilenweit Wiesen, von dichten Wäldern umrandet, darin feuchte, von Erdbeeren umsäumte Pfade. Ich sehe noch die Apfelbäume auf den Hügeln, von

denen die reifen Äpfel herabrollten, um von braunen Milchkühen zertreten zu werden. Bis in weite Fernen trug der Wind den Klang der Kuhglocken.
Und diese Frau klagt über die Zerstörung der Natur?
»Ich schwärme für Ihr China. Dort bilden Mensch und Natur noch eine harmonische Einheit. Die Natur wird verehrt, der Mensch ist sich seiner Winzigkeit bewußt.«
Ich kann mein Lachen nicht verbergen. Wieder solch ein westlicher Mensch, der für die Zivilisation Ostasiens schwärmt! Wahrscheinlich hat diese Frau zwei vornehm gebundene Werke über die Philosophie Ostasiens gekauft, in denen mit ätherischen Illustrationen und feingeistigen Worten der Zen-Buddhismus und die daoistische Philosophie des Lao Zi und des Zhuang Zi erläutert werden. Weiß sie wirklich nicht, wie weit der Abstand zwischen Philosophie und wirklichem Leben ist? Vielleicht ist ihr auch einmal ein Chinese begegnet, der ihr eifrig von der kosmischen Harmonie in China berichtete. Gewiß weiß sie nicht, daß der Dongdingsee in der Provinz Hunan in den letzten 30 Jahren um die Hälfte verkleinert wurde, und sie weiß auch nicht, daß in den letzten fünf Jahren der Wald auf dem chinesischen Festland jährlich um über 20 Millionen mu (= ca. 1,3 Millionen Hektaren) abgeholzt wurde. Erst recht weiß sie nicht, wie verpestet die Luft ist, die die Taiwanesen täglich einatmen, sie weiß nichts von den metallhaltigen Fischen in den nahezu toten Gewässern Formosas, vom gestörten Wasserhaushalt in den taiwanischen Bergwäldern und den dadurch verursachten alljährlichen Überschwemmungen ...
»Auch der Materialismus der Schweizer stößt mich ab. Ihr ganzes Denken und Trachten kreist nur um Geld, Geld, Geld. Haben sie Geld, wollen sie noch mehr Geld verdienen. Besitzen sie schon ein Haus, wollen sie ein noch größeres kaufen. Sie haben völlig verlernt, bescheiden zu leben. Ihr Chinesen seid nicht derart gewinnsüchtig. Ihr strebt mehr nach geistig-seelischen Werten, nicht wahr?«
Nicht wahr? Ich betrachte ihren enthusiastischen Gesichtsausdruck und bin so verlegen, daß ich nicht weiß, was ich entgegnen soll.
»Dazu kommt noch, daß die Schweizer eher kaltherzig sind. Die Distanz zwischen den Menschen ist sehr groß. Jeder Mensch behütet sein schönes Heim, seinen teuren Wagen, seinen gepflegten Blumengarten, doch zwischen den Menschen gibt es keine Wärme. Je größer die Häuser sind, um so einsamer die Menschen! Ihr Chinesen legt sehr viel Wert auf zwischenmenschliche Gefühle, oder etwa nicht?«

»Ja«, antworte ich sehr bestimmt, was ihr ein zufriedenes Lächeln entlockt. Aber ich sehe mich außerstande, ihr einen wichtigen Unterschied zwischen den Chinesen und den Schweizern zu erklären. Die Chinesen legen Wert auf zwischenmenschliche Gefühle und moralische Verpflichtungen innerhalb ihres Familien- und Bekanntenkreises, also gegenüber den »eigenen Leuten«. Aber nicht zum eigenen Kreis gehörende Außenstehende werden mißachtet. Beim Besteigen des Busses stößt man den Unbekannten mit dem Ellbogen zur Seite, beim Parkieren kümmert man sich einen Deut darum, ob die Wagen der anderen blockiert werden, Abfall wirft man vor fremde Häuser. Die Geschädigten sind stets Leute, die man nicht kennt. Sobald das Gegenüber aber zur »eigenen Clique« gehört, wird man keine Mühe scheuen, es zu bevorzugen. Dann kommst du zu deinem Billet, ohne in der Schlange warten zu müssen, du kannst den Arzt ohne vorherige Anmeldung aufsuchen, umsonst wirst du in den Verein aufgenommen usw. usf. Schweizer mögen die eigene Clique kühl behandeln, doch Fremden gegenüber zeigen sie doch recht viel Wärme. Wenn ich mit meinem kleinen Sohn ausgehe und das typische Bild einer »Mutter mit Kind« abgebe, treffe ich den ganzen Weg entlang lauter Menschen, die mir die Türen öffnen oder sie hinter mir schließen, den Gemüsekorb tragen und den Kinderwagen schieben. Selbst Buschauffeure lassen meinetwegen den bereits in Gang gesetzten Wagen anhalten.
»In einigen Jahren werden Sie auch wissen«, sagt die Frau, wie sie mir zum Abschied die Hand drückt, »daß die Schweizer wirklich nicht liebenswert sind. Sie werden dann bestimmt an China denken.«
Schon jetzt denke ich an China. Doch das China, an das ich denke, ist nicht das von dieser Frau so schön verpackte östliche Phantasieland, sondern eine am ganzen Leib erkrankte, aber von unbändiger Lebenskraft erfüllte Stätte.
Mit den Süßkartoffeln kehre ich nach Hause zurück. Dort werde ich sie ins Wasser legen und sie kochen.

Lebensdaten, Quellenverweise, Sacherklärungen

Aichenrand, Lajzer (1911-1985). Aus Demlin in Polen gebürtiger jiddischer Lyriker. Seine früheste Kindheit war überschattet vom 1. Weltkrieg, von der Besetzung und vom Kampf ums nackte Überleben. Mit 11 Jahren mußte er die Schule verlassen und sich als Schneider selbst durchbringen. Seit 1937 lebte er in Frankreich, und als der Zweite Weltkrieg ausbrach, trat er als Freiwilliger in die französische Armee ein. Als nach dem Zusammenbruch die Deportationen einsetzten, gelang es ihm, sich in die Schweiz zu retten. Er traf 1942 als Asylant in Zürich ein, war von 1943 bis 1945 im Lager Zürichhorn interniert und lebte nach dem Krieg dauernd in der Schweiz, zuletzt in Küsnacht/Zürich. 1946 erschien in der Übersetzung von Walter Lesch und unter dem Titel »Hörst du nicht« eine Auswahl seiner Gedichte in deutscher Sprache. – »Ich bin zweitausend Jahre alt« stammt aus der Zeitschrift »Ex Libris« (Redaktion: Alfred A. Häsler), Zürich, Juni 1967, S. 14/15.

Alverdes, Paul (1897-1978). Aus der Wandervogelbewegung hervorgegangener deutscher Romancier mit stark nationaler Tendenz. »Vom Bodensee nach Luzern« (Titel vom Herausgeber) stammt aus »Kleine Reise. Aus einem Tagebuch«. Albert Langen/Georg Müller-Verlag, München 1932, S. 4-8. Alverdes berichtet im Rückblick von einer Schweizerreise im Jahre 1929.

Andersen, Hans Christian (1805-1875). Der künftige dänische Märchendichter erhielt 1833 von König Frederik VI. ein Reisestipendium, das ihm erlaubte, Frankreich und Italien kennenzulernen. Den Winter 1833/34 verbrachte er im Juradorf Le Locle, wo er den Roman »O. Z.« und die Dichtung »Agnete« schrieb. »Winter in Le Locle« (Titel vom Herausgeber) stammt aus Andersens »Märchen meines Lebens«, das erstmals 1855 erschien. Druckvorlage war der Band »Das Märchen meines Lebens. Briefe. Tagebücher«, übersetzt von Thyra Dohrenburg, herausgegeben von Erling Nielsen, Winkler-Verlag, München 1961, S. 135-139. – Andersen kam auch später oft und gerne wieder in die Schweiz zurück. So wählte er 1846 für die Rückkehr von einer Reise nach Italien und in die Provence die Route über Chillon, Fribourg, Bern und Basel. 1853 und 1855 hielt er sich erneut in der Schweiz auf und traf in Zürich mit Richard Wagner zusammen. 1860 besuchte er erneut Le Locle und die dortigen Uhrenfabriken. 1862 war er, wie früher schon einmal, in Brunnen am Vierwaldstättersee anzutreffen und reiste anschließend nach Bern und Interlaken. Auch 1867, als er von der Pariser Weltausstellung zurückkehrte, hielt er sich eine Woche im vertrauten Le Locle auf. 1868 finden wir ihn in Genf und Bern, wo er, wie bei allen Aufenthalten in der Bundesstadt, mit Pfarrer Karl Albrecht Baggesen (1793-1873), dem Sohn des mit der Schweiz eng vertrauten dänischen Dichters Jens Baggesen, zusammentrifft. Außerordentlich viele Kontakte mit der Schweiz brachte das Jahr 1873, als Andersen zusammen mit dem

Schriftsteller Nicolai Bögh auf Reisen ging. Er hielt sich in Vevey und Montreux, in Glion, Fribourg, Bern, Interlaken, Brunnen, Chur und zuletzt noch im Engadin auf, ehe er schwerkrank über München nach Kopenhagen zurückreiste. Als Andersen am 5. August 1875 starb, hatte er bis zuletzt noch gehofft, nochmals eine Schweizerreise, die bereits bis in alle Einzelheiten vorbereitet war, antreten zu können.

»der Kanton Neuchâtel untersteht bekanntlich Preußen ...« Von 1708 bis 1848 war das Fürstentum Neuenburg in Personalunion mit dem preußischen Königshaus verbunden, dann erklärte es sich zur Republik und wurde 1857, im Gefolge des sog. »Neuenburgerhandels«, ein Kanton der Schweiz.

Oehlenschläger, Adam Gottlob (1779-1850). Gefeierter dänischer Dichter und Aesthetik-Professor, der nach 1807 u. a. in Weimar, Jena, Paris, in der Schweiz und in Italien lebte.

Paludan-Müller, Frederik (1809-1876). Dänischer Dichter. Verfasser des dänischen ›Faust‹ »Adam Homo« (1848).

Örsted, Hans Christian (1777-1851). Dänischer Physiker, Entdecker des Elektromagnetismus. Verfasser von naturphilosophischen Schriften – u. a. »Die Naturwissenschaft in ihrem Verhältnis zur Dichtkunst und Religion«.

Frau Heiberg ... Johanne Luise Heiberg-Pätgen (1812–1890). Dänische Schauspielerin und Regisseurin. Gattin des Dramatikers Johann Ludvig Heiberg (1791-1860).

Gade, Niels (1817-1890). Bedeutendster dänischer Komponist des 19. Jahrhunderts. Als Dirigent Nachfolger Mendelssohns bei den Leipziger Gewandhauskonzerten.

Bakunin, Michail (1814-1876). Zusammen mit Herwegh war Bakunin erstmals 1842 in die Schweiz gekommen und im März 1843 auch Brautführer bei dessen Hochzeit in Baden gewesen. Durch die Begegnung mit Wilhelm Weitling wurde er Anhänger der Gütergemeinschaft, so daß er, als Weitling Ende 1843 von der Schweiz an Preußen ausgeliefert wurde, das Land, in welchem er zuletzt bei Professor Karl Vogt in Bern eine freundschaftliche Zuflucht gefunden hatte, ebenfalls wieder verlassen mußte. »Die Schweiz ist doch ein lumpiges Land«, schrieb er von Paris aus August Becker, »sie handelt ungastlich gegen Schwache und Waffenlose und respektiert die Gesetze da, wo es heilige Pflicht ist, das Gesetz zu brechen.« Erst 1863, als er nach zehnjähriger Haft dem zaristischen Gefängnissystem hatte entfliehen können, betrat Bakunin den Boden der Schweiz wieder, um seine Berner Freunde zu besuchen. Vom Herbst 1867 an lebte er dann fast ein Jahr lang zwischen Clarens und Vevey im Haus seines Freundes Joukowsky in unmittelbarer Nachbarschaft der Fürstin Obolensky, die er in Florenz kennengelernt hatte und die ihn materiell unterstützte. Die Fürstin lebte getrennt von ihrem Manne mit ihren Kindern, die Joukowsky unterrichtete. Ein Vortrag 1869 in Le Locle gewann Bakunin die Sympathien vieler Jurassier, darunter auch von James Guillaume, der sein treuer Schüler wurde. Im

Oktober 1868 war Bakunin nach Locarno übersiedelt, weil er dort billiger leben konnte. Nachdem er 1870 vergeblich auf die Revolution in Frankreich hatte Einfluß nehmen wollen, wandte er seine Aufmerksamkeit wieder stärker Italien zu, wo er relativ viele Anhänger besaß. Einer davon, Carlo Cafiero, stellte ihm vom Sommer 1873 die Villa »Baronata« bei Locarno zur Verfügung, vertrieb den bereits schwer Kranken jedoch bereits ein Jahr später wieder aus dem vermeintlichen Altersrefugium. Als auch der Erwerb eines Hauses bei Lugano an den finanziellen Möglichkeiten scheiterte, beschloß Bakunin, nach Neapel überzusiedeln. Er wollte sich vor der Abreise noch von seinen dortigen Freunden verabschieden, als er am 1. Juli 1875 nach kurzer Krankheit in Bern starb. – »Die Affäre Obolensky« (Titel vom Herausgeber) stammt aus der 1870 anonym in Neuchâtel erschienenen Schrift »Les Ours de Berne et l'Ours de Saint-Pétersbourg. Complainte patriotique d'un Suisse humilié et désespéré«, mit der Bakunin, als über die Asylpraxis seines Vaterlands enttäuschter Schweizer auftretend, gegen die drohende Auslieferung des russischen Anarchisten Netschajew protestieren wollte. Der gewählte Ausschnitt beschränkt sich auf das Beispiel der Fürstin Alexandra Alexejevna Obolensky (1831-1890), deren Kinder von ihrem Mann, Fürst Obolensky, unter Beihilfe der Schweizer Behörden aus Vevey entführt worden waren. Nachdruck aus der von Katrin Reinhart übersetzten deutschen Erstausgabe »Die Berner Bären und der Bär von Petersburg«, Arche-Verlag, Zürich 1970, S. 7-11.

Cérésole, Paul (1832-1905). Radikal-liberaler Waadtländer Politiker. 1870-1875 schweizerischer Bundesrat.

Ball-Hennings, Emmy (1885-1948). Die Schauspielerin und Schriftstellerin kam 1915 zusammen mit ihrem Mann Hugo Ball (1886–1927) als Pazifistin nach Zürich, erlebte die Gründung des »Cabaret Voltaire« aktiv mit und lebte ab 1920 im Tessin, in Agnuzzo bei Lugano, wo sie auch nach dem Tode ihres Mannes ihren Wohnsitz hatte. Bald gehörte sie zu den engsten Freunden Hermann Hesses, dem Hugo Ball noch in seinem letzten Lebensjahr eine Biographie gewidmet hatte. An Hesse ist auch der in unserem Band wiedergegebene Brief, geschrieben auf Rigi-Klösterli, Mitte September 1935, gerichtet. Er ist abgedruckt in: Emmy Ball-Hennings, »Briefe an Hermann Hesse«, Suhrkamp Verlag, Frankfurt am Main 1956, S. 262-264.

»das ich an Carla weitergegeben habe ...« Carla Milich-Fassbind, die Wirtin auf Rigi-Klösterli, in deren Hotel Emmy Ball sehr oft eingeladen war.

»nach Einsiedeln, um mir das Welttheater anzusehen ...« Vor der Fassade der Wallfahrtskirche Maria Einsiedeln wird seit 1924/25 in mehrjährigem Turnus Calderons »Großes Welttheater« in der Übersetzung von Eichendorff mit Laienschauspielern aufgeführt.

Bartók, Béla (1881-1945). Der ungarische Volksmusikforscher und Komponist hielt sich seit 1935 häufig in der Schweiz auf und war mit dem Basler Mäzen und Dirigenten Paul Sacher befreundet. Sacher hatte ihm 1936 die epochemachende »Musik für Saiteninstrumente, Schlagzeug und Celesta« in Auftrag gegeben; 1937 war, ebenfalls in Sachers Auftrag, die »Sonate für zwei

Klaviere und Schlagzeug« entstanden, und 1939, in der kurzen Zeit vom 2.-17. August, schrieb er in Sachers Chalet in Saanen, Berner Oberland, das »Divertimento für Streichorchester« Opus 113. Während der Entstehungszeit dieses Werks schrieb er den hier wiedergegebenen Brief an seinen Sohn Béla Bartók junior nach Orosháza in Südwestungarn. Der Abdruck folgt der Ausgabe in: Béla Bartók, »Weg und Werk. Schriften und Briefe«, herausgegeben von Bence Szabolcsi, Bärenreiter-Verlag/Deutscher Taschenbuch-Verlag, Kassel/München 1972, S. 286-287.

»noch einer anderen Bestellung nachkommen ...« Es handelt sich dabei um Bartóks sechstes Streichquartett, auf dessen Partitur als Entstehungszeit angegeben ist: »Saanen-Budapest, August-November 1939«.

Bierbaum, Otto Julius (1865-1910). Der einst vielgelesene Romancier, Satiriker und Publizist, der seine studentischen Erfahrungen 1893 bzw. 1897 in zwei Bänden »Studenten-Beichten« niederlegte, studierte in den neunziger Jahren des 19. Jahrhunderts auch an der Universität Zürich, wo, erstmals im deutschsprachigen Raum, Frauen mit zugelassen waren. »Sinaïde oder Die freie Liebe in Zürich« folgt dem Erstdruck in: Otto Julius Bierbaum, »Die Haare der heiligen Fringilla und andere Geschichten«, Albert Langen Verlag, München 1904, S. 87–121.

Krafft-Ebbing, Richard (1840-1902). Psychiater, Verfasser der berühmt-berüchtigten »Psychopathia sexualis« von 1886.

Bloch, Ernst (1885-1977). Der Philosoph des »Prinzips Hoffnung« lebte von 1917 bis 1919 als Kriegsgegner in der Schweiz, mit deren geistiger und gesellschaftlicher Situation sich der frisch promovierte Geisteswissenschaftler in einer großen, zu Lebzeiten nicht publizierten Arbeit auseinandersetzte. Die Studie heißt »Über einige politische Programme und Utopien in der Schweiz« und wurde 1985 im Band »Kampf, nicht Krieg. Ernst Blochs politische Schriften 1917-1919« (Suhrkamp Taschenbuch Wissenschaft) von Martin Korol erstmals zugänglich gemacht. »Von der Schweiz aus gesehen« (Titel vom Herausgeber) ist die Einleitung dieser Arbeit (S. 532-534), die sich anschließend mit der Friedenssehnsucht, dem Pazifismus, den »katholisch-internationalen« bzw. »den entente-sozialistischen« und »sozialanarchistischen« Gedanken befaßt, die damals in der Schweiz, vorwiegend allerdings in Emigrantenkreisen, diskutiert wurden.

Brahms, Johannes (1833-1897). Der große deutsche Komponist hielt sich oft und gerne in der Schweiz auf, wo einige seiner wichtigsten Werke entstanden. 1865 bereiste er die Schweiz erstmals auf einer Konzerttournee. Bereits im darauffolgenden Jahr wählte er auf Anregung des mit ihm befreundeten Zürcher Kapellmeisters Friedrich Hegar erstmals die Schweiz als Aufenthaltsort für seinen »Komponiersommer«. Er verbrachte zunächst einige Wochen bei der Familie Rieter-Biedermann in Winterthur, ehe er in den Dachstock des Gemeindeschreibers Kuser von Zürich-Fluntern zog, wo er den 4. Teil und den Anfang des letzten Satzes seines »Deutschen Requiems« komponierte. Auf Empfehlung des Chirurgen Theodor Billroth (1829-1894), der als erster in Zürich regelmäßig Konzertkritiken schrieb, unternahm Brahms Mitte Mai 1866 eine Tour ins Berner Oberland, von der er dem Freund dann in dem in unserem Band wiedergegebenen Brief Bericht erstattete. Der Text folgt dem Abdruck in Hans Erismann, »Johannes Brahms in Zürich«, 40. Zürcher Druck der Offizin Gebrüder Fretz AG, Zürich 1974, S. 27. – 1874, anläßlich eines Zürcher Musikfestes, verbrachte Brahms einige Wochen in einem einsamen Bauernhaus beim »Nidelbad«, hoch über Rüschlikon am Zürichsee. Dort entstanden u. a. die »Sieben Lieder für gemischten Chor a capella« op. 62, ein Teil der »Lieder und Gesänge« op. 63 sowie die »Neuen Liebeslieder« op. 65. In jenem Jahr lernte er in Zürich nicht nur Gottfried Keller, sondern auch Josef Viktor Widmann kennen, mit dem ihn bald eine treue Freundschaft verband, so daß er seine Schweizer »Komponiersommer« von da an in dessen Nähe, an den Thunersee, verlegte, wo er sich 1886, 1887 und 1888 aufhielt und wo ihm so beglückende Kompositionen wie das c-moll-Trio op. 101 oder die A-dur-Sonate op. 100 gelangen. Zum letztenmal war Brahms 1895 in der Schweiz, als er mit seinem »Triumphlied« die neue Zürcher Tonhalle eröffnete.

Brecht, Bertolt (1898-1956). Nach der Machtergreifung der Nationalsozialisten floh Brecht 1933 über Prag und Wien nach Zürich und Carona, wo er beim Ehepaar Kläber-Tetzner wohnte, reiste dann aber nach Dänemark und Finnland und schließlich nach den USA weiter. Zum Jahresende 1947/48 flog er aus den USA nach Zürich und lebte bis zum August 1948, bis zu seiner Übersiedlung nach Ostberlin, in einem Haus in Feldmeilen am Zürichsee. Äußerer Höhepunkt dieses Aufenthalts war die Uraufführung von »Herr Puntila und sein Knecht Matti« durch das Zürcher Schauspielhaus am 5. Juni 1948. Brecht führte dabei gemeinsam mit Kurt Hirschfeld (1902-1964) Regie. Berühmt geworden ist auch sein Besuch auf der Baustelle des Freibads Letzigraben, von dem Architekt Max Frisch seinerseits in seinem »Tagebuch 1946-1949« (S. 285 ff. der Erstausgabe, Suhrkamp Verlag, Frankfurt am Main 1950) berichtet. – »Schweizer Aufenthalt 1948« stammt aus: Bertolt Brecht, »Arbeitsjournal«, Bd. 2, 1942-1955, Suhrkamp Verlag, Frankfurt am Main 1973, S. 832-841. Die folgenden Anmerkungen folgen zum Teil denjenigen, die Werner Hecht im Kommentarband zum Arbeitsjournal gibt.

»steckels vitalität ...« Der Schauspieler Leonard Steckel (1901-1971), der die Rolle des Puntila spielte.

»die während der aufführung von ruth gemachten fotos ...« Ruth Berlau (1906-1974), aus Dänemark stammende Regisseurin, seit 1935 Brechts zeitweilige Begleiterin, Mitarbeiterin, Photographin usw.

»der bühnenmaler teo otto ...« Teo Otto (1904-1978), damals Bühnenbildner am Zürcher Schauspielhaus.

»ein begabter neherschüler ...« Caspar Neher (1897-1962). Mit Brecht befreundeter Bühnenbildner, der bei den Uraufführungen der meisten seiner Stücke mitwirkte, so auch 1922 bei der Münchner Uraufführung von »Trommeln in der Nacht«, auf die sich der nächste Satz bezieht.

»das hauspostillengedicht ›vom schwimmen in flüssen und teichen‹« Dieses Brecht-Gedicht findet sich z. B. in Bd. 8 der Werk-Ausgabe, Suhrkamp Verlag, Frankfurt am Main 1967, S. 209f.

»mehr oder weniger fertig mit ›kleines organon für das theater‹ ...« Auf Anregung von Helene Weigel verfaßte theoretische Schrift, die zuerst 1949 in der Zeitschrift »Sinn und Form« und in vollständiger Fassung 1957 in den von Siegfried Unseld herausgegebenen »Schriften zum Theater« (Bibliothek Suhrkamp 41) erschien.

»zusammenfassung des ›messingkaufs‹ ...« Fragment gebliebenes Projekt eines Streitgesprächs über das Theater mit eingestreuten Übungsszenen, Gedichten usw.

»schillers ›vergnügen an tragischen Gegenständen‹« Schillers Aufsatz »Über den Grund des Vergnügens an tragischen Gegenständen«, zuerst erschienen im Januarheft 1792 der »Neuen Thalia«.

»der nürnberger ärzteprozeß ...« Vor dem Internationalen Militärgericht in Nürnberg fand im Anschluß an die Verhandlungen gegen die Hauptkriegsverbrecher u. a. auch ein Prozeß gegen NS-Ärzte statt.

»angesichts cézannes ›gustave geffroy‹ ...« Brecht bezieht sich auf Cézannes 1895 entstandenes, unvollendetes Bildnis des Schriftstellers und Kunstkritikers Gustave Geffroy.

»... hausenstein und jedlicka ...« Der Kunsthistoriker Gotthard Jedlicka (1899-1965) und der mit Jedlicka befreundete deutsche Schriftsteller und Kunstkritiker Wilhelm Hausenstein (1882-1957).

»abfahrt nach berlin ...« Da er nicht durch die amerikanische Besatzungszone Deutschlands fahren durfte, reiste Brecht zusammen mit Helene Weigel über Salzburg und Prag nach Berlin. Er wurde verabschiedet von Kurt Hirschfeld, seiner Tocher Barbara, Herold J. Lerski sowie dem Gastgeber Hans-Walter Merten und seiner Frau. In Salzburg traf er Erika Neher, die Frau des von ihm freundschaftlich »cas« genannten Bühnenbildners, sowie den Komponisten Gottfried von Einem, der damals Interesse an einer Zusammenarbeit mit ihm zeigte.

Brun, Friederike (1765-1835). Deutsch-dänische Schriftstellerin, Tochter des geistlichen Dichters Pastor Münter, seit 1783 verheiratet mit dem dänischen Etatsrat Konstantin Brun, den sie nach Rußland und Südeuropa begleitete. Sie hatte schon als Kind gedichtet und war mit Friedrich Matthisson befreundet, der 1795 ihren Erstling, einen Band Gedichte, herausgab. Sie reiste mehrmals durch die Schweiz und erstattete in ihren Tagebüchern und Reisebriefen getreulich Bericht darüber. »Fahrt auf dem Zürichsee« (Titel vom Herausgeber) stammt aus ihrem »Tagebuch einer Reise durch die östliche, südliche und italienische Schweiz«, Kopenhagen 1800, Verlag Friedrich Brummer, S. 165-175. – Veränderte heutige Schreibweisen von erwähnten geographischen Namen sind: Toggenburg für Tockenburg, Uznach für Utznach, Säntis für Sentis, Wädenswil für Wädenschweil, Männedorf für Mannidorf, Meilen für Meile, Glärnisch für Glarnesch und Üetliberg für Uetlisberg.

»die Unruhen in Stäfa ...« Nachdem die Einwohner von Stäfa darauf beharrt hatten, die in den sog. Waldmann'schen Spruchbriefen von 1489 und im Kappelerbrief von 1532 garantierten Freiheitsrechte von der zunftaristokratisch regierten Stadt Zürich zurückzuerhalten, ließ Zürich das Dorf am 5. Juli, also kurz vor der Durchreise Friederike Bruns, von 2000 Mann besetzen. Die Anführer der Erhebung kamen nach Zürich ins Gefängnis, und nur dank der Fürsprache von Lavater und Pestalozzi gelang es, Todesurteile zu verhindern. Immerhin wurden 260 Stäfner mit Gefängnis oder schweren Geldbußen bestraft. Die Folge dieses »Stäfnerhandels« war, daß sich in der Landbevölkerung eine tiefe Empörung verbreitete, so daß 1798, beim Einfall der Franzosen, niemand mehr für die Stadt Zürich zu den Waffen griff.

»... das Urbild eines Gemäldes von Denner ...« Balthasar Denner (1685-1749) war berühmt für seine Bildnisse von alten Leuten.

Büchner, Georg (1813-1837). Der Verfasser der revolutionären Flugschrift »Der Hessische Landbote« floh kurz nach Vollendung seines Dramas »Dantons Tod« von Darmstadt nach Straßburg, wo er seine Doktorarbeit über das Nervensystem der Fische schrieb, die dann im September 1836 in Zürich als Doktorarbeit angenommen wurde. Im darauffolgenden November hielt er in Zürich seine Antrittsvorlesung als Privatdozent für Naturgeschichte. Tief besorgt um das Schicksal seiner in Deutschland verbliebenen Freunde, legte er sich keinerlei Schonung auf: tagsüber widmete er sich seinen naturwissenschaftlichen bzw. philosophischen Studien, nachts arbeitete er an »Lenz«, »Leonce und Lena«, »Woyzeck« und an »Aretino« weiter. Am 19. Februar 1837 starb er, nachdem er die Krankheit zunächst für eine Erkältung gehalten hatte, mit noch nicht 24 Jahren an Typhus. Büchners Brief an die Familie, geschrieben in Zürich am 20. November 1836, ist wiedergegeben nach der von Fritz Bergemann besorgten Ausgabe seiner Werke und Briefe, 11. Auflage, Insel Verlag, Frankfurt am Main 1977, S. 419/20.

»Minnigerode ist tot ...« Ludwig Minnigerode (1814-1894), der Freund und Weggefährte Büchners, der am 1.8. 1834 mit 139 Exemplaren des »Hessischen Landboten« verhaftet worden war, starb damals nicht, sondern wurde 1837 wegen seelischer und geistiger Erkrankung aus dem Gefängnis entlassen und wanderte nach Amerika aus, wo er ein Freund von Präsident Jefferson wurde.

Byron, George Noel Gordon, Lord (1788-1824). Im Sommer 1816 lebte der legendäre englische Romantiker in der Villa Diodati, auf einem Hügel vor der Stadt Genf. Er stand in engem Kontakt mit Percy und Mary Shelley, die sich damals ebenfalls in der Nähe Genfs aufhielten, und arbeitete am 3. Canto seines Epos »Childe Harolds Pilgrimage«, der die Schweizer Berglandschaft als Inbegriff des Heroischen besingt, sowie an der Konzeption seines »Manfred«, wo die Schweizer Bergwelt ebenfalls eine wichtige Rolle spielt. Einen ganz unmittelbaren Niederschlag fand Byrons Schweizer Landschaftserlebnis in jenem Brieftagebuch, das er zwischen dem 18. und dem 29. September 1816 während einer Reise ins Berner Oberland (mit von der Partie war sein Freund John Cam Hobhouse) für seine Schwester Augusta, verheiratete Leigh, niederschrieb. Mit dieser Schwester stand Byron in einer Beziehung, die über eine brüderliche Zuneigung offenbar weit hinausging und eben damals in England Gegenstand von zahlreichen üblen Gerüchten war. »Tagebuch vom Berner Oberland« (Titel vom Herausgeber) folgt dem Abdruck und der Übersetzung von »Byron in seinen Briefen und Tagebüchern«. Dargestellt von Cordula Gigon, Artemis Verlag, Zürich und Stuttgart 1963, S. 354-362. – Nachdem er sich über seine englischen Landsleute geärgert hatte, verließ Byron Genf im Oktober 1816 wieder und reiste nach Italien. In einem Brief an Moore vom 19. 8. 1821 aus Ravenna äußerte er sich später eher schroff über die Schweizer.

Canetti, Elias (* 1905). Als er erstmals in der Schweiz lebte, im Sommer 1913 in Lausanne, erwarb Canetti, der mit dem althergebrachten spanischen Idiom seiner jüdisch-sephardischen Vorfahren aufgewachsen war, »unter Hohn und Qualen« die ersten Deutschkenntnisse. Nach bedrückenden Wiener Jahren während des Ersten Weltkriegs kam Canetti 1916 wieder in die Schweiz, nach Zürich, wo er als Schüler des Realgymnasiums der Zürcher Kantonsschule bis 1921, als er zu seiner Mutter nach Frankfurt ziehen mußte, seine »einzig vollkommenen glücklichen Jahre« verbrachte. Der Literaturnobelpreisträger des Jahres 1981, der nach seinen Lehr- und Wanderjahren in Wien und Berlin und nach der Zeit des Londoner Exils seit 1971 wieder in Zürich Wohnsitz genommen hat, stellte seine frühen Schweizer Jahre im autobiographischen Buch »Die gerettete Zunge. Geschichte einer Jugend«, Hanser Verlag, München 1977, anschaulich dar. Diesem Band, S. 233-236, ist mit freundlich gewährter Einwilligung des Autors das hier wiedergegebene Kapitel »Die Gottfried-Keller-Feier« entnommen.

Casanova, Giacomo (1725-1798). In dem umfangreichen Memoirenwerk, das der ehemalige Abenteurer und reisende Literat ab 1785 als Bibliothekar des Grafen Waldstein im böhmischen Dux auf französisch schrieb, findet sich auch ein detailgetreuer Bericht über seinen Aufenthalt in der Schweiz im Jahre 1760. Einer Spieleraffäre wegen hatte er am 2. April dieses Jahres aus Stuttgart fliehen müssen und hielt sich, in verschiedene galante Abenteuer verwickelt, bis Mitte Juli in der Schweiz auf, wobei er u. a. in Zürich, Einsiedeln, Baden, Solothurn, Bern, Murten, Lausanne und Genf (Gespräche mit Voltaire) Station machte. 1762 logierte er einmal kurze Zeit in Basel, und von Mai bis Dezember 1769 schrieb und publizierte er in Lugano seine »Confutazione della Storia del Governo Veneto d'Amelot de la Houssaie«, mit welcher er die Venezianer im Hinblick auf seine Rückkehr aus jahrelangem Exil wohlwollend stimmen wollte. – »Bekehrung in Maria Einsiedeln« (Titel vom Herausgeber) ist dem Band Giacomo Casanova, »Meine Erlebnisse in der Schweiz«, Hallwag Verlag, Bern 1940, S. 34-43, entnommen. Die Übersetzung basiert auf derjenigen von Franz Hessel und Ignaz Jezower (10 Bände, Berlin 1924/25) und weicht, wie die Nachprüfung ergeben hat, innerhalb dieses kurzen Ausschnitts nur unwesentlich von der erstmals auf der Urfassung beruhenden Übertragung ab, die Heinz von Sauter 1964-1974 für den Propyläen Verlag, Berlin, erstellt hat.

»So ging ich langsam sechs Stunden lang ...« Von Zürich, wo sich Casanova zunächst aufhielt, nach Einsiedeln sind es 42 Kilometer. Zu Fuß würde der Weg daher mindestens 10 Stunden gedauert haben.

»... den Fußabdruck, den der Herr ... zurückgelassen hatte ...« Bei von Sauter, a.a.O., Bd. V, S. 100, ist von »fünf Eindrücken, die von den Fingern Jesu Christi herrührten« und die »auf dem glatten Marmor« zu sehen waren, die Rede. Damit stimmt auch Pater Rudolf Henggeler, »Einsiedeln. Ein Führer durch seine Geschichte, Kunst und Kultur«, Einsiedeln o. J. S. 46/47, überein.

»... als der Heilige Vater mir dieselbe Gnade erwiesen habe ...« Diese Information fehlt in von Sauters Übersetzung.

»... das Loreto diesseits der Alpen ...« Loreto ist eine ehemals vielbesuchte italienische Marien-Wallfahrtskirche in der Nähe von Ancona.

»das große Wörterbuch von Hoffmann ...« Das vierbändige, 1668 in Basel erschienene Geschichtslexikon von Johann Jakob Hoffmann.

»Mein Wirt, namens Ott, war Hauptmann gewesen ...« Tatsächlich läßt sich für das Jahr 1760 ein Wirt mit Namen Mathias Ott ausmachen, der das Hotel »Zum Schwert« in Zürich führte.

»... war an einen Herrn Orelli ...« Hans-Heinrich von Orelli (1715-1785), einflußreicher Zürcher Ratsherr und Kaufmann.

»... an einen Herrn Pestalozzi gerichtet ...« Jakob Pestalozzi (1711-1787). Zürcher Ratsherr.

»... wenn ich einmal erst an die Tugend gewöhnt wäre ...« Dazu sollte es glücklicherweise nicht kommen. Verliebt in eine schöne Solothurnerin, die gleich ihm im Hotel »Zum Schwert« abgestiegen ist und der er bald einmal nachreisen wird, erteilt er dem Abt von Einsiedeln eine Absage, als dieser ihn in Zürich aufsucht und nach seiner Entscheidung fragt.

Claudius, Eduard, eig. Eduard Schmidt (1911-1976). Im November 1944 schrieb die Redaktion der Interniertenzeitschrift »Über die Grenzen. Von Flüchtlingen für Flüchtlinge« unter den Insassen schweizerischer Internierungslager einen literarischen Wettbewerb zum Thema »Das werde ich nicht vergessen« aus. Als Juroren amteten Walter Lesch, Max Rychner und Hans Zbinden. Der erste Preis wurde dem Text »Mensch auf der Grenze« zugesprochen, den Eduard Schmidt, interniert im Arbeitslager Bassecourt, eingereicht hatte. Der Erstdruck, dem auch unsere Wiedergabe folgt, erschien in der Nummer 4 der Zeitschrift, Februar 1945, S. 8/9. – Eduard Schmidt, der sich später Eduard Claudius nannte, war bereits 1933 in die Schweiz emigriert und hatte 1936 unter dem Pseudonym Edy Brendt in Basel seinen ersten Roman »Umbruch einer Jugend« veröffentlicht. Er hielt sich illegal im Lande auf und mußte, als er entdeckt wurde, nach Frankreich fliehen. 1939 reiste er, nachdem er am spanischen Bürgerkrieg teilgenommen hatte, erneut illegal in die Schweiz ein und fand bei Albert Ehrenstein in Brissago

Unterschlupf. Nach Kriegsausbruch wurde Schmidt wiederum verhaftet, und nur die Fürsprache Hermann Hesses verhinderte, daß der als Kommunist bekannte Hitlergegner an Deutschland ausgeliefert wurde. Er kam ins Zuchthaus Witzwil, dann in die Lager Malvaglia, Gordola und zuletzt nach Bassecourt, wo er seinen Roman »Grüne Oliven und nackte Berge« beendete, den er 1944 mit Hilfe Michael Tschesno-Hells, des Chefredaktors von »Über die Grenzen«, im Zürcher Steinberg Verlag veröffentlichen konnte. Im Frühjahr 1945 verließ er die Schweiz und trat in Oberitalien in die Partisanenbrigade »Garibaldi« ein. Nach einem Zwischenspiel im bayerischen Ministerium für Entnazifizierung siedelte er 1948 nach Potsdam über und spielte später eine bedeutsame Rolle im kulturellen und politischen Leben der DDR, die er zuletzt noch als Botschafter in Vietnam vertrat.

Clauren, Heinrich, eig. Carl Gottlieb Samuel Heun (1771-1854). Der Jurist, preußische Diplomat und Offizier kam als Schriftsteller zu Erfolg und Popularität, als er 1815 in der Zeitung »Der Freimüthige« in Fortsetzung seine Erzählung »Mimili« erscheinen ließ. Die Geschichte vom preußischen Offizier, der sich in ein einfaches Schweizer Alpenkind verliebt, für tot gemeldet wird und dann doch wieder auftritt und damit ein Happy-End ermöglicht, rührte die Herzen ganzer Generationen und wurde nicht nur mehrfach nachgedruckt, sondern fand auch in einer ganzen Welle von »Mimili«-Literatur Nachahmung. »Im Schäferland meiner Jugendträume« (Titel vom Herausgeber) stammt aus der quasi endgültigen Fassung des Werkes im 49. Bändchen von Claurens gesammelten Schriften, erschienen 1828 bei F. Macklot in Stuttgart, S. 8-17.

Cooper, James Fenimore (1789-1851). Der Schöpfer der Lederstrumpf-Erzählungen hielt sich von 1826 bis 1833 in Europa, vorwiegend in Paris, auf und unternahm auch zwei längere Reisen durch die Schweiz. In die USA zurückgekehrt, veröffentlichte er zwischen 1836 und 1838 insgesamt fünf Bände mit europäischen Reiseerinnerungen. »Eine Nacht in Disentis« (Titel vom Herausgeber) ist ein Auszug aus Georg Nicolaus Bärmanns Übersetzung der »Sketches of Switzerland« (Erstausgabe Philadelphia, Carey, Lea & Blanchard, 1836), die 1836 in zwei Bänden bei Duncker und Humblot in Berlin unter dem Titel »Streifereien durch die Schweiz« erschienen. Die Passage entstammt dem zweiten Band, S. 96-100.

Coxe, William (1747-1828). Der Kaplan des Herzogs von Marlborough bereiste die Schweiz zwischen 1775 und 1786 insgesamt viermal. Zu einem der meistgelesenen Reiseschriftsteller seiner Zeit wurde er mit den als »Sketches of the Natural, Civil and Political State of Swisserland« 1779 erstmals publizierten, an William Welmoth gerichteten Schweizer Reisebriefen (weitere Auflagen 1789, 1794, 1801 und 1802, zuletzt in 3 Bänden). »Besuch bei einem Emmentaler Bergarzt« (Titel vom Herausgeber) ist ein Auszug aus diesem Werk und basiert auf der anonymen deutschen Übersetzung, die 1781 in Zürich bei Orell, Füßlin und Compagnie unter dem Titel »Briefe über den natürlichen, bürgerlichen und politischen Zustand der Schweitz« gedruckt wurde (S. 301-307). Es handelt sich um den 35. Brief, der vom 18. September 1776 datiert ist.

»... von dem berühmten Schweitzerarzt, Michel Schuppach ...« Michael Schüpbach (1701-1781) war zuerst Schärer in Langnau gewesen, ehe er 1746 ein regelrechtes Examen bestand und sich von da an »Arzt und Wundarzt« nennen durfte. Seit 1758 praktizierte er auf dem sog. »Dorfberg« von Langnau, weshalb er den Beinamen »Bergarzt« bzw. »médecin de montagne« erhielt. Schüpbach diagnostizierte nach dem Urin seiner Patienten und wikkelte einen Großteil seiner Behandlungen auf brieflichem Wege ab. Nebst vielen Patienten und Ratsuchenden zog der berühmte Arzt auch viele neugierige Reisende an. So wurde er u. a. von Goethe, Lavater, César de Saussure und Kardinal Rohan besucht.

Däubler, Theodor (1876-1934). Der Verfasser des 30000 Verse umfassenden lyrisch-kosmischen Epos »Das Nordlicht« besaß eine ganz besondere Affinität zum Sonnenlicht, das er in seinem mythischen Entwurf als Lebensquelle feiert. Die zweite, die »Genfer Ausgabe«, des »Nordlichts« war 1920 in der Schweiz entstanden, und es verwundert keineswegs, daß Däubler auch für einen sonnendurchfluteten Ort wie Arosa schwärmen konnte. »Arosa« folgt dem Erstdruck in der Zeitschrift »Atlantis«, Berlin, Leipzig, Zürich, Februar 1929, S. 66/67.

Daudet, Alphonse (1840-1897). Der Schöpfer der »Lettres de mon moulin« (1869) sah die Schweiz erstmals im Sommer 1882, als er, um sich von einer zermürbenden Badekur in Néris-les-Bains zu erholen, mit dem italienischen Maler Giuseppe de Nittis und seiner Frau zusammen eine Reise ins Berner Oberland und nach Grindelwald unternahm und sich anschließend eine Zeitlang in Gersau am Vierwaldstättersee aufhielt. 1884 hielt er sich einige Tage in Genf und in Montreux auf, vermißte jedoch bald einmal das Meer und ärgerte sich so sehr über die vielen Verehrer, die ihn photographieren oder Bücher von ihm signieren lassen wollten, daß er es zuletzt vorzog, seine Mahlzeiten auf dem Zimmer einzunehmen. Im Jahr darauf erschien, offensichtlich auf Erfahrungen wie diesen beruhend, sein Buch »Tartarin sur les Alpes«. Die darin geschilderten Bergsteiger-Abenteuer wurden von der Leserschaft dann allerdings als derart realistisch eingeschätzt, daß Daudet in den Ruf eines hervorragenden Bergsteigers kam, man ihn zum Ehrenmitglied des SAC ernannte und ihm der berühmte Gipfelstürmer Whymper alle seine Bücher zugehen ließ. – »Bompard schenkt Tartarin über die Schweiz klaren Wein ein« (Titel vom Herausgeber) stammt aus: Alphonse Daudet, »Tartarins Reise in die Schweizer Alpen«. Aus dem Französischen übersetzt von Walter Widmer. Albert Züst Verlag, Bern-Bümpliz 1945, S. 79-85. – Bompard, der frühere Geschäftsführer aus dem Klub in Tarascon, ist nach mancherlei Wirrungen und Abenteuern Bergführer in den Schweizer Alpen geworden. Auf dem Rigi begegnet ihm der überraschte Tartarin wieder und läßt sich von ihm berichten, was hinter dem geheimnisvollen schweizerischen Tourismus-Boom steckt.

Dickens, Charles (1812-1870). Der Verfasser von »Oliver Twist« und »The Pickwick Papers« betrat die Schweiz erstmals im November 1844, als er von Mailand über die Alpen nach Basel und von dort, zum Teil mit der Bahn, weiter nach England reiste, um den Freunden die in Genua entstandene Weihnachtsgeschichte »Silvesterglocken« vorzulesen. Im Juni 1845 – er war schon vor Weihnachten wieder nach Italien zurückgekehrt – wählte er zusammen mit seiner Familie die Route Mailand-Gotthard-Luzern-Basel, um nach London zu gelangen. Die Natur der Schweiz hatte ihm so gut gefallen, daß er 1846 mit Frau und Kindern nach Lausanne zog, wo er die Villa Rosemont mietete und an seinem Roman »Dombey und Sohn« arbeitete. Er begann auch eine neue Weihnachtsgeschichte mit dem Titel »Kampf des Lebens«, die er später mit der Widmung »meinen Freunden in der Schweiz« versehen sollte. Anfang September machte er mit Freunden jenen Ausflug nach Martigny und auf den Großen St. Bernhard, den er 1855-1857 in seinem Roman »Little Dorrit« literarisch verwertete. Für kurze Zeit nach Genf disloziert, wurde er im Oktober Zeuge der Umwälzung, durch welche die Radikalen das konservative Regime ablösten. »Ich halte dafür«, schrieb er am 24. Oktober dem Schauspieler Macready, »es gebe auf Erden kein zweites Land wie die Schweiz, wo ein gewaltsamer Umsturz in dem hier zutage getretenen christlichen Geist herbeigeführt werden kann, auch nicht mit der gleichen stolzen, unabhängigen, ritterlichen Haltung. Keine Gehässigkeit überdauerte den letzten Gewehrschuß.« Mitte November 1846 kehrte die Familie Dickens über Paris nach London zurück. Acht Jahre später, im Oktober 1853, hielt sich der Dichter ein letztes Mal in der Schweiz auf. Zusammen mit Wilkie Collins reiste er von Frankreich über Basel, Bern, Lausanne und Genf nach Chamonix und schließlich über den Simplon nach Italien. Dabei übernachtete er ein weiteres Mal in jenem Hotel in Martigny, wo er bereits 1846 abgestiegen war. Obwohl er sie danach nie mehr wiedersah, blieb die Schweiz für Dickens lebenslang ein Ort der Sehnsucht und der glücklichen Erinnerung. Äußere Zeichen dieser Anhänglichkeit waren seine Bernhardinerhündin Linda sowie die Dichterklause, die er im Garten seiner Villa Gad's Hill in der Nähe von Rochester hatte aufstellen lassen: ein echtes Schweizer Chalet, Geschenk des Schauspielers Charles-Albert Fechter, das, in 94 Teile zerlegt, vom Kontinent herübergebracht worden war. – »Zwischenfall in Martigny« (Titel vom Herausgeber) stammt aus: Charles Dickens, »Klein Dorrit. Roman«. In der Übersetzung von Moritz Busch neu erschienen im Winkler Verlag, München 1970, S. 561-566. – Die Dorrits, bestehend aus Mr. Dorrit senior, den Söhnen Frederic und Edward sowie den Töchtern Amy und Fanny, lebten im Londoner Schuldgefängnis Marshalsea, bis sie durch die Nachforschungen des in Amy verliebten Artur Clennam entdecken, daß Mr. Dorrit Erbe eines unermeßlichen Vermögens ist. Sofort ändern sie ihren Lebensstil radikal und begeben sich mit großem Gefolge auf eine Reise durch Frankreich und die Schweiz nach Italien. In Martigny finden sie die Zimmer, die sie hatten reservieren lassen, durch andere englische Herrschaften besetzt. Es handelt sich um Miss Merdle, die Gemahlin des berüchtigten Londoner Finanzgenies, und deren Sohn, der sich bald einmal in die kokette Fanny Dorrit verlieben und sie in Italien heiraten wird. Schwiegervater Merdle wird dann ein übriges tun, damit das plötzlich erworbene Vermögen der Dorrits zusammen mit unzähligen anderen Guthaben innerhalb weniger Stunden vollständig der Spekulation zum Opfer fällt...

Döblin, Alfred (1878-1957). Der im damaligen Berlin sehr populäre Verfasser von »Berlin Alexanderplatz« entging am Tag des Reichstagsbrands seiner drohenden Verhaftung durch die Flucht in die Schweiz. In der Zürcher Zentralbibliothek arbeitete er an seinem Roman-Epos »Babylonische Wanderung« (1934), reiste aber noch im Herbst 1933 von Zürich, wo er sich nicht wohlgefühlt hatte, nach dem kostengünstigeren Paris weiter. 1940, nach dem deutschen Sieg über Frankreich, konnte er in die USA entkommen, wo er als Drehbuchautor für MGM tätig war. 1945 kehrte Döblin, seit 1936 französischer Staatsbürger, mit den französischen Besatzungstruppen nach Deutschland zurück und wurde Chef des »Bureau des Lettres« bei der Militärverwaltung in Baden-Baden. Enttäuscht über die Richtung, die der deutsche Neubeginn nahm, kehrte er 1953 wieder nach Paris zurück, wo er bis zuletzt seinen Wohnsitz hatte. »Als ich Abschied nahm« ist der erste, von Döblin selbst so betitelte Teil seines Aufsatzes »Abschied und Wiederkehr«, der in der »Badischen Zeitung« vom 22. Februar 1946 erstmals erschien. Unser Abdruck folgt der Ausgabe in Alfred Döblin, »Die Zeitlupe. Kleine Prosa«. Aus dem Nachlaß zusammengestellt von Walter Muschg. Walter Verlag, Olten und Freiburg im Breisgau 1962, S. 202-204.

Dostojewskij, Fjodor Michailowitsch (1821-1881). Dostojewskijs Erfahrungen in und mit der Schweiz sind minutiös genau dokumentiert und kommentiert in Ilma Rakusas 1981 im Insel Verlag, Frankfurt am Main, erschienenem Reader »Dostojewskij in der Schweiz«. Der russische Dichter betrat den Boden der Schweiz erstmals 1862 für einen Kurzbesuch, reiste 1863 quer durch das Land und hielt sich 1867/68 ein ganzes Jahr lang in Genf und Vevey auf, wo er, von Geldsorgen und gesundheitlichen Problemen geplagt, an seinem Roman »Der Idiot« arbeitete. Ein letztes Mal weilte er in der Schweiz, als er 1874 in Genf das Grab seiner Tochter Sonja besuchte. – Dostojewskijs Brief an den Freund und Literaten Apollon Nikolajewitsch Majkow (1821-1897) vom 12. Januar 1868 (westlicher Zählung) bzw. vom 13. Dezember 1867 (russischen Kalenders) ist in Ilma Rakusas Übersetzung dem oben erwähnten Reader S. 186-194 entnommen und erschien in der Originalausgabe in Band II der Briefe von Dostojewskij, die 1930 im Verlag A. S. Dolinin, Moskau und Leningrad, publiziert wurden. Die folgenden Anmerkungen stützen sich im wesentlichen auf die Angaben von Ilma Rakusa in der erwähnten Ausgabe.

»... Sie haben wohl nie auf Bestellung geschrieben ...« Dostojewskij hatte als Auftragsarbeit einen Almanach-Beitrag über den radikalen Literaturkritiker Wissarion Belinskij geschrieben und war nun seit Anfang Oktober

1867 mit dem neuen Romanprojekt »Der Idiot« befaßt, für dessen Abdruck er von M. N. Katkow, dem Redaktor des »Russischen Boten«, bereits Vorschüsse erhalten hatte.

»... kann ich Pascha und Emilia Fjodorowna reichlich abfinden ...« Pascha war der familiäre Name von P. A. Issajew, Dostojewskijs Stiefsohn aus erster Ehe. Emilia Fjodorowna Dostojewskaja war die Witwe von Dostojewskijs 1864 verstorbenem Bruder Michail.

»Ich habe nur einen einzigen Leser – Anna Grigorjewna ...« Anna Grigorjewna Dostojewskij, geborene Snitkin, die damals gerade 20jährige zweite Frau des Dichters, die er am 15. Februar 1867 geheiratet hatte und die ihm am 5. März 1868 in Genf die Tochter Sonja zur Welt bringen sollte.

Nikolaj Nikolajewitsch Strachow (1828-1896): russischer Publizist, Freund Dostojewskijs und dessen erster Biograph.

»Die Anfälle treten nur selten auf ...« Dostojewskij litt an Epilepsie.

Dumas, Alexandre (1802-1870). Der Verfasser von »Les trois mousquetaires« und »Le comte de Monte-Cristo« führte auch selbst ein sehr abenteuerliches Leben, nahm an Garibaldis Feldzügen in Sizilien und Neapel teil und reiste auf der Suche nach immer neuen Stoffen und Abwechslungen in ganz Europa herum. Im Frühling 1832 versprach er dem Pariser Verlagsbuchhändler Gosselin zwei Bände Reiseerzählungen, die er während einer geplanten Schweizerreise verfassen wolle. Am 31. Juli ist er in Genf, reist bald einmal weiter nach Murten, Kandersteg, Altdorf, Schwyz, Luzern – wo er Chateaubriand trifft –, nach Weggis, auf den Rigi, nach Sarnen, Zürich, Konstanz, Neuchâtel, Bex, auf den Großen St. Bernhard, nach Chamonix, Martigny und Brig. In Sarnen, am 28. August, hat er bei einem Schützenfest den aus dem glarnerischen Linthal stammenden Jäger und Bergführer Prosper Lehmann kennengelernt. Die Gemsenjagd, auf die Lehmann ihn in den kommenden Tagen ins Glarnerland mitnimmt, liefert den Stoff für die Erzählung »Une Chasse au chamois«, die 1833 in der Pariser »Revue des deux mondes« erstmals erscheint und im gleichen Jahr innerhalb von Band 3 der »Impressions de voyage« vom Verleger Dumont in Buchform herausgegeben wird. Die hier vorgelegte deutsche Übersetzung wurde von Alfred Sproede eigens für diese Ausgabe angefertigt und stützt sich auf Band III der »Impressions de Voyage«, »Suisse«, S. 78-91, Editions Michel Lévy Fréres, Paris 1861.

»... das Dorf, das mir mein Begleiter als Seerüti vorstellte ...« Das Dorf Seerüti am Klöntalersee verschwand 1909 unter dem Wasserspiegel, als das Tal durch den Bau des sog. »Löntschwerkes« überflutet wurde.

Düringsfeld, Ida von, eig. von Rheinsberg-Düringsfeld (1815-1876). Sie verfaßte Gedichte, Romane, Reiseberichte und gab 1872/73 auch zwei Bände mit Sprichwörtern heraus. 1849, unmittelbar nach dem schweizerischen Sonderbundskrieg und der Gründung des modernen Bundesstaates, hielt sie sich auf dem Weg nach Italien eine Zeitlang in der Schweiz auf. »Tagebuch in Schwyz 1849« stammt aus: Ida von Düringsfeld, »Aus der Schweiz«, Verlag von Franz Schlodtmann, Bremen 1850, S. 114-121.

Ebel, Johann Gottfried (1764-1830). Arzt und Naturforscher aus Zülichau in Schlesien. Er bereiste die Schweiz mehrfach und ließ sich 1803 definitiv in Zürich nieder, wo er auch ins Bürgerrecht aufgenommen wurde. Seine »Anleitung, auf die nützlichste und genußvollste Art, in der Schweiz zu reisen«, basierte auf seiner ersten Schweizerreise in den Jahren 1790 bis 1792, erschien erstmals 1793 in zwei Bänden in Zürich und war bis in die vierziger Jahre des 19. Jahrhunderts hinein in mehrfacher Überarbeitung das meistbenutzte Reisehandbuch für die Schweiz. »Für wen ist die Schweiz merkwürdig?« stammt aus dem ersten Band der Erstausgabe, S. 7-10, und ist dort Teil der Einleitung.

Edschmid, Kasimir (1890-1966). Der führende Repräsentant und bedeutende Theoretiker des deutschen literarischen Expressionismus war mit seinem nachexpressionistischen Werk einer der letzten großen Reiseschriftsteller deutscher Zunge. Er bereiste und beschrieb außer ganz Europa auch Afrika und Südamerika. Neben Italien, dem seine ganze Liebe gehörte und dem er zwischen 1935 und 1948 fünf umfangreiche Bände widmete, bereiste er oft und gerne auch die Schweiz, deren Höhenkurorte er bewunderte und schätzte. Edschmid, der eigentlich Eduard Hermann Wilhelm Schmid hieß, ist am 31. August 1966 auch in einem solchen Höhenkurort, im bündnerischen Vulpera, gestorben. – »Davos« stammt aus Kasimir Eschmids Buch »Europäisches Reisebuch«. © Paul Szolnay Verlag Gesellschaft m.b.H., Wien/Hamburg 1953.

Ehrenstein, Albert (1886-1950). Der mit der meisterlichen, die absurde Literatur der zweiten Jahrhunderthälfte vorwegnehmenden Erzählung »Tubutsch« (1911) berühmt gewordene Wiener jüdische Dichter und Intellektuelle lebte zwischen 1916 und 1918 erstmals als Emigrant in der Schweiz. 1932 bis 1941 hielt er sich, bald einmal ständig von der Ausweisung bedroht und durch das amtliche Schreibverbot zermürbt, zunächst in Brissago und dann in Zürich auf. Schließlich verließ er die Schweiz freiwillig und erreichte unter fürchterlichen Strapazen am 13. September 1941 New York. Es gelang ihm jedoch nicht, sich in der Neuen Welt zu integrieren und zu seiner literarischen Produktivität zurückzufinden. Nachdem er 1949 auf Kosten eines Schweizer Gönners nochmals nach Zürich zurückgekehrt und auch dort keine Existenzgrundlage mehr gefunden hatte, starb er am 8. April 1950 in einem New Yorker Armenspital. – Die Erzählung »Wilhelm Tell, Rübezahl und Andreas Hofer« muß, wie Hanni Mittelmann, die Betreuerin des Ehrenstein-Nachlasses und Herausgeberin der im Klaus Boer Verlag, München, erscheinenden Werkausgabe, bestätigte, um 1936 entstanden sein – etwa gleichzeitig wie die Erzählung »Krimi und Polentli«, derentwegen Ehrenstein Probleme mit der Fremdenpolizei bekam. Die Angabe von Uwe Laugwitz (»Albert Ehrenstein«, Diss., Bern 1987), nach welcher der Text bereits 1927 publiziert worden sein soll, ließ sich nicht verifizieren. – Der Abdruck folgt dem Band: Albert Ehrenstein, »Ausgewählte Aufsätze«. Herausgegeben von M. Y. Ben-gavriel, Verlag Lambert Schneider, Heidelberg 1961, S. 148-157.

Flaubert, Gustave (1821-1880). Die Notizen, die Flaubert sich während der Reise durch das Wallis nach Genf machte, sind Teil eines Reisejournals von April-Mai 1845, das unter dem Titel »Voyage en Famille« in Band I der »Notes de Voyages«, »Italie, Égypte, Paléstine, Rhodes«, Eingang fand und 1910 innerhalb der Œuvres Complètes im Verlag Louis Conard, Paris, erschien. »Von Brig nach Genf« (Titel vom Herausgeber) umfaßt die Seiten 49-56 der erwähnten Ausgabe und wurde für den vorliegenden Band von Alfred Sproede eigens ins Deutsche übertragen. – Der Anlaß der Reise war folgender: Im Mai 1845 hatte Caroline Flaubert, die Schwester des Dichters, einen gewissen Herrn Hamard geheiratet. Spontan beschloß die ganze Familie, die Neuvermählten auf ihre Hochzeitsreise nach Italien zu begleiten. Flaubert benützte die Gelegenheit, um jeweils abends das Geschehene und Erlebte im Telegrammstil schriftlich festzuhalten.

»... mehr an Byron gedacht als an den Gefangenen von Chillon ...« Gemeint ist François Bonivard (1493-1570), der vom Herzog von Savoyen 1530-36 im Kerker von Chillon eingesperrt war, ehe die Berner und Genfer ihn befreien konnten.

»... der Name von Pauline Viardot, geborene Garcia ...« Michelle-Pauline Viardot-Garcia (1821-1910) war eine zu ihrer Zeit legendäre Opernsängerin und Komponistin.

»... das Haus von Madame de Warens ...« Françoise-Louise-Eléonore de Warens (1699-1762) war zeitweise Rousseaus Beschützerin bzw. Geliebte.

»... das Haus von Doktor Mayor ...« Mathias Mayor (1775-1847) war seit 1803 Chirurg am Kantonsspital von Lausanne und eine bekannte Kapazität auf seinem Gebiet.

»... sogar noch vier Jahre bei Herrn Necker gedient hatte ...« Jacques Nekker (1732-1804), Genfer Bankier, mehrfach französischer Finanzminister, ab 1790 Privatier in Coppet. Der Vater von Germaine de Staël (1766-1817).

Fontane, Theodor (1819-1898). Vom 26. August bis zum 21. September 1865 unternahm Fontane eine Reise an den Rhein und in die Schweiz, deren Frucht dann ein Vortrag war, den er am 30. November 1865 im Konservativen Verein der Berliner Lucas-Gemeinde unter dem Titel »Denkmäler in der Schweiz« hielt. Erstmals gedruckt wurde der Aufsatz im Wochenblatt der Johanniter-Ordens-Balley Brandenburg, 7. Jahrgang, Nr. 15, 11. April 1866, S. 85-88. Unser Abdruck folgt der Wiedergabe S. 361-370 im Band »Unterwegs und wieder daheim«, der 1972 innerhalb der Nymphenburger Fontane-Ausgabe von Kurt Schreinert und Jutta Neuendorff-Fürstenau in der Nymphenburger Verlagsbuchhandlung, München, ediert wurde.

»... die prächtige Reiterstatue des Großen Kurfürsten ...« Von Andreas Schlüter errichtetes Standbild vor dem Charlottenburger Schloß in Berlin.

»... Marmorbild des sinnenden Scharnhorst ...« Das 1822 von Christian Daniel Rauch geschaffene Standbild des preußischen Heerführers stand bis 1950 Unter den Linden in Berlin.

»... den mächtigen Bronzebau des Großen Königs ...« Das 13 Meter hohe Reiterstandbild Friedrichs des Großen, das sich zur Zeit Fontanes Unter den Linden in Berlin befand und heute im Park von Sanssouci bei Potsdam steht.

»... die glücklich Nachgeborenen eines Schadow, eines Rauch ...« Die Bildhauer Johann Gottfried Schadow (1784-1850) und Christian Daniel Rauch (1777-1857).

»... die noch undurchbrochene Mauer der Sempach-Schlacht ...« Bei der Schlacht von Sempach (1386, Sieg der Eidgenossen über Österreich) soll Arnold Winkelried seinen Mitkämpfern, die feindlichen Speere mit den Armen zusammenfassend, eine Gasse durch die gegnerische Schlachtreihe geöffnet haben.

»... die Tage von Grandson und Murten ...« In den Schlachten von Grandson und Murten besiegten die Schweizer 1476 Karl den Kühnen von Burgund zweimal kurz hintereinander.

»... unsere Zieten, Schwerine und Seydlitze ...« Die Familien Zieten, Schwerin und von Seydlitz, die dem preußischen Staat verschiedentlich Feldherren und Generäle gestellt hatten.

Foscolo, Ugo (1778-1827). Der italienische Dichter und Literaturhistoriker, Sohn eines Venezianers und einer Griechin, gehörte zu den intellektuellen Wegbereitern einer literarischen und politischen Wiedergeburt Italiens. Er hatte an den Napoleonischen Kriegen teilgenommen und war ab 1806 Rhetorikprofessor in Pavia. Als er den österreichischen Behörden einen Schwur leisten sollte, verließ er Italien am 30. März 1815 und ging in die benachbarte Schweiz ins Exil. Er hielt sich zunächst in Lugano, im Hause des Zeitungsverlegers Francesco Veladini, auf, reiste dann aber nach Roveredo und schließlich nach Chur, wo ihn Clemente a Marca, der letzte Statthalter des Veltlins, bei sich aufnahm. Als Österreich bei den Schweizer Behörden seine Auslieferung verlangte, setzte sich der russische Gesandte Graf Capo d'Istria erfolgreich für ihn ein. Von Ende Mai 1815 an lebte Foscolo in Zürich, wo er bei einem Pfarrer in Hottingen Unterkunft fand, bei Orell Füssli zwei Bücher veröffentlichen konnte und mit einer jungen Zürcherin derart schlechte Erfahrungen machte, daß er schließlich der Meinung war: »Die Frauen von Zürich sind ungewöhnlich häßlich und ausnahmslos kropfig und zahnlos.« Auch über das Asylland Schweiz änderte er, durch ständige Bedrohungen und üble Erfahrungen mit der Polizei verbittert, bald einmal seine Meinung und beklagte »die moralische und politische Fäulnis der patriarchalischen Schweiz«. Als die Polizei Briefe, die sie beschlagnahmt hatte, nicht mehr herausgeben wollte, reiste er im August 1816 über Frankfurt nach England ab, wo er sich bis zu seinem Tode aufhalten sollte. Bei allen Entbehrungen empfanden Foscolos Freunde und Verehrer seine Flucht als moralischen Triumph. »Indem er sein Vaterland freiwillig verließ«, sagte Carlo Cattaneo später von ihm, »schuf er für Italien eine neue Wirklichkeit: das Exil!« – Der (auszugsweise wiedergegebene) Brief vom 21. Dezember 1815 aus Zürich Hottingen an die in Florenz lebende Contessa Luisa Stolberg d'Albany (1752-1824) ist in der italienischen Originalsprache abgedruckt in der Edizione nazionale delle Opere di Ugo Foscolo, Bd. 19, »Epistolario« Band 6, Florenz, Felice Le Monnier, 1966, S. 154-164. Die verwendete Übersetzung stammt von Adelheid Lohner und wurde übernommen aus: Lavinia Mazzucchetti/Adelheid Lohner, »Die Schweiz und Italien. Kulturbeziehungen aus zwei Jahrhunderten«. Benziger Verlag, Einsiedeln, Zürich, Köln 1941, S. 107-108.

Frapan-Akunian, Ilse, eig. Ilse Levien (1852-1908). Die aus Hamburg gebürtige Ehefrau des armenischen Schriftstellers Akunian war mit ihren unterhaltenden Sozialromanen »Die Betrogenen« und »Arbeit«, die sich gegen die Schattenseiten des Wilhelminischen Deutschland richteten und viele Mißstände offen beim Namen nannten, außerordentlich erfolgreich. Die Schweiz, wo sie 1890-94 studiert hatte und wo sie mit dem Zürcher Kreis um Avenarius, Henckell u. a. in Beziehung getreten war, erschien ihr gegenüber dem monarchischen, reaktionären Deutschland als eine ideale Gegenwelt und ein Idyll der Freiheit und des soliden Wohlstands. Ilse Frapan-Akunian, eine für ihre Zeit ungewöhnlich emanzipierte Schriftstellerin, starb übrigens auch in der Schweiz: Am 2. Dezember 1908 ließ sich die Sechzigjährige in Genf auf eigenen Wunsch von einer Freundin erschießen. – »Festliche Ankunft im Zürcher Hauptbahnhof« (Titel vom Herausgeber) stammt aus: Ilse Frapan-Akunian, »Arbeit«. Roman. Paetel-Verlag, Berlin 1903, S. 247-251.

Goethe, Johann Wolfgang von (1749-1832). Dreimal bereiste Goethe die Schweiz: 1775 zusammen mit den Grafen Stolberg und dem Baron von Haugwitz, 1779 als Begleiter des Herzogs von Weimar und 1797 in Begleitung seines Schreibers Geist. »Die Schweiz machte anfänglich auf mich so großen Eindruck«, sollte er am 22. Februar 1824 zu Eckermann sagen, »daß ich dadurch verwirrt und beunruhigt wurde; erst bei wiederholtem Aufenthalt, erst in späteren Jahren, wo ich die Gebirge bloß in mineralogischer Hinsicht betrachtete, konnte ich mich ruhig mit ihnen befassen.« Unter dem Titel »Briefe aus der Schweiz« sind zwei an sich nicht zusammengehörende Werke Goethes überliefert: die Brief-Erzählung über ein Liebeserlebnis des jungen Werther aus der Zeit der ersten Schweizer Reise von 1775, die Bruchstück blieb und erstmals in der Cotta-Ausgabe von Goethes Werken publiziert wurde; und die sogenannte 2. Abteilung der »Briefe aus der Schweiz«, basierend auf der Reise von 1779, zuerst erschienen in den »Horen« des Jahrgangs 1796. Diese eigentlichen »Briefe aus der Schweiz« sind spätere Überarbeitungen von wirklichen Briefen an die Weimarer Freunde und gelten als wichtiger Beleg für die Entwicklung von Goethes Naturgefühl von der Aufgewühltheit des »Sturm und Drang« zur ruhig-beobachtenden Sehweise der klassischen Periode. – »Leukerbad, den 9. November 1779, am Fuße des Gemmiberges« stammt aus der 2. Abteilung der »Briefe aus der Schweiz« in: Johann Wolfgang von Goethe, »Gedenkausgabe der Werke, Briefe und Gespräche zum 28. August 1949«, hrsg. von Ernst Beutler, Artemis-Verlag, Zürich, Stuttgart 1948-1954, Band 12, S. 39-44.

Gogol, Nikolaj (1809-1852). Kurz nach der erfolgreichen, von ihm selbst aber als enttäuschend empfundenen Uraufführung seines »Revisors« in Petersburg und Moskau reiste Gogol am 6. Juni 1836 überstürzt aus Petersburg ab, um sich nach Rom zu begeben. Er reiste durch ganz Deutschland, hielt sich vierzehn Tage in Aachen, vier Wochen in Baden-Baden auf, ehe er anfangs September durch die deutsche Schweiz nach Genf gelangte. Er besuchte Voltaires Haus in Ferney, bestieg mit einem Bergführer den Montblanc-Gletscher und siedelte schließlich, als es ihm in Genf zu kalt wurde, nach Vevey über. Da Italien einer Cholera-Epidemie wegen ein Einreiseverbot erlassen hatte, reiste er im November vorerst einmal nach Paris weiter, von wo aus er im März 1837 dann über Genua glücklich nach Rom gelangte. – Der in Genf verfaßte Brief vom 27. September 1836 an den Freund und Dichter Nikolaj Jakowlewitsch Prokopowitsch (1810-1857) ist gedruckt in Gogols Gesammelten Werken, Band 11, Leningrad 1952, und wurde für die vorliegende Ausgabe von Ilma Rakusa eigens ins Deutsche übersetzt. Die folgenden Anmerkungen stammen gleichfalls von der Übersetzerin.

»Schreibt Dir Danilewskij?« Alexander Semjonowitsch Danilewskij (1809-1888), enger Freund und ehemaliger Mitschüler Gogols.

»... und erinnern uns an Neschin ...« Neschin ist ein Städtchen in der Ukraine, wo Gogol von 1821 bis 1827 das Gymnasium besuchte.

»... jeder Buchstabe größer als ein Dantschenko ...« Nikolaj Fjodorowitsch Dantschenko († 1842) war ein auffällig großgewachsener jüngerer Absolvent des Gymnasiums von Neschin.

»Das reinste Tobolsk.« Berüchtigter Verbannungsort in Sibirien.

»Heute morgen habe ich den alten Voltaire besucht ...« Spaßhafte Formulierung. Voltaire war damals bereits 58 Jahre tot.

»... mit gelöstem Binder wie der alte Kromida ...« Kromida war wahrscheinlich ein alter Diener im Hause der Danilewskijs.

»... Jules, Pastschenko und die andern ...« Jules war der Spitzname des seit 1832 mit Gogol befreundeten Literaturkritikers Pawel Wassiljewitsch Annenkow (1813-1887). Iwan Grigorjewitsch Pastschenko († 1842) war ebenfalls ein jüngerer Mitschüler Gogols am Gymnasium von Neschin.

»Einen Gruß an Marija Nikiforowna ...« Die Frau von N. J. Prokopowitsch.

Gorelik, Schemarja (1877-1942). Der im russischen Gouvernement Poltava geborene, zunächst nur jiddisch schreibende Essayist und Literaturkritiker war Sozialist gewesen, ehe er sich um 1905 der zionistischen Bewegung anschloß und 1908 Mitherausgeber der in Vilna erscheinenden »Literarischen Monatsschriften« wurde. Während des 1. Weltkriegs hielt sich Gorelik in der Schweiz auf und wurde da wegen pazifistischen Aktivitäten zu sechs Monaten Gefängnis verurteilt. Nach dem Krieg lebte er in Berlin, wo nun einige seiner Bücher auch in deutscher Sprache erschienen und wo er für verschiedene jüdische Presseorgane tätig war. 1933 siedelte er nach Palästina über und arbeitete dort bis zu seinem Tode im Jahre 1942 für verschiedene hebräische Zeitungen. »Der neutrale Mensch« ist das erste

Kapitel, S. 5–13, von Goreliks Buch »Fünf Jahre im Lande Neutralien. Schweizer Kriegserlebnisse eines jüdischen Schriftstellers«. Aus dem Jiddischen ins Deutsche übersetzt von Nadja Strasser. Jüdischer Verlag, Berlin 1919.

Graf, Oskar Maria (1894-1967). 1911 brach der siebzehnjährige Bäckerlehrling aus den Zwängen von Herkunft und familiärer Bestimmung aus und floh nach München, um Dichter zu werden. Ein Jahr später reiste er zusammen mit dem Maler Georg Schrimpf ins Tessin, fand dort Anschluß an anarchistische Siedler und Verfechter neuer, unbürgerlicher Lebensformen, fuhr aber im Frühjahr 1913 enttäuscht nach Bayern zurück, um zunächst doch wieder als Bäcker zu arbeiten. Graf hat seine Schweizer Erlebnisse 1927 in seiner berühmt gewordenen Autobiographie »Wir sind Gefangene« beschrieben. 1958, als amerikanischer Staatsbürger, besuchte er während einer Europareise auch die Schweiz noch einmal und zeigte sich enttäuscht über die nun herrschende Wohlstands- und Wirtschaftswundereuphorie. – »Das Postmandat« (Titel vom Herausgeber) ist der erste Teil des Kapitels XI, »Der Bruch und die Rückkehr in den Sumpf«, aus »Wir sind Gefangene. Ein Bekenntnis«. Süddeutscher Verlag, München 1978, S. 118-123.

»Der Kolonistenherr stand jedesmal … dort …« Graf und Schorsch (Georg Schrimpf) wohnen in der christlichen Kolonie »Liebe« in Brione oberhalb Locarno, wo sie für 10 Franken pro Monat ein Zimmer bewohnen, das es ihnen ermöglicht, mit ihren in Brione lebenden Münchner anarchistischen Freunden zusammen zu sein.

»Ich schrieb an Nanndl …« Grafs noch im Elternhaus lebende Schwester Anna.

»hatten einen radikalen Grütlianer kennengelernt …« Die Schweizer Sozialdemokratie hatte ihren Ursprung u. a. im sog. »Grütliverein«, der 1838 in Genf gegründet worden war und 1925 zu Gunsten der Sozialdemokraten aufgelöst wurde. Im Volksmund wurden politisch links engagierte Mitbürger noch lange als »Grütlianer« tituliert.

»… und lebte davon, so gut es ging.« Einige Zeit später kehrte Graf nach München zurück. »Wir fahren zurück in unseren Sumpf«, hatte er zu Schorsch gesagt, »diese ganze Naturtrottelei kann mir gestohlen bleiben…«

Grass, Günter (* 1927). »Bebels Begräbnis« (Titel vom Herausgeber) stammt aus »Der Butt«. Roman. Luchterhand Verlag, Darmstadt und Neuwied 1977, S. 562-64.

August Bebel: Der sozialdemokratische deutsche Politiker starb am 13. August 1913 73jährig in Passugg (Graubünden) und wurde in Zürich beerdigt.

Grimmelshausen, Hans Jacob Christoffel von (1622-1676). Ob und wann Grimmelshausen die Eidgenossenschaft persönlich kennenlernte, ist ungewiß. Für die Zeit des Dreißigjährigen Krieges (1618-1648) jedenfalls, in die seine Kindheit und Jugend ebenso wie der Handlungszeitraum seines »Simplizissimus« fällt, erschien sie ihm als »ein irdisch Paradis« mitten in den Stürmen einer unglücklichen, von Krieg, Mord und Brandschatzung heimgesuchten Epoche. »Wie Simplicius ein Pilger wird und mit dem Hertzbruder wallen gehet« ist das 1. Kapitel des fünften Buches von »Der abenteuerliche Simplicissimus«, neu gedruckt nach der ältesten Originalausgabe von 1669, herausgegeben von Rudolf Kögel, Max Niemeyer Verlag, Halle 1902, S. 372-376. Der Wortlaut wurde unverändert übernommen.

Hamsun, Knut (1859-1952). Obwohl er sie selbst nicht kannte, erscheint die Schweiz im Werk des großen Norwegers mehrfach als abschreckendes Beispiel für jene totale touristische Vermarktung, die er auch für seine Heimat befürchtete und die seiner Ansicht nach zum völligen Identitätsverlust eines Volkes führen mußte. Hamsun ließ sich in dieser Meinung, die er 1922 selbst als »dumm« qualifizierte, durch teils fragwürdige bzw. veraltete dänische und schwedische Reiseerinnerungen und volkskundliche Handbücher bestimmen. – »Gespräch über die Schweiz« (Titel vom Herausgeber) ist ein Auszug aus dem norwegisch 1912 erstmals erschienenen Roman »Die letzte Freude« (»Den sidste Glaede«), wiedergegeben in der Übersetzung von Julius Sandmeier († 1941) und Sophie Angermann, Band 2 der Ausgabe sämtlicher Romane und Erzählungen, Paul List Verlag, München 1958, S. 682-687. – Der Ich-Erzähler, ein alternder Wanderer und Schriftsteller, berichtet hier, in diesem letzten Teil der aus »Unter Herbststernen« (1906) und »Gedämpftes Saitenspiel« (1909) bestehenden sog. »Wanderer-Trilogie«, von einem Aufenthalt auf einem Hof, der sich der neumodischen Einnahmequelle des Fremdenverkehrs verschrieben hat. Zu den Vertretern des neuen Zeitgeistes, die er dort trifft, gehört unter anderem auch ein Rechtsanwalt, der in der Schweiz gewesen ist und nun die Vorzüge dieses Landes verteidigt, als der Adjunkt, ein anderer Gast des Hauses, die vermeintlichen schweizerischen Errungenschaften harsch kritisiert. – Diese Passagen und eine weitere, in »Gedämpftes Saitenspiel« enthaltene, noch schärfere Stelle waren 1922, anläßlich der Neuausgabe der beiden Romane innerhalb der von Julius Sandmeier übersetzten deutschen Gesammelten Werke des Verlags Langen-Müller, München, Gegenstand einer Auseinandersetzung zwischen dem Schweizer Schriftsteller Felix Moeschlin (»Offener Brief an Knut Hamsun«, Basler »National-Zeitung« vom 29. 8. 22) und Knut Hamsun (»Apent brev fra Knut Hamsun«, »Tidens Tegn«, Kristiania, 9. 10. 22; stark gekürzt auch als »Hamsun antwortet« in der »National-Zeitung« vom 6. 10. 22) bzw. seinem deutschen Übersetzer Sandmeier (»Knut Hamsun und seine Übersetzer«, »National-Zeitung«, 4. 10. 22). Während Hamsun sich im norwegischen Original zu keinerlei Änderungen herbeiließ, gab der seiner Nazi-Sympathien wegen weltweit geächtete Schriftsteller 1951, offenbar gerührt durch regelmäßige Kaffee-Spenden eines Schweizer Verehrers, unter nicht restlos zu klärenden Umständen Anweisung, die schärfsten Angriffe gegen die Schweiz in den deutschen Ausgaben zu streichen, was dann erstmals 1958 durch Sophie Angermann realisiert wurde.

»Es ist bei uns sowieso schon klein genug.« Hier folgen im norwegischen

Original die folgenden, seit 1958 aus den deutschen Ausgaben gestrichenen Sätze: »Die Schweiz ist der Häusler Europas. Hört man etwa davon, daß die jungen südamerikanischen Länder von gleicher Größe wie Norwegen ihre Ehre dareinsetzen, genau so wie die Schweiz zu werden?«

»Wir sollen nicht nur ein kleines Volk in unseren Alpen oben sein ...« Die Stelle heißt im Original »... ein kleines Scheißvolk in unseren Alpen oben ...« und korrespondiert mit jener (im Deutschen heute gleichfalls eliminierten) Passage in »Gedämpftes Saitenspiel«, die den Zorn der Eidgenossen am stärksten gereizt hatte: »Und wir lernten von diesem kleinen Scheißvolk in den Alpen oben, das in seiner ganzen Geschichte niemals etwas bedeutet und niemals etwas hervorgebracht hat, – wir lernten darauf pfeifen, wie eine menschliche Wohnung für das Auge sich ausnehmen soll, wenn sie nur von zigeunernden Touristen gutbefunden wird.« (Gesammelte Werke in 12 Bänden, übersetzt von Julius Sandmeier, Band 5, München 1923, S. 180).

Härtling, Peter (* 1933). Seit Mitte der sechziger Jahre hat der aus Chemnitz gebürtige Lyriker und Romancier mehrfach literarisch hochstehende Romanbiographien früherer deutscher Schriftsteller vorgelegt. Neben »Niembsch oder der Stillstand« (über Lenau, 1964) und »Waiblingers Augen« (1987) ist dabei vor allem sein »Hölderlin« (Luchterhand Verlag, Darmstadt 1976) berühmt geworden. »Hölderlins Reise in die Schweiz« (Titel vom Herausgeber) stammt aus diesem Roman S. 191-202.

Hauptmann, Gerhart (1862-1946). Kurz bevor er 1889 mit »Vor Sonnenaufgang« seinen Durchbruch als Dramatiker erlebte, hielt sich Gerhart Hauptmann einen Sommer lang (von Mai bis September 1888) in Zürich auf, wo er bei seinem Bruder, dem Schriftsteller Carl Hauptmann (1858-1921), an der Freiestraße wohnte. Hauptmann hat diesen für seine Entwicklung entscheidenden Zeitraum 1937 ausführlich beschrieben in »Das Abenteuer meiner Jugend«. »Einiges über meinen Zürcher Aufenthalt« (Titel vom Herausgeber) ist der Einleitungsteil dieses Berichts und gründet auf dem Abdruck in Gerhart Hauptmann, »Die großen Beichten«. Propyläen Verlag, Berlin 1966, S. 611-616.

»... wo die Geschwister wohnten ...« Hauptmanns erste Frau Mary, geb. Thienemann, war die Schwester der Frau seines Bruders Carl, so daß beide bei ihren Geschwistern wohnten.

»... das Wiedersehen mit ... meinen Freunden Ploetz und Simon ...« Der Arzt Alfred Ploetz (1860-1940) wurde später zum führenden Vertreter der Wissenschaft von der »Rassehygiene«. Ferdinand Simon (1862-1912), Arzt, später der Schwiegersohn Bebels.

»... von den Ingredienzien der ›Modernen Dichter-Charaktere‹ ...« Eine theoretische Schrift des deutschen literarischen Naturalismus, 1885 in München herausgegeben von Hermann Conradi und dem später genannten Karl Henckell.

»... die Professoren Forel, Gaule und Richard Avenarius ...« Der Nervenarzt, Gehirnanatom und Ameisenforscher Auguste Forel (1848-1931), der

Physiologe Justus Gaule (1849-1939) und der positivistische Philosoph Richard Avenarius (1843-1896).

»... Agnes Bluhm, Pauline Rüdin und ein gewisser Tomarkin ...« Agnes Bluhm (1862-1944), eine der ersten deutschen Ärztinnen, später biologische Forscherin, zuletzt NS-Parteigängerin. – Pauline Rüdin (1866-1942), Ärztin, erste Ehefrau von Alfred Ploetz, praktizierte in Springfield (USA) und Berlin. – Elias Tomarkin, dessen Lebensdaten nicht ermittelt werden konnten, verfaßte neben medizinischen Schriften den nur fragmentarisch veröffentlichten Roman »Der rote Heinrich«.

»In meinem Gedicht ›Promethidenlos‹ ...« Das von Byron beeinflußte Epos »Das Promethidenlos« (1885) war eines von Hauptmanns frühesten Werken.

»... die Schüler des Naturmenschen und Anachoreten Dieffenbach ...« Karl Wilhelm Diefenbach (1851-1913), Maler und fanatischer Vegetarier, lebte zuletzt auf Capri.

Hebel, Johann Peter (1760-1826). Der in Basel geborene Verfasser der »Alemannischen Gedichte« (1803) und Geschichtenerzähler des »Rheinländischen Hausfreunds« (1808-1811) stand der Schweiz durch seine Herkunft, durch seinen mit dem schweizerischen eng verwandten Dialekt und durch vielerlei persönliche Beziehungen lebenslang sehr nahe. »Schreckliche Unglücksfälle in der Schweiz« ist in der Fassung der Gesamtausgabe von 1834 dem »Schatzkästlein des Rheinischen Hausfreunds« entnommen und richtet sich nach der Ausgabe des Winkler Verlags, München 1961, S. 216-220.

Hegel, Georg Wilhelm Friedrich (1770-1831). Der Philosoph des deutschen Idealismus lebte von Oktober 1793 bis Herbst 1796 als Hauslehrer der Söhne von Rudolf Friedrich von Steiger in Bern bzw. in Köniz. Am 25. Juli 1796 begab sich der damals 26jährige Pädagoge mit drei anderen jungen Hauslehrern auf eine etwa zehntägige Fußwanderung durch das Berner Oberland, über Grimsel- und Furkapaß nach Andermatt und von da das Reußtal hinunter nach Flüelen, von wo aus sie zu Schiff nach Luzern gelangten. Hegel hat auf dieser Fußreise ein Tagebuch geführt, das als »Reisetagebuch durch die Berner Oberalpen« erstmals gedruckt wurde von Karl Rosenkranz in »Hegels Leben«, Berlin 1844, S. 470-490. »Meine Wanderung durch das Haslital« (Titel vom Herausgeber) umfaßt die Seiten 479-482 dieser Ausgabe, deren Schreibweise als diejenige von Hegels handschriftlicher Fassung buchstäblich übernommen wurde. – Zwei Jahre nach seinem Berner Aufenthalt veröffentlichte er eine Übersetzung von J. J. Carts »Lettres à Bernard de Muralt«, worin er gegen Bern und für die Waadt Stellung nahm.

»... teils durch ihre größeren politischen Rechte ...« Nach der gewaltsamen Protestantisierung durch Bern im 16. Jahrhundert galt das Haslital als Untertanengebiet. Die beschränkte Selbstverwaltung wurde durch eine Landsgemeinde und einen von dieser bestimmten, im Landhaus zu Meiringen tagenden »Fünfzehnerrat« garantiert; an der Spitze der Exekutive stand ein Landammann.

Hemingway, Ernest (1899-1961). Der amerikanische Romancier und Literaturnobelpreisträger näherte sich der Schweiz zum erstenmal, als er sich im November/Dezember 1918 zur Ausheilung der Verwundung, die er sich als freiwilliger Rotkreuzhelfer an der italienisch-österreichischen Front zugezogen hatte, am italienischen Ufer des Lago Maggiore aufhielt. Theoretisch hätte für ihn damals durchaus die Möglichkeit bestanden, im Ruderboot in die Schweiz zu desertieren, wie er dies seinen Protagonisten Frederic Henry im 1929 erschienenen Roman »A farewell to arms« (»In einem andern Land«) zusammen mit der englischen Krankenschwester Catherine (Cat) Berkley tun lassen wird. Er selbst tat damals freilich das Gegenteil: kaum ausgeheilt, meldete er sich freiwillig zur italienischen Infanterie. Die anderen schweizerischen Schauplätze von »In einem andern Land« lernte Hemingway in den zwanziger Jahren kennen, als er Europa-Korrespondent des »Toronto Star Weekly« mit Sitz in Paris war. So berichtete er 1922/23 ausführlich von der Friedenskonferenz von Lausanne, und bereits im Januar 1922 hatte er sich im winterlichen Les Avants oberhalb von Montreux aufgehalten, wo die Geschichte von Henry und Cat mit dem Tode der jungen Frau nach einer mißglückten Geburt zuende geht und das schweizerische Paradies, in das sich die Verliebten aus dem Inferno des Krieges haben retten wollen, sich endgültig als Fata morgana erweist. – »Man verhaftete uns nach dem Frühstück« (Titel vom Herausgeber) ist ein Auszug aus dem Roman »In einem andern Land« in der Übersetzung von Annemarie Horschitz-Horst, entnommen dem Band 2 von Ernest Hemingways Werken in sechs Bänden, Rowohlt-Verlag, Reinbek bei Hamburg 1977, S. 485-490.

Herwegh, Georg (1817-1875). Nachdem der revolutionäre Lyriker und Pamphletist 1839 nach einer Auseinandersetzung mit einem Offizier in die Schweiz geflohen war, kamen 1841 in Julius Fröbels Literarischem Comptoir Zürich und Winterthur seine »Gedichte eines Lebendigen« heraus, die in Deutschland großes Aufsehen erregten und Herwegh zur volkstümlichen Leitfigur der gegen die Metternichsche Restauration gewandten Bewegung des »Vormärz« machten. Als Fröbel von Januar 1842 an dazu überging, mit der Zeitschrift »Deutscher Bote aus der Schweiz« Ersatz für die von der Zensur verbotenen oppositionellen deutschen Blätter zu liefern, erkannte er schon bald, daß sein Organ mit Georg Herwegh als Herausgeber bedeutend an Resonanz gewinnen würde. Tatsächlich gelang es Fröbel, Herwegh für den Plan zu gewinnen, der sich dann von Herbst 1842 an daran machte, in Deutschland neue Mitarbeiter für das Blatt zu suchen und dazu im Lande herumreiste, wo er vom liberal gesinnten Bürgertum triumphal empfangen wurde und sogar eine Audienz beim preußischen König erlangte – um schließlich doch noch aus Preußen ausgewiesen zu werden. Aber noch bevor der »Deutsche Bote« unter seiner Leitung erstmals erscheinen konnte, wurde Herwegh am 3. März 1843 auf Beschluß des Regierungsrats aus dem Gebiet des Kantons Zürich ausgewiesen – wenige Tage, nachdem er von der Regierung des Kantons Basel-Land bzw. von der Gemeinde Augst in der Schweiz eingebürgert worden war! Das Jahrbuch erschien dann im Herbst 1843 in Zürich unter dem neuen, vermeintlich unverfänglichen Titel »Einundzwanzig Bogen aus der Schweiz« (Bücher über zwanzig Bogen waren zensurfrei!) und wurde in verschiedenen Gebieten des deutschen Bundes sofort beschlagnahmt. Georg Herweghs Brief vom 11. 2. 1843 an den politischen Mitstreiter und Herausgeber der verbotenen »Deutschen Jahrbücher« (D.J.), Arnold Ruge (1803-1880), spiegelt seine Situation kurz nach der auf den 19. 2. 1843 verfügten Ausweisung durch den Zürcher Regierungsrat deutlich wider. Das Original des Briefes befindet sich im Deutschen Literaturarchiv Marbach. Unser Abdruck folgt der Wiedergabe im Anhangteil von: Georg Herwegh, »Einundzwanzig Bogen aus der Schweiz«, neu herausgegeben von Ingrid Pepperle, Verlag Philipp Reclam jun., Leipzig 1989, S. 470/71. – 1849, nach der Niederwerfung des Badischen Aufstands, hielt sich Herwegh wiederum in Genf und Zürich-Hottingen auf. 1904 wurde in Liestal, wo er begraben liegt, ein Denkmal für ihn errichtet.

»... seitens der Buchhandlung wurde heute remonstrirt ...« Die Berufung, die Herwegh mit Hilfe seines Verlegers gegen das Urteil einlegte, brachte ihm gerade nur einen Aufschub bis zum 3. März.

»... Feuerbach hat mir vor längerer Zeit Xenien ... zugesagt ...« Der atheistische Philosoph Ludwig Feuerbach (1804-1872) war dann in den »Einundzwanzig Bogen aus der Schweiz« im Gegensatz zum theologischen Skeptiker David Friedrich Strauß (1808-1874), dessen Xenien »Ein Thierkreis« unter dem Kürzel »Dr. D. Fr. Str.« abgedruckt wurden, nicht vertreten.

»... Emma hat Berlin herzlich satt ...« Herweghs Braut und künftige Gemahlin Emma Siegmund.

Hirschfeld, Christian Cay Lorenz (1742-1792). Der norddeutsche Literat und Philosoph, später Professor an der Universität Kiel, reiste 1765/66 als Erzieher und Reisebegleiter der Prinzen von Holstein-Gottorp durch die Schweiz und publizierte anschließend mehrfach über seine Reiseerlebnisse. 1769 erschienen in Leipzig seine »Briefe über die vornehmsten Merkwürdigkeiten der Schweitz zum Nutzen junger Reisender«, 1776 ließ er die »Briefe, die Schweitz betreffend, neue Ausgabe« folgen, und 1785 erschienen in Kiel seine »Neuen Briefe über die Schweitz«. In der letzteren Publikation S. 45-53 findet sich auch das Kapitel über »Die Wirtshäuser, die Luft, die Sprache« (Titel vom Herausgeber), das in unserer Wiedergabe dem vorbildlichen Nachdruck von Urs Kamber in »Für wen ist die Schweitz merkwürdig? Reiseberichte aus dem 18. Jahrhundert«, GS Verlag, Basel 1973, S. 16–19 folgt.

Huch, Ricarda (1864-1947). Die führende Dichterin der deutschen Neuromantik hatte ein ganz besonders enges Verhältnis zur Schweiz und wurde in ihrer Jugend einzig deswegen nicht Bürgerin ihrer Wahlheimat, weil sie keine rechtsgültige deutsche Bürgerurkunde beibringen konnte. Sie war 1887 nach Zürich gekommen, hatte da die Matura nachgeholt und an der Universität, der ersten, wo Frauen im deutschen Sprachraum damals zugelassen waren, mit einer Dissertation über die Neutralität der Eidgenossenschaft promoviert. Als erste weibliche Bibliothekarin der Schweiz arbeitete sie dann an der Zürcher Stadtbibliothek und schrieb nebenbei die Romane »Der Rachedolch« (bisher unveröffentlicht), »Ludolf Ursleu« und »Vita somnium breve«, Werke, deren Schauplatz zum großen Teil Zürich und die Schweiz sind. 1896 verließ sie Zürich wieder, blieb jedoch, obwohl sie vom Abseitsstehen der Eidgenossen im 1. Weltkrieg bitter enttäuscht war, zeitlebens in enger Verbindung mit dem Land, das ihr Denken und ihr Werk maßgeblich geprägt hatte. Nach 1933 wurde der Schweizer Martin Hürlimann, in dessen Atlantis-Verlag u. a. ihre große dreibändige »Deutsche Geschichte« erschien, ihr bevorzugter Verleger. Hürlimann war es auch zu verdanken, daß Ricarda Huch 1938, als die »Neue Zürcher Zeitung« einen polemischen Leserbrief gegen die deutschnationalen Untertöne in ihrer Einleitung zur Insel-Gottfried-Keller-Ausgabe abdruckte, die Erinnerungen an ihre glücklichen Schweizer Jugendjahre niederschrieb. »Warum ich mich in der Schweiz wohlfühlte« (Titel vom Herausgeber) stammt aus »Frühling in der Schweiz«, Atlantis-Verlag, Zürich 1938, 5. Auflage 1960, S. 52-57.

Johnson, Eyvind (1900-1976). Im Mai 1947 reiste der Verfasser des vierbändigen »Romans um Olof« (1934-37) und spätere Literaturnobelpreisträger mit seiner Familie in die Schweiz, wo er sich bis 1949 aufhielt: den Sommer über in Feldis (Graubünden), im Winter in Brissago am Lago Maggiore. Während seines fast zweijährigen Aufenthalts setzte sich Johnson, ein engagierter Sozialist und Antifaschist, in seinem Tagebuch intensiv mit dem Image der Schweiz als Hort des Kapitalismus und Eldorado des Tourismus auseinander und kam dabei häufig zu Resultaten, die den im Ausland und insbesondere in Skandinavien (Hamsun!) geläufigen Klischees zuwiderliefen. Die in der Schweiz entstandenen Teile seines Tagebuchs veröffentlichte Johnson 1949 unter dem Titel »Dagbok fran Schweiz«. 1976 brachte der Huber-Verlag, Frauenfeld, das Buch in der deutschen Übersetzung von Ursel und Ulrich Bracher als »Notizen aus der Schweiz« heraus. Dieser Ausgabe S. 96–101 ist »Meine Eindrücke von der Schweiz« (Titel vom Herausgeber) entnommen.

Kafka, Franz (1883-1924). Am 26. August 1911 reisten Kafka und sein Freund Max Brod aus Prag ab, um gemeinsam eine Ferienreise in die Schweiz, an die oberitalienischen Seen und nach Paris zu unternehmen. Auf der Heimreise, die wiederum durch die Schweiz führte, trennten sich die Freunde und blieb Kafka alleine noch eine Woche im Sanatorium Erlenbach am Zürichsee. »Tagebuch aus der Schweiz, Sommer 1911« (Titel vom Herausgeber) stellt einen Auszug aus den Aufzeichnungen dar, die Kafka damals machte und die Max Brod 1951 unter dem Titel »Reise Lugano-Paris-Erlenbach« in den Band mit Kafkas »Tagebüchern 1910-1923«, Schocken Books, New York/S. Fischer-Verlag, Frankfurt am Main, aufnahm. Die hier wiedergegebene Passage findet sich dort S. 599-607.

»... Festspiel ›Marignano‹ von Wiegand, Musik von Jelmoli ...« In jenem Sommer 1911 wurde auf dem eigens dafür geschaffenen »Nationalspielplatz Morschach« über dem Vierwaldstättersee das »Volksdrama« »Marignano« des Wahlschweizers Carl Friedrich Wiegand (1877–1942) gespielt. Die Musik stammte vom Zürcher Komponisten Hans Jelmoli (1877–1936). Das Plakat, das auf allen Bahnhöfen für die Freilichtspiele warb, zeigte mit Hodlers Einwilligung den rückzugdeckenden Krieger aus dessen »Rückzug von Marignano« (1899).

Kahlenberg, Hans von: Pseudonym der Autorin Helene Kessler, geb. von Monbart (1870–1957). Eine um die Jahrhundertwende vielgelesene Unterhaltungsschriftstellerin mit – darum wohl das männliche Pseudonym – zuweilen recht direkten Darstellungen erotischer Phänomene. Zusammen mit Rudolf Stratz, Hans Blum, Ilse Frapan-Akunian oder Richard Voss gehörte sie zu jenen deutschen Autoren, die im Zeitalter des beginnenden Massentourismus das Touristenparadies Schweiz schriftstellerisch nutzbar machten. »In Göschenen« (Titel vom Herausgeber) stammt aus »Die Schweizer Reise. Eine lustige und empfindsame Sommergeschichte«. Union Deutsche Verlagsgesellschaft, Stuttgart, Berlin, Leipzig 1908, S. 56/57.

»Der Wirt hier an der Station ist Ernst Zahn ...« Ernst Zahn (1867-1952), in Deutschland vielgelesener Schweizer Heimatdichter, bis 1916 Bahnhofsrestaurateur in Göschenen. 1913/14 auch Präsident des Schweizer Schriftsteller-Vereins.

Kalenter, Ossip, Pseudonym für Johannes Burkhardt (1900-1976). Der aus Dresden gebürtige Mitarbeiter der »Weltbühne« und der »Frankfurter Zeitung« hatte mehrere Bände mit expressionistischer Lyrik publiziert und in Italien und später in Prag als freier Schriftsteller gelebt, ehe er 1939 als Emigrant nach Zürich kam, wo er während des ganzen Krieges unter Schreibverbot stand und sich mit unter wechselnden Pseudonymen veröffentlichten Zeitungsartikeln mühsam genug über Wasser hielt. Nach 1945 machte sich Kalenter, der sich dauernd in Zürich niederließ und da 1956 auch eingebürgert wurde, allmählich einen Namen als subtiler Erzähler und Reiseschriftsteller. »Elegie auf Coppet« stammt aus: Ossip Kalenter, »Von irdischen Engeln und himmlischen Landschaften. Ein Skizzenbuch«, Werner Classen Verlag, Zürich 1955, S. 75-78.

Kerr, Alfred (1867–1948). Der große deutsche Kritiker und Rezensent, der potenteste Gegner von Karl Kraus, mußte Deutschland 1933 seines Judentums wegen verlassen und floh zunächst in die Tschechoslowakei, dann in die Schweiz und schließlich über Paris nach London, wo er den Krieg überlebte. »Im Zürcher Exil« (Titel vom Herausgeber) ist ein Auszug (die Sequenzen XVI bis XVIII) aus »Empfindsame Flucht. Die ersten Worte nach dem Weggang aus Deutschland«, zuerst französisch erschienen in den »Nouvelles littéraires«, Paris, 1. Juli 1933, deutsch erstmals in »Die Diktatur des Hausknechts«, Verlag Les Associés, Brüssel 1934, zuletzt in »Die Diktatur des Hausknechts und Melodien«, Konkret Literatur Verlag, Hamburg 1981. – 1947, anläßlich einer Penklub-Tagung, hielt sich Kerr nochmals in Zürich auf und schrieb darüber eine »Erinnerung aus Zürich« (abgedruckt u. a. im »Schweizerischen Kaufmännischen Zentralblatt, Zürich, 4. 6. 1948), die sich sehr viel harmloser anhört als das, was er 1933 über die Stadt schrieb. Kostprobe: »*1. In Zürich sind alle Straßen immer abgestaubt. 2. In Zürich sind alle Männer neu eingekleidet. 3. In Zürich sind alle jungen Mädchen frisch geplättet. 4. In Zürich haben alle ansehnlichen Frauen etwas Ansehnliches auf der Brust. Tragen ihre Köpfe hoch, weil sie auf die Gipfel gucken. (Der letzte Satz ist ein Trochäus.) 5. In Zürich haben alle Schulkindlein liebliche Zöpfchen.*«

Keyserling, Hermann Graf (1880-1946). Der aus Estland stammende exzentrische Philosoph, Privatgelehrte und Gründer einer eigenen »Schule der Weisheit« lieferte 1928 mit seinem Buch »Das Spektrum Europas« eine sehr persönliche, von kühnen Folgerungen und provokanten Formulierungen beherrschte Analyse der verschiedenen Völker Europas. In dem ihnen gewidmeten Kapitel qualifizierte Keyserling dabei die Schweizer ziemlich pauschal als altmodisch, eingebildet, überheblich, pharisäerhaft, opportunistisch, verkrampft, ressentimentgeladen, kleinlich, geizig und engstirnig und billigte ihnen gerade noch diejenige eines Hotelportiers als ihnen gemäße Tätigkeit zu. Kaum erschienen, löste das Buch in der Schweiz zahlreiche empörte und wütende Reaktionen aus. Zustimmend, wenn auch schmerzlich betroffen, äußerten sich dagegen Fritz Ernst und C. G. Jung in der »Neuen Schweizer Rundschau« des Jahrgangs 1928. Eine Ironie des Schicksals wollte es, daß Keyserling nach seinem Tode am 20. April 1946 in Mühlau bei Innsbruck durch Obduktionsärzte das Gehirn herausoperiert und von der Frau eines Neurochirurgen in einem Blechbehälter per Bahn in die Schweiz gebracht wurde. Es sollte im Hirnanatomischen Institut der Universität Bern nach der Methode des Gehirnanatomen von Economo untersucht und auf Anzeichen von Genialität hin ausgemessen werden. Als die Witwe Bedenken anmeldete, teilten ihr die Mediziner mit, Keyserlings Gehirn werde »mit größtmöglicher Pietät behandelt«. »Die Untersuchung dürfte aber Jahre dauern, da nach ganz neuen und sozusagen für diesen Zweck besonders geschaffenen Methoden vorgegangen wird. Bis jetzt hat man festgestellt, daß das Gehirn ein außergewöhnlich hohes Gewicht hat und auch schon äußerlich betrachtet außerhalb der Reihe steht.« Eine besondere Genialität konnte dann allerdings nicht diagnostiziert werden, die Untersuchung verlief mehr oder weniger im Sande. Nachdem das Gefäß mit Keyserlings Gehirn jahrzehntelang im Kuriositätenkabinett des Berner Hirnanatomischen Instituts herumgelegen hatte, richtete man ihm schließlich einen Eichenschrein ein, in den man auch Keyserlings Bücher hineinstellte. »Merkwürdig ist«, sinnierte Professor Pilleri in der 1984 zum fünfzigjährigen Jubiläum des Hirnanatomischen Instituts der Universität Bern erschienenen Schrift »Schädel und Hirn des Menschen – Irrwege eines Gehirns«, »daß dieses Gehirn, dem seinerzeit die hämischen Bemerkungen über die Schweiz und ihr Volk entsprungen waren, schließlich hier landete.« – »Vom Einfluß der Berge auf die Schweizer Bevölkerung« (Titel vom Herausgeber) ist ein Auszug aus: Hermann Keyserling, »Spektrum Europas«, Niels Kampmann Verlag, Heidelberg o. J. (1928), S. 283-286.

Klabund, Pseudonym für Alfred Henschke (1891-1928). Die Schweiz betrat der Apothekersohn aus Crossen erstmals mit 16 Jahren, als er sich in Locarno von einer Lungenentzündung erholen sollte, deren tuberkulösen Charakter man nicht erkannte. Als er über die Krankheit dann Bescheid wußte, im Sommer 1912, studierte er, weil man das dortige Klima für heilsam hielt, ein Semester lang an der Universität Lausanne. Im August 1913 dann lernte er, in Arosa, die Welt der schweizerischen Höhensanatorien kennen. Wieder in Deutschland, wurde er bei Kriegsbeginn zwar eingezogen, der Tuberkulose wegen aber bald wieder freigestellt. Anfang 1916 kam er erneut in die Schweiz, wo er sich, sieht man von Abstechern nach München und Passau ab, bis im Frühjahr 1919 aufhielt: zuerst in Davos, dann in Lugano-Monti, zeitweise auch in Zürich und Basel. Am 3. Juni 1917 veröffentlichte er in der »Neuen Zürcher Zeitung« seinen denkwürdigen »Offenen Brief an Kaiser Wilhelm II.« Als er im März 1919 nach München zurückkehrte, wurde er in Schutzhaft genommen, jedoch als »ungefährlich« wieder freigelassen. Bis Herbst 1919 lebte er wieder im Tessin, dann in Berlin, in Positano, in Crossen und schließlich, vom Spätherbst 1923 bis zum Frühling 1924, wieder in Davos, wo ihm ein tuberkulöses Kehlkopf-Geschwür entfernt wurde. Damals schrieb er, als Antwort auf den »Deutsche in der Schweiz« übertitelten Leserbrief eines gewissen H. Schwabacher in der Ausgabe vom 17. 1. 1924, seine kurze Replik »Als Deutscher in der Schweiz«, die unter eben diesem Titel am 7. 2. 1924, S. 182 in der »Weltbühne« erschien. Vier Jahre später, am 14. August 1928, nachdem ihm in der Begegnung mit seiner zweiten Frau, Carola Neher, noch ein kurzes, leidenschaftliches Liebesglück beschieden war, ist Klabund in Davos seiner Krankheit erlegen.

»... daß Herr Stresemann ihn von Lugano ... nach Hause genommen ...« Außenminister Gustav Stresemann (1878-1929) hatte sich im Januar 1924 zu einem kurzen Erholungsurlaub in Lugano aufgehalten.

»... um das schweizerische Hilfswerk nicht zu sabotieren ...« Um dem hungernden Nachbarland zu helfen, wurde damals in der Schweiz eine große Sammelaktion durchgeführt. »Für 50 Rappen kannst du einen Deutschen fünf Tage zu Mittag speisen lassen«, lautete z. B. einer der (inflationsbedingten) Slogans.

»... aus dem Befehlsbereich der Herren Seeckt, Hasse und Lossow ...« Drei deutsche Generäle: Hans von Seeckt z. B. war Chef der deutschen Heeresleitung, Otto von Lossow Kommandant der bayerischen Reichswehr.

»... die Justizreform des Herrn Emminger ...« Erich Emminger (1880-1951) war 1923/24 Reichsjustizminister.

Kleist, Heinrich von (1777-1811). Nachdem er zusammen mit seiner Schwester Ulrike in Paris gewesen war und sich das Zusammenleben der Geschwister als unerquicklich herausgestellt hatte, reiste Kleist, von Straßburg her kommend, Anfang Dezember 1801 über Basel in die Schweiz. Zusammen mit seinem Reisegefährten, dem Maler Heinrich Lohse, fuhr er schon bald nach

Bern weiter, wo er sich den Schriftstellern und Literaten Heinrich Zschokke, Heinrich Gessner und Ludwig Friedrich Wieland – letztere waren die untereinander verschwägerten Söhne der beiden berühmten Schriftsteller Salomon Gessner und Christoph Martin Wieland! – freundschaftlich anschloß. Eine Art Dichterwettstreit mit Wieland und Zschokke vermittelte Kleist damals die Anregung zu seinem Lustspiel »Der zerbrochne Krug«. Nachdem er Ende März 1802 Zschokke auf einer Fußwanderung nach Aarau begleitet hatte, siedelte er nach Thun über, wo er für sechs Monate ein Häuschen auf dem sog. »Delosea-Inseli« am Ausfluß der Aare aus dem Thunersee mietete. Einer plötzlichen Erkrankung wegen mußte er die Dichterklause allerdings bereits nach zwei Monaten aufgeben. Auf die Nachricht von seiner Erkrankung kam Ulrike sofort angereist, und mit ihr und Wieland zusammen verließ Kleist Ende September 1802 die Schweiz wieder. Zusammen mit Ernst von Pfuel reiste er im August 1803 von Leipzig aus ein zweites und letztes Mal in die Schweiz, hielt sich nochmals in Thun auf, wo er offenbar Mädeli wiedersah, wanderte von da aus zu Fuß ins Tessin und bis nach Mailand, um dann über Genf nach Paris zu reisen, wo er Anfang Oktober eintraf.

»... ich besteige das Schreckhorn ...« Wohl spaßhaft gemeint, denn der 4083 Meter hohe Berg war damals noch von niemandem erstiegen worden.

Klopstock, Friedrich Gottlieb (1724-1803). Auf Einladung Johann Jacob Bodmers reiste Klopstock am 13. Juni 1750 aus Quedlinburg nach Zürich, wo er am 21. Juni eintraf und wo er sich bis zu seiner Abreise nach Dänemark im Frühjahr 1751 aufhielt. Er wohnte zunächst bei Bodmer, zerstritt sich mit diesem aber einer Geldsache wegen und zog ins Haus des kunstliebenden Kaufmanns und Seidenfärbers Hermann Rahn (1721-1795) um. Mit ihm zusammen unternahm der Dichter Ende Oktober/Anfang November 1750 jene Reise nach Zug und Luzern, über die er in seinem Brief vom 21. November an den Theologen Johann Adolf Schlegel (1721-1793) berichten sollte. Der Abdruck folgt dem Wortlaut der historisch-kritischen Ausgabe von Klopstocks Werken und Briefen, herausgegeben von Horst Gronemeyer, Elisabeth Höpker-Herberg, Klaus Hurlebusch und Rose-Maria Hurlebusch, Abteilung Briefe, Band I, herausgegeben von Horst Gronemeyer, Walter de Gruyter Verlag, Berlin, New York 1979, S. 148/49. Dieser Ausgabe sind zum Teil auch die folgenden Anmerkungen verpflichtet.

»... die unvergleichliche Gärtnerinn u. ihre Schwester ...« Schlegel hatte Klopstock von einer Reise nach Braunschweig berichtet, wo er u. a. mit dem auch ihm bekannten Carl Christian Gärtner, dessen Ehefrau Luise, geb. Cruse, und deren Schwester Johanna zusammengetroffen war.

»Giseke wird nach Braunschweig kommen ...« Niklaus Dietrich Giseke (1724-1765). Freund Klopstocks, damals Erzieher in Hannover.

»... Cramer in Quedl. Gleim in Halberstadt ...« Klopstocks Freund Johann Andreas Cramer (1723-1788) war 1750 zum Oberhofprediger nach Quedlinburg berufen worden. Johann Wilhelm Ludwig Gleim (1719-

1803), anakreontischer Dichter und Freund Klopstocks, war seit 1747 Sekretär des Domkapitels in Halberstadt.

»... *und nicht in die Pforte* ...« Schlegel hoffte auf eine Berufung als Lehrer nach Schulpforta.

»... *und dann in Copenhagen* ...« Seit Juni 1750 wußte Klopstock um seine mögliche Förderung durch den dänischen König und die damit verbundene Berufung nach Kopenhagen.

»... *über ein bösen Schweizer Berg* ...« Die Schiffsroute endete bei der Sust von Horgen, dann ging es zu Fuß oder zu Pferd über den (eher harmlosen) Hirzel-Paß nach Baar und Zug.

»... *bis in die Stadt Luzern* ...« Während Rahn aus geschäftlichen Gründen reiste, war Klopstocks eigentliches Reiseziel der Besuch bei Bernhard Ludwig Göldlin (1723-1785) in Luzern, einem Freund Bodmers, der Teile von Klopstocks »Messias« ins Italienische übersetzt hatte. Dieses Besuchs wegen kam es später zum Bruch zwischen Bodmer und Göldlin.

»... *bei dem angesehensten Mann des Cantons* ...« Gemeint ist Franz Michael Bossard (1713-1774), Ochsenwirt und Großrat in Zug, von 1748 bis 1750 Landvogt im Rheintal.

»... *Voltärens ›Octavia‹ ... wäre gespielt worden* ...« Voltaire hat kein Theaterstück dieses Titels geschrieben. Dagegen hat der Klopstock bekannte, in Klammer erwähnte Johann Friedrich Camerer (1720-1792) 1748 ein Stück mit folgendem Titel veröffentlicht: »Octavia ein Trauerspiel. Mit einigen Übersetzungen einiger Gedanken des Herrn von Voltaire über die Schauspiele.«

»... *wo man vor zehn Jahren noch Hexen verbrannt hat* ...« 1737/38 waren auf die Denunziation der 17jährigen Katharina Kalbacher hin diese selbst und neun weitere Frauen unter der Anklage der Besessenheit im Zuger Kaibenturm eingesperrt worden. Die Einvernahme ging mit unglaublicher Grausamkeit vor sich. Überliefert ist das Schicksal von sieben der zehn Frauen: Die 70jährige Lisi Bossard konnte offenbar, obwohl man sie halb tot folterte, zu keinerlei Geständnis gezwungen werden. Die etwas jüngere Anna Gilli wurde von den Folterknechten zerquetscht und zerfetzt und starb im Gefängnis. Elisabeth und Margareth Bossard wurden nach langer Folterung mit einem Pulvergefäß am Hals von einer Leiter herab lebend ins Feuer gestoßen und verbrannt. Theresa Bossard wurde erwürgt, nachdem man ihr die Zunge herausgerissen und die rechte Hand abgeschlagen hatte. Die Hinrichtungsart der Erdrosselung wurde auch an Anna Petermann vollzogen, während die Kronzeugin des Prozesses, Katharina Kalbacher, die Gnade erfuhr, auf dem Richtplatz öffentlich mit dem Schwerte enthauptet zu werden.

Kropotkin, Pjotr (1842-1921). Der ehemalige persönliche Page des Zaren Alexander II., Erbe eines Fürstentitels und eines großen Vermögens, gab all seine Privilegien auf, um das Leben eines revolutionären Agitators zu leben. Zwischen 1872 und 1883 suchte er in Rußland und in Westeuropa Anhänger für seine Ideen zu gewinnen und lernte dabei sowohl die berüchtigte Petersburger Peter-und-Pauls-Festung (1874-76) als auch das französische Gefängnis von Clairvaux (1883-86) von innen kennen. Danach lebte er bis 1917, als Lenin ihn in den Triumph und in die baldige Kaltstellung seiner letzten russischen Jahre heimholte, als stiller Gelehrter, Theoretiker und Zeitschriftenherausgeber in England, wo er auch seine berühmten »Memoiren eines Revolutionärs« (zuerst englisch, London 1899) schrieb, die ihn schon bei Lebzeiten zu einer legendären Gestalt werden ließen. In die Schweiz kam Kropotkin erstmals 1871/72 und hielt sich in Zürich, Genf und Neuenburg auf, wo er einen der Führer der Schweizer Anarchisten, James Guillaume (1844-1916) traf. Durch ihn erst lernte er Bakunins Ideen kennen und wurde am Beispiel der idealistischen, kämpferischen jurassischen Uhrmacher zum Anarchisten. Bakunin selbst jedoch, der damals in Locarno lebte, sah Kropotkin nie persönlich. Er kehrte nach Rußland zurück und kam erst 1876, im Todesjahr Bakunins, nachdem er aus dem Petersburger Gefängnis entkommen war, über England wieder in die Schweiz. Nachdem inzwischen auch Guillaume sich vom aktiven Anarchismus zurückgezogen hatte, übernahm Kropotkin nun bis 1881, als der Bundesrat ihn als Reaktion auf die Ermordung Zar Alexander II. des Landes verwies, die Führungsrolle in der Bewegung. Er gab in Genf und im Jura anarchistische Zeitschriften heraus, formulierte Ziele und Parolen, änderte aber offensichtlich die Marschrichtung der Politik. Nicht Kampf und Untergang, sondern der gewaltfreie Einsatz für eine neue Gerechtigkeit und mitmenschliche Solidarität stand nun auf dem Programm. Nur ein einziges Mal, 1877, anläßlich einer Versammlung im Jura, bestand, wie Kropotkin im hier vorgelegten Ausschnitt aus seinen Memoiren berichtet, die Gefahr einer bewaffneten Konfrontation mit der Berner Polizei – die jedoch von beiden Seiten tunlichst vermieden wurde. – »Die rote Fahne in Bern« (Titel vom Herausgeber) stammt aus Pjotr Kropotkin, »Memoiren eines Revolutionärs«, übersetzt von Max Pannwitz, Insel-Verlag, Frankfurt am Main 1969, S. 468-470.

Langhoff, Wolfgang (1901-1966). Direkt aus dem KZ Börgermoor war Langhoff an Ostern 1934 nach Zürich gekommen, wo er schon bald eine zentrale Rolle im Ensemble des Schauspielhauses spielte. Im Herbst 1935 veröffentlichte der Schauspieler, den die entsetzlichen Erfahrungen zum kämpferischen Schriftsteller gemacht hatten, seinen KZ-Augenzeugenbericht »Die Moorsoldaten«, ein Buch, das den wahren Charakter von Hitlers Terrorsystem unverstellt offenlegte. Obwohl die Schweizer Polizei ihm eine Lesetournee mit dem Buch untersagte und er lange Zeit von Ausweisung bedroht war, ließ sich Langhoff nicht davon abbringen, als engagierter Kommunist und Verfechter eines besseren Deutschlands auch im Exil politisch tätig zu sein. Nach dem Krieg suchte er seine Vorstellungen in der DDR zu realisieren, scheiterte aber am zunehmenden stalinistischen Doktrinismus und mußte sich am Schluß sogar vorwerfen lassen, er habe während seines Schweizer Exils »zu einer unmittelbaren Unterstützung des Klassenfeinds beigetragen«. »Zehn Jahre Exil« wurde zuerst veröffentlicht in der »Thurgauer Jahresmappe 1945«, Genossenschaftsdruckerei Arbon 1945. Der Aufsatz war als Nachwort dem Band »Das Wort der Verfolgten. Gedichte und Prosa, Briefe und Aufrufe deutscher Flüchtlinge von Heinrich Heine und Georg Herwegh bis Bertolt Brecht und Thomas Mann«, hrsg. v. Oswald Mohr (i. e. Bruno Kaiser), Band 5 der von der »Bewegung ›Freies Deutschland‹ in der Schweiz« herausgegebenen Schriftenreihe »Erbe und Gegenwart« (Leitung: Konrad Farner), Mundus-Verlag, Basel 1945, beigegeben. Unser Abdruck folgt der Wiedergabe in »Über die Grenzen. Von Flüchtlingen für Flüchtlinge«. Nr. 10, Zürich, Mitte August 1945, S. 6.

La Roche, Sophie von (1731-1807). Die Schriftstellerin und Publizistin, einst verlobt mit Ch. M. Wieland, seit 1753 verheiratet mit dem Kurtrierer Staatsrat Georg Michael von La Roche, gab seit Januar 1783 »für Teutschlands Töchter« in Speyer die Zeitschrift »Pomona«, eine veritable frühe Frauenzeitschrift, heraus. Nachdem bereits in Heft 5 das »Schreiben einer jungen Dame auf ihrer Reise durch die Schweiz« einen Aufenthalt im Berner Oberland geschildert hatte, sah sich die Herausgeberin in Heft 6, Juni 1784, genötigt, dem Wunsch einer gewissen Lina zu entsprechen und »ein Stück meines für meine zwey geliebten Töchter geschriebenen Tagebuchs der Schweizerreise« zu veröffentlichen. Der im vorliegenden Band unter dem vom Herausgeber gewählten Titel »Beim eidgenössischen Militär« abgedruckte Auszug aus diesem Text findet sich in der bewußten Zeitschrift S. 824-851. Die Buch-Fassung ihres Berichts, »Tagebuch einer Reise durch die Schweitz, von der Verfasserin von Rosaliens Briefen«, erschien 1787 in der Richterschen Buchhandlung in Altenburg. Mit der Schweiz befaßte sich die reiselustige Dame jedoch auch weiterhin. So veröffentlichte sie z. B. noch 1793 in Offenbach ein 504seitiges Buch des Titels »Erinnerungen aus meiner dritten Schweizerreise. Meinem verwundeten Herzen zur Linderung, vielleicht auch mancher trauernden Seele zum Trost geschrieben von Sophie, Witwe von La Roche«.

»Morgenthal, im Berner Gebieth ...« Das heutige Murgenthal, ein Dorf, das durch das Flüßchen Murg in einen bernischen und einen aargauischen Teil getrennt wird.

»Heut', meine Kinder ...« Die Autorin wendet sich an ihre Töchter Louise Möhn und Maximiliane von Brentano, die Jugendgeliebte Goethes und – im Jahr darauf! – Mutter der Bettina von Brentano.

»... der liebenswerten Mademoiselle de Saussure ...« Im Brief vom 12. Juni aus Luzern hatte es geheißen: »Unser Luzerner Aufenthalt wurde durch den vorteilhaften Zufall vorzüglich gemacht, weil wir grad den berühmten Naturforscher Saussure von Genève hier antrafen, welcher auf eine Reise in die Gegend des Engelberger Klosters und nach Altdorf geht ... Seine Gemahlin und Tochter erwarten hier seine Rückkunft, um ihn nach dem Konstanzer See zu begleiten.« Es handelt sich um den Genfer Naturforscher und Verfasser der 1779-96 in Neuenburg erschienenen vier Bände »Voyages dans les Alpes«, Horace Bénédict de Saussure (1740-1799).

»... wegen dem Jahrestag der Sempacher Schlacht ...« In Sempach noch

heute alljährlich stattfindende Erinnerungsfeier an den Sieg der Eidgenossen über Herzog Leopold III. von Österreich im Jahre 1386, der nach der Legende dem selbstlosen Einsatz des schweizerischen Nationalhelden Arnold von Winkelried zu verdanken war.

»... erblickt uns Herr von Meiß von Zürich ...« Vermutlich Hans Ludwig von Meiß (1745-1795), damals Landvogt zu Kiburg.

»... der Herr General von Steiner ...« Hans Jakob (von) Steiner (1725-1808). Oberst eines Schweizerregiments in französischen Diensten, 1784 eben von Ludwig XVI. zum Feldmarschall erhoben, kommandierte 1795 im Auftrage Zürichs die Niederschlagung des sog. »Stäfnerhandels« (Vergl. Anmerkungen zu Friederike Brun).

»... die Helvetische gelehrte Gesellschaft ...« Zwischen 1781 und den neunziger Jahren des 18. Jahrhunderts tagte die 1761-1858 bestehende, auf patriotische Erneuerung ausgerichtete »Helvetische Gesellschaft« alljährlich in Olten.

»... Wein von dem St. Jakobskirchhof ...« 1444 kämpften beim Siechenhaus von St. Jakob an der Birs (heute in der Stadt Basel) 1500 Eidgenossen bis zum letzten Mann gegen 30000 auf Wunsch Österreichs zum Einsatz gelangende französische sog. Armagnaken. Der Todesmut der Besiegten soll die Angreifer zum Abzug bewegt haben, wodurch Basel gerettet wurde.

Lasker-Schüler, Else (1869-1945). Während des Ersten Weltkriegs, der für die Dichterin nicht nur durch die Erfahrung des kollektiven Todes, sondern darüber hinaus auch durch den Verlust sehr vieler ihr persönlich nahestehender Menschen gekennzeichnet war, erschien ihr die verschonte Schweiz, mit der sie auf verschiedene Weise in Beziehung stand, als das ersehnte Land des Friedens und des lebenswerten Lebens. 1917 war sie in Zürich, wo sie an der »Dada«-Première teilgenommen haben soll, später brachte sie ihren an Lungentuberkulose erkrankten Sohn Paul in ein Tessiner Sanatorium. Am 19. April 1933 verließ sie Deutschland endgültig und lebte, unterbrochen durch zwei Aufenthalte im Nahen Osten, bis 1939 in der Schweiz. Sie hielt sich im Tessin und in Zürich auf, ständig bedroht durch die restriktive Politik der Schweizer Fremdenpolizei, die ihr die Ausübung ihres Berufes als Dichterin unter Androhung administrativer Maßnahmen untersagte. 1937, nach ihrer zweiten Palästinareise, eröffnete sich ihr die Möglichkeit einer Aufführung ihres Stücks »Die Wupper« am Zürcher Schauspielhaus, eine Hoffnung, die bitter enttäuscht wurde, als das Schauspiel bereits auf Ende Jahr unter skandalösen Beiklängen wieder abgesetzt wurde. Dennoch plante sie, als sie im April 1939 zum drittenmal nach Palästina fuhr, eine Rückkehr in die Schweiz. Der Krieg hielt sie jedoch in Jerusalem fest, wo sie am 22. Januar 1945 starb. – Der undatierte »Brief an Eduard Korrodi«, den die Dichterin auch selbst bereits in ihren 1920 bei Ernst Cassirer in Berlin erschienenen Band »Gesichte« aufgenommen hatte, wurde zuletzt gedruckt in: Else Lasker-Schüler, »Dichtungen und Dokumente«, hrsg. v. Ernst Ginsberg, Kösel-Verlag, München 1951, S. 529-533. Der Adressat Eduard

Korrodi hat laut Ginsberg dazu geschrieben: »Else Lasker-Schüler hat den Brief an mich an einem ihrer Vortragsabende im Zürcher Schwurgerichtssaal vorgelesen, dem ich beiwohnte. So ist er halb real und halb imaginär.« (a.a.O., S. 623).

»... Sanitätsrat Magnus Hirschfeld ...« Magnus Hirschfeld (1868-1935). Arzt und Sexualforscher. Trat für die gerechte Behandlung der Homosexuellen ein.

»... Theodor Wolff würde so gern wieder die Gedichte von mir ins Feuilleton bringen ...« Theodor Wolff (1868-1943), ab 1906 Chefredakteur des »Berliner Tageblatts«. Floh 1933 über die Schweiz nach Nizza, wurde 1943 verhaftet und nach Oranienburg gebracht, starb kurz nach seiner Entlassung in Berlin.

Lenin, Wladimir Iljitsch (1870-1924). Der russische Revolutionär besuchte die Schweiz erstmals 1895, als er sich nach der Überwindung einer Lungenentzündung in Genf und an einem nicht genau zu eruierenden Kurort in der Nähe Zürichs aufhielt. Fünf Jahre später, im Juli 1900, war er erneut in Genf, um mit Plechanow über die Herausgabe einer sozialdemokratischen Parteizeitung zu verhandeln. Im Oktober 1901 hielt er sich in Zürich auf, wo er an der (gescheiterten) Vereinigungskonferenz der sozialdemokratischen russischen Auslandsorganisationen teilnahm. Im November 1902 reiste er erneut durch die Schweiz, um die russischen Emigranten über seine Vorstellungen zu informieren. Im Frühjahr 1903 kam er dann für längere Zeit nach Genf, wo er mit seiner Frau Nadeshda Krupskaja zusammen eine Wohnung bezog und die bis anhin in London produzierte Parteizeitung »Iskra« leitete, die ab 1904 vom bolschewistischen Organ »Wperjod« abgelöst wurde. Im November 1905 reiste Lenin nach St. Petersburg, um an der ersten großen Aufstandsbewegung gegen den Zaren teilzunehmen. Die Revolution scheiterte, und am 7. Januar 1908 waren Lenin und seine Frau wieder in Genf, wo er sich erneut um die Herausgabe einer Exilzeitung bemühte. Im Dezember verließen sie Genf in Richtung Paris. Vor 1914 kam Lenin noch zweimal in die Schweiz: 1911 als Teilnehmer einer Sitzung des Internationalen Sozialistischen Büros in Zürich, und 1913, als seine Frau in Bern der Basedowschen Krankheit wegen operiert wurde. In die Zeit zwischen 1914, als er von den österreichischen Behörden in die neutrale Schweiz überstellt wurde, und 1918, als das deutsche Reich ihn im legendären »plombierten« Eisenbahnwagen nach Rußland fahren ließ, fällt jener berühmt gewordene Aufenthalt Lenins in Genf und Zürich, der durch die Konferenzen von Zimmerwald und Kiental, durch die aktive Sammlung der sozialistischen Kräfte und schließlich durch die revolutionäre Aufbruchstimmung und die gezielte Planung der Machtübernahme in Rußland gekennzeichnet ist. Nach 1918 sah Lenin die Schweiz nicht wieder, obwohl seine Beziehungen zu den ehemaligen Schweizer Kampfgefährten noch lange Zeit erstaunlich lebendig blieben. Lenins Brief vom 17. November 1908 aus Genf an seine Mutter folgt in unserer Ausgabe dem Abdruck und der Übersetzung in »Absender: Wl. Uljanow. Briefe W. I. Lenins an seine

Mutter«. Zusammengestellt und eingeleitet von Erika Segendorf, Dietz Verlag GmbH, Berlin-Ost 1965, S. 138–140.

»*... Manjascha ist heute nach Lausanne zu Dr. Mermod ... gefahren ...*« Manjascha war der Kosename für Lenins jüngere Schwester Manja I. Uljanowa (1878-1937).

Mann, Klaus (1906-1949). Der älteste Sohn Thomas Manns wußte wie wenige andere um die Relativität jener Freiheit, welche die Schweiz einem gegen Hitler engagierten Schriftsteller bieten konnte. Wie sein Vater wurde er 1937 tschechischer Staatsbürger, und wie dieser ging er 1938 ins amerikanische Exil. Klaus Mann hatte nie einen festen Wohnsitz in der Schweiz, aber auch er war zwischen 1933 und 1938 häufiger als zuvor in diesem Land anzutreffen. Er besuchte seine Eltern in Küsnacht am Zürichsee, traf sich mit seiner Schwester Erika, als diese mit dem aus München vertriebenen Kabarett »Die Pfeffermühle« auf Schweizer Tournee ging, und er hielt sich in Sils Maria, im Hause der Schriftstellerin Annemarie Schwarzenbach, auf, die er auf seine Art zärtlich liebte und die ihn immer wieder materiell unterstützte. »Thomas Manns Küsnachter Exil« (Titel v. Hg.) ist ein Auszug aus: »Der Wendepunkt« (Erstausgabe: »The Turning Point«, New York 1942; Frankfurt am Main 1952, S. 190-192). © 1989 edition Spangenberg, München 40.

»*... Offi und Ofey, die erstaunlichen Urgreise ...*« Alfred Pringsheim (1850-1941) und seine Frau, Hedwig Pringsheim-Dohm (1855-1942), die Großeltern mütterlicherseits von Klaus Mann.

»*... Mieleins Jugendbild – von Kaulbach angefertigt – ...*« Mielein war der Kosename von Klaus Manns Mutter Katja Mann, geb. Pringsheim (1883-1981). – Das Bild kann nicht vom berühmten Wilhelm von Kaulbach (1805-1874), sondern nur vom Porträtisten Friedrich August von Kaulbach (1850-1920) stammen.

»*... der ... seit Urzeiten ... gern-gemochte Hans Reisiger ...*« Der Journalist und Schriftsteller Hans Reisiger (1884-1968).

»*... unsere behaglich-dynamische Giehse ...*« Die Münchner Schauspielerin Therese Giehse (1898-1975), Mitbegründerin von Erika Manns »Pfeffermühle«, später Ensemblemitglied des Zürcher Schauspielhauses.

»*... Annemarie, das lieblich pagenhafte ›Schweizerkind‹ ...*« Die Schweizer Schriftstellerin und Photoreporterin Annemarie Schwarzenbach (1908-1942).

»*... es könnte aber auch Annette Kolb sein ...*« Die Erzählerin und Essayistin Annette Kolb (1870-1967).

»*Oder ist der Gast an diesem Abend Erich von Kahler ...*« Der Historiker und Kulturphilosoph Erich von Kahler (1885-1970).

»*Ferdinand Lion käme auch in Frage ...*« Ferdinand Lion (1883-1965) war 1937-1938 Redaktor der von Thomas Mann und Konrad Falke gegründeten Zeitschrift »Maß und Wert«.

»*... Franz Beidler, ... den Enkel Richard Wagners ...*« Franz Beidler (1901-1981), der Sohn von Wagners ältester Tochter Isolde, lebte seit

1933 in Zürich, war ab 1943 Sekretär des Schweizer Schriftstellerverbandes.

»... die lieben Oprechts, Emil und Emmy ...« Emil Oprecht (1895-1952) war der Inhaber des Verlags Oprecht und Helbling und des Europa-Verlags. Zusammen mit seiner Frau setzte er sich selbstlos für Emigranten ein.

Mann, Thomas (1875-1955). Anders als Döblin, Brecht oder Tucholsky mußte sich der weltbekannte Romancier bei der Nachricht von Hitlers Machtergreifung nicht ins Exil begeben, sondern befand sich bereits außer Landes, in Arosa, wo er sich von den Anstrengungen einer Vortragstournee erholen wollte. Zwar kehrte er auf Anraten von Klaus und Erika Mann zunächst nicht nach München zurück, betrachtete sich aber noch keineswegs als Exilschriftsteller. Nach einem vorübergehenden Aufenthalt in Sanary-sur-mer bezog er am 27. September 1933 ein Haus in Küsnacht am Zürichsee und hoffte da, in der ihm gemäß scheinenden alemannischen Schweiz, die er sich im »Zauberberg« bereits auch schon zum literarischen Thema gemacht hatte, sein von München her gewohntes Dichterleben ungestört weiterführen zu können. Zur eindeutigen Parteinahme und zum Anschluß an die deutsche Exilliteratur zwang ihn erst jener Artikel »Deutsche Literatur im Emigrantenspiegel«, den Eduard Korrodi in der »NZZ« vom 26. Januar 1936 hatte erscheinen lassen und der unter Bezugnahme auf einen Beitrag Leopold Schwarzschilds in der Pariser Exilzeitschrift »Das neue Tagebuch« – Thomas Mann war dort aufgefordert worden, sich zur Exilliteratur zu bekennen – die Literatur der deutschen Emigranten pauschal verunglimpfte: »Was ist denn ins Exil transferiert worden? Etwa die deutsche Lyrik, die Herrlichkeiten der Gedichte Rud. A. Schröders? Wir wüßten nicht *einen* Dichter zu nennen. Ausgewandert ist doch vor allem die Romanindustrie und ein paar wirkliche Könner und Gestalter von Romanen. Betrachten sie diese als das Nationalvermögen der deutschen Literatur, dann ist es allerdings erschreckend zusammengeschrumpft.« Ermuntert durch Tochter Erika und Ehefrau Katja, entschloß sich Thomas Mann zu einer Antwort und veröffentlichte am 3. Februar 1936 jenen Offenen Brief an Eduard Korrodi, mit welchem er unzweideutig zur Exilliteratur hinübertrat. Die gehäßigen Reaktionen, die der Dichter auf seine Demarche hin zu spüren bekam – u. a. von Korrodi selbst, aber auch von Emil Staiger – müssen mit eine Rolle gespielt haben, daß er sich in den darauffolgenden Wochen nicht um die schweizerische, sondern um die tschechische Staatsbürgerschaft bewarb. Als er am 3. 12. 1936 von Deutschland ausgebürgert wurde, war er jedenfalls bereits Bürger der Tschechoslowakei. Im folgenden Jahr begann sich Thomas Mann als Herausgeber der zusammen mit Konrad Falke gegründeten und von Ferdinand Lion redigierten Exilzeitschrift »Maß und Wert« – sie bestand bis 1940 – auch publizistisch für das literarische Exil einzusetzen, mußte aber bald einmal vor dem Desinteresse der Schweizer Leser kapitulieren. 1938 siedelte der Dichter zusammen mit seiner Familie nach Amerika über, wo er an der Universität Princeton eine

Gastprofessur übernehmen konnte und 1944 amerikanischer Staatsbürger wurde. Am 24. 8. 1939, als er sich gegen die Erteilung eines Dauervisums an Golo Mann und damit gegen seine Tätigkeit als »Maß und Wert«-Redaktor aussprach, konstatierte Karl Naef, Sekretär des Schweizer Schriftsteller-Verbands, in einem Schreiben an das Zürcher Arbeitsamt: »Im übrigen muß, bei aller Hochachtung vor Thomas Mann, gesagt werden, daß sich der Aufenthalt dieser Familie in der Schweiz nicht gerade vorteilhaft ausgewirkt hat.« (Brief im SSV-Archiv, Zürich) 1952 kehrte Thomas Mann nach Europa zurück und ließ sich, nicht zuletzt wohl auch, um sich nicht zwischen den beiden deutschen Staaten entscheiden zu müssen, in Kilchberg am Zürichsee nieder. Als er am 12. August 1955 in Kilchberg starb, war wieder einmal, wie 1933 schon, ein Verfahren zu seiner Einbürgerung als Schweizer hängig. – »Rückkehr in die Schweiz« ist der erste Teil des Essays »Rückkehr« aus: Thomas Mann, »Nachlese. Prosa 1951-1955«. S. Fischer Verlag, Frankfurt am Main 1956, S. 190-195, S. 190-192.

Hans Mayer (* 1908). Als Student am Genfer »Institut universitaire des Hautes Etudes internationales« lebte der Jurist und Historiker 1934-1938 erstmals in der Schweiz. Dann übersiedelte er nach Paris, befand sich aber bei Kriegsausbruch im Herbst 1939 wieder in Genf, wo er die Prado-Ausstellung besucht hatte. Auf Intervention von Freunden wurde eine bereits ausgesprochene Ausweisung wieder zurückgenommen, und er erhielt eine Aufenthaltsgenehmigung für den Kanton Genf. Im Oktober 1940 wurde er ins Arbeitslager Davesco bei Lugano eingewiesen. Nach einigen Monaten Urlaub in Zürich und nach einem Aufenthalt im Walliser Lager Vouvry kam er im Frühling 1942 ins Zuchthaus Witzwil, dann in dasjenige von Lenzburg und schließlich noch für kurze Zeit in ein Lager in der Nähe von Sierre. 1944/45 war er Mitbegründer und Redaktor der Flüchtlingszeitung »Über die Grenzen«. Nach Kriegsende kehrte Mayer nach Deutschland zurück, wurde zunächst Redakteur bei Radio Frankfurt und lehrte ab 1948 Literaturgeschichte in Leipzig, bevor er 1963 in gleicher Funktion an die Technische Universität Hannover überwechselte. »Davesco, Zürich, Witzwil, Lenzburg – Stationen meines Schweizer Exils« (Titel vom Herausgeber) ist ein Auszug aus: Hans Mayer, »Ein Deutscher auf Widerruf. Erinnerungen I«, Suhrkamp Verlag, Frankfurt am Main 1982, S. 262-275.

»... auch nicht die von Robert Jungk ...« Der spätere Zukunftsforscher, als Robert Baum 1913 in Berlin geboren, kam 1939 in die Schweizer Emigration, konnte in Zürich studieren, wurde aber 1943 wegen Übertretung des Arbeitsverbots interniert.

»Hirschfeld war mein Lektor ...« Der Oprecht Verlag plante die Herausgabe von Mayers Buch »Georg Büchner und seine Zeit«, das dann allerdings erst 1946 und nicht bei Oprecht erschien. Der Regisseur Kurt Hirschfeld (1902-1964) war nebenamtlich für den Oprecht Verlag tätig.

»Er formulierte später im Gespräch mit Friedrich Wolf ...« Der Dramatiker Friedrich Wolf (1888-1953) floh 1933 zunächst nach Zürich, lebte dann aber in Frankreich und in der UdSSR in der Emigration, bis er 1945 nach

Deutschland, später in die DDR, zurückkehrte. 1934 kam es in Zürich anläßlich der Première seines antifaschistischen Stücks »Professor Mannheim« zu Frontisten-Krawallen.

»Die Musik hatte Paul Burkhard geschrieben: leichte Anklänge an Weill ...« Der Schweizer Komponist Paul Burkhard (1911-1977) – Kurt Weill (1900-1950), der Komponist der »Dreigroschenoper«.

»Wolfgang Langhoff mußte sich den jungen ... Eilif erspielen ...« Der Schauspieler und Schriftsteller (»Die Moorsoldaten«, 1935) lebte 1934-1945 als Emigrant in Zürich und war eines der beliebtesten Ensemble-Mitglieder des Zürcher Schauspielhauses.

»... der kluge Paryla war ... kein tumber Schweizerkas ...« Der Schauspieler Karl Paryla (*1905).

»... eine ergreifende Aufführung in Lindtbergs Regie und im Bühnenbild von Teo Otto ...« Der aus Österreich nach Zürich emigrierte Regisseur Leopold Lindtberg (1902-1984) – Der Bühnenbildner Teo Otto (1904-1978).

»Ich besuchte Professor Rappard im Genfer Institut ...« William Rappard (1883-1958), Ökonom, Jurist, Historiker. Gründete und leitete das Genfer Institut universitaire des Hautes Etudes internationales.

»... die Moskauer Prozesse; den Besuch Ribbentrops in Moskau ...« 1935 und 1936 war während großer Schauprozesse in Moskau die trotzkistische russische Opposition liquidiert worden. – Joachim von Ribbentrop (1893-1946) war Reichsaußenminister von 1938-1945; 1939 reiste er zweimal nach Moskau und unterzeichnete mit Molotow den deutsch-sowjetischen Nichtangriffspakt.

»... aus der Exilarmee des Generals Anders in Italien ...« General Wladyslaw Anders (1892-1970) war 1944 Oberbefehlshaber der bei Monte Cassino in Italien eingesetzten polnischen Truppen.

»... bei Karl Schefold in Basel weitergearbeitet ...« Der klassische Archäologe Karl Schefold (*1905), seit 1943 Ordinarius in Basel.

»... mit Arthur Gelbrun durch ein paar Arbeitslager ... zu reisen ...« Der polnische Geiger hatte mit Mayer zusammen zu den Internierten von Davesco gehört, war dann aber freigekommen, gewann beim Genfer Violinwettbewerb einen Preis und durfte nun in den Interniertenlagern auf Tournee gehen.

»... registriert als Brandlerianer ...« Heinrich Brandler (1881-1967), unorthodoxer kommunistischer Theoretiker, war mit Hans Mayer befreundet.

»... in Übereinstimmung mit den Direktiven von Dr. Rothmund ...« Heinrich Rothmund (1888-1961) war damals Chef der Schweizer Fremdenpolizei.

»... gerichtet aus Witzwil an Max Rychner ...« Der Schweizer Lyriker, Essayist und Publizist Max Rychner (1897-1965) war seit 1939 Feuilleton-Redaktor der Zürcher Tageszeitung »Die Tat«.

»... im Winter von Stalingrad und Bengasi ...« Im Winter 1942/43 wurde

der deutsche Feldmarschall Paulus in Stalingrad mit 284 000 Mann eingeschlossen und kapitulierte am 2. 2. 43. – Am 20. November 1942 hatte Generalfeldmarschall Rommel vor dem Ansturm der Briten unter General Montgomery die heftig umkämpfte Stellung von Benghasi endgültig räumen müssen, was den Beginn der deutschen Niederlage in Afrika bedeutete.

»... was später im Buch über Thomas Mann ausgeführt werden sollte.« 1950, zu des Dichters 75. Geburtstag, erschien Hans Mayers Buch »Thomas Mann. Werk und Entwicklung.« (Neuauflage 1975)

»... die eingehen sollten in das Buch ›Außenseiter‹ ...« Das Buch, das Mayers Opus magnum darstellt, erschien 1975 im Suhrkamp Verlag.

Meiners, Christoph (1747-1810). Der aus Warstade bei Otterndorf stammende Gelehrte und Literat war seit 1775 Ordinarius für Philosophie in Göttingen und machte sich, wie ein zeitgenössischer Biograph festhielt, mit einer »staunenswerten, ja entsetzlichen Menge schriftstellerischer Leistungen« einen Namen, von denen allerdings nur wenige »der spekulativen Philosophie« angehörten. Erwähnt seien etwa seine vierbändige »Geschichte des weiblichen Geschlechts« von 1788-1800 oder seine »Geschichte der Ungleichheit der Stände unter den europäischen Völkern« (1792). Die Semesterferien nutzte Meiners jeweils für ausgedehnte Wanderungen und Reisen. Dabei bereiste er in den Jahren 1782 und 1784 auch erstmals die Schweiz und berichtete darüber 1784 in seinen in Berlin verlegten, zwei Bände à 320 Seiten umfassenden »Briefen über die Schweiz«. Vom Erfolg der Publikation angespornt, bereiste er die Schweiz im Jahre 1788 von neuem, fügte den beiden ersten 1788 bzw. 1790 noch zwei weitere hinzu und ließ die ganze Sammlung 1791 in Tübingen in zweiter Auflage nochmals in vier Bänden herausgeben. Das Kapitel über Appenzell, das in vorliegendem Band wiedergegeben ist, entstammt dem 3. Band von Meiners' Werk, beruht also auf den Reisebeobachtungen von 1788 und folgt dem Abdruck in: Christoph Meiners, »Aus Briefen über die Schweiz«, Verlag Berichthaus, Zürich 1966, S. 165-172.

Mendelssohn-Bartholdy, Felix (1809-1847). Kurz nachdem er in Weimar Goethe kennengelernt hatte, durfte der Dreizehnjährige 1822 zusammen mit seinen Eltern erstmals in die Schweiz reisen. Anfang August 1831, nach einem mehrmonatigen Italienaufenthalt, betritt der Zweiundzwanzigjährige, von Mailand herkommend, das Land zum zweitenmal. Zum großen Teil zu Fuß, durchquert er das Land unter vielfach abenteuerlichen Umständen und hält dabei seine Eindrücke, Beobachtungen und Erfahrungen auf sehr direkte, spontane Art und Weise in Reisebriefen fest. Anfang September verläßt er die Schweiz wieder und gibt sich, bereits in Lindau, noch Rechenschaft über die letzte kurze Reiseetappe durch das Appenzellerland. Mendelssohn sah die Schweiz noch drei weitere Male: von Juli bis Oktober 1842 während eines Ferienaufenthalts zusammen mit seiner Frau Cäcilie geb. Jeanrenaud, 1846, als er in Interlaken an seinem Oratorium »Christus« arbeitete, und im Sommer 1847, kurz nach dem Tode seiner Schwester

Fanny und drei Monate bevor er selbst am 4. November 1847 mit 38 Jahren in Leipzig starb. Der Reisebrief vom 5. September 1831 aus Lindau ist entnommen aus Felix Mendelssohn-Bartholdy, »Reisebriefe aus den Jahren 1830 bis 1832«, hrsg. v. Paul Mendelssohn-Bartholdy, Verlag von Hermann Mendelssohn, 3. Auflage, Leipzig 1862, S. 268-271.

Michael, Friedrich (1892-1986). Der nachmalige Verleger des Insel-Verlags stand seit Dezember 1919 in Beziehung zur Schweiz: damals hatte ihn Hans Trog, Redaktor an der »Neuen Zürcher Zeitung«, mit der »NZZ«-Berichterstattung über das Leipziger kulturelle Leben betraut. Aber der Theaterfachmann, Literaturhistoriker und Rezensent lieferte nicht nur Informationen nach Zürich, sondern vertiefte in den zwanziger und dreißiger Jahren während vielerlei Reisen, Ferienaufenthalten und beruflichen Begegnungen seine Kenntnis von der Schweiz, ihrer Bevölkerung und ihrer Kultur. In einem Augenblick, als das Verhältnis zwischen Deutschland und der Schweiz äußerst gespannt erschien, war Michael, den der Nationalsozialismus in seiner integeren Haltung nicht hatte beirren können, darum in der Lage, ein so versöhnliches, verständnisvolles, wenn auch völlig unpolitisches Buch zu schreiben wie »Freunde in der Schweiz«, die erzählerische Summe seines Umgangs mit dem kleinen Nachbarland. Das im vorliegenden Band wiedergegebene Kapitel »Schwellenmätteli« umfaßt die Seiten 26-31 der Erstausgabe im Marion von Schröder Verlag, Hamburg 1939. »Freunde in der Schweiz« ist vollständig wieder abgedruckt in: Friedrich Michael, »So ernst wie heiter. Betrachtungen, Erinnerungen, Episteln und Glossen«, zusammen mit dem Verfasser ausgewählt und zusammengestellt von Volker Michels, Jan Thorbecke Verlag, Sigmaringen 1983.

»Die Bücher, die Hugo Marti veröffentlicht hat ...« Von Hugo Marti (1893-1937) sind zur Zeit die beiden Romane »Das Haus am Haff« und »Davoser Stundenbuch«, vermehrt um ein biographisches Nachwort von Charles Linsmayer, als Taschenbuchausgabe im »Weißen Programm Schweiz« des Suhrkamp-Verlags greifbar.

Minghetti, Marco (1818-1886). Der spätere Minister im Kabinett Cavour und führende italienische Staatsmann (Ministerpräsident 1863/64) unternahm im Jahre 1843, kurz nachdem der angehende Ökonom am dritten italienischen Wissenschaftskongreß in Florenz teilgenommen hatte, eine ausgedehnte Reise durch die Schweiz, Süddeutschland, Holland, Belgien und Preußen. Den ersten Teil der Reise, denjenigen durch die Schweiz, absolvierte er, einem damals vielgeübten Brauch entsprechend, zu Fuß. »Meine Genfer Beobachtungen« (Titel vom Herausgeber) ist ein Auszug aus Minghettis Memoiren, die 1888-1890 in drei Bänden in Florenz unter dem Titel »I miei ricordi« erschienen. Der vorliegende Abdruck folgt der Übersetzung von Adelheid Lohner in »Die Schweiz und Italien. Kulturbeziehungen aus zwei Jahrhunderten«, hrsg. v. Lavinia Mazzucchetti und Adelheid Lohner, Benziger Verlag, Einsiedeln 1941, S. 68-72.

»Dieser Van Berchem gehörte zu den konservativsten Kreisen der Stadt ...« Der Genfer Bankier und ehemalige napoleonische Offizier Guillaume Van

Berchem (1772-1857) war mit der Italienerin Caterina Ferucci verheiratet.

»... *die de la Rive, die Pictet, die Mercet, die Saladin* ...« Führende Familien der Genfer Aristokratie, deren restauratives Regiment 1846 durch die Radikalen, d. h. Freisinnigen, gestürzt werden sollte.

»... *Fazy, Carteret und andere Häupter der Genfer Demokratie* ...« James Fazy (1794-1878), Führer der Genfer Radikalen, ab 1846 Regierungschef und Schöpfer des modernen Genf. – Antoine-Desiré Carteret (1813-1889), Anhänger Fazys, kämpferischer radikaler Politiker.

»... *nach den Straßburger Vorfällen* ...« Am 30. 10. 1838 hatte Prinz Louis Napoleon, Neffe Napoleons I. und als Napoleon III. später Kaiser der Franzosen, vergeblich versucht, sich der Festung Straßburg zu bemächtigen. Kurze Zeit danach lebte er in der Schweiz, die ihn auf Verlangen Frankreichs des Landes verwies.

»... *Mazzini hatte von hier aus jenen kindischen Einfall nach Savoyen ins Werk gesetzt* ...« Giuseppe Mazzini (1805-1872) Anführer des nationalistischen italienischen Geheimbunds »La giovane Italia«, hatte 1834 in Bern die gesamteuropäische Parallelorganisation »Das junge Europa« gegründet und im gleichen Jahr von Genf aus versucht, in Savoyen einen Volksaufstand auszulösen. Im Zuge der Maßnahmen gegen »Das junge Europa« wurde er 1836 aus der Schweiz ausgewiesen.

»... *der Mailänder Camperio* ...« Philippe Camperio (1810-1882), Mitkämpfer Fazys 1846, war 1847-1870 Mitglied des Genfer Großen Rats, aber auch mehrfach Genfer Staatsrat, National- bzw. Ständerat.

»... *Gelehrte wie Candolle, Dumont, Sismondi, Pellegrino Rossi* ...« Augustin Pyramus de Candolle (1778-1841): berühmter Genfer Botaniker, Professor in Montpellier. – Etienne Louis Dumont (1757-1825): Genfer Theologe, Jurist und Publizist. – Jean-Charles Leonard Sismondi (1773-1842): Genfer Historiker und Ökonom, Begleiter der Madame de Staël in Deutschland. – Pellegrino Rossi (1787-1848): aus Italien stammender Genfer Jurist und Diplomat. Lebte seit 1833 in Frankreich.

»... *war es zu einem wirklichen Revolutionsversuch gekommen* ...« Im Februar 1843 kam es zu Krawallen in Genf, als die Radikalen vergeblich forderten, die vielen 1814 geschaffenen Kammern und Kommissionen, unter welche das restaurative Regime die Macht verteilt hatte, müßten aufgehoben werden.

»... *lernte ich Agassiz kennen* ...« Wohl den berühmten Naturforscher Louis Agasiz (1807-1873), der eben damals im Berner Oberland mit dem Studium der Gletscher befaßt war.

Moltke, Helmuth Graf von (1800-1891). Der preußische Generalfeldmarschall und Stratege des Sieges im Deutsch-Französischen Krieg von 1870/71 genoß im Deutschen Reich der Gründerzeit nicht nur als Kriegsheld, sondern darüber hinaus auch als Schriftsteller Anerkennung und Verehrung. Von 1892 bis 1912 erschienen, herausgegeben vom Großen Generalstab, seine Werke in 15 Bänden. Im Band sechs, Briefe, dritte Sammlung, der die

»Briefe des Generalfeldmarschalls Grafen Helmuth von Moltke an seine Braut und Frau« enthält (Deutsche Verlagsanstalt Stuttgart, Leipzig, Berlin, Wien 1892), finden sich im Anhang u. a. auch »Briefe Moltkes an andere Verwandte«, darunter S. 529-534 derjenige vom 27. April 1882 an seinen Neffen Henry, den der 82jährige nach einer Rundreise Zürich-Luzern-Gotthard-Lugano-Chiavenna-Splügen-Via Mala-Chur-Ragaz schrieb.

Mombert, Alfred (1872-1942). Der ekstatisch-visionäre Lyriker besuchte die Schweiz seit seinen Studentenjahren immer wieder und war ein glühender Bewunderer ihrer alpinen Landschaft. 1895, 1896, 1899, 1902 und 1903 verbrachte er den Sommer jeweils in den Schweizer Bergen und fand im Winterthurer Mäzen und Schriftsteller Hans Reinhart (1880-1963) früh schon einen begeisterten Schweizer Verehrer und Briefpartner. 1913, als er in Moscia Emil Ludwig besuchte, lernte er auch das Tessin kennen. Nach dem 1. Weltkrieg nahm er die Kontakte schon bald wieder auf. So fand z. B. am 6. 12. 1922 in Anwesenheit des Dichters in Zürich eine Aufführung seines Oratoriums »Der Sonne Geist« statt; drei Tage später las er in Winterthur aus seinen Werken vor. Auch 1923 hielt er sich wieder bei Hans Reinhart in Winterthur auf. In den Jahren 1925, 1926, 1928 und 1929 verbrachte er die Sommerferien wiederum in der Schweiz. Am 18. Februar 1932 fand anläßlich seines 60. Geburtstags und in seiner Anwesenheit in Zürich eine Feierstunde für ihn statt. Auch im August 1933, nachdem ihn die neuen Machthaber kurz zuvor aus der Preußischen Akademie der Künste ausgeschlossen hatten, verbrachte er seine Ferien wieder in Mürren im Berner Oberland. Obwohl seine Werke aus den Buchhandlungen verschwanden, blieb Mombert in Deutschland unbehelligt bis zum 22. Oktober 1940, als er durch die Gestapo verhaftet und zusammen mit seiner Schwester und weiteren 6500 Juden aus Baden und der Rheinpfalz ins Internierungslager von Gurs (Basses Pyrénées) transportiert wurde. Von dort aus schrieb er am 30. Oktober 1940 den im vorliegenden Band wiedergegebenen Brief an den Freund Hans Reinhart in Winterthur (Abdruck aus Alfred Mombert, »Briefe 1893-1942«. Herausgegeben von B. J. Morse, Verlag Lambert Schneider, Heidelberg 1961, S. 144-45). Nachdem Hans Carossa bei Goebbels interveniert und Hans Reinhart eine Kaution gestellt hatte, gelang es zunächst einmal, den Dichter und seine Schwester vom 7. April 1941 an ins Internierten-Sanatorium Idron-par-Pau (Basses-Pyrénées) umzuquartieren. Obwohl Hans Reinhart bereit war, den Dichter bei sich aufzunehmen, hatte Fremdenpolizeichef Heinrich Rothmund mit Schreiben vom 27. März 1941 an den antragstellenden Schweizer Schriftsteller-Verein eine Einreisebewilligung für die Schweiz zunächst abgelehnt: »Die Zahl der älteren Leute, die in der Schweiz ein Asyl finden möchten, ist groß; wir haben uns deshalb in den letzten Monaten gezwungen gesehen, die Einreise von älteren Leuten nur dann zu bewilligen, wenn sie *nahe* verwandtschaftliche Beziehungen zur Schweiz haben und solche finanzielle Sicherheiten vorhanden sind, daß sie den Lebensabend ungesorgt (sic) hier verbringen können.« (Brief im SSV-Archiv, Zürich) Erst als Hans Reinhart diese finanziellen Sicherheiten garantierte, stimmte Rothmund am 10. September 1941 einer Einreise Momberts zu. Am 11. Oktober 1941 trafen er und seine Schwester in Winterthur ein. Am 7. Februar 1942 fand im Rahmen der »Literarischen Vereinigung Winterthur« eine Feier zu seinem 70. Geburtstag statt, bei welcher Hans Reinhart ihm einen Privatdruck seines kurz vorher beendeten letzten Werks »Sfaira der Alte. Zweiter Teil« überreichte. Am 8. April starb der Dichter in Winterthur. In seinem Testament vom 23. Dezember 1941 hatte er verfügt: »Ich bitte, meine Asche nicht in der schweren Erde beizusetzen, sondern sie an einem heiteren Tag in die hohen Lüfte der Schweizer Hochgebirge hinauswehen zu lassen, die ich mein Leben lang geliebt habe ...« Da dies den gesetzlichen Bestimmungen widersprach, wurde Momberts Asche im Garten von Hans Reinharts Winterthurer Villa in einem Denkmal beigesetzt, das mit der Mombert-Büste von Arthur Zweiniger geschmückt war. Seit 1963 befindet sich dieses Denkmal in der Eingangshalle der Badischen Landesbibliothek Karlsruhe.

»Lieber Muri ...« Von Mombert für Reinhart erfundener Name. Nach dem arabischen »murid«, der Strebende.

»Es fließt Alles ab von mir wie großer Regen.« Zitat aus Momberts »Gedicht-Werk« »Der Denker«, Minden 1901, S. 159.

»... den Rettungswagen nach Deutschland ...« Im Original ist hier mit fremder Hand eingefügt: »die finanzielle Beihilfe«.

»... Dr. Richard Benz, sowie dem Majordomus Ludwig Jahn ...« Richard Benz (1884-1966), bedeutender, eng mit Heidelberg verbundener Kulturhistoriker, Musikwissenschaftler und Philosoph. – Die Lebensdaten von Momberts in Salzburg lebendem Freund Ludwig Jahn konnten nicht ermittelt werden.

»... Dr. Friedrich K. Benndorf, und auch an E. R. Weiß ...« Kurt Friedrich Benndorf (1871-1945), Lyriker, Essayist, Verfasser von drei Monographien über Mombert. – Emil Rudolf Weiß (1875-1942), Maler, Buch- und Schriftkünstler. Ihm hatte Mombert die typographische und künstlerische Gestaltung vieler seiner Bücher zu verdanken.

»... vielleicht Professor Faesi in Zürich ...« Robert Faesi (1883-1972), Zürcher Germanist und Schriftsteller. Gab laut Akten im Zürcher SSV-Archiv 1940 zu Gunsten des Dichters das Urteil ab: »Die Hochschätzung Momberts hat dem Wechsel des Zeitgeschmacks standgehalten und darf als dauernd gesichert gelten.«

»... vielleicht Hermann Haller ...« Der Schweizer Bildhauer Hermann Haller (1880-1950) hatte 1904 eine Mombert-Büste geschaffen.

»Mein letzter Verleger Hermann Schocken ...« Der Verleger Salman Schocken (1877-1960), Inhaber des jüdischen Berliner Schocken-Verlags, hatte 1936 den ersten Teil von Momberts Mythos »Sfaira der Alte« herausgebracht.

»Das eigentliche MS meiner letzten Dichtung ...« »Sfaira der Alte. Mythos. Zweiter Teil« erschien dann Anfang 1942 in Winterthur als Privatdruck.

»Ehe denn die Berge waren.« Psalm 90.2.

»... und Kareol ...« So hieß, nach Tristans Burg in Wagners »Tristan und Isolde«, Hans Reinharts Haus in Winterthur.

»Hier dreht sich Aeons ewiger Welten-Gang.« Zitat aus Momberts 1911 erschienenem Drama »Aeon vor Syrakus«.

Mügge, Theodor (1806-1861). Der einstmals vielgelesene Romancier – seine Romane erschienen 1862-1867 in einer 33bändigen Gesamtausgabe – war ein erstaunlich unkonventioneller Reiseschriftsteller, der sich sehr viel mehr für politische und soziale Zusammenhänge als für touristische Sehenswürdigkeiten interessierte. »Brandstiftung und Kindermord« (Titel vom Herausgeber) stammt aus Theodor Mügge, »Die Schweiz und ihre Zustände. Reiseerinnerungen«, drei Bände, Verlag C. F. Kius, Hannover 1847, Band 2, S. 303-308.

Musil, Robert (1880-1942). Auf dem Rückweg von einem Italienaufenthalt blieb Musil nach Hitlers Einmarsch in Österreich 1938 in der Schweiz hängen, in einem Land, in dem nach seinem Urteil »immerhin etwas Deutsch-ähnliches gesprochen wird«. Ohne sich wirklich integrieren zu können und unter ständiger Angst vor der Ausweisung lebte er, uneigennützig betreut von Freunden wie Fritz Wotruba und Robert Lejeune, zunächst in Zürich und dann in Genf, wo er bis zum Tode unter ungünstigen äußeren Bedingungen am »Mann ohne Eigenschaften« weiterarbeitete, dessen dritten, 1938 in Wien beschlagnahmten Teil Martha Musil nach seinem Tode auf eigene Kosten von einer Lausanner Druckerei herausbringen ließ, ohne daß dieses Ereignis von der schweizerischen Öffentlichkeit auch nur registriert worden wäre. »Kein Mensch in dieser Stadt hat weder von seinem Hiersein noch von seinem Weggehen gewußt«, schrieb Carl Jacob Burckhardt nach Musils Tod an Max Rychner. – Musils »Notizen zum Thema Schweiz« (Titel vom Herausgeber) sind Exzerpte aus seinen zwischen April 1938 und seinem Tod in der Schweiz niedergeschriebenen Tagebuchaufzeichnungen. Sie sind wiedergegeben nach dem Band »Tagebücher, Aphorismen, Essays und Reden«, hrsg. v. Adolf Frisé, Rowohlt Verlag, Reinbek bei Hamburg 1955. Die Zitate finden sich dort S. 430, S. 496/7, S. 512/13, S. 518, S. 520, S. 547, S. 549 und S. 553.

Nietzsche, Friedrich (1844-1900). Fast zehn Jahre lang war Nietzsche Dozent für klassische Philologie in Basel gewesen, als er 1879, kurz nach dem Rücktritt von der Professur, erstmals den Boden des Oberengadins betrat. 1881 kam er wieder in dieses »Land der Verheißung« zurück und entwickelte am Ufer des Silvaplanersees den Gedanken der »Ewigen Wiederkunft«, wie er im »Zarathustra« Bedeutung erlangen sollte. Bis 1889, bis zu seinem psychischen Zusammenbruch, verbrachte Nietzsche von da an seine Sommermonate regelmäßig in dem zu jener Zeit noch völlig unbekannten Dörfchen Sils-Maria, das durch ihn in die europäische Philosophiegeschichte eingehen und nach seinem Tode eine Zeitlang zu einem eigentlichen Nietzsche-Wallfahrtsort werden sollte. Nietzsches Umgang mit der Schweiz war aber keineswegs auf Basel und Sils-Maria eingeschränkt. Er hielt sich beispielsweise ganze 23 Mal in Tribschen bei Richard Wagner auf, und in Zürich versuchte er mit wenig Erfolg, ins Gespräch mit dem von ihm verehrten Gottfried Keller zu kommen. – Der Brief vom 28. Juni 1883 aus Sils-Maria an den Freund Carl von Gersdorf (1844-1904) ist wiedergegeben nach: Friedrich Nietzsche, »Gesammelte Briefe«, erster Band, herausgegeben von Peter Gast und Arthur Seidl, Schuster & Loeffler-Verlag, Berlin 1900, S. 239–242.

»... mein ›Zarathustra‹, der Dir in diesen Wochen übersandt sein wird ...« »Also sprach Zarathustra. Ein Buch für Alle und Keinen« erschien in vier Teilen 1883-1891, der erste, im Februar des gleichen Jahres in Rapallo entstandene Teil erschien im Sommer 1883.

»... schon im ›Wanderer und sein Schatten‹ habe ich gesagt ...« »Der Wanderer und sein Schatten« ist der »zweite und letzte Nachtrag zu der früher erschienenen Gedankensammlung ›Menschliches, Allzumenschliches. Ein Buch für freie Geister‹«, erschienen 1880.

Panizza, Oskar (1853-1921). Seiner »Himmels-Tragödie« »Das Liebeskonzil« wegen wurde Panizza im April 1895 zu einem Jahr Gefängnis verurteilt. Im Oktober 1896, zwei Monate nach der Haftentlassung und nachdem ihn seine »Rache-Arie« »Abschied von München« auf die Liste der steckbrieflich Gesuchten gebracht hatte, emigrierte er nach Zürich, wo er 1897 den Verlag und die Zeitschrift »Zürcher Diskußionen« gründete. In diesem Unternehmen veröffentlichte er nun die im Gefängnis entstandenen »Dialoge im Geiste Huttens«, die politische Satire »Psichopatia criminalis« und die historische Tragödie »Nero«. Auf den 1. Dezember 1898 wurde ihm, angeblich wegen seiner Rolle im Kuppelei-Prozeß gegen die Eheleute Rupf, die Aufenthaltsbewilligung für Zürich entzogen. Bis 1902 erschienen, von Paris aus redigiert, noch zehn weitere Hefte der »Zürcher Diskußionen«. Die 60 von ihm selbst stammenden Artikel waren das letzte, was er zu Lebzeiten publizierte. Ab 1904 lebte er, seit 1905 entmündigt, in verschiedenen bayrischen Irrenanstalten. »Olga oder Meine Ausweisung aus Zürich« (Titel vom Herausgeber) ist ein Teildruck (S. 6-8) aus Heft XII des 1. Jahrgangs (1897-98) der »Zürcher Diskußionen. Flugblätter aus dem Gesamtgebiet des modernen Lebens«, Verlag Zürcher Diskußionen, Zürich, Juni 1899. Panizzas »ausführliche Darlegung der Umstände gelegentlich der Ausweisung des Herausgebers der ›Zürcher Diskußionen‹ aus Zürich«, geschrieben Ende Dezember 1898 in Paris, mündet nach einem zweiten, dialogischen Teil schließlich in einen Aufruf an die »Zürcher Polizeidirekzion«, ihn, Panizza, öffentlich zu »desawuiren«, falls etwas an seiner Darstellung unrichtig sei. Dann folgt nachstehende großartige, unvermindert aktuelle Passage: *»Ich fordere aber auch den großen Unbekannten, der mich in Wirklichkeit aus Zürich ausgewiesen hat, auf, sich zu nennen. Die Unterschiede unter den Menschen sind heute nicht mehr so groß, daß der Eine alles Unrecht öffentlich zu leiden, der Andere alles Unrecht im Geheimen auszuüben befugt wäre. Möge er, der große Unbekannte, sich daran erinnern, wenn er einmal ausgewiesen wird, daß es bitter ist, über Nacht und Nebel* *seine Koffer packen zu müssen und unter scheinheiligen, unsittlichen Verdachtsgründen einer Meute von frohlockenden Fremden hilflos sich ausgeliefert zu sehen. – Wir Schriftsteller haben es dabei vielleicht noch verhältnismäßig leicht. Wir sind gestern in Zürich, vorgestern in München, heute in Paris, morgen in London. Unsere Feder ist ein leichtes Gepäck. Und Tinte gibt es überall. Und sollte einmal die Konstellation der Mächte sich unserem Fortkommen im Abendlande allzu ungünstig erweisen, so werden wir in der schwarzen Neger-Republik St.-Domingo immer noch ein Unterkommen finden. Aber er wird, ausgewiesen, nirgends ein Unterkommen finden, er wird keinen Ort finden, wo er sein früheres Gewerbe fortsetzen könnte. Nicht die kleinste Insel im Stillen Ozean wird zu seiner Verfügung stehen. Möge er sich dann an all' die Tausende von ihm Malträtierten erinnern.«*

»... in Eingang zur Doppel-Diskußion über ›Agnes Blannbekin‹ ...« Panizza bezieht sich auf seinen Artikel »Agnes Blannbekin, eine österreichische Schwärmerin aus dem 13. Jahrhundert, nach den Quellen« im Doppelheft 10/11 der »Zürcher Diskußionen«.

»... in M. G. Conrads ›Gesellschaft‹ in einem Aufsaz, ›Prostituzion‹ ...« Panizza bezieht sich auf seinen Artikel »Prostitution. Eine Gegenwartsstudie« in »Die Gesellschaft«, Jahrg. 8, Heft 9, September 1892, S. 1159-1183.

»Und eine Frau, Gräfin zu Reventlow ...« Von Franziska Gräfin zu Reventlow (1871-1918) war in Heft 6 der »Zürcher Diskußionen« (Mai 1898) ein Aufsatz des Titels »Das Männerphantom der Frau« erschienen. Aus diesem Text stammt der von Panizza zitierte Satz.

»... auf dem ›Künstlergütli‹ bei den Professoren Modell stand ...« Bis zum Jahre 1911, als es abgerissen wurde, war das »Künstlergütli« an der Künstlergasse das Ausstellungs- und Versammlungslokal der Zürcher Künstlerschaft. Heute befindet sich an seiner Stelle die Mensa der Universität.

Paulhan, Jean (1884-1968). Der aus Nîmes gebürtige Sohn eines Psychologen gehörte seit den zwanziger Jahren zu den führenden Essayisten und Kritikern der französischen Metropole. Zwischen 1925 und 1940 leitete er die »Nouvelle Revue française«, deren Redaktion er zusammen mit Marcel Arland auch von 1953 bis zu seinem Tode im Jahre 1968 wieder innehatte. Aufsehen erregte er 1952 mit seiner »Lettre aux directeurs de la Résistance«, mit welcher er als ehemaliges Mitglied der Résistance gegen die Racheakte nach der Befreiung Protest erhob. Seit 1963 war Paulhan Mitglied der Académie française. – Im Sommer 1945 hatte er mit anderen Franzosen zusammen von einer schweizerischen Organisation eine Einladung bekommen, auf ihre Kosten die Schweiz zu bereisen. Seine Eindrücke hielt Paulhan in einem schmalen »Guide d'un petit voyage en Suisse« fest, den er 1947 bei Gallimard in Paris erscheinen ließ. Der Textausschnitt »Angesichts eines Schweizer Gletschers« (Titel vom Herausgeber) umfaßt die Seiten 59-66 dieses Buches und wurde von Alfred Sproede eigens für den vorliegenden Band ins Deutsche übertragen.

»... den Prospekt des kleinen Hotels von Guarda ...« Guarda ist ein Dorf

im Unter-Engadin, 1653 Meter über Meer. Bei dem Hotel muß es sich um das heute noch bestehende Hotel Meisser gehandelt haben.

»... als ich vor dem verführerisch luxuriösen Haus ... ankam ...« Guarda ist berühmt für sein unverändert erhaltenes altes Ortsbild und die charakteristischen Sgraffitodekorationen. Paulhan hatte am Vorabend ein Haus mit besonders schönen Sgraffiti entdeckt, wobei zusätzlich noch eine hübsche junge Hausbewohnerin in einem roten Kleid seine Aufmerksamkeit erregt hatte.

»... machten wir uns auf den Weg zum Gletscher ...« Es kann sich nur um den Fermunt-Gletscher gehandelt haben, der damals noch von der Alp Sura (2130 m) aus bequem zu besichtigen war. Der Gletscher, der sich inzwischen stark zurückgebildet hat, ist mit brüchigem Abbruchgestein versetzt und wirkt daher wie grau meliert.

»... fühlten wir uns alle drei ein wenig müde ...« Der Berichterstatter unternahm seine Reise in Begleitung des Architekten Auxionnaz und des Malers Limérique.

Piccolomini, Enea Silvio (1405-1464). Als Sekretär des Kardinals Domenico da Capranica reiste der Jurist und Humanist, Abkömmling einer verarmten Adelsfamilie aus Siena, 1432 nach Basel und spielte am dortigen Konzil trotz seines jugendlichen Alters bald eine maßgebliche Rolle. Als der in Basel gekürte Gegenpapst Felix V., in dessen Dienst er zunächst trat, augenscheinlich glücklos blieb, ging Piccolomini 1442 auf dem Reichstag von Frankfurt ins Lager des romtreuen Kaisers Friedrich III. über und versöhnte sich als dessen Gesandter 1445 in Rom mit Papst Eugen IV. Die Belohnungen blieben nicht aus: 1450 wurde er Bischof seiner Heimatstadt Siena, 1451 leitete er eine päpstliche Gesandtschaft nach Böhmen, 1456 wurde er Kardinal, und 1458 wählte das Konklave ihn als Pius II. zum Papst. Das große Ziel, das er während seines Pontifikats anstrebte – einen Kreuzzug des Abendlandes mit dem Papst an der Spitze – vereitelte indessen sein früher Tod im Jahre 1464. Piccolomini, der vom deutschen Kaiser 1442 zum Dichter gekrönt worden war, besaß nicht nur als Politiker und Kleriker, sondern vor allem auch als Schriftsteller, Dramatiker, Redner, Briefschreiber, Historiker, Biograph und Autobiograph hervorragende Bedeutung. »Was mir von Basel erzählenswert scheint« (Titel vom Herausgeber) ist der zweite Teil von Piccolominis Brief vom Juli 1434 aus Mailand an den Kardinallegaten Giuliano de'Cesarini, wiedergegeben nach: Enea Silvio Piccolomini, »Briefe und Dichtungen«, aus dem Lateinischen übertragen von Max Mell, Winkler Verlag, München 1966, S. 15-27, S. 19-27.

»... ein heftiges Erdbeben habe ... Basel gänzlich zerstört ...« Anspielung auf das Erdbeben vom 18. 10. 1356, dem ein großer Teil der Stadt zum Opfer fiel.

»... der Stadt, in der Papst Martin der Fünfte ... gewählt wurde ...« Mit der Wahl Martin V. war 1415 auf dem Konzil von Konstanz die Einheit der Kirche wiederhergestellt worden.

»... zu der über dem Rhein gelegenen Festung Kaiserstuhl ...« Die römi-

sche Gründung von Kaiserstuhl wird durch die moderne Forschung in Abrede gestellt. Die Stadtgründung erfolgte im 13. Jahrhundert.

»... nach ihrer Vertreibung verwendete man die Grabsteine zu diesem Bau ...« Wie in den größeren Städten der Eidgenossenschaft und des Elsaß wurden die Juden 1348-49 unter der Anschuldigung, sie hätten die Pest verschuldet, grausam verfolgt und vertrieben.

»Für die Wissenschaften und schönen Künste haben sie nichts übrig ...« Schon während des Konzils, an dem Piccolomini teilnahm, entstanden die ersten Pläne für die Basler Universität, die dann 1460 gegründet wurde.

Pilati di Tassulo, Carlo Antonio di (1733-1802). Einer noblen, in Tassulo (Trento) domizilierten Familie entstammend, wurde Carlantonio Pilati, wie er sich schrieb, in Salzburg erzogen und studierte anschließend an den Universitäten von Leipzig und Göttingen Philosophie, Jurisprudenz, Wirtschafts- und Staatswissenschaften. Ständig unterwegs zwischen Deutschland, Frankreich und Italien wurde Pilati als Schriftsteller und reisender Vortragsredner bald einmal zu einem wichtigen Vermittler der französischen Revolutionsideen. 1767-1769 hielt er sich auf Betreiben Ulisses von Salis-Marschlins in Chur auf und nahm in aufklärerischem Sinne aktiv Einfluß auf die politische und kulturelle Entwicklung der drei Bünde. Nachdem er in Venedig mit knapper Not der Verfolgung durch die Inquisition entkommen war, begab Pilati sich nach Berlin in den Dienst Friedrich II., der ihm eine Pension von 500 Talern aussetzte. Seit 1779 lebte Pilati wieder im Trento und begrüßte enthusiastisch die Ankunft Napoleons, von dem er sich eine Loslösung seiner Heimat von Österreich erhoffte – eine Hoffnung, die durch den Frieden von Lunéville 1801 zunichtegemacht wurde. Pilati, der wechselweise auf deutsch, französisch und italienisch publizierte, veröffentlichte 1777 in Den Haag eine zweibändige Sammlung seiner Reiseberichte unter dem Titel »Voyages en différens pays de l'Europe en 1774, 1775 et 1776, en lettres écrites de l'Allemagne, de la Suisse, de l'Italie et de Paris«. 1778 kam eine zweite Auflage des gleichen Werks »En Suisse, chez les libraires associés« heraus, und im gleichen Jahr erschien in Leipzig eine deutsche Übersetzung. »Die patrizische Schweiz« (Titel vom Herausgeber) folgt dem französischen Erstabdruck Bd. I, S. 154-158 bzw. S. 167-173 und wurde von Alfred Sproede eigens für den vorliegenden Band ins Deutsche übertragen.

»... nach meiner Abreise aus Chur ...« Pilati hatte bis 1769 zwei Jahre lang dort gelebt.

»Im Augenblick befinden Sie sich in einem Land ...« Die Briefe, die ja zuerst in Den Haag erschienen, waren an einen holländischen Freund gerichtet.

»... die größte von allen ist die Schinznacher Gesellschaft ...« Die 1761-1858 bestehende »Helvetische Gesellschaft«, die bis 1781 an ihrem Gründungsort Schinznach tagte.

Platen, August Graf von (1796-1853). Nachdem der Zwanzigjährige 1815 als Unterleutnant ohne eigentlichen Kampfeinsatz am zweiten Feldzug gegen

Napoleon teilgenommen hatte und das Leben in der Münchner Garnison ihm zermürbend langweilig vorkam, schickten die Eltern ihn zur Erholung auf eine der damals üblichen Schweizerreisen. »Wie ich mich wohlfühle«, notierte er sich am 28. Juni 1816, kurz vor dem Grenzübertritt, in sein Tagebuch, »seitdem ich Hoffnung habe, die freie Natur eine Zeitlang ungestört zu genießen, seitdem ich einem traurigen Schlendrian entkommen bin, jenen bunten Rock, jenen tatenlosen Degen von mir warf, vermag ich kaum zu schildern.« (»Platens Tagebuch«, Stuttgart 1860, S. 109) Platen war vier Wochen in der Schweiz unterwegs und reiste über Schaffhausen, Zürich, Luzern, Andermatt ins Berner Oberland, von da aus über Bern an den Bielersee und über Aarau, Zürich, Glarus, Appenzell, St. Gallen, Rorschach zurück nach München, wo er am 5. August eintraf. Der junge Mann führte nicht nur minutiös genau Tagebuch, sondern er unterrichtete in regelmäßigen Abständen und in numerierten Briefen auch seine Eltern über die einzelnen Etappen seiner Reise. Der Brief aus Nidau vom 21. Juli 1816 ist wiedergegeben nach: »Der Briefwechsel des Grafen August von Platen«. Herausgegeben von Ludwig von Scheffler und Paul Bornstein. Erster Band, Verlag Georg Müller, München 1911, S. 368-69. Platens Schreibweise wurde dabei unverändert übernommen.

»... hätte ich nicht die Petersinsel im Bieler See sehen wollen ...« Bevor er von Bern des Landes verwiesen wurde, lebte Jean-Jacques Rousseau (1712-1778) 1765 sechs Wochen lang auf der Petersinsel im Bielersee.

»... über Hospital nach Realp ins Kloster ...« Über Hospental nach dem Hospiz von Realp, das von Kapuzinern geführt wurde und wo u. a. 1779 auch Goethe übernachtet hatte.

»... in den Kanton Wallis nach Obergestelen ...« Obergesteln unterhalb Gletsch an der Rhone, ein Dorf, das früher als alpiner Handelsknotenpunkt zwischen den verschiedenen Paßwegen Bedeutung hatte.

»... der jetzige Amtmann ist ein Sohn des großen Hallers.« Albrecht von Haller (1758-1823), der jüngste Sohn des Dichters der »Alpen«, war 1816-1821 Oberamtmann von Interlaken.

»... nach Hofwyl konnte ich nicht ...« In Hofwil bei Münchenbuchsee befand sich die weltberühmte Erziehungsanstalt des Philipp Emanuel von Fellenberg (1771-1844).

Poggio di Guccio Bracciolini, Gian Francesco (1380-1459). Der aus Florenz stammende humanistische Gelehrte war 1403 als Mitarbeiter eines Kardinals nach Rom gekommen und hatte es schon bald zum persönlichen Sekretär von Papst Bonifaz IX. gebracht. 1414 reiste er im Gefolge des Gegenpapstes Johannes XXIII. zum Konzil von Konstanz. Poggio nutzte die Mußezeit während der vierjährigen Dauer des Konzils, um, wie C. F. Meyer es in seiner Novelle »Plautus im Nonnenkloster« humorvoll dargestellt hat, in den Klosterbibliotheken Süddeutschlands, Frankreichs und der Schweiz nach alten römischen Handschriften zu suchen. Eines Gichtleidens wegen suchte er 1416 die Bäder von Baden an der Limmat auf – die Stadt war kurz zuvor von den Eidgenossen erobert worden – und berichtete in einem lateinischen Brief an den Florentiner Kaufmann und väterlichen Freund Niccolò Niccoli (1364-1437) auf sehr anschauliche Weise über das, was er dabei erlebt hatte. – Der Nachdruck im vorliegenden Band basiert auf der Übersetzung, die Hans Jörg Schweizer für die »Badener Neujahrsblätter«, Baden (Schweiz) 1980, geschaffen hat. Ebenso sind die nachfolgenden Erklärungen seinem Kommentar zu jener Ausgabe verpflichtet.

»... ein zweiter, den ich an Leonardo schrieb ...« Wohl Leonardo Bruni aus Arezzo, genannt Aretinus (1369-1444).

»... die Übersetzungstechnik des Hieronymus ...« Der Kirchenvater Hieronymus (331-420), als Bibelübersetzer Schöpfer der »Vulgata«.

»... nicht bei Heliogabal in die Schule gegangen ...« Der seiner ausschweifenden Lebenshaltung wegen berüchtigte römische Kaiser Heliogabal, der 218-222 regierte.

»... während vor mein inneres Auge die Spiele des Florafestes traten ...« Die sog. »Ludi Florales«, die Ende April stattfanden und bei welchen die Tänzerinnen sich auf Verlangen des Publikums entblößen mußten.

»... wie Jupiter Danae durch das Dach als goldener Regen sich genaht ...« Anspielung auf das Stück »Eunuchus« von Terenz, in welchem ein Jüngling als Eunuch verkleidet ins Haus der Geliebten eindringt und sie sinnend vor einem Bilde sitzen sieht, auf dem Gott Jupiter, um Danae in seine Arme zu bekommen, genau das tut, was er zu tun im Begriffe steht.

»... schon dem Manne erblüht, schon voll im heiratsfähigen Alter ...« Wörtliches Zitat aus Vergils »Aeneis«, Buch VII, Vers 53.

»... im Heautontimorumenos ...« Eig. »Einer, der sich selber quält«: Titel einer Komödie von Terenz.

»... sie in die Musikstunde zu begleiten und wieder heimzuführen ...« Laut Hans Jörg Schweizer ist dies ein genaues Komödienzitat und stammt aus »Phormio« von Terenz: »Es blieb ihm nichts anderes, als an ihr seine Augen zu weiden, ihr nachzugehen, sie in die Musikschule zu begleiten und wieder heimzuführen.«

»... das Gesetz gegen unrechtmäßige Bewerbung ...« Anspielung auf jene Gesetze, die im alten Rom übermäßigen Stimmenfang vor Wahlen unter Strafe stellten.

»Auch vestalische Jungfrauen ...« Poggio gibt hier den Nonnen die Namen jener römischen Vesta-Priesterinnen, die zur Keuschheit verpflichtet waren, korrigiert sich jedoch gleich wieder, indem er sie dem lasziven Florakult zuordnet.

»Laßt in meinem Namen Nicola und Lorenzo grüßen und sagt auch Cosimo einen Gruß.« Vermutlich Nicola, Lorenzo und Cosimo aus der mächtigen Florentiner Familie der Medici.

Polgar, Alfred (1875-1955). Wie viele andere Intellektuelle mußte auch der aus Österreich stammende Publizist und Kritiker nach Hitlers Machtübernahme seinen angestammten Berliner Wirkungsbereich über Nacht verlassen. Noch blieben – von nun an als Hauptwohnsitz – Wien, blieben Prag und Zürich, wo Polgar im Frühling 1933 mit Carl Seelig zusammensaß und sich ihm die Möglichkeit eröffnete, von Paris aus nicht nur fürs »Prager Tagblatt«, sondern auch für Schweizer Zeitungen (»Tages-Anzeiger«, Zürich, später »NZZ«, Basler »National-Zeitung«, »Die Nation«, Bern) zu berichten. Nach dem Anschluß Österreichs beantragte Polgar vergeblich eine Schweizer Arbeitsbewilligung. Sie wurde ihm auf ein negatives Gutachten des Schweizer Schriftstellervereins hin (»... muß festgestellt werden, daß das Schaffen Alfred Polgars nicht von derartiger Bedeutung ist, daß er eine wirkliche Bereicherung des geistigen Lebens unseres Landes darstellte ...«) verweigert, so daß er definitiv nach Paris ziehen mußte, wo er u. a. als Inserattexter für eine Schweizer Zigarettenfirma arbeitete. 1940, nach dem deutschen Einmarsch in Frankreich, gelangte das Ehepaar Polgar auf abenteuerlichem Wege illegal über die Pyrenäengrenze nach Spanien und zu Schiff weiter nach New York, wo der Schriftsteller Drehbücher für Metro-Goldwyn-Mayer schreiben konnte. 1949 kehrte Polgar erstmals nach Europa zurück und machte dabei auch in Zürich Station. Weitere Europa-Aufenthalte folgten 1951 und 1952. Ab Februar 1953 lebte er wieder definitiv in Europa und hielt sich vorwiegend im Hotel Urban in Zürich auf. In diesem Hotel starb Polgar am 24. April 1955, nachdem er am Vorabend noch eine Theaterkritik an die Wiener Zeitschrift »FORUM« abgeschickt hatte. »In der Fremde« stammt aus der Zeitung »Die Nation«, Bern, 7. April 1938. Es handelt sich dabei um eine völlig veränderte, in ihrer Quintessenz der ersten diametral entgegenstehende Fassung der Glosse »Fremde Stadt« aus dem »Berliner Tageblatt« vom 17. 8. 1928 (wieder abgedruckt in »Schwarz auf Weiß«, Bln. 1929 und »Kleine Schriften« Bd. 2, Reinbek 1983). Das »Gefühl, nicht in ihr (der Stadt) daheim zu sein«, wurde in der Erstfassung noch zum »positiven Lustgefühl«, und als Abschluß hieß es zynisch: »Lebewohl, gute Stadt, die mir ans Herz gewachsen, weil sie mir gleichgültig ist! Morgen geht es nach Hause, wo in schrecklich vertrauten Gesichtern die eigene Fratze sich spiegelt, Gewohnheit ihre klebrigen Spuren nötigt, die Freundschaft lauert, und die Liebe ihre zarten Stahltrossen spinnt. O süße Heimat!«

Robert, François (1737-1819). Der Mathematik- und Philosophie-Lehrer am Collège von Châlons-sur-Saône avancierte 1780 zum Ingénieur géographe du roi. 1797 war er für kurze Zeit Mitglied der Nationalversammlung. Robert, dessen geographische Methode vor allem in einem Rekognoszieren vor Ort bestand und sich weit über das rein Physikalische hinaus auch auf die Wirtschaft und Gesellschaft eines Landes erstreckte, war Mitglied der Berliner und der Bologneser wissenschaftlichen Akademien. Er starb 1819 im sächsischen Heiligenstadt, als er eben im Begriffe stand, Material für eine geographische Studie über Deutschland zu sammeln. Im Revolutionsjahr 1789, als Frankreich begierig war auf Informationen über andere Möglichkeiten staatlicher Organisation, ließ er in Paris seinen zweibändigen, über 700seitigen Bericht »Voyage dans les XIII cantons suisses, les Grisons, le Valais et autres pays et états alliés ou sujets des Suisses« erscheinen, ein geographisch-volkswirtschaftliches Handbuch, das auf so großes Interesse stieß, daß es sogleich auch auf Deutsch übersetzt wurde und 1790/91 unter dem Titel »Herrn Roberts, Königlich Französischen Erdbeschreibers Reise in die dryzehn Cantone der Schweiz, nach Graubündten, dem Walliserlande, den übrigen zugewandten Orten und Unterthanen der Eidgenossenschaft« bei Johann Friedrich Unger in Berlin in zwei Bänden gedruckt wurde. Dem Band I dieser anonymen Übersetzung S. 7-16 ist der Auszug »Die allgemeine Eidgenossenschaft der Schweizer und Graubündner« entnommen.

»... die Tagsatzungen der Eidgenossenschaft ...« Bis 1848 war die an wechselnden Orten stattfindende Tagsatzung die einzige gemeinsame Einrichtung des lockeren Staatenbundes Eidgenossenschaft.

Rolland, Romain (1866-1944). Der Verfasser des »Jean Christophe« und von »Au-dessus de la Mêlée« hatte engere Beziehungen zur Schweiz als jeder andere französische Autor dieses Jahrhunderts. Als Kind schon verbrachte er fast jedes Jahr einige Wochen in den Schweizer Bergen, begegnete in Villeneuve Victor Hugo, in Interlaken Clara Schumann. Der erste Gedanke an »Jean Christophe« kam ihm in einer Gewitternacht des Jahres 1901 in Morschach am Vierwaldstättersee, und den ersten Band des Romans schrieb er auf der Frohburg oberhalb von Olten im Sommer 1903. In den folgenden Jahren konnte man ihn in St. Moritz, Heiden, Zug, Zürich, auf dem Mont-Pélerin, in Genf und mehrfach in Schönbrunn bei Zug antreffen, wo er 1911 den neunten Band seines Romans abschließen konnte. Zu Beginn des Ersten Weltkriegs beschloß er, sich ganz in der Schweiz niederzulassen, um da »das bessere Frankreich und das bessere Europa zu verteidigen«. Mit der Artikelserie »Au-dessus de la mêlée« setzte er sich rasch an die Spitze des französischen Pazifismus in der Schweiz, galt aber bald einmal unter den Kriegsgegnern aller Länder als weithin respektierte Autorität. Als er 1915 den Literaturnobelpreis erhielt, gab er einen großen Teil der Preissumme an das Rote Kreuz weiter, bei dessen Genfer Kriegsgefangenenfürsorge er damals arbeitete. Nach Kriegsende lebte er zwei Jahre in Paris, kehrte dann aber in die Schweiz zurück und wohnte, wenn er sich nicht gerade auf dem Rigi oder in Engelberg aufhielt, in Villeneuve am Genfersee, wo ihn Dichter und Staatsmänner aus aller Welt aufsuchten. Erst 1938, als ihm die Bundespolizei den Bezug von revolutionärer russischer Literatur verboten hatte, verließ Rolland, der sich nach 1933 immer stärker als Antifaschist und Anhänger der Volksfront profiliert hatte, zusammen mit seiner russischen Frau Maria Koudascheva die Schweiz und zog nach Vézelay, einem unmittelbar vor Genf gelegenen französischen Dorf. »Nicht ohne Qual habe ich mich entschlossen, die Schweiz zu verlassen, weil ich hier keine Luft mehr zum Atmen finde. Die ›braune‹ oder ›schwarze‹ Pest hat sie infiziert. Mein Platz ist im Frankreich der Volksfront – und dies um so mehr, als es bedroht ist.« (Dezember 1937, an Toshihiko Katayama) – »Bei Hermann Hesse in Bern« (Titel vom Herausgeber) stammt aus: Romain Rolland, »Zwischen den Völkern. Aufzeichnungen und Dokumente aus den Jahren 1914-1919«, übersetzt von Ré Soupault, zwei Bände, Büchergilde Gutenberg, Zürich 1954, Band 1, S. 472-475 (Copyright bei DVA, Stuttgart). – Rolland war im November 1914 auf Hesse aufmerksam geworden, als er auf dessen Artikel »Freunde, nicht diese Töne« in der »NZZ« stieß. Im Februar 1915 begann ein Briefwechsel zwischen den beiden Schriftstellern, der bis ins Frühjahr 1938 andauerte (siehe dazu: »Cahier Romain Rolland« 21, Paris 1972).

»... dazu gehören die ›Weißen Blätter‹ ...« Ab 1916 erschienen die seit 1913 bestehenden »Weißen Blätter«, eine der wichtigsten expressionistischen Zeitschriften, unter der Redaktion von René Schickele in der Schweiz.

Sachs, Nelly (1891-1970). Die Dichterin, in deren schmalem Werk das Schicksal der Juden im 20. Jahrhundert eine bewegende Darstellung und Deutung erfahren sollte, ist den Häschern buchstäblich in letzter Minute entkommen, als sie nach langwierigen Bemühungen 1940, gleichzeitig mit dem Einweisungsbefehl für das Konzentrationslager, ein schwedisches Transitvisum für eine Reise in die USA erhielt. In Stockholm, wo sie von Freunden liebevoll aufgenommen wurde, schrieb sie dann jene bewegenden lyrischen Werke, die lange Zeit nur Insidern bekannt waren, bis sie dann, als sie einer weiteren literarischen Öffentlichkeit zu Bewußtsein kamen, mit dem »Preis des deutschen Buchhandels« und mit dem Nobelpreis geehrt wurden: »Eli«, »In den Wohnungen des Todes«, »Grabschriften in die Luft geschrieben«, »Sternverdunkelung«, »Flucht und Verwandlung«. Zur Schweiz gewann die Dichterin, sieht man vom früh einsetzenden Briefwechsel mit Hermann Hesse einmal ab, erst spät eine gewisse Beziehung, die allerdings immer einzelnen Menschen, nie dem Land als solchem galt. 1946 bereits hatte Max Rychner in der Zürcher Tageszeitung »Die Tat« eine ganze Reihe von Gedichten der Nelly Sachs publiziert, Hans Rudolf Hilty doppelte ab 1958 in seiner Zeitschrift »Hortulus« mehrfach nach. Auch wiesen Schweizer Rezensenten – Carl Seelig und Werner Weber z. B. – immer wieder mit Nachdruck auf Werk und Bedeutung der Dichterin hin. So gestaltete sich die kurze Reise in die Schweiz, die sie Ende Mai 1960 antrat, um von Zürich aus nach Meersburg zur Entgegennahme des Droste-Preises zu fahren und anschließend ein paar Tage bei Alfred und Gisela Andersch im Tessin zu verbringen, zu einem einzigen Triumphzug. Die drei »Briefe aus der Schweiz«, die Nelly Sachs von Zürich und Ascona aus zwischen dem 26. Mai und dem 4. Juni 1960 an ihre schwedischen Freunde Ilse und Moses Pergament schrieb, sind dem Band »Briefe der Nelly Sachs« entnommen, den Ruth Dinesen und Helmut Müssener 1984 im Suhrkamp Verlag, Frankfurt am Main, herausgegeben haben, und stehen dort auf S. 247-249.

»Ilschen Moses –« Für die Freundin Ilse Pergament geb. Kutzleb (1906-1960) und deren Ehemann, den Komponisten Moses Pergament (1893-1977) gemeinsam geltende Anrede.

»... die Familie Celan aus Paris ...« Der Lyriker Paul Celan (1920-1970) und seine Frau Gisèle Celan-Lestrange. Mit Paul Celan stand Nelly Sachs in einem intensiven Briefwechsel.

»... Ingeborg Bachmann, Dr. Hilty ...« Mit der Dichterin Ingeborg Bachmann (1926-1973) begann damals eine freundschaftliche Beziehung. – Der Schweizer Publizist, Schriftsteller und »Hortulus«-Herausgeber Hans Rudolf Hilty (* 1925) sollte am 29. Mai in Meersburg die Laudatio bei der Übergabe des Droste-Preises halten.

»Eva-Lisa ist so froh ...« Die schwedische Rezitatorin Eva-Lisa Lennartsson (* 1910).

»Gudrun kam nach Meersburg ...« Gudrun Dähnert geb. Harlan (1907-1976), Nelly Sachs' älteste Freundin und Begleiterin in die Emigration.

»... hier Andersch und seine Frau ...« Alfred Andersch (1914-1980), der mit seiner Frau, der Grafikerin Gisela Andersch, seit 1958 im Tessin lebte, gehörte seit 1956 zu den Freunden und Förderern von Nelly Sachs.

»... zu Paul u. Giséle und dem Märchenknaben ...« Zum Ehepaar Celan und ihrem Sohn Eric.

»Heizung war die letzte Zeit nicht mehr in Bergsundstr ...« Nelly Sachs wohnte von 1948 bis zu ihrem Tode im Haus Bergsundstrand 23 in Stockholm.

»Muß die schwedische Anthologie fertig machen ...« Nelly Sachs plante eine großangelegte schwedische Anthologie, die dann aber nicht zustandekam.

»... nach Sigtuna, um Neues zu arbeiten ...« Die Sigtuna-Stiftung, eine schwedische Heimvolkshochschule, wo Nelly Sachs schon einige Male zur Erholung weilte.

»In Zürich habe ich eingelesen ...« Nelly Sachs hatte Aufnahmen für eine Radiosendung gemacht.

»... stand in d. Zürcher neuen Zeitung so Schönes von Kulturchef Weber ...« Werner Weber, »Zur Verleihung des Droste-Preises 1960«, »NZZ«, 29. 5. 1960.

»Dann Max Frisch kennengelernt – Bächeli – Schifferli – ...« Samuel Bächeli: Redaktor bei Radio Zürich. – Peter Schifferli (1921-1980): Verleger, Gründer und Leiter des Arche-Verlags, Zürich.

Scheffel, Josef Viktor von (1826-1886). Der Dichter des »Ekkehard« war schon als Kind mit seiner Mutter in Zürich zu Besuch gewesen. 1849 betrat der frischgebackene Dr. jur. die Schweiz wieder, um mit einem Freund zusammen eine Ferienwanderung durch Graubünden an den Comersee zu unternehmen. 1850 dann unternahm er eine eigentliche »klassische« Schweizerreise mit Aufenthalten am Genfersee, im Tessin, in Luzern und auf dem Rigi. 1851 durchwanderte er das Rheintal, das Engadin und das Veltlin und berichtete darüber in der »Augsburger Allgemeinen« unter dem Titel »Aus den rhätischen Alpen«. 1854 schließlich wurde die Schweiz für Scheffel zu literarischem Gebiet: nachdem er im März dieses Jahres den Beschluß zu seinem »Ekkehard« gefaßt hatte, bereiste er im April die ins Auge gefaßten Schauplätze Bodensee, Reichenau, St. Gallen, Hohentwiel. Als im August seine Schwester Emma heiratete, wurde das Erlebnis der Hochzeit für ihn zur psychischen Katastrophe. Er floh in die Berge und lernte dabei am

3. September 1854 das Wildkirchli unter dem Säntis kennen, wohin ja dann auch sein Ekkehard nach dem Fiasko der Beziehung zu Hadwig von Schwaben fliehen wird. 1862 dann hielt sich Scheffel erstmals am Hallwylersee auf, wo er die Bekanntschaft des Arztes Adolf Erismann machte. Als er 1864 Karoline von Malzen heiratete, bezog das Paar nach der Hochzeitsreise durch Graubünden und das Berner Oberland sein Domizil in Seon am Hallwylersee. In Vevey wurde Scheffel 1867 ein Sohn geboren, was dem Dichter, der bereits nicht mehr dauernd mit seiner Frau zusammenlebte, zu einer Tour ins Montblanc-Gebiet veranlaßte. Seine letzten Lebensjahre verbrachte Scheffel, der in der Phase der deutschen nationalen Einigung als Verfasser des »Trompeters von Säckingen« und von »Ekkehard« hohen, aber vergänglichen Dichterruhm genoß, zurückgezogen und kaum mehr produktiv in seinem Haus in Radolfzell am Bodensee. – Scheffels Brief vom 23. August 1850 vom Rigi an Karl Schwanitz ist dem Band »Josef Victor v. Scheffels Briefe an Karl Schwanitz«, Verlag von Georg Merseburger, Leipzig 1906, S. 145-147, entnommen.
»Viellieber Jeremias!« Jeremias war der Studentenname des Freundes und ehemaligen Studienkollegen Karl Schwanitz (1823-1903).

Schickele, René (1883-1940). Der elsässische Dichter und Journalist war nach Studien in Straßburg, München, Paris und Berlin Herausgeber der elsässischen Zeitschrift »Stürmer« und danach der Wochenschrift »Das neue Magazin« gewesen, ehe er ab 1915 die Redaktion der bis zum Ende des Krieges bestehenden »Weißen Blätter« übernahm. Da die deutschen Behörden die Zeitschrift, zu deren Mitarbeitern eine ganze Reihe der bekanntesten deutschen Autoren zählten, als Instrument der deutschen Kulturpropaganda im Ausland einstuften, durfte die Redaktion mit Erlaubnis des Auswärtigen Amtes im Frühjahr 1916 in die Schweiz verlegt werden, wohin auch das Ehepaar Schickele mit seinen beiden Söhnen zog. Zunächst lag Schickele allerdings wochenlang schwer krank im Sanatorium von Dr. Binswanger in Kreuzlingen, ehe er die Redaktionsarbeit in Bern aufnehmen konnte. Eine eigentliche Exilzeitschrift waren die »Weißen Blätter« allerdings nicht, denn gedruckt wurde weiterhin bei Paul Cassirer in Berlin, so daß Schikkele, der sich z. B. im Gespräch mit Romain Rolland unzweideutig gegen den Krieg und gegen Preußen aussprach, als Redaktor nicht offen zum Kriegsgeschehen Stellung nehmen konnte, was ihm 1919 von profranzösisch-elsässischer Seite prompt den Vorwurf einbrachte, er sei ein Vertreter der deutschen Kulturpropaganda in der Schweiz gewesen. Als literarische Frucht von Schickeles Schweizer Jahren erschien 1919 sein Sammelband »Die Genfer Reise« mit Skizzen, Erzählungen und Essays über das Leben der Emigranten in der Schweiz und über herausragende kulturelle Ereignisse in ihrem Gastland, Texte zumeist, die in leicht veränderter Form auch schon in den »Weißen Blättern« erschienen waren. Nach dem Krieg lebte Schickele, der sich damals intensiv für eine deutsch-französische Verständigung einsetzte, wieder im Elsaß, in Badenweiler, ehe er 1932, weil er »eine mehrjährige Sonnenfinsternis« voraussah, resigniert nach Südfrankreich –

Sanary-sur-mer, Nizza, Vence – zog, wo er am 31. Januar 1940 starb. »Ferdinand Hodler, der Himmelsmaler in der Steinhölle« ist entnommen aus: »Die Genfer Reise« (Paul Cassirer Verlag, Berlin 1919, S. 191-195). In: René Schickele, Werke, Bd. 3, © Verlag Kiepenheuer & Witsch 1959.

»Viele Schaufenster haben einen Trauerflor angelegt ...« Ferdinand Hodler starb am 20. Mai 1918 in Genf.

»... Ninon de Lenclos in den Armen des Marschalls von Richelieu ...« Ninon de Lenclos (1620-1705) war mit einer ganzen Reihe bedeutender Männer am französischen Hof liiert und wußte sie sich als Freunde zu erhalten. – Armand du Plessis, Herzog von Richelieu (1585-1642) war Kardinal und seit 1624 allmächtiger Minister Ludwigs XIII. von Frankreich.

»... als sie entseelt auf dem Totenbett liegt ...« Gemeint ist Valentine Godé-Darel, von der Hodler zwischen März 1913 und ihrem (Krebs-)Tod am 26. Januar 1915 eine Reihe erschütternd-persönlicher Porträt-Bilder schuf.

Schlegel, August Wilhelm von (1767-1845). Der Kritiker, Dichter, Philologe und – zusammen mit seinem Bruder Friedrich – Theoretiker der »Romantischen Schule« kam mit der Schweiz in engere Beziehung, als er Sekretär und (mit seiner Frau Karoline zusammen) deutscher Übersetzer von Germaine de Staël wurde. Er hatte sie bereits auf ihren Reisen begleitet und lebte bis zu ihrem Tode im Jahre 1817 auf ihrem Landsitz Coppet bei Genf. Als ihn der Berner Bibliothekar, Philosophieprofessor und Literat Johann Rudolf Wyss der Jüngere (1782-1830), Verfasser der schweizerischen Nationalhymne »Rufst du, mein Vaterland«, 1812 um einen Beitrag für den von ihm, G. J. Kuhn und Fr. Meisner herausgegebenen »Schweizer Almanach« »Alpenrosen« anfragte, der damals im zweiten Jahrgang in Bern und Leipzig erschien und bis 1830 bestehen sollte, bekam er aus Coppet folgenden Bescheid: »Gerne möchte ich Ihnen Beyträge zu Ihrem schweizerischen Taschenbuche geben, nur fürchte ich, daß das einzige, was ich für jetzt anbieten kann, Ihrem Zwecke vielleicht nicht entspricht ... Nach einer Wanderung durch die Schweiz vor vier Jahren fieng ich an meine Eindrücke aufzuzeichnen und wollte eine eigene Schrift daraus machen; diess blieb nachher liegen. Hier haben Sie einige Stücke, die sich gerade abgeschrieben finden ... Schilderungen schweizerischer Gegenden für die Schweiz drukken lassen, heißt zwar beynahe Holz in den Wald tragen. Indessen sind doch hie und da vielleicht nicht unnütze Betrachtungen gestreut ...« (»Alpenrosen« 1812, S. 245-246). Unter dem Titel »Umrisse, entworfen auf einer Reise durch die Schweiz« brachten die »Alpenrosen« dann folgende kurze Aufsätze von August Wilhelm von Schlegel: die in unserem Bande wiedergegebene Einleitung »Die Schweiz überhaupt« (S. 246-248), »Urseren« (S. 250-253), »Livinen« (S. 253-257), »Val-Sainte« (S. 257-259), »Die Mundart« (S. 259-264) und »Gebirgsnamen« (S. 264-266). Der Jahrgang 1813 der »Alpenrosen« brachte dann noch: »Der Montblanc« (S. 92-96), »Die Schutzhelden« (S. 97-99), »Der Grimsel« (S. 99-103) und »Der Rhone« (S. 103-105).

Schopenhauer, Arthur (1788-1860). Nach seiner Übersiedlung von Danzig nach Hamburg hatte Heinrich Floris Schopenhauer alles daran gesetzt, um aus seinem Sohn Arthur einen tüchtigen Kaufmann zu machen. Damit er perfekt französisch lerne, hatte er ihn 1797-99 zu einem befreundeten französischen Kaufmann nach Le Havre in Pension gegeben, wo der spätere Philosoph, wie er einmal bemerkte, »den weitaus frohesten Theil meiner Kindheit verlebte«. Nach Hamburg zurückgekehrt, machte Arthur dem Vater dann aber gleichwohl immer unmißverständlicher klar, daß er nicht Kaufmann, sondern Gelehrter werden wolle. Um ihn endgültig davon abzubringen, bot der Vater dem nunmehr sechzehnjährigen Sohn 1803 einen verführerischen Vergleich an: gegen das Versprechen, Kaufmann zu werden, würde er mit ihm und seiner Mutter zusammen eine große, zweijährige Europareise unternehmen, während welcher er auch seine Freunde in Le Havre wiedersehen könne. Arthur gab das Versprechen ab, und so verließen die Schopenhauers im Frühling 1803 Hamburg, um zunächst über Holland und Frankreich nach England zu reisen, wo Arthur bei einem Geistlichen in der Nähe Londons Englisch lernen mußte, während die Eltern einen Abstecher nach Schottland machten. Den Winter 1803/4 verbrachte man in Paris, von wo aus Arthur Besuche in Le Havre machen konnte. Im Frühling 1804 ging es dann weiter nach Bordeaux, Montpellier, Nîmes, Marseille und das Rhonetal hinauf nach Lyon. Am 12. Mai 1804 erreichte man Genf und besuchte dann der Reihe nach Chamonix, Lausanne, Bern, Thun, Interlaken, Lauterbrunnen und Burgdorf, wo Mutter und Sohn mit Interesse an einer Unterrichtsstunde im Pestalozzischen Institut teilnahmen. Am 1. Juni erreichte man Luzern, von wo aus Arthur alleine mit einem Führer am 3. Juni den Pilatus bestieg – eine entsetzlich ermüdende und gar nicht ungefährliche Angelegenheit, wie er in seinem Tagebuch später berichtete. Über Zürich reiste die Familie Schopenhauer anschließend in Richtung Deutschland weiter und verließ die Schweiz nach Besichtigung des Rheinfalls am 9. Juni 1804 in Konstanz. Die Reise ging weiter nach Wien, Dresden, Berlin und in die alte Heimat Danzig. In den ersten Januartagen 1805 war man wieder in Hamburg zurück, wo Arthur Schopenhauer unter sein auf elterliche Anordnung hin geschriebenes, ebenso jugendlich-frisches wie unliterarisch-respektloses Tagebuch die Verse aus Shakespeares »Richard II.« schrieb: »From all the evils, that befall us may / The worst is death – and death must have its day!« Der Text über Luzern stammt aus: Arthur Schopenhauer, »Reisetagebücher aus den Jahren 1803-1804«. Herausgegeben von Charlotte von Gwinner. Verlag F. A. Brockhaus, Leipzig 1923, S. 219-223.

»verdanckt man dem berühmten General Pfeiffer ...« Franz Ludwig Pfyffer von Wyer (1716-1802), General in französischen Diensten, stellte als erster Topograph Gebiete der Schweiz plastisch dar.

»... die Insel, auf der Wilhelm Tell den Landamann erschoß ...« Auf der größeren der dem Ufer bei Meggen vorgelagerten beiden Altstad-Inseln sind noch Mauerreste der Burg Meggenhorn, wohl einer Gründung Ru-

dolf II. (des Alten) von Habsburg († 1232), zu finden, mit welcher dieser die aus dem Lenzburger Erbe erworbenen Besitzungen in der Innerschweiz beherrschen wollte. 1783 hatte der französische Schriftsteller Abbé Raynal auf der Insel einen Obelisk zu Ehren der Gründer der Eidgenossenschaft errichten dürfen, nachdem ihm die Urner das Rütli dafür verweigert hatten. 1796 wurde das Bauwerk vom Blitz getroffen und wurden die Überreste nach Luzern geschafft. Bald nach der Stelle öffnet sich das Seebecken gegen die Bucht von Küßnacht hin. Führer Kaufmann wird die deutschen Gäste wohl auf die hinter Küßnacht gelegene »Hohle Gasse« aufmerksam gemacht haben, wo nach der Legende der Landvogt (nicht Landammann) Gessler von Tell erschossen worden sein soll.

»... die Ruinen der Habsburg, wo der berühmte Rudolf hauste ...« Wohl die Ruinen der Neuhabsburg bei Meggen, 1244 von Graf Rudolf III. (dem Schweigsamen) von Habsburg an Stelle der Burg Meggenhorn errichtet.

Schopenhauer, Johanna (1766-1838). Die Mutter Arthur Schopenhauers, die als Mädchen Johanna Henriette Trosiener geheißen hatte, war in ihrer Zeit mit Werken wie »Gabriele« (1819), »Die Tante« (1823) oder »Sidonia« (1827) eine vielgelesene populäre Romanschriftstellerin und erntete soviel Erfolg, daß Brockhaus in Leipzig es 1830/31 wagen konnte, eine 24bändige Ausgabe ihrer »Sämtlichen Schriften« herauszubringen. Der Literatur angenähert hatte sich die Vierzigjährige 1806, als sie nach dem Selbstmord ihres Mannes von Hamburg nach Weimar zog und dort einen literarischen Salon eröffnete. Ihre eigenen literarischen Versuche zu publizieren begann sie allerdings erst, nachdem 1819 jene Danziger Bank pleite gegangen war, auf der ihr ganzes Geld lag. Als Teilnehmer ihres Zirkels sie baten, ihre Reiseerlebnisse niederzuschreiben, ließ sie 1813/14 zwei Bände »Erinnerungen von einer Reise in den Jahren 1803, 1804 und 1805« erscheinen, die sie mit Ehemann und Sohn durch Holland, England, Frankreich, die Schweiz und Ostdeutschland unternommen hatte und die – was damals außer ihr niemand wußte – auch von ihrem Sohn Arthur in einem Reisetagebuch dargestellt worden war. Der im vorliegenden Band wiedergegebene Text »Bei Pestalozzi« stammt allerdings aus dem Nachlaß und wurde von Johanna Schopenhauers Tochter Adele 1839 in den zwei Büchern »Johanna Schopenhauers Nachlaß – Jugendleben und Wanderbilder« erstmals publiziert. Der Druck folgt der Wiedergabe in: Johanna Schopenhauer, »Im Wechsel der Zeiten, im Gedränge der Welt. Jugenderinnerungen, Tagebücher, Briefe«. Winkler Verlag, München o. J., S. 303-310.

»... bei einem Besuche des Erziehungsinstitutes des würdigen Pestalozzi in Burgdorf ...« Johann Heinrich Pestalozzi (1746-1827) wirkte zwischen Juli 1799 und Juni 1804, als sein seit Oktober 1800 im »Schloß« geführtes Schulmeisterseminar nach Münchenbuchsee verlegt wird, in Burgdorf. Die Schopenhauers müssen das Institut also am 31. Mai 1804

(die Datierung ist auf Grund von Arthurs Tagebuch möglich) kurz vor dem Umzug erlebt haben.

»... Abbé Sicard und seine Erziehungsmethode ...« Roche A. C. Sicard (1742-1822), französischer Erzieher und Taubstummenlehrer.

»... es war eben Jahrmarkt in Burgdorf ...« Auch Sohn Arthur schildert dies auf seine Weise im Tagebuch: »... auf den Straßen trieben sie Lerm, Geschrey u. Gesang bis spät in die Nacht. Man pflegt sich von den Schweizer Bauern gewöhnlich eine äußerst vorteilhafte Vorstellung zu machen. Sie sind freylich im ganzen gutmüthig, aber dabei oft grob, u. bey dergleichen Jahrmarcktsgelegenheiten auf eine plumpe Art ausgelassen: eine auffallende Langsamkeit zeichnet alle Schweizer aus.«

»... wie Vasari von ihm erzählt ...« Eine der 200 Biographien, die Giorgio Vasari (1511-1574), der »Vater der Kunstgeschichte«, in seinen 1550 erschienenen »Vite de'più eccellenti pittori, scultori ed architetti italiani« vorlegt, ist Giotto gewidmet.

»Diesen merkwürdigen Mann von Angesicht kennenzulernen ...« Der 17jährige Sohn Arthur ist in seinem Tagebuch sehr viel nüchterner. Auch er schildert Pestalozzis Methode, bemerkt aber: »In der kurzen Stunde, in welcher ein Durchreisender einem solchen Unterricht beywohnt, kann er nur einen unvollständigen Begriff davon erhalten. Der Erfolg allein kann lehren, ob durch diese von der andern so verschiedene Erziehungs-Methode verständigere Menschen gebildet werden.« Über Pestalozzi selbst notiert er sich: »Hr. Pestalozzi scheint schon sehr alt, hat aber demohngeachtet einen außerordentlichen Grad von Lebhaftigkeit. Sonderbar ist es, daß er sich so wenig auszudrücken weiß: er spricht deutsch u. französisch beydes gleich schlecht, stottert oft u. weiß seine Worte nicht zu finden. Auch in seinem Institut sprechen Lehrer u. Schüler das schlechte Schweizer Deutsch.«

Schröder, Rudolf Alexander (1878-1962). Die Beziehungen, die der mit Borchardt und Hofmannsthal befreundete, einer klassischen, jedoch christlich orientierten Tradition verpflichtete Lyriker zur Schweiz unterhielt, waren hauptsächlich solche zu einem geistesverwandten Zürcher Schriftsteller- und Ästhetenkreis, wie er sich um den Mäzen Martin Bodmer gebildet hatte und ab 1930 in der Zeitschrift »Corona« sein Forum besaß. In diesem Kreis war es denn auch, wo Schröder im Sommer 1931 – er hatte eben Martin Bodmers Gartensaal in dessen Villa Freudenberg ausgemalt – seine Rede »Gruß an die Schweiz« hielt. Sie erschien im sechsten Heft des 5. Jahrgangs (1935) der »Corona« erstmals im Druck und wird im vorliegenden Band nach der Fassung in: Rudolf Alexander Schröder, »Die Aufsätze und Reden«, 2. Band, Suhrkamp Verlag, Frankfurt am Main 1952, S. 227-234, wiedergegeben.

»... das Traumgriechenland seines Helenagedichtes ...« In »Faust II«, 3. Akt, die Szene in Arkadien.

»... mit ergreifender Huldigung an Schillers Alpengedicht ...« Die letzten zwei Zeilen von Schillers »Berglied« lauten:

»Drauf schießt die Sonne die Pfeile von Licht,
Sie vergolden sie nur, und erwärmen sie nicht.«

Siemsen, Anna (1882-1951). Die einstige Kampfgefährtin Rosa Luxemburgs, Dozentin für Pädagogik an der Jenaer Universität und Reichstagsabgeordnete konnte sich 1933 zusammen mit ihrem Bruder August Siemsen, dem Verfasser von »Preußen, die Gefahr Europas«, mit knapper Not in die Schweiz retten, wäre aber als politisch nicht opportun wieder ausgewiesen worden, wenn sich der Zürcher Arbeitersekretär Walter Vollenweider nicht zu einer »politischen Ehe« bereitgefunden hätte. So aber konnte Anna Vollenweider-Siemsen bis 1946, als sie aus freien Stücken nach Hamburg zurückkehrte, um sich am Wiederaufbau des deutschen Schulsystems zu beteiligen, in der Schweiz bleiben und als Redaktorin von »Die Frau in Leben und Arbeit«, als Vortragsreisende und als Verfasserin der Frauen-Literaturgeschichte »Der Weg ins Freie« (Zürich 1943) tätig sein. »Der Löwe von Luzern und andere Schweizer Geschichtslegenden« (Titel vom Herausgeber) stammt aus: Anna Siemsen, »Briefe aus der Schweiz«, Verlag Friedrich Oetinger, Hamburg 1947, S. 28-34.

Silone, Ignazio (1900-1978). Der leidenschaftliche Mussolini-Gegner Secondo Tranquilli hatte als Leiter der kommunistischen italienischen Untergrundbewegung seit den späten zwanziger Jahren das vom römischen Heerführer und Abruzzen-Befreier Quintus Pompaedius Silo hergeleitete Pseudonym Silone angenommen. 1929 hielt er sich als Lungenkranker in Davos auf und kam dann als Emigrant nach Zürich, wo er am 4. Juli 1930 von seinem Ausschluß aus der illegalen KPI erfuhr, für die er als Stalin-Gegner nicht länger tragbar war. Silone verlegte sich nun zunächst ganz auf das literarische Gebiet und wurde mit Romanen wie »Fontamara« (1933 bei Oprecht in Zürich zuerst auf deutsch erschienen) oder »Brot und Wein« (1936) sowie mit dem Gesprächsband »Die Schule der Diktatoren« (1938) einer der erfolgreichsten Autoren der internationalen Exilliteratur. Ab 1940 engagierte sich Silone wieder aktiv für die nachfaschistische italienische Zukunft und übernahm eine zentrale Rolle für die illegale sozialdemokratische Partei Italiens. Dabei mußte er zeitweise im Untergrund arbeiten und wurde von Leuten wie dem sozialdemokratischen Stadtpräsidenten von Schaffhausen, Walter Bringolf, versteckt, bis die Bundespolizei ihn 1942 dennoch verhaften konnte. Sie beschlagnahmte sein Archiv und verwies ihn im Februar 1943 des Landes, vollzog den Befehl jedoch nicht und wies ihm Baden an der Limmat als Zwangsaufenthaltsort zu. 1945 kehrte er nach Italien zurück, wo er als Abgeordneter und Chefredaktor von »Avanti« am Aufbau der Nachkriegsordnung mithalf. Unheilbar krank und enttäuscht über das mangelnde Echo seines literarischen Schaffens in Italien, begab er sich anfangs 1978 in eine Genfer Klinik, wo er – in der gleichen Stadt wie Robert Musil! – am 22. August 1978 starb. – »Begegnungen mit Musil« erschien in Claus Gatterers deutscher Übersetzung erstmals am 6./7. März 1965 in der Sonntagsbeilage der Basler »National-Zeitung«. Die Wiedergabe ist um den letzten Drittel des Textes, eine eigentliche Rezension von Musils Roman und eine Hommage auf die privaten Emigranten-Helfer Robert Lejeune und Leonhard Ragaz, gekürzt.

»... wegen der Anwesenheit der Emigranten Brecht und Gyula Hay ...« Bertolt Brecht war erst 1948 für das Schauspielhaus tätig. Der ungarische Schriftsteller Gyula Hay (* 1900) lebte bis 1933 in Deutschland und emigrierte dann nach Moskau. 1956 wurde er in Ungarn inhaftiert und lebte nach seiner Begnadigung seit 1959 in der Schweiz.

»... Therese Giehse, Kaiser, Langhoff, Horwitz, Paryla ...« Zu Therese Giehse, Wolfgang Langhoff, Kurt Horwitz und Karl Paryla gehörte in jener Zeit als herausragendes Ensemblemitglied Erwin Kalser. Der Name Kaiser ist hier sicher auf einen Schreibfehler Silones zurückzuführen.

»... Kurt Hirschfeld und der Schriftsteller Ephraim Frisch ...« Der Regisseur Kurt Hirschfeld (1902-1964) und der Essayist, Romancier und Übersetzer Ephraim Frisch (1873-1942), der 1933 in die Schweiz emigrierte und in Ascona starb.

»... seine Rede war uninteressant ...« Musils Rede, gehalten 1935 vor dem »Internationalen Schriftsteller-Kongreß für die Verteidigung der Kultur« in Paris, ist abgedruckt in: Robert Musil, »Tagebücher, Aphorismen, Essays und Reden«, herausgegeben von Adolf Frisé, Hamburg 1955, S. 899-902.

»... In einem Essay von Bruno Fürst las ich ...« Bruno Fürsts Beitrag über Robert Musil findet sich in »Robert Musil. Leben, Werk, Wirkung«. Herausgegeben von Karl Dinklage, Reinbek bei Hamburg 1960.

»Nach dem 25. Juli 1943 ...« Am 25. Juli 1943 führte das Mißtrauensvotum des Großen Faschistischen Rats zur Verhaftung Mussolinis.

»... den Wiener Bildhauer Wotruba ...« Fritz Wotruba (1907-1975) lebte von 1938 bis 1946 als Emigrant in der Schweiz.

»Ich kenne persönlich den Fall einer Schriftstellerin ...« Dabei handelt es sich um Victoria Wolf, die im vorliegenden Band ebenfalls vertreten ist.

Sorell, Walter (* 1905). Nach Jugend und Studium in Wien emigrierte der Theaterfachmann 1939 in die USA, wo es ihm gelang, sich auch sprachlich so perfekt zu integrieren, daß er nicht nur als amerikanischer Autor, sondern auch als Übersetzer von Remarque und Hesse ins Englische tätig werden konnte. Er spezialisierte sich auf das Gebiet von Tanz und Ballett, war kurze Zeit Leiter der Tanz-Abteilung in Erwin Piscators New Yorker Workshop und veröffentlichte eine ganze Reihe von erfolgreichen Sachbüchern zu diesem Thema. Als Dozent an der Columbia University verbrachte er die Sommerferien alljährlich in der Schweiz. Diese Erfahrungen machte er sich 1972 zunutze für sein erfolgreiches Buch »Europas kleiner Riese«, das die Schweiz aus der Perspektive ihrer berühmtesten Gäste und Besucher zeigt. Im gleichen Jahre 1972 gab Sorell seine amerikanische Professur auf und siedelte nach Zürich über, wo er seither lebt und arbeitet. »Urchige Xenophobie« (Titel vom Herausgeber) stammt aus: Walter Sorell, »Am Rande der Zeit. Aufzeichnungen 1972-1982«. Edition Erpf, Bern 1983, S. 187.

Stendhal, eig. Marie Henri Beyle (1783-1842). Als in den dreißiger Jahren des 19. Jahrhunderts Autoren wie Charles Nodier und Prosper Mérimée in Frankreich das Reisebuch populär machten, besann sich auch der Verfasser von »Rot und Schwarz« auf allerlei Reiseerlebnisse der vergangenen Jahre. Im Winter 1837/38 setzte er sich hin und berichtete, in dem er das Ganze einem biederen Eisenwarenhändler in den Mund legte, locker-feuilletonistisch über längere und kürzere Aufenthalte in Städten und Ortschaften wie Fontainebleau, Nevers, Autun, Chaumont, Beaune, Lyon, Vienne, Avignon, Bourges, Saumur, Nantes, Rennes, Saint-Malo, Grenoble, La Grande Chartreuse, Chambéry, Aix, Genf und nochmals Lyon, Avignon, Marseille, Montpellier, Perpignan und Bordeaux. Zwar kannte er die meisten Etappenziele persönlich, benützte jedoch fleißig die einschlägige Literatur und ging häufig sogar Schriftstellerkollegen wie Mérimée um Auskünfte an. Als er den ersten Band seiner »Mémoires d'un touriste« in Händen hielt, schienen ihm die Voraussetzungen für den Fortsetzungsband denn doch zu dürftig zu sein, und so machte er sich im März 1838 auf den Weg, um in der Zeit von 35 Tagen nochmals Angoulême, Bordeaux, Toulouse, Bayonne, Orthez, Pau, Narbonne, Montpellier, Marseille, Toulon, Draguignan, Cannes, Arles, Avignon, Valence und Grenoble zu besuchen. Schließlich ließ er es aber doch bei der ursprünglichen Textfassung bleiben, die im Juli 1838 beim Verlag Dumont, rue Vivienne, in Paris in zwei Bänden herauskam und für die er 1560 Francs Honorar erhielt. Die Notizen der kurzen Reise vom Frühling 1838 kamen erst 1927 aus dem Nachlaß unter dem Titel »Voyage dans le Midi de la France« erstmals in Buchform heraus. – »Genfer Mädchengesellschaften« (Titel vom Herausgeber) stammt aus: Stendhal, »Mémoires d'un touriste«, tome III, Editions Le Divan, Paris 1929, S. 45–49. Der Text wurde von Alfred Sproede eigens für den vorliegenden Band ins Deutsche übersetzt.

Stolberg, Friedrich Leopold Graf von (1750-1819). Wie sein literarisch weniger bedeutender Bruder Christian studierte Friedrich Leopold von Stolberg zunächst in Halle und dann in Göttingen Rechts- und Literaturwissenschaft und gehörte dem sog. »Göttinger Dichterhain« an. 1775 gehörten die Brüder Stolberg zusammen mit Baron von Haugwitz zu Goethes Begleitern bei dessen erster Schweizer Reise, trennten sich aber anfangs Juli in Zürich von ihm und besuchten, während Goethe über Basel nach Straßburg zurückfuhr, zusätzlich noch die Innerschweiz, Appenzell, Glarus, Graubünden und das Tessin, um dann durch Savoyen nach Genf und von da aus über Lausanne, Freiburg und Bern nach Zürich zurückzukehren, wo sie am 2. November eintrafen und sogleich weiterreisten. 16 Jahre später, Friedrich Leopold von Stolberg war inzwischen nach vielerlei anderen Tätigkeiten und Berufungen zum Lübischen Kammerpräsidenten in Eutin ernannt worden, betrat er erstmals wieder den Boden der Schweiz. Er nutzte einen ihm bis zum Antritt seines Amtes gewährten Urlaub, um die obligate große italienische Reise zu unternehmen, in welche gewöhnlich auch die Schweiz mit einbezogen wurde. Zusammen mit seiner zweiten Frau Sophie Charlotte von Redern (* 1765), die er im Jahr zuvor geheiratet hatte, verließ er im Sommer 1791 Eutin in Richtung Süden, besuchte Basel, Zürich, Bern und all die Orte, wo er seinerzeit mit Goethe bzw. mit seinem Bruder gewesen war, bloß daß er sich jetzt Tag für Tag in Form von Reisebriefen fleißig notierte, was er sah und in Erfahrung bringen konnte. Noch vor Einbruch des Winters ging es weiter nach Italien, und die folgenden zwölf Monate brachten die Stolbergs und ihr Gefolge in Rom und Neapel zu, wo Sophie ein Töchterchen gebar, das dann allerdings nach kurzer Zeit auf Ischia starb. Am 28. Januar 1793 war man wieder in Eutin zurück, und im Jahr darauf erschien in Königsberg und Leipzig in vier Bänden Friedrich Leopold von Stolbergs »Reise in Deutschland, der Schweiz, Italien und Sicilien in den Jahren 1791 und 1792«. Der im vorliegenden Band unter dem Titel »Ein hoher Grad von ungekränkter Freiheit ...« abgedruckte Auszug aus dem Reisebrief vom 21. September 1791 ist dem ersten Band der zweiten, 1822 bei Perthes und Besser in Berlin erschienenen Auflage dieses Werks S. 202-208 entnommen. In seinen späteren Jahren machte Stolberg, der 1800 zum Entsetzen des norddeutschen Adels zum Katholizismus übertrat, als Gegner der Aufklärung von sich reden.

»Ueber die Verfassung von Bern ...« Im 17. Jahrhundert hatte sich in Bern eine absolutistische patrizische Verfassung herausgebildet, die von der Kirche als gottgewollt sanktioniert wurde. Von 1651 bis 1790, als die regimentsfähigen Familien auf die Hälfte zusammengeschrumpft waren, wurde niemand mehr ins Bürgerrecht aufgenommen. Alle Ämter waren ausschließlich diesen »Burgern« vorbehalten. Die effektive Macht im Staate lag bei dem 27 Mitglieder zählenden »Kleinen Rat« und dem sog. »Sechzehnerrat«, die sich in einer seltsamen Mischung aus Wahl und Auslosung selber ergänzten. Das System wurde durch eine rigoros gehandhabte Zensur gestützt. Stolbergs Schilderung der Situation im Jahre 1791 entspricht sehr genau den historischen Tatsachen, verkennt jedoch, wie weit die innere Gärung und Unzufriedenheit schon fortgeschritten war.

Strindberg, August (1849-1912). Von Paris her kommend, wo ihm der Arzt Dr. Axel Munthe einen Erholungsaufenthalt empfohlen hatte, kam August Strindberg Mitte Januar 1884 erstmals in die Schweiz und war, wie der in unserer Ausgabe abgedruckte Brief an die Dichterfreunde Björnstjerne Björnson und Jonas Lie beweist, von deren Naturschönheiten hell begeistert. Bis Anfang März 1884 blieb er mit seiner schwangeren Frau Siri von Essen in Ouchy am Genfersee, dann reiste er nach Italien weiter. Aber schon vierzehn Tage später war er, von Italien enttäuscht, wieder in Lausanne zurück, wo am dritten April 1884 sein drittes Kind, der Sohn Hans, zur Welt kommt. Im Sommer dann, als er sich mit seiner Familie der Hitze wegen nach Chexbres ob Vevey zurückgezogen hatte, entstanden die später heftig umstrittenen Novellen des Zyklus »Heiraten« sowie die »Schweizer Novellen«, die er an verschiedenen Orten seines Gastlandes spielen ließ. Vom Oktober 1884 an wohnte Strindberg dann in Genf, von wo aus er einmal kurz nach Stockholm reiste, um am (für ihn glücklich ausgehenden)

Prozeß um eine als blasphemisch beanstandete Passage in seinem Novellenband »Heiraten« teilzunehmen. Die Genfer Zeitungen berichteten jedoch derart ungünstig über ihn, daß er sich nach Paris absetzte. Von dort aus schrieb er am 30. April 1885 im Rückblick an Jonas Lie: »Die Einsamkeit war schädlich für mich; ich glaubte mich verfolgt und sah überall Verrat, nur Feinde, die mir auflauerten.« Dennoch zog es den Dichter, der sich nach Grèz bei Nemours zurückgezogen hatte, wieder in die Schweiz. Um seinem Freund Werner van Heidenstam nahe zu sein, der auf Schloß Brunegg im Aargau wohnte, zog Strindberg am 20. Mai 1885 im Dorfe Othmarsingen ein, wo er sich ungemein wohl fühlt und mit dem zweiten Teil seines Lebensberichts gut vorwärtskommt. Nachdem sich Strindbergs Frau einer Operation hatte unterziehen müssen, zog er im Juli 1886 mit ihr nach Weggis am Vierwaldstättersee. Als ein Plan, nach Küsnacht am Zürichsee umzusiedeln, scheiterte, zog Strindberg im Oktober nach Gersau um, wo er und seine Familie bis Mitte Januar 1887 blieben. Dort lernte er die Werke Jeremias Gotthelfs kennen und hielt die winterliche Stimmung in der Novelle »Auf zur Sonne« fest. Am 10. Januar 1887 reiste er nach Lindau, von wo aus er im folgenden Sommer nochmals kurz nach Gersau, aber auch nach Ouchy und Genf, zurückkehrte. Danach sollte er die Schweiz, die er in einer glücklichen Phase seines Lebens kennengelernt hatte, nie wieder sehen. – Der Brief vom 25. Januar 1884 an Jonas Lie und Björnstjerne Björnson ist entnommen aus: August Strindberg, »Briefe«, herausgegeben von Torsten Eklund, übersetzt von Tabitha von Bonin, Band 4 der Strindberg-Werkausgabe des Verlages Langen-Müller, München 1955-1959, S. 59-72.
»... ich las gestern wieder im ›Roten Zimmer‹ ...« Der Roman »Röda rummet«, »Das rote Zimmer«, erstmals erschienen 1879.
»... Molander, der Verfasser des von mir gelobten Nihilistenstücks« Johan Harald Molander (1858-1900), schwedischer Dramatiker und Regisseur.
»... Der Erfolg mit dem Glückspeter war eine Illusion ...« Strindbergs Drama »Lyckopers resa«, »Glückspeters Reise«, von 1882.

Torlitz, Johann Heinrich Anton (1777-1834). Von armen Eltern in Itzehoe abstammend, hatte Torlitz dank einem Stipendium des Barons von Rantzow-Lehn das dänische Schullehrerseminar Blaagaard auf Seeland besuchen können und war anschließend in der Stadt Skagelse als Lehrer angestellt worden. Offenbar auf Anregung seiner Vorgesetzten machte er zusammen mit einem anderen Lehrer, E. L. Ström, im Jahre 1803 eine pädagogische Reise zu Pestalozzi nach Burgdorf, um dort Kenntnisse in seiner Unterrichtsmethode zu erwerben. Über die Reise, die er auf die ganze Schweiz und Teile Italiens ausgedehnt hatte, berichtete Torlitz, von Begeisterung über das Gesehene und vor allem über Pestalozzi erfüllt, 1805 zunächst auf dänisch in Band 6 der in Kopenhagen erscheinenden »Ny Samling af Reisebeskrivelser«. Ermuntert durch eine positive Rezension in der »Hallischen Allgemeinen Literatur-Zeitung« vom Oktober 1805 machte er sich daran, sein Buch selbst ins Deutsche zu übersetzen und ließ es 1807 bei Johann Heinrich Schubothe in Kopenhagen und Leipzig unter dem Titel »Reise in der

Schweiz und einem Theile Italiens im Jahre 1803, veranlaßt durch Pestalozzi und dessen Lehranstalt« erscheinen. Dieser Ausgabe S. 210-215 entstammt die in den vorliegenden Band aufgenommene Passage über das Haslital. Torlitz leitete später in Kopenhagen eine nach Pestalozzis Methode geführte Probeschule, war nach deren Scheitern ab 1808 Hauslehrer in Rußland und kam 1824, ausgestattet mit etwas Vermögen und einem dubiosen Professorentitel, ins heimatliche Itzehoe zurück, wo er als Dichter volkstümlich wurde und nach seinem Ableben am 29. November 1834 ein prunkvolles Grabdenkmal erhielt.

»... sobald er den Fuß ins Haslital setzt ...«. Die romantische Verklärung des Haslitals, die auch Ebel mitmachte, war im 19. Jahrhundert in Schweizer Reisebeschreibungen allgemein üblich. Vor allem wurde immer wieder die auffällige Schönheit der Bewohner gelobt, deren Vorfahren nach damals weit verbreiteter Auffassung von Friesland oder Schweden her eingewandert sein sollen. In Wirklichkeit gehörte das Gebiet, das unter der bernischen Staatsgewalt viel zu leiden hatte, zu den ärmsten und sozial am stärksten benachteiligten Gebieten der Schweiz. Jahrhundertelang wurde das Tal regelmäßig durch schwere Überschwemmungen der Aare verwüstet, und als der Fluß ab 1866 korrigiert wurde, brachte dies für die Bewohner erneut auf Jahrzehnte hinaus eine schwere finanzielle Belastung mit sich. – Im Vergleich zu Torlitz schildert G. W. Fr. Hegel, auch wenn er dem beobachteten Fatalismus der Bewohner mit seiner philosophischen Erklärung wohl kaum gerecht wird, in seinem sieben Jahre zuvor entstandenen Reisetagebuch (siehe unseren Auszug daraus S. 80–83) wesentlich realistischer.

Tschaikowsky, Peter Iljitsch (1840-1893). Nachdem er schon 1873 Zürich, Bern und Genf besucht hatte, reiste Tschaikowsky, der eben eine katastrophale Ehetragödie hinter sich hatte, im Herbst 1877 nach Clarens oberhalb Montreux, um dort vergeblich Ruhe und Vergessen zu suchen: »Nun befinde ich mich hier in einer herrlichen Gegend, aber in der fürchterlichsten Gemütsverfassung«, meldete er am 23. Oktober 1877 der Freundin und Gönnerin Nadeshda von Meck. Nach einer fluchtartigen Reise durch ganz Europa kehrte er im März 1878 wieder nach Clarens zurück, wo innerhalb von acht Wochen sein Violinkonzert entstand. Nachdem ihm Frau von Meck eine jährliche Rente ausgesetzt hatte, nahm sein Leben nun jene Form an, die er für fast ein Jahrzehnt beibehalten sollte und die seiner schöpferischen Produktivität und seinem zunehmenden Ruhm keineswegs abträglich war: Kurze Aufenthalte in Petersburg und auf russischen Landgütern, abwechselnd mit Reisen durch ganz Europa, wo er die Atmosphäre der vornehmen Hotels von Florenz, Rom und Paris schätzte, aber auch immer wieder in die Stille von Clarens zurückkehrte. Dabei vermied es Tschaikowsky, obwohl sie häufig in der gleichen Stadt lebten, ängstlich, mit seiner Briefpartnerin Nadeshda von Meck, die unsterblich in ihn verliebt war, persönlich zusammenzutreffen. Von 1888 an begann er dann seine großen Konzerttourneen, die ihn in alle Länder Europas, ja sogar in die USA, führten und in deren Rahmen er 1889 auch erstmals in Genf eigene Werke dirigierte. Noch in seinem Todesjahr – er starb zehn Tage nach der Uraufführung seiner Sechsten Symphonie ganz unerwartet an der Cholera – hatte er mit großem Erfolg in Brüssel dirigiert und in Cambridge das Diplom für ein Ehrendoktorat entgegengenommen. – Der Brief vom 12. November 1884 aus Davos an Nadeshda von Meck stammt aus: »Teure Freundin. Peter Iljitsch Tschaikowsky in seinen Briefen an Nadeshda von Meck«. Übersetzt von Ena von Baer, herausgegeben von Ena von Baer und Hans Pezold, Paul List Verlag, Leipzig 1968, S. 528-529.

»Was Kotek betrifft ...« Josef Kotek war der Hausmusiker und Musiklehrer von Nadeshda von Mecks Kindern gewesen. Durch ihn ließ sie, um ihn finanziell zu unterstützen, 1878 erstmals eine Komposition bei Tschaikowsky bestellen. Später wurde der Geiger Tschaikowskys Schüler und Freund. 1883 erkrankte er an Tuberkulose. 1885, wenige Monate, nachdem Tschaikowsky ihn in Davos besucht hatte, erlag er der heimtückischen Krankheit.

Tucholsky, Kurt (1890-1935). Unter den Pseudonymen Peter Panter, Theobald Tiger, Ignaz Wrobel und Kaspar Hauser hatte Tucholsky zusammen mit dem später von den Nazis brutal verfolgten Carl von Ossietzky die aus der »Schaubühne« hervorgegangene »Weltbühne« zu einem der aggressivsten und wirksamsten gesellschaftskritischen Instrument gemacht und damit den tödlichen Haß der Nazis auf sich gezogen. Bereits 1924, lange vor Hitlers Machtergreifung, hatte er seinen Wohnsitz ins Ausland verlegt und war seit 1929 im schwedischen Hindås behördlich gemeldet. Zwischen dem Sommer 1932 und dem 5. September 1933 hielt sich Tucholsky, der das Land zwischen Genf und Romanshorn, Basel und Chiasso von vielerlei früheren Besuchen und Aufenthalten her ausgezeichnet kannte, ganze 14 Monate in der Schweiz auf: in Bad Schuls-Tarasp, in Comologno beim Ehepaar Rosenbaum-Valangin und vor allem in Zürich, wo er von Ende November 1932 an bei seiner letzten Lebensgefährtin, der Kinderärztin Dr. Hedwig Müller, lebte, der er bereits in Zürich, aber vor allem dann von Schweden aus jene erschütternden »Briefe an Nuuna« schrieb, die seit ihrer Veröffentlichung durch Mary Gerold-Tucholsky und Gustav Huonker im Jahre 1984 zu den erschütterndsten Dokumenten der deutschen Exilliteratur hinzuzuzählen sind. Sich die Schweiz als Ort für ein dauerndes Exil auszuwählen, war für Tucholsky undenkbar. Entsetzt hatte er im Juli 1933 konstatiert: »Eine Welle von scheußlichstem Boche-Patriotismus geht durch das Land, und gerade in Zürich ist in dieser Beziehung eine wahre Bochie.« – »Basel« erschien unter dem Pseudonym Ignaz Wrobel in der »Weltbühne« Nr. 51 vom 22. Dezember 1931 S. 940 und folgt in unserer Wiedergabe dem Nachdruck in: Kurt Tucholsky, »Gesammelte Werke«, Band III, 1929-1932, herausgegeben von Mary Gerold-Tucholsky und Fritz J. Raddatz, Rowohlt Verlag, Reinbek bei Hamburg 1960, S. 977.

»... dem großen englischen Grotesk-Zeichner W. Heath Robinson ...« William Heath Robinson (1872-1944) illustrierte u. a. Cervantes, Shakespeare und E. A. Poe.

Twain, Mark (1835-1910). 1867 hatte Mark Twain eine Mittelmeerreise auf dem Raddampfer »Quaker City« mitgemacht und Amerika zwei Jahre später mit dem Reisebericht »The Innocents Abroad« (»Die Arglosen im Ausland«) überrascht, womit er das von Amerikanern so heiß bewunderte Kulturdenkmal Europa als raffinierten Bluff hinstellte und die amerikanischen Tourismuswallfahrer auf humorvolle Weise der Lächerlichkeit preisgab. Zehn Jahre später wollte er diesen Erfolg wiederholen, als er sich im April 1878 zusammen mit seiner ganzen Familie auf eine sechzehnmonatige Reise durch Deutschland, die Schweiz und Italien begab und darüber 1880 unter dem Titel »A tramp Abroad« (»Bummel durch Europa«) einen umfangreichen erzählenden Bericht veröffentlichte. Was dabei herauskam, war eine Satire auf den Fremdenverkehr, auf die Reiseführer, auf die deutsche Sprache und den Kunstbetrieb, die es bei aller Langfädigkeit und Freude an Übertreibung zumindest in Sachen Respektlosigkeit und Humor mit dem früheren Reisebuch durchaus aufnehmen kann. Komischen Kabinettstükken wie der Rigibesteigung oder der Expedition auf das Riffelhorn stehen dabei auch nachdenklichere, ernsthaft argumentierende Passagen gegenüber. Bemerkenswert ist übrigens, daß Twain die ihn begleitende Frau und seine Kinder niemals erwähnt und aus dem Pfarrer Joseph Hopkins Twichell, mit dem er unterwegs zusammentraf, kurzerhand einen Reisebegleiter namens Mr. Harris macht. – »Gedanken auf dem Weg von Zermatt nach Visp« (Titel vom Herausgeber) stammt aus: Mark Twain, »Zu Fuß durch Europa«. Mit einem Nachwort versehen und aus dem Amerikanischen übersetzt von Gustav Adolf Himmel. Vandenhoeck & Ruprecht Verlag, Göttingen, 3. Auflage 1967, S. 364-367.

Uklansky, Karl Theodor von (vor 1780-nach 1827). Vom Verfasser der »Einsamen Wanderungen in der Schweiz« ist laut dem Hamburger »Gelehrten Teutschland« von 1812 bzw. 1827 nur bekannt, daß er Regierungsrat in Warschau war, 1805 nach Walchern ins Gefängnis gebracht wurde, aus der Haft entwich, von Mai 1807 bis zum Februar 1808 in Polen, Österreich, Sachsen, Bayern, Italien, Etrurien, dem Kirchenstaat und Neapel auf Reisen war (die Briefe darüber erschienen 1808 und 1809) und im Jahre 1809 seine Wanderungen durch die Schweiz absolvierte – außer Zürich besuchte er auch Basel, Bern, Yverdon (Besuch bei Pestalozzi), das Greyerzerland und das Berner Oberland –, um anschließend nach Paris zu gehen. 1810 veröffentlichte er in zwei Bänden auch »Ansichten von Paris im Jahre 1809«. 1810 soll er sich in London eingeschifft haben, um nach Amerika zu reisen. Das findet möglicherweise in einer Publikation seine Bestätigung, die die amerikanische Kongreßbibliothek aufbewahrt und die 1816 im Verlag John Kortz, Hudson, New York, erschien: eine Lebensgeschichte von Eudoxia, der glücklosen ersten Gemahlin des russischen Zars Peter des Großen, ins Englische übersetzt nach dem Deutschen des Barons Karl Theodor von Uklansky. 1827 jedoch, immer nach dem »Gelehrten Teutschland«, lebte von Uklansky wieder in Berlin. – »Ein Ball in Zürich« (Titel vom Herausgeber) stammt aus: Karl Theodor von Uklansky, »Einsame Wanderungen in der Schweiz im Jahre 1809‹, Berlin, im Kunst- und Industrie-Comptoir, 1810, S. 29-38.

Wagner, Richard (1813-1883). Zwischen 1849, als der Königlich Sächsische Hofkapellmeister nach dem Dresdener Aufstand als steckbrieflich verfolgter Revolutionär nach Zürich floh, und 1872, als er sein Haus in Tribschen bei Luzern aufgab und nach Bayreuth übersiedelte, um mit Hilfe der Mächtigen seiner Zeit seine Festspielideen zu realisieren, war Richard Wagners Leben und Werk immer wieder schicksalhaft mit der Schweiz verbunden. Schon lange, bevor er sich 1866 in Tribschen niederließ, war neben Zürich auch Luzern ein bevorzugter Aufenthaltsort des Komponisten. 1859, als er in Venedig in die Kämpfe des Risorgimento hineingeriet, aber nicht nach Zürich zurückkonnte, weil sein Verhältnis mit Mathilde Wesendonck zu einem Familienskandal geführt hatte, wurde ihm Luzern zu einer Art Ausweichstation, wo er an der »Tristan«-Partitur weiterarbeitete und mit Mathilde aus nicht allzuweiter Ferne Briefe wechselte. Wagner stieg am 29. März 1859 im Hotel »Schweizerhof« ab und logierte da, zunächst in einer Suite der Dependance und seit Beginn der Sommersaison im zweiten Stock des Hauptgebäudes, bis zum 7. September 1859, als er über Zürich und Winterthur nach Paris verreiste. Die Beziehungen nach Zürich beschränkten sich keineswegs auf das Wechseln von Briefen. Wagner fuhr gelegentlich kurz nach Zürich, und Mathilde besuchte ihn einmal samt Ehemann in Luzern und ließ sich von ihm den zweiten Akt von »Tristan und Isolde« vorspielen. – Der Brief vom 9. Juli 1859 aus Luzern an Mathilde Wesendonck stammt aus: Richard Wagner, »Tagebuchblätter und Briefe an Mathilde und an Otto Wesendonck«, Verlag Th. Knaur Nachf., Berlin o. J. (1904), S. 62-65. – Genau zehn Jahre später, am 25. August 1869, erfüllte sich für Wagner übrigens in Luzern eine andere Liebe. An diesem Tag heiratete er in der protestantischen Kirche der Stadt Cosima von Bülow, geb. Liszt.

»... wie Graf Giulay seit Magenta ...« Franz Graf Gyulai von Maros-Németh und Nádaska (1798-1868). Österreichischer Oberbefehlshaber in der Schlacht vom 4. Juni 1859 bei Magenta. Mußte den Oberbefehl nach der vernichtenden Niederlage abgeben.

»... daß ich hier einer Markgräfin entsagen mußte ...« Humoristische Eindeutschung von franz. Marquise für Vorhang.

»... gehalten von Herrn / Oberst Seegessern –...« Eduard Segesser von Brunegg (1811-1868) war Besitzer des Hotels »Schweizerhof«

»... Vreneli ist aber hier mein Schutzengel ...« Vreneli Stocker-Weidmann (1832-1906), Wagners Bedienung im »Schweizerhof«, wurde später seine Haushälterin in München, Genf und Luzern.

»... dann werfe ich beide und mich in Härtels Arme ...« Wagners Werke erschienen im Leipziger Verlag Breitkopf & Härtel, der damals von den Brüdern Hermann und Raymund Härtel geführt wurde.

»Und Frieden haben wir am Ende auch nun bald ...« Am 12. Juli 1859 war der Waffenstillstand von Villafranca in Kraft getreten, nachdem Frankreich

und Sardinien Österreich bei Magenta und Solferino besiegt hatten. Am 10. November, im Frieden von Zürich, trat Österreich dann die Lombardei an das Königreich Sardinien ab.

Walser, Martin (* 1927). Geboren in Wasserburg am Bodensee, lebt und arbeitet Walser seit 1968 in Nußdorf bei Überlingen. Einen wichtigen Stellenwert in seinem Romanschaffen nimmt die sog. Anselm-Kristlein-Trilogie ein, die zwischen 1960 und 1973 entstand und sich aus den Romanen »Halbzeit«, »Das Einhorn« und »Der Sturz« zusammensetzt. »Eine gewöhnlich verlaufende Reise« ist ein Auszug aus dem Roman »Das Einhorn«, Suhrkamp Verlag, Frankfurt am Main 1966, S. 195-199. – Anselm Kristlein, wohnhaft in München und seines Zeichens Schriftsteller, reist an einem kalten Februartag des Jahres 1962 nach Zürich zur Verlegerin Melanie Sugg, für die er einen »Sachroman, von Liebe handelnd« schreiben soll.

Wassermann, Jakob (1873-1934). Der »Welt-Star des Romans«, wie Thomas Mann den in den zwanziger Jahren spektakulär erfolgreichen Verfasser von »Caspar Hauser oder Die Trägheit des Herzens«, »Das Gänsemännchen« und »Der Fall Mauritius« genannt hat, gestaltete, obwohl er praktisch immer in Österreich lebte, in seinen Büchern mit Vorliebe deutsche Menschen und deutsche Landschaften und betitelte ein 1921 erschienenes autobiographisches Buch demonstrativ-selbstbewußt mit »Mein Weg als Deutscher und Jude«. Gelegentlich aber weist er auch der Schweiz, die er aus vielerlei Besuchen, Ferien- und Kuraufenthalten ausgezeichnet kannte, eine wichtige Funktion zu: so in der z. T. in Zürcher Studentenkreisen spielenden »Geschichte der jungen Renate Fuchs« (1900) oder im dritten Teil der »Andergast«-Tetralogie, »Etzel Andergast« (1930), wo er den durch die Unrast der Zeit und die Begegnung mit dem Verbrechen zutiefst verunsicherten Jüngling Etzel Andergast zu seiner Mutter ins Fex-Tal oberhalb Sils-Maria im Ober-Engadin ziehen läßt, um sich selbst zu finden. Im letzten Band der Tetralogie dann, »Joseph Kerkhovens dritte Existenz« (1934), läßt er einen nach dem Vorbild Constantin von Monakows gezeichneten Neurologen in Steckborn am Bodensee eine Klinik für Menschen eröffnen, die am Chaos der Zeit leiden. – Jakob Wassermanns »Brief über die Schweiz«, in welchem der Dichter selbst über seine Begegnungen mit diesem Land Auskunft gibt, ist auf Anregung von Max Rychner entstanden und erschien unter dem Titel »Die Schweiz im Spiegel« erstmals am 10. November 1923 in Heft 3, Jahrgang 1923/24, S. 141-147 der von ihm redigierten Zeitschrift »Wissen und Leben. Neue Schweizer Rundschau«. Wassermann hat den Text dort datiert mit »Altaussee in Steiermark, September 1923«. Die Wiedergabe im vorliegenden Band folgt dem Abdruck in: Jakob Wassermann, »Lebensdienst. Gesammelte Studien, Erfahrungen und Reden aus drei Jahrzehnten«, Grethlein Verlag, Leipzig und Zürich 1928, S. 86-95.

Wedekind, Frank (1864-1918). Seine Eltern hatten sich in Amerika kennengelernt, und als Franklin Wedekind 1864 in Hannover zur Welt kam, ließ der Vater ins Kirchenbuch eintragen: »Das Kind wird ungetauft die Eltern auf der Rückkehr nach Kalifornien begleiten.« Als Dr. Wilhelm Wedekind 1871 aus Protest gegen die neu errichtete Kaiserherrschaft mit seiner Familie wiederum ins Exil ging, wählte er dafür allerdings nicht die USA, sondern die Schweiz, wo seine Frau als Tochter eines 48er-Revolutionärs ihre Kindheit verbracht hatte. So kam es, daß Frank Wedekind auf Schloß Lenzburg im Aargau aufwuchs, in Lenzburg die Bezirksschule und in Aarau das Gymnasium besuchte und dort 1884 auch die Maturitätsprüfung ablegte. Bevor er das vom Vater verschriebene Jus-Studium in München begann, erhielt er die Erlaubnis, ein Semester lang seinen eigentlichen Intentionen zu folgen und in Lausanne, wo sein Bruder Willy bei einem Kaufmann in der Lehre war, deutsche und französische Literatur zu hören. Die Reise an seinen Studienort beschrieb er seinem Vater in dem Brief vom 2. Mai 1884 aus Lausanne, der in der vorliegenden Ausgabe nach dem 1. Band seiner »Gesammelten Briefe«, Verlag Georg Müller, München 1924, S. 45-48, wiedergegeben ist. – Nach vier Münchner Semestern und einer Auseinandersetzung mit dem Vater lebte Frank Wedekind ab 1886 wieder in der Schweiz, in Zürich, wo er kurze Zeit als Reklametexter für die Firma Maggi arbeitete, ehe er sein Studium wieder aufnahm, bis er sich dann nach dem plötzlichen Tod des Vaters unversehens in die Lage versetzt sah, ohne Existenzsorgen freier Schriftsteller zu sein. Die zwei Zürcher Jahre hatten Wedekind in Kontakt mit einer ganzen Reihe oppositioneller deutscher Schriftsteller gebracht, die nach der Durchsetzung des Sozialistengesetzes in die vergleichsweise liberale Limmatstadt gekommen waren. 1898, als man ihn zweier Gedichte wegen auf Majestätsbeleidigung verklagte, wurde Zürich auch für Wedekind selbst vorübergehend der Ort eines unfreiwilligen Exils. Auch nach Lenzburg zog er sich mit seiner Familie immer wieder zurück. Vom Mai bis Oktober 1917 ging er zusammen mit seiner Frau Tilly Wedekind auf Gastspielreise in die Schweiz und logierte in Zürich im gleichen Haus, in dem er dreißig Jahre zuvor als Student gewohnt hatte. Im November nahm er an der Zürcher Uraufführung seines Dramas »Schloß Winterstein« teil und bekam fast gleichzeitig die niederschmetternde Nachricht vom Selbstmordversuch seiner Frau. Vier Monate darauf starb er in München an den Folgen einer Operation.

»... nach dem Essen Otto von Greyerz aufzusuchen ...« Der damalige Germanistikstudent und spätere Sprachforscher, Dramatiker und Gründer des Berner Heimatschutztheaters Otto von Greyerz (1863-1940).

»... eines jüngst verstorbenen Berner Malers namens Boss ...« Gottlieb Boss (1857-1883), bei einem Erdbeben auf Ischia umgekommen.

Weigel, Hans (* 1908). Der Wiener Kabarettist und Schriftsteller überschritt am 20. März 1938, zehn Tage nach dem Einmarsch deutscher Truppen in Österreich, bei Konstanz die deutsch-schweizerische Grenze. Er wohnte in Basel, wo ihm das deutsche Konsulat 1939 einen deutschen, mit dem (auf Wunsch der Schweizer Behörden eingeführten) J-Stempel versehenen Paß ausstellten. Bis 1945, als er ebenso illegal, wie er gekommen war, nach Wien zurückkehrte, leistete Weigel gediegene und dankbar aufgenommene Arbeit auf vielerlei Gebieten des Kulturbetriebs, ohne daß dabei sein Name genannt wurde, weil er als Emigrant keinerlei Arbeitsbewilligung hatte. So schrieb er Revuen und Schweizer Dialektstücke (!) für das Zürcher Bernhardtheater, bearbeitete Bühnenstücke für das Schauspielhaus, half bei der Erstellung von Filmdrehbüchern mit und gehörte unter dem Pseudonym Florestan zu den originellsten Mitarbeitern der satirischen Zeitschrift »Nebelspalter« – der er übrigens von Wien aus und unter seinem wirklichen Namen bis heute treu geblieben ist. Unter diesen Voraussetzungen war Weigel, der nach dem Krieg in Österreich eine wichtige Funktion als Theatermacher, Literaturkritiker und Förderer junger Talente übernahm, wie kein zweiter geeignet, über die Schweiz und die Schweizer aus intimer Kennerschaft eine Satire zu schreiben. Das Buch heißt »Lern dieses Volk der Hirten kennen« und erschien 1963 im Artemis-Verlag, Zürich. »Genf, eine Stadt für schönes Wetter« ist ein Auszug aus der dtv-Taschenbuch-Ausgabe, München 1966, S. 76-80.

Wiechert, Ernst (1887-1950). Nachdem er sich 1938 mit dem inhaftierten Martin Niemöller solidarisch erklärt und die Beitragszahlungen für das Winterhilfswerk verweigert hatte, kam Ernst Wiechert für zwei Monate ins Konzentrationslager Buchenwald, das er später als »Totenwald« beschrieb. Damit wurde ein Autor zum meistgenannten Repräsentanten der sogenannten »inneren Emigration«, der in seinem Werk vielen ideologischen Postulaten des Nationalsozialismus geistig recht nahe stand. So war sein Buch »Totenwolf« schon 1924, aber auch wieder 1935, mit einem Hakenkreuz auf dem Umschlag publiziert worden. Auch nach seiner Entlassung aus dem KZ konnte Wiechert in außerordentlich hohen Auflagen in Deutschland weiter publizieren. Nach dem Zusammenbruch der Naziherrschaft ging Wiechert daran, ein eignes, konservatives Programm für den Aufbau der Nachkriegsgesellschaft zu entwerfen, das jedoch auf nur wenig Echo stieß, so daß er im Mai 1948 definitiv in die Schweiz übersiedelte, wo er sich bereits 1945/46 auf Einladung des Schweizer Schriftstellerverbandes und 1947 aus Anlaß einer PEN-Tagung jeweils längere Zeit aufgehalten hatte. Er bezog ein Haus in Uerikon am Zürichsee und schrieb dort sein letztes großes Werk, den Roman »Missa sine nomine«. Wiechert, der aus der inneren Emigration in eine Art Spätemigration hinübergewechselt hatte, verstand sich als Gewissen seiner Nation und war über den (vermeintlichen) Erfolg der heimgekehrten Emigranten verstimmt: »Und da waren die Stimmen der großen Emigranten, wie die Stimme Thomas Manns und Franz Werfels, und vielleicht war es nicht ganz recht und billig, nur auf sie zu lauschen. Denn sie hatten das gefährdete Schiff verlassen, sobald der erste Sturmwind die Oberfläche des einst blauen Ozeans bewegt hatte. Sie hatten in Frieden und Sicherheit gelebt, sie waren reich und wohlgenährt geworden, während ihr Volk im Schatten der Galgen und des Stacheldrahtes leben mußte, in Armut und Hunger, in Krieg und Zerstörung.« (Ernst Wiechert, »Der reiche Mann und der arme Lazarus«, Sämtliche Werke in zehn Bänden, Desch Verlag, München 1957, Bd. 10, S. 633). Am 17. 2. 1947, als der PEN-Club in Zürich einen Ernst Wiechert-Abend veranstaltet hatte, notierte sich Hermann Hiltbrunner, der bei dem Anlaß anwesend war, in sein Tagebuch: »In Anbetracht seiner Herkunft und seines Schicksals steht mir das Recht nicht zu, den Menschen Wiechert zu kritisieren. Er sagte zwar: ›Wer vom Tode und vom Leide zeugen will, muß sie beide überwunden haben.‹ Aber sein menschliches Verhalten und Aussehen, seine Müdigkeit und Schmerzlichkeit, das Fehlen von Heiterkeit – von Humor ganz zu schweigen –, all dies bezeugte das Gegenteil von Überwundenhaben. Aber haben wir das Unsere überwunden? Wir haben noch nicht einmal den Haß überwunden.« (»Alles Gelingen ist Gnade. Tagebücher«, Artemis Verlag, Zürich 1958, S. 148/9) – Wiecherts »Rede an die Schweizer Freunde« erschien unter eben diesem Titel erstmals 1947 beim Verlag Rascher, Zürich. Unser Nachdruck ist die vollständige Wiedergabe dieser Fassung. Leider ist es dem Herausgeber nicht möglich gewesen, Wiecherts Rede, die ihrem Charakter nach eine Radio-Ansprache ist, genauer zu datieren bzw. einem bestimmten Anlaß zuzuweisen.

»Er heißt Max Picard ...« Wiechert hatte den Schweizer Physiognomiker und Kulturkritiker Max Picard (1888-1965), den Verfasser von »Hitler in uns selbst«, schon 1936 in Gentilino (TI) besucht und gründete mit seiner Sicht von einem zukünftigen Europa wesentlich auf seinen Ideen.

Williams, Helen Maria (1762-1827). Die Tochter eines englischen Offiziers erhielt nach dem frühen Tode ihres Vaters von ihrer Mutter Unterricht und wuchs in Verwick-on-Tweed und London auf. Sie hatte bereits mit einem Gedicht gegen den Sklavenhandel auf sich aufmerksam gemacht, als in Paris die Revolution ausbrach und sie als begeisterte Anhängerin und Befürworterin der neuen Ideen auf den Plan trat. 1791 siedelte sie nach Paris über und berichtete in »Briefen über die französische Revolution«, die in insgesamt neun Bänden in London erschienen, engagiert über die revolutionären Ereignisse, deren Vorgeschichte und weitere Entwicklung. Als Anhängerin der Girondisten geriet sie selbst in höchste Gefahr, als Robespierre im Spätherbst 1793 die Anführer dieser gemäßigten revolutionären Richtung – darunter auch die mit ihr befreundete Madame Roland – hinrichten ließ. Sie kam ins Gefängnis, konnte aber nach zwei Monaten von ihrem Schwager, dem Pastor Athanase Coquerel, befreit und mit einem Paß ausgerüstet werden, der ihr die Flucht in die Schweiz erlaubte. Sie reiste nach Basel, wo sie einige Wochen blieb und von wo aus sie Baden an der Limmat, Zürich und den Rheinfall besuchte. Im Sommer dann unternahm sie ihre große Schweizerreise auf der Route Luzern-Gotthard-Tessin-St. Bernhardin-Chur-Glarus-Zürich-Zug-Luzern-Basel, der sie im Herbst noch eine Fahrt nach Bern, Lausanne und ins Wallis anschloß. Im Winter 1794/95 reiste sie, nachdem Robespierres Schreckensherrschaft inzwischen zuendegegangen war, wieder nach Paris zurück, wo sie, von gelegentlichen Reisen nach Amsterdam abgesehen, bis zu ihrem Tode am 15. Dezember 1827 lebte. Sie wurde an der Seite ihres 1818 verstorbenen Lebensgefährten John Hurford Stone auf dem Friedhof Père La Chaise begraben. – Als Frucht ihrer

Schweizerreise von 1794 war 1798 in London der zweibändige Bericht »A Tour in Switzerland, or a View of the Present State of the Governments and Manners of these Cantons« erschienen, der bald darauf in französischer bzw. deutscher Übersetzung auch in Paris und Tübingen herausgegeben wurde. Aus der Sicht einer überzeugten, wenn auch zum Teil bereits etwas ernüchterten Anhängerin der französischen Revolution berichtete Helen Maria Williams darin auf höchst lebendige, respektlose Weise über die in ihren Traditionen und Gewohnheiten erstarrte patrizische Eidgenossenschaft am Vorabend des revolutionären Umbruchs. »Augenschein in Basel« (Titel vom Herausgeber) folgt der Übersetzung von Emmanuel Scherrer in: »Eindrücke einer Engländerin. Miss Helen Maria Williams auf ihrer Schweizerreise von 1794«, Druck und Verlag Louis Ehrli, Sarnen 1919, S. 8-13.

»... was nach Pope's Wort ihres ›Daseins Ziel und Ende‹ zu sein scheint ...« Ein Zitat des englischen Dichters Alexander Pope (1688-1744).

»... hätte Thomson sie gekannt ...« Der englische Dichter James Thomson (1700-1748), der Verfasser von »Rule Britannia«, veröffentlichte 1748 sein allegorisches Gedicht »The Castle of indolence«.

Wolf, Victoria (* 1908). Aus Heilbronn gebürtig, studierte Victoria Wolf in Heidelberg und München Naturwissenschaften, ehe sie sich als Erzählerin und Verfasserin von Reisefeuilletons einen Namen machte und für Organe wie die »Frankfurter Zeitung« und das »Stuttgarter Tageblatt« tätig war. 1932 siedelte sie mit ihren beiden Kindern nach Ascona über und veröffentlichte in der Folge vielgelesene Unterhaltungsromane wie »Eine Frau wie du und ich« (1932), »Mädchen wohin?« (1933), »Die Welt ist blau« (1934), »Gast in der Heimat« (1935), »Glück ist eine Eigenschaft« (1937) und »Drei Tage« (1937). Ab 1933 gehörte sie für die Nationalsozialisten zur Gruppe der »nichtarischen Schriftsteller« und mußte ihre Mitarbeit an deutschen Zeitungen einstellen. Otto Kleiber, Feuilletonchef der Basler »Nationalzeitung«, nahm sich hinfort der dringend auf einen Verdienst angewiesenen jungen Frau an, druckte kurze Feuilletons von ihr und schickte sie sogar auf eine Reportage-Reise nach Ägypten und Palästina. Auch die »Weltwoche« und Arnold Küblers »Zürcher Illustrierte« druckten regelmäßig Beiträge der phantasievoll und lebendig schreibenden Mitarbeiterin aus Ascona. Der Erfolg ihrer deutschen Kollegin blieb bei den Schweizer Schriftstellern nicht unbemerkt, und man glaubte die unliebsame Konkurrentin mundtot gemacht zu haben, als sie 1936 von der Fremdenpolizei unter Androhung der Ausweisung die Auflage erhielt, sich künftig auf die Publikation von Büchern zu beschränken und die Mitarbeit an Zeitungen einzustellen. Die Fremdenpolizei hatte sich dabei auf ein Schreiben des Schweizer Schriftstellerverbandes vom 26. Mai 1936 stützen können, in dem es geheißen hatte: »Unter der Bedingung, daß Frau Wolf hier keine Erwerbstätigkeit ausübt, d. h. sich nicht als Mitarbeiterin von Zeitungen und Zeitschriften journalistisch betätigt, haben wir nichts dagegen einzuwenden, daß ihre Aufenthaltsbewilligung verlängert wird.« Zwei Jahre später, mit Schreiben vom

17. Juni 1938, beantragte der SSV bei der eidgenössischen Fremdenpolizei hochoffiziell, Victoria Wolf, die sich nicht an die Bestimmungen gehalten hatte, des Landes zu verweisen. Es habe sich inzwischen ergeben, heißt es in dem von SSV-Sekretär Karl Naef unterzeichneten Schreiben an Fremdenpolizeichef Rothmund, »daß Frau Wolf allmonatlich 1–2 Artikel in die Basler Nationalzeitung geschrieben und Fr. 40. – pro Einsendung erhalten hat ... Die Genannte hat also ihren Aufenthalt in der Schweiz dazu benützt, um den schweizerischen Schriftstellern ernsthaft Konkurrenz zu machen und sich in unerwünschter Weise in unser literarisches Leben einzumischen ... Aus den Akten geht nun nicht hervor, ob Frau Wolf eine Erwerbsbewilligung erteilt wurde. Sollte das nicht der Fall sein – was wir vermuten –, so wäre eine energische Gegenmaßnahme seitens der Fremdenpolizei am Platz. Diese könnte nur darin bestehen, daß Frau Wolf die Aufenthaltsbewilligung nicht mehr verlängert wird. Es läge darin keine besondere Härte, da die Gesuchstellerin ohnehin die Absicht hat, nach Amerika auszuwandern. Literarisch verlöre damit die Schweiz nichts. Frau Wolf ist allerdings eine viel gelesene, gewandte und oft übersetzte Unterhaltungsschriftstellerin, ihre Werke halten aber einer strengen Kritik nicht stand, sie sind für den Tag geschrieben, undichterisch und oft etwas oberflächlich.« (Brief im Besitz des SSV-Archivs, Zürich) Obwohl eine ganze Reihe von Freunden sie unterstützten, setzte die Fremdenpolizei den endgültig letzten Termin für eine freiwillige Ausreise unwiderruflich auf den 1. Juli 1939 fest. Arnold Kübler aber ließ seine Mitarbeiterin kurz vorher noch die nationale Leistungsschau der »Schweizerischen Landesausstellung« 1939 in Zürich besuchen und ihre Eindrücke in einem Artikel festhalten, den er am 7. Juli, als sie bereits außer Landes sein mußte, in der »Zürcher Illustrierten« abdruckte und als »Victoria Wolfs Abschiedswort an die ihr vertraut und liebgewordene Schweiz« bezeichnete. »Das große und das kleine Gefühl« folgt in unserer Wiedergabe genau diesem bisher einzigen Zeitungsabdruck. – Victoria Wolf lebte anschließend in Nizza, wo sie 1940, beim Herannahen der italienischen Truppen, verhaftet wurde. Nach einem Gefängnisaufenthalt in Tournon gelang es ihr, nach Spanien und Portugal zu entkommen, von wo aus sie mit ihren Kindern 1941 dank der Hilfe von Freunden nach Amerika gelangte. Sie studierte Englisch, bildete sich zur Drehbuchverfasserin aus, beschränkte sich aber bald wieder auf das Schreiben von Büchern in deutscher und englischer Sprache. 1949 verheiratete sie sich mit dem Arzt Erich Wolff, so daß ihre zuletzt erschienenen Bücher den Autorennamen Wolff tragen: »Bräute für Amerika« (1962), »Mutter und Tochter« (1964), »Liebe auf Cape Kennedy« (1970). In jüngster Zeit hat Victoria Wolf(f), die seit vielen Jahren in Los Angeles ansässig ist, Erinnerungen an ihren Schweizer Aufenthalt geschrieben, die demnächst veröffentlicht werden sollen.

Wolzogen, Karoline von (1763-1847). Seit 1784 mit Wilhelm von Beulwitz verheiratet, war die als Karoline von Lengefeld geborene junge Frau im Herbst 1787 in kurzer, heftiger Zuneigung an Friedrich Schiller attachiert, der sich dann aber für ihre jüngere Schwester Charlotte entschied. 1793 löste sie ihre Ehe aber dennoch auf und heiratete ihren Vetter, den nachmaligen weimarischen Oberhofmeister Wilhelm von Wolzogen (1762-1809). Karoline von Wolzogen, die in Weimar und später in Jena lebte, war als Schriftstellerin erfolgreich mit Erzählungen und den beiden Romanen »Agnes von Lilien« und »Cordelia«. Bedeutsamer ist ihre Biographie »Schillers Leben, verfaßt aus den Erinnerungen der Familie, seinen eigenen Briefen und den Nachrichten seines Freundes Körner« (2 Bände, 1830). Die Schweiz betrat Karoline von Wolzogen erstmals im Frühling 1783, als sie in Begleitung ihrer Mutter, ihrer Schwester und des bewußten Herrn von Beulwitz nach Vevey reiste, wo Charlotte, die Hofdame werden sollte, Französischstunden nahm. Die beiden Schwestern hielten sich bis im Sommer 1784 in der Schweiz auf, besuchten Lavater in Zürich und bereisten die bekanntesten »klassischen Orte« des Landes. Über ihre ersten Eindrücke von der Schweiz haben sich die in unserer Ausgabe wiedergegebenen Blätter aus Karoline von Wolzogens Mädchentagebuch erhalten, die im Band »Literarischer Nachlaß der Frau Caroline von Wolzogen«, Verlag Breitkopf und Härtel, Leipzig 1848, S. 62-65, unter dem Titel »Erinnerung aus der Schweiz« erstmals publiziert wurden.

Yingtai, Long (* 1952). Als Tochter von China-Flüchtlingen auf Taiwan geboren, studierte Long Yingtai in Taipeh und in den USA Anglistik und arbeitete anschließend als Dozentin in Taiwan und in den Vereinigten Staaten. 1985 gelang ihr mit der gesellschaftskritischen Essay-Sammlung »Ye Huo Ji« (Wildes Feuer) ein großer publizistischer Erfolg, verkaufte sich das Buch, das auch in der Volksrepublik China auf Interesse stieß, doch innerhalb eines Jahres zweihunderttausendmal. Zwischen 1986 und 1988 lebte und arbeitete Long Yingtai in Zürich. Ihre Eindrücke von diesem Aufenthalt faßte sie anschließend in der Broschüre »Ren Zai Ouzhou« (Ein Mensch in Europa) zusammen, die seit ihrem ersten Erscheinen im Juli 1988 ebenfalls bereits die 30. Auflage erreicht hat. Diesem Werk entstammt auch der in unseren Band aufgenommene Text »Die Süßkartoffeln«, der von Harro von Senger ins Deutsche übertragen worden ist und erstmals in der »Neuen Zürcher Zeitung« vom 15. Januar 1990, S. 19/20, veröffentlicht wurde.

Zweig, Stefan (1881-1942). Der Schriftsteller und Literaturhistoriker war zwar 1914 wie Polgar, Csokor, Ehrenstein und Rilke nur zum Archivdienst im Wiener Kriegspressequartier einberufen worden, hatte aber den Krieg während einer kurzen Reise nach Gallizien schockartig in seiner ganzen Perversität und Schrecklichkeit kennengelernt. Innerlich längst zum Pazifisten geworden, beantragte er 1917, nachdem das Zürcher Stadttheater sein Drama »Jeremias« auf den Spielplan gesetzt hatte, einen zweimonatigen Urlaub, um an der Uraufführung teilzunehmen. Dem Antrag wurde stattgegeben, und so überschritt Stefan Zweig zusammen mit seiner Verlobten Friderike von Winternitz Mitte November 1917 bei Feldkirch die Grenze zur Schweiz, kehrte jedoch erst lange nach Friedensschluß, im März 1919, nach Österreich zurück. Er lebte zunächst in Zürich und später in Rüschlikon am Zürcher See, trat in Kontakt mit Romain Rolland, Hermann Hesse, Fritz von Unruh, James Joyce, Ferrucio Busoni, Annette Kolb, Frans Masereel und einer ganzen Reihe weiterer Intellektueller und Künstler, die sich aus den kriegführenden Ländern in die neutrale Schweiz geflüchtet hatten. Zweig gab sich über diese Zeit und diese Kontakte und Gespräche Rechenschaft in zwei längeren Tagebuchsequenzen, welche die Zeiträume zwischen dem 13. November 1917 und Ende Februar 1918 bzw. zwischen dem 20. September und dem 13. November 1918 umfassen und die, herausgegeben von Knut Beck, 1984 im Rahmen der Ausgabe seiner Tagebücher im S. Fischer Verlag, Frankfurt am Main, erstmals veröffentlicht wurden. »Freitag, 23. November 1917. Nach Villeneuve zu Romain Rolland« umfaßt die Seiten 268 bis 270 dieser Ausgabe. – Zweig hatte Rolland sieben Jahre zuvor in Paris persönlich kennengelernt und fuhr nun, bald nach seiner Ankunft in der Schweiz, nach Villeneuve, um die Bekanntschaft mit dem hochberühmten Verfasser von »Au dessus de la mêlée« zu erneuern. Er blieb bis zum 28. November in Villeneuve und nutzte die Zeit zu ausführlichen Gesprächen mit Rolland in dessen Logis im Hotel »Byron«. Rolland hat sich in seinem Tagebuch seinerseits Notizen über seinen Besucher gemacht: »Stefan Zweig sieht immer noch jung aus; man hält ihn für höchstens fünfunddreißig. Auf den ersten Blick hat sein Aussehen durch die lange Nase etwas von semitischer Schlauheit, die vor Sympathie warnt. Seine Sprechweise hat nichts Anziehendes; sie ist schwerfällig, streng, monoton, wenn er französisch spricht. Aber je länger man sich mit ihm unterhält, desto deutlicher tritt die Gradheit und Hochherzigkeit seines Charakters zutage. Ich hatte das Gefühl, daß der Wille großen Anteil an diesem seelischen Adel hat ... Er ist sehr menschlich und zugleich von edler Strenge gegen alles, was ›das Menschliche‹ nicht respektiert. Daher liebt er jene ebensowenig wie ich, die die Menschen den Ideen zum Opfer bringen, und seien diese Ideen noch so schön.« (Romain Rolland, »Zwischen den Völkern«, zwei Bände, ins Deutsche übersetzt von Ré Soupault, Büchergilde Gutenberg, Zürich 1955, Band II, S. 490-91) Stefan Zweig hat von Romain Rolland ins Deutsche übersetzt: »Den hingerichteten Völkern« (Zürich 1918), »Die Zeit wird kommen« (Leipzig 1919), »Clerambault« (Frankfurt am Main 1922). 1921 erschien in Frankfurt am Main seine epochemachende Biographie »Romain Rolland. Der Mann und das Werk«. Als 1933 der Nationalsozialismus an die Macht kam, gehörten auch Stefan Zweigs Bücher zu jenen, die öffentlich verbrannt wurden. 1934, als er sich auch im krisengeschüttelten Österreich nicht mehr sicher fühlte, siedelte er nach London über, lebte eine Zeitlang in Frankreich, entdeckte während einer Lateinamerika-Reise einen neuen Kontinent für sich und wurde 1939, nach Beginn des Weltkrieges, in England britischer Staatsbürger. Aber die äußere Geschäftigkeit täuschte über eine zunehmende innere Verzweiflung hinweg. Im Juli 1940 verließ er Europa und hielt sich zunächst in den Vereinigten Staaten, dann in Petropolis in Brasilien auf. Dort schied er am 22. Februar 1942 gemeinsam mit seiner zweiten Frau freiwillig aus dem Leben. Sein zuletzt erschienenes Buch hatte geheißen: »Brasilien. Ein Land der Zukunft«.

»*... Früh ab von Bern, im Cupee mit dem jungen Jacob Feldner ...*« Zweig hatte am 22. November in Bern zunächst Hermann Hesse besucht. – Jakob Feldner, ein 21jähriger Berliner Student der Nationalökonomie, war ohne Paß in die Schweiz geflüchtet, studierte in Genf weiter und suchte mit Hilfe von Leonhard Ragaz und Romain Rolland Kontakte zwischen deutschen und französischen Studentenorganisationen zu knüpfen. Als er Anfang 1919 kurz nach Deutschland fuhr, verweigerte ihm die Schweiz die Wiedereinreise.

»*... daß unsere Gesinnung jetzt Punkt für Punkt die officielle ist ...*« Der junge österreichische Kaiser Karl bemühte sich damals um einen Separatfrieden mit der Entente, um sein vom Kriege ermattetes, ausgeblutetes Reich noch in letzter Minute zu retten.

»Andere Staaten blicken mit Verwunderung auf uns ...«

Ansichten und Einsichten aus 600 Jahren Umgang mit der Schweiz

Das Spiel beginnt mit offnem Vorhang und nicht mehr ganz neuen Veduten, denn *Gian Francesco Poggio di Guccio Bracciolini* war bei weitem nicht der erste, den Erlebnisse und Erfahrungen mit der Schweiz zum Schreiben animierten. Eigentlich müßte der Band ja mit *Julius Cäsar* und seinen »Commentarii de bello gallico« aus den Jahren 51/52 v. Chr. beginnen: mit dem ersten, das Jahr 58 umfassenden Buch, wo er von den Sitten und Gebräuchen der Helvetier berichtet und von ihrem durch römische Legionen vereitelten Versuch, die karge Heimat gegen eine südlichere im Gebiet des Rhone-Deltas einzutauschen. Den siegreichen könnte man nach einem Zeitsprung von 400 Jahren die in Bedrängnis geratenen, in Rückzugsgefechte verwickelten Römer gegenüberstellen: mit einem Auszug aus den »Rerum gestarum libri XXXI« des Historikers *Marcellinus Ammianus*. Er besuchte Helvetien 355-357 n. Chr., als die Hauptstadt Aventicum bereits durch die Alamannen, die künftigen Bewohner des Alpenvorlandes, verwüstet war. Dann versiegen allerdings die Quellen. Abgesehen von der sogenannten »Fredegar-Chronik«, die im 7. Jahrhundert entstand und gewisse Nachrichten über die inzwischen burgundisch und damit romanisch gewordene Westschweiz enthält, gibt es für die nun folgende Zeit der Völkerwanderung und des frühen Mittelalters kaum mehr nennenswerte von außen stammende Berichte über das Gebiet der heutigen Schweiz und deren von den Franken zum Christentum bekehrte, aus vielerlei Völkern und Stämmen bunt zusammengewürfelte Bevölkerung.

Aber selbst wenn sich jede Menge Zeugnisse aus der Zeit vor 1400 finden ließe: einen eigentlichen »Umgang mit der Schweiz« könnte keines von ihnen dokumentieren, denn der Name des kampflustigen kleinen Völkchens zwischen Zuger- und Vierwaldstättersee avancierte erst zum Kollektivnamen für die ganze Eidgenossenschaft, als diese nach der Schlacht bei Sempach 1386 in ganz Europa ins Gerede kam und die Schreckensnachricht von der Vernichtung eines Ritterheeres durch die ungehobelten *Swizer, Tzwitzer, Sweinzer* oder *Schwytzer* den Adel in Unruhe versetzte. Der Name Schweiz, offiziell aktenkundig seit dem 22. März 1415, als König *Sigismund* in Konstanz eine Urkunde für das Land Glarus unterzeichnete, war somit von Anfang an eng verbunden mit kriegerischer Schlagfertigkeit und – je nach dem Standpunkt des Betrachters – politischer Unbotmäßigkeit bzw. unbeugsamem Freiheitswillen. Jahrhundertelang befürchteten die Mächtigen, auch andere Untertanen könnten unversehens im schweizerischen Sinne treulos werden, und sogar *Martin Luther* benutzte noch im 16. Jahrhundert das Wort »schweizerisch« ganz selbstverständlich in diesem Sinne, als er ausrief: »Gott wird so schweitzerisch an mir nicht handeln und mich also übereilen!« Beim einfachen, unter der Despotie des Adels leidenden Volk dagegen galten die Haudegen von Morgarten, Laupen, Sempach und St. Jakob an der Birs schon bald als lebendige Zeugen einer zwar in unerreichbare Ferne gerückten, aber irgendwie doch noch denkbaren Freiheit. So berichtet z. B. *Thomas Platter* (1499-1582) in seinen Lebenserinnerungen, wie er in der Nähe von Dresden einst zu einer alten Bäuerin gerufen wurde, die nicht sterben wollte, ohne wenigstens einmal in ihrem Leben mit eigenen Augen einen Schweizer gesehen zu haben.

Müßte »Umgang mit der Schweiz« demnach nicht eröffnet werden mit jenen für das Image der Schweiz und die vielbeschworene »Schweizerfreiheit« so folgenschweren bitteren Erfahrungen, die österreichische Ritter und Vasallen in Morgarten, Sempach oder Laupen sammeln mußten und wie sie – in verschiedenen deutschen Städtechroniken etwa oder in *Willibald Pirckheimers* »Historia belli Suitensis« von 1499 – durchaus auch für Nichtschweizer noch jahrhundertelang ein Thema gewesen sind?

Vielleicht sind die Friedenshoffnungen der unmittelbaren Gegenwart, in deren Licht sich die hellebardenbewehrten alten Schweizerkrieger merkwürdiger denn je ausnehmen, schuld daran, daß der Schreibende der Versuchung nicht widerstehen konnte, für einmal die berühmt-berüchtigte Schweiz jener, wie besagte Chronisten sie titulierten, »bestiales homines« beiseitezulassen und das glückhafte, paradiesische Bild an den Anfang dieses Buches zu stellen, auf das *Poggio Bracciolini*, vom sinnenfreudigen Italien der Renaissance herkommend, zu seiner eigenen Überraschung 1416 in Baden an der Limmat gestoßen ist.

Vom Ketzerstaat zum »Lieblingsland der Nationen«

Die Schweiz als irdisches Paradies, als Ort des Glücks, als wiedererstandenes Arkadien – mit Empfindungen wie diesen steht der italienische Humanist, so oft man ihnen später wieder begegnen wird, zu Beginn des 15. Jahrhunderts allerdings noch ziemlich alleine da, und seine aus antiken Topoi und typisch städtischen Verhaltensweisen bzw. Wunschvorstellungen zusammengesetzten Bilder unterscheiden sich denn auch wesentlich von denjenigen, die im 18. Jahrhundert aufkommen und in der Darstellung von paradiesisch lebenden glücklichen Hirten vor den Kulissen gewaltiger Gebirgsmassive ihre Krönung finden werden. Für die Renaissance-Zeit um vieles charakteristischer ist der Bericht von Poggios Zeitgenossen *Enea S. Piccolomini*, der ein Naturwunder wie den Rheinfall gerade noch als Verkehrshindernis oder seines Lärmes wegen für bemerkenswert hält und keineswegs idyllische Hirten, sondern höchst realistisch geschilderte, in keiner Weise idealisierte Stadtbewohner in die Landschaft hineinstellt. Auch *Hans Jakob Christoffel von Grimmelshausen*, der im vorliegenden Auszug aus dem »Simplicissimus« den Ausdruck vom irdischen Paradies wörtlich ins Spiel bringt, idealisiert die Schweiz aller barocken Rhetorik zum Trotz noch keineswegs. Das Land, obwohl »von Art rauh genug«, kommt seinem Simplicius während des Dreißigjährigen Krieges deshalb so fremd, so ungewohnt friedlich und wohlhabend vor, weil da, wo er herkommt, seit Jahren geraubt, gemordet und gebrandschatzt wird.

Abgesehen von wenigen, ebenso spektakulären wie folgenlosen Ausnahmen – etwa der Besteigung des Mont Ventoux durch *Petrarca* im Jahre 1336 oder derjenigen des Pilatus durch *Konrad Gessner* am 20. August 1555 – waren die Berge bis in die zweite Hälfte des 18. Jahrhunderts für die Literaten, aber nicht nur für sie, sozusagen tabu. Die Alpen insbesondere galten als schrecklich und gefährlich, ihre Bewohner als barbarisch bzw. zurückgeblieben, und wer sich allen Unkenrufen zum Trotz den Strapazen eines Alpenübergangs aussetzen mußte, konnte des Mitleids seiner Zeitgenossen zum vornherein sicher sein.

Daß dies alles sich dann in relativ kurzer Zeit radikal änderte, hängt mit der tiefgreifenden Wandlung des menschlichen Selbstverständnisses zusammen, die durch die Aufklärung und insbesondere durch die Schriften von *Jean-Jacques Rousseau* hervorgerufen wurde. Man entdeckte auf einmal die von der Gemeinschaft losgelöste, individu-

elle menschliche Persönlichkeit, die in der Einsamkeit und in der Natur zu sich selbst und zu den in ihr schlummernden genialen Kräften finden konnte. So bekam die Natur unversehens eine neue, zentrale Bedeutung für den Menschen, und je wilder, je großartiger und erhabener sie sich zeigte, desto intensiver war das durch sie vermittelte Gefühlserlebnis. Aber damit noch nicht genug. Ausgehend von der Erkenntnis, daß der Mensch von Natur aus gut, aber durch die Zivilisation verdorben worden sei, entdeckte man in den bisher verachteten, von der Zivilisation noch weitgehend unberührten Gebirgsbewohnern nun auf einmal besonders vollkommene, vom Glück begünstigte und in ihrem Tun und Lassen unbedingt nachahmenswerte Menschen. Eine Tendenz, die über Ideal-Älpler wie *Goethes* »Jery und Bätely« (1779) in den extremsten Ausprägungen schließlich zu derart süßlichen, in ihrem nachgeahmten Schweizerdeutsch und in ihrer idyllischen Lebensweise falsch wirkenden Gestalten wie *Heinrich Claurens* Mimili führte und ihre Zählebigkeit mit Texten wie den im vorliegenden Band ebenfalls auszugsweise abgedruckten von *Hans von Kahlenberg* oder *Ilse Frapan-Akunian* auch um die Wende vom 19. zum 20. Jahrhundert noch munter unter Beweis stellte.
Rousseau gab mit seinem »Retour à la nature« nicht nur das Stichwort für eine ganze Epoche, er lieferte 1761 in seiner »Nouvelle Héloïse« auch eine ganze Reihe von Schilderungen schweizerischer Gebirgslandschaften, die mit ihrer ansteckenden Begeisterung in ganz Europa Schule machten, während gleichzeitig der Schauplatz des Romans, die Genferseegegend bei Clarens, für Jahrzehnte zum Wallfahrtsort eines eigentlichen Literaturtourismus wurde. In Deutschland aber war es bezeichnenderweise nicht ein Liebesroman, sondern ein 1732 erstmals publiziertes philosophisches Lehrgedicht, welches die Schweizer Bergwelt in Mode brachte. Es hieß schlicht »Die Alpen«, stammte vom Berner Dichter und Gelehrten *Albrecht von Haller* und stellte in 490 alexandrinischen Versen die heroische Berglandschaft und ihre einfachen, naturverbundenen Bewohner in stark moralisierender Weise der sittenlosen städtischen Zivilisation und dem hohlen Pomp des höfischen Zeremoniells gegenüber. Obwohl Haller keine Naturerlebnisse im Rousseauschen Sinne beschrieben hatte, wurde sein Gedicht für die bergbegeisterten deutschen Geniereisenden zum Vorbild, und kaum einer ließ es sich nehmen, auf dem Weg ins Berner Oberland, das er

so anschaulich gezeichnet hatte, in Bern Station zu machen und den hochberühmten Mann selbst bzw. später einen seiner Söhne persönlich kennenzulernen.

Auch andere berühmte Schweizer fanden bald einmal ihren festen Platz in den Reiseprogrammen deutscher, französischer, englischer und russischer Besucher: der von *Johann Kaspar Hirzel* 1761 portierte philosophische Bauer *Jakob Gujer*, genannt *Kleinjogg* (1716-1785), der Schriftsteller und Physiognomiker *Johann Kaspar Lavater* (1741-1801), der Langnauer Wunderarzt *Michael Schüpbach* (1701-1781), vor allem aber die beiden konkurrierenden Erzieher *Philipp Emanuel von Fellenberg* (1771-1844) und *Johann Heinrich Pestalozzi* (1746-1827), denen die Schweiz ihren noch immer hartnäckig sich haltenden Ruf als Musterland der Erziehung verdankt.

Aber nicht nur einzelne Berühmtheiten, die ganze Bevölkerung der Schweiz war Gegenstand des Interesses und der Bewunderung, wenn es um die Frage der Regierungsform ging. Obwohl sie sich durchwegs mit zumeist absolutistischen Monarchien konfrontiert sah, lag in der Tendenz der Aufklärung letztlich ja doch die Befreiung des Menschen auch zu politischer Selbst- bzw. Mitverantwortung – ein Postulat, das die fixen Eidgenossen augenscheinlich schon vor Jahrhunderten im Alleingang verwirklicht hatten! Zu der Alpenbegeisterung kam daher schon bald auch jene Begeisterung für die schweizerische Freiheit und Demokratie hinzu, die 1804, nachdem die revolutionäre Wende die vermeintliche Volksherrschaft bereits als absolutistische Patrizierdespotie entlarvt hatte, ihre literarische Krönung in *Schillers* »Wilhelm Tell« finden sollte. »Und nun dem Lande der Freiheit entgegen!« konnte *Friedrich von Matthisson* 1787 dem Schweizer Freund *Johannes von Müller* zurufen, als er zu einer Schweizerreise aufbrach. Und *Karoline von Wolzogen* konstatierte 1783, beim ersten Betreten des »geliebten, langersehnten Schweizerbodens«, in diesem Lande reckten sogar die Bäume »ihr Haupt freier in die Luft«. Es gab aber auch, wie der in diesen Band aufgenommene Text von *Helen Maria Williams* bezeugt und derjenige von *Leopold Graf Stolberg* zumindest vermuten läßt, schon vor 1798 durchaus Möglichkeiten, hinter dem schönen Schein die wahre Natur der vielgepriesenen ersten Demokratie Europas zu erkennen.

Nach dem Untergang der alten Eidgenossenschaft, dem Scheitern der progressiven Helvetischen Republik und dem vorübergehenden Wiedererstarken der repressiven Kräfte in der Restaurations- und

Regenerationszeit wurde die Schweiz ihrem Ruf als vorbildliche Demokratie erneut gerecht, als ab 1830 die liberalen Kräfte die Oberhand gewannen und 1848, nach einem kurzen eigentlichen Bürgerkrieg, den ersten liberalen Bundesstaat Europas errichteten. Aus Deutschland, wo die entsprechenden Bestrebungen im gleichen Jahre 1848 gescheitert waren, wandten sich damals führende liberale Intellektuelle der Schweiz zu und leisteten insbesondere für den Ausbau ihres Bildungssystems unschätzbare Dienste. Ihrem Einfluß war es zum guten Teil zu danken, daß an den Universitäten von Zürich und Bern bereits 1864 bzw. 1873 auch Frauen zum Studium zugelassen wurden, was vor allem von der russischen Intelligentsia bald rege genutzt wurde. Daß auch diese schweizerische Freiheit wie seinerzeit diejenige der Hirten und Sennen bis in den Bereich der gehobenen Unterhaltungsliteratur ausstrahlte, macht die im vorliegenden Band wiedergegebene Erzählung »Sinaïde oder Die freie Liebe in Zürich« von *Otto Julius Bierbaum* deutlich.
In den achtziger Jahren, als Folge von *Bismarcks* Sozialistengesetzen, wurde die Schweiz übrigens auch für die deutsche Arbeiterbewegung zu einem Fluchtpunkt und strategischen Zentrum, was wiederum nachhaltige Wirkungen auch auf die innenpolitische, soziale und kulturelle Entwicklung des Gastlandes selbst hatte. Was aber nicht heißen will, daß die Schweiz etwa die zweite, sozialistische, Metamorphose ebenso vollzogen hätte wie die erste, liberale. Daß sie in diesem Sinne niemals ernsthaft gefährdet war, belegen nicht zuletzt auch die Stimmen konservativer Beobachter wie *Rudolf Alexander Schröder* oder *Ricarda Huch*, die das Land der Eidgenossen wie seinerzeit *August Wilhelm von Schlegel* seiner konservativen, als typisch deutsch empfundenen Beständigkeit und Beharrlichkeit wegen allen anderen vorzogen.

Das Geschäft mit dem Tourismus

Nach 1815 wandelte auch das Reiseland Schweiz sehr schnell sein Gesicht: aus der Idylle wurde ein lukratives Geschäft. Die Engländer, die *Lord Byrons* Schloß Chillon und den Schauplatz seines »Manfred«, das Berner Oberland, sehen wollten, waren die ersten, die in Scharen kamen, und ihrer Abenteuerlust und Verwegenheit zuliebe machten clevere Schweizer Unternehmer bald auch das hinterste Tal und den höchsten Gipfel touristisch zugänglich. 1823 fuhr, von einem Engländer betrieben, auf dem Genfersee das erste Dampfschiff. 1838 eröffnete der Arzt *Dr. Lauber* in Zermatt mit

drei Betten die erste Pension. 1859 nahm das Grandhotel »Schweizerhof« in Interlaken seinen Betrieb auf. 1865 erfand *Johannes Badrutt* in St. Moritz die Wintersaison, und im gleichen Jahr ereignete sich am Matterhorn jene Bergsteigerkatastrophe, die den bald darauf einsetzenden beispiellosen Erfolg der Zermatter Hoteldynastie *Seiler* überhaupt erst ermöglichte – wie übrigens auch der Bergsturz von Goldau 1806 förderlich auf den Rigi-Tourismus eingewirkt hatte. Bis zum 1. Weltkrieg waren praktisch alle bedeutenden Aussichtspunkte der Schweizer Alpen bequem mit der Bergbahn erreichbar, ein alpiner Technik-Boom, der 1912 seine Krönung in der fast ganz in den Berg eingelassenen »höchsten Bergbahn der Welt«, derjenigen auf das Jungfraujoch, fand.
Die Entwicklung der Schweiz vom »Lieblingsland der Nationen« (*Friederike Brun,* 1798) zum Tummelplatz des Welttourismus hat nicht nur bei den Schweizern selbst, sondern ebenso bei ihren ausländischen Gästen und Besuchern neben begeisterter Zustimmung auch immer wieder harsche Kritik ausgelöst, und auch diese kritisch-skeptische Spielart des Umgangs mit der Schweiz ist in der vorliegenden Anthologie dokumentiert. Gelegentlich, etwa bei *von Platen* oder *von Scheffel,* wird dabei ein nationales Vorurteil – z. B. gegen die Engländer – artikuliert, zumeist aber beklagt man, daß die vorgefundene Realität der mitgebrachten Idealvorstellung nicht entspricht. 1843 bereits kommen *Marco Minghetti* beim Anblick der Sennerinnen im Berner Oberland die Worte »Fälschung« und »Reklame« in den Sinn. *Alphonse Daudet,* bzw. sein Protagonist Bompard, sieht 1880 in der Schweiz »nichts anderes mehr als einen riesengroßen Kursaal, der von Juni bis im September geöffnet ist, ein Kasino mit Panorama, wohin die Leute aus allen vier Weltteilen kommen, um sich die Langeweile zu vertreiben«. Am bittersten urteilt, von *Hermann Graf Keyserling* einmal abgesehen, 1912 *Knut Hamsun,* der die Schweiz nie selbst gesehen hat, jedoch für Norwegen um jeden Preis einen ähnlichen, für die nationale Identität gefährlichen Tourismus-Boom vermeiden will.
Solchem Unmut aber stehen eindrucksvoll und unübersehbar all die positiven Erfahrungen gegenüber, die Angehörige aller Nationen trotz bekannt hoher Preise, trotz Verärgerung über Zoll und Autobahnvignette im Umgang mit der Schweiz seit jeher und immer wieder machen konnten: als Kurgäste und Patienten, als Ferienreisende, als Studierende, als Berufsleute, Teilnehmer von Konferenzen und Tagungen usw. usw. Bemerkenswert ist vor allem auch, und der vorliegende Band sucht auch dies da und dort zu dokumen-

tieren, wie viele schöpferische Menschen, Schriftsteller, Musiker, Künstler, den Aufenthalt in der Schweiz als ganz besonders inspirierend empfunden und erlebt haben. *Stevensons* »Schatzinsel« entstand zum großen Teil in Davos, *Wagners* »Tristan« in Zürich und Luzern, *Dostojewskijs* »Idiot« in Genf, *Tschaikowskys* Violinkonzert in Clarens, *Romain Rollands* »Jean Christophe« in Olten, *Bartóks* »Divertimento für Streichorchester« in Saanen. *Rainer Maria Rilke,* der wie *Hermann Hesse* in der Schweiz wohlwollende Aufnahme und eine seinem Schaffen adäquate, förderliche Lebenssituation fand, ging in einem Brief vom 18. Dezember 1925 am *Artur Fischer-Colbrie* sogar soweit, zu sagen: »Die Schweiz im allgemeinen, der Boden, die Beziehungen, die mir hier tragkräftig geworden sind, und nicht zuletzt das Ereignis der großgearteten Landschaft des Wallis, an die ich mich hier tiefer angeschlossen habe von Jahr zu Jahr: alle diese Gegebenheiten machen zusammen das aus, was mir, nach dem bösen Unterbrochensein und allen Wirrsalen der Kriegsjahre zu einer Rettung meines Lebens und meiner Arbeit geworden ist.«

Führte die »Schweizerbegeisterung« zu einer Déformation nationale?

Überblickt man die lange Reihe der euphorischen Äußerungen zum Thema Schweiz, wie sie in der Epoche der deutschen Schweizerbegeisterung zwischen 1750 und 1815 ihren Höhepunkt, aber keineswegs ihren Abschluß erreichte, so fällt auf, wie stark das Lob von den Frustrationen bzw. Sehnsüchten der jeweiligen Lobredner bestimmt war. Der zivilisationsmüde Städter schuf sich in den Schweizer Hirten und Bauern Idealbilder eines wiedererstandenen Arkadiens, der Untertane von Fürsten und Monarchen hielt sich die schweizerische Freiheit und Demokratie als beglückende Alternative vor Augen, der aufklärerische Moralist stilisierte die Weltfremdheit und Unverbildetheit der helvetischen Bergler zu einem leuchtenden Vorbild an Tugend und Sittenstrenge empor.
Natürlich blieb die optimistische Einschätzung, als das Land allmählich vom Tourismus erschlossen wurde, auch den Schweizern selbst nicht verborgen, und es erscheint nur plausibel, daß sie den schmeichelhaften Stereotypen, die über sie im Umlauf waren, im Zuge des sich herausbildenden helvetischen Nationalismus bald einmal bewußt nachzuleben begannen. Wilhelm Tell, wie *Schiller* ihn gesehen hatte, avancierte in der zweiten Hälfte des 19. Jahrhunderts

zur zentralen nationalen Identifikationsfigur, und bald gab es Festspielorte, die, getragen von der ganzen Bevölkerung, hundert Jahre lang nie ein anderes Stück spielten. Man errichtete ihm sein Denkmal und sein Museum und setzte zuletzt noch seine Armbrust millionenfach auf alles, was die bekannt gute »Schweizerarbeit« an Verkäuflichem hervorbrachte. Jodeln und Alphornblasen wurden zum Ausdruck typisch schweizerischer Musikalität, wer immer etwas auf sich hielt, lief in der historisch beglaubigten, »richtigen« Tracht des jeweiligen Kantons herum, und noch 1941 forderte *Adolf Guggenbühl,* einer der führenden Ideologen der sogenannten »geistigen Landesverteidigung«, seine Mitbürger dazu auf, »zu Hause das klassische schweizerische Bekleidungsstück, das kurze Hirthemd«, zu tragen. Kein Wunder, daß, als die große Zeit der *Gotthelf, Keller* und *Meyer* unwiderruflich vorbei war, auch die von Schweizern produzierte Literatur dem Erwartungsdruck nicht länger standhielt und in Anlehnung an die touristisch orientierte deutsche »Schweizerliteratur« der *Stratz, Blum, Voss, Höcker, von Zobeltitz, von Kahlenberg, von Ompteda* und *von Hillern* die Schweiz der jodelnden Bauern, Sennen und Bergführer in auflagestarken, echt eidgenössischen Heimatromanen auf den deutschen Markt exportierte. »Dies scheint mir nun an den schriftstellernden Schweizern schätzbar«, konnte *Josef Hofmiller* 1910 in den »Süddeutschen Monatsheften« jubilieren, »daß sie keine Ästhetenliteratur, keine Literatenliteratur pflegen; daß ihre Literatur keine Salonliteratur ist; daß man hinter ihren Büchern immer wieder mahnend und erziehend die alten, einfachen Mächte der Natur zu spüren vermeint, Bauernhaus und Bauernacker, Wald und Wiese, rauhe Luft und bräunende Sonne; als Nährboden ein auf sich selber stolzes Volk, als Ausdrucksmittel eine Sprache, die dem Dialekt noch näher steht als unser verpapierendes Hochdeutsch.«
Wie gerne man schon in der Mitte des 19. Jahrhunderts all das tatsächlich auch sein wollte, was die andern in einem sahen, läßt sich z. B. anhand eines offiziellen Berner Schullesebuchs aus dem Jahre 1861 zeigen, wo die Schweiz unter dem Titel »Unser Vaterland« als jenes »wundervolle, schöne Land« vorgestellt wird, »das von den Fremden so hoch gepriesen wird«. »Darum kommen sie aus so großer Ferne her zu uns und können sich fast nicht satt sehen an dem riesigen Alpengebirge in seinem ewigen Schneeglanz.« Es sei, heißt es etwas weiter unten in schöner Übereinstimmung mit *Ebel,* »in diesem Lande alles vereinigt, was im übrigen Europa vereinzelt vorkommt.« In diesem »von Gott reichlich ausgestatteten und gesegne-

ten Land«, fährt der anonyme Verfasser dann fort, »wohnt aber schon seit vielen hundert Jahren ein Volk, das seine Heimat über alles liebt, ein freies, starkes und mutiges Volk. Lernet die Geschichte dieses Volkes kennen, und ihr werdet vernehmen, wie oft euer Vaterland gegen raubgierige Angriffe hat verteidigt werden müssen, wie viele Tausende im heißen Kampfe gefallen sind, um euch eine freie Heimat zu hinterlassen. (...) In der Schweiz lebt ein fleißiges, arbeitsames Volk. Die einstige Wildnis des Landes ist in einen blühenden Garten umgewandelt. (...) In unserem Vaterlande regt und bewegt sich ein frohes und heiteres Volk. Der Hirt auf der Alp, der Landmann hinter dem Pfluge, der fleißige Handwerker, der unternehmende Gewerbs- und Handelsmann: alle begegnen sich wieder bei gemeinsamen Festen. (...) Endlich birgt unser Vaterland ein treues und brüderliches Volk. Treu ist der Schweizer in Wort und Tat, treu hängt er an guter Sitte und fest am Glauben seiner Väter. (...) Kinder, ein so schönes Vaterland zu besitzen, einem so mutigen, fleißigen, frohen und brüderlichen Volke anzugehören, das ist ein großes Glück!«
Stellt man dem einen Text wie Bundesrat *Philipp Etters* Einleitung zu *Eugen Wylers* »Sinn und Sendung der Schweiz« von 1938 gegenüber, so konstatiert man mit Erstaunen, daß diese Art euphemistischer, überheblicher und völlig unkritischer schweizerischer Selbsteinschätzung auch kurz vor dem Zweiten Weltkrieg noch bis in die höchsten politischen Kreise hinauf Gültigkeit gehabt haben muß:

> »Gott, dem Allmächtigen, danke ich alle Tage für die Gnade, Schweizer sein zu dürfen. Er hat uns ein schönes Land geschenkt. Es gibt kein schöneres in der Welt. Gestern abend sah ich, aus meinem Fenster im Bundeshaus, die Berner Alpen aufleuchten im Glanz der Abendsonne, von der Blümlisalp bis zum Wetterhorn, in wunderbarer Reinheit und Größe. Mein Auge war trunken von so viel Schönheit und Würde unserer Landschaft. Im Angesicht der flammenden Reinheit der Spitzen und Firnen trat mir mit neuer Wucht die Tatsache ins Bewußtsein: In diesem Land der Berge, in dem alles Hoheit und Größe atmet, werden keine Knechte geboren. Das Volk, das in diesen Bergen wohnt, ist vom Schöpfer ureigens für die Freiheit geschaffen worden.«

Von *Spitteler* bis *Nizon* und *Frisch*, von *Ramuz* bis *Chessex* und *Chappaz* haben sich Schweizer Autoren von Rang diesem chauvinistischen schweizerischen Selbstverständnis widersetzt. *Spitteler*, in

»Imago«, persiflierte es als »Hölle der Gemütlichkeit«, und *Robert Walser* hat es 1904, in seinem Erstling »Fritz Kochers Aufsätze«, aus der Perspektive eines aufsatzschreibenden Schweizer Schülers heraus, unwiderruflich der Lächerlichkeit preisgegeben:

> »Unsere Staatsform ist die Republik. Wir dürfen machen, was wir wollen. Wir benehmen uns so ungezwungen, als es uns beliebt. Wir haben niemand von unsern Handlungen Rechenschaft abzulegen, als uns selbst, und das ist unser Stolz. Unsere Ehre allein ist die Grenze, die wir uns um unser Tun stecken. Andere Staaten blicken mit Verwunderung auf uns, daß wir uns durch uns selbst zu beherrschen vermögen. Wir sind niemandem untertan als unserer Einsicht und unserer ehrlichen Gesinnung, von der wir uns gern befehlen und leiten lassen. Wir haben keinen Platz für einen König oder Kaiser. Die Straßen unserer Städte sind nicht gebaut, um fürstliche Aufzüge passieren zu lassen, unsere Häuser sind keine Ställe, aber auch keine Paläste. Unsere Kirchen sind prunklos und unsere Rathäuser stolz und einfach. Unser Sinn ist wie unsere Wohnung, einfach und wohlhabend, unsere Herzen sind wie unsere Gegenden: rauh, aber nicht unfruchtbar. Wir benehmen uns wie Republikaner, wie Bürger, wie Krieger, wie Menschen. Die Untertanen anderer Länder sehen oft Haustieren ähnlich. Nicht, als ob Freiheit und Stolz unter anderen Völkern nicht auch heimisch wären, aber uns sind sie angeboren. Unsere Väter, die tapferen Eidgenossen, haben uns ihren Sinn hinterlassen, und wir wären zu beklagen, wenn wir anders als treu mit einem so herrlichen Geschenk umgingen.«

Die Probe aufs Exempel: Asyl in der Schweiz

Wie wenig der weitgehend von außen übernommene Kanon der nationalen Selbstbeweihräucherung mit der tatsächlichen Realität gemeinsam hat und zu wieviel Egoismus und Herzlosigkeit die stolze Selbstgerechtigkeit führen kann, zeigt nicht zuletzt die Problematik der schweizerischen Asylpolitik, die wir, obwohl sie in der vorliegenden Anthologie eine wichtige Rolle spielt, bis jetzt mehr oder weniger ausgeklammert haben.

Für *Kafka*, 1911 in Zürich, war es ein blosses Gedankenspiel, jenes »Sonntagsgefühl bei der Einbildung hier Bewohner zu sein«. Für viele andere aber, seit in Europa Menschen aus rassistischen, religiösen oder politischen Gründen verfolgt werden, war und ist es, Sonntagsgefühl hin oder her, eine existentielle Frage, ob das kleine, aber geographisch zentral gelegene Land sie vorübergehend oder definitiv seinen Bewohnern zurechnet oder nicht.

Von den 112 Texten dieses Buches stammen 36 aus der Feder von Autoren, die in der Schweiz Zuflucht suchen mußten: *Carlo Antonio Pilati di Tassulo* und *Ugo Foscolo* vor den österreichischen Besatzern Italiens, *Helen Maria Williams* vor den Häschern des Pariser Revolutionstribunals, *Büchner, Herwegh* und *Wagner* vor der deutschen Restauration der Fürsten und Könige, *Oskar Panizza* vor den Sittenrichtern einer verlogenen Wilhelminischen Moral, *Bakunin, Kropotkin* und *Lenin* vor der zaristischen Geheimpolizei. Folgen die Pazifisten des 1. Weltkrieges, die in der Schweiz das Gespräch weiterführten, während ihre Völker zur gegenseitigen Vernichtung auszogen: *Schemarja Gorelik, Romain Rolland, René Schickele, Stefan Zweig, Klabund* und *Ernst Bloch*. Und schließlich, auch wenn ihre Beiträge nicht jedesmal das Exil als solches beschreiben, die Vertreter des intellektuellen antifaschistischen Widerstands der dreißiger und vierziger Jahre: *Kurt Tucholsky, Alfred Döblin, Klaus Mann, Alfred Kerr, Albert Ehrenstein, Alfred Polgar, Victoria Wolf, Alfred Mombert, Robert Musil, Ignazio Silone, Hans Mayer, Lajzer Aichenrand, Eduard Claudius, Wolfgang Langhoff, Anna Siemsen, Bertolt Brecht, Thomas Mann, Hans Weigel* und *Ossip Kalenter*. Vor den Erfahrungen vieler dieser Bedrohten und Verfolgten im Umgang mit der Schweiz verblaßt das Bild von der idyllischen Herberge der Nationen bald einmal bis zur Unkenntlichkeit und wird *Alfred Polgars* Stoßseufzer »O Fremde, wie bist Du reizvoll – für den, der eine Heimat hat« unmittelbar nachvollziehbar.

Obwohl seine Wirtschaft immer wieder mächtig von den Flüchtlingen profitierte und weder die Genfer Uhrenindustrie noch der Zürcher Seidenhandel ohne sie denkbar wäre, sind in der Geschichte des Asyllandes Schweiz nicht erst in jüngster Vergangenheit, sondern von allem Anfang an immer wieder dunkle, betrübliche Flecken zu finden. So sorgten die Aristokraten und Zunftherren schon in den Jahren nach 1685, als die Unterdrückungspolitik *Ludwigs XIV.* 140 000 Hugenotten zur Flucht in die Schweiz gezwungen hatte, mit rigorosen Niederlassungsbeschränkungen dafür, daß 120 000 von ihnen das Land innert Kürze wieder verlassen mußten. 1809, aus Anlaß der Aufstände im Tirol und im Veltlin, wurden schweizerische Truppen an die Bündner Grenzen gestellt, die alle Flüchtlinge

gnadenlos zurücktrieben, während im gleichen Jahr dem schwedischen König *Gustav IV.* ebenso ehrenvoll Asyl gewährt wurde wie wenige Jahre später der Familie *Bonaparte* und vielen anderen adeligen Flüchtlingen nach ihr. Es gereicht der schweizerischen Asylpolitik, obwohl sie durchaus nicht immer nur abweisend war, auch keineswegs zur Ehre, daß immer dann großzügig Einlaß gewährt wurde, wenn die Verfolgten in der Schweiz eine Lobby hatten wie die deutschen Liberalen von 1848 oder wenn sie, wie die 10000 begeistert empfangenen Ungarn von 1956 oder die 12000 Tschechoslowaken von 1968, von einem Régime bedroht waren, das man selber verabscheute, während andererseits etwa die vertriebenen Gegner der rechtsradikalen chilenischen *Pinochet*-Diktatur sich in schweizerischen Kirchen verschanzen mußten, um nicht wieder »ausgeschafft« zu werden.
Dennoch erreichte die Moral der schweizerischen Asylpolitik weder vorher noch nachher je wieder einen derartigen Tiefstand wie zur Zeit *Hitlers* und *Mussolinis*, als die Fremdenpolizei unter *Heinrich Rothmund* – der Name kommt im vorliegenden Buch immer wieder vor! – mit der Parole »Das Boot ist voll« Hunderttausenden eine rettende Zuflucht verwehrte. Was damals geschah bzw. unterlassen wurde, ist nicht zuletzt darum so verwerflich, weil es nicht in einer Diktatur oder in einem besetzten Territorium, sondern eben gerade in der seit Jahrhunderten so frenetisch umjubelten schweizerischen Musterdemokratie passierte. Polizeichef *Rothmund* war ja keineswegs, wie *Robert Musil* dies in verständlicher Verbitterung tat, einfach mit *Hitler*, *Goebbels* oder *Streicher* gleichzusetzen, denn er handelte innerhalb einer mehrfach abgesicherten, absolut funktionstüchtigen Demokratie im Auftrag und mit Wissen einer von einem frei gewählten Parlament eingesetzten Regierung, die ihrerseits über Einrichtungen wie Volksabstimmung, Initiative und Referendum – die entscheidenden Weichen in der Asylpolitik wurden vor dem Ausbruch des 2. Weltkrieges gestellt! – direkt »von unten« kontrollierbar blieb. Und genau so demokratisch funktionierte eine Institution wie der Schweizer Schriftsteller-Verband, der in jenen düsteren Jahren der Fremdenpolizei aus eigenem Antrieb als Gutachter-Instanz diente und in dieser Funktion mißliebige ausländische Konkurrenten heimlich auf brutalste Weise auszuschalten vermochte. Am 14. Mai 1933 hatte in Baden an der Limmat eine überwältigende Mehrheit der Verbandsmitglieder – auch die als Antifaschisten gerühmten waren mit dabei! – zu Händen der Fremdenpolizei eine Resolution verabschiedet, nach welcher die asylsuchen-

den Schriftsteller in »hervorragende« einerseits und »kleine Zeilenschreiber und unbedeutende Gelegenheitsautoren« andererseits einzuteilen seien, wobei die Polizei den letzteren »das Aufenthaltsrecht in der Schweiz zu verweigern« habe!
Wenn in jenen Jahren, als sogar das Schweizerische Rote Kreuz schmählich versagte, dennoch viele Schutzsuchende auch positive Erfahrungen im Umgang mit der Schweiz sammeln konnten, so war dies vorwiegend der Initiative einzelner beherzter Menschen zu verdanken, die sich nicht von unbarmherzigen Gesetzen und Befehlen, sondern von spontaner Hilfsbereitschaft leiten ließen – es waren, wie etwa der Text *Lajzer Aichenrands* zeigt, durchaus auch Polizeiangehörige und Zöllner darunter! Die überwältigende Mehrheit der Bevölkerung aber, die sehr wohl von der Sache wußte, ließ es widerspruchslos zu, daß die Asylanten, sofern man sie nicht an der Grenze schon zurückstieß oder später wieder »ausschaffte«, an jeder Tätigkeit gehindert, ständig mit der Ausweisung bedroht oder unter teilweise unmenschlichen Bedingungen in Arbeitslagern und Zuchthäusern interniert wurden. Nicht daß man jemandem Unglück oder gar den Tod gewünscht hätte, Gott bewahre! Aber man war doch nicht schuld am Unglück dieser Menschen, hatte sein Leben lang fleißig gearbeitet, besaß einen einwandfreien Leumund, leistete pflichtbewußt seinen Militärdienst und konnte es nun einfach nicht zulassen, daß dieser hergelaufenen Fremden wegen Arbeitsplätze in Gefahr gerieten, Lebensmittel knapp wurden oder gar junge Schweizerinnen, während ihre Männer oder Verlobten an der Grenze standen, irgendwelchen ausländischen Verführungskünsten erlagen! Und weil alle so und ähnlich dachten und jeder sein eigenes bescheidenes Wohlbefinden demjenigen der übrigen Menschheit vorzog, vereinigten sich eine Zeitlang über alle Parteigrenzen hinweg Millionen kleiner Egoismen zu einem einzigen großen schweizerischen »sacro egoismo«, in dessen Zeichen legitime demokratische Mehrheitsbeschlüsse nicht nur über das eigene Glück, sondern ebenso über das Unglück jener anderen entschieden, die in einem fatalen historischen Moment nicht »die Gnade« hatten, »Schweizer sein zu dürfen«.
Die niederschmetternde, gerade auch für die gegenwärtige »Wir sind das Volk«-Euphorie nicht ganz unwichtige Lehre aber, die man aus dem Fallbeispiel Schweiz 1933-1945 ableiten müßte, hat *Friedrich Schiller*, der wirkungsvollste literarische Verkünder des schweizerischen Unabhängigkeitswillens, vor zweihundert Jahren bereits in Worte gefaßt. Allerdings nicht im »Wilhelm Tell«, sondern im

dritten Auftritt des zweiten Aufzugs von »Maria Stuart«, dort nämlich, wo Talbot zu Elisabeth sagt:

»Nicht Stimmenmehrheit ist des Rechtes Probe,
England ist nicht die Welt, dein Parlament
nicht der Verein der menschlichen Geschlechter.«

Spätestens seit dem Ende des Zweiten Weltkriegs ist auch die Schweiz nicht mehr »die Welt« und hat das Interesse der schreibenden Zeitgenossen an dem Land zwischen Basel und Chur, Romanshorn und Genf merklich nachgelassen. Dem Schweizer Regierungssystem haftet im Vergleich mit den übrigen europäischen Staaten nicht viel Außergewöhnliches mehr an, die Reiseliteratur und der Tourismus haben ihr Hauptinteresse exotischeren Schauplätzen zugewandt, die idyllischen Landschaften von einst sind von Autobahnen und Betonbauten verstellt, die schweizerischen Wälder sind ebenso gefährdet wie diejenigen der Nachbarländer, die Luft ist kaum mehr besser als anderswo. *Kurt Marti* jedenfalls, der 1975/76 eine Reihe von jüngeren Nichtschweizer Autoren aufforderte, für seinen nach wie vor beachtenswerten Band »Stimmen zur Schweiz« Beiträge zu liefern, mußte nach Sichtung der Einsendungen ernüchtert konstatieren: »›Schweiz‹ ist literarisch alles andere als ein aktuelles, sich aufdrängendes Thema.« Diese Sachlage spiegelt sich, wie könnte es anders sein, auch in der vorliegenden Anthologie, die keinerlei bestellte, speziell verfertigte Texte enthält, sondern allein anhand des Vorgefundenen aufzeigen will, auf welche Art und Weise sich nicht-schweizerische Autoren in den letzten sechshundert Jahren mit dem Thema Schweiz auseinandergesetzt haben. Bezeichnenderweise spielen sich die Schweizer Episoden, die sich in den Werken etwa von *Günter Grass* oder *Peter Härtling* noch finden ließen, in früheren, für das Thema Schweiz ganz offenbar ergiebigeren Epochen ab: 1791, in der Blüte der deutschen Schweizerbegeisterung bzw. 1913, während der hohen Zeit des sozialistischen Exils in Zürich.

Ob die Versatzstücke der Schweizerbegeisterung im Zeichen erhöhter Mobilität vielleicht für ferne, erst allmählich in unser kulturelles Gesichtsfeld rückende Länder eines Tages wieder Bedeutung erlangen könnten, ist schwer zu beurteilen. Erscheinungen wie der in Japan grassierende Heidi-Kult weisen jedenfalls in diese Richtung, und der Text von *Long Yingtai,* der den Band beschließt, läßt mit seinem »Sie leben im Glück und wissen es nicht« bestimmt die Herzen all jener wieder höher schlagen, die vom liebgewordenen

Bild der Schweiz als Sonderfall und idyllische Wohlstandsinsel auch in Zukunft nicht Abschied nehmen wollen.

Charles Linsmayer

Danksagung und Literaturhinweis

Für großzügige Hilfeleistung bei der Entstehung dieses Bandes dankt der Herausgeber den Herren *Huldrych Gastpar* und *Dr. Marius Michaud* von der Schweizerischen Landesbibliothek, Bern, Frau *Dr. Hanni Mittelmann* von der Universität Jerusalem, Herrn *Dr. hc. Alfred A. Häsler,* Zürich, Frau *Barbara Sidler,* Zürich, Herrn *André Grab,* Zürich, Herrn *Remo Leuppin,* Muttenz, sowie den beiden Übersetzern, Frau *Dr. Ilma Rakusa,* Zürich, und Herrn *Dr. Alfred Sproede,* Fribourg. Unter den zahllosen Büchern, denen ich Hinweise über Autoren und Werke verdanke, sei ganz speziell auf *Albert Bettex,* »Spiegelungen der Schweiz in der deutschen Literatur 1870-1950«, Zürich 1954; auf *Eduard Ziehen,* »Die deutsche Schweizerbegeisterung in den Jahren 1715-1815«, Frankfurt am Main 1922, sowie auf *Lavinia Mazzucchetti/Adelheid Lohner,* »Die Schweiz und Italien. Kulturbeziehungen aus zwei Jahrhunderten«, Einsiedeln/Zürich 1941, verwiesen. Vor allem war mir meine Frau, *Andrea Linsmayer-Pfeifer,* eine für vieles unersetzliche Mitarbeiterin.